Deutsche Gemeindeordnung

vom 30. Januar 1935

mit Durchführungsverordnung, Ausführungsanweisung und den Überleitungsverordnungen der größeren Länder

Erläutert von

Max Schattenfroh

Ministerialrat

im Reichs- und Preußischen Ministerium des Innern

1935

München, Berlin und Leipzig

J. Schweitzer Verlag (Arthur Sellier)

Druck Dr. F. P. Datterer & Cie., Freising-München.

Vorwort.

Ich hatte zunächst daran gedacht, dieses Handbuch zur Deutschen Gemeindeordnung in zwei Teilen herauszugeben, und zwar zuerst das Gesetz und dann die Durchführungs-, Ausführungs- und Überleitungsvorschriften mit dem noch aufrechterhaltenen Landesrecht. Während des Entstehens der Durchführungs- und Ausführungsvorschriften hat sich jedoch gezeigt, daß diese Trennung höchst unzweckmäßig wäre, sollte dem Buch ein Dauerwert für die Praxis gegeben werden; denn die gesetzlichen Bestimmungen und die Durchführungs- und Ausführungsvorschriften greifen auf das engste ineinander, zumal sowohl die Durchführungsverordnung wie auch die Ausführungsanweisung sehr eingehend gestaltet werden mußten. Letzteres hat sich bei dem Charakter des Gesetzes, das ein bisher ausschließlich durch Landesrecht geregeltes Gebiet unter einheitliches Reichsrecht stellt und tief in die Gesamtorganisation der öffentlichen Verwaltung eingreift, aufgedrängt, um dem Gesetze von vornherein einen möglichst gleichmäßigen Vollzug und so eine schnelle und tiefe Verankerung im Verwaltungsleben zu sichern.

Deshalb habe ich schließlich Gesetz und Durchführungsverordnung sowie die Ausführungsanweisungen in einem Buche miteinander verbunden; auch habe ich die Überleitungsvorschriften der größeren Länder mitaufgenommen. Auch noch das gesamte aufrechterhaltene kommunale Landesrecht mitaufzunehmen, würde das Buch nicht nur unhandlich gemacht, sondern auch untragbar verteuert haben. Bei dem aufrechterhaltenen kommunalen Landesrecht handelt es sich überdies um einen zwar zunächst noch großen Bestand, der aber bei dem raschen Fortschreiten der reichsgesetzlichen Vereinheitlichung des öffentlichen Rechts und der Verwaltungsorganisation schon in naher Zeit auf einen ganz geringen Umfang zusammenschmelzen wird, so daß diese „Verlustliste der kommunalen Rechtseinheit" rasch (in nächster Zeit auf dem Gebiete des Beamtenrechts, des Polizeirechts, wohl auch in Bälde des Schulrechts und Gemeindeabgabenrechts) überholt sein wird.

Diese Umarbeitung des Werks hat Zeit in Anspruch genommen, so daß sich die Herausgabe um ein paar Wochen verzögert hat. Ich möchte aber hoffen, daß diese Mühe dem Wert des Buches zugute kommt.

Zu dem Sechsten Teil des Gesetzes ist bisher nur eine Vorläufige Ausführungsanweisung erlassen worden. Schon die Gesamtanlage dieses Teils des Gesetzes läßt erkennen, daß von der Ermächtigung des § 105 Abs. 2 zur Ausfüllung des oft nur in grundsatzmäßiger Kürze geregelten materiellen und formellen Finanzrechts noch Gebrauch gemacht wird, nicht zuletzt deshalb, weil nur durch eine größere Einheitlichkeit des Rechts die zwischengemeindliche Vergleichbarkeit des Wirtschaftsgebarens und der zahlenmäßigen Ergebnisse gesichert werden kann. Diese Verordnung nach § 105 DGO. wird kaum vor dem Herbst 1935 zu erwarten sein. Hierauf habe ich bei der Erläuterung dieses Teils des Gesetzes Rücksicht genommen und die Erläuterungen hiezu umfangreicher gestaltet als zu anderen Teilen des Gesetzes, zu denen die Ausführungsanweisung in eingehendster Weise die Auffassung der obersten Kommunalaufsichtsbehörde wiedergibt. Zu gegebener Zeit nach Erlaß der Verordnung wird dann ein Nachtrag zu dem Buch erscheinen. —

Die Deutsche Gemeindeordnung ist ein Grundgesetz des nationalsozialistischen Staates; sie schafft nicht nur einheitliches formales Recht für alle deutschen Gemeinden, sie soll vielmehr die Grundlage für den Verwaltungsaufbau des neuen Staates bilden. Das Gedankengefüge wird sich mit Leben und Geist einer neuen Zeit füllen. Ich habe daher ganz grundsätzlich vermieden, auf Vergangenes aus Schrifttum und Rechtsprechung zurückzugreifen. Es gilt vielmehr, Wort und Geist des neuen, für das ganze Reich einheitlichen Rechts sich auswirken zu lassen. Wenn auf dieser Grundlage das Buch, geschrieben aus der Gedankenwelt und der Erfahrung im Verlauf der Gestaltung des Gesetzes und der Vollzugsschriften, dazu beitragen würde, dieses Ziel zu fördern, Sinn und Geist des Gesetzes im gemeindlichen Leben zu verankern, so wäre dies die beste Befriedigung für die aufgewandte Mühe.

Max Schattenfroh.

Inhaltsverzeichnis.

Abkürzungsverzeichnis.

a. a. O.	=	am angeführten Orte.
Abs.	=	Absatz.
AG.	=	Ausführungsgesetz.
A.G.	=	Aktiengesellschaft.
Anm.	=	Anmerkung(en).
Art.	=	Artikel.
AusfAnw.	=	Ausführungsanweisung.
Ausg.	=	Ausgabe.
Bayer.	=	Bayerisch(e, er, es).
Bd.	=	Band.
BGB.	=	Bürgerliches Gesetzbuch.
DGO.	=	Deutsche Gemeindeordnung.
DGT.	=	Deutscher Gemeindetag.
d. h.	=	das heißt.
d. ö. R.	=	des öffentlichen Rechts.
DurchfVO.	=	Durchführungsverordnung.
EG.	=	Einführungsgesetz.
FAG.	=	Finanzausgleichsgesetz.
GBO.	=	Grundbuchordnung.
GemFinG.	=	Gemeindefinanzgesetz.
GemUG.	=	Gemeindeumschuldungsgesetz.
GemVG.	=	Gemeindeverfassungsgesetz.
Ges.	=	Gesetz.
GFVO.	=	Gemeindefinanzverordnung.
G. m. b. H.	=	Gesellschaft mit beschränkter Haftung.
GO.	=	Gemeindeordnung.
GS.	=	Gesetzsammlung.
GVBl.	=	Gesetz- und Verordnungsblatt.
HGB.	=	Handelsgesetzbuch.
i. S.	=	im Sinne.
JW.	=	Juristische Wochenschrift.
Kap.	=	Kapitel.
K. d. J.	=	Kammer des Innern.
KO.	=	Konkursordnung.
MABl.	=	Ministerialamtsblatt.
m. a. W.	=	mit anderen Worten.
MBliV.	=	Ministerialblatt für die Preußische innere Verwaltung.
MdJ.	=	Ministerium des Innern.
m. E.	=	meines Erachtens.
Min.	=	Ministerium.
NB.	=	nota bene.
Nr.	=	Nummer.
ob.	=	obig(e, en).

OLG.	=	Oberlandesgericht.
Pr., Preuß.	=	Preußisch(e, er, es).
RegAnz.	=	Bayerischer Regierungsanzeiger.
RegBl.	=	Regierungsblatt.
Regg.	=	Regierung(en).
RG.	=	Reichsgesetz.
RGBl.	=	Reichsgesetzblatt.
RGZ.	=	Entscheidungen des Reichsgerichts in Zivilsachen.
RHO.	=	Reichshaushaltsordnung.
RMdF.	=	Reichsminister der Finanzen.
RMdJ.	=	Reichsminister des Innern.
RuPrMdJ.	=	Reichs- und Preußischer Minister des Innern.
RV.	=	Reichsverfassung.
RVO.	=	Reichsversicherungsordnung.
RWiM.	=	Reichswirtschaftsminister.
S.	=	Seite.
s.	=	siehe.
SchBG.	=	Schulbedarfsgesetz.
StGB.	=	Strafgesetzbuch.
StPO.	=	Strafprozeßordnung.
Textausgabe	=	Ausgabe der Deutschen Gemeindeordnung im Verlag J. Schweitzer.
u. ä.	=	und ähnliche(n, s).
ÜberlVO.	=	Überleitungsverordnung.
u. U.	=	unter Umständen.
V.	=	Verordnung.
VBl.	=	Verordnungsblatt.
vgl.	=	vergleiche.
v. H.	=	vom Hundert.
VO.	=	Verordnung.
Vorl.	=	Vorläufige.
WG.	=	Gesetz zur Wiederherstellung des Berufsbeamtentums.
WGO.	=	Württembergische Gemeindeordnung.
Ziff.	=	Ziffer.
ZPO.	=	Zivilprozeßordnung.
ZVG.	=	Zwangsversteigerungsgesetz.

Einführung[1]).

Die Selbstverwaltung der deutschen Gemeinden hat sich in dem Jahrzehnte vor der Machtübernahme in einer schweren, steigenden Krise befunden. Neben der wirtschaftlichen Bedrängnis der Zeit trat gerade auf kommunalpolitischem Gebiete der allgemeine Zerfall des liberal-demokratischen Staates immer stärker zutage. Dazu kam, daß der Gesetzgeber in der Verwaltungsform der Gemeinden der völligen Umschichtung des Volks- und Wirtschaftskörpers nicht gefolgt ist; es wurde lediglich die parlamentarisch-demokratische Grundanlage immer wieder abgewandelt und deren Unzulänglichkeit von Stufe zu Stufe gesteigert. Diese Mängel wirkten sich in der Zeit der Blüte nicht so offensichtlich aus; die wachsende Notlage aber ließ sie, vor allem bei ihrer unmittelbaren Auswirkung auf die Bürger, klar und fühlbar hervortreten.

So übernahm der neue Staat die deutschen Gemeinden in einer organisatorischen und stärksten finanziellen Zerrüttung. In Preußen allein waren über 600 Staatskommissare eingesetzt. Eine große Reihe von Städten konnte ihre Zahlungsfähigkeit nur notdürftig mit Reichs- und Staatshilfe aufrechterhalten. Innere Spannungen und Gegensätze vermochten die Gemeinden immer weniger auszugleichen.

Entsprechend seiner grundsätzlich positiven Einstellung zur gemeindlichen Selbstverwaltung folgerte aber der nationalsozialistische Staat aus diesen Zuständen nicht etwa die Beseitigung der gemeindlichen Selbstverwaltung, sondern unternahm es unverzüglich, zunächst durch eine Reihe von Einzelmaßnahmen den Gang der Verwaltung wieder zu ordnen und die allmähliche finanzielle Gesundung der Gemeinden einzuleiten. Ersterem dienten insbesondere die Gleichschaltungsgesetze, die neue Männer in die Verwaltungsstellen der Gemeinden brachten und damit auch dem nationalsozialistischen Gedankengut Eingang in die Verwaltung der Gemeinden verschafften, und die Wiederherstellung eines lauteren Berufsbeamtentums. Die Grundlage für die finanzielle Gesundung der Gemeinden wurde geschaffen durch bedeutsame Maßnahmen zur Behebung der Arbeitslosigkeit und Wiederbelebung der Wirtschaft sowie durch Entstrickung der Gemeinden aus der besonders bedrohlichen Gefahr ihrer kurzfristigen Verschuldung. Gleichzeitig versuchten die einzelnen deutschen Länder, die Struktur der Gemeindeverwaltung den Grundgedanken

[1]) Amtliche Begründung zur Deutschen Gemeindeordnung (Allgemeiner Teil).

der neuen Staatsführung anzugleichen. Vor allem griff das preußische Gemeindeverfassungsgesetz vom 15. Dezember 1933 den Fragenkreis in seinem vollen Umfang auf und bereitete damit den Boden für die einheitliche Neuregelung des Gemeindewesens im ganzen Reiche. Auf Grund der so in den Ländern gemachten Erfahrungen geht nunmehr das Reich daran, den deutschen Gemeinden in einem umfassenden Gesetze die endgültig neue Lebensgrundlage im neuen Staate zu geben.

Der staatspolitische Sinn und Gehalt der Selbstverwaltung der Gemeinden wird bejaht: Die unterste, volksnächste Stufe der öffentlichen Verwaltung im Staate soll unmittelbar aus dem Volke selbst herauswachsen. Die eigenverantwortliche Erfüllung der örtlichen Aufgaben durch die Gemeinden, gestützt auf die vertrauten Kenntnisse, bereiten Kräfte und auf das unmittelbare Interesse der Bürger an der örtlichen Gemeinschaft, wird für die einzig mögliche Regelung erachtet; sie macht gleichzeitig den Staat für überörtliche, staatsnotwendige Zwecke und Aufgaben frei. Diese organisierte örtliche Gemeinschaft soll die tätige Mitarbeit aller der gewinnen, die mit ihr durch geschichtliche Zugehörigkeit, Verbundenheit mit dem Boden der Heimat und innere Bereitschaft verwachsen sind, und so im wahren Geiste des Reichsfreiherrn vom Stein den Sinn für die staatliche Gemeinschaft im Volke selbst tief verankern. Deshalb wird am Begriff der Gemeinde als Trägerin der örtlichen Aufgaben, an den Grundlagen der gemeindlichen Selbstverwaltung und hierbei insbesondere an der vorzugsweise ehrenamtlichen Verwaltung sowie am grundsätzlich unbeschränkten Aufgabenkreis der Gemeinde festgehalten.

Die Schäden der Vergangenheit zeigen, daß die Reform in folgender anderer Richtung notwendig ist:

1. in der Umgestaltung der Verwaltungsform der Gemeinde unter besonderer Berücksichtigung der Stellung der Partei im nationalsozialistischen Staate;
2. in der stärkeren Eingliederung der Gemeinde in das Staatsganze;
3. in der festen Ordnung des gemeindlichen Finanzwesens;
4. in der Neugliederung der Gemeinden oder ihrer Zusammenfassung zu leistungsfähigen engeren Verbänden;
5. in der Sicherung der Einheit der örtlichen Verwaltung.

1. Verwaltungsform der Gemeinde.

Selbstverwaltung ist nicht an starre Formen und Begriffe gebunden. Sie erhält ihr Gepräge von den Grundgedanken, auf denen der Staat selbst beruht.

Die Vergangenheit sah das wesentlichste Kennzeichen der Selbstverwaltung nicht in der Schaffung eines eigenverantwortlichen Trägers der örtlichen Aufgaben, auch nicht in der ehrenamtlichen Beteiligung der Bürger an der Verwaltung, sondern unrichtigerweise in der Selbstbestimmung der Verwaltungsorgane durch Wahl der Bürgerschaft (Einwohnerschaft), und zwar solcher Organe, die aus einer Vielzahl gewählter Vertreter bestanden und im Wege der Abstimmung über die Gemeindeangelegenheiten entschieden. Dies lag in der liberal-demokratischen Auffassung begründet, die schließlich das deutsche Volk einer staatszersetzenden Parteienwirtschaft auslieferte.

Der neue Staat beruht auf dem Grundsatze der unbeschränkten Führerverantwortlichkeit. Er lehnt Einrichtungen parlamentarisch-demokratischer Art, die die Verantwortung des einzelnen verwischen oder auslöschen, unbedingt ab. „Autorität nach unten und uneingeschränkte Verantwortung nach oben" ist der Grundsatz des nationalsozialistischen Staates.

Sollen die Gemeinden nicht Fremdkörper im staatlichen Organismus sein, so muß schon aus Gründen der Folgerichtigkeit der Führergrundsatz auch in ihnen verwirklicht werden. Aber auch abgesehen hiervon, zwingen folgende Gründe dazu: In den Gemeinden, vor allem in den Städten, traten unmittelbarer und greifbarer als anderswo die mit dem Gewichte der toten Zahl verbundenen Schäden zutage, angefangen von der Auslese der Verwaltungsorgane durch Wahl bis zu den Beschlüssen, die oft durch Flucht vor der Verantwortung, Parteikompromisse, ja sogar Parteikorruption bestimmend beeinflußt waren. Hier grundstürzend und auf die Dauer Wandel zu schaffen ist unerläßlich. In den zwei Jahren seit der Machtübernahme haben sich die Vorzüge der auf den Führergrundsatz abgestellten Verwaltungsform auch in den Gemeinden bewährt. Nur sie gewährleistet eine geschlossene, einheitliche, schlagkräftige und straffe Verwaltungsführung und stellt die Verantwortlichkeit klar heraus.

Die rechtlichen Folgen des Führergrundsatzes sind, daß Willensbildung und Vollzug (Führung und Durchführung) in einer Hand liegen und daß deshalb alle dem entgegenstehenden gemeindlichen Verwaltungsformen (Einkammersystem, Zweikammersystem, Bürgermeisterverfassung usw.) ausnahmslos beseitigt werden. Hierdurch wird aber weder die vorzugsweise ehrenamtliche Führung der Geschäfte noch auch das genossenschaftliche Element in der Verwaltung, nämlich die Mitwirkung der Bürgerschaft, ausgeschlossen. Beides wird vielmehr als hoher Wert der Selbstverwaltung anerkannt. Jedoch ist die Mitwirkung der Bürgerschaft nach dem Wesen des Führergrundsatzes auf die eigenverantwortliche Beratung des Leiters der Gemeinde umzustellen. Die zur Beratung berufenen Bürger stehen dem Leiter der Gemeinde nicht wie früher als geschlossene Vertretungskörperschaft mit Kontrollbefugnis gegenüber, sondern werden unter Ausschaltung jedes Dualismus im engsten Zusammenwirken und in einheitlicher Zielsetzung mit ihm tätig.

Den notwendigen Ausgleich findet der Grundsatz der unbeschränkten Führerverantwortlichkeit des Leiters der Gemeinde

a) in der Art der Berufung des Leiters,
b) in der Kontrolle des Leiters durch den Staat,
c) in der Ordnung seines Verhältnisses zur Partei und
d) zur Bürgerschaft.

Zu a): Die volle Verantwortung des Leiters der Gemeinde für ihre Gesamtverwaltung, die vielfachen Aufgaben, die er auch im Auftrage des Staates zu erfüllen hat, erfordern, daß seine Auslese unter die Gewähr größter Sorgfalt gestellt wird. Zugleich soll diese Auslese in enger Verbundenheit mit dem zur örtlichen Selbstverwaltung berufenen Volke geschehen. Dies wird gesichert durch ein Verfahren, in dem Partei, Bürgerschaft und Staat zur Berufung des Leiters der Gemeinde zusammenwirken. Dadurch wird gewährleistet, daß nur solche Persönlichkeiten berufen werden, die das Vertrauen von Partei und Staat sowie der örtlichen Gemeinschaft genießen und willens und geeignet sind, die Verwaltung der Gemeinde im nationalsozialistischen Geiste zu führen.

Zu b): Die dem Führergrundsatz wesentliche Autorität nach unten und Verantwortung nach oben verbieten die Kontrolle des Leiters der Gemeinde von unten her. Diese Aufgabe konnte deshalb nicht den Gemeinderäten übertragen werden, sondern mußte in vollem Umfange auf den Staat übergehen. Hierzu wird auf die näheren Ausführungen unter Ziffer 2 verwiesen.

Zu c): Die Stellung der Gemeinden als Glieder des Staates erfordert, daß der in der Verfassung des Reiches ausgeprägte Grundsatz der Einheit von Partei und Staat auch in der Gemeinde seinen Ausdruck findet. Auch der Sinn der gemeindlichen Selbstverwaltung führt dazu: Die NSDAP. vertritt als Trägerin der Staatsidee das Gesamtvolk. Sie trägt vor den Augen des Volkes eine weitgehende Mitverantwortung für alles öffentliche Geschehen. Deshalb wird sie in die Verwaltung der Gemeinde maßgebend eingeschaltet, aber zur Wahrung des Führergrundsatzes in gesetzlich so bestimmt geregelter Weise, daß die Verantwortlichkeit des Leiters der Gemeinde nicht verwischt wird.

Die Partei wird in zweifacher Weise eingeschaltet, nämlich bei der Berufung der Gemeindeorgane und bei einzelnen besonders hervortretenden Verwaltungsakten.

Bei der Berufung der Gemeindeorgane ist die Partei in maßgebender Weise beteiligt. Die Gemeinderäte, die Berater des Bürgermeisters aus dem Kreise der Bürgerschaft, werden ausschließlich, ohne daß sie von der Aufsichtsbehörde zu bestätigen wären, von dem Beauftragten der NSDAP. berufen. Auch bei der Berufung der leitenden Gemeindebeamten ist der Partei weitgehender Einfluß eingeräumt. Zur Auslese der Bürgermeister und Beigeordneten macht der Beauftragte der NSDAP. (bei hauptamtlich verwalteten Stellen grundsätzlich nach vorheriger Ausschreibung) bis zu drei Vorschläge. Erklärt sich die nach dem Gesetze zuständige Staatsbehörde mit einem dieser Vorschläge einverstanden, so ernennt die Gemeinde den so Berufenen. Dabei ist darauf hinzuweisen, daß bei allen größeren Städten entweder der Reichsstatthalter, also die Stelle, die in einer Person eines der höchsten Partei- und Staatsämter vereinigt, oder der Reichsminister des Innern selbst zuständig ist.

Für den Gang der Verwaltung hat grundsätzlich der durch das Vertrauen von Partei und Staat berufene Leiter der Gemeinde die ausschließliche Verantwortung zu tragen. Bei zwei besonders hervorstechenden Entschließungen ist jedoch der Beauftragte der NSDAP. eingeschaltet, und zwar bei Erlaß und Änderung der Hauptsatzung, die die Verfassung und Verwaltung der Gemeinde im Rahmen der Deutschen Gemeindeordnung näher ausgestaltet und auf längere Zeit festlegt, sowie dann, wenn Verdienste um Volk und Staat oder um die Gemeinde besonders geehrt werden sollen. Von einer weiteren Einschaltung des Beauftragten der NSDAP. ist Abstand genommen worden, um nicht in die Verwaltung einen Dualismus hineinzutragen und damit den Führergrundsatz und die Verantwortlichkeit des Leiters der Gemeinde zu verwischen. Der Beauftragte der NSDAP. ist aber berechtigt, an den Beratungen des Bürgermeisters mit den Gemeinderäten teilzunehmen, wenn es sich um Angelegenheiten handelt, bei denen ihm das Gesetz ausdrücklich eine Mitwirkung einräumt; er soll sich dadurch selbst ein unmittelbares Urteil bilden können.

Zu d): Die Führung der Gemeinde durch eine einzige verantwortliche Persönlichkeit trägt die Gefahr in sich, daß sich die Verwaltung von der zu betreuenden Bevölkerung entfernt, ihr entfremdet und in eine gewisse bürokratische Erstarrung gerät. Die fortdauernde Belebung der Verwaltung von außen her ist aber gerade in der Gemeinde unerläßlich. Außerdem ist es ja gerade ein Hauptziel der Selbstverwaltung, die Mitarbeit aller erfahrenen, an der örtlichen Gemeinschaft interessierten Kräfte zu gewinnen, sie im Dienst an der Gemeinde zusammenzuführen und so Gemeinsinn und Heimatliebe zu wecken und zu fördern. Hierzu ist die tätige Mitwirkung der Bürger bei der Verwaltung in jeder Form notwendig, die sich mit dem Gedanken des Führerprinzips verträgt. Deshalb soll die dauernde Fühlung des Leiters der Gemeinde und seiner Vertreter mit allen Schichten der Bevölkerung durch Berufung von verdienten und erfahrenen Bürgern zu Beratern als Gemeinderäte und Beiräte gesichert werden. Diese Berater werden nach nationaler Zuverlässigkeit, Verdienst und Sachkunde auserlesen. Beides bedeutet eine grundsätzliche Abkehr vom vergangenen System: Das aus Wahlen hervorgegangene Kollegium einer Vielzahl von Personen, deren Meinungen in Abstimmungen nur gezählt wurden, soll beseitigt sein; der einzelne soll mit dem Gewicht seiner Persönlichkeit, seines Verdienstes und seiner Sachkunde eigenverantwortlich ohne Bindung an Weisungen seinen Rat geben. Das Gesetz fördert die freie verantwortungsvolle Meinungsäußerung, indem es die Gemeinderäte und Beiräte sogar verpflichtet, ihre abweichende Auffassung kundzutun. Diese auf die Persönlichkeit abgestellte Mitwirkung wird dazu beitragen, das gemeindliche Ehrenamt wieder zu einem wirklichen Ehrendienste zu machen und so die Mitwirkung der Bürgerschaft fruchtbarer als früher zu gestalten.

Die Gemeinderäte sind zu allen wichtigen Angelegenheiten der Gemeinde, auch zur Besetzung der Stellen der eigentlichen Amtsträger der Gemeinde (des Bürgermeisters und seiner Vertreter, der Beigeordneten) zu hören. Niemals kann der Leiter der Gemeinde eine Haushaltssatzung ohne Beratung mit den Gemeinderäten feststellen. Ebenso muß er seine jährliche Rechenschaftslegung zuerst den Gemeinderäten unterbreiten. Sie sind von dem endgültigen Ergebnisse der Prüfung, also auch von den Beanstandungen bei der Entlastung durch die Aufsichtsbehörde, in vollem Umfang in Kenntnis zu setzen.

Die Beiräte wirken an einem bestimmten Verwaltungszweig, insbesondere bei der Verwaltung der Eigenbetriebe (Werke) der Gemeinde, beratend mit und ersetzen so die früheren Deputationen und Ausschüsse.

Dieses genossenschaftliche Element in der Gemeindeverwaltung wird dadurch verstärkt, daß die Gemeindeordnung auch auf die ehrenamtliche Besetzung der Stellen des Leiters der Gemeinde und seiner Vertreter, soweit es der Umfang und die Eigenart der Verwaltungsgeschäfte zulassen, großes Gewicht legt.

2. Einordnung der Gemeinde in den Staat.

Die Gemeinden sind Zellen des Staates. Ihr Eigenleben muß daher mit dem Wohle des Staats- und Volksganzen im Einklang stehen.

Die Gesetzgebung der Vergangenheit hat sich beim Gestaltungswandel der Selbstverwaltung von der Grundeinstellung des Reichsfreiherrn vom Stein gerade in diesem Punkt immer weiter entfernt. Der Staat ist von Stufe zu Stufe weiter von den Gemeinden abgerückt und hat sich schließlich ganz auf die Kontrolle der Gesetzmäßigkeit des Wirkens der Gemeinden zurückgezogen. Auch hierbei hat er sich durch Einräumung eines weitestgehenden verwaltungsgerichtlichen Schutzes des Selbstverwaltungsrechts der Gemeinden Beschränkungen auferlegt, die ihn zwangen, in langwierigen Prozessen vor Verwaltungsgerichten die Gesetzmäßigkeit seines eigenen obrigkeitlichen Handelns gegenüber seinen Gliedkörperschaften zu verteidigen. Er nahm keinen oder nur schwachen Einfluß auf die Besetzung der Stellen der Amtsträger der Gemeinden, obwohl er gleichzeitig infolge der vielfachen Verflechtung der Selbstverwaltung mit der Staatsverwaltung in der untersten Instanz gezwungen war, diese Amtsträger mit wichtigsten staatlichen Rechten und Pflichten auszustatten. Er mußte deshalb zusehen, daß die Gemeinden sich — ausgehend von der damaligen Staatsauffassung, die Wahrung der Individualität sei höchste Pflicht der Gemeinde, — offen mit den

Zielen der Staatsführung in Widerspruch setzten, ja vor dem Verfassungsgerichtshof des Reiches als gleichberechtigte Gegner im Streite mit dem Staate um Verfassungsfragen auftraten.

Mit der Auffassung des neuen Staates über eine feste und sichere Staatsführung unter stärkster Betonung des Vorranges der Interessen der Volksgemeinschaft vor jedem individualistischen Sonderanspruch ist dies unvereinbar. Es ist daher notwendig, die Gemeinden und ihre Verwaltung im Sinne engster Staatsverbundenheit so fest in das Staatsganze einzubauen, daß ein Kampf, ja ein gegensätzliches Verhalten gegen den Staat in grundsätzlichen Zielen der Staatsführung und in der Erfüllung gesamtdeutscher Aufgaben völlig ausgeschlossen ist. Damit will der neue Staat keineswegs das berechtigte Eigenleben der Gemeinden einschnüren oder durch die staatliche Bürokratie die gemeindliche Selbstverwaltung lähmen. Bei der Neuordnung des Verhältnisses der Gemeinden zum Staate will dieser vielmehr die freie Entfaltung der Entschlußkraft und Verantwortungsfreudigkeit der Gemeinden im Rahmen des Gesetzes und der eigenen Leistungsfähigkeit fördern und macht dies den Aufsichtsbehörden ausdrücklich zur Pflicht; dem Gesamtinteresse muß er aber im gebotenen Falle rückhaltlos Geltung verschaffen können.

Hieraus ergibt sich die im Gesetze vorgesehene Regelung.

a) Das Wirken der Gemeinden muß nicht nur mit den Gesetzen, sondern auch mit den Zielen der Staatsführung im Einklang stehen. Der Staat will die Selbstverwaltung der Gemeinden nicht bis ins einzelne regeln. Davon kann er aber nur absehen, wenn die Gemeinden unter das höhere Gebot der Gleichrichtung des Verwaltungskurses in Staat und Gemeinden gestellt werden. Hierfür wählt das Gesetz die feierliche Fassung „im Einklang mit den Zielen der Staatsführung", um auszudrücken, daß es sich nicht um kleinliche, sondern um sachlich oder politisch bedeutsame Angelegenheiten handeln muß, wenn die Staatsaufsicht einen Eingriff in die Selbstverwaltung auf eine Verletzung dieses Gebotes stützen will.

Im übrigen verbleibt es dabei, daß das Wirken der Gemeinden nach der positiven und negativen Seite im Einklang mit den Gesetzen stehen muß.

In jedem Falle aber muß es ausgeschlossen sein, daß der Staat für sein obrigkeitliches Eingreifen in öffentlich-rechtliche Angelegenheiten seiner Gliedkörperschaften Recht vor Verwaltungsgerichten suchen muß. Es soll daher darüber, ob eine Aufsichtsbehörde mit Recht in die Selbstverwaltung einer Gemeinde zur Wiederherstellung des Einklangs mit den Gesetzen und Zielen der Staatsführung eingegriffen hat, die vorgesetzte Behörde, letzten Endes die oberste Aufsichtsbehörde entscheiden.

b) Daß sich der Staat des maßgebenden Einflusses auf die Besetzung der Stellen der leitenden Amtsträger der Gemeinden nicht begeben kann, ist bereits oben ausgeführt worden.

c) Bei der unlöslichen Verbundenheit der Finanzen des Reiches mit den Finanzen seiner Gliedkörperschaften erachtet es der Staat für unerläßlich, die Wirtschaftsführung der Gemeinden auf einheitlicher Grundlage so fest zu ordnen, daß hieraus weder für die Gemeinde noch für das Staatsganze eine Gefahr entstehen kann. Nur dadurch können die Schäden der Vergangenheit überwunden und für die Zukunft ausgeschlossen werden. Hinsichtlich der Einzelheiten wird auf die eingehenderen Ausführungen unter Ziff. 3 verwiesen.

3. Ordnung des gemeindlichen Finanzwesens.

An die Neugestaltung der Verfassung und Verwaltung der Gemeinden schließt das Gesetz unmittelbar die Normen für ihre Wirtschaftsführung an. Die Verbindung in *einem* Gesetz ist bewußt geschehen, nicht nur, um die Grundlagen der gesamten Gemeindeverwaltung rein äußerlich in einem geschlossenen Gesetze zu bringen, sondern um mit aller Deutlichkeit hervorzuheben, daß eine fruchtbare Gemeindeverwaltung unter allen Umständen durch eine geordnete Finanzwirtschaft bedingt ist. Zur Sicherung einer solchen bedürfen auch die Gemeinden bestimmter fester Normen, wie sie für das Reich in der Reichshaushaltsordnung und für die Länder in den entsprechenden Gesetzen längst festgelegt sind. Durch solche Normen wird es zugleich dem Leiter der Gemeinde leichter gemacht, die volle und ausschließliche Verantwortung für die Verwaltung zu tragen. Denn seine Entschließungen von größerer finanzieller Bedeutung werden von vornherein in solche Bahnen gelenkt, die sich gerade auf Grund der Erfahrungen des letzten Jahrzehnts als die allein richtigen erwiesen haben. Auch macht der Staatsführung nur die grundsätzlich gleiche Ordnung eine mit den Zielen des Staates im Einklang stehende Lenkung der Kommunalwirtschaft und eine wirksame Staatsaufsicht möglich. Eine auf Ordnung ihrer Finanzen bedachte Selbstverwaltung aber wird dadurch in keiner Weise gehemmt oder eingeschnürt; denn alle diese Normen sollten für jede vernünftige Verwaltung Selbstverständlichkeit und damit Richtschnur ihrer Betätigung sein.

Die Aufstellung solcher Normen für die Finanzwirtschaft der Gemeinden duldete keinen Aufschub, wie es z. B. im Hinblick darauf angeregt war, daß die gegenwärtige, noch mit dem Bleigewicht der finanzwirtschaftlichen Mißgriffe der Vergangenheit belastete Zeit die restlose Durchführung aller notwendigen Grundsätze nicht möglich erscheinen lasse. Es wurde dabei insbesondere darauf hingewiesen, daß auch bei allen Anstrengungen nicht alle Gemeinden in der Lage seien, z. B. ihren Haushalt auszugleichen und Rücklagen zu bilden. Demgegenüber war daran festzuhalten, daß es nur mit der Anerkennung solcher Grundsätze möglich ist, das Erbe der Vergangenheit zu überwinden und in allen Gemeinden zu gesunden wirtschaftlichen Verhältnissen zu gelangen. Wenn das Ziel erreicht werden soll, muß der Weg zu ihm unter allen Umständen festliegen, damit ihn auch diejenigen Gemeinden sobald als möglich betreten können, denen im Augenblick noch das eine oder andere Hindernis entgegensteht.

Andererseits durfte auch die inzwischen eingetretene Entlastung vieler Gemeinden nicht dazu verleiten, von der Aufstellung fester Normen für die Gemeindefinanzwirtschaft in dem Gesetz Abstand zu nehmen. Denn bis auch diese Gemeinden ihre volle Bewegungsfreiheit wiedergewinnen und festhalten können, hat noch unendlich viel zu geschehen. Es ist nicht nur der Haushaltsausgleich nachhaltig zu sichern, es ist vielmehr auch ein übergroßer Schuldenblock zu verkleinern, es sind zahlreiche Rückstände in Verbindlichkeiten und Leistungen (auch in der eigenen Wirtschaft der Gemeinde) zu bereinigen, es sind die voll ausgeschöpften Rücklagen, soweit solche überhaupt vorhanden waren, wieder anzusammeln, und vor allem muß die für die Wirtschaft dringend notwendige Herabminderung der untragbar erhöhten Steuer- und Gebührensätze allmählich erreicht werden. Ebenso ist aber zu verhüten, daß wirklich gesund gewordene Gemeinden wieder in alte Fehler zum Nachteil des Staats- und Volksganzen zurückfallen.

Das Preußische Gemeindefinanzgesetz vom 15. Dezember 1933 hat zum erstenmal die von namhaften Vertretern der Finanzwissenschaft schon in den Vorjahren gemachten Vorschläge ausgewertet und ihnen damit in bahnbrechender Weise für den größten Teil des Reiches bereits Geltung verschafft. Diese Grundsätze sind ein Jahr lang erprobt worden und haben sich im allgemeinen bewährt. Sie bilden daher mit Recht im wesentlichen auch die Grundlage für die Regelung des Gegenstandes in diesem Gesetze.

Das Ziel der Neuordnung ist, die gesamte Wirtschaftsführung der Gemeinden, ihre Haushaltsführung, ihre Vermögensverwaltung und ganz allgemein ihren Willen zu Leistungen im Dienste des Gemeinwohls mit ihrer eigenen nachhaltigen Leistungsfähigkeit und mit der gebotenen Rücksicht auf die Wirtschaftskraft der pflichtigen Volksgenossen in Einklang zu bringen.

Das Gesetz sucht dieses Ziel zu erreichen:

a) durch Aufstellung fester Normen für die gemeindliche Wirtschaftsführung in formaler und materieller Hinsicht,

b) durch stärkere Einschaltung der Staatsaufsicht auf diesem Gebiet als auf anderen,

c) durch Ordnung des Kassen-, Rechnungs-, insbesondere aber des Prüfungswesens.

a) Den Kernpunkt der Ordnung der formalen Finanzwirtschaft der Gemeinden bilden die Vorschriften über die Haushaltsführung. Der Übergang zum Führerprinzip bedingt eine wesentliche Veränderung der früheren Regelung. Die frühere Zweiteilung in — im wesentlichen — bewilligende und ausführende Gemeindeorgane und die darin nach gesetzgeberischer Absicht liegende Sicherung für die Einhaltung des jährlichen Wirtschaftsplanes der Gemeinde wird durch die formale Feststellung der Haushaltssatzung und die materielle Bindung an sie ersetzt.

Die elementarsten Grundsätze einer geordneten Haushaltsführung, die für sämtliche Gemeinden ohne Rücksicht auf ihre Größenordnung unterschiedslos gelten müssen, werden im Gesetze selbst festgelegt: Rechtliche Bedeutung des Haushaltsplanes, der Öffentlichkeit des Haushaltsplanes, Grundsatz der Wirtschaftlichkeit und der Sparsamkeit, Trennung in einen ordentlichen und außerordentlichen Haushaltsplan unter besonderer Ausgestaltung des letzteren für die Vermögenswirtschaft und insbesondere für die Schuldenwirtschaft, Grundsatz des Haushaltsausgleichs, Sicherung des Haushalts gegen wirtschaftliche Schwankungen und zeitliche Verteilung der Lasten (Rücklagen). Das Gesetz sieht aber bewußt davon ab, die Einzelheiten der Aufstellung und Abwicklung des Haushaltsplanes über die für alle Gemeinden gleicherweise geltenden Vorschriften hinaus selbst näher zu regeln; es überläßt dies einer Verordnung, die sich an die Reichshaushaltsordnung anlehnen wird.

Zu diesen Vorschriften über das formale Haushaltswesen treten materielle Bestimmungen über die Vermögensverwaltung, die wirtschaftliche Betätigung und die Schuldenwirtschaft. Auch hierzu werden insbesondere über die Bildung von Erneuerungs- und Erweiterungsrücklagen sowie über die Veräußerung von Gemeindevermögen nähere Bestimmungen getroffen werden. Dabei ist der Notwendigkeit Rechnung zu tragen, einheitliche Grundsätze für die Bewertung des Gemeindevermögens aufzustellen.

b) Die Staatsaufsicht über die gemeindliche Wirtschaftsführung beschränkt sich nicht darauf, die Einhaltung der gesetzlichen Vorschriften in materieller und formeller Hinsicht zu sichern; sie ist vielmehr bei wichtigen Tatbeständen durch das Erfordernis ihrer Genehmigung eingeschaltet. Dies gilt namentlich bei der Veräußerung von Gemeindevermögen und in ganz besonderem Maße — mit Rücksicht auf die Erfahrungen der zurückliegenden Zeit — bei Schuldaufnahmen. Die Haushaltssatzung ist als Ganzes nicht genehmigungspflichtig. Wohl aber ist für einzelne, allerdings wichtige haushaltswirtschaftliche Maßnahmen im Rahmen der Haushaltssatzung (wie Aufnahme von Darlehen, Höchstbetrag der Kassenkredite, Steuerfestsetzungen) die Genehmigung der Aufsichtsbehörde vorgesehen. Große Bedeutung kommt auch der Vorschrift zu, nach der Unternehmen, die mit Mitteln des außerordentlichen Haushalts ausgeführt werden sollen, nicht in Angriff genommen werden dürfen, bevor die vorgesehenen Einnahmen eingegangen sind oder ihr rechtzeitiger Eingang einwandfrei rechtlich und tatsächlich gesichert ist. Viel zu oft sind in der Vergangenheit zum schwersten Schaden der betroffenen Gemeinde gerade auf diesem Gebiete durch Inangriffnahme von weittragenden Unternehmen ohne rechtzeitige und lückenlose Finanzierung vollendete Tatsachen geschaffen worden, die zu den unerfreulichsten Folgewirkungen, insbesondere zum Abgleiten der

Gemeinden in schwerste und bedrohliche kurzfristige Verschuldung, geführt haben.

c) Diese im wesentlichen vorbeugenden Befugnisse der Staatsaufsicht werden ergänzt durch die Einrichtung einer planmäßigen nachträglichen Prüfung der gemeindlichen Haushalts- und Rechnungsführung. Dazu dienen die Vorschriften über die Errichtung gemeindlicher Prüfungsämter, über die Entlastung des Bürgermeisters und insbesondere über die Errichtung einer eigenen öffentlichen Anstalt für die Durchführung der überörtlichen Ordnungs- und Wirtschaftlichkeitsprüfung, die dem Reichsminister des Innern unterstellt wird. Auf diesem Gebiete sind in den einzelnen Ländern, teils in längerer Entwicklung, teils in jüngster Zeit, Einrichtungen ausgebildet worden, die ihrem Zwecke nach als notwendig anerkannt werden müssen und deshalb nunmehr einheitlich für das ganze Reich ausgestaltet werden sollen. Hierzu ist Voraussetzung, daß über die verwaltungsorganisatorische Gliederung des Reiches Klarheit besteht. Das Nähere wird auch für dieses Teilgebiet zu gegebener Zeit durch eine Verordnung bestimmt werden.

Daß ein großer Teil der hier einschlägigen Vorschriften nicht durch das Gesetz, sondern erst auf Grund des Gesetzes im Verordnungswege erlassen werden soll, ist in erster Linie dadurch begründet, daß diese Vorschriften sich in vielen Teilen nach der Größe der Gemeinden und damit ihrer Verwaltung werden unterscheiden müssen. Auch soll das Gesetz nicht durch zu weitgehende Einzelheiten belastet werden und so die Übersichtlichkeit und Klarheit verlieren. Vor allem aber sollen die Vorschriften über Einzelheiten den wechselnden Verhältnissen leichter angepaßt werden können.

4. Neugliederung der Gemeinden oder Zusammenfassung zu engeren Verbänden.

Seit Jahren bemühen sich die Länder, das Problem der Vereinfachung und Verbilligung unter gleichzeitiger Hebung des Wirkungsgrades der Verwaltung und der Leistungsfähigkeit der Gemeinden zu lösen; es beschränkt sich in der Hauptsache auf die kreisangehörigen Gemeinden. Der Ausgangspunkt und der Fragenkreis war so verschiedenartig, daß die vielfältigsten Wege einer Lösung beschritten wurden. Zumeist ging man von der durchaus berechtigten Beseitigung zu kleiner und leistungsschwacher Gemeinden aus; in der letzten Auswirkung gipfelte dieses Vorgehen in der Bildung großräumiger Gemeinden mit fachlich geschulten Verwaltungskräften. Teils schloß man die kleineren, grundsätzlich auf ehrenamtliche Führung der Geschäfte gestellten Gemeinden in engere Verbände zusammen oder ebnete wenigstens durch Gesetz die Möglichkeit des Zusammenschlusses mit dem Ziele, dadurch die Erledigung gemeinsamer, gleichartiger Geschäfte durch fachlich geschulte Dienstkräfte zu erreichen und durch gesammelten Einsatz der gemeinsamen Kräfte für gemeinsame Aufgaben auch die Leistungsfähigkeit zu heben. Teils handelte es sich um die bloße Sicherung der verwaltungstechnischen Ordnung des einen oder anderen wichtigen Verwaltungszweiges, wie z. B. des Haushalts-, Kassen- und Rechnungswesens, indem für mehrere Gemeinden geeignete Fachkräfte zur gemeinsamen Führung dieses Verwaltungszweiges bestellt wurden (Steuer- und Gemeindeeinnehmer, Verwaltungsaktuare u. ä.). Teils wurde die Verwaltungsreform der Gemeinden nach einem einheitlichen Plane für ein ganzes Land durchgeführt; teils wurde nur der gesetzliche Rahmen geschaffen, innerhalb dessen die Verwaltung das für „Land und Leute" Entsprechende ausgestaltete.

Unter den verschiedenen Lösungsmöglichkeiten spielen gegenwärtig in der öffentlichen Erörterung des Fragenkreises zwei eine besondere Rolle: Die sogenannte oldenburgische Verwaltungsreform, die auf einer rein territorialen Neugliederung und Bildung großräumiger Gemeinden und dementsprechend großer Kreise beruht, und die Amtsordnung für Rheinland und Westfalen, die unter Aufrechterhaltung der auf der Grundlage der Siedlungseinheit naturgewachsenen Gemeinden den Zusammenschluß der kreisangehörigen Gemeinden zu engeren Gemeindeverbänden mit in der Hauptsache hauptamtlicher, fachlich geschulter Verwaltung zusammenfaßt.

Zweifellos ist ein unabweisbares Bedürfnis für eine Verwaltungsreform der Gemeinden gegeben. Zwerggemeinden mit geringster Leistungsfähigkeit sind nicht nur der Bewältigung der Aufgaben der Gegenwart und Zukunft nicht gewachsen, sondern hemmen auch durch ihre Vielzahl die Bildung entsprechend großer Kreise und Verwaltungsbezirke für die unteren staatlichen Verwaltungsbehörden. Hierdurch werden sogar die Grundlagen für die Neugliederung des Reiches nach Art, Größe und Grenzen seiner Glieder, ihren Aufgaben und Verantwortlichkeiten und der Neuregelung des Finanzausgleichs berührt. Es ist daher unerläßlich, daß das Reich durch den Reichsminister des Innern als oberste Kommunalaufsichtsbehörde die Verwaltungsreform der Gemeinden unverzüglich in die Hand nimmt. Wenn die Deutsche Gemeindeordnung dieses Problem nicht auf gesetzlichem Wege zu lösen versucht, so ist damit angedeutet, daß es in erster Linie eine Aufgabe der Verwaltung sein soll, die individuell richtigen Wege zu beschreiten. Es wird ferner damit ausgedrückt, daß sich weder die eine noch die andere Lösungsmöglichkeit auf alle Landstriche einheitlich und gleichmäßig übertragen läßt. Die geographischen, siedlungsmäßigen, wirtschaftlichen und geschichtlichen Voraussetzungen sind zu verschiedenartig, als daß ein einziges, für das ganze Reich gültiges Schema, das die Auflösung naturgewachsener Verhältnisse zur Folge haben würde, aufgestellt und ohne Schaden angewendet werden könnte.

Das Gesetz geht aber an dieser grundlegend wichtigen Frage keineswegs vorbei, sondern läßt verschiedene Lösungsmöglichkeiten mit einem weiten Spielraume für die Verwaltung offen:

Es ist grundsatzmäßig ausgesprochen, daß das Gebiet der Gemeinde so bemessen sein soll, daß die örtliche Verbundenheit der Einwohner gewahrt und die Leistungsfähigkeit der Gemeinde zur Erfüllung ihrer Aufgaben gesichert ist. Wenn dazu die Änderung der Gemeindegrenzen ausschließlich von Gründen des öffentlichen Wohls abhängig gemacht und die Verwaltung zur Änderung der Gemeindegrenzen, zur Auflösung und Neubildung von Gemeinden gesetzlich ermächtigt wird, so ist damit der Weg für eine territoriale Neugliederung der Gemeinden an sich geebnet. Dabei stellt sich das Gesetz auf den Standpunkt, daß die soziologische Grundlage der Gemeinde, nämlich die örtliche Verbundenheit der Einwohner, grundsätzlich nicht verlassen werden soll; Ausnahmen können in Einzelfällen nur dort Platz greifen, wo es aus zwingenden Gründen der Leistungsfähigkeit unbedingt geboten ist, Träger der örtlichen Verwaltung zur Erfüllung der öffentlichen Aufgaben einwandfrei instandzusetzen.

Neben der Möglichkeit, Gemeinden flächenmäßig zu vergrößern, sieht das Gesetz die Ermächtigung für den Zusammenschluß von Gemeinden zu engeren Gemeindeverbänden und zur Schaffung von Gemeinschaftseinrichtungen für kreisangehörige Gemeinden vor, die einen geordneten Gang der Verwaltung gewährleisten. Die Bezugnahme auf die Amtsverfassung im Rheinland und in Westfalen ist hierbei deutlich. Die Vorzüge dieser Einrichtung, die neben der Schaffung einer fachlich geschulten Verwaltung und der Hebung der Leistungsfähigkeit auch die Aufrechterhaltung der Gemeinden als naturgewachsener Siedlungseinheiten unter ehrenamtlicher Verwaltung sichert, werden als so wertvoll erachtet, daß ihre Übertragung auf Verhältnisse gleicher Struktur ernstlich zu erwägen ist.

Der Schwerpunkt für die endgültige Lösung wird, wie bereits erwähnt, bei der Verwaltung liegen. Eine zentrale einheitliche Regelung ist abzulehnen. Trotzdem wäre es falsch, wenn gerade jetzt für einzelne Länder vollendete Tatsachen in der einen oder anderen Richtung geschaffen würden, die im Rahmen einer Gesamtbetrachtung vielleicht verfehlt wären. Es ist deshalb notwendig, die im Gange befindliche Würdigung des gesamten Fragenkreises abzuwarten. Sie wird in allernächster Zeit abgeschlossen sein.

5. Einheit der örtlichen Verwaltung.

Es gehört zum staatspolitischen Sinne der Selbstverwaltung, daß die Gemeinden unmittelbar der Bevölkerung gegenüber, also als volksnächster Teil des Verwaltungsorganismus, alle öffentlichen Aufgaben nach örtlichem Bedürfnis und örtlicher Leistungsfähigkeit im Rahmen des Gesetzes verwalten, soweit nicht ganz besondere Staatsnotwendigkeiten die Ausführung durch Staatsbehörden verlangen. Die Gemeinde soll die von den verschiedensten zentralen Stellen ausgehenden Absichten und Pläne in der Ausführung zu einer Einheit zusammenfassen, damit Wille und Wirtschaftskraft der Bevölkerung möglichst gleichgerichtet den öffentlichen Aufgaben zugewendet werden. Ein Auseinanderstreben wird in der Gemeinde der Bevölkerung am unmittelbarsten fühlbar. Wenn neben der Gemeindeverwaltung eine immer größer werdende Reihe öffentlicher Aufgabenträger und Sonderbehörden tätig wird oder wenn der Gemeindeverwaltung durch eine zu weitgehende Regelung von oben her die Möglichkeit genommen wird, die einzelnen Aufgaben im Rahmen des Gesamten nach Leistungsfähigkeit und abgestufter Dringlichkeit zu verwalten, so geht dieser staatspolitische Sinn der gemeindlichen Selbstverwaltung verloren. Es schwindet das Interesse, wenn die Gemeinde nur noch Lastenträger ist, auf die Entwicklung des Aufgabengebietes aber keinen Einfluß mehr nehmen kann. Das Herausreißen der Einzelaufgaben aus dem Gesamtrahmen macht auch für die Bevölkerung die Zuständigkeiten unübersichtlich. In einer Sache muß oft eine Reihe von Behörden angegangen werden. Die Auseinandersetzungen „zuständigkeitshalber", die Notwendigkeit der Herstellung des „Einvernehmens" einer Reihe sachbeteiligter Behörden hemmen den Gang der Verwaltung zum Schaden des Verwaltungserfolges und der Bevölkerung. Am fühlbarsten aber wird für die Bevölkerung, daß sie von einer Reihe von Aufgabenträgern mit Sonderabgaben, -umlagen, -beiträgen und -gebühren in Anspruch genommen wird.

Es ist daher unbedingt notwendig, die Einheit der Verwaltung in der örtlichen Instanz soweit als möglich wiederherzustellen und sie vor allem für die Zukunft zu sichern. Gilt dies auch in erster Linie für die größeren Gemeinden (Stadtkreise), so hat es seine Bedeutung auch für die übrigen Gemeinden.

Das Gesetz trifft deshalb eine Reihe dahinzielender Vorschriften:

a) Staatliche Aufgaben zur Erfüllung nach Anweisung können den Gemeinden nur durch Gesetz übertragen werden.

b) Neue Pflichten können den Gemeinden nur durch Gesetz auferlegt werden. Eingriffe in die Verwaltung der Gemeinden sind nur im Wege des Gesetzes zulässig.

c) Verordnungen zur Durchführung solcher Gesetze bedürfen der Zustimmung des Reichsministers des Innern.

d) Innerhalb der Gemeinde wird die Geschlossenheit und Einheit der Verwaltung dadurch gewährleistet, daß der Leiter der Gemeinde ausschließlich und allein die Verantwortung für die Führung der Geschäfte trägt. Jede Schaffung von Organen oder von besonderen Dienstkräften der Gemeinde, die die Verantwortung für die einheitliche Führung der Verwaltung teilen würde, wird abgelehnt. Alle Beamten und sonstigen Dienstkräfte der Gemeinde unterstehen ausschließlich dem Leiter der Gemeinde als Dienstvorgesetzten.

e) Die staatliche Aufsicht über die Gemeinden wird einer Stelle übertragen und gipfelt bei einer obersten Kommunalaufsichtsbehörde, dem Reichsminister des Innern. Die fachliche Aufsicht anderer Behörden nach Maßgabe von Sondergesetzen, wonach diese Behörden Weisungen allgemeiner Art und im Einzelfalle erteilen können, wird hierdurch nicht beeinträchtigt. Doch ist es ausdrücklich ausgeschlossen, daß diese oder andere Behörden und Stellen in die Gemeindeverwaltung mit Zwangsmitteln, die nur der Kommunalaufsichtsbehörde zustehen, eingreifen.

Zu erwähnen ist noch, daß die Deutsche Gemeindeordnung es unterläßt, das Recht der Gemeindebeamten näher zu regeln. Dies hat darin seinen Grund, daß die Verhältnisse der deutschen Beamten in Kürze einheitlich durch ein Reichsgesetz geordnet werden und daß dessen Vorschriften grundsätzlich auch für die Gemeindebeamten gelten werden. Gegenüber diesem Reichsbeamtengesetz wird die Deutsche Gemeindeordnung als Sondergesetz erklärt werden, so daß die wenigen in ihr selbst getroffenen beamtenrechtlichen Vorschriften durch das Reichsbeamtengesetz nicht berührt werden.

Die Deutsche Gemeindeordnung

Vom 30. Januar 1935 (RGBl. I S. 49)

Die Deutsche Gemeindeordnung will die Gemeinden in enger Zusammenarbeit mit Partei und Staat zu höchsten Leistungen befähigen und sie damit instand setzen, im wahren Geiste des Schöpfers gemeindlicher Selbstverwaltung, des Reichsfreiherrn vom Stein, mitzuwirken an der Erreichung des Staatszieles: in einem einheitlichen, von nationalem Willen durchdrungenen Volke die Gemeinschaft wieder vor das Einzelschicksal zu stellen, Gemeinnutz vor Eigennutz zu setzen und unter Führung der Besten des Volkes die wahre Volksgemeinschaft zu schaffen, in der auch der letzte willige Volksgenosse das Gefühl der Zusammengehörigkeit findet.

Die Deutsche Gemeindeordnung ist ein Grundgesetz des nationalsozialistischen Staates. Auf dem von ihr bereiteten Boden wird sich der Neubau des Reiches vollenden.

Die Reichsregierung hat daher das folgende Gesetz erlassen, das hiermit verkündet wird:

Erster Teil

Grundlagen der Gemeindeverfassung

§ 1

(1) Die Gemeinden fassen die in der örtlichen Gemeinschaft lebendigen Kräfte des Volkes zur Erfüllung öffentlicher Aufgaben der engeren Heimat zusammen.

(2) Die Gemeinden sind öffentliche Gebietskörperschaften. Sie verwalten sich selbst unter eigener Verantwortung. Ihr Wirken muß im Einklang mit den Gesetzen und den Zielen der Staatsführung stehen.

I. Amtliche Begründung s. Textausgabe S. 26/27.

II. DurchfVO. (§ 1)

(1) Ortschaften, Teilgemeinden und ähnliche innerhalb einer Gemeinde bestehende Verbände (Körperschaften) gemeinderechtlicher Art

werden mit dem Inkrafttreten der Deutschen Gemeindeordnung aufgelöst. Ihr Rechtsnachfolger ist die Gemeinde.

(²) Die oberste Landesbehörde trifft durch Verordnung die zur Überleitung erforderlichen Vorschriften. Dabei kann sie für eine befristete Übergangszeit von landesrechtlichen Vorschriften auf dem Gebiete des Abgabenwesens abweichen.

III. AusfAnw.

1. Die Deutsche Gemeindeordnung gilt für alle deutschen Gemeinden mit Ausnahme der Hauptstadt Berlin, deren Rechtsverhältnisse besonders geregelt werden (vgl. § 122 DGO.). Sie hat keine unmittelbare Bedeutung für die Gemeindeverbände (Kreise, Ämter, Provinzial-, Bezirksverbände) sowie für rechtsfähige Zweckverbände. Für diese Verbände sind bis auf weiteres die bisherigen Vorschriften maßgebend.

2. Wie sich aus der Begründung zu § 1 DGO. ergibt, geht die Gemeindeordnung davon aus, daß die Gemeinden die untersten Träger der öffentlichen Verwaltung sind und daß für gemeindeähnliche Erscheinungsformen unterhalb der Gemeinden kein Raum ist. Demgemäß werden durch § 1 der Ersten DurchfVO. Ortschaften (z. B. in Bayern), Teilgemeinden (z. B in Württemberg) und ähnliche innerhalb einer Gemeinde bestehende Verbände (Körperschaften) gemeinderechtlicher Art mit dem Inkrafttreten der Deutschen Gemeindeordnung aufgelöst.

Die obersten Landesbehörden sind ermächtigt, durch Verordnung die erforderlichen Vorschriften zu treffen. Sie haben demnach insbesondere die Einrichtungen der obengenannten Art im einzelnen zu bezeichnen, die als aufgelöst zu gelten haben. Dabei haben sie zu beachten, daß sich die Ermächtigung nur auf Einrichtungen gemeinderechtlicher Art bezieht, nicht auch auf solche, die auf bürgerlichrechtlicher Grundlage beruhen (z. B. Realgenossenschaften). Sie hat ferner die Überleitung des Vermögens derartiger Einrichtungen auf die Gemeinde zu regeln. Dabei ist bei Gemeindegliedervermögen (§ 65 DGO.) dessen Rechtsnatur zu erhalten. Sie hat ferner die Verwaltung auf die Gemeinde überzuleiten und, soweit erforderlich, die Auseinandersetzung zu regeln. Insoweit ist anzustreben, daß jedenfalls nach einem gewissen Zeitraum eine volle Gleichbehandlung aller Gemeindeangehörigen eintritt.

IV. Anm.

1. **Gemeinden** sind dem Staat eingegliederte Körperschaften des öffentlichen Rechts, die vom Staate mit obrigkeitlicher Gewalt über ein bestimmtes Gebiet und mit dem Recht und der Pflicht ausgestattet sind, in diesem Gebiete grundsätzlich alle öffentlichen Aufgaben nach Maßgabe des Gesetzes selbst unter eigener Verantwortung zu verwalten.

Das Gesetz selbst gibt keine Begriffsbestimmung; es umschreibt aber in Abs. 1 und 2 das Wesen der Gemeinden im obigen Sinne, wie sich aus Nachstehendem ergibt.

a) Als Körperschaft unterscheidet sich die Gemeinde von rechtlich unselbständigen Verwaltungsbezirken des Staates; die Körperschaft ist der rechtliche Träger (das Subjekt) der Rechte und Pflichten, die der Gemeinde zustehen.

Körperschaften des öffentlichen Rechts sind juristische Personen, die auf Grund des öffentlichen Rechts entstehen und öffentliche Funktionen ausüben (obrigkeitliche Rechte besitzen).

Körperschaften (d. ö. R.) im weiteren Sinne sind die rechtsfähigen öffentlichen Personenverbände, Anstalten und Stiftungen (s. Näheres bei § 66 Anm. 1); Körperschaften im engeren Sinne sind die rechtsfähigen öffentlichen Personenverbände. Im letzteren Sinne, nämlich als Verband der Gemeindeeinwohner, sind die Gemeinden Körperschaften (s. § 5 Abs. 1). Die deutsche Gemeinde ist demnach Einwohnergemeinde im Gegensatz zu der früheren Bürgergemeinde, die den Besitz des Bürgerrechts zur Voraussetzung der Zugehörigkeit zur Gemeinde machte. Die DGO. begründet zwar auch noch einen Unterschied zwischen Einwohnern und Bürgern, aber nur in dem Sinne, daß der Bürger insofern eine besondere Rechtsstellung einnimmt, als nur er ehrenamtlich zur Verwaltung der Gemeinde herangezogen werden kann.

Auch das Reich (der Staat) ist eine Körperschaft des öffentlichen Rechts. Die Gemeinden sind aber dem Staat eingegliederte Körperschaften. Ihr rechtlicher Bestand beruht auf Staatsakten (Gesetzen oder Verwaltungsakten auf Grund der Gesetze). Sie haben daher keine ursprünglichen (originären) Rechte, sondern aus der Machtfülle des Staates abgeleitete Rechte und Pflichten. Sie dienen in erster Linie auch nicht Selbstzwecken, sondern Staatszwecken.

b) Die Gemeinden sind Gebietskörperschaften. Jede öffentliche Körperschaft hat irgendein Maß obrigkeitlicher (vom Staat abgeleiteter) Gewalt; auch ist ihr Tätigkeitsbereich regelmäßig örtlich abgegrenzt. Bei den Gebietskörperschaften aber handelt es sich darum, daß die ihnen verliehene obrigkeitliche Gewalt nicht nur innerhalb eines bestimmten Gebiets auszuüben ist, sondern sich auf dieses Gebiet als Objekt der verliehenen Herrschaftsgewalt bezieht. Dieses Gebiet mit allen Bewohnern ist ihnen zur Betreuung, zur Wahrnehmung aller öffentlichen Aufgaben anvertraut. Hinsichtlich des Gebiets der Gemeinde s. Näheres bei §§ 4 und 12ff.

Aus dem Begriffe der Gebietskörperschaft (ausdrücklich geregelt durch § 2 Abs. 2) ergibt sich, daß die Gemeinde in ihrem Gebiete grundsätzlich die sog. Allzuständigkeit (Unbeschränktheit, Totalität oder Universalität des Wirkungskreises) besitzt. Dies gehört zum Wesen einer Gemeinde. Eine Körperschaft, die nur einzelne, ganz bestimmte, gesetzlich begrenzte Aufgaben hat (wie ein Zweckverband, eine Krankenkasse u. ä.) ist keine Gemeinde. Die Gemeinde hat die Bestimmung, grundsätzlich alle Beziehungen des öffentlichen Lebens ihres Gebiets in sich aufzunehmen und zum Gegenstand ihrer Verwaltung zu machen. Diese Allzuständigkeit der Gemeinde ist selbstverständlich vom Staat im einzelnen begrenzbar, wird auch gesetzlich in einzelnen Richtungen begrenzt (s. § 1 Abs. 2); auch darin (nicht nur im Entstehen und Untergehen der Gemeinde durch staatlichen Akt) zeigt sich neben der Tatsache, daß die Gemeinde nur vom Staate hergeleitete Hoheitsgewalt besitzt, ihr Unterschied vom souveränen Staate.

c) Daß die Gemeinden die öffentlichen Aufgaben ihres Gebiets selbst unter eigener Verantwortung verwalten, gehört ebenfalls zu ihrem Wesen; es handelt sich um das Recht der Selbstverwaltung. Das Gesetz vermeidet es, vom Rechte der Selbstverwaltung zu sprechen, um auf jeden Fall dem Irrtum hinsichtlich der originären Herrschaftsgewalt der Gemeinde zu begegnen. Dadurch aber, daß das Gesetz der Gemeinde einräumt, sich (§ 1 Abs. 1) und ihre Aufgaben (s. § 2 Abs. 2) selbst unter eigener Verantwortung zu verwalten, begründet es für die Gemeinde ein Recht der Selbstverwaltung, und zwar in dem doppelten Sinne: eines Rechts des Verwaltendürfens und des Rechts auf entsprechendes staatliches Unterlassen. Diese Selbstverwaltung bezieht sich auf die sog. eigenen Angelegenheiten (§ 2 Abs. 1 und 2), nicht auf die den Gemeinden zur Erledigung nach Anweisung übertragenen staatlichen Auftragsangelegenheiten (§ 2 Abs. 3). Wer nach Anweisung zu handeln hat, kann auch die Verantwortung nicht dafür tragen. Das ist ein Hauptkriterium der gemeindlichen Selbstverwaltung und der Ausgangspunkt zur Scheidung der eigenen oder Selbstverwaltungs- und der staatlichen Auftragsangelegenheiten der Gemeinde.

2. Die verschiedenen **Arten von Gemeinden** hat die DGO. beseitigt. Es gibt keinen Wesensunterschied zwischen Stadt- und Landgemeinden und (wie das Pr. GemVG. noch festlegte) Bauerndörfern. Wohl hält das Gesetz die Bezeichnung Stadt (§ 9) aufrecht; in Einzelheiten (z. B. in den Amtsbezeichnungen für Gemeindeorgane — § 34 Abs. 2, § 48 Abs. 2, im Berufungsverfahren für Gemeindeorgane — § 41 Abs. 2 Nr. 3) treten noch Unterschiedlichkeiten auf. Aber weder in der Verfassung noch in der Verwaltung noch in der staatlichen Beaufsichtigung der Gemeinden wird ein grundsätzlicher Unterschied vom Gesetze festgelegt.

Hiervon zu scheiden aber ist der Unterschied der Gemeinde von bisherigen kommunalen Erscheinungsformen unterhalb der Gemeinde (Verbände gemeinderechtlicher Art innerhalb der Gemeinde) und kommunalen Verbandsformen über der Gemeinde.

a) Aus § 1 Abs. 1, wonach die Gemeinde die „in der örtlichen Gemeinschaft" lebendigen Kräfte des Volkes zur Erfüllung der öffentlichen Aufgaben der **engeren** Heimat zusammenfaßt, ergibt sich, daß die **Gemeinde** der unterste Träger der öffentlichen Verwaltung sein soll und daß deshalb **unter** den Gemeinden Verbände gemeinderechtlicher Art nicht mehr bestehen können; die **Gemeinde** soll vielmehr die örtlichen Aufgaben verwalten. Deshalb beseitigt § 1 DurchfVO. diese innergemeindlichen kommunalen Gebilde, stellt fest, daß deren Vermögen im Wege der Gesamtrechtsnachfolge auf die Gemeinde übergegangen ist, und beauftragt die oberste Landesbehörde, das zur Überleitung Erforderliche zu veranlassen.

b) Die **über** der Gemeinde bestehenden kommunalen Verbände werden vom Gesetz als Gemeindeverbände bezeichnet. Dies ist de lege lata für einzelne Länder insofern nicht ganz richtig, als nicht überall die Kreise (Bezirke) sich als Verbände von Gemeinden und die Provinzen (Kreise) als Verbände von Kreisen (Bezirken) darstellen, sondern sich teilweise unmittelbar auf der Einwohnerschaft des Gebietes aufbauen; die Einwohner (nicht die Körperschaften) bilden in diesen Fällen den Verband. De lege ferenda ist aber das Ziel höchst erstrebenswert, daß die Kreise Verbände von Gemeinden und die Provinzen Verbände von Kreisen sein sollen, mit der Ergänzung, daß die Stadtkreise i. S. der DGO. verwaltungsorganisatorisch diesen Kreisen **gleichgestellt** werden (wie die Reichshauptstadt Berlin für sich allein verwaltungsorganisatorisch einer Provinz gleichgestellt ist). Es ist auch zweckmäßig, in der Ausdrucksweise den Unterschied in diesem Sinne festzuhalten, so daß als **Gemeinden** nicht auch die Kreise und Provinzen, sondern **nur** die Gemeinden i. S. der DGO. und als **Gemeindeverbände** die Kreise und Provinzen sowie die Städte, die diesen gleichgeordnet sind, bezeichnet werden.

3. Die **bestehenden Gemeinden** i. S. dieser Darlegungen gelten als vom Gesetz **anerkannt**; das Gesetz schließt insoweit an das bisherige Landesrecht an; auch das territoriale Gebiet jeder bestehenden Gemeinde wird in seinem Bestande nach bisherigem Recht anerkannt (§ 12). Diese Gemeinden werden nicht etwa neu organisiert. Die Verbände gemeinderechtlicher Art innerhalb einer Gemeinde, die nach § 1 DurchfVO. untergegangen sind, müssen von den obersten Landesbehörden in den ÜberleitungsVO. nach § 40 DurchfVO. bezeichnet werden (s. Abs. 3 der ob. AusfAnw.), so daß insoweit für die Zukunft kein Zweifel bestehen kann.

4. Die **örtliche Gemeinschaft** bildet nach Abs. 1 die **Grundlage** der gemeindlichen Existenz und des gemeindlichen Aufgabenkreises. Auch in § 4 wird hinsichtlich der Größe des Gemeindegebiets grundsätzlich die Grenze gezogen, daß **die örtliche Verbundenheit der Einwohner** gewahrt bleiben muß. Auch in Nr. 4 des Allgemeinen Teils der Begründung (s. S. 12 f.) wird ausdrücklich ausgesprochen, daß diese soziologische Grundlage der Gemeinden bei Änderung ihres Gebiets nicht verlassen werden soll. Damit im Ein-

klang stehen auch andere Grundsätze, die in der Allgemeinen Begründung niedergelegt sind: „Die unterste, volksnächste Stufe der öffentlichen Verwaltung im Staate soll unmittelbar aus dem Volke selbst herauswachsen. ... Diese organisierte örtliche Gemeinschaft soll die tätige Mitarbeit aller der gewinnen, die mit ihr durch geschichtliche Zugehörigkeit, Verbundenheit mit dem Boden der Heimat und innere Bereitschaft verwachsen sind."

5. Zum Begriff „**Gebietskörperschaft**" s. Anm. 1a. Wesentlich ist allen Körperschaften des öffentlichen Rechts, daß sie gleichzeitig die bürgerlich-rechtliche Rechtsfähigkeit in sich schließen; sie sind also im bürgerlichen Rechtsverkehr ohne weiteres rechtsfähig und parteifähig (§ 50 ZPO.). Im bürgerlichen Rechtsverkehr mit Dritten handelt die Gemeinde auf der Ebene der Gleichberechtigung (nicht als Hoheitsträger, nicht als Obrigkeit); die Vorschriften des bürgerlichen Rechts gelten auch für die Gemeinden grundsätzlich unverändert. Auch in der Vollstreckung von bürgerlich-rechtlichen Ansprüchen gelten grundsätzlich die Vorschriften der ZPO. und des ZwVG. (s. Näheres bei § 116); nur der Konkurs über das Vermögen einer Gemeinde ist ausdrücklich ausgeschlossen (§ 116). Abweichungen ergeben sich teils aus dem Wesen der Gemeinde als juristische Person und aus sondergesetzlichen Bestimmungen (z. B. aus Vorschriften der DGO., wonach die Gemeinde zur Rechtswirksamkeit verschiedener Willenserklärungen der Genehmigung der Aufsichtsbehörde bedarf — § 104 Abs. 1, ferner aus § 116, wonach kein Konkursverfahren über Gemeinden möglich ist, aus § 90 GBO. hinsichtlich Befreiung vom Buchungszwang für gemeindliche Grundstücke usw.). — Die Gemeinden sind wechselfähig i. S. des Wechselrechts; zur Verpflichtungsform vgl. § 35 Abs. 2. — Die Gemeinden sind parteifähig i. S. des § 50 ZPO. Der Gerichtsstand bestimmt sich nach dem Sitze der Verwaltung (§ 17 ZPO.). Prozesse sind durch den Bürgermeister bzw. den von ihm Bevollmächtigten zu führen. Für Zustellungen vgl. §§ 171 Abs. 2, 184 Abs. 1, 185 ZPO. — Die Organbestellung für die Gemeinde, um sie handlungsfähig zu machen, ist durch das Gesetz geregelt (§§ 32 ff.). Als verfassungsmäßige Organe der Gemeinde zu ihrer rechtswirksamen Vertretung kommen in Betracht: der Bürgermeister, ferner der Erste Beigeordnete als ständiger, nach außen unbeschränkter allgemeiner Vertreter des Bürgermeisters (§§ 32, 35 und 36), die übrigen Beigeordneten in ihrem Arbeitsgebiete (§ 35 Abs. 2) sowie als allgemeine Vertreter des Bürgermeisters bei Behinderung des Bürgermeisters und des Ersten Beigeordneten (§ 35 Abs. 1). Es gelten deshalb hierfür §§ 89, 31 BGB. Die Erteilung von Vollmachten zur Vertretung der Gemeinde richtet sich nach § 35 Abs. 3. Dabei ist die Erteilung von Vollmachten in bürgerlich-rechtlichen Angelegenheiten über den in § 35 Abs. 3 gezogenen Personenkreis hinaus nicht ausgeschlossen; es gelten für die Vollmacht die Vorschriften der §§ 167 ff. BGB.

Die Übertragung öffentlich-rechtlicher **Vertretungsbefugnisse** über den gezogenen Personenkreis **hinaus ist aber** unzulässig. Außerdem ist darauf hinzuweisen, daß **typische organschaftliche** Funktionen des **Bürgermeisters** (wie z. B. die **Beratung** mit den Gemeinderäten — § 55) **ihrem Wesen nach grundsätzlich** nicht **nach Ermessen** übertragbar sind, **sondern nur auf den allgemeinen Vertreter des Bürgermeisters** (§ 35) **übergehen können.**

6. Zur **Selbstverwaltung** vgl. Anm. 1 c. Der Satz „Die Gemeinden verwalten sich selbst unter eigener Verantwortung" **kann nicht** etwa nur in dem Sinn ausgelegt werden, daß das Selbstverwalten den Gegensatz zum Verwaltetwerden darstellt. **Wohl** ist es wesentlich, daß in der Gemeinde ein eigener, vom Staate rechtlich verschiedener Träger der örtlichen Verwaltung vorhanden ist. Darüber hinaus liegt aber darin das gesetzliche Anerkenntnis eines Rechts, die eigenen Angelegenheiten zu verwalten, wobei unter eigenen Angelegenheiten sowohl die zu verstehen sind, die aus der körperschaftlichen Natur des Trägers der Verwaltung sich naturnotwendig ergeben, als auch die, welche das Gesetz der Gemeinde zur Verwaltung „unter eigener Verantwortung" aufgibt oder frei läßt. Den Gegensatz dazu bilden die Angelegenheiten, die nach Anweisung und insoweit wesensnotwendig ohne eigene Verantwortung zu erledigen sind (§ 2 Abs. 1 und 2 einerseits — Abs. 3 andererseits).

7. **Allgemeine Grenzen der gemeindlichen Selbstverwaltung** sind dadurch gezogen, daß sie sich im Einklang mit den Gesetzen und mit den Zielen der Staatsführung halten muß. Die Grenze, die in den Gesetzen des Staates in ihrem jeweiligen Bestande liegt, ist bei dem Wesen der Selbstverwaltung selbstverständlich; wie durch Gesetz begründet, ist sie durch Gesetz veränderlich. Darüber hinaus muß sich das gemeindliche Wirken im Einklang mit den Zielen der Staatsführung halten; vgl. hierzu AusfAnw. zu § 106.

§ 2

(1) Die Gemeinden sind berufen, das Wohl ihrer Einwohner zu fördern und die geschichtliche und heimatliche Eigenart zu erhalten.

(2) Die Gemeinden haben in ihrem Gebiet alle öffentlichen Aufgaben unter eigener Verantwortung zu verwalten, soweit die Aufgaben nicht nach gesetzlicher Vorschrift anderen Stellen ausdrücklich zugewiesen sind oder auf Grund gesetzlicher Vorschrift von anderen Stellen übernommen werden.

(3) Den Gemeinden können durch Gesetz staatliche Aufgaben zur Erfüllung nach Anweisung übertragen werden. Sie stellen die zur Durchführung dieser Aufgaben erforder-

lichen Dienstkräfte, Einrichtungen und Mittel zur Verfügung, soweit die Gesetze nichts anderes bestimmen.

(4) Neue Pflichten können den Gemeinden nur durch Gesetz auferlegt werden; Eingriffe in die Rechte der Gemeinden sind nur im Wege des Gesetzes zulässig. Verordnungen zur Durchführung solcher Gesetze bedürfen der Zustimmung des Reichsministers des Innern.

I. Amtliche Begründung s. Textausgabe S. 28—30.

II. DurchfVO. (§ 2)

Die Gemeinden führen die staatlichen Aufgaben, die ihnen bisher zur Erfüllung nach Anweisung übertragen worden sind, nach den hierfür geltenden Vorschriften weiter.

III. AusfAnw.

1. Die Deutsche Gemeindeordnung sieht abweichend von einzelnen Gemeindeverfassungsgesetzen der Länder davon ab, die Aufgaben der Gemeinden im einzelnen zu bezeichnen, insbesondere sog. Pflichtaufgaben der Gemeinden aufzuzählen. § 2 Abs. 1 DGO. bestimmt vielmehr unter Aufhebung abweichender Vorschriften der landesrechtlichen Gemeindeordnungen den gemeindlichen Aufgabenbereich durch eine Generalklausel. In diesem Rahmen ist es grundsätzlich der Entschließung der Gemeinden überlassen, welche Einrichtungen und Vorkehrungen sie nach Maßgabe des örtlichen Bedürfnisses und ihrer Leistungsfähigkeit unter Rücksichtnahme auf die wirtschaftlichen Kräfte der Abgabenpflichtigen (§ 7 DGO.) zur Erfüllung ihrer Aufgaben treffen wollen. Die durch die Deutsche Gemeindeordnung den Gemeinden übertragene Selbstverwaltung enthält für sie jedoch die gesetzliche Pflicht, jedenfalls die Einrichtungen und Vorkehrungen zu treffen, die einen geordneten Gang der Verwaltung und eine hinreichende Erfüllung ihrer Aufgaben sichern.

2. § 2 Abs. 2 hält den Grundsatz der Unbeschränktheit des Aufgabenbereichs der Gemeinden aufrecht. Sie können demnach jede Aufgabe, die mit dem Wesen und Zweck der Gemeinden als Träger örtlicher Verwaltung in Einklang steht, übernehmen, soweit sie im Einzelfalle zur Übernahme der Aufgabe im Hinblick auf ihre Leistungsfähigkeit und auf die Grundsätze des § 7 DGO. in der Lage sind.

Gesetzliche Beschränkungen bestehen jedoch nach folgenden Richtungen:

a) Soweit eine Aufgabe anderen Stellen ausdrücklich nach gesetzlicher Vorschrift zugewiesen ist, ist ihre Übernahme den Gemeinden untersagt.

b) Soweit die geltenden Gesetze anderen Stellen, insbesondere den Gemeindeverbänden, die Befugnis einräumen, gemeindliche

Aufgaben in ihre ausschließliche Zuständigkeit zu übernehmen (vgl. z. B. für Preußen § 43 des EinfGes. zu dem Ges. über die kommunale Neugliederung des rheinisch-westfälischen Industriegebiets vom 29. Juli 1929 — GS. S. 137), wird die gemeindliche Zuständigkeit beseitigt, sobald die betreffende Stelle die Aufgabe übernimmt.

c) Auf dem Gebiete der wirtschaftlichen Betätigung der Gemeinden gelten die besonderen Vorschriften der §§ 67 ff. DGO.

3. Nach § 2 der Ersten DurchfVO. führen die Gemeinden die staatlichen Aufgaben, die ihnen bisher zur Erfüllung nach Anweisung übertragen worden sind, nach den hierfür geltenden Vorschriften weiter. Diese Vorschriften werden durch § 2 Abs. 3 DGO. jedoch insoweit berührt, als sie bisher die Übertragung weiterer Auftragsangelegenheiten in anderer Weise als durch Gesetz gestatten. Diese Möglichkeit ist vom Inkrafttreten der Deutschen Gemeindeordnung an nicht mehr gegeben.

Im übrigen werden die obersten Landesbehörden auf Grund der Ermächtigung des § 40 der Ersten DurchfVO. diejenigen Vorschriften ihres Gemeindeverfassungsrechts durch Verordnung bezeichnen, die hinsichtlich der Erledigung von Auftragsangelegenheiten (z. B. Polizei, Schulwesen usw.) bis zu einer späteren reichsrechtlichen Regelung zunächst weiter gelten.

IV. **Anm.**

1. Der **doppelte Aufgabenkreis** der Gemeinde, den § 2 Abs. 1 und 2 einerseits und Abs. 3 andererseits begründen, scheidet sich in a) Selbstverwaltungsangelegenheiten und b) staatliche Auftragsangelegenheiten.

a) Selbverwaltungsangelegenheiten sind die Aufgaben der Gemeinde, die sie unter eigener Verantwortung erfüllt. Der Staat beschränkt sich hierbei grundsätzlich darauf, durch die Kommunalaufsicht zu sichern, daß sich das gemeindliche Wirken im Einklang mit den Gesetzen und mit den Zielen der Staatsführung hält (§§ 1 Abs. 2, 106 ff.).

b) Staatliche Auftragsangelegenheiten sind solche, bei denen der Staat sich das Anweisungsrecht auch in reinen Ermessensfragen vorbehält. Die Kommunalaufsicht (§§ 106 ff.) bezieht sich hierauf nicht; insoweit führt vielmehr der Staat durch die den Gemeinden hierfür vorgesetzten Staatsbehörden eine weitergehende Aufsicht: Die Gemeinden sind diesen Staatsbehörden wie dienstlich nachgeordnete Behörden unterworfen und unterliegen der staatlichen Anweisung wie einem Dienstbefehl; deshalb wurde bisher diese in der Begründung zu § 106 genannte Fachaufsicht auch als Dienstaufsicht bezeichnet. Das Wesentliche an den staatlichen Auftragsangelegenheiten ist somit, daß die Gemeinde nach Weisung handeln muß und deshalb insoweit nicht unter eigener Verantwortung handelt. Die Kommunalaufsicht über die Gemeinde (§§ 106 ff.)

ist an dem Kreise der staatlichen Auftragsangelegenheiten aber in zweifacher Hinsicht beteiligt: Erstens ihr Informationsrecht (§ 108) erstreckt sich auch auf diesen Teil gemeindlicher Tätigkeit, und zweitens die Kommunalaufsichtsbehörde kann durch die Fachaufsichtsbehörde veranlaßt werden, mit den kommunalaufsichtlichen Zwangsmitteln (§§ 109—112) die Gemeinde zur Einhaltung ihrer Rechtspflichten zu zwingen, falls und soweit der Fachaufsichtsbehörde nicht selbst sondergesetzlich die erforderlichen Zwangsmittel an die Hand gegeben sind (vgl. auch § 114).

Der Wesensunterschied besteht also ausschließlich darin, daß die Gemeinde von vorneherein in dem einen Wirkungskreise nach Weisung zu handeln verpflichtet, in dem anderen Wirkungskreise unter eigener Verantwortung zu handeln berechtigt ist. Bei Festhaltung dieses Unterschiedes kann man auch von übertragenen und eigenen Angelegenheiten oder von übertragenem und eigenem Wirkungskreis der Gemeinde sprechen. Falsch wäre eine Unterscheidung darnach, ob es sich (bei den Selbstverwaltungsangelegenheiten) um lokale oder freiwillige oder um ihrer Natur nach „eigene", den Selbstverwaltungskörpern ihrem Wesen nach immanente, originäre und (bei den Auftragsangelegenheiten) um übergemeindliche, staatliche oder um Pflichtaufgaben oder um den Gemeinden wesensfremde Aufgaben handeln würde. Diese Kriterien sind teils unrichtig, teils überschneiden sich die Tatbestände. Letzten Endes sind alle gemeindlichen Aufgaben den Gemeinden vom Staat übertragen. Auch können Selbstverwaltungsaufgaben der Gemeinden Pflichtaufgaben sein. Auch die Unterscheidung nach der Befugnis zum Handeln nach eigenem Ermessen ist nicht scharf; denn auch bei staatlichen Auftragsangelegenheiten kann ein Ermessensspielraum gegeben sein; wesentlich ist nur, daß die Staatsbehörden auch in diesem Raume Weisungen geben können, denen die Gemeinden zu folgen verpflichtet sind. Auch der Gesichtspunkt ist kein wesensentscheidender, ob der Staat an der mehr oder minder großen Gleichmäßigkeit der Erledigung ein besonderes Interesse nimmt. Alle diese Gesichtspunkte können gesetzespolitische Motive für die Zuteilung einer Sache zum einen oder anderen Wirkungskreise sein; für die Zugehörigkeit ist nur die gesetzliche Regelung selbst maßgebend; s. darüber Anm. 3.

2. Für die **Selbstverwaltungsangelegenheiten** der Gemeinden hat das Gesetz zweierlei festgelegt:

a) die Verpflichtung der Gemeinden zur Erfüllung dieser Aufgaben durch eine Generalklausel und

b) die Allzuständigkeit (die Unbeschränktheit, die Totalität oder Universalität des Wirkungskreises) der Gemeinde.

Zu a). Vgl. hierzu Ziff. 1 der obigen AusfAnw. Die Pflicht der Gemeinde zu Einrichtungen und Maßnahmen kann sich sonach ergeben aus der Notwendigkeit, einen geordneten Gang der Verwaltung aufrechtzuerhalten (z. B. bei entsprechendem Umfange der

Geschäfte eine hinreichend geschulte Dienstkraft anzustellen) oder aus der Notwendigkeit, im Rahmen ihrer Leistungsfähigkeit das Wohl ihrer Einwohner zu fördern (z. B. bei entsprechendem Bedürfnisse Wege zu bauen und zu unterhalten, für die Versorgung der Einwohner mit Trink- und Nutzwasser zu sorgen, ein Schulhaus zu bauen) und die geschichtliche und heimatliche Eigenart zu erhalten. Dabei kann in einzelnen Gesetzen eine solche Verpflichtung näher umgrenzt sein. Soweit dies nicht der Fall ist, ergibt sich aber die Pflicht der Gemeinde aus ihrer Rechtsstellung nach Abs. 2, wonach sie grundsätzlich alle öffentlichen Aufgaben in ihrem Gebiete zu erfüllen hat; in diesem Rahmen hat die Gemeinde die erforderlichen Verwaltungseinrichtungen zu treffen und der in der Gemeinde organisierten örtlichen Gemeinschaft die erforderlichen öffentlichen und gemeinnützigen Einrichtungen zur Verfügung zu stellen. Öffentliche Einrichtungen sind gemeindliche Einrichtungen, an denen das Benutzungsrecht der Einwohner nach § 17 besteht (s. die Ausführungen zu § 17). Die Gemeinde kann im obigen Rahmen hierzu verpflichtet sein und dann mit den Mitteln der Kommunalaufsicht (§§ 110—112) hierzu angehalten werden. Sie kann die Einrichtungen aber auch über das Pflichtmaß hinaus freiwillig zur Verfügung stellen, wenn sie im Rahmen des § 7 (Rücksicht auf die eigene Leistungsfähigkeit und die Wirtschaftskraft der Abgabepflichtigen) dazu imstande ist. Soweit keine gesetzliche Pflicht der Gemeinde besteht, kann die Gemeinde ihre Unternehmen auch privatwirtschaftlich führen, ohne sie zu öffentlichen im obigen Sinne zu machen; dann steht sie den Benutzern auf bürgerlich-rechtlicher Grundlage nicht anders als ein Privatmann gegenüber (z. B. Verwaltung eines landwirtschaftlichen Anwesens, eines Wohnhauses, einer Brauerei u. ä.).

Zu b). Die Allzuständigkeit der Gemeinde in ihrem örtlichen Gebiet ist ein Wesenselement der deutschen gemeindlichen Selbstverwaltung (s. hierzu Anm. 1 b zu § 1). Sie wird vom Gesetz aufrechterhalten, insbesondere auch unter dem Gesichtspunkte der Einheit der örtlichen Verwaltung (vgl. Nr. 5 der Allgemeinen Begründung — s. S. 13 ff.). Nach einzelnen Richtungen wird diese Allzuständigkeit durch § 2 Abs. 2 selbst begrenzt; s. Ziff. 2 der obigen AusfAnw. Die Begrenzung in einzelnen Richtungen hat den allgemeinen Grund, ein unfruchtbares und kostspieliges Nebeneinander öffentlicher Verwaltungen auf ein und demselben Gebiete zu verhindern und dafür eine zweckmäßige Aufgabenteilung herbeizuführen. Voraussetzung der Beschränkung der Zuständigkeit der Gemeinde ist stets eine gesetzliche Regelung; überschreitet die Gemeinde diese Schranken, so kann die Aufsichtsbehörde mit den Mitteln der Kommunalaufsicht (§§ 109—112) einschreiten. Der Bürgermeister hat bei Beratungen mit den Gemeinderäten auch die Erörterungen auf das gemeindliche Aufgabengebiet zu beschränken (s. § 57). Eine weitere natürliche Voraussetzung für die Betätigung der Gemeinde auf irgendeinem Gebiet ist, daß es sich um eine Angelegenheit der in der Gemeinde organisierten örtlichen Gemeinschaft handelt; von der Fürsorgepflicht und von der allgemeinen Pflicht zur wirtschaftlichen Förderung der Einwohner abgesehen, ist es nicht Aufgabe der Gemeinde, die Privatwirtschaft des einzelnen zu stützen (s. hierzu auch die Ausführungen zu §§ 69 und 78).

3. Die **staatlichen Auftragsangelegenheiten** (s. hierzu Anm. 1 b) werden durch Gesetz den Gemeinden aufgetragen. Im Gegensatz zu den Selbstverwaltungsangelegenheiten, die nach dem Grundsatze der Allzuständigkeit unbegrenzt sind, handelt es sich bei den staatlichen Auftragsangelegenheiten um aufgezählte Pflichtaufgaben der Gemeinden (Enumerationsprinzip). Es gehören hierher vor allem das Schulwesen und die Polizei (und zwar sowohl die Sicherheitspolizei wie die Verwaltungspolizei: Armen-, Feuer-, Bau-, Feld- und Forst-, Jagd- und Fischerei-, Wasser-, Viehseuchen-, Schlacht- und Fleischbeschau-, Nahrungsmittel-, Gesundheits-, Gewerbe-, Verkehrs-, Wegebau-, Sittenpolizei). Die bisherige gesetzliche Regelung in der Aufzählung ist unterschiedlich: Entweder ist die Aufgabe ausdrücklich als Auftragsangelegenheit bezeichnet oder es ist ausdrücklich gesagt, daß die Erfüllung dieser Aufgabe den Gemeinden nach Anweisung obliegt, oder es sind die Zuständigkeiten der vorgesetzten Staatsbehörde so umschrieben, daß sie einem Weisungsrechte vollkommen gleichkommen. De lege ferenda ist es wünschenswert, daß eine einheitliche Bezeichnung als staatliche „Auftragsangelegenheit" sich einführt.

Auch für die staatlichen Auftragsangelegenheiten hat die Gemeinde wie für ihre Selbstverwaltungsangelegenheiten die erforderlichen Dienstkräfte, Einrichtungen und Mittel zur Verfügung zu stellen, es sei denn, daß gesetzlich etwas anderes vorgesehen ist.

Auch die staatlichen Auftragsangelegenheiten obliegen grundsätzlich der Gemeinde, so daß sie der Bürgermeister nach § 32 zu verwalten hat. Sondergesetzlich kann anderes vorgesehen werden, z. B. daß die Polizeiangelegenheiten oder einzelne von ihnen durch einen bestimmten Amtsträger zu versehen sind; grundsätzlich steht jedoch auch hier die DGO. auf dem Standpunkte der Einheit der örtlichen Verwaltung (vgl. Nr. 5 der Allgemeinen Begründung — s. S. 13 ff.), wonach anzustreben ist, daß alle örtlichen Aufgaben der Gemeinde und damit dem Bürgermeister zur Verwaltung zustehen sollen.

Wenn die staatlichen Auftragsangelegenheiten auch nach Weisung der vorgesetzten Staatsbehörden und insoweit nicht unter eigener Verantwortung der Gemeinde zu erledigen sind, so heißt dies nicht, daß der mit diesen Aufgaben betraute Amtsträger nicht verantwortungsvoll zu handeln hat, z. B. die vorgesetzte Staatsbehörde durch Gegenvorstellungen auf einen bestimmten Sachverhalt zur Änderung ihrer Anweisung aufmerksam zu machen hat. Es heißt nur, daß die Verantwortung für die gegebene Weisung und für die

Folgen der weisungsmäßigen Erledigung der **Angelegenheit** die Staatsbehörde zu tragen hat; insoweit entfällt die gemeindliche Verantwortung.

Vom 1. April 1935 (Inkrafttreten der DGO.) an können den Gemeinden staatliche Auftragsangelegenheiten nur noch durch Gesetz, und zwar durch Reichsgesetz (im formellen Sinne), also weder durch Landesgesetz noch durch Verordnung übertragen werden.

Zur Überleitung: Der bisherige Stand der staatlichen Auftragsangelegenheiten bleibt nach § 2 DurchfVO. unverändert; soweit aber ein bisheriges Landesgesetz vorsehen würde, daß auch durch Verwaltungsakt (z. B. durch ein Landesministerium) den Gemeinden weitere staatliche Auftragsangelegenheiten übertragen werden können, ist es außer Kraft gesetzt. Dagegen bleibt es bis auf weiteres den Ländern überlassen, den Gemeinden solche Zuständigkeiten abzunehmen, die für solche Angelegenheiten vorgesetzten Staatsbehörden anders zu bestimmen u. ä. Ebenso unverändert bleibt bis auf weiteres die gesetzliche Regelung des einzelnen Gegenstandes der staatlichen Auftragsangelegenheiten mit dem Vorbehalte, daß, soweit die Gemeinde als solche mit staatlichen Auftragsangelegenheiten beauftragt ist, die neue Gemeindeverfassung (der Führergrundsatz — § 32) Platz greift. Die ÜberleitungsVO. der obersten Landesbehörden passen insoweit das bisherige Recht dem neuen Rechtszustande an.

4. Die **Einheit der örtlichen Verwaltung** sowie eine stetige Verwaltungsführung sucht Abs. 4 dadurch zu sichern, daß der Pflichtenkreis der Gemeinden (nicht nur der Kreis der staatlichen Auftragsangelegenheiten) nur noch durch Gesetz (und zwar durch ein Reichsgesetz im formellen Sinne) gesteigert werden darf und daß auch Eingriffe in die Verwaltung der Gemeinden nur noch im Wege des Gesetzes zulässig sind. Durch Verordnungen soll beides nicht mehr zulässig sein. Soweit ein Gesetz den Gemeinden neue Pflichten auferlegt oder Eingriffe in die Verwaltung der Gemeinden vorsieht, müssen die Verordnungen zur Ausführung solcher Gesetze die vorherige Zustimmung des RMdJ. finden. Dies gilt auch für Verordnungen, die zu bisherigen Reichsgesetzen ergehen. Auf der anderen Seite gilt dies nur, soweit Gesetze und Verordnungen die Gemeinden im besonderen treffen; soweit sie die Allgemeinheit betreffen und sich dabei auch auf Gemeinden erstrecken, weil auch bei ihnen einschlägige Tatbestände vorliegen, gilt die Beschränkung des Abs. 4 nicht.

§ 3

(1) Die Gemeinden können ihre eigenen Angelegenheiten durch Satzungen regeln, soweit die Gesetze keine Vorschriften enthalten oder den Erlaß von Satzungen ausdrücklich gestatten.

(²) Jede Gemeinde hat eine Hauptsatzung zu erlassen, die der Genehmigung der Aufsichtsbehörde bedarf. In der Hauptsatzung ist das zu ordnen, was nach den Vorschriften dieses Gesetzes der Hauptsatzung vorbehalten ist.

(³) Satzungen sind öffentlich bekanntzumachen. Sie treten, wenn kein anderer Zeitpunkt bestimmt ist, am Tage nach der Bekanntmachung in Kraft. Mit Genehmigung der Aufsichtsbehörde kann einer Satzung rückwirkende Kraft beigelegt werden.

I. Amtliche Begründung s. Textausgabe S. 31—33.

II. DurchfVO. (§§ 3 und 4).

§ 3. Satzungen, Ordnungen und Beschlüsse der Gemeinden, die vor dem Inkrafttreten der Deutschen Gemeindeordnung rechtsgültig zustande gekommen sind, bleiben in Geltung, soweit sie nicht den Vorschriften der Deutschen Gemeindeordnung widersprechen.

§ 4. (¹) Öffentliche Bekanntmachungen erfolgen

1. in Gemeinden, die ein eigenes amtliches Verkündungsblatt besitzen, in diesem oder in einer von dem Bürgermeister für bestimmte Fälle bezeichneten Tageszeitung,
2. in den übrigen Gemeinden mit mehr als 10000 Einwohnern in einer von dem Bürgermeister bestimmten Tageszeitung,
3. in Gemeinden mit weniger als 10000 Einwohnern nach näherer Bestimmung der Satzung in ortsüblicher Weise.

(²) In den Fällen des Abs. 1 Nrn. 1 und 2 kann durch Satzung für bestimmte Angelegenheiten eine vereinfachte Form der öffentlichen Bekanntmachung festgelegt werden.

(³) Bis zum 30. Juni 1935 kann die bisherige Art der öffentlichen Bekanntmachung beibehalten werden.

III. AusfAnw.

1. Das Recht örtlicher Gesetzgebung der Gemeinden nach § 3 DGO. besteht örtlich für das Gemeindegebiet und sachlich für die eigenen Angelegenheiten der Gemeinde, d. h. die Angelegenheiten ihrer Verfassung und Verwaltung. Soweit nach bisher geltendem Landesrechte die Gemeinden im Wege örtlicher Satzung auch solche Angelegenheiten regeln konnten, die auf anderen Sachgebieten, z. B. dem der Polizei, liegen, sind derartige Ermächtigungen mit dem Inkrafttreten der Deutschen Gemeindeordnung beseitigt.

2. Satzungen werden von dem Bürgermeister nach Beratung mit den Gemeinderäten (§ 55 DGO.) festgestellt. Wie sich aus § 3 Abs. 3 DGO. ergibt, ist die öffentliche Bekanntmachung Voraussetzung ihres Inkrafttretens. Was insoweit für die Feststellung einer Satzung gilt, ist auch für ihre Änderung oder Aufhebung maßgebend.

Satzungen sind nach der Deutschen Gemeindeordnung grundsätzlich nicht mehr genehmigungspflichtig. Dem gleichgerichteten Interesse der Gemeinden und des Staates an der Rechtsgültigkeit von Satzungen entspricht es jedoch, daß, soweit nicht Mustersatzungen zugrunde gelegt werden, vor Erlaß jedenfalls bei rechtlichen Zweifeln eine Fühlungnahme der Gemeinde mit der Aufsichtsbehörde erfolgt, damit spätere Beanstandungen von Satzungsvorschriften nach Möglichkeit vermieden werden. Des weiteren haben die Gemeinden nach Erlaß von Satzungen jeweils zwei Abdrucke den Aufsichtsbehörden zu ihrer Information vorzulegen.

Ausnahmen von der Genehmigungsfreiheit von Satzungen bestehen nach folgenden Richtungen:

a) Die Hauptsatzung (vgl. Nr. 3) bedarf stets der Genehmigung, ebenso eine Satzung nach § 18 DGO.

b) Die Haushaltssatzung (§ 83 DGO.) bedarf bei Vorliegen der Voraussetzungen des § 86 DGO. in den dort genannten Teilen der Genehmigung.

c) Soweit eine Satzung mit rückwirkender Geltung in Kraft treten soll, ist nach § 3 Abs. 3 letzter Satz DGO. eine Genehmigung vorgeschrieben. Eine solche Rückwirkung soll nur in besonders begründeten Ausnahmefällen zugelassen werden; insbesondere darf sie nicht zu unbilligen Belastungen und Beschwerungen der Einwohner führen.

d) Soweit Sondergesetze eine Genehmigungspflicht für bestimmte Satzungen vorschreiben (z. B. Gemeindeabgabengesetze, Baufluchtliniengesetze usw.), werden sie durch § 3 DGO. nicht berührt. Dagegen treten allgemeine Genehmigungsvorbehalte für Satzungen in den landesrechtlichen Gemeindeordnungen mit dem 1. April 1935 außer Kraft.

3. Die Hauptsatzung ist das Verfassungsstatut der Gemeinde. Sie soll in Ergänzung der Vorschriften der Deutschen Gemeindeordnung auf lange Sicht die Verfassungsverhältnisse der Gemeinde regeln und ist deshalb mit besonderer Sorgfalt und Voraussicht aufzustellen:

a) Die Hauptsatzung ist rechtliche Voraussetzung insbesondere für die Berufung der Gemeinderäte. Es ist deshalb erforderlich, die Aufstellung dieser Satzung in den Gemeinden ungesäumt in Angriff zu nehmen. Dabei läßt es sich nicht vermeiden, daß der Satzungsentwurf zunächst mit den Mitgliedern der ehrenamtlichen Organe, an deren Stelle die Gemeinderäte treten (§ 39 der Ersten DurchfVO.), beraten wird. Der Bedeutung dieser Satzung entspricht es jedoch, daß sie den demnächst nach § 51 DGO. zu berufenden Gemeinderäten nochmals zur Beratung unterbreitet und so den Amtsträgern, die den Bürgermeister nach den Vorschriften der Deutschen Gemeindeordnung beraten sollen, Gelegenheit zur Stellungnahme gegeben wird.

Auf Grund dieser Beratung soll alsdann die Hauptsatzung auf längere Dauer festgelegt bleiben.

Anders als sonstige Satzungen wird die Hauptsatzung nicht von dem Bürgermeister allein festgestellt; er bedarf hierzu vielmehr nach § 33 DGO. der Zustimmung des Beauftragten der NSDAP. (vgl. AusfAnw. zu § 33). Des weiteren ist die Hauptsatzung sowie ihre Änderung oder Aufhebung in jedem Falle genehmigungspflichtig.

b) Die Hauptsatzung enthält notwendige und nicht notwendige Vorschriften. Stets darf sie jedoch nur die Angelegenheiten regeln, die ihr nach den Vorschriften der Deutschen Gemeindeordnung zugewiesen sind. Sonstige Fragen dürfen in der Hauptsatzung nicht geordnet werden.

aa) Notwendige Bestandteile.

In jedem Falle muß in der Hauptsatzung die Zahl der Beigeordneten (§ 34 DGO.) und die Zahl der Gemeinderäte (§ 49 DGO.) festgesetzt werden.

bb) Nicht notwendige Bestandteile.

Nach Maßgabe des örtlichen Bedürfnisses können in der Hauptsatzung geregelt werden

die Bewilligung angemessener Aufwandsentschädigungen an ehrenamtlich tätige Bürgermeister, Beigeordnete oder Kassenverwalter sowie die Festsetzung von Durchschnittssätzen für die Entschädigung ehrenamtlich tätiger Bürger (§ 27 DGO.),

die Frage, ob und welche Ehrenbezeichnungen solchen Bürgern verliehen werden können, die mindestens 20 Jahre ein Ehrenamt ohne Tadel verwaltet haben (§ 28 DGO.),

die haupt- oder ehrenamtliche Verwaltung von Stellen der Bürgermeister und Beigeordneten (§ 39 DGO.),

die Vorbildung für hauptamtliche Bürgermeister und Beigeordnete in Stadtkreisen (§ 40 DGO.),

die Wiederberufung hauptamtlicher Bürgermeister und Beigeordneter auf Lebenszeit (§ 44 DGO.),

die Frage, ob der Bürgermeister, die Beigeordneten und die Gemeinderäte bei feierlichen Anlässen eine Amtstracht oder ein Amtszeichen tragen (§ 47 DGO.),

die Bestellung von Beiräten für bestimmte Verwaltungszweige (§ 58 DGO.).

Zur Erleichterung für die Gemeinden sind im Anschluß an diese Ausführungsanweisung zwei Muster für die Hauptsatzung abgedruckt, deren Zugrundelegung den Gemeinden empfohlen wird.

Im übrigen wird hinsichtlich der Gestaltung der Hauptsatzung auch auf die AusfAnw. zu §§ 27, 28, 34, 39, 44, 49 und 58 DGO. verwiesen.

4. Die Überleitung bisheriger Beschlüsse, Ordnungen und Satzungen regelt § 3 der Ersten DurchfVO. Den Gemeinden wird im Interesse alsbaldiger Klärung des Rechtszustandes empfohlen, ihren Satzungsbestand daraufhin zu überprüfen, ob die danach weiter geltenden Satzungen nach Inkrafttreten der Deutschen Gemeindeordnung noch erforderlich sind und inwieweit ihre Anpassung an die Grundsätze der Deutschen Gemeindeordnung nötig ist.

5. Die öffentliche Bekanntmachung von Satzungen sowie sonstige öffentliche Bekanntmachungen erfolgen bis zum 30. Juni 1935 nach den bisherigen Vorschriften oder der bisherigen Übung (§ 4 Abs. 3 der Ersten DurchfVO.). Nach dem genannten Zeitpunkte sind die Vorschriften des § 4 Abs. 1 und 2 der Ersten DurchfVO. maßgebend. Bis zu diesem Zeitpunkt ist demnach die in Abs. 1 Nr. 1 und 2 daselbst vorgesehene Feststellung zu treffen bzw. die in Abs. 1 Nr. 3 und Abs. 2 vorgesehene Satzung zu erlassen. Dabei ist die nach Abs. 2 mögliche Vereinfachung stets auf solche Fälle zu beschränken, die für einen weiteren Kreis der Einwohnerschaft kein besonderes Interesse haben. Namentlich hinsichtlich der Haushaltssatzung (§ 86 Abs. 2 DGO.) kommt demnach eine Vereinfachung nicht in Betracht.

Soweit die öffentlichen Bekanntmachungen in einer von dem Bürgermeister bestimmten Tageszeitung erfolgen, wird den Gemeinden empfohlen, diese Bekanntmachungen gleichzeitig auch den sonstigen Tageszeitungen zum Abdrucke gegen Bezahlung oder ohne Bezahlung zuzuleiten, damit sie einem möglichst weiten Einwohnerkreise zugänglich werden.

Jede Art der öffentlichen Bekanntmachung muß nach der Rechtsprechung dem Erfordernis genügen, daß sie den Gesamtinhalt der Veröffentlichung enthält. Schreibt demgemäß eine Satzung nach § 4 Abs. 1 Nr. 3 der Ersten DurchfVO. als Form der öffentlichen Bekanntmachung Aushang oder Ausschellen vor, so ist diese Form nicht erfüllt, wenn durch den Aushang oder das Ausschellen lediglich die Tatsache z. B. des Erlasses einer Satzung bekanntgegeben, dabei aber der Inhalt der Satzung nicht gleichzeitig mitbekanntgemacht wird und es der Allgemeinheit überlassen bleibt, insoweit noch weitere Schritte zu unternehmen, um sich Kenntnis von dem Inhalte der Satzung zu verschaffen.

Soweit Sondergesetze eine abweichende Art der öffentlichen Bekanntmachung vorschreiben, gehen sie der in § 4 der Ersten DurchfVO. getroffenen Regelung vor.

IV. Anm.

1. Die **örtliche Gesetzgebungsbefugnis** (Autonomie) der Gemeinde, d. h. die — örtlich auf das Gemeindegebiet und sachlich auf die Selbstverwaltungsangelegenheiten (s. Anm. 1 zu § 2) beschränkte — Befugnis, verbindliche Rechtssätze aufzustellen, ist kein notwendiger Ausfluß des Selbstverwaltungsrechts (vgl. hierzu Anm. 1 zu § 1); Selbstverwaltung braucht nicht mit Selbstgesetzgebung ver-

bunden zu sein. Nicht einmal für Gebietskörperschaften ist die Rechtssetzungsbefugnis ein Wesenselement. Die DGO. gibt aber den Gemeinden ein weitgehendes Recht auf diesem Gebiete.

Die Form dafür ist die gemeindliche Satzung (bisher stellenweise auch als Statuten, Ortsstatuten, Ortsgesetze, Ordnungen u. ä. bezeichnet). Die Satzung enthält und soll nur enthalten verbindliche Rechtssätze; es sollen daher Dienstanweisungen an Beamte, Angestellte, nachgeordnete gemeindliche Dienst- und Amtsstellen, also Anweisungen, die nur im inneren Dienstbetriebe, nicht nach außen wirken sollen, ferner auch Geschäftsordnungen, Reglements, die nur die Gliederung und das Verfahren gemeindlicher Einrichtungen ordnen sollen, nicht in die Satzung aufgenommen werden. Nicht im Wege der Satzung können andere als Selbstverwaltungsangelegenheiten (nämlich die staatlichen Auftragsangelegenheiten) geregelt werden; polizeiliche Vorschriften sind daher, soweit die Gemeinde sie als ortspolizeiliche Vorschriften, Polizeiverordnungen nach dem geltenden Recht überhaupt erlassen kann, von der Satzung zu trennen.

Soweit es sich um Selbstverwaltungsangelegenheiten (§ 2 Abs. 1 und 2) handelt, kann die Gemeinde nach dem Grundsatze der Allzuständigkeit für jede Angelegenheit, die die Gemeinde zu der ihren machen kann, eine Satzung zur näheren Regelung erlassen. Es muß sich aber um gemeindliche Angelegenheiten handeln, also um Tatbestände und Verhältnisse, die die körperschaftliche Verwaltung der Gemeinde selbst oder die Beziehungen der Gemeinde zu Gemeindeangehörigen oder der Gemeindeangehörigen untereinander betreffen. Dabei ist aber nicht notwendig, daß die gemeindliche Einrichtung etwa Eigentum der Gemeinde ist; die Gemeinde kann auch solche Einrichtungen, die im Eigentum Dritter stehen, aber durch entsprechende Regelung dem öffentlichen Benutzungsrechte der Einwohner (s. § 17) gesichert sind, durch Satzung näher regeln (z. B. die Müllabfuhr auch dann, wenn sie auf Grund vertraglicher Regelung zwischen Gemeinde und einem Dritten durch diesen Dritten besorgt wird). Beschränkt ist die Gemeinde im Erlaß von Satzungen nur durch das Gesetz; es steht ihr das Gesetzgebungsrecht zu, „soweit die Gesetze keine Vorschriften enthalten oder (falls sie Vorschriften enthalten) den Erlaß von Satzungen ausdrücklich gestatten". Die Satzung darf nie im Widerspruch mit einem Gesetze stehen, weder mit einem Reichs- noch Landesgesetze.

Die Satzung ist der rechtliche Weg, um die nähere Regelung der Benutzung gemeindlicher Einrichtungen unter öffentliches Recht zu stellen. Die Gemeinde kann z. B. eine Badeanstalt durchaus auch auf bürgerlich-rechtlicher Grundlage betreiben; die Benutzung erfolgt dann auf Grund eines Vertrages; für Ansprüche und Verbindlichkeiten gilt dann das bürgerliche Recht und zur Entscheidung von Streitigkeiten sind die ordentlichen Gerichte zuständig. Erläßt aber die Gemeinde eine Satzung hierüber, so ordnet die Gemeinde damit den Gegenstand **hoheitsrechtlich**; die **Gemeinde** steht dann dem Benutzer als Obrigkeit gegenüber; das Benutzungsentgelt ist dann eine öffentliche Gebühr, und Streitigkeiten werden nicht von den ordentlichen Gerichten, sondern (je nach näherer Regelung) von den Verwaltungsbehörden oder Verwaltungsgerichten entschieden.

Satzungen stellen objektives Recht dar, verbindlich für alle Personen, Tatbestände und Verhältnisse, auf die sich die Satzung bezieht. Ein Verstoß gegen die Satzung ist „Verletzung des bestehenden Rechts", auch für die Gemeinde selbst, die so lange an die eigene Satzung gebunden ist, bis diese rechtswirksam abgeändert oder aufgehoben ist; Selbstverwaltung ist also an die durch die Selbstgesetzgebung geschaffenen Rechtszustände gebunden.

2. Die **Grenzen der Gesetzgebungsbefugnis** ergeben sich aus den Darlegungen unter Anm. 1: a) es muß sich um gemeindliche Angelegenheiten, und zwar um Selbstverwaltungsangelegenheiten der Gemeinde handeln; darüber hinaus darf nicht in die Privatwirtschaft der Gemeindeangehörigen oder gar anderer Personen eingegriffen werden; b) niemals können staatliche Auftragsangelegenheiten (Polizei) durch Satzung geregelt werden; c) die örtliche Wirksamkeit der Satzung beschränkt sich auf das Gemeindegebiet; zulässig ist aber die Beschränkung der Geltung einer gemeindlichen Satzung auf einen Teil der Gemeinde; d) die zeitliche Wirksamkeit beurteilt sich nach Anm. 9; e) Satzungen dürfen nicht Reichs- oder Landesgesetzen widersprechen; f) Satzungen können nicht das regeln, was die Gesetze bereits geregelt haben, es sei denn, daß ausdrücklich eine weitergehende Regelung durch Satzung gestattet ist; g) Gesetzesrecht bricht Satzungsrecht; auch rechtsgültig erlassene Satzungen verlieren insoweit ihre Wirksamkeit.

3. Die **Bewehrung der Satzung** mit Zwangs- und Strafdrohungen ist nicht allgemein zulässig. Nur der Anschluß- und Benutzungszwang nach § 18 kann durch satzungsmäßige Zwangsvorschriften gesichert werden. Abgesehen von dieser Ausnahmevorschrift ist grundsätzlich die Sicherung des Vollzuges gemeindlicher Satzungen polizeilichen Vorschriften zu überweisen, in denen die Übertretung oder Nichteinhaltung von Satzungen mit Strafen bedroht werden kann. Wie oben schon bemerkt (Anm. 1), sind aber Satzungen und polizeiliche Vorschriften voneinander scharf zu trennen.

4. Für das **örtliche Gesetzgebungsverfahren** bestehen folgende Vorschriften:

a) Die Satzungen werden vom Bürgermeister erlassen (§ 32).

b) Sie sind vorher vom Bürgermeister mit den Gemeinderäten zu beraten (§ 55 Abs. 1 Nr. 5), und zwar sowohl Erlaß, Änderung wie Aufhebung von Satzungen; beachtet der Bürgermeister diese Rechtspflicht nicht, so wird allerdings die Rechtswirksamkeit der Satzung hiervon nicht berührt.

c) In einzelnen Fällen ist die Genehmigung der Aufsichtsbehörde zur Satzung erforderlich (s. oben AusfAnw. Ziff. 2 a—d).

d) Für die Hauptsatzung ist auch die vorherige Zustimmung des Beauftragten der NSDAP. erforderlich (§ 33).

e) Für die Haushaltssatzung (§§ 82 ff.), die nur eine Satzung im formellen Sinne ist (wie ein staatliches Finanzgesetz nur ein Gesetz im formellen Sinne ist), ist ein besonderes Verfahren vorgeschrieben (vgl. hierzu §§ 83 und 84).

f) Alle Satzungen sind öffentlich bekanntzumachen.

Mit Ausnahme von b sind diese Vorschriften Voraussetzungen für das rechtsgültige Zustandekommen einer Satzung. Jede rechtsgültig zustandegekommene Satzung kann nur durch neue Normen des objektiven Rechts geändert oder aufgehoben werden, also entweder durch ein Gesetz oder durch eine rechtsgültig erlassene Satzung. Ist die Satzung selbst genehmigungs- oder zustimmungspflichtig, so gilt das gleiche für jede Änderung und für die Aufhebung.

5. Die **öffentliche Bekanntmachung** ist durch § 4 DurchfVO. sowie durch obige Ziff. 5 der AusfAnw. eingehend geregelt.

6. Zur **Hauptsatzung** vgl. obige Ziff. 3 der AusfAnw.

7. Zur **Genehmigungspflicht** von Satzungen wird im Anschluß an obige Ziff. 2 der AusfAnw. ergänzend bemerkt: In einzelnen Landesgemeindeordnungen war die Genehmigung von Satzungen allgemein vorgeschrieben. Deshalb wurde in Sondergesetzen (z. B. in Gemeindeabgabengesetzen) von der Aufstellung einer besonderen Genehmigungspflicht abgesehen. Es ist daher zulässig, daß in den ÜberleitungsVO. der obersten Landesbehörden nach § 40 Durchf.-VO. diese Fälle auseinandergezogen und dem Grundsatze der DGO. entsprechend einzelne Satzungen einer Genehmigungspflicht unterstellt werden.

8. Die **Zuständigkeit der Aufsichtsbehörde** bei Erlaß gemeindlicher Satzungen ist nicht auf die Fälle beschränkt, in denen die Satzung der Genehmigung bedarf. Der Aufsichtsbehörde ist nach obiger Ziff. 2 Abs. 2 der AusfAnw. auch in den übrigen Fällen die Satzung in zwei Abdrucken vorzulegen. Auch in diesen Fällen hat die Aufsichtsbehörde die Pflicht der Nachprüfung hinsichtlich des rechtsgültigen Zustandekommens der Satzung und der Einhaltung der Grenzen der örtlichen Gesetzgebungsbefugnis der Gemeinde. Auch wenn die Aufsichtsbehörde die Satzung genehmigt oder in den nichtgenehmigungspflichtigen Fällen nicht beanstandet hat, kann jedes Zivil-, Straf- und Verwaltungsgericht die Rechtsgültigkeit jeder Satzung nachprüfen. Wird dabei ein Teil der Satzung für ungültig befunden (z. B. weil er über die örtliche Gesetzgebungsbefugnis hinausgeht oder weil er im Widerspruche mit einem Gesetze steht), so braucht nicht die ganze Satzung ungültig zu sein, es sei denn, daß der Mangel der Satzung die wesentliche Grundlage entzieht. Ist die Satzung genehmigungspflichtig, so kann die Aufsichtsbehörde die Genehmigung mit einer Auflage oder unter einer Bedingung er-

teilen. Dies heißt, daß die Genehmigung als erteilt gilt, wenn die Auflage oder Bedingung von der Gemeinde zeit- und sachgerecht erfüllt wird; eine solche Änderung der vorgelegten Satzung durch den Bürgermeister macht es ihm zur Pflicht, die sonstigen Formalien des Gesetzgebungsverfahrens auch für solche Änderungen zu beachten (Beratung mit den Gemeinderäten, Zustimmung des Beauftragten der NSDAP.), es sei denn, daß außer jedem Zweifel steht, daß deren vorherige Erklärungen und (bei dem Beauftragten) die Zustimmung sich hierauf erstreckt.

9. Das **Inkrafttreten der Satzung** ist im Gesetze (Abs. 3) geregelt.

a) In erster Linie kommt als Beginn der Geltung der Satzung der in der Satzung selbst bestimmte Tag in Betracht.

b) Wird dafür ein zurückliegender Zeitpunkt gewählt, so ist stets die Genehmigung der Aufsichtsbehörde hierfür erforderlich. Dies ist vorgeschrieben im Interesse der Klarheit und Sicherheit des Rechtsverkehrs, aber auch um nachträglichen unbilligen Belastungen der Gemeindeangehörigen, soweit sie nicht unbedingt geboten sind, vorzubeugen.

c) Ist weder von a noch von b rechtsgültig Gebrauch gemacht, so tritt die Satzung mit dem Beginne des Tages nach der öffentlichen Bekanntmachung in Kraft.

10. Das rechtliche **Verhältnis von Satzungen untereinander** wird durch folgendes bestimmt:

a) Satzungen derselben Gemeinde stehen zueinander wie Gesetze desselben Staates. Es gilt daher der Satz: lex posterior derogat legi priori (auf die Gemeinde angewendet: die spätere Satzung hebt die frühere auf), jedoch mit der Einschränkung: lex generalis non derogat legi speciali (auf die Gemeinde angewendet: z. B. Satzungen für die allgemeine Verwaltung gemeindlicher Einrichtungen heben z. B. nicht die besondere Regelung eines wirtschaftlichen Unternehmens durch eine Betriebssatzung [§ 74] auf, wenn nicht das Gegenteil zweifelsfrei hervorgeht).

b) Satzungen einer Gemeinde sind völlig unabhängig von Satzungen übergeordneter Gemeindeverbände. Die Satzungen der Gemeinden und der Gemeindeverbände stehen grundsätzlich im Range der Gleichordnung; das Gesetz kann für diese interkommunalen Beziehungen selbstverständlich Vorschriften erlassen, um Überschneidungen und Widersprüchen vorzubeugen. Soweit im Verhältnis der Gemeinde zu einem Gemeindeverbande dem Gemeindeverbande das Recht der Kompetenz-Kompetenz zusteht (vgl. z. B. für Preußen § 43 EG. zum Gesetz über kommunale Neugliederung des rheinisch-westfälischen Industriegebiets vom 29. Juli 1929 — GS. S. 137), geht mit dem Gegenstand auch das Satzungsrecht über.

11. Die **Überleitung** des Rechtszustands ist in § 3 DurchfVO. geregelt (vgl. hierzu auch § 6 DurchfVO. zu § 18 DGO.). Zu beachten ist hierbei, daß die Sondervorschrift des § 6 weiter geht als die allgemeine Vorschrift des § 3: die allgemeinen Satzungen bleiben

nur in Geltung, „soweit sie nicht den Vorschriften der DGO. widersprechen"; deshalb die obige Ziff. 4 der AusfAnw., wonach der Bestand der Satzungen nachzuprüfen und anzupassen ist.

§ 4

Das Gebiet jeder Gemeinde soll so bemessen sein, daß die örtliche Verbundenheit der Einwohner gewahrt und die Leistungsfähigkeit der Gemeinde zur Erfüllung ihrer Aufgaben gesichert ist.

I. **Amtliche Begründung** s. Textausgabe S. 33.

II. **Anm.**

1. Die **allgemeine Bedeutung** der Vorschrift besteht darin, daß in den Bestimmungen der §§ 4—8 Wesenselemente der Gemeinde (Gebiet, Einwohner und Bürger, Gefüge der Verfassung, Wirtschaftsgebaren, staatliche Beaufsichtigung) in grundsatzmäßiger Kürze vorangestellt werden, die dann im Dritten bis Siebenten Teil erst eingehender geregelt werden. Der geistige Ausgangspunkt und das Grundgefüge der dann später folgenden Einzelregelung soll schon hier bei den „Grundlagen" herausgehoben werden. — § 4 behandelt das Gebiet der Gemeinde.

2. **Das Gebiet** ist wesentliches Element (sachliches Substrat) jeder Gebietskörperschaft. Die Gemeinde ist durch § 1 Abs. 2 Satz 1 zu einer Gebietskörperschaft erklärt (vgl. hierzu Anm. 1 zu § 1). Das Gebiet (die Gemarkung) ist im Dritten Teile des Gesetzes (§§ 12 bis 16) nach Umfang, Änderung, Voraussetzungen und Folgen der Änderung näher geregelt.

Der Grundsatz der Gebietsregelung umfaßt zwei Gesichtspunkte: Das Gebiet soll so bemessen sein, daß

a) die örtliche Verbundenheit der Einwohner gewahrt und

b) die Leistungsfähigkeit der Gemeinde zur Erfüllung ihrer Aufgaben **gesichert ist.**

Damit nimmt die DGO. zu einem außerordentlich wichtigen Fragenkreise der Gemeindepolitik, nämlich zur sog. Neugliederung der Gemeinden durch Vergrößerung des Gebietsumfanges, eine richtunggebende Stellung ein. Im einzelnen kann hierzu auf die Ausführungen unter Nr. 4 des Allgemeinen Teils der Begründung (s. S. 12 f.) verwiesen werden. Dort ist in den Vordergrund gestellt, daß bei der Neugliederung der Gemeinden die soziologische Grundlage der Gemeinde, nämlich die örtliche Verbundenheit der Einwohner, nicht verlassen werden soll. Damit ist zweierlei ausgesprochen, nämlich daß die Neugliederung zwar für notwendig erachtet wird, aber Grenzen hat, die in der Erhaltung des Wesens gemeindlicher Selbstverwaltung liegen.

3. **Die Neugliederung der Gemeinden** auch durch territoriale Vergrößerung der einzelnen Gemeinden ist aus verschiedenen Gründen

geboten: Leitgedanke des Neubaues des Organismus der öffentlichen Verwaltung muß sein, in allen Stufen der Verwaltung genügend trag- und widerstandsfähige Gebilde für die ihnen gesetzgeberisch zugemuteten Aufgaben zu schaffen. Jeder Träger öffentlicher Aufgaben muß in das Gesamtgefüge so eingebaut sein, daß einerseits die zentrale Leitung bis in jede Zelle reibungslos wirksam ist und anderseits alle Teile ebenso organisch dem Ganzen zu dienen vermögen. Schon eine übermäßige Vielzahl kann hemmend, mangelnde Tragfähigkeit gefährdend wirken.

Schon die Zahl der deutschen Gemeinden (über 51000) ist zu groß. Der staatliche Überbau über den Gemeinden (zunächst die Kreisverwaltungsstellen) wird schon durch die unnötig große Zahl von Gemeinden mit einer vermeidbaren Mehrarbeit belastet, die aus natürlichen Gründen auch den Wirkungsgrad der Verwaltung beeinträchtigt, von den Kosten zunächst abgesehen. Mit der Zahl und Größe hängt unmittelbar auch die Leistungsfähigkeit der Gemeinden zur Tragung der ihnen angesonnenen Aufgaben zusammen. Der Neubau der Verwaltung wird daher in erster Linie wohl nicht darauf verzichten können, die — nicht zu starre — Festlegung einer Mindestgröße der Gemeinde ins Auge zu fassen. Darüber hinaus wird die Vereinfachung, Verbilligung und gleichzeitige Steigerung des Wirkungsgrades der Verwaltung auch noch in der Richtung anzustreben sein, daß die Erledigung der Verwaltungsarbeit in einwandfreier und möglichst schneller Weise gewährleistet wird. Soweit dies bei der rein ehrenamtlichen Führung der Geschäfte, auf die die DGO. hohen Wert legt, nicht gesichert ist, müssen Einrichtungen geschaffen werden, durch die das Ziel gewährleistet wird; auch dies kann vielfach zur Notwendigkeit der Vergrößerung des Gebietsumfangs der Gemeinden führen, wenn und soweit die sonst dafür brauchbaren Wege (Bildung engerer Verbände der Gemeinden, Schaffung von Gemeinschaftseinrichtungen — vgl. § 120) aus besonderen Gründen nicht beschritten werden können. Endlich müssen die Gemeinden ohne neuen Steuerdruck finanziell genügend leistungsfähig für ihre Aufgaben gemacht werden; auch hierfür ist sowohl eine gewisse Mindestgröße Voraussetzung als auch die Vergrößerung des Gebiets in vielen Fällen ein brauchbares Mittel, insbesondere dann, wenn Gebiete mit einer verschiedenartigen Wirtschaftsstruktur zu einer Einheit zusammengefaßt werden können; denn dadurch wird nicht nur ein Ausgleich der Finanzkraft, sondern auch eine größere Widerstandskraft gegen wirtschaftliche Schwankungen erreicht.

Die Regelung wird sich von der unberechtigten Aufrechterhaltung einer nur romantischen, aber leistungsunfähigen Dorf-Selbstverwaltung ebenso weit wie von dem bloßen Streben, nur großräumige, leistungsstarke Gemeinden unter Verlust der inneren Zusammengehörigkeit der Einwohner zu schaffen, fernhalten müssen. Wohl darf von den Zusammenlegungen der Gesichtspunkt nicht abschrecken, daß Zusammenhänge zerrissen werden; es muß nur Gewähr geboten sein, daß sich wieder feste Zusammenhänge bilden können, m. a. W. daß die örtliche Verbundenheit der Einwohner, die notwendige soziologische Grundlage der gemeindlichen Selbstverwaltung, gesichert wird. Das sind Fragen, die nicht in technischer Konstruktion, sondern sozusagen nur in Verwaltungsarbeit am lebendigen Objekte gelöst werden können.

Die Bedeutung der Lösung dieses Problems ist für die Größe und Aufgabenstellung der nächstübergeordneten Verwaltungskörper sowie für einen wirksamen finanziellen Ausgleich der Steuerkraft und der Lasten der Gemeinden und der nächsthöheren Verwaltungsverbände, für die Frage der Einheit der Verwaltung und Eindämmung der Zersplitterung der Verwaltung durch Schaffung von Sonderbehörden kaum minder groß als für die Gemeinden selbst.

4. Der **Rechtsboden für die Neugliederung der Gemeinden** ist durch die Vorschrift des § 13 geebnet. Danach sind Änderungen des Gebietes, die Auflösung und Neubildung von Gemeinden ausschließlich von Gründen des öffentlichen Wohls abhängig gemacht. Ein Recht auf die Erhaltung des Gebietsbestandes ist der Gemeinde nicht mehr eingeräumt. Sie ist zwar vorher zu hören, hat aber keine Beteiligtenstellung in dem Sinne, daß sie in einem formalen Verfahren die Rolle einer Partei führen könnte. Auch ein Beschwerderecht ist ihr nicht eingeräumt (das Beschwerderecht des § 113 beschränkt sich auf das staatsaufsichtliche Verfahren nach den §§ 106 ff.; es verbleibt ihr nur die Möglichkeit, die nächsthöhere Aufsichtsbehörde mit der sog. Aufsichtsbeschwerde anzurufen).

Auch die Zuständigkeit zur Änderung des Gemeindegebiets ist unter diesem Gesichtspunkte geordnet (§ 15). Nicht untergeordneten Behörden oder den Gemeinden selbst (durch Vereinbarungen) ist die Möglichkeit eröffnet, dieses staatshoheitliche Recht über die Verwaltungsgliederung auszuüben oder maßgebend zu beeinflussen; es ist vielmehr grundsätzlich in die Hand des Reichsstatthalters gelegt (Abweichungen s. § 36 DurchfVO. zu § 117 DGO.).

Die Lösung des Fragenkreises beansprucht aber bei seiner für den Neuaufbau des Reiches weitgehenden Bedeutung eine zentrale Führung. Es wäre schädlich, der Gesamtlösung durch Schaffung fertiger Verhältnisse vorzugreifen.

5. Das **Gegenstück** zur Vergrößerung des Gebietsumfangs der Gemeinden bildet im Rahmen der Verwaltungsreform der Gemeinden § 120; vgl. die Ausführungen hierzu.

§ 5

(1) Einwohner der Gemeinde ist, wer in der Gemeinde wohnt. Bürger ist, wer das Bürgerrecht in der Gemeinde besitzt.

(2) **Der Bürger muß seine Kräfte jederzeit ehrenamtlich dem Wohle der Gemeinde widmen. Wer zu ehrenamtlicher Tätigkeit bestellt wird, muß sich durch uneigennützige und verantwortungsbewußte Führung der Geschäfte dieses Vertrauens würdig erweisen und der Allgemeinheit Vorbild sein.**

I. **Amtliche Begründung** s. Textausgabe S. 34.

II. **DurchfVO. (§ 5)**

Einwohner der Gemeinde ist, wer in ihr eine Wohnung unter Umständen innehat, die darauf schließen lassen, daß er die Wohnung beibehalten und benutzen wird.

III. **AusfAnw.**

Durch § 5 der Ersten DurchfVO. ist geklärt, daß das Gesetz nicht den bürgerlich-rechtlichen, sondern den öffentlich-rechtlichen Wohnsitzbegriff zugrunde legt.

Danach ist Einwohner der Gemeinde, wer in ihr eine Wohnung unter Umständen innehat, die darauf schließen lassen, daß er die Wohnung beibehalten und benutzen wird. Wesentlich für den Wohnsitzbegriff ist danach ein Sachverhalt, der den Schluß zuläßt, der Wohnungsinhaber werde die Wohnung beibehalten und, sei es persönlich oder durch einen mit ihm in Hausgemeinschaft lebenden Angehörigen, benutzen. Die Begriffsbestimmung ist demnach ausschließlich auf den äußeren Tatbestand abgestellt. Es kommt also in Zukunft nicht mehr auf die Absicht oder auf die Willensfähigkeit an.

IV. **Anm.**

1. Zur **allgemeinen Bedeutung** der Vorschrift vgl. Anm. 1 zu § 4. § 5 behandelt die Einwohner und Bürger, das soziale Substrat der Gemeinde (während das Gebiet das sachliche Substrat der Gemeinde darstellt). Die eingehendere Regelung trifft der Vierte Teil des Gesetzes (§§ 17—31).

2. Die **Einwohner** der Gemeinde bilden die Gemeindeangehörigen, da die Gemeinde nach der DGO. eine Einwohnergemeinde, nicht eine Bürgergemeinde ist.

Ursprünglich war die Zugehörigkeit zu einer Gemeinde vom Bürgerrecht abhängig. Das Bürgerrecht beruhte auf Verleihung auf Grund bestimmt abgegrenzter Tatbestände. Dabei hatten bestimmte Personen Anspruch auf Verleihung, andere waren verpflichtet zum Erwerbe des Bürgerrechts. Auf diesen Bürgern beruhte die Gemeinde als Verband der Gemeindebürger. Mit der Anerkennung der wirtschaftlichen Freiheit, der Gewerbefreiheit, der Freizügigkeit und mit der damit zusammenhängenden Umgestaltung des Fürsorgerechts auf der Grundlage des Unterstützungswohnsitzes und späterhin des gewöhnlichen Aufenthalts wurde und ist nunmehr der Aufenthalt (i. S. des Wohnens in der Gemeinde) zum gesetzlichen Tatbestand für die Gemeindezugehörigkeit geworden; die Zusammenhänge, die sich aus dem nachbarschaftlichen Zusammenwohnen ergeben, bilden die soziologische Grundlage der Gemeinde, der „örtlichen Gemeinschaft" (§ 1) und der „örtlichen Verbundenheit" (§ 4).

Zum Begriff „Einwohner" s. obigen § 5 DurchfVO. und die obige AusfAnw. Hiernach ist der Begriff unabhängig von der Staatsangehörigkeit, vom Alter, von der Geschäftsfähigkeit, von der Zeitdauer des Wohnens. Auch kann jemand Einwohner in mehreren Gemeinden und demnach auch in mehreren berechtigt sein, die öffentlichen Einrichtungen der Gemeinde zu benutzen, und verpflichtet sein, die Lasten mitzutragen (§ 17), während man Bürger nur in einer Gemeinde sein kann (vgl. § 7 Abs. 2 DurchfVO. zu § 19 DGO.).

Die Rechtsstellung der Einwohner (Rechte und Pflichten) behandeln die §§ 17 und 18. Über diese besonderen Vorschriften hinaus gilt allgemein, daß der Einwohner der Herrschaftsgewalt der Gemeinde als Gebietskörperschaft (s. Anm. 1 b zu § 1) und ihrer örtlichen Gesetzgebungsbefugnis (§ 3) unterworfen ist. Gebietshoheit und Selbstgesetzgebungsbefugnis umfassen schlechthin alle Gebietsangehörigen.

3. Die **Bürger** der Gemeinde werden, obwohl die Gemeinde Einwohnergemeinde ist, besonders herausgestellt, weil nur sie zur ehrenamtlichen Verwaltung der Gemeinde herangezogen werden können. Diese Rechtsstellung der Bürger (Rechte und Pflichten) wird in den §§ 22—28, der Erwerb und Verlust des Bürgerrechts in den §§ 19 und 20 näher geregelt. § 7 DurchfVO. (abgedruckt bei § 19) klärt zwei Tatbestände auf dem Gebiete des Bürgerrechts, wovon die Vorschrift des § 7 Abs. 2 insofern wichtig ist, als sich daraus ergibt, daß man Bürger nur in einer Gemeinde sein kann.

Auf der einen Seite ist festzustellen, daß Bürger i. S. der DGO. etwas wesentlich anderes ist als i. S. früherer Gemeindeordnungen (s. Anm. 2); auf der anderen Seite hält aber auch die DGO. daran fest, daß an der Verwaltung der Gemeinde nur der teilhaben kann, der besondere Voraussetzungen erfüllt (deutsche Staatsangehörigkeit, entsprechendes Alter, längeres Wohnen in der Gemeinde, Besitz der bürgerlichen Ehrenrechte und natürlich auch der vollen Geschäftsfähigkeit). Die Rechtsstellung des Bürgers ist überwiegend eine Pflichtstellung (§ 5 Abs. 2), insofern die Wahlrechte weggefallen sind und die Bestellung der Bürger zu ehrenamtlicher Tätigkeit in der Gemeinde (abgesehen von Bürgermeister-, Beigeordneten- und Gemeinderatsstellen) in der Hand des Bürgermeisters liegt (§ 22). Doch liegt in der Pflicht auch eine auszeichnende Berechtigung; letztere ist auch mit Rechtsmitteln gesichert (§§ 29, 31).

Das Bürgerrecht der Vergangenheit kann noch eine Rolle spielen. So kann es eine Voraussetzung für das Recht auf Gemeindenutzungen (§ 65), für das Recht auf Stiftungsgenuß (§ 66) sein. In all diesen und ähnlichen Fällen ist vom Sinne der seinerzeitigen Regelung auszugehen und zu erforschen, ob wirklich der Begriff der Vergangenheit oder der jeweilige Bürgerrechtsbegriff zugrunde zu legen ist. Im Zweifel gilt im Einklang mit dem Wandel der Rechtsanschauung das letztere.

Listen über die Bürger, Bürgerrollen, Bürgerrechtsbriefe u. ä. gibt es nicht mehr.

4. Die **Bürgerpflichten** sind in Abs. 2 grundsatzmäßig umrissen. Die DGO. will den ehrenamtlichen Dienst in der örtlichen Gemeinschaft zu einer hohen Ehrenpflicht machen. Die Wahrnehmung solcher Stellen setzt Pflichtgefühl und Würde voraus; sie soll nicht eine Quelle persönlicher Vorteile, sondern uneigennützige Pflichterfüllung sein. Eine Überlastung des Bürgers mit solchen Diensten schließt § 23 aus.

§ 6

(1) Leiter der Gemeinde ist der Bürgermeister. Er wird von den Beigeordneten vertreten.

(2) Bürgermeister und Beigeordnete werden durch das Vertrauen von Partei und Staat in ihr Amt berufen. Zur Sicherung des Einklangs der Gemeindeverwaltung mit der Partei wirkt der Beauftragte der NSDAP. bei bestimmten Angelegenheiten mit. Die stete Verbundenheit der Verwaltung mit der Bürgerschaft gewährleisten die Gemeinderäte; sie stehen als verdiente und erfahrene Männer dem Bürgermeister mit ihrem Rate zur Seite.

I. Amtliche Begründung s. Textausgabe S. 35.

II. Anm.

1. Zur **allgemeinen Bedeutung** der Vorschrift vgl. Anm. 1 zu § 4. § 6 behandelt das Gefüge der Verfassung der Gemeinde; die eingehendere Regelung trifft der Fünfte Teil des Gesetzes (§§ 32 bis 59).

Der Übergang zu dieser auf dem Führergrundsatze beruhenden Verwaltungsform der Gemeinde ist in Nr. 1 des Allgemeinen Teils der Begründung (s. S. 2 ff.) eingehend erörtert. Es handelt sich aber nicht nur darum, die Verwaltungsform der Gemeinde nach dem Führergrundsatz unter eindeutiger Festhaltung aller Folgerungen auszurichten, sondern auch darum, diese Verwaltungsform in den größeren Zusammenhang mit Partei und Staat und in ein ebenmäßiges Verhältnis zur Bürgerschaft zu bringen, sowie darum, Befugnis und Verantwortung, die Rechts- und Pflichtstellung des Leiters der Gemeinde gesetzlich auszugleichen.

2. Zur **Leitung der Gemeinde** durch den Bürgermeister vgl. § 32 und die AusfAnw. hierzu.

3. Zur **gesetzlichen Vertretung des Bürgermeisters** durch die Beigeordneten vgl. §§ 34 und 35 sowie die AusfAnw. hierzu.

4. Zur **Berufung der Bürgermeister und Beigeordneten** vgl. § 41 und die AusfAnw. hierzu.

5. Zur **Mitwirkung des Beauftragten der NSDAP.** bei der Gemeindeverwaltung vgl. insbesondere § 33 und die AusfAnw. hierzu, sowie § 118 und die VO. des Stellvertreters des Führers hierzu vom 26. März 1935 (RGBl. I S. 470).

6. Zu den **Gemeinderäten** vgl. §§ 48 ff. sowie die AusfAnw. hierzu.

7. Im **weiteren Zusammenhange** mit der Verwaltungsform der Gemeinde stehen auch die Vorschriften über den in Form einer Haushaltssatzung zustande kommenden Haushaltsplan (§§ 83 ff.) und — wegen ihres Zusammenhanges mit der Haushaltssatzung — die Vorschriften über das Schuldenwesen der Gemeinde (§§ 76 und 81) sowie die Vorschriften über die Prüfung der Jahresrechnung mit dem Schlußakte, der Entlastung des Bürgermeisters (§§ 95—99).

§ 7

Die Gemeinden haben ihr Vermögen und ihre Einkünfte als Treuhänder der Volksgemeinschaft gewissenhaft zu verwalten. Oberstes Ziel ihrer Wirtschaftsführung muß sein, unter Rücksichtnahme auf die wirtschaftlichen Kräfte der Abgabepflichtigen die Gemeindefinanzen gesund zu erhalten.

I. Amtliche Begründung s. Textausgabe S. 35/36.

II. Anm.

1. Wegen der **allgemeinen Bedeutung** der Vorschrift vgl. Anm. 1 zu § 4. Die eingehendere Regelung trifft der Sechste Teil des Gesetzes (§§ 60—105). Vgl. hierzu auch Nr. 3 des Allgemeinen Teils der Begründung (s. S. 8 ff.).

2. Die **rechtliche Bedeutung** der Vorschrift beruht darin, daß sie der Gemeinde und der Aufsichtsbehörde ganz allgemein die Pflicht auferlegt a) für die Gesunderhaltung der Gemeindefinanzen zu sorgen und b) dabei auf die wirtschaftlichen Kräfte der Abgabepflichtigen Rücksicht zu nehmen.

Die Gemeinde hat hiernach einerseits die Verwaltung ihrer Finanzen in der gesetzlich vorgeschriebenen Ordnung zu führen, wofür die VO. auf Grund des § 105 Abs. 2 noch eine gleichmäßige Regelung treffen wird, andererseits Einnahmen und Ausgaben im abgeglichenen Verhältnisse zu halten (§ 85 Abs. 1), zur Deckung der erforderlichen Ausgaben also die Erhebung von Abgaben und Gebühren entsprechend anzuspannen (§ 85 Abs. 2), eine Überbelastung der Abgabepflichtigen aber hierbei zu vermeiden. Dagegen kann auf diese Vorschrift nicht etwa eine Berechtigung des einzelnen Abgabepflichtigen gegründet werden, seine Abgabenschuld mit der

Behauptung anzufechten, daß diese Grenze nicht eingehalten sei; die Abgabenschuld bemißt sich vielmehr ausschließlich nach den hierfür gegebenen Sonderbestimmungen. Die rechtliche Bedeutung der Vorschrift beschränkt sich daher auf die allgemeine Pflichtstellung der Gemeinde und der Aufsichtsbehörde, dem grundsatzmäßig ausgedrückten Willen des Gesetzgebers Rechnung zu tragen.

§ 8

(1) Der Staat führt die Aufsicht über die Gemeinden.

(2) Die Aufsicht schützt die Gemeinden in ihren Rechten und sichert die Erfüllung ihrer Pflichten.

I. **Amtliche Begründung** s. Textausgabe S. 36.

II. **Anm.**

1. Zur **allgemeinen Bedeutung** vgl. Anm. 1 zu § 4. Die eingehendere Regelung der Staatsaufsicht über die Gemeinden trifft der Siebente Teil des Gesetzes (§§ 106—116). Vgl. hierzu auch Nr. 2 des Allgemeinen Teils der Begründung (s. S. 6 ff.).

2. Zum **Wesen der Staatsaufsicht** vgl. die Ausführungen zu § 106.

Die Aufsichtsbehörden sind in § 107 DGO., § 33 DurchfVO. bestimmt.

Die allgemeinen Mittel der Aufsicht sind in §§ 108 bis 112 geregelt.

Der Schutz der Gemeinde vor widerrechtlicher Überspannung der Aufsicht ist in § 113 geordnet.

Der Ausschluß anderer Behörden von den allgemeinen Aufsichtsmitteln ist in § 114 festgelegt.

Neben den allgemeinen Mitteln der Aufsicht (§§ 108—112) steht der Aufsichtsbehörde noch eine Reihe anderer Funktionen zu, die bei dem einzelnen Sachgegenstande geregelt sind:

a) Genehmigungen gemeindlicher Willenserklärungen:

§ 3 Abs. 2 — Erlaß der Hauptsatzung,

§ 3 Abs. 3 — rückwirkende Inkraftsetzung einer Satzung,

§ 18 — Satzung über Anschluß- und Benutzungszwang an gemeindliche Einrichtungen,

§ 19 Abs. 3 — Verleihung des Bürgerrechts,

§ 21 Abs. 1 — Verleihung des Ehrenbürgerrechts an Ausländer,

§ 21 Abs. 2 — Aberkennung des Ehrenbürgerrechts,

§ 28 — Aberkennung von Ehrenbezeichnungen,

§ 62 Abs. 2 — Veräußerung von bestimmten Vermögensgegenständen, unter Freistellung von der Genehmigungspflicht durch §§ 23 bis 25 DurchfVO. zu § 62 Abs. 3 DGO.

§ 66 Abs. 2 — Umwandlung des Stiftungszweckes und Aufhebung von Stiftungen,

§ 71 Abs. 1 — Zustimmung zur Aufnahme von Darlehen und

Kassenkrediten durch Gesellschaften, an denen die Gemeinden und Gemeindeverbände mit mehr als 75 v. H. beteiligt sind,

§ 71 Abs. 3 — Zustimmung zur Beteiligung von Gesellschaften, an denen Gemeinden und Gemeindeverbände mit mehr als 75 v. H. beteiligt sind, an anderen Unternehmen,

§ 75 — Umwandlung eines Eigenbetriebes in ein rechtlich selbständiges Unternehmen,

§ 76 — Aufnahme von Darlehen im Rahmen der Haushaltssatzung,

§ 78 — Aufnahme einzelner Darlehen, Übernahme von Bürgschaften, Verpflichtungen aus Gewährverträgen, Bestellung anderer Sicherheiten, Rechtsgeschäfte, die diesen wirtschaftlich gleichkommen,

§ 79 — Bestellung besonderer Sicherheiten zugunsten des gemeindlichen Darlehensgläubigers,

§ 81 — Höchstbetrag der jährlichen Kassenkredite,

§ 86 — Höhe der Jahressteuersätze, Gesamtbetrag der Darlehen und Höchstbetrag der Kassenkredite im Rahmen der Haushaltssatzung,

§ 101 Abs. 2 — Übertragung und Entziehung der Leitung des Rechnungsprüfungsamts,

§ 115 Abs. 2 — Verträge des Bürgermeisters mit der Gemeinde.

Über die Rechtsfolgen des M a n g e l s der Genehmigung vgl. § 104 Abs. 1.

b) Z u l a s s u n g e n gewisser Ausnahmen von gesetzlichen Vorschriften:

§ 40 Satz 2 — Ausnahme von vorgeschriebenen Voraussetzungen für den Bürgermeister und den Ersten Beigeordneten in einem Stadtkreise,

§ 42 letzter Satz — Ausnahme von dem Ausschlusse der gemeindlichen Beamten, Angestellten und Arbeiter vom Amt eines ehrenamtlichen Beigeordneten,

§ 43 Abs. 1 — Ausnahme von dem Ausschlusse Verwandter vom Amt eines Bürgermeisters oder Beigeordneten,

§ 51 letzter Satz — Ausnahme von dem Ausschlusse gemeindlicher Beamter, Angestellter und Arbeiter vom Amt eines Gemeinderats,

§ 79 Ausnahme von dem Verbote der Bestellung besonderer Sicherheiten zugunsten gemeindlicher Darlehensgläubiger,

§ 94 letzter Satz — Ausnahme von der Verpflichtung, daß die gemeindlichen Kassen zu vereinigen sind, wenn ein hauptamtlicher Kassenverwalter bestellt ist.

c) Besonders geregelte, neben dem allgemeinen Informationsrechte nach § 108 bestehende I n f o r m a t i o n s r e c h t e, die sich auf Seiten der Gemeinde als Anzeigepflichten, Berichterstattungspflichten, Vorlagepflichten darstellen, auf Seiten der Aufsichtsbehörde als Prüfungspflichten auswirken:

§ 14 Abs. 1 — Anzeige der Absicht von Verhandlungen über Gebietsänderungen,

§ 68 — **Bericht über Errichtung oder Erweiterung wirtschaftlicher Unternehmen,**
§ 69 — **Bericht über Beteiligung an wirtschaftlichen Unternehmen,**
§ 84 — **Vorlage der Haushaltssatzung,**
§ 99 — **Vorlage der Rechnung.**

d) Mitwirkungsrechte bei Besetzung und Entsetzung der Stellen gemeindlicher Amtsträger:
§ 41 Abs. 2 Nr. 3 — **bei der Berufung von Bürgermeistern und Beigeordneten,**
§ 45 Abs. 1 — **bei der Zurücknahme der Berufung von Bürgermeistern und Beigeordneten,**
§ 46 — **bei der Vereidigung der Bürgermeister,**
§ 54 — **beim Ausscheiden von Gemeinderäten.**

e) Entscheidungsbefugnisse:
§ 12 Abs. 1 — Grenzstreitigkeiten,
§ 15 Abs. 2 — Auseinandersetzung nach der Grenzänderung (die Leitung von Grenzänderungsverhandlungen kann die Aufsichtsbehörde nach § 14 Abs. 2 übernehmen),
§ 26 — Entscheidung über das Vorliegen der Voraussetzungen für den Ausschluß des Bürgermeisters von der Geltendmachung von Ansprüchen gegen die Gemeinde,
§ 31 — Entscheidung von Beschwerden wegen Zurücknahme der Bestellung zu ehrenamtlicher Tätigkeit (unter Umständen auch § 30 im verwaltungsgerichtlichen Verfahren),
§ 33 — Entscheidung bei Versagung der Zustimmung des Beauftragten der NSDAP., wenn es sich um Gemeinden handelt, die nicht Stadtkreise sind.

f) Sonstige Befugnisse:
§ 99 Abs. 2 — Entlastung des Bürgermeisters,
§ 115 Abs. 1 — Geltendmachung von Ansprüchen der Gemeinde gegen den Bürgermeister,
§ 116 — Zulassung der Zwangsvollstreckung gegen die Gemeinde bei Geldforderungen, wenn es sich nicht um dingliche Ansprüche handelt.

3. Unter **Staat** i. S. dieser Vorschrift ist das Reich zu verstehen. Dementsprechend ist nach § 107 oberste Kommunalaufsichtsbehörde der RMdJ. Nach § 33 Abs. 3 DurchfVO. sind die Befugnisse der obersten Aufsichtsbehörde in Preußen, Bayern, Sachsen, Württemberg und Baden bis auf weiteres auf den Minister des Innern übertragen.

4. Die **Betreuungspflicht der Aufsichtsbehörde** hebt Abs. 2 im Gegensatz zu den bisherigen Gemeindeordnungen ausdrücklich heraus. Es handelt sich hierbei um eine grundsätzliche Ausweitung der Aufgaben der Aufsichtsbehörde. Es ist somit nicht nur Pflicht der Aufsichtsbehörde, darüber zu wachen, daß die Gemeinden sich im Einklang mit den Gesetzen und Zielen der Staatsführung halten, sondern auch ihre Pflicht, die Gemeinden in ihren Rechten zu

schützen, und zwar auch anderen Behörden gegenüber, so insbesondere im Rahmen des § 114. Es ist insbesondere Pflicht der nächsthöheren Aufsichtsbehörde im Rahmen des § 113, die unterstellte Aufsichtsbehörde bei Überspannung der Aufsicht zu ihrer Pflicht zurückzurufen. Außerdem ist zum Schutze des gemeindlichen Wirkungskreises in § 2 Abs. 4 vorgesehen, daß keine Verordnung zur Ausführung von Gesetzen, die den Gemeinden neue Lasten aufbürden oder in ihre Verwaltung eingreifen soll, ergehen darf, ohne daß der RMdJ. als oberste Kommunalaufsichtsbehörde der Verordnung zugestimmt hat.

Zweiter Teil

Benennung und Hoheitszeichen der Gemeinden

§ 9

(1) Städte sind die Gemeinden, die diese Bezeichnung nach bisherigem Rechte führen. Die Gemeinden können auch andere Bezeichnungen, die auf der geschichtlichen Vergangenheit, der Eigenart oder der Bedeutung der Gemeinde beruhen, weiterführen.

(2) **Der Reichsstatthalter kann nach Anhörung der Gemeinde Bezeichnungen verleihen und ändern.**

I. Amtliche Begründung s. Textausgabe S. 37.

II. AusfAnw.

1. Die Deutsche Gemeindeordnung kennt verfassungsrechtliche Unterschiede für einzelne Arten von Gemeinden grundsätzlich nicht. Damit fallen landesrechtliche Vorschriften, die die Gemeinden nach derartigen Merkmalen unterteilten, mit dem Inkrafttreten der Deutschen Gemeindeordnung fort.

§ 9 DGO. sieht jedoch die Möglichkeit verschiedener Bezeichnungen für die Gemeinden vor. Nur die danach zulässigen Bezeichnungen dürfen die Gemeinden führen.

a) Die Gemeinden führen grundsätzlich die Bezeichnung „Gemeinde" (nicht mehr: „Landgemeinde", „Bauerndorf" usw.).

b) Gemeinden, die bei Inkrafttreten der Deutschen Gemeindeordnung die Bezeichnung „Stadt" führen, behalten diese Bezeichnung. Unerheblich ist dabei, ob sie bisher zugleich auch nach einer Städteordnung verwaltet wurden oder städtische Verfassung hatten. Insofern führen also heute z. B. die bisherigen Titularstädte in der Rheinprovinz und in der Provinz Westfalen die Bezeichnung „Stadt". Auf der anderen Seite kommt diese Bezeichnung solchen Gemeinden nicht zu, die bisher nur eine ähnliche Bezeichnung führen, wie z. B. die badischen Stadtgemeinden, die ohne Verleihung der Bezeichnung „Stadt" lediglich in die Gruppe der Stadtgemeinden eingereiht waren.

c) Gemeinden, die bisher eine andere Bezeichnung als zu a und b führen, behalten diese Bezeichnung (z. B. Markt, Flecken usw.). Sie heißen demnach nicht Gemeinde X oder Marktgemeinde X, sondern Markt X usw.

Für die Änderung der danach feststehenden Bezeichnungen werden folgende Richtlinien gegeben:

a) die Bezeichnung „Stadt" soll nur solchen Gemeinden neu verliehen werden, die nach Struktur, Siedlungsform, Gebietsumfang, Einwohnerzahl und anderen, die soziale und kulturelle Eigenart der örtlichen Gemeinschaft bestimmenden Merkmalen tatsächlich städtisches Gepräge haben. Sollte in Einzelfällen infolge struktureller Veränderungen eine Stadt dieses Gepräge verlieren, so soll ihr die Bezeichnung „Stadt" nur dann aberkannt werden, wenn hierzu auch bei Berücksichtigung berechtigter Wünsche der Einwohnerschaft ein zwingendes Bedürfnis besteht.

b) Die Vorschrift des § 9 Abs. 1 Satz 2 DGO. läßt besondere Bezeichnungen nur zu, soweit sie in einem der im Gesetze gegebenen Tatbestände ihre Grundlagen finden. Es ist nicht der Sinn dieser Vorschrift, daß Gemeinden derartige besondere Bezeichnungen auch dann beigelegt werden, wenn die gesetzlichen Voraussetzungen nicht in vollem Umfange zutreffen. Insbesondere gibt die Vorschrift keine Handhabe zur Verleihung von Bezeichnungen, die zwar in der Bedeutung der Gemeinde ihre Wurzel haben, in erster Linie aber nur reklameähnlichen Zwecken dienen sollen.

aa) Bezeichnungen, die auf der geschichtlichen Eigenart einer Gemeinde beruhen, sind z. B. die Bezeichnung Hansestadt usw.

bb) Bezeichnungen, die auf der Eigenart und Bedeutung der Gemeinde beruhen, sind z. B. die Bezeichnung Kreisstadt, Bad usw. Die letztere Bezeichnung darf jedoch stets nur dann verliehen werden, wenn der betreffende Ort über Heilquellen verfügt und seine Bedeutung als Kur- und Badeort in weitesten Kreisen und durch regelmäßigen starken Fremdenbesuch anerkannt ist. Vor Verleihung der Bezeichnung „Bad" ist stets das zuständige Gesundheitsamt und seine Aufsichtsbehörde zu hören.

Eine Änderung der bisherigen Bezeichnungen ist dann am Platze, wenn der Tatbestand fortfällt, auf dem die Bezeichnung beruht (z. B. bei Verlegung des Kreissitzes aus einer Gemeinde, die bisher die Bezeichnung „Kreisstadt" führte).

Im übrigen wird darauf hingewiesen, daß alle sonstigen Vorschriften des Reichs- und des Landesrechts über die Bezeichnung von Gemeinden durch den § 9 DGO. außer Kraft gesetzt sind.

Siehe ferner AusfAnw. zu §§ 9—11 (abgedruckt bei § 11).

III. Anm.

1. Die **einheitliche Verfassung** der deutschen Gemeinden ist — unter Ausschluß von Wesensunterschieden zwischen Stadt- und Landgemeinden sowie Bauerndörfern — in der DGO. konsequent durchgeführt. Nur in einzelnen Richtungen werden Unterschiede gemacht, nämlich: a) nach Bezeichnungen; aus der alle deckenden Bezeichnung „Gemeinden" werden die Städte herausgehoben, was in Einzelheiten zu Folgerungen führt (§ 34 Abs. 2 — Amtsbezeichnung von Beigeordneten in Städten, § 41 Abs. 2 Nr. 3 — Berufung von Bürgermeistern und Beigeordneten in Städten, die nicht Stadtkreise sind, § 48 Abs. 2 — Amtsbezeichnung der Gemeinderäte in Städten; von § 119 Nr. 3 wurde kein Gebrauch gemacht), b) nach der Größe der Gemeinden (§ 39 — für die haupt- und ehrenamtliche Verwaltung von Gemeinden, § 49 — hinsichtlich der Zahl der Gemeinderäte, §§ 23 und 24 DurchfVO. zu § 62 Abs. 3 DGO. — für die Befreiung von der Genehmigungspflicht bei Vermögensveräußerungen) und endlich c) nach Stadtkreisen und sonstigen Gemeinden (§ 32 Abs. 2 — Amtsbezeichnung des Bürgermeisters in Stadtkreisen, § 34 Abs. 2 — Amtsbezeichnung des Ersten Beigeordneten in Stadtkreisen, § 40 — persönliche Voraussetzungen für Bürgermeister und Beigeordnete in Stadtkreisen, § 41 Abs. 2 — Berufung von Bürgermeistern und Beigeordneten in Stadtkreisen und dementsprechend § 45 bei der Zurücknahme der Berufung, § 100 — Verpflichtung zur Errichtung eines Rechnungsprüfungsamts in Stadtkreisen, § 33 DurchfVO. zu § 107 DGO. — Beaufsichtigung von Stadtkreisen); die letztere Unterscheidung ist die weittragendste. Welche Gemeinden Stadtkreise sind, ist in § 11 DurchfVO. zu § 32 DGO. bestimmt. Auf den ersten Blick macht es den Anschein, als ob die Unterscheidung zwischen kreisangehörigen Gemeinden i. S. der DGO. und Stadtkreisen i. S. der DGO. (§ 11 Abs. 2 und 3 DurchfVO. zu § 32 DGO.) über den Rahmen des Gesetzes hinaus- und der Deutschen Kreisordnung vorgreifen würde. Diese Regelung war aber vor der Schaffung der Deutschen Kreisordnung unerläßlich, um die Verwaltungsorganisation in der Sphäre der Gemeinden abzuschließen. Die Deutsche Kreisordnung hat unter Überprüfung des jetzigen Sachstandes die Folgerung hieraus zu ziehen, indem sie verwaltungsorganisatorisch die Stadtkreise, die eigentlich keine Gemeindeverbände sind, den Landkreisen, die Gemeindeverbände sind, gleichstellt. Aus der Vorläufigkeit dieser Regelung ergeben sich allerdings insofern für eine gewisse Übergangszeit Unebenheiten, als es (z. B. in Bayern) kreisangehörige Gemeinden i. S. der DGO. gibt, die nicht zum Kreisverbande gehören, und (z. B. in Württem-

berg, Baden und Hessen) Stadtkreise gibt, die dem Kreisverband angehören; diese Folge ergibt sich aus § 11 Abs. 3 DurchfVO. Diese Unebenheit ist jedoch vorübergehend in Kauf zu nehmen, da als höherer Gegenwert die einheitliche Organisation der deutschen Gemeinden und damit die Grundlage des Verwaltungsaufbaus in Betracht steht.

2. Die Bezeichnung „**Stadt**" ist sohin (von den in Anm. 1 aufgezählten geringen Unterschieden abgesehen) eine reine Ehrenbezeichnung, die dem strukturellen Gepräge der Gemeinde entsprechen und sie danach aus den übrigen Gemeinden hervorheben soll. Viele „Städle" haben dieses Gepräge im Laufe von Jahrhunderten verloren; es gibt (insbesondere in Baden) Stadtgemeinden mit noch nicht 300 Einwohnern. Trotzdem finden auch auf die kleinen Gemeinden, solange sie rechtsgültig die Bezeichnung Stadt führen, die unter Anm. 1 dargestellten besonderen Vorschriften (z. B. über die Amtsbezeichnung Stadtkämmerer, Stadträte, Ratsherren usw.) Anwendung.

3. Die **sonstigen Bezeichnungen** von Gemeinden sind, wie sich aus der obigen AusfAnw. ergibt, nur berechtigt, wenn sie bisher im amtlichen Verkehr mit Recht geführt wurden und der zugrunde liegende Tatbestand noch besteht oder wenn sie auf Grund eines entsprechenden Tatbestandes neu verliehen werden. Ausgeschlossen von der amtlichen Verleihung sollen nach der AusfAnw. Bezeichnungen bleiben, die nur ein geschäftswerbendes Ziel haben (wie Höhenluftkurort, Klingenstadt, Weberstadt).

4. Bei den **rechtsgültigen Bezeichnungen** der Gemeinden handelt es sich um Persönlichkeitsrechte der Gemeinden. Sie sind gegen unbefugten Gebrauch durch Dritte durch § 12 BGB., und zwar nicht nur unter dem Gesichtspunkte von wirtschaftlichen Interessen, geschützt. Es ist nicht ohne weiteres jedem gestattet, seinem Unternehmen die Bezeichnung „Stadt ..." zu geben (z. B. „Stadttheater", „Stadtkeller", „Stadtkoch"). Wird ein Interesse der Gemeinde durch die unbefugte Führung einer solchen Bezeichnung verletzt (weil z. B. die Meinung hierdurch veranlaßt wird, als ob die Gemeinde hieran beteiligt wäre), so kann die Gemeinde die Beseitigung der Beeinträchtigung verlangen und, falls weitere Beeinträchtigungen zu besorgen sind, auf Unterlassung klagen, allenfalls nach §§ 823, 826 BGB. Schadenersatz verlangen.

5. Die Bezeichnung „**Bad**" kann nur noch auf Grund des § 9 DGO. verliehen werden.

6. Die **Zuständigkeit** zur Verleihung und Änderung von Gemeindebezeichnungen liegt ausschließlich beim Reichsstatthalter. Von der Möglichkeit der Delegation auf andere Behörden nach § 117 Abs. 1 wurde k e i n Gebrauch gemacht. Dem Reichsstatthalter sind die Verhandlungen auf dem D i e n s t w e g e vorzulegen.

7. Die **Beteiligung der Gemeinde** bei Verleihung und Änderung von Bezeichnungen ist dadurch gesichert, daß die Gemeinde vorher zu

hören ist. In der Regel wird sogar von ihr der Anstoß ausgehen; damit ist der Anhörungspflicht Rechnung getragen. Die Erklärung der Gemeinde ist durch den Bürgermeister (§ 32) abzugeben. Er hat sich, da es sich für die Gemeinde um eine wichtige Angelegenheit handelt, vorher mit den Gemeinderäten zu beraten (§ 55 Abs. 1). Die Rechtswirksamkeit der Verleihung und Änderung von Bezeichnungen wird durch den Mangel der Anhörung der Gemeinde und durch die Unterlassung der Beratung des Bürgermeisters mit den Gemeinderäten nicht berührt.

8. Die **Verletzung der Vorschrift** dadurch, daß eine Gemeinde eine andere Bezeichnung im amtlichen Verkehr führt, als ihr mit Recht zusteht, ist eine Rechtsverletzung; die Aufsichtsbehörde kann daher nach § 109 vorgehen.

9. **Stadtkreis** ist keine Bezeichnung i. S. des § 9, da sie durch den Reichsstatthalter weder verliehen noch aberkannt werden kann. Trotzdem kann natürlich eine Gemeinde, die zu den Stadtkreisen gehört, diese Bezeichnung mitführen; hier handelt es sich lediglich um den Ausdruck einer bestehenden verwaltungsorganisatorischen Stellung der Gemeinde.

§ 10

Die Gemeinden führen ihre bisherigen Namen. Der Reichsstatthalter spricht nach Anhörung der Gemeinde die Änderung von Gemeindenamen aus und bestimmt die Namen neu gebildeter Gemeinden. Das gleiche gilt für die besondere Benennung von Gemeindeteilen.

I. **Amtliche Begründung** s. Textausgabe S. 38.

II. **AusfAnw.**

1. Die Vorschrift des § 10 DGO. bezieht sich nur auf Ortsnamen und auf die Namen von Gemeindeteilen, nicht auch z. B. auf Straßennamen. Insoweit bewendet es vielmehr bei dem geltenden Landesrechte.

2. Eine Änderung von Gemeindenamen und der Namen von Gemeindeteilen (z. B. Ortschaften, Siedlungen, Wohnplätzen ohne gemeindliche Selbständigkeit) liegt vor

a) bei Änderung der Eigennamen von Gemeinden oder von Gemeindeteilen,
b) bei Änderung der Schreibweise derartiger Eigennamen,
c) bei der Feststellung einer zweifelhaft gewordenen Schreibweise,
d) bei der Festsetzung von zusätzlichen, unterscheidenden Bezeichnungen,

nicht dagegen bei Änderung der Bezeichnung einer Gemeinde (§ 9 DGO.).

Für derartige Änderungen werden **folgende Richtlinien** gegeben:

a) Vor Ausspruch der Änderung des Namens von Gemeinden und Gemeindeteilen ist in jedem Falle dem Statistischen Reichsamt und der zuständigen Oberpostdirektion Gelegenheit zur Stellungnahme zu geben. Das gleiche gilt zugunsten der zuständigen Reichsbahndirektion, soweit es sich um Gemeinden oder um Gemeindeteile handelt, die Reichsbahnstationen sind.

b) Bei Änderung von Eigennamen sind aus postalischen Gründen Doppelnamen zu vermeiden.

c) Unterscheidende Zusätze, die die geographische Lage einer Gemeinde näher bestimmen sollen, sind nach Möglichkeit in Klammern zu setzen. Als unterscheidende Zusätze dieser Art gelten Zusätze wie „Groß" und „Klein", „Ober" und „Nieder" nicht.

d) Die besondere Benennung von Gemeindeteilen empfiehlt sich insbesondere bei umfangreicheren Neusiedlungen. In diesen Fällen soll es jedoch grundsätzlich der Gemeinde selbst überlassen bleiben, das Verfahren nach § 10 DGO. in Gang zu bringen.

e) Namensänderungen sind stets in dem Amtsblatte der oberen Aufsichtsbehörde und nachrichtlich auch in dem Amtsblatte der obersten Landesbehörde bekanntzumachen. Sie sind ferner auch den nach a gehörten Stellen und dem zuständigen Wehrkreiskommando mitzuteilen.

Siehe ferner AusfAnw. zu §§ 9—11 (abgedruckt bei § 11).

III. Anm.

1. Das Recht auf den **Namen** ist ein Persönlichkeitsrecht der Gemeinde. Es ist geschützt durch § 12 BGB. (vgl. Anm. 4 zu § 9). Der Schutz des Gemeinde-(Orts-)namens geht aber natürlicherweise weniger weit als der Schutz der Bezeichnung nach § 9. Immerhin ist eine unbefugte Führung und eine Verletzung des gemeindlichen Interesses hierdurch denkbar. Auch soweit § 12 BGB. nicht einschlägig ist, kann unter Umständen eine Schadenersatzklage nach §§ 823 ff. BGB. in Betracht kommen.

2. Die **Zuständigkeit** zur Verleihung und Änderung von Namen für Gemeinden und Gemeindeteile (Siedlungen, nicht etwa Straßen) liegt ausschließlich beim Reichsstatthalter. Von der Möglichkeit der Delegation an nachgeordnete Behörden nach § 117 Abs. 1 wurde kein Gebrauch gemacht. Die Verhandlungen sind dem Reichsstatthalter auf dem Dienstwege vorzulegen. — Bei der Benennung von Gemeinden und Gemeindeteilen handelt es sich um eine reine Staatshoheitsangelegenheit.

3. Für die **Beteiligung der Gemeinde** gilt das unter Anm. 7 zu § 9, für die unbefugte Führung eines der Gemeinde nicht zukommenden Namens das unter Anm. 8 zu § 9 Gesagte.

§ 11

(1) Die Gemeinden führen Dienstsiegel.

(2) Die Gemeinden führen ihre bisherigen Wappen und Flaggen. Der Reichsstatthalter kann Gemeinden das Recht verleihen, Wappen und Flaggen zu führen. Er kann Wappen und Flaggen ändern. Die Gemeinde ist vorher zu hören.

I. Amtliche Begründung s. Textausgabe S. 39.

II. AusfAnw.

1. Nach § 11 Abs. 1 DGO. ist jede Gemeinde zur Führung eines Dienstsiegels verpflichtet. Wegen der Form des Dienstsiegels bleiben weitere Anweisungen vorbehalten. Bis zu deren Erlaß führen die Gemeinden ihre bisherigen Siegel weiter.

2. Soweit Gemeinden beim Inkrafttreten der Deutschen Gemeindeordnung nach den bisher geltenden Vorschriften Wappen und Flaggen führen, behält es hierbei sein Bewenden.

Für die Verleihung und Änderung von Wappen werden folgende Richtlinien gegeben:

a) Die Wappen der Gemeinden dürfen in ihrer äußeren Form und Anlage nicht gegen solche Regeln der Wappenkunde verstoßen, die auf historischen, künstlerischen und praktischen Gesichtspunkten beruhen (Bedeutung, Einfachheit, Klarheit, Übersichtlichkeit). Das schließt jedoch nicht aus, daß an Stelle alter Symbole auch solche Formen und Bilder verwendet werden, die der modernen Umwelt entlehnt, dem Volke gemeinverständlich und für die betreffende Körperschaft charakteristisch sind.

   Das Wappen des Reichs, der Länder oder der Gemeindeverbände darf im Gemeindewappen nicht verwendet werden. Das gleiche gilt für sonstige Hoheitszeichen des Reiches oder des Landes und anderer Körperschaften, insbesondere auch für das Hakenkreuz.

   Familienwappen dürfen nur mit Genehmigung der wappenberechtigten Familie übernommen werden.

b) Den Gemeinden wird empfohlen, sich vor der Aufstellung neuer oder der Änderung bestehender Wappen mit der zuständigen staatlichen Archivbehörde in Verbindung zu setzen. Diese wird auf Wunsch den Gemeinden geeignete Künstler namhaft machen, die die Aufstellung einwandfreier Entwürfe gewährleisten.

c) Vor Verleihung oder Änderung eines Gemeindewappens ist in jedem Falle der zuständigen Archivbehörde Gelegenheit zur Stellungnahme zu geben. Nach Verleihung des Wappens sind dieser zwei farbige Abbildungen, möglichst nicht unter einer Größe von 18 × 24 cm, vorzulegen.

3. Soweit Gemeinden das Recht zur Wappenführung besitzen, sind sie ohne weiteres berechtigt, ihr Wappen auch im Dienstsiegel zu

führen. Soweit Gemeinden das Recht zur Wappenführung nicht besitzen, gelten für die Verleihung und Änderung besonders ausgestalteter Dienstsiegel die gleichen Vorschriften wie für die Verleihung und Änderung von Wappen. Unberührt bleiben dabei die bestehenden Vorschriften, die den Gemeinden in Auftragsangelegenheiten die Führung des Landeswappens im Dienstsiegel gestatten.

4. Eine eigene Flagge soll einer Gemeinde nur verliehen werden, wenn sie das Recht zur Wappenführung besitzt. In diesen Fällen kann eine Gemeindeflagge in zwei Farben verliehen werden, die den Wappenfarben entsprechen.

5. Wegen einheitlicher Dienstschilder für die Gemeinden werden demnächst weitere Richtlinien ergehen. Es wird den Gemeinden empfohlen, bis dahin von der Beschaffung neuer Dienstschilder abzusehen.

AusfAnw. zu §§ 9—11.

Zuständig zur Verleihung und Änderung von Bezeichnungen (§ 9 DGO.), zur Änderung von Gemeindenamen und der Namen von Gemeindeteilen sowie zur Bestimmung neuer Namen (§ 10 DGO.), zur Verleihung und Änderung von Wappen und Flaggen ist der Reichsstatthalter, in Preußen der Oberpräsident, in den Hohenzollerischen Landen der Regierungspräsident in Sigmaringen (§ 117 Abs. 3 DGO.). **Eine Übertragung der Befugnisse des Reichsstatthalters auf nachgeordnete Behörden ist in diesen Fällen nicht in Aussicht genommen.**

Der Reichsstatthalter hat nach den Vorschriften der §§ 9—11 DGO. vor Ausspruch seiner Entscheidung stets die Gemeinde zu hören. Dabei wird der Bürgermeister regelmäßig auch den Gemeinderäten Gelegenheit zur Stellungnahme zu geben haben. Im übrigen ist in allen **obengenannten Fällen grundsätzlich der Gemeinde selbst die Anregung zu überlassen und ihren Wünschen nach Möglichkeit Rechnung zu tragen,** soweit sie mit den gegebenen Richtlinien vereinbar sind. Anregungen der Gemeinden sind von der Aufsichtsbehörde vorzubehandeln und auf dem Dienstwege dem Reichsstatthalter vorzulegen.

III. Anm.

1. Bei dem Recht auf **Führung eines Wappens, einer Flagge, eines Siegels** handelt es sich ebenfalls (vgl. Anm. 4 zu § 9 und Anm. 1 zu § 10) um ein Persönlichkeitsrecht der Gemeinde. Die Gemeinde kann gegen den unbefugten Gebrauch dieser Zeichen durch Dritte klagen, auch Schadenersatzanspruch nach §§ 823 ff. BGB. verlangen. Das Wappenrecht genießt den gleichen Rechtsschutz wie das Namensrecht (§ 12 BGB.; RGZ. Bd. 71, S. 262); die unbefugte Führung des gemeindlichen Wappens kann deshalb wie die unbefugte Führung der Bezeichnung einer Gemeinde (vgl. Anm. 4 zu § 9) schon dann zu dem Verlangen auf Unterlassung und bei Besorgnis

weiterer Zuwiderhandlungen zur Klage auf Unterlassung führen, wenn durch den Gebrauch des Wappens irrtümliche Auffassungen über die Beziehungen der Gemeinde zu dem Gebraucher des Wappens veranlaßt werden können.

2. Die **Dienstsiegel** sollen im Urkundsverkehr die Stellung der Gemeinde als Hoheitsträger ausdrücken. Sie dienen gleichzeitig der Rechtssicherheit. Die nähere Regelung erfolgt noch; bis dahin führen die Gemeinden die bisher vorgeschriebenen Dienstsiegel. Diese müssen der bisherigen Vorschrift entsprechen. Hinsichtlich der Führung des Wappens im Dienstsiegel s. Ziff. 3 der obigen AusfAnw.

Soweit ein Wappen im Siegelbilde geführt wird, ist die Siegelinschrift nach guter Überlieferung vom Siegelbildfelde durch eine Linie zu trennen. Soweit überhaupt kein Wappen geführt wird, wird ein einfaches Schriftbandsiegel (ohne Siegelbild) in Betracht kommen. Die Gemeinde kann aber, auch wenn sie kein Wappen führt, darum nachsuchen, daß sie ein charakteristisches Siegelbild erhält, das sich auf ihre Geschichte, wirtschaftliche Eigenart, ihren Namen u. ä. bezieht. Es muß schon bei der Gestaltung der Siegelbilder darauf Rücksicht genommen werden, daß es sich um einfarbige Siegelbilder handeln muß. Die Umschrift des Siegels muß gut lesbar sein; deshalb ist zweckmäßig ein genügend großer Platz zwischen dem äußeren Kreis (etwa 3,8 cm Durchmesser) und inneren Kreis (etwa 2,4 cm Durchmesser) zu lassen.

3. **Wappen** können unterschiedslos allen Gemeinden (nicht nur Städten und Märkten, die in der früheren Zeit allein wappenfähig waren) verliehen werden. Die bisherigen Wappen können weiter geführt werden; dabei sollen aber die Wappenbilder nachgeprüft werden, da sich im Laufe der Zeit viele Entstellungen eingeschlichen haben, die einer guten Heraldik grob widersprechen. Auch ist es nicht schade, wenn dabei unkünstlerische und traditionslose Erzeugnisse des 19. Jahrhunderts verschwinden.

Niemals soll die Mauerkrone in einem Gemeindewappen Verwendung finden. Bei diesem Wappenkopfputz handelt es sich um Nachahmungen französischer Verwaltungsheraldik des napoleonischen Empirestils.

Auch das übrige heraldische Beiwerk, Zierrat usw. soll verschwinden (Schildhalter u. ä.). Nur der Wappenschild ist geschichtlich echt. Er soll möglichst einfach und einprägsam, in möglichst wenig Felder geteilt und ein charakteristisches Merkmal der Gemeinde sein.

4. Die **Flaggenführung** soll nur im Zusammenhang mit der Wappenführung gestattet werden. Dabei Beschränkung auf die Wappenfarben. Heraldische Farben sind nur schwarz, blau, rot, grün, unterbrochen durch die sog. Metallfarben gelb und weiß.

Der Gebrauch der Gemeindeflaggen soll den Privatpersonen verboten werden. Nur die Gemeindebehörden sollen die Gemeindeflaggen hissen. Die Privatpersonen sollen die Staatsflaggen hissen, wie auch die Gemeinde an nationalen **Festtagen** nicht nur ihre Gemeindeflagge, sondern in erster Linie die Fahnen des deutschen Staatsvolks wehen lassen soll.

5. Hinsichtlich **Dienstschildern** wird auf Ziff. 5 der obigen Ausf.-Anw. verwiesen.

6. Die **Zuständigkeit** liegt ausschließlich beim Reichsstatthalter. Von der Möglichkeit der Delegation auf nachgeordnete Behörden nach § 117 Abs. 1 wurde kein Gebrauch gemacht. Dem Reichsstatthalter sind die Verhandlungen auf dem Dienstwege vorzulegen.— Die Verleihung von Siegeln, Wappen und Flaggen ist eine rein staatliche Hoheitsangelegenheit.

7. Für die **Beteiligung der Gemeinde** gilt das unter Anm. 7 zu § 9, für die Verletzung der Vorschrift das unter Anm. 8 zu § 9 Gesagte entsprechend.

Dritter Teil

Gemeindegebiet

§ 12

(1) Das Gebiet (die Gemarkung) der Gemeinde bilden die Grundstücke, die nach geltendem Rechte zu ihr gehören. Grenzstreitigkeiten entscheidet die Aufsichtsbehörde.

(2) Jedes Grundstück soll zu einer Gemeinde gehören. Aus besonderen Gründen können Grundstücke außerhalb einer Gemeinde verbleiben (gemeindefreie Grundstücke, Gutsbezirke).

I. **Amtliche Begründung** s. Textausgabe S. 39/40.

II. **AusfAnw.**

1. § 12 Abs. 1 Satz 1 DGO. legt den Gebietsstand der Gemeinden fest und regelt die Entscheidung von Grenzstreitigkeiten.

a) Zuständig zur Entscheidung derartiger Streitigkeiten ist die Aufsichtsbehörde. Werden durch die Streitigkeit zugleich die Grenzen der Amtsbereiche mehrerer zuständiger Aufsichtsbehörden berührt, so gilt die besondere Vorschrift des § 34 der Ersten DurchfVO. Wegen der Fortführung anhängiger Verfahren gilt § 35 Abs. 2 der Ersten DurchfVO.

b) Bei der oft weittragenden Bedeutung derartiger Entscheidungen, gegen die den Beteiligten ein Rechtsmittel nicht zusteht, werden den Aufsichtsbehörden folgende Weisungen gegeben:

aa) Die Aufsichtsbehörden haben von Amts wegen alle erforderlichen Ermittlungen anzustellen; an Anträge der Beteiligten sind sie nicht gebunden.

bb) Rechtzeitig vor Ausspruch der Entscheidung ist den Bürgermeistern der beteiligten Gemeinden, in geeigneten Fällen auch Grundbesitzern, deren Grundstücke durch den Streit über die gemeindliche Zugehörigkeit berührt werden, und sonstigen besonders interessierten Einwohnern des Gebiets Gelegenheit zur schriftlichen Stellungnahme zu geben.

cc) Auf Antrag der beteiligten Bürgermeister ist ihnen Gelegenheit zu ausführlichem, mündlichem Vortrag zu geben. Nötigenfalls kann die Aufsichtsbehörde auch eine mündliche Verhandlung mit den Bürgermeistern anberaumen. In besonderen Fällen ist auch den zu bb genannten Grundbesitzern und Einwohnern Gelegenheit zum mündlichen Vortrage zu geben.

dd) In wichtigeren Fällen haben die Aufsichtsbehörden kreisangehöriger Gemeinden die beabsichtigte Entscheidung der oberen Aufsichtsbehörde zur Billigung vorzulegen.

Die Entscheidung ist den beteiligten Gemeinden zuzustellen. Sie schafft Recht mit der Wirkung allgemeiner, für jedermann maßgebender Verbindlichkeit.

2. § 12 Abs. 2 DGO. spricht den Grundsatz aus, daß jedes Grundstück zu einer Gemeinde gehören soll. Grundstücke, die bisher lediglich aus Versehen gemeindefrei geblieben sind, sind demnach alsbald nach Bekanntwerden eines solchen Tatbestandes in eine Gemeinde einzugliedern.

Eine Aufrechterhaltung der Gemeindefreiheit von Grundstücken läßt § 12 Abs. 2 Satz 2 DGO. nur für solche Grundstücke zu, die aus besonderen Gründen zweckmäßig außerhalb einer Gemeinde verbleiben. Nachdem diese Frage in den meisten Ländern im letzten Jahrzehnt überprüft worden ist, gibt das Inkrafttreten der Deutschen Gemeindeordnung keinen Anlaß, insoweit eine allgemeine nochmalige Nachprüfung einzuleiten. Eine Entscheidung über die Aufrechterhaltung der Gemeindefreiheit ist vielmehr nur dann geboten, wenn sich hierzu im Einzelfall ein besonderer Anlaß ergibt.

Wegen der Wahrnehmung der obrigkeitlichen Befugnisse in gemeindefreien Grundstücken (Gutsbezirken) bewendet es bis auf weiteres bei dem geltenden Landesrechte.

III. Anm.

1. Das **Gebiet**, das notwendige sachliche Substrat einer Gebietskörperschaft (vgl. § 1 Abs. 2 und Anm. 1 b zu § 1; s. auch § 4), wird durch § 12 bei jeder bestehenden Gemeinde im gegenwärtigen Bestand anerkannt. Eine Sicherung für die weitere Aufrechterhaltung des bisherigen Gebietsstandes liegt darin nicht, wie überhaupt ein Recht der Gemeinde auf unveränderten Bestand ihres Gebiets nicht besteht, auch das Interesse der Gemeinde an der Aufrechterhaltung ihres Gebietsstandes unter keine rechtliche Garantie gestellt ist.

Es können vielmehr nach § 13 Gemeindegrenzen aus Gründen des öffentlichen Wohls jederzeit und in jedem Umfange geändert werden.

Der gegenwärtige Bestand des Gemeindegebiets beurteilt sich nach bisherigem Rechte. Es kann durchaus sein, daß eine Gemeinde Grundstücke als zugehörig betrachtet, die nach bisherigem Rechte nicht zu ihr gehören, und Grundstücke als nicht zugehörig betrachtet, die rechtlich zu ihr gehören. Solche tatsächlichen Verhältnisse werden durch § 12 nicht geschützt und konserviert, sondern nur der rechtliche Bestand; es kann daher durch entsprechende Klärung, notwendigenfalls durch Entscheidung der Aufsichtsbehörde der tatsächliche Bestand zu ändern sein. Die Gemeinde hat die Pflicht, die Gemeindegebietsgrenzen klar zu halten; das Interesse der Allgemeinheit, die Rechtssicherheit (weil die Rechtsgültigkeit von Verwaltungsakten hiervon abhängen kann), polizeiliche Bedürfnisse, das Interesse des Jagdausübenden usw. begründen dies.

2. **Grenzstreitigkeiten** werden durch die Aufsichtsbehörde entschieden. Wegen der Zuständigkeit in besonderen Fällen wird auf §§ 34 und 35 Abs. 2 DurchfVO. zu § 107 DGO. und auf obige Ziff. 1 a der AusfAnw. verwiesen.

Die obige Ziff. 1 b der AusfAnw. ordnet das Verfahren der Aufsichtsbehörde bei Grenzstreitigkeiten eingehend.

Unter Grenzstreitigkeiten ist dabei nicht nur ein wirklicher Streit der Gemeinden, sondern auch die bestehende Unklarheit der Gemeindegrenzen zu verstehen, so daß die Aufsichtsbehörde auch von Amts wegen veranlaßt sein kann, eine Entscheidung über die wirklichen Gemeindegrenzen zu treffen.

Unter Gemeindegrenzstreitigkeiten gehört auch die Unklarheit, ob ein Grundstück kommunalfrei ist (s. Anm. 3 und 4).

Die Entscheidung der Aufsichtsbehörde ist unanfechtbar. Es verbleibt den Gemeinden nur die Möglichkeit der Anrufung der nächsthöheren Aufsichtsbehörde, die gegebenenfalls die Entscheidung der Aufsichtsbehörde aufheben oder berichtigen kann. Bis dahin schafft die Entscheidung allgemeinverbindliches Recht, so daß die Rechtswirksamkeit von Verwaltungsakten, das Steuerhebungsrecht u. ä. in diesem Gebiet ausschließlich nach der getroffenen Entscheidung zu bemessen ist.

Von der Entscheidung über Grenzstreitigkeiten hinsichtlich des Gemeindegebiets (und der kommunalfreien Grundstücke) ist zu unterscheiden die Änderung von Gemeindegrenzen, für die eine andere Zuständigkeit besteht (nach § 15 der Reichsstatthalter, nach § 117 Abs. 1 mit § 36 DurchfVO. in bestimmten Fällen auch die obere Aufsichtsbehörde und die Aufsichtsbehörde). Die Aufsichtsbehörde hat im Rahmen des § 12 nur den Bestand festzustellen; ergeben sich dabei Zweckmäßigkeitsgründe für eine Änderung, so ist das Verfahren dahin überzuleiten. Auch aus diesem Grunde rechtfertigt sich die Zuständigkeitserklärung der Aufsichtsbehörde durch § 12 an Stelle der bisherigen verwaltungsgerichtlichen Zuständigkeit; die Einläufigkeit des Verfahrens, die Möglichkeit, an Stelle einer Rechtsentscheidung ein anderes Verfahren in Gang zu bringen, wird dadurch gesichert.

3. Die **Einteilung des gesamten Reichsgebiets in Gemeindegebiete** ist grundsätzlich vorgeschrieben. Nur aus besonderen Gründen können Grundstücke außerhalb einer Gemeinde verbleiben. Dies hat zweierlei Folgen:

a) Soweit Grundstücke aus Versehen kommunalfrei geblieben sind (solche Tatbestände sind nicht selten), ist die Eingemeindung nach §§ 13, 15 zu veranlassen.

b) Soweit Grundstücke bisher planmäßig kommunalfrei waren, werden die bisher hierfür maßgebenden Gründe bis auf weiteres anerkannt, d. h. das Inkrafttreten der DGO. gibt als solches keinen Anlaß, die Eingemeindung dieser Grundstücke als vom Gesetze vorgeschrieben zu betreiben. Die Änderung des jetzigen Standes ist vielmehr ausschließlich nach § 13 zu bemessen (Näheres s. Anm. 4).

4. Für die **gemeindefreien Gebiete** kann der RMdI. nach § 119 Nr. 2 im Verordnungswege Vorschriften erlassen. Hiervon wurde kein Gebrauch gemacht. Die obersten Landesbehörden gleichen vielmehr den bisherigen Stand des Landesrechts in den auf Grund des § 40 DurchfVO. ergehenden ÜberleitungsVO. an die DGO. an. In diesen ÜberleitungsVO. ist demnach bestimmt, wem die gemeindlichen Obliegenheiten in diesen Gebieten zustehen, welche Behörde das Gebiet (ähnlich wie eine Gemeinde) beaufsichtigt, welche Behörde hier die örtliche Polizei ausübt usw. Nicht überleitungsfähig sind solche landesrechtlichen Vorschriften, die eine gewisse Gewähr für die Aufrechterhaltung der Gemeindefreiheit der Grundstücke oder den Eingemeindungszwang der Grundstücke unter bestimmten Voraussetzungen begründen (sie stünden im Widerspruch mit § 13 DGO.).

Aus der grundsätzlichen Vorschrift des § 12 Abs. 2 Satz 1 und aus dem Ausnahmecharakter der Vorschrift des § 12 Abs. 2 Satz 2 ist zu entnehmen, daß solche Grundstücke dann eingemeindet werden sollen, wenn der besondere Grund weggefallen ist oder wenn besondere Gründe auftreten, die für eine Eingemeindung sprechen (z. B. weil bleibende Niederlassungen in diesem Gebiet entstehen); Verfahren und Zuständigkeit bemißt sich nach §§ 13—15 DGO. und § 36 DurchfVO. zu § 117 DGO.

Umgekehrt läßt § 13 DGO. zu, daß Gemeinden und Gemeindeteile zu gemeindefreien Grundstücken erklärt werden. Aus § 12 Abs. 2 Satz 2 ist dafür zu entnehmen, daß für einen solchen Ausspruch der gemäß §§ 15 und 117 DGO. mit § 36 DurchfVO. zuständigen Behörde besondere Gründe vorliegen müssen.

Nach § 36 Abs. 1 Nr. 2 ist zur Eingliederung bisher unbewohnter Gebietsteile in eine Gemeinde die Aufsichtsbehörde zuständig. Sehr häufig ist das Land als Eigentümer solcher Gebietsteile an dem Vorgang — insbesondere aus fiskalischen Interessen — beteiligt. Es ist daher Sache der obersten Landesbehörde, die Aufsichtsbehörden für solche Fälle allgemein mit Weisungen zu versehen, damit die Eingliederung erst nach Wahrung der Interessen des Landes vorgenommen wird.

§ 13

Gemeindegrenzen können aus Gründen des öffentlichen Wohles geändert werden. Das gleiche gilt, wenn Gemeinden aufgelöst oder neu gebildet und wenn Gemeinden oder Gemeindeteile zu gemeindefreien Grundstücken (Gutsbezirken) erklärt werden sollen.

I. **Amtliche Begründung** s. Textausgabe S. 41.

II. **AusfAnw.**

1. § 13 Abs. 1 DGO. stellt klar, daß die Gebietsgliederung der Gemeinden ausschließlich durch das öffentliche Wohl nach dem Ermessen der zuständigen Staatsbehörde bestimmt wird. Daraus folgt, daß Gemeindegrenzänderungen auch gegen den Widerspruch der beteiligten Gemeinden vorgenommen werden können und daß die Gemeinden in diesem Verfahren unbeschadet ihrer Anhörung nicht die Stellung von Parteien haben. Die zuständigen Staatsbehörden haben jedoch in den von ihnen zu entscheidenden Einzelfällen vor Ausspruch einer Grenzänderung stets zu prüfen, ob nicht bei einem Wunsche der beteiligten Gemeinden, ihr Eigenleben zu erhalten, an Stelle der Gebietsänderung andere Wege gegeben sind, die unter den Gesichtspunkten des öffentlichen Wohles eine gleich befriedigende Regelung ermöglichen.

2. Eine Änderung der Gemeindegrenzen liegt in folgenden Fällen vor:

a) Bisher gemeindefreie Grundstücke werden in eine Gemeinde eingegliedert;
b) aus bisher gemeindefreien Grundstücken wird eine neue Gemeinde gebildet;
c) eine Gemeinde oder mehrere Gemeinden werden in eine andere Gemeinde eingegliedert;
d) Gemeindeteile werden in eine andere Gemeinde eingegliedert;
e) mehrere Gemeinden werden zu einer neuen Gemeinde zusammengeschlossen;
f) Teile von Gemeinden werden für sich oder mit einer anderen Gemeinde zu einer neuen Gemeinde zusammengeschlossen;
g) aus Teilen einer Gemeinde wird unter Ausgliederung aus dieser eine neue Gemeinde gebildet;
h) eine Gemeinde wird aufgelöst; die Grundstücke der Gemeinde werden zu gemeindefreien Grundstücken erklärt;

i) Gemeindeteile werden ausgegliedert; die Grundstücke werden zu gemeindefreien Grundstücken erklärt.

Die zuständigen Behörden haben sich aus Gründen der Rechtsklarheit bei den von ihnen zu treffenden Entscheidungen an die vorhin genannte Ausdrucksweise zu halten.

III. **Anm.**

1. Die **Gebietsänderung** bei Gemeinden ist durch § 13 grundstürzend anders als nach dem bisherigen Rechte geregelt. Die Bestandsgarantie der Gemeinde in dem Sinne, daß entweder die Zustimmung der Gemeinde zur Änderung vorliegen muß oder daß gegen ihren Willen nur in einem mit besonderen Rechtsgarantien umgebenen Verfahren eine Änderung vorgenommen werden darf, ist weggefallen. Materielle Voraussetzung ist nunmehr ausschließlich das öffentliche Wohl; über das Vorliegen dieser Voraussetzung entscheidet ausschließlich die zur Änderung nach §§ 15 und 117 DGO. mit § 36 DurchfVO. zuständige Behörde. Die Gemeinde ist wohl vorher zu hören (§ 13 Abs. 1), hat aber keine Beteiligtenstellung und kein Rechtsmittel gegen die getroffene Entscheidung. — Diese Regelung ist nicht nur aus Gründen der Verwaltungsvereinfachung, sondern auch deshalb notwendig, weil sonst die Durchführung einer Neugliederung der Gemeinden (vgl. hierzu Nr. 4 des Allgemeinen Teils der Begründung — S. 11 ff., ferner die Ausführungen zu §§ 4 und 120 DGO.) überhaupt aussichtslos wäre.

2. Die einzelnen **Tatbestände** sind in obiger Ziff. 2 der AusfAnw. aufgezählt; es wird insbesondere auf den Schlußsatz verwiesen, wonach aus Gründen der Rechtsklarheit auch an der Ausdrucksweise (Eingliederung, Neubildung, Zusammenschluß usw.) festzuhalten ist.

3. Zu den **gemeindefreien Grundstücken** vgl. Anm. 4 zu § 12.

4. **Gründe des öffentlichen Wohls** liegen dann vor, wenn durch die Änderung des Gemeindegebiets die Erfüllung staatlicher oder gemeindlicher Zwecke gebessert (erleichtert, vereinfacht, verbilligt, im Wirkungsgrade gesteigert) wird. Private Interessen Einzelner sind nicht maßgebend. Die Belange der öffentlichen Gemeinschaft haben den absoluten Vorrang. Die Änderung muß sich aber im Rahmen des § 4 halten, wonach das Gebiet so bemessen sein soll, daß die örtliche Verbundenheit der Einwohner gewahrt und die Leistungsfähigkeit der Gemeinde zur Erfüllung ihrer Aufgaben gesichert ist. Dies kann ein Grund für die Änderung des Gebiets, aber auch eine Grenze für den Umfang der Änderung sein.

§ 14

(1) Die Gemeinden haben die Absicht von Verhandlungen über die Änderung ihres Gebietes der Aufsichtsbehörde rechtzeitig vorher anzuzeigen.

(2) Die Aufsichtsbehörde kann jederzeit die Leitung der Verhandlungen übernehmen.

(3) Vereinbarungen der Gemeinden (Eingemeindungsverträge) werden nur wirksam, wenn sie bei Änderung des Gemeindegebiets bestätigt werden.

I. **Amtliche Begründung** s. Textausgabe S. 41/42.

II. **AusfAnw.**

1. Aus § 14 Abs. 2 DGO. folgt, daß in Fällen, in denen die Aufsichtsbehörde die Leitung der Verhandlungen übernimmt, Verhandlungen ohne Beteiligung der Aufsichtsbehörde nicht mehr zulässig sind. Soweit die Aufsichtsbehörde die Leitung der Verhandlungen nicht übernimmt, kann sie sich auf Grund ihres allgemeinen Informationsrechts nach § 108 DGO. jederzeit über den Stand der Verhandlungen unterrichten.

2. Eingemeindungsverträge im Sinne des § 14 Abs. 3 DGO. müssen sich stets im Rahmen der Gesetze halten. Vereinbarungen namentlich öffentlich-rechtlicher Art außerhalb dieser Grenzen sind in jedem Fall ausgeschlossen. Im übrigen haben die zur Bestätigung solcher Verträge zuständigen Behörden (§ 15 DGO.) darauf zu achten, daß nicht Vereinbarungen getroffen werden, die einen der Beteiligten unwirtschaftlich belasten oder unverhältnismäßig begünstigen.

Wird ein Eingemeindungsvertrag bei Ausspruch der Grenzänderung bestätigt, so ist es Sache der Aufsichtsbehörde, darauf zu achten, daß der Vertrag von den Beteiligten auch durchgeführt wird. Das gilt insbesondere dann, wenn durch die Grenzänderung die aus dem Vertrage berechtigte Gemeinde untergeht.

III. **Anm.**

1. **Ein- und Umgemeindungsverhandlungen** werden nach wie vor von den Gemeinden gepflogen werden. Da aber die Zustimmung von Gemeinden zu Grenzänderungen keine formelle oder materielle Voraussetzung (nach § 13) mehr darstellt, die Änderung des Gemeindegebiets vielmehr ganz und ausschließlich vom übergeordneten Interesse der Allgemeinheit bestimmt wird, werden sie an sich schon an Zahl und Bedeutung abnehmen. Darüber hinaus besteht Anlaß, für derartige Verhandlungen, die immer eine Unruhe in die beteiligten Gemeinden tragen, die vorherige Billigung der schließlich zur Gebietsänderung zuständigen Behörde zu sichern; denn das Ziel solcher Verhandlungen kann grundsätzlich im Widerspruch mit Absichten dieser Behörde oder der Staatsregierung stehen. Deshalb ist die *Absicht* solcher Verhandlungen (nicht erst der Beginn) der Aufsichtsbehörde anzuzeigen; diese wird zweckmäßig im Zweifel bei der zur Änderung des Gebiets nach §§ 15 und 117 DGO. mit § 36

DurchfVO. zuständigen Behörde anfragen. Aus diesem Grunde ist die Absicht rechtzeitig anzuzeigen, um der Aufsichtsbehörde die erforderliche Information zu ermöglichen.

2. Die **Übernahme der Leitung solcher Verhandlungen** durch die Aufsichtsbehörde schließt von da ab Verhandlungen der Gemeinden unter sich aus. Setzen sich die Gemeinden in Widerspruch hierzu, so kann die Aufsichtsbehörde gemäß § 109 vorgehen.

3. **Eingemeindungsverträge** im bisherigen Sinne, wonach die Gemeinden bestimmten Grenzänderungen zustimmen mit der Wirkung, daß hierdurch oder mit Genehmigung des Vertrages durch die zuständige Staatsbehörde die Grenzänderung eintritt, gibt es nicht mehr. Die Grenzänderung wird ausschließlich durch den Spruch der nach §§ 15 und 117 DGO. mit § 36 DurchfVO. zuständigen Behörde herbeigeführt.

Wohl aber ist es möglich, daß die beteiligten Gemeinden (gegebenenfalls unter der Leitung der Aufsichtsbehörde nach § 14 Abs. 2) die Grenzänderung dadurch vorbereiten und ausglätten, daß sie über verschiedene damit zusammenhängende Fragen Vereinbarungen festlegen. Derartige Verträge sind unwirksam, wenn sie nicht bei Änderung des Gemeindegebiets bestätigt werden. Durch die Bestätigung werden sie in den Staatshoheitsakt der zur Änderung des Gebiets zuständigen Behörde als Auflagen miteinbezogen. Sie werden dadurch auch für die Zukunft der beliebigen Änderung durch die beiden Vertragsteile entzogen. Auf der anderen Seite erhält der Staat durch die Verbindung der Vereinbarung mit dem Staatshoheitsakte das Recht, die Einhaltung der Verträge auch dann zu betreiben, wenn durch den Gebietsänderungsakt der eine Vertragsteil überhaupt weggefallen ist. Die Erfüllung des Vertrages ist auch dann, wenn bürgerlich-rechtliche Geschäfte wie Kauf, Tausch u. ä. in den Vertrag miteinbezogen sind, eine öffentlich-rechtliche und damit dem aufsichtlichen Eingreifen zugängliche Verpflichtung der beteiligten Gemeinden.

Bei den Verträgen dieser Art können zahlreiche Rechtsschwierigkeiten auftreten:

a) Die Gemeinden selbst haben das größte Interesse daran, daß solche Vereinbarungen nicht getarnt werden, als ob sie mit der Gebietsänderung in keinem Zusammenhange stünden. Es steht die Wirksamkeit des Vertrages in Frage, wenn er nicht von der zuständigen Behörde, und zwar bei der Gebietsänderung, bestätigt wird.

b) Die zur Änderung des Gebiets zuständige Behörde hat durch Bestätigung der Vereinbarung eine rechtliche Verbindung des Vertrages mit der Gebietsänderung festgelegt. Ohne ihre Zustimmung kann daher der Vertrag nicht geändert werden, da die Art der Vereinbarung unter Umständen eine Voraussetzung für die Entschließung der Behörde war und mangels des Vertrages vielleicht die gleiche Auflage von ihr selbst gemacht worden wäre.

c) Sehr häufig entfallen im Laufe der Zeit die Grundlagen, die zur Vereinbarung oder wenigstens zu bestimmten Teilen der Vereinbarung Anlaß gegeben haben. Dem übergeordneten Interesse der Allgemeinheit muß in solchen Fällen Rechnung getragen werden können, insbesondere dann, wenn ein Vertragsteil weggefallen ist, so daß neuerliche Vereinbarungen ausscheiden. Zweckmäßig behält sich die zur Grenzänderung zuständige Behörde die selbständige Änderung solcher Vereinbarungen vor. Im Zweifel ist aber anzunehmen, daß bei solchen zwingenden Tatbeständen die Staatsbehörde berechtigt ist, die Vereinbarung zu ändern.

d) Aus den Vereinbarungen der Gemeinden werden die einzelnen Einwohner nicht berechtigt. Sie können daher auch nicht auf die Einhaltung des Vertrages klagen. Soweit aus dem Vertrage zweifelsfrei hervorgeht, daß eine Vereinbarung zugunsten eines Dritten diesen berechtigen soll, kann es sich nur um bürgerlich-rechtliche Tatbestände handeln.

e) Nicht im Einklang mit der Gemeindeverfassung nach der DGO. stünde es, für eine durch die Gebietsänderung aufzulösende Gemeinde in der Vereinbarung eine Vertretung zur Wahrnehmung der Vertragsinteressen einzusetzen.

§ 15

(1) Der Reichsstatthalter spricht nach Anhörung der Gemeinde die Änderung des Gemeindegebiets aus. Gleichzeitig bestimmt er den Tag der Rechtswirksamkeit und regelt, soweit erforderlich, die Rechtsnachfolge, das Ortsrecht und die neue Verwaltung.

(2) Die Aufsichtsbehörde regelt die Auseinandersetzung. Ihr Spruch begründet Rechte und Pflichten der Beteiligten und bewirkt den Übergang, die Beschränkung und Aufhebung von dinglichen Rechten. Die Aufsichtsbehörde ersucht die zuständigen Behörden um die Berichtigung des Grundbuches, des Wasserbuches und anderer öffentlicher Bücher. Sie ist befugt, Unschädlichkeitszeugnisse auszustellen.

I. Amtliche Begründung s. Textausgabe S. 43—45.

II. AusfAnw.

1. Die Änderung des Gemeindegebiets ist ein ausschließliches Hoheitsrecht des Staates. Zuständig zu ihrem Ausspruch ist der Reichsstatthalter, soweit hierdurch Gemeinden aufgelöst oder neugebildet werden. Im übrigen ergibt sich die Zuständigkeit für den Ausspruch von Grenzänderungen aus § 36 der Ersten DurchfVO.

Soweit der Reichsstatthalter zur Entscheidung über die Gebietsänderung zuständig ist, sind die vorbereitenden Arbeiten von der Aufsichtsbehörde durchzuführen. Diese hat jedoch vor Inangriffnahme derartiger Arbeiten stets das Einverständnis des Reichsstatthalters auf dem Dienstweg einzuholen.

2. § 15 DGO. regelt lediglich die Änderung des Gemeindegebiets. Soweit die Änderung von Gemeindegrenzen zugleich eine Änderung der Grenzen von Gemeindeverbänden im Gefolge haben würde, kommen die hierüber bestehenden landesrechtlichen Vorschriften neben den Vorschriften nach § 15 DGO. zur Anwendung. Dagegen ist allein § 15 DGO. anwendbar, wenn es sich um die Änderung der Grenzen zweier aneinandergrenzender Stadtkreise handelt; vor Ausspruch einer solchen Grenzänderung hat die zuständige Behörde stets die Zustimmung des Reichsministers des Innern einzuholen.

3. Bei der Vorbereitung von Gemeindegrenzänderungen ist nach folgenden Richtlinien zu verfahren:

a) Die Aufsichtsbehörde hat zunächst den Bürgermeistern der beteiligten Gemeinden Gelegenheit zur Stellungnahme zu geben. Diese haben vor ihrer Stellungnahme regelmäßig die Gemeinderäte zur Beratung zuzuziehen (§ 55 DGO.). Des weiteren ist bereits in diesem Zeitpunkte mit dem zuständigen Landgerichtspräsidenten wegen der Rückwirkung von Gemeindegrenzänderungen auf die Gerichtsbezirke Fühlung zu nehmen.

b) Soweit die Aufsichtsbehörden zum Ausspruch der Grenzänderung nicht selbst zuständig sind, haben sie nach Abschluß der Verhandlungen auf dem Dienstwege der zuständigen Behörde zu berichten. Der Bericht muß eine eingehende Darstellung der tatsächlichen Verhältnisse, insbesondere der finanziellen Auswirkungen der Grenzänderung, enthalten. Ihm ist die Stellungnahme der Bürgermeister der beteiligten Gemeinden, der sonst angehörten Stellen, ein Meßtischblatt und eine tabellarische Nachweisung nach dem in der Anlage*) abgedruckten Muster beizufügen.

In dem Bericht ist ferner darzulegen, ob voraussichtlich eine Auseinandersetzung zwischen den Beteiligten erforderlich sein wird. Zutreffendenfalls ist auszuführen, ob sich hierbei voraussichtlich erhebliche Schwierigkeiten ergeben werden.

4. Der Ausspruch der Grenzänderung erfolgt durch unanfechtbare schriftliche Entscheidung der zuständigen Behörde. Sie ist zuzustellen und nachrichtlich im Amtsblatte der oberen Aufsichtsbehörde, in wichtigeren Fällen nach Anordnung der zuständigen obersten Landesbehörde auch in ihrem Amtsblatte bekanntzumachen. In jedem Fall ist von der Grenzänderung dem zuständigen Wehrkreiskommando, dem zuständigen Landgericht und dem Statistischen Reichsamte Kennt-

*) S. Anhang (Anlage III).

nis zu geben. Die oberste Landesbehörde kann weitere Stellen bezeichnen, denen Kenntnis zu geben ist.

In der Entscheidung über die Grenzänderung ist der Tag ihrer Rechtswirksamkeit zu bestimmen. Er ist stets auf einen späteren Termin und nach Möglichkeit auf den Beginn eines Monats festzusetzen. Darüber hinaus sind, soweit erforderlich, folgende Fragen in der Entscheidung zu regeln:

a) Soweit die beteiligten Gemeinden einen Eingemeindungsvertrag abgeschlossen haben, ist über seine Bestätigung zu befinden (vgl. AusfAnw. zu § 14).

b) Einer besonderen Regelung der Rechtsnachfolge bedarf es dann nicht, wenn sie sich ohne weiteres aus der Rechtsnatur des Grenzänderungsausspruchs ergibt. Wird z. B. eine Gemeinde in eine andere Gemeinde eingegliedert, so ist nach der Rechtsnatur der Eingliederung die aufnehmende Gemeinde ohne weiteres Rechtsnachfolgerin. Werden mehrere Gemeinden zu einer neuen Gemeinde zusammengeschlossen, so ist diese nach der Rechtsnatur des Zusammenschlusses Rechtsnachfolgerin. Ebensowenig bedarf es in der Regel einer besonderen Entscheidung über die Rechtsnachfolge, wenn die Rechtspersönlichkeit aller bei einer Grenzänderung beteiligten Gemeinden unberührt bleibt. Insoweit scheidet eine Gesamtrechtsnachfolge schon begrifflich aus. Die Regelung der vermögensrechtlichen Beziehungen der Beteiligten kann hier im allgemeinen der Auseinandersetzung überlassen bleiben. Dagegen kann es ausnahmsweise in solchen Fällen geboten sein, Verwaltungsvermögen einer Gemeinde, das in den umzugliedernden Gebieten wurzelt, im Wege der Einzelrechtsnachfolge auf einen anderen Rechtsträger zu übertragen. In diesen Fällen bedarf es eines besonderen Ausspruchs der zuständigen Behörde.

Im übrigen ist zu beachten, daß die Regelung der Rechtsnachfolge in der Entscheidung der zuständigen Behörde eine spätere Auseinandersetzung zwischen den beteiligten Gemeinden nicht ausschließt.

c) Hinsichtlich des Ortsrechts ist für eine möglichst reibungslose Überleitung Sorge zu tragen. Als Ortsrecht in diesem Sinne gelten nicht nur Satzungen und Ordnungen, sondern auch andere für die Gemeindeverwaltung wesentliche Entschließungen. Einer besonderen Überleitung bedarf es jedoch insoweit nicht, als landesrechtliche Vorschriften, die durch die Deutsche Gemeindeordnung nicht berührt werden, eine allgemeine Regelung der Überleitung für bestimmte Fälle treffen (vgl. z. B. § 39 des Preuß. Polizeiverwaltungsgesetzes vom 1. Juni 1931 — GS. S. 77).

Im übrigen wird für den Regelfall folgende Ordnung der Überleitung empfohlen:

aa) In eingegliederten Gemeinden und Gemeindeteilen soll das

Ortsrecht der Gemeinde, in welche die Eingliederung erfolgt, nicht sofort, sondern erst nach einem bestimmten Zeitraume, der 6 Monate nicht überschreiten soll, in Kraft treten.

bb) Im Falle des Zusammenschlusses mehrerer Gemeinden zu einer neuen Gemeinde oder von Gemeindeteilen zu einer neuen Gemeinde oder von Gemeinden und Gemeindeteilen zu einer neuen Gemeinde sowie bei Bildung einer neuen Gemeinde durch Ausgliederung ist regelmäßig vorzusehen, daß mit Ausnahme der außer Kraft tretenden Vorschriften über die Verfassung bis zur Schaffung neuen Ortsrechtes das in jedem Gebietsteile bisher geltende Ortsrecht für eine bestimmte Übergangsfrist in Kraft bleibt. Auch hier soll jedoch die Übergangszeit einen Zeitraum von 6 Monaten regelmäßig nicht überschreiten.

d) Zur Regelung der neuen Verwaltung gehört in erster Linie die Sicherung des Bürgerrechts für die Bürger umgegliederter Gebietsteile. Es ist dementsprechend stets anzuordnen, daß, soweit die Wohnung oder der Aufenthalt in der Gemeinde für Rechte und Pflichten maßgebend ist,

aa) im Falle einer Eingliederung die Dauer der Wohnung oder des Aufenthalts in dem eingegliederten Gebiet auf die Dauer der Wohnung oder des Aufenthalts in der aufnehmenden Gemeinde angerechnet wird,

bb) im Falle des Zusammenschlusses die Wohnung oder der Aufenthalt in den zusammengeschlossenen Gebieten als Wohnung oder Aufenthalt in der neuen Gemeinde gilt,

cc) im Falle der Bildung einer neuen Gemeinde aus Teilen einer oder mehrerer bestehenbleibender Gemeinden die Wohnung oder der Aufenthalt in diesen als Wohnung oder Aufenthalt in der neuen Gemeinde anzusehen ist.

Zur Regelung der neuen Verwaltung kann es erforderlichenfalls auch gehören, daß in besonderen Fällen, wenn z. B. ein umfangreicherer Gemeindeteil in eine andere Gemeinde eingegliedert wird, die Amtszeit der ehrenamtlichen Amtsträger für beendet erklärt wird. Eine derartige Anordnung kann sich z. B. empfehlen, wenn durch die Eingliederung eine wesentliche Änderung der Struktur der Gemeinde eintritt oder aus sonstigen Gründen eine Einbeziehung von Bürgern aus dem eingegliederten Gebiet in die Verwaltung der Gemeinde erwünscht ist. Regelmäßig wird insoweit anzuordnen sein, daß die Gemeinderäte der Gemeinde aus Bürgern der eingegliederten Gemeindeteile ergänzt werden.

Einer besonderen Regelung der Rechtsfolgen einer Grenzänderung für hauptamtliche Beamte bedarf es in keinem Falle. Insoweit gelten vielmehr die Vorschriften des Kap. V des Reichsgesetzes vom 30. Juni 1933 (RGBl. I S. 433).

5. Auseinandersetzung.

a) Für die Auseinandersetzung gelten verfahrensrechtlich die gleichen Grundsätze, die zu § 12 DGO. für die Entscheidung von Grenzstreitigkeiten vorgesehen sind (vgl. im übrigen auch § 34 der Ersten DurchfVO.).

b) Beteiligt an der Auseinandersetzung sind in der Regel mehrere Gemeinden. Da es sich bei der Auseinandersetzung lediglich um die eigentlich gemeindlichen Beziehungen der von der Grenzänderung betroffenen Gemeinden handelt, gelten nur diese als Beteiligte. Nicht beteiligt sind also andere Gemeinden, die etwa einen Nachteil aus der Regelung befürchten oder erlitten haben, und alle anderen betroffenen Verbände wie Schulverbände, Amtsverbände, Amtsbezirke, Kreise u. dgl. Die Auseinandersetzung kann aber auch innerhalb desselben Gemeinwesens stattfinden, wenn die Interessen der früher selbständigen Gemeinden, die jetzt Gemeindeteile sind, eine Ausgleichung erfordern.

c) Die Auseinandersetzung hat die Aufgabe,
   aa) die durch die Grenzänderung entstandene Gemeinsamkeit von Rechten und Pflichten zu beseitigen und auf die einzelnen Rechtsnachfolger zu verteilen (Auseinandersetzung im engeren Sinne);
   bb) erforderlichenfalls die Interessen der Beteiligten in billiger Weise auszugleichen (Ausgleichung).

Zu aa) Die Auseinandersetzung im engeren Sinne soll nicht die eingetretenen Rechtsfolgen der Grenzänderung feststellen oder etwa anders ordnen, als der Ausspruch der zuständigen Behörde es vorsieht. Gemeindliche öffentliche Rechte und Pflichten, die in einem bestimmten Gebiete wurzeln, gehen ohne weiteres auf die Gemeinde über, mit der das Gebiet vereinigt worden ist. Insoweit bedarf es daher keines Spruches. Gemeindliche Gemeinsamkeiten, die einer Auseinandersetzung bedürfen, sind insbesondere die Anteile aus dem Finanzausgleiche bis zur Feststellung neuer Verteilungsschlüssel, die für das laufende Rechnungsjahr rechtskräftig veranlagten Kreisabgaben, das Vermögen, der Kassenbestand. Den Maßstab für die Verteilung muß die Aufsichtsbehörde finden; beispielsweise kommen die Fläche, die Einwohnerzahl oder das Gesamtverhältnis der zu übernehmenden Vorteile und Lasten in Betracht.

Zu bb) Die Ausgleichung der Interessen kommt sowohl bei der Auseinandersetzung zwischen mehreren Gemeinden wie bei der Auseinandersetzung innerhalb derselben Gemeinde in Frage. Im ersteren Falle können die Voraussetzungen etwa vorliegen, wenn durch die gesetzliche Rechtsnachfolge für den einen Teil eine erhebliche unbillige Belastung zugunsten des anderen Teils eingetreten ist.

Im einzelnen sind für die Beurteilung der Voraussetzungen, des Umfanges und des Inhalts einer solchen Ausgleichung die zahlreichen Entscheidungen der obersten Verwaltungsgerichte heranzuziehen. Dabei ist davon auszugehen, daß stets ein besonderer Grund für eine solche Ausgleichung vorliegen muß und daß als ein solcher die Tatsache der Umgemeindung selbst und die damit stets in gewissem Umfang eintretende Verschiebung der Leistungsfähigkeit und Belastung nicht anzusehen ist. Vielmehr kommt ein Ausgleich nur in Frage,

1. wenn der eine Teil durch die Gebietsänderung eine wesentliche Entlastung erfährt;
2. wenn dieser Teil leistungsfähig ist;
3. wenn der andere Teil durch die Gebietsänderung eine wesentliche Mehrbelastung erfährt;
4. wenn der andere Teil in seiner Leistungsfähigkeit beeinträchtigt wird;
5. wenn schließlich besondere Billigkeitsgründe einen Ausgleich erfordern.

Bei einem Vergleiche der Mehr- oder Minderbelastung können nur diejenigen Ausgaben und Aufgaben herangezogen werden, die zur Zeit der Grenzänderung schon bestanden.

Zur Ausgleichung kommen Kapitalzahlungen, laufende Renten, Überweisungen von Vermögensstücken in Frage. Innerhalb ein und derselben Gemeinde kommt auch eine steuerliche Mehr- oder Minderbelastung in Betracht. Doch wird ein solcher Ausgleich so zu bemessen sein, daß die verschiedene Belastung in einem bestimmten, nicht zu weit hinauszuschiebenden Zeitpunkt aufhört und damit die Gleichmäßigkeit innerhalb der Gemeinde für die Zukunft sichergestellt wird.

d) Die Aufsichtsbehörden haben die ihnen übertragene Aufgabe, für die Berichtigung der in § 15 Abs. 2 Satz 3 DGO. genannten öffentlichen Bücher zu sorgen, im Interesse alsbaldiger Rechtsklarheit mit besonderer Sorgfalt wahrzunehmen.

III. **Anm.**

1. Als **Gemeindegebietsänderungen** gelten nicht nur Änderungen an Gemeindegrenzen, sondern auch die Auflösung und die Neubildung von Gemeinden aus bisherigen Gemeinden, Gemeindeteilen oder gemeindefreien Grundstücken, die Erklärung von Gemeinden und Gemeindeteilen zu gemeindefreien Grundstücken.

2. Die **Zuständigkeit** ist auf Grund des § 117 Abs. 1 DGO. durch § 36 DurchfVO. im Sinne der Dezentralisation weitgehend auf nachgeordnete Behörden verlagert worden. Dabei hat § 36 Abs. 2 DurchfVO. (Aufrechterhaltung der bisherigen landesrechtlichen Zuständigkeit von Landeskulturbehörden zur Änderung von Gemeindegrenzen im Umlegungsverfahren) eine besondere, aus dem sonstigen Zuständigkeitsrahmen fallende Bedeutung. Außerdem wird auf die Zuständigkeitsregelung durch § 37 DurchfVO. für den besonderen Tatbestand, daß durch die Gemeindegrenzänderung die Amtsbezirke

mehrerer Reichsstatthalter berührt werden, hingewiesen. Auch für diesen letzteren Tatbestand bleibt aber maßgebend, daß die DGO. nur die Änderung des Gemeindegebiets (und der kommunalfreien Grundstücke), nicht auch die Änderung des Gebiets eines Landkreises, einer Provinz, eines Landes regelt; insoweit verbleibt es bei dem geltenden Rechte.

3. Das **Vorverfahren** ist durch obige Ziff. 3 der AusfAnw. eingehend geregelt.

4. Der **Spruch der zuständigen Behörde** ist nach der formellen Seite in obiger Ziff. 4 Abs. 1, nach der materiellen Seite in obiger Ziff. 4 Abs. 2 ff. der AusfAnw. (und zwar unter a hinsichtlich der Bestätigung von Eingemeindungsverträgen, unter b hinsichtlich der Rechtsnachfolge, unter c hinsichtlich des Ortsrechts und unter d hinsichtlich der Neuregelung der Verwaltung) eingehend geordnet. Ergänzend hierzu wird bemerkt:

a) Der Spruch der zuständigen Behörde schafft unanfechtbares, allgemeinverbindliches Recht. Den Gemeinden steht keine Beteiligung, schon daher auch kein Rechtsmittel zu. Äußerstenfalls könnte die nächsthöhere Aufsichtsbehörde mit der Aufsichtsbeschwerde angerufen werden. Auf jeden Fall treten aber zunächst alle Rechtswirkungen des Ausspruchs ein.

b) Eine Rechtsnachfolge bei Eingliederung gemeindefreier Grundstücke in eine Gemeinde in dem Sinne, daß Aktiva und Passiva des bisherigen Eigentümers etwa auf die Gemeinde übergehen, scheidet aus.

c) Die Gebietsänderung hat unmittelbar zur Folge, daß die Gebietshoheit der Gemeinde sich von dem Tage der Rechtswirksamkeit an auf das neue Gebiet erstreckt mit allen hieraus sich ergebenden Folgen in Berechtigungen (z. B. steuerrechtlicher Art) und Verpflichtungen (z. B. gegenüber Gemeindeverbänden). Verwaltungsakte des bisherigen Inhabers der Gebietshoheit können in dem Gebiete nicht mehr rechtswirksam vorgenommen werden.

d) Nur das Ortsrecht (also von der Gemeinde ausgehende Regelungen) kann auf Grund dieser Vorschrift übergeleitet werden, nicht auch Recht der übergeordneten Verbände (Kreis-, Provinzialsatzungen usw.).

e) Soweit die Neuregelung der Verwaltung nicht sofort möglich ist, ist durch kommissarische Bestellung von Amtsträgern vorübergehend zu sorgen.

f) Im Gesetz ist die gleichzeitige Regelung des Tages der Rechtswirksamkeit, der Rechtsnachfolge, des Ortsrechts, der neuen Verwaltung vorgeschrieben. Dies ist eine Ordnungsvorschrift, ohne daß etwa ein zeitliches Nacheinander der Regelung rechtsungültig wäre; nur der Zusammenhang muß gewahrt werden.

5. Zur **Auseinandersetzung** vgl. obige Ziff. 5 der AusfAnw. Der Spruch der Behörde ist von den Beteiligten nicht anfechtbar (§ 113 bezieht sich nicht hierauf, sondern nur auf die Anordnungen der

Aufsichtsbehörde im Rahmen der §§ 108—112). Es verbleibt den Beteiligten nur die Anrufung der nächsthöheren Aufsichtsbehörde mit der sog. Aufsichtsbeschwerde, ohne daß der Eintritt der Rechtswirkungen des Spruchs hierdurch aufgehalten wird.

Von besonderer Bedeutung ist, daß der Spruch der Behörde auch den Übergang usw. von dinglichen Rechten bewirkt. Soweit es sich um in das Grundbuch eingetragene Rechte handelt, wird daher das Grundbuch unrichtig und muß berichtigt werden.

Die Anträge auf Berichtigung der öffentlichen Bücher stehen nur der Aufsichtsbehörde zu. Fahrlässigkeit kann unter Umständen Schadenersatzansprüche nach § 839 BGB. begründen.

Zu den Unschädlichkeitszeugnissen vgl. Art. 120 EG. z.BGB. Die landesgesetzlichen Vorschriften (Preußen Art. 19, 20 Ges. vom 3. März 1850 (27. Juni 1860, 25. März 1889, 15. Juli 1890), Art. 20 AG.GBO. vom 26. Sept. 1899, § 10 Ges. vom 8. Mai 1916; Bayer. Ges. vom 16. Juni 1898; Sachsen §§ 21—27 VO. vom 6. Juli 1899; Württemberg Ges. vom 28. Nov. 1906; Baden Ges. vom 13. Juli 1904) werden hierdurch geändert.

§ 16

Rechtshandlungen, die aus Anlaß der Änderung des Gemeindegebiets erforderlich werden, sind frei von öffentlichen Abgaben, Stempeln und Gebühren. Das gleiche gilt für Berichtigungen, Eintragungen und Löschungen nach § 15 Abs. 2.

I. Amtliche Begründung s. Textausgabe S. 45.

II. AusfAnw.

Die Vorschrift des § 16 DGO. findet auch dann Anwendung, wenn

1. Rechtshandlungen infolge der in einem Eingemeindungsvertrage getroffenen Vereinbarungen erforderlich werden,
2. Rechtshandlungen in Verfolg der Auseinandersetzung vorgenommen werden müssen.

III. Anm.

1. Die **Kosten** der Gemeindegrenzänderung trägt, soweit sie beim Staat anfallen, der Staat mit Rücksicht auf die staatshoheitliche Natur des Gebietsänderungsaktes. Darüber hinaus stellt das Gesetz auch alle Rechtshandlungen, die aus Anlaß der Gebietsänderungen erforderlich werden, frei von mittelbaren Kosten, nämlich von allen Abgaben usw. des Reiches, des Landes, der Gemeindeverbände und der Gemeinden. Das gilt auch für die gemeindefreien Grundstücke.

Der Zusammenhang der erforderlichen Rechtshandlungen mit

der Gebietsänderung muß unmittelbar gegeben sein. Mittelbare Zusammenhänge genügen nicht (z. B. Ankauf eines Grundstückes zum Bau einer neuen Schule, weil die Gemeinde vergrößert worden ist), wohl aber gehören nach obiger Ziff. 1 AusfAnw. die Erfüllungshandlungen für einen Eingemeindungsvertrag hierher; aber auch hier ist von vornherein darauf zu sehen, daß die Zusammenhänge nicht zu weit gezogen werden.

2. Die **bei der Gemeinde anfallenden Kosten** (wie z. B. Kosten aus Anlaß der Verhandlungen für einen Eingemeindungsvertrag, Auslagen für Pläne, Berichterstattungen usw.) hat die Gemeinde selbst zu tragen, gleichgültig ob die Gebietsänderung zustande kommt oder nicht.

Vierter Teil

Einwohner und Bürger

§ 17

(1) Die Einwohner sind nach den hierüber bestehenden Vorschriften berechtigt, die öffentlichen Einrichtungen der Gemeinde zu benutzen, und verpflichtet, die Gemeindelasten zu tragen.

(2) Grundbesitzer und Gewerbetreibende, die nicht in der Gemeinde wohnen, sind in gleicher Weise berechtigt, die öffentlichen Einrichtungen zu benutzen, die in der Gemeinde für Grundbesitzer oder Gewerbetreibende bestehen, und verpflichtet, für ihren Grundbesitz oder Gewerbebetrieb im Gemeindegebiete zu den Gemeindelasten beizutragen.

(3) Diese Vorschriften gelten entsprechend für juristische Personen und Personenvereinigungen.

I. **Amtliche Begründung** s. Textausgabe S. 46.

II. **AusfAnw.**

1. Wegen des Begriffs „Einwohner" wird auf die AusfAnw. zu § 5 verwiesen.

2. Das öffentlich-rechtliche Mitbenutzungsrecht der Einwohner besteht nur an den öffentlichen Einrichtungen der Gemeinde, nicht auch an ihren privatwirtschaftlichen Unternehmen. Das Mitbenutzungsrecht findet, soweit nicht besondere gesetzliche Vorschriften bestehen, seine Grenze in den grundsätzlich für alle Einwohner gleichmäßig zu haltenden Gemeindesatzungen, die Voraussetzungen, Bedingungen und Art der Benutzung regeln.

3. Für die Verpflichtung der Einwohner, die gemeindlichen Lasten

zu tragen, bleiben die bisherigen abgabenrechtlichen Vorschriften maßgebend.

III. Anm.

1. Zum Begriff „**Einwohner**", Einwohnergemeinde, Bürger, Bürgergemeinde, zu der Rechtsstellung der Einwohner, zu der Unterwerfung der Einwohner unter die Herrschaftsgewalt der Gemeinde vgl. Anm. 2 zu § 5.

2. Als **Recht der Einwohner** bestimmt § 17 die Benutzung der öffentlichen Einrichtungen der Gemeinde.

a) Öffentliche Einrichtungen der Gemeinde sind solche, die die Gemeinde entweder durch einen öffentlich-rechtlichen Widmungsakt der öffentlichen Benutzung zur Verfügung stellt oder die sie auf öffentlich-rechtlicher Grundlage, geregelt durch eine Satzung (§ 3), zur Benutzung offenhält. Es kommt also nicht darauf an, ob überwiegend erwerbspolitische oder wohlfahrtspolitische Ziele mit der Einrichtung verfolgt werden. Es kommt auch nicht darauf an, ob die Benutzung frei ist oder nur gegen Entgelt offensteht. Das Gegenstück zu den öffentlichen Einrichtungen der Gemeinde sind ihre rein auf bürgerlich-rechtlicher Grundlage und ohne öffentlich-rechtliche Widmung betriebenen Unternehmen (z. B. eine Brauerei, ein Landgut, ein Steinbruch). Die Gemeinde ist jederzeit in der Lage, ihre Unternehmen nach § 3 durch eine Satzung auf öffentlich-rechtliche Grundlage zu stellen und sie dadurch zu öffentlichen Einrichtungen zu machen (vgl. Anm. 1 zu § 3). — Nicht notwendig ist, daß die Gemeinde Eigentümerin der Einrichtung ist; sie kann z. B. durch vertragliche Regelung mit dem Eigentümer durchaus sichern, daß die einem anderen gehörige Sache der öffentlichen Benutzung zur Verfügung gehalten wird.

b) Art, Voraussetzung und Entgelt der Benutzung kann die Gemeinde im Rahmen des Gesetzes regeln. Neben den gesetzlichen Vorschriften ist diese gemeindliche Regelung maßgebend. Daß diese Regelung den benutzungsberechtigten Personenkreis durch Bestimmung von Voraussetzungen einschränken kann, ändert nichts an der zwingenden Vorschrift, daß alle Einwohner, die diese Voraussetzungen erfüllen, benutzungsberechtigt sind. Wenn die Gemeinde ein Krankenhaus auf öffentlich-rechtlicher Grundlage betreibt, muß die Gemeinde jeden Einwohner, der die satzungsmäßigen Voraussetzungen erfüllt, zulassen. Wenn die Gemeinde eine öffentliche Wasserleitung betreibt, muß sie die Anwesen anschließen, wenn der Eigentümer unter Erfüllung der satzungsmäßigen Voraussetzungen dies verlangt; sie kann nicht den einen anschließen, den anderen abweisen. Auch ihre Satzung kann sie nicht auf eine unbegrenzte Freiheit der Zulassung abstellen. Bei Nichtgemeindeangehörigen (Nichteinwohnern) kann sie jederzeit Unterschiede machen. Bei Einrichtungen, die die Gemeinde der freien öffentlichen Benutzung widmet, richtet sich die Benutzung nach dem Inhalte der

Widmung (Straßen, Plätze, Parks, Brücken, öffentliche Brunnen). Im Rahmen dieser Regelungen hat der Einwohner ein subjektives Recht auf die Benutzung der öffentlichen Einrichtungen, geschützt durch § 29 Abs. 1 Nr. 1 und § 30. Die Gemeinde kann ihre öffentlichen Einrichtungen durchaus über den Kreis der Einwohner hinaus Personen zur Benutzung zur Verfügung stellen (z. B. Straßenbahnen). Nur kann sie unter gleichen Voraussetzungen Einwohner nicht von der Benutzung ausschließen. Die Gemeinde kann auf Grund ihrer eigenen Satzung sogar verpflichtet sein, auch Nichteinwohnern die Einrichtung offenzuhalten; solange die Satzung besteht, ist die Gemeinde hieran gebunden; die Gemeinde kann aber solche Bestimmungen der Satzung ändern. Nicht aber kann sie die Satzung so gestalten, daß bei gleichen Voraussetzungen die einen Einwohner benutzungsberechtigt, die anderen nicht berechtigt sind. — Polizeiliche Beschränkungen in der Benutzung gemeindlicher Einrichtungen bleiben hiervon unberührt. — Andererseits hat aber auch der Einwohner keinen Rechtsanspruch auf die Benutzung der Einrichtungen, die die Gemeinde auf bürgerlich-rechtlicher Grundlage betreibt (auf Abgabe einer Wohnung in einem städtischen Wohnbaublock, auf Abgabe von Milch aus einem gemeindlichen Landgut u. ä.). Im bürgerlichen Rechtsverkehr stehen sich die Gemeinde und der Einwohner auf der Ebene der Gleichberechtigung zur Abschließung von Verträgen wie zwei Privatpersonen gegenüber; Streitigkeiten über die Benutzung, über das vertragliche Benutzungsentgelt usw. sind bürgerliche Rechtsstreitigkeiten, für die die ordentlichen Gerichte zuständig sind.

3. Als **Pflicht der Einwohner** bestimmt das Gesetz die Tragung der Gemeindelasten, d. h. die Aufbringung des notwendigen Bedarfs zur Erfüllung der gemeindlichen Aufgaben. Dieser Bedarf braucht nicht notwendig nur in geldlichen Barleistungen zu bestehen; im Rahmen des Gesetzes kann die Gemeinde auch Hand- und Spanndienste anordnen. Für die Leistungspflichten der Einwohner bleiben die bisherigen Abgabengesetze und die auf Grund dieser Gesetze erlassenen Satzungen maßgebend. Auch die Satzungen müssen eine gleichmäßige Lastenverteilung auf Grund gleichmäßiger Tatbestände vorsehen.

4. Für **Grundbesitzer und Gewerbetreibende**, die Grundbesitz oder Gewerbebetriebe in der Gemeinde haben, ohne Einwohner der Gemeinde zu sein (Forensen), gelten hinsichtlich der für Grundbesitz und Gewerbebetriebe errichteten öffentlichen Einrichtungen und der für Grundbesitz und Gewerbebetriebe bestimmten Gemeindelasten die obigen Ausführungen entsprechend. Auch ein Ausländer darf hiervon nicht ausgeschlossen werden.

5. Für **juristische Personen und Personenvereinigungen** gelten die Ausführungen unter Anm. 2—4 entsprechend.

a) Als juristische Personen kommen sowohl die des bürgerlichen Rechts (die eingetragenen Vereine, die rechtsfähigen Vereine kraft staatlicher Verleihung, die rechtsfähigen Gesellschaften des Handelsrechts einschließlich der eingetragenen Genossenschaften) als auch die des öffentlichen Rechts (die Verbände als Körperschaften im engeren Sinne, die rechtsfähigen Anstalten und Stiftungen) in Betracht.

b) Als Personenvereinigungen kommen die nichteingetragenen Vereine, die nichtrechtsfähigen **Gesellschaften** des bürgerlichen Rechts einschließlich des Handelsrechts in Frage.

Damit ist jedoch nicht ausgesprochen, daß die einzelnen Mitglieder dieser juristischen Personen und Personenvereinigungen diese Rechte und Pflichten haben; die Vorschrift bezieht sich vielmehr nur auf die genannten juristischen Personen und Personenvereinigungen als solche.

6. Die **Verletzung dieser Vorschriften** kann im Wege des § 29 geltend gemacht werden. Die Aufsichtsbehörde hat auch Satzungen der Gemeinde darauf nachzuprüfen. Sie hat, soweit die Satzungen genehmigungspflichtig sind, die Genehmigung zu versagen, und, soweit die Satzungen nicht genehmigungspflichtig sind, im Wege des § 109 vorzugehen.

Zur Überleitung wird auf § 3 DurchfVO. zu § 3 DGO. und Ziff. 4 der AusfAnw. zu § 3 verwiesen.

§ 18

(1) Die Gemeinde kann bei dringendem öffentlichen Bedürfnis durch Satzung mit Genehmigung der Aufsichtsbehörde für die Grundstücke ihres Gebietes den Anschluß an Wasserleitung, Kanalisation, Müllabfuhr, Straßenreinigung und ähnliche der Volksgesundheit dienende Einrichtungen (Anschlußzwang) und die Benutzung dieser Einrichtungen und der Schlachthöfe (Benutzungszwang) vorschreiben.

(2) Die Satzung kann Ausnahmen vom Anschluß- und Benutzungszwang zulassen. Sie kann den Zwang auch auf bestimmte Teile des Gemeindegebiets und auf bestimmte Gruppen von Grundstücken oder Personen beschränken.

(3) In der Satzung können für den Fall der Zuwiderhandlung Zwangsgelder bis zur Höhe von 1000 Reichsmark angedroht werden. Auch kann die Satzung vorsehen, daß bei Weigerung des Verpflichteten Handlungen an seiner Stelle und auf seine Kosten vorgenommen werden. Die Zwangsgelder und die Kosten für die Ersatzvornahme werden im Verwaltungszwangsverfahren beigetrieben.

I. Amtliche Begründung s. Textausgabe S. 47—49.

II. DurchfVO. (§ 6)

Soweit nach bisherigem Landesrecht ein Anschluß- oder Benutzungszwang in anderer Weise und auch für andere Einrichtungen vorgeschrieben werden konnte, bleiben die für eine Gemeinde auf dieser Grundlage erlassenen Vorschriften bis auf weiteres in Geltung.

III. AusfAnw.

1. Wegen der Überleitung von ortsrechtlichen und sonstigen Vorschriften, die bisher den Anschluß- und Benutzungszwang an bestimmte gemeindliche Einrichtungen regelten, wird auf § 6 der Ersten DurchfVO. verwiesen.

2. Der Anschlußzwang an die in § 18 DGO. genannten Einrichtungen hat zum Inhalte, daß jeder Einwohner, für den das Gebot des Anschlußzwanges besteht, die Vorrichtungen treffen muß, die ihm eine jederzeitige Benutzung der gemeindlichen Einrichtungen ermöglichen. Der Benutzungszwang verpflichtet ihn darüber hinaus zur Benutzung der Einrichtung und verbietet ihm damit zugleich die Benutzung anderer Einrichtungen, die in ähnlicher Weise der Bedürfnisbefriedigung dienen könnten.

In § 18 DGO. sind der Umfang, die Voraussetzungen und die Form der Einführung eines solchen Anschluß- und Benutzungszwanges abschließend geregelt. Daraus folgt, daß die Einführung eines solchen Zwanges in anderer Form (z. B. durch Polizeiverordnung) nach Inkrafttreten der Deutschen Gemeindeordnung nicht mehr in Betracht kommt.

a) Dem Umfange nach ist ein Anschlußzwang an Wasserleitung, Kanalisation, Müllabfuhr, Straßenreinigung und ähnlichen, der Volksgesundheit dienenden Einrichtungen, ferner ein Benutzungszwang für diese Einrichtungen sowie für Schlachthöfe möglich. Soweit Gemeinden beabsichtigen, einen Anschluß- oder Benutzungszwang hinsichtlich anderer Einrichtungen als Wasserleitung, Kanalisation, Müllabfuhr, Straßenreinigung und Schlachthof einzuführen, haben die Aufsichtsbehörden zur Sicherung eines einheitlichen Vorgehens vor Ausspruch der Genehmigung auf dem Dienstweg an den Reichsminister des Innern zu berichten.

b) Voraussetzung der Einführung eines Anschluß- oder Benutzungszwanges ist stets das Vorliegen eines dringenden öffentlichen Bedürfnisses. Die Gemeinden sollen demnach von den ihnen in § 18 DGO. gegebenen Befugnissen nur Gebrauch machen, wenn dies namentlich aus Gründen der öffentlichen Sicherheit oder Ordnung oder sonst aus gesundheitlichen Gründen unabweisbar geboten ist. Die Einführung eines solchen Zwanges aus rein fiskalischen Gesichtspunkten kommt nicht in Betracht.

c) Ein Anschluß- oder Benutzungszwang kann stets nur durch genehmigungspflichtige Satzung ausgesprochen werden. Eine derartige Satzung muß, wie sich aus der amtlichen Begründung zu § 18 ergibt, stets folgende Bestandteile enthalten:
  aa) sie muß die Einrichtung dem betroffenen Einwohnerkreise zur öffentlichen Benutzung zur Verfügung stellen;
  bb) sie muß die näheren Vorschriften über den Anschluß- oder Benutzungszwang enthalten;
  cc) sie muß das Entgelt für die Benutzung der Einrichtung regeln.

  Bei der besonderen Bedeutung dieser Satzungen für die Einwohnerschaft werden die Gemeinden ersucht, die Entwürfe derartiger Satzungen nach vorheriger öffentlicher Bekanntmachung 14 Tage lang öffentlich auszulegen.

3. Der Anschluß- oder Benutzungszwang soll unter gleichen Tatbeständen die betroffenen Grundstücke und Personen gleichmäßig belasten. Ausnahmen nach § 18 Abs. 2 DGO. sollen deshalb nur Platz greifen, wenn sie durch besonders gelagerte Tatbestände gerechtfertigt sind. Derartige Sondertatbestände liegen mitunter bei bestimmten Industrieunternehmen vor.

4. Die den Gemeinden in § 18 Abs. 3 DGO. gegebenen Zwangsmittel bedürfen in jedem Fall ausgestaltender Regelung in der Satzung. Hierfür werden folgende Richtlinien gegeben:

a) In kreisangehörigen Gemeinden ist der Höchstsatz des Zwangsgeldes für den Fall der Zuwiderhandlung auf 300 *RM* zu beschränken.
b) In der Satzung ist vorzusehen, daß, soweit eine Ersatzvornahme möglich ist, wegen des gleichen Tatbestandes nur einmal ein Zwangsgeld angedroht und festgesetzt werden darf.
c) In der Satzung ist vorzusehen, daß die Gemeinde zunächst ein Zwangsgeld androhen muß und daß seine Festsetzung erst nach Ablauf einer angemessenen Frist erfolgen darf. Das gleiche gilt für die Ersatzvornahme.

  Im übrigen wird darauf hingewiesen, daß der Deutsche Gemeindetag aufgefordert worden ist, für die Hauptanwendungsfälle des § 18 DGO. Mustersatzungen zu entwerfen, die demnächst veröffentlicht werden.

IV. Anm.

1. Das **Wesen des Anschluß- und Benutzungszwanges** ist in obiger Ziff. 2 der AusfAnw. dargelegt. Der Anschlußzwang bezielt die Schaffung der jederzeitigen Benutzungsmöglichkeit; der Benutzungszwang verpflichtet, einen gewissen Bedarf nur durch Benutzung der *gemeindlichen* Einrichtungen zu decken. Beide brauchen nicht immer gleichzeitig angeordnet zu sein. Auch ist der Anschlußzwang nicht immer Voraussetzung des Benutzungszwanges.

2. **Materielle und formelle Voraussetzungen** sind in obiger Ziff. 2

der AusfAnw. erörtert. **Das öffentliche Bedürfnis zur Anordnung des Zwanges muß dringend sein; dies gilt auch für die nähere satzungsmäßige Ausgestaltung des Zwanges.** Soweit das dringende öffentliche Bedürfnis nicht zu bejahen ist, ist die Genehmigung zu versagen. Wohl aber kann die Sachlage so beschaffen sein, daß für die überwiegende Allgemeinheit das Bedürfnis dringend, die Einrichtung aber nur tragbar ist, wenn alle in Betracht kommenden Einwohner und die ihnen nach § 17 Gleichgestellten in den Dienst der Einrichtung gestellt werden; die Gemeinschaft erfordert den unbedingten Vorrang vor den Interessen der einzelnen. Gegeninteressen sind aber sorgfältig abzuwägen; es ist zu vermeiden, daß ein verschwindend kleiner Personenkreis unbillig schwere Opfer zur Tragung der Einrichtung zu bringen hat oder daß Existenzbedingungen eines schutzwürdigen Unternehmens dadurch betroffen werden. — Ist das dringende öffentliche Bedürfnis insbesondere aus polizeilichen Gründen zu bejahen, so ist die Gemeinde nach § 2 verpflichtet, den Zwang anzuordnen. Nach § 110 kann die Aufsichtsbehörde die Gemeinde hierzu veranlassen.

Für die Anordnung des Anschluß- und Benutzungszwanges gibt es seit Inkrafttreten der DGO. keinen anderen Rechtsweg als den der genehmigungspflichtigen Satzung nach § 18. Wenn aber auch hierdurch die polizeirechtliche Anordnung entfallen ist, so ist dies mit der Einschränkung zu verstehen, daß selbstverständlich das polizeiliche Verbot für die Benutzung polizeiwidriger Einrichtungen nach wie vor zulässig ist; es ist also nach wie vor möglich, daß die Polizeibehörde z. B. die Benutzung verseuchter Brunnen verbietet, die Benutzung eines Kanals, eines Friedhofs sperrt. — Der für die Erteilung einer Genehmigung notwendige Inhalt einer Satzung ist in obiger Ziff. 2c der AusfAnw. zusammengefaßt. Die Gebührenregelung kann unmöglich von der Satzung über den Anschluß- und Benutzungszwang getrennt werden. Jede Änderung der Satzung ist ebenfalls genehmigungspflichtig, gleichgültig ob sie den Zwang selbst oder die Gebührenfrage oder ähnliche Seiten der Gesamtregelung betrifft.

Nicht erforderlich ist, daß die Einrichtung im Eigentume der Gemeinde steht; es genügt, wenn die Gemeinde das Benutzungsrecht der Einwohner rechtlich so gesichert hat, daß die satzungsmäßige Benutzung gewährleistet ist.

3. Die **Ausnahmen vom Zwange** können durch die Satzung nicht in das Ermessen des Bürgermeisters gestellt werden; die Satzung muß die Tatbestände für die Ausnahmen bestimmen; nur dadurch ist Gewähr geboten für eine gleichmäßige Behandlung gleichmäßiger Tatbestände. Ausnahmen sind dort gerechtfertigt, wo (wie aus Anm. 2 hervorgeht) schwerwiegende Gegeninteressen vorliegen. — Diese Ausführungen gelten entsprechend für die Beschränkung des Zwanges auf Teile der Gemeinde und auf einen bestimmten Kreis von Personen und Grundstücken.

4. Die **Bewehrung der Satzung** mit Zwangsdrohungen ist nur für den Anschluß- und Benutzungszwang nach § 18 zulässig. Bei anderen Satzungen kann die Einhaltung nur durch (getrennte) polizeiliche Vorschriften gesichert werden. Das letztere ist auch bei Satzungen über Anschluß- und Benutzungszwang durch die DGO. nicht ausgeschlossen; die Zulässigkeit richtet sich nach Polizeirecht.

a) Das Zwangsgeld ist keine Strafe, sondern ein verwaltungsmäßiges Zwangsmittel, um Widerstrebende unter die geltende Vorschrift zu beugen. Die drei Anordnungen unter Ziff. 4 der AusfAnw. sind Weisungen an die Aufsichtsbehörden, die Satzung nur dann zu genehmigen, wenn diese Anordnungen in der Satzung erfüllt sind.

b) Die Ersatzvornahme ist ebenfalls ein Beugemittel. Das Gesetz gibt damit der Gemeinde die positive Möglichkeit, den rechtlich vorgeschriebenen Zustand selbst zu verwirklichen. Es müssen also Tatbestände sein, die durch einen andern an Stelle des Pflichtigen überhaupt vorgenommen werden können.

Voraussetzung für beide Beugemittel ist, daß sie in der Satzung vorgesehen sind, daß ferner das Zwangsmittel ordnungsmäßig angedroht ist und daß eine hierbei festgesetzte angemessene Frist fruchtlos verlaufen ist. Daß bei der Androhung die verlangte Handlung des Pflichtigen eindeutig bezeichnet werden muß, braucht nicht betont zu werden.

Ob das Zwangsmittel dann durch nochmalige Verfügung zu verhängen ist oder bei fruchtlosem Ablaufe der Frist bereits verwirkt ist, hängt von der Gestaltung der Satzung ab. Im Interesse der Rechtssicherheit ist vorzusehen, daß eine nochmalige Verfügung hierfür zu ergehen hat.

Die Androhung des Zwangsgeldes braucht der Ersatzvornahme nicht vorausgegangen zu sein. Umgekehrt soll die wiederholte Verhängung von Zwangsgeld in der Satzung ausgeschlossen werden, wenn die Ersatzvornahme möglich ist. Ist die Ersatzvornahme nicht möglich, so ist die wiederholte Androhung und Verhängung von Zwangsgeldern zulässig.

Ersatzvornahme auf Kosten des Pflichtigen heißt, daß die der Gemeinde entstandenen Kosten erstattungspflichtig sind. Für das Zwangsbeitreibungsverfahren gelten die landesgesetzlichen Vorschriften.

5. Der **Rechtsschutz** der Anschluß- und Benutzungspflichtigen ist, soweit es sich um ihr Benutzungsrecht handelt, in § 29 Abs. 1 Nr. 1, und soweit es sich um Verhängung von Zwangsgeldern und der Ersatzvornahme handelt, in § 29 Abs. 1 Nr. 2 vorgesehen. Der Einspruch hat aufschiebende Wirkung, wenn die Verfügung selbst nichts anderes besagt (s. die Ausführungen zu § 29).

6. Die **Überleitung** ist in § 6 DurchfVO. geregelt. Hiernach bleiben die bisherigen Regelungen aufrechterhalten, wenn sie nach bisherigem Rechte rechtsgültig waren, und zwar auch dann, wenn sie

in anderer Weise (z. B. auf Grund Polizeirechts) und für andere Einrichtungen (z. B. für ein Gaswerk, Elektrizitätswerk) ergangen sind. Neue Regelungen können aber auf der bisherigen landesrechtlichen Grundlage nicht mehr ergehen.

§ 19

(1) Bürger der Gemeinde sind die deutschen Staatsbürger, die das fünfundzwanzigste Lebensjahr vollendet haben, seit mindestens einem Jahr in der Gemeinde wohnen und die bürgerlichen Ehrenrechte besitzen.

(2) Hauptamtliche Bürgermeister und hauptamtliche Beigeordnete werden Bürger ohne Rücksicht auf die Wohndauer mit dem Amtsantritt in der Gemeinde.

(3) Die Gemeinde kann mit Genehmigung der Aufsichtsbehörde das Bürgerrecht auch anderen Einwohnern ohne Rücksicht auf die Wohndauer verleihen.

(4) Das Bürgerrecht der Soldaten ruht.

I. **Amtliche Begründung** s. Textausgabe S. 49.

II. **DurchfVO.** (§ 7)

(1) Bürger der Gemeinde ist bis zum Erlaß eines Deutschen Staatsbürgergesetzes jeder deutsche Staatsangehörige, der die übrigen Voraussetzungen des § 19 der Deutschen Gemeindeordnung erfüllt.

(2) Wohnt jemand in mehreren Gemeinden (§ 5), so erwirbt er das Bürgerrecht nur in der Gemeinde, in der er sich überwiegend aufhält.

III. **AusfAnw.**

1. Bis zum Erlaß eines Deutschen Staatsbürgergesetzes ist Bürger der Gemeinde jeder deutsche Staatsangehörige, der die übrigen Voraussetzungen des § 19 DGO. erfüllt (vgl. § 7 der Ersten Durchf.-VO.). Dabei wird hinsichtlich des Begriffs „wohnen" auf die Ausf.-Anw. zu § 5 DGO. verwiesen.

2. Aus § 19 Abs. 2 DGO. folgt, daß hauptamtliche Bürgermeister und Beigeordnete bei ihrer Ernennung (§ 41) mit Ausnahme des Erfordernisses einjährigen Wohnsitzes die übrigen in § 19 Abs. 1 vorgesehenen Voraussetzungen erfüllen müssen. Eine Ausnahme gilt insoweit also nur hinsichtlich des einjährigen Wohnsitzes, nicht auch bezüglich dieser anderen Erfordernisse.

3. Von der Ausnahmemöglichkeit des § 19 Abs. 3 DGO. ist zur Wahrung des Grundsatzes des Abs. 1 nur in besonderen Fällen Gebrauch zu machen, wenn insbesondere ein überwiegendes Interesse daran besteht, einen Einwohner vor Ablauf der einjährigen

Wohndauer zu einem Ehrenamt oder zu sonstiger ehrenamtlicher Tätigkeit heranzuziehen. Auch insoweit ist eine Ausnahme nur hinsichtlich der Voraussetzung des einjährigen Wohnsitzes, nicht auch hinsichtlich sonstiger Voraussetzungen des Bürgerrechts möglich.

4. § 7 Abs. 2 der Ersten DurchfVO. schließt in Zukunft ein Bürgerrecht in mehreren Gemeinden aus. Entsteht Streit darüber, in welcher Gemeinde sich jemand bei Wohnsitz in mehreren Gemeinden überwiegend aufhält, so kann eine Entscheidung hierüber gegebenenfalls in dem Verfahren nach § 29 DGO. herbeigeführt werden.

IV. Anm.

1. Zum Begriff „**Bürger**", Bürgergemeinde im Gegensatz zu Einwohner, Einwohnergemeinde vgl. Anm. 2 zu § 5, zu dem Begriff „Bürger" i. S. früherer Regelungen für Nutzungsrechte, für Stiftungsgenuß vgl. Anm. 3 zu § 5.

2. Die **Voraussetzungen** für den Erwerb des Bürgerrechts sind:

a) der Besitz des deutschen Staatsbürgerrechts (bis auf weiteres deutsche Staatsangehörigkeit; s. obigen § 7 DurchfVO.);

b) die Vollendung des 25. Lebensjahres; maßgebend hierfür war der Gesichtspunkt, daß ein gewisses Maß von Lebenserfahrung für die Verwaltung gemeindlicher Ehrenämter erforderlich erscheint;

c) mindestens einjähriges Wohnen in der Gemeinde; s. hierzu § 5 DurchfVO. und die AusfAnw. zu § 5;

d) der Besitz der bürgerlichen Ehrenrechte; vgl. hierzu §§ 32—36 StGB.; die Dauer der Aberkennung der bürgerlichen Ehrenrechte wird im Urteil festgesetzt. Sie beginnt von dem Tag an, an dem die Freiheitsstrafe verbüßt, verjährt oder erlassen ist. Wiedereinsetzung in die Ehrenrechte ist durch Begnadigung möglich.

Der Erwerb des Bürgerrechts tritt bei Erfüllung dieser Voraussetzungen kraft Gesetzes ein.

3. Die **Ausnahme für die hauptamtlichen Bürgermeister und hauptamtlichen Beigeordneten** ist in obiger Ziff. 2 der AusfAnw. näher umrissen. Auch bei diesem Personenkreise tritt der Erwerb des Bürgerrechts kraft Gesetzes mit ihrer Ernennung (§ 41) ein, wenn sie deutsche Staatsangehörige, 25 Jahre alt und im Besitze der bürgerlichen Ehrenrechte sind.

4. Die **Verleihung des Bürgerrechts** ist nur in Fällen möglich, in denen der Erwerb des Bürgerrechts kraft Gesetzes nur wegen des Mangels der einjährigen Wohndauer nicht eintritt. Die Verleihung ist aber nur an Einwohner (s. § 5) möglich, die alle sonstigen Voraussetzungen erfüllen, nur noch kein ganzes Jahr in der Gemeinde wohnen. Auch in diesem Falle ist entsprechend dem § 7 Abs. 2 DurchfVO. zu § 19 DGO. auszuschließen, daß jemand in mehreren Gemeinden Bürger ist; Voraussetzung ist daher, daß sich der Einwohner vorwiegend in der Gemeinde aufhält und damit den notwendigen Zusammenhang mit der früheren Gemeinde

aufgegeben hat, so daß, falls er dort Bürger war, gemäß § 20 Abs. 1 Nr. 1 das Bürgerrecht in der früheren Gemeinde erloschen ist.

5. Die **Ausübung des Bürgerrechts** ist an die weitere Voraussetzung geknüpft, daß der Bürger geschäftsfähig ist (nicht entmündigt ist — §§ 6, 104, 114 BGB.).

Kraft ausdrücklicher Vorschrift ruht das Bürgerrecht der Soldaten. Unter Soldaten sind alle Offiziere, Unteroffiziere und Mannschaften der Wehrmacht zu verstehen, nicht die zur Wehrmacht gehörigen, aber nicht im Waffendienste tätigen Beamten, Angestellten und Arbeiter. Auch Gendarmerie und Schutzpolizei gehören nicht dazu. Das Ruhen endigt bei Entlassung, nicht schon bei Beurlaubung aus dem Dienste der Wehrmacht.

6. Der **Rechtsschutz** für den Erwerb des Bürgerrechts ist in § 29 Abs. 1 Nr. 3 geregelt (s. die Ausführungen hierzu).

§ 20

(1) Das Bürgerrecht erlischt
1. durch Wegzug aus der Gemeinde,
2. durch Verlust des deutschen Staatsbürgerrechts.

(2) Das Bürgerrecht wird verwirkt
1. durch ehrenrührigen Verlust des deutschen Staatsbürgerrechts oder der bürgerlichen Ehrenrechte,
2. durch Aberkennung nach den Vorschriften dieses Gesetzes.

(3) Die Gemeinde kann die Verwirkung des Bürgerrechts unter Anführung der Gründe öffentlich bekanntmachen.

I. **Amtliche Begründung** s. Textausgabe S. 51/52.

II. **AusfAnw.**

1. Das Erlöschen des Bürgerrechts infolge Wegzuges aus der Gemeinde tritt kraft Gesetzes mit der Aufgabe der Wohnung (vgl. AusfAnw. zu § 5 DGO.) ein; bei mehrfachem Wohnsitz (§ 7 Abs. 2 der Ersten DurchfVO.) erlischt das Bürgerrecht auch dann, wenn jemand seinen überwiegenden Aufenthalt in die andere Wohnsitzgemeinde verlegt; das Erlöschen infolge Verlustes der deutschen Staatsangehörigkeit bestimmt sich bis auf weiteres nach den Vorschriften des Reichs- und Staatsangehörigkeitsgesetzes vom 22. Juli 1913 (RGBl. S. 583).

2. Anders als das Erlöschen des Bürgerrechts hat seine Verwirkung (§ 20 Abs. 2 DGO.) Strafcharakter. Die Verwirkung tritt ein

a) durch Verlust des deutschen Staatsbürgerrechts auf Grund des § 2 des Gesetzes über den Widerruf von Einbürgerungen und die Aberkennung der deutschen Staatsangehörigkeit vom 14. Juli 1933 (RGBl. I S. 480),

b) durch Verlust der bürgerlichen Ehrenrechte als Folge eines strafgerichtlichen Urteils,
c) durch Aberkennung in den Fällen der §§ 23 Abs. 2 und 24 Abs. 2 DGO.

III. **Anm.**

1. Der **Verlust des Bürgerrechts** tritt sowohl im Falle des Erlöschens als auch im Falle der Verwirkung (mit Ausnahme bei der Aberkennung) kraft Gesetzes ein; lediglich bei der Aberkennung (§§ 23 Abs. 2 und 24 Abs. 2) ist die Verwirkung durch den Bürgermeister auszusprechen; vorher hat der Bürgermeister die Gemeinderäte zu hören (§ 55 Abs. 1 Nr. 3).

Zum Verluste der bürgerlichen Ehrenrechte vgl. Anm. 2d zu § 19.

Der Verlust des Bürgerrechts kann der Gemeinde unbekannt geblieben sein; bei Bestellung oder Berufung des Einwohners zu ehrenamtlicher Tätigkeit ist daher dieser verpflichtet, den Tatbestand der Gemeinde bekanntzugeben.

2. Die amtliche **Veröffentlichung des Verlustes** des Bürgerrechts ist nur im Falle der Verwirkung zulässig. Zur öffentlichen Bekanntmachung vgl. § 4 DurchfVO. zu § 3 DGO. Die Veröffentlichung ist eine Befugnis, keine Pflicht der Gemeinde.

3. Der **Rechtsschutz** für das Erlöschen und Verwirken des Bürgerrechts ist in § 29 Abs. 1 Nr. 3 vorgesehen. Da der Verlust in allen Fällen mit Ausnahme der Aberkennung ohne Verfügung des Bürgermeisters eintritt, so erscheint eigentlich der Einspruch (mit nachfolgendem Verwaltungsstreitverfahren) nur bei letzterem Tatbestande möglich. Immerhin ist er bei anderen Tatbeständen denkbar: Wenn z. B. der Bürgermeister die vermeintliche Verwirkung des Bürgerrechts durch ehrenrührigen Verlust der deutschen Staatsangehörigkeit oder der bürgerlichen Ehrenrechte zu unrecht öffentlich bekanntgibt, wird auch hiergegen das Rechtsmittel des § 29 zulässig sein.

§ 21

(1) Die Gemeinde kann deutschen Staatsbürgern, die sich um Volk und Staat oder um die Gemeinde besonders verdient gemacht haben, das Ehrenbürgerrecht verleihen. Die Verleihung des Ehrenbürgerrechts an Ausländer bedarf der Genehmigung der Aufsichtsbehörde.

(2) Die Gemeinde kann mit Genehmigung der Aufsichtsbehörde dem Ehrenbürger das Ehrenbürgerrecht wegen eines unwürdigen Verhaltens aberkennen.

(3) Mit der Verwirkung des Bürgerrechts wird auch das Ehrenbürgerrecht verwirkt.

I. **Amtliche Begründung** s. Textausgabe S. 52/53.

II. **AusfAnw.**

Es entspricht den wiederholten Bekundungen der führenden Persönlichkeiten des neuen Staates, daß die Gemeinden von der Befugnis, Ehrenbürgerrechte zu verleihen, nur in ganz besonderen Fällen Gebrauch machen, damit die Bedeutung des Ehrenbürgerrechts durch ein überhandnehmen derartiger Verleihungen nicht beeinträchtigt wird.

III. **Anm.**

1. Das **Ehrenbürgerrecht** ist eine reine Auszeichnung; es begründet keine Rechte und keine Pflichten. Es kann von jeder (nicht nur von einer städtischen) Gemeinde verliehen werden. Es wird niemals kraft Gesetzes erworben.

2. Die **Voraussetzungen für die Verleihung** sind

a) in materieller Hinsicht: Die zu Ehrenden müssen sich um Volk und Staat oder um die Gemeinde besonders verdient gemacht haben. Die obige AusfAnw. ist zu beachten. Für die verdienten Persönlichkeiten wird dieses Ehrenrecht entwertet, wenn hohe und geringe Verdienste gleich geehrt werden. Endlich soll stets eine besondere Beziehung der Gemeinde zu dem Geehrten bestehen. Nicht Voraussetzung der Verleihung ist der Besitz des Bürgerrechts, auch nicht die Stellung als Einwohner der Gemeinde.

b) in formeller Hinsicht:

α) Der Bürgermeister hat vorher die Gemeinderäte zu hören (§ 55 Abs. 1 Nr. 2);

β) für die Verleihung ist die vorherige Zustimmung des Beauftragten der NSDAP. einzuholen (§ 33 Abs. 1 Nr. 2 mit § 118 und VO. des Stellv. des Führers vom 26. März 1935 — RGBl. I S. 470);

γ) die Verleihung an Ausländer bedarf der Genehmigung der Aufsichtsbehörde.

3. Der **Verlust des Ehrenbürgerrechts** tritt ein

a) durch Aberkennung; die materielle Voraussetzung hierfür ist, daß der Ehrenbürger sich unwürdig verhalten hat; die formellen Voraussetzungen sind vorherige Beratung mit den Gemeinderäten (§ 55 Abs. 1 Nr. 2), die Einholung der Zustimmung des Beauftragten der NSDAP. (§ 33 Abs. 1 Nr. 2) und die Genehmigung der Aufsichtsbehörde. — Die sonstige Rechtsstellung des Betroffenen wird durch die Aberkennung des Ehrenbürgerrechts nicht berührt, auch seine Stellung als Bürger der Gemeinde nicht.

b) mit der Verwirkung des Bürgerrechts. Das letztere wird verwirkt durch ehrenrührigen Verlust der deutschen Staatsbürgerschaft (der deutschen Staatsangehörigkeit — § 7 DurchfVO. zu § 19 DGO.) oder der bürgerlichen Ehrenrechte und durch Aberkennung in den Fällen der §§ 23 und 24 (vgl. § 20 Abs. 2).

Im Falle a tritt der Verlust durch Verfügung des Bürgermeisters, im Falle b kraft Gesetzes ein; im letzteren Fall entfällt daher die Zustimmung des Beauftragten der NSDAP. und die Genehmigung der Aufsichtsbehörde.

4. Der **Rechtsschutz** besteht im Falle 3a in der Zustimmungs- und Genehmigungspflicht; im Falle 3b ist das Rechtsschutzmittel durch Verknüpfung mit der Verwirkung des Bürgerrechts (§ 29 Abs. 1 Nr. 3; s. auch Anm. 3 zu § 20) gegeben.

5. **Andere Ehrungen** sind vom Ehrenbürgerrechte wohl zu scheiden:

a) Die Verleihung von Ehrenbezeichnungen nach § 28 ist auf Bürger der Gemeinde, die sich in einer ganz bestimmten Weise verdient gemacht haben, beschränkt.

b) Die Benennung von Straßen und Plätzen der Gemeinde bestimmt sich nach dem geltenden Landesrechte; häufig sind es polizeirechtliche Vorschriften; soweit solche Vorschriften nicht bestehen, gehört die Benennung von Straßen und Plätzen dem Wegerechtsinhaber zu.

6. **Alle Auszeichnungen** von Personen sind Persönlichkeitsrechte. Sie gehen mit den Personen unter. Verstorbenen brauchen sie daher nicht aberkannt zu werden. Sie können aber in Ehrenlisten usw. gelöscht werden.

7. Zur **Überleitung**: Die bisher rechtsgültig verliehenen Ehrenbürgerrechte bleiben unberührt. Ihr Verlust richtet sich nach der DGO.

§ 22

(1) Der Bürgermeister bestellt die Bürger zu ehrenamtlicher Tätigkeit. Er kann die Bestellung jederzeit zurücknehmen. Für ehrenamtliche Bürgermeister, ehrenamtliche Beigeordnete und für Gemeinderäte gelten die besonderen Vorschriften dieses Gesetzes.

(2) Mit dem Verluste des Bürgerrechts endet jede ehrenamtliche Tätigkeit.

I. Amtliche Begründung s. Textausgabe S. 53/54.

II. AusfAnw.

1. Aus § 22 DGO. folgt, daß die Bestellung der Bürger zu ehrenamtlicher Tätigkeit grundsätzlich Sache des Bürgermeisters ist, soweit sich aus § 22 Abs. 1 Satz 3 nichts anderes ergibt. Dabei entspricht es dem Willen der Deutschen Gemeindeordnung, daß der Bürgermeister die ehrenamtliche Mitwirkung der Bürger in möglichst weitem Umfang in den Dienst der Gemeinde stellt, weil nur dann das Interesse der Bürger an den Geschicken der Gemeinde wachgehalten und so am besten einer Bürokratisierung der Verwaltung entgegengewirkt wird.

Die ehrenamtliche Tätigkeit des Bürgers nach § 22 DGO. kann sich in der Form der Bekleidung eines gemeindlichen Ehrenamtes, d. h. eines bestimmt abgegrenzten Kreises von Verwaltungsgeschäften, die auf längere Zeit zu erledigen sind, oder in der Form der ehrenamtlichen Mitwirkung bei Durchführung einzelner Gemeindeangelegenheiten, z. B. Zählungen, vollziehen. Nur bei Übertragung eines Ehrenamtes ist der Bürger durch eine Anstellungsurkunde nach Maßgabe des Reichsgesetzes vom 30. Juni 1933 (RGBl. I S. 433) als Ehrenbeamter anzustellen. In diesen Fällen ist vor der Anstellung stets besonders zu prüfen, ob der Bürger über die allgemeinen Voraussetzungen des Bürgerrechts hinaus auch die besonderen Voraussetzungen des letztgenannten Gesetzes für die Berufung in das Beamtenverhältnis erfüllt (vgl. insbesondere § 3 Nr. 2 a. a. O.).

§ 22 DGO. legt im übrigen eine bestimmte Amtszeit für die ehrenamtliche Tätigkeit der Bürger nicht fest. Soweit nicht im Einzelfall in der Deutschen Gemeindeordnung besondere Vorschriften bestehen, ist es demnach Aufgabe des Bürgermeisters, die Dauer ehrenamtlicher Tätigkeit zu regeln. Auch gegenüber einer solchen Regelung bleibt jedoch seine Befugnis bestehen, die Bestellung jederzeit zurückzunehmen.

2. § 22 Abs. 1 DGO. gibt auch die Möglichkeit, für einzelne Teile einer Gemeinde ehrenamtliche Ortswarte (Ortschaftsvorsteher) und in größeren Städten ehrenamtliche Bezirkswarte (Bezirksvorsteher) zur Erledigung bestimmter Aufgaben nach näherer Festsetzung des Bürgermeisters zu bestellen. Diese Ortswarte und Bezirkswarte haben keine besondere verfassungsrechtliche Stellung; sie sind vielmehr dem Bürgermeister nach jeder Richtung hin nachgeordnete Ehrenbeamte.

3. Die Berufung der ehrenamtlichen Bürgermeister und Beigeordneten und der Gemeinderäte ist in den §§ 41, 51 DGO. besonders geregelt. Ihre Ernennung ist jedoch, wie sich aus §§ 41, 37 DGO. ergibt, Sache der Gemeinde. Für sie findet auch die Vorschrift des § 22 Abs. 1 Satz 2 DGO. keine Anwendung, da ihre Amtszeit durch das Gesetz bestimmt ist.

III. Anm.

1. Auf die **ehrenamtliche Tätigkeit** der Bürger in der Gemeindeverwaltung legt die DGO. ein großes Gewicht. Sie hält, wie es im Allgemeinen Teil der Amtlichen Begründung heißt (s. S. 2), „an der vorzugsweise ehrenamtlichen Verwaltung" der Gemeinde fest.

Die ehrenamtliche Tätigkeit ist eine Dienstleistung auf einer öffentlich-rechtlichen Grundlage. Sie scheidet sich daher zunächst von allen Dienstleistungen, die auf Grund des bürgerlichen Rechts, insbesondere auf Grund eines bürgerlich-rechtlichen Vertrages (Dienstvertrag, Werkvertrag), erfolgen.

Aber auch im Rahmen des öffentlichen Rechts ist sie von anderen Dienstleistungen zu sondern:

a) Entscheidend ist zunächst, daß die ehrenamtliche Tätigkeit nicht besoldet ist, wobei aber festzuhalten ist, daß einerseits nicht jede unbesoldete öffentlich-rechtliche Dienstleistung ehrenamtlich ist und andrerseits die ehrenamtliche Tätigkeit eine Entschädigung (s. § 27) nicht schlechthin ausschließt. So kann die Gemeinde z. B. öffentlich-rechtliche, unentgeltliche Dienstleistungen (Hand- und Spanndienste) auf Grund abgabenrechtlicher Bestimmungen (nach § 17) anordnen. Sie kann umgekehrt nach § 27 ehrenamtlich Tätigen eine Aufwandsentschädigung und Ersatz der Auslagen sowie des entgangenen Arbeitsverdienstes gewähren. Maßgebend ist aber der Ausschluß einer Besoldung, mit der im Regelfall auch Versorgungsanwartschaft verbunden ist.

b) Bei öffentlich-rechtlichen, besoldeten (für den Regelfall mit Versorgungsanwartschaft verbundenen) Dienstleistungen handelt es sich — im Gegensatz zu ehrenamtlicher Tätigkeit — um hauptamtliche Tätigkeit. Der Ausdruck „hauptamtliche Tätigkeit", seit langem üblich, ist nicht gut gewählt. Aus dem Worte könnte abgeleitet werden, daß der Begriff den ausschließlichen Gegensatz zu nebenamtlicher Tätigkeit bildet, was nicht der Fall ist; es kann jemand hauptamtlich tätig sein, ohne ein Nebenamt zu haben, und es kann jemand (z. B. als Ehrenbeamter) nebenamtlich tätig sein, ohne gleichzeitig hauptamtlich im begrifflichen Sinne tätig zu sein.

c) Kein Gegensatz besteht zwischen ehrenamtlicher Tätigkeit und Beamtenverhältnis. Auch der ehrenamtlich Tätige kann in das (ehrenamtliche) Beamtenverhältnis berufen sein. Andrerseits ist nicht notwendig jeder ehrenamtliche Tätige in das Beamtenverhältnis zu berufen (s. Anm. 2).

Hiernach sind die maßgebenden Gegensätze: ehrenamtlich und hauptamtlich. In beiden Fällen beruht die Dienstleistung auf öffentlich-rechtlicher Grundlage; im letzteren Fall ist aber die Tätigkeit besoldet (im Regelfalle mit Versorgungsanwartschaft ausgestattet). Im ersteren Fall ist sie unbesoldet, höchstens mit einer Entschädigung, in der Regel aber nur mit dem Anspruch auf Ersatz der Auslagen ausgestattet, der niemals Versorgungsanwartschaft begründet.

Die Entschädigung kann in gesetzlich bestimmten Fällen (nämlich in den Fällen des § 27 Abs. 1) neben der Abgeltung des Aufwandes auch eine gewisse Vergütung für Mühewaltung und Zeitaufwand enthalten, ohne hierdurch ihren Charakter einzubüßen. Die Besoldung dagegen stellt ihrem Wesen nach Unterhaltsmittel dar, trägt daher nach der ganzen Entwickelung des deutschen Beamtenrechts grundsätzlich die Versorgungsanwartschaft in sich.

Zur klaren Trennung ist es von vornherein zweckmäßig, die Entschädigung niemals nach der Besoldungsordnung (ganz oder in

Bruchteilen der Besoldung einer bestimmten Gruppe) zu bemessen (vgl. im übrigen die **Ausführungen zu** § 27).

2. Das **Ehrenamt** ist ein engerer Begriff als ehrenamtliche Tätigkeit; vgl. hierzu obige Ziff. 1 Abs. 2 der AusfAnw.

Ehrenamtliche Tätigkeit begründet für sich niemals Beamteneigenschaft i. S. des Beamtenrechts. Beamteneigenschaft wird nur durch Aushändigung einer Anstellungsurkunde nach Maßgabe des RG. vom 30. Juni 1933 (RGBl. I S. 433) erworben. Wer ein Ehrenamt bekleiden soll, ist aber in das Beamtenverhältnis zu berufen.

Kraft ausdrücklicher Bestimmung sind Ehrenämter das des Bürgermeisters, der Beigeordneten und der Gemeinderäte (vgl. § 41 Abs. 3 „ernennen", § 46 „Amtsantritt", § 53 „Ehrenamt", §§ 44 und 52 „Amtszeit"). Bei den Beiräten ist zu scheiden, ob sie für einzelne Angelegenheiten oder für ein Amt (bestimmt abgegrenzter Kreis von Verwaltungsgeschäften, die für eine längere Dauer zu erledigen sind) berufen werden. Der Kassenverwalter kann ehrenamtlich (vgl. § 27), aber auch hauptamtlich tätig sein (vgl. § 94 Abs. 2), ist aber stets durch Aushändigung einer Anstellungsurkunde in das Beamtenverhältnis zu berufen.

Die Gemeinde kann nicht etwa sämtliche Dienstleistungen und Ämter in ehrenamtliche Tätigkeiten und Ehrenämter umwandeln. Auf der einen Seite muß es sich um die Verwaltung der Gemeinde handeln, auf der anderen Seite muß es sich um Leistungen handeln, die grundsätzlich jedem Bürger angesonnen werden können. Es dürfen daher nicht wissenschaftliche, kunst- und handwerksmäßige Leistungen, die ihrer Natur nach berufsmäßig ausgeübt werden, gefordert werden.

3. Die **Bestellung zu ehrenamtlicher Tätigkeit** steht dem Bürgermeister zu; für die Bürgermeister, Beigeordneten und Gemeinderäte trifft Abs. 1 Satz 2 selbst die Ausnahme: es gelten hierfür die Vorschriften der §§ 41 und 51. „Bestellen" geht weiter als „ernennen". Der letztere Ausdruck wird in der DGO. für die Berufung in das Beamtenverhältnis gebraucht; ist der zu ehrenamtlicher Tätigkeit Bestellte in das Beamtenverhältnis zu berufen, so muß zur Begründung des Beamtenverhältnisses die Ernennung durch Aushändigung einer Anstellungsurkunde hinzutreten. Die Ernennung (Berufung in das Beamtenverhältnis) steht nach § 37 ausschließlich dem Bürgermeister zu, auch in den Fällen, in denen das Berufungsverfahren (Nominierung, Designierung) auf anderem Weg erfolgt. Soll der Bürgermeister selbst ernannt werden, so steht die Ernennung seinem allgemeinen Stellvertreter (§ 35) zu; s. hierzu Anm. 6 zu § 41.

4. Die **Dauer der ehrenamtlichen Tätigkeit** bestimmt der Bürgermeister, es sei denn, daß gesetzliche Vorschriften die Dauer anderweitig festlegen. Solche Bestimmungen sind § 44 für Bürgermeister und Beigeordnete, § 52 für Gemeinderäte. Die Beendigung kann

sich auch aus § 23 ergeben. Im übrigen kann der Bürgermeister die Bestellung jederzeit zurücknehmen; gegen die Zurücknahme kann Beschwerde nach § 31 erhoben werden. Von der freien Zurücknahme sind die Ämter des Bürgermeisters, der Beigeordneten und der Gemeinderäte ausgenommen; für die Beendigung dieser Ämter kommen die Vorschriften der §§ 45 und 54 und die Entlassung aus dem Amte bei Verlust des Bürgerrechts (§ 22 Abs. 2) in Betracht. Außerdem ist bei sämtlichen Beamten (Ehrenbeamten) das Beamtenrecht einschließlich des Dienststrafrechts zu beachten; ihnen gehen die Vorschriften der DGO. vor (vgl. letzten Absatz der Allgemeinen Begründung — s. S. 15).

Der Ausdruck „zurücknehmen" steht zur Entlassung in dem gleichen Verhältnisse wie der Ausdruck „bestellen" zur Ernennung (s. Anm. 3). Der Ehrenbeamte ist demnach durch Aushändigung einer Entlassungsurkunde zu entlassen.

5. Der **Personenkreis**, der für ehrenamtliche Tätigkeit in Betracht kommt, beschränkt sich auf die Bürger (§ 5 mit § 19). Diese sind nach § 5 Abs 2 zu ehrenamtlicher Tätigkeit in der Gemeindeverwaltung verpflichtet; die Ablehnungs- und Niederlegungsbefugnis ist in § 23 behandelt. Nicht alle Bürger können aber zu jeder ehrenamtlichen Tätigkeit berufen werden: Gemeinderäte können nach § 6 letzter Satz nur Männer sein. Das gleiche gilt auch für Bürgermeister und Beigeordnete. Dagegen können Frauen als Beiräte und auch zu anderer ehrenamtlicher Tätigkeit bestellt werden.

6. Die **Orts- und Bezirkswarte**, auf die obige Ziff. 2 der Ausf.-Anw. hinweist, können ehrenamtlich bestellt werden. Es handelt sich dabei um einen Geschäftskreis, der auf längere Dauer zu erledigen ist, also um Ämter. Der Bürgermeister hat die Orts- und Bezirkswarte demnach in das ehrenamtliche Beamtenverhältnis zu berufen. Sie sind aber keine Gemeindeorgane (wie Bürgermeister, Beigeordnete und Gemeinderäte), sondern ausschließlich dem Bürgermeister untergebene Leiter von Verwaltungsabteilungen. Polizeiliche Funktionen kann ihnen der Bürgermeister nur nach Maßgabe des geltenden Polizeirechts übertragen. Diese Ortswarte sind wohl zu unterscheiden von den bisherigen Organen für die Verwaltung einer Ortschaft (Ortspfleger), Teilgemeinde usw., die nach § 1 DurchfVO. untergegangen sind und auch nicht in dieser Form verwaltungsmäßig beibehalten werden können. Sie sind auch von den Trägern polizeilicher Funktionen (Ortsführer i. S. des Art. 51 Abs. V Bayer. GO.) zu unterscheiden.

7. Der **Verlust des Bürgerrechts** (durch Erlöschen oder Verwirkung), der jede ehrenamtliche Tätigkeit beendet, ist in § 20 geregelt.

8. Der **Rechtsschutz** ist wie folgt geregelt:

a) wenn ein Bürger behauptet, mit Recht eine ehrenamtliche Tätigkeit abgelehnt oder niedergelegt zu haben und daher mit Unrecht mit einer **Buße oder durch Aberkennung des Bürgerrechts bestraft worden zu sein, gilt § 29 Abs. 1 Nr. 3 und 4;**

b) hinsichtlich der Zurücknahme der Bestellung zu ehrenamtlicher Tätigkeit gilt § 31;

c) bei der Zurücknahme der Berufung zum Bürgermeister und Beigeordneten bildet das vorgeschriebene Zusammenwirken verschiedener Stellen nach § 45 Abs. 1, bei Gemeinderäten nach § 54 den Rechtsschutz.

Die Bestellung oder Berufung zu ehrenamtlicher Tätigkeit kann kein Bürger verlangen; er nimmt nur die Rechtsstellung ein, daß er bestellt oder berufen werden kann, dann aber verpflichtet ist; gegen die Nichtberufung ist daher kein Rechtsmittel eingeräumt. Dagegen ist es Pflicht der Gemeinde, die nach den §§ 41 und 51 Berufenen zu ernennen; die Aufsichtsbehörde kann die Ernennung im Wege der §§ 110—112 erzwingen.

9. Zur **Überleitung** vgl. § 10 DurchfVO. zu § 32 DGO., § 12 DurchfVO. zu § 34 DGO., § 16 DurchfVO. zu § 44 DGO., § 17 DurchfVO. zu § 45 DGO., § 20 DurchfVO. zu § 48 DGO., § 21 DurchfVO. zu §§ 58, 74 DGO. und die Ausführungen zu den genannten Bestimmungen der DGO.

§ 23

(1) Der Bürger kann eine ehrenamtliche Tätigkeit aus wichtigen Gründen ablehnen oder sein Ausscheiden verlangen. Als wichtiger Grund gilt namentlich, wenn der Bürger

1. ein geistliches Amt verwaltet,
2. ein öffentliches Amt verwaltet und die Anstellungsbehörde feststellt, daß die ehrenamtliche Tätigkeit mit seinen dienstlichen Pflichten nicht vereinbar ist,
3. schon sechs Jahre ein öffentliches Ehrenamt verwaltet hat,
4. mindestens vier minderjährige Kinder hat,
5. mindestens zwei Vormundschaften oder Pflegschaften führt,
6. häufig oder langandauernd von der Gemeinde geschäftlich abwesend ist,
7. anhaltend krank oder
8. mehr als sechzig Jahre alt ist.

(2) Ob ein wichtiger Grund vorliegt, entscheidet die Gemeinde. Sie kann einen Bürger, der ohne wichtigen Grund

eine ehrenamtliche Tätigkeit ablehnt oder niederlegt, in eine Buße bis zu 1000 Reichsmark nehmen und ihm das Bürgerrecht bis zur Dauer von sechs Jahren aberkennen. Die Buße wird im Verwaltungszwangsverfahren beigetrieben.

I. Amtliche Begründung s. Textausgabe S. 54/55.

II. AusfAnw.

1. Die aus den §§ 5, 23 DGO. folgende Pflicht des Bürgers zur Wahrnehmung ehrenamtlicher Tätigkeit bezieht sich sowohl auf die Bekleidung gemeindlicher Ehrenämter als auch auf die Ausübung ehrenamtlicher Tätigkeit außerhalb eines Ehrenamtes. Als gemeindliche Ehrenämter sind dabei jedoch nur solche Ämter zu verstehen, die nach Art und Umfang ehrenamtlich verwaltet zu werden pflegen und die sich aus dem gemeindlichen Aufgabenbereiche ergeben. Soweit es sich um die Bekleidung von Ehrenämtern handelt, ist der Bürger im übrigen nur verpflichtet, ein Ehrenamt zu übernehmen und auf die im Gesetze bestimmte oder vom Bürgermeister angeordnete Amtszeit zu bekleiden.

2. § 23 Abs. 1 DGO. zählt beispielsweise eine Reihe von Tatbeständen auf, die den Bürger zur Ablehnung einer ehrenamtlichen Tätigkeit oder zum Verlangen seines Ausscheidens berechtigen. Abschließenden Charakter hat diese Aufzählung jedoch nicht. Dabei wird bemerkt, daß der Bürger aus einem Ehrenamte nie durch einseitige Erklärung, sondern stets nur durch Erteilung der Entlassung ausscheiden kann.

Zu § 23 Abs. 1 Nr. 2 DGO. ist zu beachten, daß die Bekleidung eines öffentlichen Amtes nicht ohne weiteres von der Wahrnehmung ehrenamtlicher Tätigkeit in der Gemeinde freistellt, sondern nur dann, wenn die Anstellungsbehörde feststellt, daß die ehrenamtliche Tätigkeit mit den dienstlichen Pflichten des Beamten nicht vereinbar ist. Trifft die Anstellungsbehörde eine derartige Feststellung, so ist sie für die Gemeinde bei ihrer Entscheidung nach § 23 Abs. 2 DGO. bindend.

3. Zuständig für die Entscheidung nach § 23 Abs. 2 DGO. sowie zur Verhängung von Bußen und zur Aberkennung des Bürgerrechts ist stets die Gemeinde, d. h. der Bürgermeister. Das gilt auch in denjenigen Fällen, in denen die Berufung von Ehrenbeamten anderen Stellen zusteht (§§ 41, 51 DGO.). Diese Stellen haben demnach gegebenenfalls dem Bürgermeister entsprechende Mitteilung zu machen.

Je nach der Schwere des Falles kann der Bürgermeister entweder eine Buße verhängen oder das Bürgerrecht aberkennen. In besonders schweren Fällen kann er auch neben der Verhängung einer Buße die Aberkennung des Bürgerrechts aussprechen. Dabei soll bei der Verhängung von Bußen in kreisangehörigen Gemeinden ein Höchstsatz von 300 *RM* nicht überschritten werden.

Wird nach § 23 Abs. 2 das Bürgerrecht aberkannt, so ist es damit verwirkt (§ 20 Abs. 2 DGO.). In diesem Falle kann der Bürgermeister nach § 20 Abs. 3 die öffentliche Bekanntmachung der Verwirkung unter Angabe der Gründe anordnen.

III. Anm.

1. Die **Rechtsstellung des Bürgers** hinsichtlich der ehrenamtlichen Tätigkeit ist folgende: Er kann zur ehrenamtlichen Tätigkeit bestellt werden, hat aber keinen Anspruch hierauf. Wird er bestellt, so ist er verpflichtet hierzu (§ 5 Abs. 2). Die Pflicht findet ihre Schranke in der Regelung des § 23. Dabei kann es sich um Ablehnung vor dem Amtsantritte handeln, also ehe die Tätigkeit aufgenommen wird, und um Niederlegung, nachdem sie übernommen ist. Dazu ist auf Grund des § 23 Abs. 2 (im Einklang mit obiger Ziff. 1 Abs. 2 der AusfAnw.) klarzustellen, daß nicht die Erklärung des Bestellten, sondern erst die Entscheidung der Gemeinde die Rechtswirkung auslöst. Seine Erklärung ist daher ein Antrag auf Entscheidung. Die Bestrafung mit den Mitteln des Abs. 2 Satz 2 ist demnach erst zulässig, wenn der Bürger ohne diese Entscheidung das bereits übernommene Amt nicht mehr wahrnimmt oder dieser Entscheidung zuwider sich verhält.

2. Die **Ablehnungs- und Niederlegungsgründe** des § 23 erstrecken sich auf jedwede ehrenamtliche Tätigkeit, auch auf die Ämter, zu denen die Berufung anderen Stellen als dem Bürgermeister zusteht (Bürgermeister, Beigeordnete und Gemeinderäte — s. §§ 41, 52). Sie beziehen sich aber nur auf ehrenamtliche Tätigkeit (vgl. Anm. 1 zu § 22), und zwar in der Verwaltung der Gemeinde. Sie beziehen sich also nicht auf andere ehrenamtliche Tätigkeit, auch nicht auf andere öffentlich-rechtliche unentgeltliche Dienstleistungen, mögen sie im Abgabenrechte (Hand- und Spanndienste), im Fürsorge- oder im Polizeirecht ihre Grundlage haben.

Die Gründe sind in den Nr. 1—8 nicht erschöpfend aufgezählt, wie sich aus dem Worte „namentlich" ergibt. Die aufgezählten Tatbestände gelten als wichtig. Darüber hinaus können andere Tatbestände vorliegen, die als wichtige Gründe zu erachten sind.

Wenn ein solcher Grund vorliegt, kann der Bestellte ablehnen oder niederlegen; er ist nicht verpflichtet hierzu. Gleichgültig ist, ob er vorher angenommen hat; in der Übernahme ist kein Verzicht auf die Geltendmachung von Niederlegungsgründen zu sehen. Der Bestellte kann aber ausdrücklich auf die Geltendmachung rechtswirksam verzichten. Niemals aber kann die Annahme einer ehrenamtlichen Tätigkeit an Bedingungen geknüpft werden; eine solche Erklärung wäre einer Ablehnung gleichzuachten.

Zu Nr. 1: Hierunter fallen nur die Geistlichen, nicht auch sonstige Dienstkräfte der kirchlichen Körperschaften.

Zu Nr. 2: Hierzu vgl. obige Ziff. 2 Abs. 2 AusfAnw. Die Entscheidung der Anstellungsbehörde ist bindend, ohne daß der Bürgermeister eine nähere Begründung verlangen kann. Im übrigen fallen hierunter alle öffentlichen Ämter im Dienst einer öffentlichen Körperschaft (Reich, Länder, Gemeinden, Gemeindeverbände usw.). Es muß sich aber um ein Amt, nicht nur um eine ehrenamtliche Tätigkeit handeln (vgl. Anm. 1 und 2 zu § 22). Wer ein Amt, auch ein Ehrenamt, innehat, kann sich aber nicht weigern, solche Ehrenämter mitzuübernehmen, die mit dem bekleideten innerlich verbunden sind (wie Gemeinderat — Beirat).

Zu Nr. 3: Die Verwaltung eines Ehrenamts in der Vergangenheit in der Dauer von 6 Jahren besagt: Es muß sich um ein Ehrenamt, nicht um eine ehrenamtliche Tätigkeit handeln (vgl. Anm. 1 und 2 zu § 22); (die langjährige Wahrnehmung bloß ehrenamtlicher Tätigkeit kann allerdings — wegen der Belastung des Bürgers — ein wichtiger Grund sein, gilt aber nicht kraft Gesetzes als wichtiger Grund). Das Amt muß verwaltet worden sein (ein Ersatzmann gewesen zu sein, genügt nicht). Die Dauer verschiedener Ämter kann zusammengerechnet werden, wenn ihre Wahrnehmung zeitlich auseinander liegt (der Sinn ist, daß jeder Bürger bis zu 6 Jahren der Wahrnehmung eines öffentlichen Amtes sich zu widmen verpflichtet ist). Die Ämter brauchen nicht in der gleichen Gemeinde wahrgenommen worden zu sein. Die 6 Jahre brauchen auch nicht die letzten 6 Jahre zu sein.

Zu Nr. 4: Die Kinder müssen noch nicht 21 Jahre alt sein. Uneheliche Kinder zählen stets bei der Mutter, im übrigen dann mit, wenn sie zur Familiengemeinschaft gehören.

Zu Nr. 5: Der Tatbestand muß gegenwärtig vorliegen.

Zu Nr. 6: Die Abwesenheit muß in Geschäften ihren Grund haben.

Zu Nr. 7: Darüber ist der ärztliche Befund maßgebend.

Der Grund kann von dem Zeitpunkt an geltend gemacht werden, in dem er vorliegt. Es kann ein 58jähriger das Amt eines Gemeinderats nicht ablehnen, weil die Amtsdauer über die Vollendung des 60. Lebensjahres hinausgehen würde, sondern erst mit der Vollendung des 60. Lebensjahres niederlegen.

3. Das **Verfahren** ist durch Abs. 2 Satz 1 geregelt. Die Ablehnungs- oder Niederlegungserklärung ist ein Antrag auf Entscheidung. Beweispflichtig für das Vorliegen eines wichtigen Grundes ist der ehrenamtlich Bestellte. Die Entscheidung trifft der Bürgermeister, bei ihm selbst sein allgemeiner Stellvertreter (§ 35). Wird dem Antrag entsprochen, so ist bei ehrenamtlicher Tätigkeit die Bestellung zurückzunehmen, bei Ehrenbeamten die Entlassung vorzunehmen.

4. Die **Folgen unbefugter Ablehnung und Niederlegung** können abgesehen von dem Fall, daß ein Bürger eine übernommene ehrenamtliche Tätigkeit ohne Entscheidung nicht mehr wahrnimmt, erst nach der Entscheidung des Bürgermeisters eintreten. Gegen die Entscheidung als solche gibt es kein Rechtsmittel (wohl aber gegen

die etwa folgende Bestrafung). Das Einschreiten kann verschiedenartig sein, je nachdem es sich um Ablehnung oder Niederlegung und je nachdem es sich um ehrenamtliche Tätigkeit oder ein Ehrenamt handelt.

a) Wie oben bemerkt, ist bedingte Annahme in der Regel einer Ablehnung gleichzuachten. Als Ablehnung gilt auch, wenn der Bestellte nicht die zum Antritte der ehrenamtlichen Tätigkeit oder des Ehrenamtes erforderlichen Voraussetzungen, die ihm aufgebürdet sind, erfüllt: die Anstellungsurkunde nicht annimmt, die Vereidigung verweigert, den Nachweis der arischen Abstammung nicht erbringt.

b) Die Niederlegung kann dadurch zum Ausdruck kommen, daß der Bestellte sich der Amtsführung oder ehrenamtlichen Tätigkeit versagt, z. B. als Gemeinderat ohne Urlaub den Beratungen fernbleibt.

c) Bei ehrenamtlicher Tätigkeit sind — abgesehen von strafrechtlichen Folgen — nur die in Abs. 2 Satz 2 aufgezählten Folgen zu verhängen.

d) Bei Ehrenämtern können, falls der Bestellte schon Ehrenbeamter ist, auch dienststrafrechtliche Folgen verhängt werden.

5. Die **Buße und die Aberkennung des Bürgerrechts** auf Zeit sind keine Zwangs-(Beuge-)mittel, sondern Strafen. Sie können wegen eines Tatbestandes nur einmal verhängt werden. Beide Strafen können für sich, aber auch nebeneinander verhängt werden. Die Schwere des schuldhaften Verhaltens des Bestellten wird dafür ausschlaggebend sein, ebenso für die Höhe der Buße.

Die Aberkennung des Bürgerrechts beendet jede ehrenamtliche Tätigkeit (§ 22). Die Verhängung einer Buße beendet das ehrenamtliche Dienstverhältnis nicht; da aber die Strafe nur einmal verhängt werden kann, wird die Zurücknahme der Bestellung oder die Entlassung aus dem Ehrenamte vorzunehmen sein.

6. Für das **Verwaltungszwangsverfahren**, in dem die Buße einzuziehen ist, gelten bis auf weiteres die landesrechtlichen Vorschriften.

7. Der **Rechtsschutz** ist in folgender Weise geregelt:

a) Wegen Verhängung von Bußen findet der Einspruch statt (§ 29 Abs. 1 Nr. 4).

b) Wegen Aberkennung des Bürgerrechts findet ebenfalls der Einspruch statt (§ 29 Abs. 1 Nr. 3).

c) Gegen die Entscheidung der Gemeinde nach § 23 Abs. 2 Satz 1 gibt es kein Rechtsmittel. Hält der Betroffene die Entscheidung für rechtswidrig, so kann die Aufsichtsbehörde um Einschreiten gemäß § 109 angegangen werden.

d) In dem Verfahren nach a und b kann auch die Rechtmäßigkeit der Entscheidung nach § 23 Abs. 2 Satz 1 selbst nachgeprüft werden.

§ 24

(1) Der Bürger, der zu ehrenamtlicher Tätigkeit bestellt wird, ist wie ein Gemeindebeamter zur Verschwiegenheit verpflichtet. Er darf die Kenntnis von Angelegenheiten, über die er verschwiegen zu sein hat, nicht unbefugt verwerten. Das gilt auch dann, wenn er nicht mehr ehrenamtlich tätig ist.

(2) Verletzt der Bürger diese Pflichten, so stehen der Gemeinde die Befugnisse nach § 23 Abs. 2 zu.

I. **Amtliche Begründung** s. Textausgabe S. 56.

II. **AusfAnw.**

1. Soweit es sich um Ehrenbeamte im eigentlichen Sinne handelt, schließt § 24 DGO. die Verhängung dienststrafrechtlicher Ordnungsstrafen und die Einleitung eines förmlichen Dienststrafverfahrens mit dem Ziel auf Dienstentlassung nicht aus.

2. Hinsichtlich der Rechtsfolgen einer Verletzung des Gebotes des § 24 Abs. 1 DGO. wird auf die AusfAnw. zu § 23 Nr. 3 verwiesen.

III. **Anm.**

1. Die **Pflicht der Amtsverschwiegenheit** liegt sowohl dem Ehrenbeamten wie auch dem bloß ehrenamtlich Tätigen ob (vgl. hierzu Anm. 1 und 2 zu § 22). Das Gesetz gibt keine Definition der Schweigepflicht, sondern knüpft an das (bisher landesrechtlich geordnete) Gemeindebeamtenrecht an. Der Rechtsverhalt ist allgemein gleich gelagert:

Die Pflicht der Amtsverschwiegenheit besteht über alle Angelegenheiten, die einem vermöge des Amts oder der ehrenamtlichen Tätigkeit bekannt werden, wenn die Geheimhaltung nach der Natur der Sache erforderlich oder besonders angeordnet ist (s. auch § 11 RBG.). Das Bekanntwerden einer Angelegenheit v e r m ö g e d e r a m t l i c h e n T ä t i g k e i t umschließt sowohl den Tatbestand, daß auf diesem Wege die Angelegenheit unmittelbar amtlich zur Kenntnis des Betreffenden kommt (weil sie ihm vorgetragen, berichtet, dienstlich mitgeteilt, ihm zur Bearbeitung zugewiesen wird), als auch den Tatbestand, daß sie ihm g e l e g e n t l i c h der Amtsführung mittelbar zur Kenntnis kommt (gleichgültig ob in erlaubter oder unerlaubter Weise). — Ob eine Angelegenheit i h r e r N a t u r n a c h geheimzuhalten ist, hat der ehrenamtlich Tätige pflichtgemäß mit Rücksicht auf das besondere Treueverhältnis zur Gemeinde zu beurteilen; in Betracht kommen der Schutz öffentlicher Belange, aber auch fiskalische Interessen der Gemeinde und berechtigte Interessen Dritter. Stets ist darauf Rücksicht zu nehmen, daß der Zweck des

Amtsgeheimnisses der Schutz der öffentlichen Interessen und des Vertrauens der Bevölkerung zu den Behörden ist. Im Zweifel ist Amtsverschwiegenheit zu wahren. Besonderen Schutzes bedürfen die Angelegenheiten, die rechtlich oder verkehrsüblich einen besonderen Verschwiegenheitsschutz genießen, wie Steuergeheimnis, Bankgeheimnis (Sparkassen), Briefgeheimnis. Stets sind schwebende Verhandlungen über Anleihevorhaben, gemeindliche Bodenpolitik, Fragen der gemeindlichen Kreditfähigkeit geheimzuhalten. Geheimzuhalten sind ferner schwebende Personal- und Dienststrafsachen, endlich schwebende Vergebungsangelegenheiten (Submissionsangebote u. ä.). — Jeglicher Zweifel ist ausgeschlossen, wenn die Schweigepflicht ausdrücklich angeordnet ist. Die Anordnung kann durch Gesetz (vgl. z. B. § 41 Abs. 5 über die Vorschläge zur Berufung von Bürgermeistern und Beigeordneten), Satzung, aber auch durch dienstliche Anordnung des Bürgermeisters und seiner Vertreter ergehen. Sie kann ausdrücklich ergehen oder durch Aufdruck „geheim", „vertraulich", auch durch Verweisung einer Angelegenheit in die nichtöffentliche Beratung der Gemeinderäte (vgl. § 56 Abs. 2) erfolgen.

2. Das **Verhältnis der Schweigepflicht zur Auskunftspflicht**: Der ehrenamtlich Tätige hat der Gemeinde gegenüber eine Auskunftspflicht über seine amtliche Tätigkeit, Dritten gegenüber die Schweigepflicht. Diese Schweigepflicht besteht auch gegenüber Staatsbehörden, es sei denn, daß gesetzlich etwas anderes bestimmt ist. Das letztere ist der Fall im Verhältnis zur Staatsaufsichtsbehörde: Diese hat nach § 108 das sachlich und zeitlich unbeschränkte Informationsrecht. Dieses Recht steht der Aufsichtsbehörde zwar nur gegenüber der Gemeinde zu. Sie kann aber von der Gemeinde verlangen, daß ihr in einer bestimmten Art Bericht erstattet wird, auch schriftlich und mündlich durch jeden *einzelnen* Gemeindebeamten. Insoweit gibt es *keine* Schweigepflicht. Die Aufsichtsbehörde könnte ihr Verlangen nach §§ 108—112 erzwingen. Bei den übrigen Staatsbehörden, denen die Aufsichtsmittel der §§ 108—112 *nicht* zu Gebote stehen (s. § 114), richtet sich das Verhältnis nach Sondergesetzen (z. B. für Polizeibeamte, die Hilfsorgane der Staatsanwaltschaft sind).

Hinsichtlich der *Zeugnispflicht* s. §§ 376, 383 ZPO., § 54 StPO.

3. Die **unbefugte Verwertung** von Angelegenheiten, *auf die sich die Schweigepflicht erstreckt*, kann an sich schon als Bruch des besonderen Treueverhältnisses gelten, das zwischen Gemeinde und Beamten, aber auch dem ehrenamtlich Tätigen besteht. Abs. 2 verbietet sie ausdrücklich. Hierunter ist zu verstehen die zu eigenem Vorteil oder zum Vorteil Dritter erfolgende Ausnützung solcher Angelegenheiten, z. B. bei Fragen der gemeindlichen Bodenpolitik, der Kreditpolitik, des Vergebungswesens, bei besonderen Maßnahmen der Industrie- und Gewerbepolitik (es kauft z. B. einer die Grund-

stücke auf, die die Gemeinde nach amtlicher Mitteilung zu erwerben beabsichtigt).

4. Die **Fortdauer dieser Verpflichtung** über die ehrenamtliche Tätigkeit hinaus ist hinsichtlich der unbefugten Verwertung in Abs. 2 ausdrücklich ausgesprochen, hinsichtlich der Amtsverschwiegenheit im Gemeindebeamtenrechte begründet. Die Pflicht dauert fort, gleichgültig ob der Betreffende in der Gemeinde wohnt oder nicht.

5. Die **Verletzung dieser Pflichten** kann — abgesehen von strafrechtlichen und Haftungsfolgen — bei Beamten dienststrafrechtlich geahndet, bei *sämtlichen* ehrenamtlich Tätigen aber auch durch Verhängung von Bußen und durch Aberkennung des Bürgerrechts — nicht aber *neben* dienststrafrechtlicher Bestrafung — geahndet werden. Bußen können auch dann verhängt werden, wenn der Betreffende aus der Gemeinde weggezogen ist. Die Aberkennung des Bürgerrechts kommt nur bei der Gemeinde in Betracht, der gegenüber die Pflicht verletzt worden ist. Im übrigen gilt das zu den Strafen des § 23 Gesagte. — Haftungsverbindlichkeiten können aus dem Beamtenrecht und aus Dienstverträgen sich ergeben, außerdem aus § 839 BGB. (da die Schweigepflicht zu den Dritten gegenüber obliegenden Amtspflichten gehört — RGZ. Bd. 88 S. 171). Soweit der ehrenamtlich Tätige als Gehilfe der Gemeinde in bürgerlich-rechtlichen Angelegenheiten handelt, kommt Haftung nach § 831 in Betracht. Für den Bürgermeister kommen §§ 89, 31 BGB. in Frage. Strafrechtliche Folgen können sich nach §§ 299, 300 StGB. daran knüpfen.

6. Der **Rechtsschutz** ist hinsichtlich Bußen in § 29 Abs. 1 Nr. 4, hinsichtlich der Aberkennung des Bürgerrechts in § 29 Abs. 1 Nr. 3 geregelt.

§ 25

(1) Der Bürger darf in seiner ehrenamtlichen Tätigkeit nicht bei Angelegenheiten beratend oder entscheidend mitwirken, wenn die Entscheidung ihm selbst, seinem Ehegatten, seinen Verwandten bis zum dritten oder Verschwägerten bis zum zweiten Grade oder einer von ihm kraft Gesetzes oder Vollmacht vertretenen Person einen unmittelbaren Vorteil oder Nachteil bringen kann. Das gilt auch, wenn der Bürger

1. in der Angelegenheit in anderer als öffentlicher Eigenschaft ein Gutachten abgegeben hat oder sonst tätig geworden ist,
2. gegen Entgelt bei jemand beschäftigt ist, der an der Erledigung der Angelegenheit ein persönliches oder wirtschaftliches Sonderinteresse hat.

Diese Vorschriften gelten nicht, wenn der Bürger an der Entscheidung der Angelegenheit lediglich als Angehöriger eines Berufes oder einer Bevölkerungsgruppe beteiligt ist, deren gemeinsame Interessen durch die Angelegenheit berührt werden.

(2) Darüber, ob die Voraussetzungen des Absatzes 1 vorliegen, entscheidet der Bürgermeister endgültig; soweit es sich um ihn selbst handelt, entscheidet sein allgemeiner Vertreter.

(3) Wer an der Beratung nicht teilnehmen darf, muß den Beratungsraum verlassen.

I. **Amtliche Begründung** s. Textausgabe S. 57.

II. **AusfAnw.**

Soweit ein Bürger nach § 25 DGO. bei einer Angelegenheit nicht beratend oder entscheidend mitwirken darf, ist er verpflichtet, von einem derartigen Tatbestande dem Bürgermeister Mitteilung zu machen. Unterläßt er dies, so kann hierin für einen Ehrenbeamten eine dienststrafrechtliche Verfehlung liegen.

III. **Anm.**

1. Der **Interessenkollision**, gleichzeitig auch einer Cliquen- und Vetternwirtschaft sucht § 25 vorzubeugen und dadurch eine saubere Verwaltungsführung zu sichern. Für Beamte gilt der ungeschriebene Rechtssatz, daß sie sich bei Angelegenheiten, an denen sie persönlich beteiligt sind, bei Vermeidung der Ungültigkeit des Verwaltungsaktes einer entscheidenden Mitwirkung zu enthalten haben; es ist wohl anzunehmen, daß dieser Rechtssatz im neuen Beamtenrecht Ausdruck findet. Dieser Rechtssatz wird durch § 25 auf alle ehrenamtlich Tätigen erstreckt, gleichgültig ob sie Beamte sind oder nicht. Es wird durch § 38 ausdrücklich auf hauptamtliche Bürgermeister und Beigeordnete ausgedehnt.

Es handelt sich um ein Verbotsgesetz, so daß ein Verwaltungsakt ungültig ist, wenn der gesetzliche Tatbestand auf den Entscheidenden selbst zutrifft. Soweit es sich (wie bei den Gemeinderäten, Beiräten) nur um Beratung handelt, wird zwar die Vorschrift verletzt, die Gültigkeit des Rechtsaktes aber hierdurch nicht berührt. Die Verletzung der Rechtspflicht kann aber andere Folgen nach sich ziehen: dienststrafrechtlicher, strafrechtlicher, haftungsrechtlicher Art, auch Einschreiten der Aufsichtsbehörde.

2. Der **Tatbestand** muß so liegen, daß der ehrenamtlich Tätige (und der hauptamtliche Bürgermeister und Beigeordnete — § 38) an der Entscheidung deshalb interessiert erscheint, weil ihm oder

einer ihm besonders nahestehenden Person hieraus ein unmittelbarer Vorteil oder Nachteil erwachsen kann.

a) Der Personenkreis, für den der Ausschluß von der Beratung und Entscheidung gilt, ist oben umrissen.

b) Die ihm nahestehenden Personen können sein:

Der Ehegatte; die Ehe muß noch bestehen; nach Scheidung oder Aufhebung der ehelichen Gemeinschaft (§ 1575 BGB.) ist der Tatbestand nicht mehr gegeben.

Verwandte bis zum dritten Grade (s. § 1589 BGB.), also in gerader Linie Eltern, Großeltern, Urgroßeltern, Kinder, Enkel, Urenkel, in der Seitenlinie Geschwister, Onkel, Tante, Neffe, Nichte. Die Annahme an Kindes Statt verleiht nach § 1757 BGB. die rechtliche Stellung eines ehelichen Kindes des Annehmenden. Hinsichtlich der Kinder des Angenommenen s. § 1762 BGB. Das uneheliche Kind ist nach § 1589 Abs. 2 BGB. nur mit seiner Mutter verwandt.

Verschwägerte bis zum zweiten Grade (s. § 1590 BGB.), also Schwiegereltern, Schwiegergroßeltern, Schwäger und Schwägerinnen. Ferner gehören hierher Stiefeltern, Stiefgroßeltern, Stiefkinder und Stiefenkel. Die Schwägerschaft dauert nach Aufhebung der Ehe fort.

Personen, die der amtlich Tätige kraft Gesetzes oder Vollmacht vertritt, und zwar sowohl Personen des öffentlichen wie privaten Rechts. Kraft Gesetzes vertritt jemand einen anderen als Vormund (§ 1793 BGB.), als Pfleger (§ 1915 BGB.). Der Vorstand eines eingetragenen Vereins „hat die Stellung eines gesetzlichen Vertreters" (§ 26 Abs. 2 BGB.). Ähnliches gilt für den Vorstand eines Zweckverbandes, den Vorstand einer A.G. Die Vertretung kraft Vollmacht (§§ 164, 167 BGB.) richtet sich nach den individuellen Verhältnissen und beurteilt sich, je nachdem es sich um öffentliches oder bürgerliches Recht handelt, nach diesen.

c) Es muß möglich sein, daß den unter a und b genannten Personen ein unmittelbarer Vorteil oder Nachteil aus der Entscheidung erwächst. Auf der einen Seite ist demnach festzuhalten, daß nicht erst die Gewißheit, sondern die bloße Möglichkeit des Eintritts solcher unmittelbaren Folgen genügt, auf der anderen Seite müssen es unmittelbare Folgen (Vorteile oder Nachteile) sein (z. B. Verleihung der Konzession an einen, Enteignung gegen einen, Steuerfestsetzung für einen, Zwangsbeitreibung von Leistungen von einem, Niederschlagung der Steuerschuld, Bestrafung eines der Genannten). Hiernach müssen unmittelbare Beziehungen zwischen dem Verwaltungsakt und den genannten Personen bestehen, so daß diese ein Sonderinteresse an der Entscheidung der Sache haben.

3. **Gleichgestellte Sondertatbestände** sind in Nr. 1 und 2 des Abs. 1 aufgeführt.

Zu Nr. 1: Die Unvoreingenommenheit soll gewahrt bleiben. Ist daher der ehrenamtlich Tätige in der Sache bereits **als Gutachter** aufgetreten oder ist er in der Sache schon sonst tätig geworden (als Prozeßvertreter, als Bauberater, als Fertiger eines Projekts, als Lieferant, als Vermittler u. ä.), so ist er von der Beratung und Entscheidung ausgeschlossen. Dies tritt nicht ein, wenn die bisherige Befassung mit der Sache in öffentlicher Eigenschaft erfolgt ist (z. B. als Richter, als früherer Gemeinderat, Bürgermeister usw.).

Zu Nr. 2: Dieser Tatbestand geht weiter. Es heißt nicht „unmittelbarer Vorteil oder Nachteil", sondern „ein persönliches oder wirtschaftliches Sonderinteresse". Vor allem kommen wirtschaftliche Beziehungen in Betracht, so wenn der Dienstherr an der Übertragung des Bauauftrages, des Lieferungsauftrages interessiert ist. Selbstverständlich fallen auch die unmittelbaren Beziehungen hierher: Niederschlagung einer Steuerschuld, Bestrafung des Dienstherrn u. ä. Der Dienstherr kann auch eine juristische Person sein. Das Beschäftigungsverhältnis muß aber entgeltlich sein; bei Unentgeltlichkeit des Beschäftigungsverhältnisses scheidet der Tatbestand aus.

4. Die **Nichtanwendung des Verbotsgesetzes** ist für die Fälle vorgesehen, in denen der ehrenamtlich Tätige nur als Angehöriger eines allgemeinen Personenkreises wie alle diese Personen an der Entscheidung interessiert ist, z. B. der Beamte an allgemeinen Beamtenangelegenheiten, der ehrenamtlich Tätige, der im Privatberuf Gastwirt ist, an der allgemeinen Regelung der Getränkesteuer, der Hundebesitzer an der allgemeinen Regelung der Hundesteuer usw. Der Tatbestand muß aber so liegen, daß der amtlich Tätige gemeinsame, gleichartige Interessen mit den übrigen an der Entscheidung der Sache hat. Hat er Sonderinteressen, so trifft die Ausnahme nicht zu. Gerade deshalb darf die Ausnahme nicht weit, der Ausdruck „unmittelbares" Interesse nicht zu eng ausgelegt werden.

5. Das **Verfahren**. Nach der obigen AusfAnw. ist der Betroffene verpflichtet, den Tatbestand — auch im Zweifelsfalle — mitzuteilen. Die Entscheidung trifft in allen Fällen der Bürgermeister endgültig, bei ihm selbst sein allgemeiner Vertreter (§ 35). Rechtsmittel sind hiergegen nicht vorgesehen; dies ist im Interesse der Rechtssicherheit zweckmäßig. Nur bei offenbaren Rechtsverletzungen könnte die Aufsichtsbehörde nach § 109 eingreifen.

6. Die **Folgen** sind:

a) Ausschluß von der Beratung und Entscheidung (Abs. 1 Satz 1),

b) Ausschluß vom Beratungsraume während der Beratung (Abs. 3),

c) Ungültigkeit der Entscheidung, wenn der Entscheidende selbst dem Verbotsgesetze zuwidergehandelt hat (Nichtigkeit bei Übertretung eines Verbotsgesetzes),

d) Ordnungswidrigkeit, wenn jemand dem Verbote zuwider an

der Beratung teilgenommen hat, ohne Einfluß auf die Rechtsgültigkeit des Verwaltungsaktes,

e) dienstrechtliche, dienststrafrechtliche und unter Umständen auch haftungsrechtliche Folgen, wenn nämlich die Gemeinde oder ein Dritter (§ 839 BGB.) durch die Verletzung des Verbotsgesetzes nachweisbar geschädigt worden ist.

§ 26

Ehrenamtliche Bürgermeister, Beigeordnete und Gemeinderäte haben eine besondere Treupflicht gegenüber der Gemeinde. Sie dürfen Ansprüche Dritter gegen die Gemeinde nicht geltend machen, soweit sie nicht als gesetzliche Vertreter handeln. Das gilt auch für andere ehrenamtlich tätige Bürger, wenn der Auftrag mit den Aufgaben ihrer ehrenamtlichen Tätigkeit in Zusammenhang steht. Ob die Voraussetzungen dieses Verbots vorliegen, entscheidet der Bürgermeister endgültig, bei ihm selbst die Aufsichtsbehörde.

I. **Amtliche Begründung** s. Textausgabe S. 58/59.

II. **AusfAnw.**

Wie auf Grund der besonderen Treupflicht der ehrenamtlich tätigen Bürger durch § 26 DGO. die Geltendmachung von Ansprüchen Dritter gegen die Gemeinde durch sie ausgeschlossen wird, so haben sie auch sonst alles zu vermeiden, was auch nur den Anschein einer Ausnutzung ehrenamtlicher Tätigkeit zu persönlichen Zwecken erwecken kann. Das gilt insbesondere für das Gebiet der Vergebung gemeindlicher Aufträge. Es wird deshalb den Bürgermeistern zur Pflicht gemacht, diesen Gesichtspunkten ihr besonderes Augenmerk zuzuwenden.

III. **Anm.**

1. Die **Treupflicht**, die zum Wesen des öffentlich-rechtlichen Beamtenverhältnisses überhaupt gehört, wird bei den ehrenamtlichen und den hauptamtlichen (vgl. § 38) Bürgermeistern und Beigeordneten sowie bei den Gemeinderäten zu einer besonderen Treupflicht statuiert. Dies heißt mehr als nicht untreu sein. Es handelt sich darum, daß die eigentlichen Amtsträger der Gemeinde, die beratend und entscheidend an der Willensbildung der Gemeinde und damit an der Bestimmung des Geschickes der örtlichen Gemeinschaft beteiligt sind, in allem Tun und Unterlassen eine erhöhte Sorgfaltspflicht haben. Nur an einem Vergleiche kann die Abstufung der Pflichtstellung des Privaten, des Beamten und des gemeindlichen Amtsträgers dargestellt werden: Es ist ein Unterschied hinsichtlich des pflichtmäßigen Verhaltens, je nachdem einer über eine belebte

Straße geht oder ob er einen darüber führt oder ob er einen Blinden hinüberführt.

2. Das **Verbot der Vertretung** Dritter bei Geltendmachung von Ansprüchen gegen die Gemeinde ist ein Ausfluß dieser besonderen Treupflicht. Es muß sich dabei um Geltendmachung von Ansprüchen handeln.

Die Grenze zwischen der Geltendmachung von Ansprüchen und der Wahrnehmung von Interessen Dritter ist flüssig. Das Gesetz will die Interessentenpolitik der Vorvergangenheit verhindern. Niemals soll sich der Amtsträger als Mandatar privater Interessenten erachten lassen.

3. Auf die **Wahrung berechtigter eigener Interessen** und derer, die der Amtsträger gesetzlich zu vertreten hat, braucht er nicht zu verzichten. Für die vermögensrechtlichen Ansprüche aus dem Beamtenverhältnisse gibt ihm das Gesetz (Art. 129 RV.) sogar den ordentlichen Rechtsweg frei. Aber eigene Interessen und die der Vertretenen dürfen niemals zu dem wohlverstandenen Interesse der Gemeinde in Gegensatz gebracht werden. Auf keinen Fall dürfen die besonderen amtlichen Kenntnisse für eigene und gegen gemeindliche Interessen verwertet werden. — Kraft Gesetzes vertritt z. B. der Vater das Kind (§ 1630 BGB.), der Vormund den Mündel (§ 1793 BGB.), ebenso der Pfleger (§ 1915 BGB.).

4. Für die **ehrenamtlich tätigen Bürger** gilt nicht das Gebot einer besonderen Treupflicht, wohl aber das Verbot der Vertretung der Ansprüche Dritter, wenn der Auftrag mit ihrer ehrenamtlichen Tätigkeit zusammenhängt. Auch hieraus ist ersichtlich, daß alles vermieden werden muß, was den Anschein der Vermischung eigener und gemeindlicher Interessen erwecken könnte.

5. Das **Verfahren** ist dahin geordnet, daß über solche Tatbestände der Bürgermeister, bei ihm selbst die Aufsichtsbehörde entscheidet. Im Zweifel hat der beteiligte Amtsträger diese Entscheidung herbeizuführen. Ein Rechtsmittel ist hiergegen nicht eröffnet. Äußerstenfalls könnte bei offensichtlicher Rechtsverletzung die Aufsichtsbehörde nach § 109 vorgehen.

6. Die **Folgen** dieser Bestimmung sind, daß ein solcher Amtsträger und ehrenamtlich Tätiger bei Geltendmachung von Ansprüchen gegen die Gemeinde nicht ordnungsmäßig legitimiert ist. Die Verletzung der Vorschrift kann dienststrafrechtliche und unter Umständen auch haftungsrechtliche Folgen nach sich ziehen, unter Umständen auch nach § 839 BGB.

Wegen des Einklangs der Zielrichtung der Vorschriften vgl. auch § 115.

§ 27

(1) Die Gemeinde kann durch die Hauptsatzung ehrenamtlichen Bürgermeistern, Beigeordneten und Kassenverwaltern eine angemessene Aufwandsentschädigung bewilligen.

(2) Wer sonst ehrenamtlich tätig ist, hat nur Anspruch auf Ersatz seiner Auslagen und des entgangenen Arbeitsverdienstes im Rahmen von Zeugengebühren. Durch die Hauptsatzung können Durchschnittssätze festgesetzt werden.

(3) Die Ansprüche auf diese Bezüge sind nicht übertragbar.

I. **Amtliche Begründung** s. Textausgabe S. 59/60.

II. **AusfAnw.**

1. Die Ehrenbeamten und ehrenamtlich tätigen Bürger erhalten entsprechend dem Charakter ehrenamtlicher Tätigkeit grundsätzlich nur Ersatz ihrer Auslagen und des entgangenen Arbeitsverdienstes im Rahmen von Zeugengebühren (vgl. Gebührenordnung für Zeugen und Sachverständige vom 21. Dezember 1925 — RGBl. I S. 470). An Stelle derartiger Einzelentschädigungen kann die Hauptsatzung zur Ersparung von Verwaltungsarbeit Durchschnittssätze vorsehen, die alsdann für jeden der in Frage kommenden ehrenamtlich tätigen Bürger ohne Rücksicht auf seine besonderen Verhältnisse gelten. Bei der Festsetzung derartiger Durchschnittssätze ist zu beachten, daß sie nach dem Sinne des Gesetzes in ihrer Gesamthöhe den Betrag nicht übersteigen dürfen, der andernfalls in Form von Einzelentschädigungen aufzuwenden wäre (vgl. amtliche Begründung zu § 27 DGO.).

Derartige Durchschnittssätze können festgesetzt werden

a) zur Abgeltung der Auslagen. Dabei können die Auslagen an Fahrtkosten (z. B. für Straßenbahnfahrten) durch Gewährung einer Freikarte abgegolten werden. Tage- und Übernachtungsgelder und Beschäftigungstagegelder bei Dienstreisen und auswärtiger Beschäftigung sind der pauschalierte Ersatz des baren Mehraufwandes für auswärtige Verpflegung und Unterkunft. Er kann allgemein nach den über die Reisekosten- usw. Entschädigung der besoldeten Gemeindebeamten bestehenden Vorschriften gewährt werden, und zwar mit den Beträgen der Tagegeldstufe für diejenige Besoldungsgruppe, die der Stellung des Ehrenbeamten entspricht; diese ist in der Hauptsatzung zu bestimmen;

b) zur Abgeltung des entgangenen Arbeitsverdienstes.

2. Eine besondere Regelung ist im Rahmen der Hauptsatzung für ehrenamtliche Bürgermeister, Beigeordnete und Kassenverwalter zulässig. Ihnen kann eine angemessene Aufwandsentschädigung, d. h. eine angemessene Entschädigung für ihren Zeitaufwand und ihre Mühewaltung, gewährt werden.

Eine derartige Entschädigung ist stets für ehrenamtliche Bürgermeister und regelmäßig auch für ehrenamtliche Kassenverwalter vorzusehen. Für Beigeordnete soll dagegen nach der amtlichen Begründung eine derartige Entschädigung nur gewährt werden, wenn sie ein bestimmtes Arbeitsgebiet verwalten (§ 35 Abs. 2) und insoweit kraft Gesetzes Vertreter des Bürgermeisters auf einem bestimmten Sachgebiete sind.

Wegen der Höhe der angemessenen Entschädigung werden in Kürze besondere Richtlinien ergehen, bis zu deren Erlaß den Gemeinden empfohlen wird, die bisherige Entschädigung weiter zu zahlen.

III. Anm.

1. Hinsichtlich des **Unterschiedes zwischen ehrenamtlicher und hauptamtlicher Tätigkeit** vgl. Anm. 1 und 2 zu § 22. Dieses Wesen der ehrenamtlichen Tätigkeit läßt ersehen, daß die Tätigkeit als solche grundsätzlich unentgeltlich zu leisten ist. Die Entschädigung des eigenen Aufwandes für diesen Dienst ändert an der grundsätzlich unentgeltlichen Tätigkeit nichts.

Hieran hält § 27 Abs. 2 grundsätzlich für alle ehrenamtlich Tätigen fest. Die Vorschrift läßt den Ersatz der Auslagen und des entgangenen Arbeitsverdienstes zu; die Höchstgrenze hierfür ist die entsprechende Höhe von Zeugengebühren (s. Gebührenordnung vom 21. Dezember 1925 — RGBl. I S. 470). Damit ist ausgeschlossen, daß Arbeitsverdienste zur Erstattung geltend gemacht werden, die eine weite Unterschiedlichkeit hervorrufen würden. Einer solchen Gleichordnung und gleichzeitig einer Verwaltungsvereinfachung dient auch die Vorschrift, daß durch die Hauptsatzung Durchschnittssätze festgelegt werden können. Hinsichtlich der Durchschnittssätze wird auf die obige Ziff. 1 der AusfAnw. verwiesen.

2. Die **Festsetzung von Aufwandsentschädigungen** für besondere Ehrenbeamte nach Abs. 1 bildet eine Ausnahme von dem Grundsatze des Abs. 2. Der Personenkreis ist beschränkt auf die ehrenamtlichen Bürgermeister, Beigeordneten und Kassenverwalter. In dieser Aufwandsentschädigung kann neben dem Ersatze der Auslagen und des entgangenen Arbeitsverdienstes auch eine Vergütung für Mühewaltung, Zeitaufwand und Haftungsrisiko liegen. Hinsichtlich der Höhe wird auf den Schlußabsatz der AusfAnw. verwiesen. Niemals soll die Aufwandsentschädigung in Bruchteilen der Besoldung nach der Besoldungsordnung festgesetzt werden, um den Unterschied zwischen Ehrenamt und Hauptamt zu wahren. Niemals ist die Aufwandsentschädigung mit Versorgungsanwartschaft ausgestattet.

3. Hinsichtlich des **Anspruchs** auf diese Bezüge ist folgendes zu unterscheiden:

a) Auf Ersatz der Auslagen und des entgangenen Arbeitsverdienstes nach Maßgabe des Abs. 2 ist ein Anspruch begründet.

b) Auf Gewährung einer Aufwandsentschädigung besteht grundsätzlich kein Anspruch. Ist keine Aufwandsentschädigung in der Hauptsatzung festgesetzt, so haben auch die Bürgermeister, Beigeordneten und Kassenverwalter nur Anspruch auf Ersatz ihrer Auslagen und des entgangenen Arbeitsverdienstes nach Abs. 2. Ist eine Aufwandsentschädigung durch die Hauptsatzung rechtswirksam festgesetzt, so besteht ein Anspruch hierauf. Mit dieser Aufwandsentschädigung sind auf jeden Fall der regelmäßige Entgang des Arbeitsverdienstes und die regelmäßigen Auslagen abgegolten; was darüber hinaus an außerordentlichen Auslagen und an außerordentlichem Entgang von Arbeitsverdienst zu erstatten ist, ist in der Hauptsatzung mitfestzusetzen.

4. Zum **Verfahren:**

a) Zur Hauptsatzung vgl. § 3 Abs. 2; sie ist mit den Gemeinderäten zu beraten (§ 55 Abs. 1 Nr. 4), bedarf der Zustimmung des Beauftragten der NSDAP. (§ 33 Abs. 1 Nr. 1 mit § 118 DGO. und VO. des Stellv. des Führers vom 26. März 1935 — RGBl. I S. 470) und der Genehmigung der Aufsichtsbehörde.

b) Sind Aufwandsentschädigungen oder Durchschnittssätze durch die Hauptsatzung nicht festgesetzt, so ist die Erstattung der Auslagen und des entgangenen Arbeitsverdienstes von Fall zu Fall abzuwickeln. In diesem Fall ist der zu erstattende Betrag glaubhaft zu machen.

Im ordentlichen Haushaltsplane sind Ansätze hierfür vorzusehen.

5. Die **Geltendmachung solcher Ansprüche**, die rein öffentlich-rechtlicher Art sind, ist verschieden, je nachdem es sich um Beamte oder nur ehrenamtlich tätige Bürger handelt: für vermögensrechtliche Ansprüche der Beamten ist der ordentliche Rechtsweg geöffnet (Art. 129 RV.). Für die Ansprüche ehrenamtlich Tätiger ist nötigenfalls die Aufsichtsbehörde anzurufen, die nach § 110 vorgehen kann

6. Die **Unübertragbarkeit** und im Zusammenhang damit Unpfändbarkeit (§ 851 ZPO., § 400 BGB.) der Ansprüche auf Aufwandsentschädigung und auf Ersatz der Auslagen und des entgangenen Arbeitsverdienstes, gleichgültig ob nach Durchschnittssätzen oder nicht, hat ihren Grund darin, daß die Ausübung der ehrenamtlichen Tätigkeit hierdurch gesichert bleiben soll.

7. Die **Einhaltung der Vorschriften** ist bei der Rechnungsprüfung (§§ 96—99) zu beachten. Wegen haftungsrechtlicher Verbindlichkeiten des Bürgermeisters vgl. § 115 Abs. 1.

§ 28

(1) Die Hauptsatzung kann bestimmen, daß Bürgern, die mindestens zwanzig Jahre ein Ehrenamt ohne Tadel verwaltet haben, eine Ehrenbezeichnung verliehen werden kann.

(2) Die Gemeinde kann mit Genehmigung der Aufsichtsbehörde die Ehrenbezeichnung wegen eines unwürdigen Verhaltens aberkennen.

(3) Mit der Verwirkung des Bürgerrechts wird auch die Ehrenbezeichnung verwirkt.

I. **Amtliche Begründung** s. Textausgabe S. 61.

II. **AusfAnw.**

1. Bei der Festlegung von Ehrenbezeichnungen im Sinne des § 28 DGO. ist darauf zu achten, daß nicht solche Bezeichnungen gewählt werden, die den Amtsbezeichnungen von Beamten entsprechen oder zu Verwechslungen mit derartigen Amtsbezeichnungen Anlaß geben können. Es ist ferner nicht zulässig, in der Hauptsatzung vorzuschreiben, daß ausscheidende Ehrenbeamte als Ehrenbezeichnungen ihre bisherigen Amtsbezeichnungen auch mit einem Zusatz (a. D., i. R.) weiterführen.

2. Als geeignete Ehrenbezeichnungen sind z. B. die Bezeichnungen Altbürgermeister, Ehrenbürgermeister oder Stadtältester zu betrachten.

III. **Anm.**

1. Die **Verleihung von Ehrenbezeichnungen** (im Gegensatz zum Ehrenbürgerrecht — § 21) ist nur zulässig, wenn die Hauptsatzung dies vorsieht (zur Hauptsatzung § 3 Abs. 2, beratungspflichtig mit den Gemeinderäten nach § 55 Abs. 1 Nr. 4, zustimmungspflichtig durch den Beauftragten der NSDAP. nach § 33 Abs. 1 Nr. 1, genehmigungspflichtig nach § 3 Abs. 2) und wenn der Beauftragte der NSDAP. seine Zustimmung im Einzelfall erteilt hat (§ 33 Abs. 1). Außerdem sind bei jedem Falle vorher die Gemeinderäte zu hören (§ 55 Abs. 1 Nr. 2). Die Dauer verschiedener Ehrenämter kann zusammengerechnet werden. Das Amt kann auch gegenwärtig noch bekleidet sein.

2. Zur **Aberkennung der Ehrenbezeichnung** s. die entsprechenden Ausführungen zur Aberkennung des Ehrenbürgerrechts bei § 21.

3. Zur **Verwirkung der Ehrenbezeichnung** s. § 20.

4. Ein **Rechtsschutzmittel** gegen die Aberkennung ist nicht gegeben, nachdem die Aberkennung sowohl der Zustimmung des Beauftragten der NSDAP. (§ 33) als auch der Genehmigung der Aufsichtsbehörde bedarf. — Verstorbenen kann die Ehrenbezeichnung nicht mehr aberkannt werden: denn es handelt sich um ein Persönlichkeitsrecht, das mit dem Tod untergeht. Wohl aber ist nichts dagegen einzuwenden, daß — falls nachträglich ein unwürdiges Verhalten des Ausgezeichneten bekannt wird — eine Löschung in Ehrenlisten usw. erfolgt.

§ 29

(1) Gegen Verfügungen der Gemeinde, die

1. das Recht zur Mitbenutzung ihrer öffentlichen Einrichtungen,
2. die Festsetzung von Zwangsgeldern oder die Ersatzvornahme,

3. den Erwerb, das Erlöschen oder die Verwirkung des Bürgerrechts oder
4. die Verhängung von Bußen

betreffen, findet der Einspruch statt.

(2) Der Einspruch ist binnen zwei Wochen nach der Zustellung bei dem Bürgermeister einzulegen. Die Einspruchsfrist gilt als gewahrt, wenn der Einspruch rechtzeitig bei der Stelle eingelegt wird, die die Verfügung erlassen hat.

(3) Der Einspruch hat aufschiebende Wirkung, wenn die Verfügung selbst nichts anderes besagt.

I. **Amtliche Begründung** s. Textausgabe S. 62.

II. **AusfAnw.**

1. Soweit bisher in den in § 29 Abs. 1 DGO. genannten Fällen nach dem Landesrecht ein anderer Verfahrensgang vorgeschrieben war, ist in Zukunft der Einspruch gegen eine Verfügung der Gemeinde zunächst stets an die Gemeinde zu richten. Der Bürgermeister hat auf den Einspruch hin in eine erneute Überprüfung der Entscheidung einzutreten und nach § 30 DGO. einen formellen schriftlichen Bescheid zu erlassen.

2. Bei der oft schwerwiegenden Bedeutung für die betroffenen Einwohner und Bürger soll die Gemeinde die aufschiebende Wirkung des Einspruchs bei Verfügungen nach § 29 Abs. 1 DGO. nur in tatsächlich und rechtlich völlig eindeutigen Fällen ausschließen, wenn dies zur Vermeidung eines Nachteils für das Gemeinwesen unabweisbar geboten ist.

III. **Anm.**

1. Beim **Rechtsschutzverfahren** gegenüber Verfügungen der Gemeinde, die oft in die Rechtsstellung des Einwohners und Bürgers tief eingreifen können, geht das Gesetz von folgendem aus:

a) In einigen Fällen bestimmt das Gesetz ausdrücklich, daß die Entscheidung der Gemeinde endgültig ist (§§ 25 Abs. 2, 26); in solchen Fällen ist bei öffentlicher Rechtsverletzung nur das Eingreifen der Aufsichtsbehörde nach § 109 möglich.

b) Die übrigen Fälle regelt das Gesetz in §§ 29 und 31 abschließend. Bei den Angelegenheiten des § 29 stehen Rechtsfragen im Vordergrund, daher Eröffnung des Verwaltungsstreitverfahrens; in den Angelegenheiten des § 31 dagegen handelt es sich vorwiegend um Ermessensfragen, daher Beschwerdeverfahren.

2. Die **Tatbestände des § 29** beruhen bei Nr. 1 auf § 17, bei Nr. 2 auf § 18, bei Nr. 3 auf § 20, bei Nr. 4 auf §§ 23, 24.

3. **Einspruchsfähige Verfügungen** müssen zugestellt sein, wie aus Abs. 2 Satz 1 zu entnehmen ist; sie müssen demnach schriftlich ergangen sein. Gegen mündliche Verfügungen oder Handlungen ist der

Einspruch nicht zulässig. Insoweit bleibt nur die Anrufung der Aufsichtsbehörde, die nach §§ 109 ff. vorgehen kann. Das gleiche gilt auch für Satzungen und allgemeine Entschließungen des Bürgermeisters, durch die sich jemand beeinträchtigt fühlt. Demnach sind nur die subjektiven Rechte, die in den in Anm. 2 genannten gesetzlichen Bestimmungen begründet sind, mit dem Einspruche verfolgbar, und zwar dann, wenn sie durch zugestellte schriftliche Verfügung des Bürgermeisters oder seiner Stellvertreter verletzt und beeinträchtigt sein sollen.

4. Das **Verfahren** ist teils in § 29, teils in § 30 geordnet. Das Einspruchsverfahren des § 29 ist dem des § 30 vorgeschaltet. Der Sinn dieser Regelung ist, daß die angefochtene Verfügung nochmals von der Gemeinde nachgeprüft werden soll, ehe andere Stellen damit befaßt werden. Für den Einspruch gilt folgendes:

a) Der Einspruch muß innerhalb einer Frist von zwei Wochen eingelegt werden; die Berechnung der Frist erfolgt unter Zugrundelegung der Bestimmungen des BGB. (§§ 186 ff.).

b) Der Einspruch muß beim Bürgermeister eingelegt werden; die Einlegung kann schriftlich und zur Niederschrift erfolgen. Es muß sich zweifelsfrei ergeben, daß es sich nicht um Gegenvorstellungen, sondern um einen Antrag auf Entscheidung handeln soll. Abs. 2 Satz 2, der dem Schutze der Rechtsuchenden dient, fügt bei, daß die Einlegung des Einspruchs auch bei der Stelle erfolgen kann, die die Verfügung erlassen hat. Der bei einer anderen Stelle eingelegte Einspruch ist daher nur rechtzeitig eingelegt, wenn er innerhalb der Frist entweder an den Bürgermeister oder auch an die Stelle gelangt, die die Verfügung erlassen hat.

c) Der Einspruch hat aufschiebende Wirkung, d. h. die in der Verfügung ausgesprochene Rechtswirkung tritt nicht ein, bis über den Einspruch rechtskräftig entschieden ist.

d) Die aufschiebende Wirkung eines Einspruchs kann aber ausgeschlossen werden dadurch, daß die Verfügung selbst ausdrücklich eine entsprechende Feststellung enthält. Dies soll eine Ausnahme sein. Wird aus Gründen von der Ausnahme Gebrauch gemacht, so wird der Bürgermeister Anlaß haben, zunächst über die aufschiebende Wirkung zu befinden, wenn die Entscheidung über den Einspruch unter Umständen längere Vorerhebungen erfordert. — Werden durch den Ausschluß der aufschiebenden Wirkung vollendete Tatsachen geschaffen, so hindert dies nicht, den Einspruch einzulegen und weiter zu verfolgen. Unter Umständen können sogar aus einem solchen Vorgehen der gemeindlichen Stellen Haftungen entstehen, insbesondere auf Grund des § 839 BGB., wenn die endgültige (rechtskräftige) Austragung der Sache ergibt, daß die Verfügung nicht rechtmäßig war.

5. Zur **Entscheidung** des Einspruchs und zum weiteren Gang des Verfahrens s. § 30.

§ 30

(1) Über den Einspruch entscheidet der Bürgermeister: gegen die ablehnende Entscheidung ist die Klage im Verwaltungsstreitverfahren zulässig.

(2) Die Klage kann nur darauf gestützt werden, daß die Verfügung gesetzwidrig sei und den Kläger beeinträchtige.

(3) In der Entscheidung über den Einspruch ist auf diese Vorschriften hinzuweisen.

I. **Amtliche Begründung** s. Textausgabe S. 63.

II. **DurchfVO. (§ 8)**

Bis zum Erlaß eines Reichsverwaltungsgesetzes bestimmt die oberste Landesbehörde durch Verordnung die zur Entscheidung im Verwaltungsstreitverfahren zuständigen Behörden und das Verfahren. Die Entscheidung muß wenigstens im letzten Rechtszuge durch eine kollegiale Behörde getroffen werden.

III. **AusfAnw.**

Nach § 8 der Ersten DurchfVO. bestimmt bis zum Erlaß eines Reichsverwaltungsgesetzes die oberste Landesbehörde im Verordnungswege die zur Entscheidung im Verwaltungsstreitverfahren zuständigen Behörden; sie regelt auch das Verfahren. Dabei ist jedoch zwingend vorgeschrieben, daß die Entscheidung wenigstens im letzten Rechtszuge durch eine kollegiale Behörde getroffen wird.

IV. **Anm.**

1. Zum **Rechtsschutzverfahren im allgemeinen** s. Anm. 1 zu § 29.

2. Die **Entscheidung über den Einspruch** hat der Bürgermeister zu fällen, d. h. nach §§ 32, 35 er selbst oder sein Vertreter. Es ist nicht notwendig, daß innerhalb der Gemeindeverwaltung eine Art Instanzenzug von der Verwaltungsstelle, die die Verfügung erlassen hat, zum Bürgermeister stattfindet. In kleinen Gemeinden wäre dies mangels einer solchen Verwaltungsgliederung schon ausgeschlossen. Zweck der Vorschrift, wonach über den Einspruch in der Sphäre der Gemeinde zu entscheiden ist, ist, daß hier die Verfügung nochmals nachzuprüfen ist.

Über die Form der Entscheidung ist nichts Näheres vorgeschrieben. Sie muß aber, falls der Einspruch nicht überhaupt zurückgenommen wird, schriftlich ergehen; dies ist aus § 30 Abs. 3 zu entnehmen; auch muß die Entscheidung eine Grundlage für das folgende Verwaltungsstreitverfahren bieten. Die Entscheidung soll daher — insbesondere wenn der Einspruch abgelehnt wird — (außer dem Tenor) auch die Gründe ersehen lassen, aus denen dem Einspruche nicht entsprochen (der Einspruch also zurückgewiesen oder abgewiesen) wurde. Auch über die Zustellung ist nichts Näheres vorgeschrieben.

Aus der Schriftlichkeit der Entscheidung ist zu entnehmen, daß sie zugestellt werden muß; die Form der Zustellung bleibt im übrigen offen.

Wird die Entscheidung nicht zugestellt oder enthält sie nicht die in Abs. 3 vorgeschriebenen Hinweise, so wird die Frist für die Klage im Verwaltungsstreitverfahren nicht in Lauf gesetzt.

3. Das **Verwaltungsstreitverfahren**, das sich an das Einspruchsverfahren anschließt, ist im Gesetz im Hinblick auf das erst zu erwartende Reichsverwaltungsgerichtsgesetz nicht näher geregelt. Nach § 8 DurchfVO. ordnen es die obersten Landesbehörden. Dies ist in den Überleitungs VO. (s. Anhang) geschehen. In der Regel haben die obersten Landesbehörden im ersten Rechtszuge die Aufsichtsbehörde der Gemeinde und im zweiten und letzten Rechtszuge das Landesverwaltungsgericht für zuständig erklärt. Soweit kein Landesverwaltungsgericht besteht, muß nach dem letzten Satze des § 8 DurchfVO. wenigstens eine kollegiale Behörde im letzten Rechtszug entscheiden.

Demnach bestimmt sich auch das gesamte Verfahren einschließlich der Klagefrist ausschließlich nach der Regelung der einzelnen ÜberleitungsVO. Aus der DGO. sind nur die Abs. 2 und 3 des § 30 hierfür zwingend vorgeschrieben.

4. Die **Klage** muß nach Abs. 2 substantiiert sein damit, daß die Entscheidung des Bürgermeisters

a) gesetzwidrig sei und

b) den Kläger beeinträchtige.

Gesetzwidrig ist eine Entscheidung dann, wenn sie im Widerspruch mit den Gesetzen (i. S. jeder objektiven Rechtsnorm, also Reichs-, Landesgesetz, Satzung, Gewohnheitsrecht) steht, also das objektive Recht nicht oder nicht richtig (auch hinsichtlich des Verfahrens) anwendet.

Eine Beeinträchtigung des Klägers liegt vor, wenn die gesetzwidrige Entscheidung seine in dem subjektiven Rechte geschützten Interessen schädigt.

5. Die **Rechtsbelehrung** nach Abs. 3 ist zwingend vorgeschrieben. Der Kläger muß daher in dem schriftlichen Entscheide darauf hingewiesen werden,

a) daß er gegen den ablehnenden Bescheid Klage, und zwar

b) im Verwaltungsstreitverfahren erheben könne und

c) daß er die Klage auf die obigen (s. Anm. 4) Gründe stützen könne.

Unterbleibt diese Rechtsbelehrung, so wird die Frist für die Erhebung der Klage nicht in Lauf gesetzt. Auch können sich hieraus haftungsrechtliche Verbindlichkeiten (aus § 839 BGB.) ergeben.

Der Ausdruck „Verwaltungsstreitverfahren" verlangt eine Klarstellung in den ÜberlVO. der Länder (§ 8 DurchfVO.). In diesen Regelungen der ÜberlVO. müssen auch Fristen, Zuständigkeitsvorschriften usw. enthalten sein. Es unterliegt keinem Zweifel, daß

Sinn und Zweck der in § 30 Abs. 3 vorgeschriebenen Rechtsbelehrung auch „diese Vorschriften" mitumfaßt.

§ 31

(1) Gegen die Zurücknahme der Bestellung zu ehrenamtlicher Tätigkeit findet binnen zwei Wochen nach der Zustellung die Beschwerde statt.

(2) Über die Beschwerde entscheidet die Aufsichtsbehörde endgültig.

(3) § 29 Abs. 3 findet entsprechende Anwendung.

I. **Amtliche Begründung** s. Textausgabe S. 63.

II. **AusfAnw.**

Es wird auf die AusfAnw. zu § 29 Nr. 2 Bezug genommen.

III. **Anm.**

1. Über das **Rechtsschutzverfahren im allgemeinen** s. Anm. 1 zu § 29.

2. Die **Beschwerde** ist hier das Rechtsmittel des einzelnen gegenüber der Gemeinde, während sie in § 113 das Rechtsmittel der Gemeinde gegenüber ihrer Aufsichtsbehörde ist. Nur in diesen Fällen handelt es sich um ein Beschwerde*recht* oder (nach anderer Ausdrucksweise) um eine Rechtsbeschwerde im Unterschied von der sog. Aufsichtsbeschwerde (auch Dienstbeschwerde genannt). Die letztere ist *kein* Rechtsmittel, ist nur eine Anregung, eine Bitte an die Aufsichtsbehörde, sie möge die ihr zustehenden Aufsichtsmittel (Informationsrecht und Eingriffsrechte — §§ 108—112) gebrauchen und die Rechtsmäßigkeit der Gemeindeverwaltung nachprüfen; diese Aufsichtsbeschwerde ist daher auch an keine Fristen gebunden, hat aber andrerseits auch keinerlei Anspruch auf einen Entscheid. *Anders* die Rechtsbeschwerde; sie ist ein Rechtsmittel, an eine Frist geknüpft und hat Anspruch auf einen Entscheid.

3. Der **Tatbestand**, hinsichtlich dessen die Beschwerde eingeräumt ist, ist auf die Zurücknahme der Bestellung zu ehrenamtlicher Tätigkeit beschränkt. Außerdem ist eine weitere Einschränkung zu machen: Nur dann, wenn die Bestellung zu ehrenamtlicher Tätigkeit in die Zuständigkeit des *Bürgermeisters* fällt, ist die Beschwerde zulässig, nicht auch bei § 45 (Zurücknahme der Berufung von Bürgermeistern und Beigeordneten) und bei § 54 (Ausscheiden von Gemeinderäten). Andrerseits macht das Gesetz keinen Unterschied, ob es sich um Ehrenbeamte oder nur ehrenamtlich Tätige handelt.

In all diesen Fällen handelt es sich überwiegend um Ermessenshandlungen des Bürgermeisters. Gerade deshalb ist das Beschwerdeverfahren, nicht das Verwaltungsstreitverfahren des § 30 bestimmt worden.

4. Die **Erhebung der Beschwerde** hat binnen zwei Wochen nach der Zustellung des Bescheides zu erfolgen. Hieraus ist zu entnehmen, daß die Zurücknahme der Bestellung zu ehrenamtlicher Tätigkeit schriftlich zu erfolgen hat. Die Art der Zustellung ist im Gesetze nicht näher geregelt. Nötigenfalls ist das Zugehen des Bescheides und der Zeitpunkt von der Gemeinde nachzuweisen. Dies ist für die Berechnung der Frist von Bedeutung. Die Berechnung der Frist erfolgt im übrigen nach §§ 186 ff. BGB. Das Gesetz bestimmt nichts darüber, bei wem die Beschwerde zu erheben ist, ob beim Bürgermeister (Stelle, a quo) oder bei der Aufsichtsbehörde (Stelle, ad quem). Auf jeden Fall ist die Beschwerde fristgerecht erhoben, wenn sie bei der Aufsichtsbehörde binnen zwei Wochen eingeht. Bei entsprechender Anwendung des § 29 Abs. 2 Satz 2, die für zulässig erachtet wird, erscheint die Frist auch gewahrt, wenn die Beschwerde binnen zwei Wochen beim Bürgermeister erhoben worden ist.

Auch über die Substantiierung der Beschwerde ist nichts Näheres vorgeschrieben. An sich hat die Aufsichtsbehörde von Amts wegen auf die Beschwerde hin den Sach- und Rechtsverhalt nachzuprüfen. Der Beschwerdeführer hat aber — schon im eigenen Interesse — die Gründe anzuführen, aus denen er die Zurücknahme der Bestellung zu ehrenamtlicher Tätigkeit für unrechtmäßig oder unbillig erachtet. Es ist dabei immer zu bedenken, daß die Beschwerdestelle auch über Ermessensfragen zu befinden hat.

5. Die **Entscheidung der Beschwerde** steht der Aufsichtsbehörde (§ 107 DGO. mit § 33 DurchfVO.) zu. Die Entscheidung ist endgültig, d. h. ein weiteres Rechtsmittel ist nicht eingeräumt. Es tritt formelle Rechtskraft ein. Es verbleibt nur die in Anm. 2 erwähnte Aufsichtsbeschwerde; die eingetretene Rechtslage wird aber durch die Erhebung der Aufsichtsbeschwerde an sich nicht berührt und könnte nur durch das Eingreifen der nächsthöheren Aufsichtsbehörde geändert werden.

6. Die **Rechtsbelehrung** nach § 30 Abs. 3 hat nach der ausdrücklichen Vorschrift des § 31 Abs. 3 auch bei jeder Zurücknahme der Bestellung zu ehrenamtlicher Tätigkeit zu erfolgen. Auch hieraus ist zu entnehmen, daß die Zurücknahme stets schriftlich zu erfolgen hat. In dieser schriftlichen Verfügung ist darauf hinzuweisen, daß gegen die Verfügung Beschwerde möglich ist, daß sie innerhalb von zwei Wochen zu erheben ist und daß hierüber die Aufsichtsbehörde entscheidet.

7. Die **Rechtswirkung** ist, wie folgt, zu beurteilen: Die Zurücknahme der Bestellung zu ehrenamtlicher Tätigkeit wird erst rechtswirksam, wenn

a) entweder die zweiwöchige Beschwerdefrist ohne Erhebung der Beschwerde abgelaufen ist oder

b) vorher auf die Beschwerde rechtswirksam verzichtet worden ist oder

c) nach Erhebung der Beschwerde die Beschwerde zurückgenommen wird oder

d) nach Erhebung der Beschwerde die Beschwerde ab- oder zurückgewiesen wird.

Fünfter Teil

Verwaltung der Gemeinde

1. Abschnitt

Bürgermeister und Beigeordnete

§ 32

(1) Der Bürgermeister führt die Verwaltung in voller und ausschließlicher Verantwortung, soweit nicht § 33 ausdrücklich anderes bestimmt.

(2) Der Bürgermeister führt in Stadtkreisen die Amtsbezeichnung Oberbürgermeister.

I. **Amtliche Begründung** s. Textausgabe S. 64/65.

II. **DurchfVO. (§§ 9—11).**

§ 9. Soweit bisher Gemeindevertretungen, Ausschüsse, Deputationen u. ä. oder der kollegiale Gemeindevorstand zu Beschlüssen, Entscheidungen oder Wahlen zuständig waren, tritt an ihre Stelle der Bürgermeister.

§ 10. (1) Die im Amte befindlichen Bürgermeister und die ihnen verfassungsrechtlich gleichstehenden Amtsträger bleiben im Amte.

(2) Sie führen die Amtsbezeichnung Bürgermeister, in Stadtkreisen die Amtsbezeichnung Oberbürgermeister. Soweit sie in Gemeinden, die nicht Stadtkreise sind, bisher die Amtsbezeichnung Oberbürgermeister oder Erster Bürgermeister führten, behalten die Stelleninhaber diese Amtsbezeichnung.

§ 11. (1) Stadtkreise im Sinne der Deutschen Gemeindeordnung sind
1. in Preußen die außerhalb der Landkreise stehenden Städte;
2. in Bayern die Städte Amberg, Ansbach, Aschaffenburg, Augsburg, Bamberg, Bayreuth, Coburg, Erlangen, Frankenthal, Fürth, Hof, Ingolstadt, Kaiserslautern, Kempten, Landshut, Ludwigshafen, München, Neustadt a. d. H., Nürnberg, Passau, Pirmasens, Regensburg, Rosenheim, Schweinfurt, Speyer, Straubing, Weiden, Würzburg und Zweibrücken;
3. in Sachsen die Städte Aue, Bautzen, Chemnitz, Crimmitschau, Döbeln, Dresden, Freiberg, Freital, Glauchau, Leipzig, Mee-

rane, **Meißen, Mittweida, Pirna, Plauen, Radebeul, Reichenbach, Riesa, Werdau, Zittau und Zwickau;**
4. in Württemberg die Städte Eßlingen, Göppingen, Heidenheim, Heilbronn, Ludwigsburg, Reutlingen, Schwäb. Gmünd, Schwenningen, Stuttgart, Tübingen und Ulm;
5. in Baden die Städte Baden-Baden, Freiburg, Heidelberg, Karlsruhe, Konstanz, Mannheim und Pforzheim;
6. in Thüringen die Städte Altenburg, Apolda, Arnstadt, Eisenach, Gera, Gotha, Greiz, Jena und Weimar;
7. in Hessen die Städte Darmstadt, Gießen, Mainz, Offenbach und Worms;
8. in Mecklenburg die Städte Güstrow, Neustrelitz, Rostock, Schwerin und Wismar;
9. in Oldenburg die Städte Delmenhorst, Oldenburg und Rüstringen;
10. in Braunschweig die Stadt Braunschweig;
11. in Anhalt die Städte Bernburg, Dessau, Köthen und Zerbst.

Alle übrigen Gemeinden gelten als kreisangehörige Gemeinden im Sinne der Deutschen Gemeindeordnung.

(2) In der Zugehörigkeit oder Nichtzugehörigkeit der Gemeinden zu einem Landkreis tritt bis auf weiteres keine Änderung ein.

III. AusfAnw.

1. Der Bürgermeister ist Leiter der Gemeinde im nationalsozialistischen Staate. Seine gesamte Verwaltungsführung muß damit auch auf der Grundlage nationalsozialistischer Staats- und Weltanschauung mit den Zielen der Staatsführung und der Bewegung im Einklang stehen.

2. Der Bürgermeister ist der Führer der Gemeinde. Er vereinigt nach der Deutschen Gemeindeordnung Entschließung und Ausführung der Entschließung in seiner Hand. Er ist demnach in allen Fällen zur Entscheidung zuständig, und zwar auch dann, wenn die Deutsche Gemeindeordnung oder sonstige Gesetze von Entscheidungen oder Entschließungen der Gemeinde sprechen. Auf der anderen Seite trägt er für die Verwaltung die grundsätzlich volle und ausschließliche Verantwortung. Diese Verantwortung bezieht sich auch darauf, daß er vor allen Entschließungen in wichtigen Angelegenheiten sich des Rates der Gemeinderäte (§ 55 DGO.) und der ihm beigegebenen Beamten, insbesondere der Beigeordneten in dem von der Deutschen Gemeindeordnung gewollten Umfange bedient und sich Ratschlägen, wenn sie das Wohl der Gemeinde zu fördern geeignet sind, nicht verschließt.

Insbesondere hat der Bürgermeister vor Entschließungen von finanzieller Tragweite stets den Kämmerer (§ 34 DGO.) zu hören und seinen besonders sachverständigen Rat zu werten. Die Frage, ob der Bürgermeister entsprechend diesen Grundsätzen die Verwaltung geführt hat, unterliegt der Nachprüfung vor Ausspruch der Entlastung (§ 99 DGO.).

Innerhalb der Gemeinde ist es Pflicht des Bürgermeisters, in steter Verbundenheit mit der Bevölkerung gerecht und hilfsbereit dem Wohle der Gesamtheit zu dienen. Ihm fällt damit neben dem Amte des Führers zugleich das eines Schiedsrichters zu. Wie er als Führer alle in der Gemeinde wirksamen, lebendigen Kräfte für die Gemeinschaft zusammenzufassen hat, so hat er als Schiedsrichter widerstreitende Interessen in dem für die Gemeinschaft förderlichsten Ausgleiche zu vereinen.

Der Bürgermeister muß sich stets bewußt sein, daß er durch die Berufung Verwalter eines Teiles des gesamten Volkes und des gesamten Staates ist. So sehr es seine Aufgabe ist, das Beste der örtlichen Gemeinschaft und ihrer Einwohner zu fördern, so hat er sich doch stets auch das Wohl der großen Volksgemeinschaft und des Staatsganzen vor Augen zu halten und bei einem Gegensatze der Interessen diesem den Vorrang einzuräumen.

3. Im einzelnen werden hinsichtlich des Aufgabenkreises des Bürgermeisters folgende Hinweise gegeben:

a) Der Bürgermeister führt die Verwaltung. Ihm liegt danach sowohl die Verwaltung der eigenen Angelegenheiten der Gemeinde als auch die Verwaltung der Auftragsangelegenheiten ob, soweit hierfür im Einzelfalle nicht ausdrücklich anderes bestimmt ist.

b) Der Bürgermeister vertritt die Gemeinde (vgl. hierzu Ausf.-Anw. zu § 36).

Der Bürgermeister trifft alle Entscheidungen in voller und ausschließlicher Verantwortung. Entgegen dem früheren Rechtszustande kennt demnach die Deutsche Gemeindeordnung eine Aufteilung der Entscheidungsbefugnis auf mehrere Gemeindeorgane nicht mehr, legt vielmehr Entscheidung und Ausführung ausschließlich in die Hand des Bürgermeisters. Auch soweit er sich zur Vorbereitung wichtiger Entscheidungen sachverständigen Rates der Gemeinderäte, der Beiräte und sonstiger Stellen zu bedienen hat, trägt er für die Entscheidung in vollem Umfange die Verantwortung und kann sich ihr auch nicht mit dem Hinweise darauf entziehen, daß er ihm gegebenen Ratschlägen gefolgt sei.

Bei seinen Entschließungen hat der Bürgermeister die folgenden besonderen Gesichtspunkte zu beachten:

aa) In den Fällen des § 33 DGO. bedarf seine Entschließung der Zustimmung des Beauftragten der NSDAP. (vgl. Ausf.-Anw. zu § 33).

bb) In wichtigen Gemeindeangelegenheiten, insbesondere in den in § 55 DGO. ausdrücklich erwähnten Fragen, hat er vor einer Entschließung die Gemeinderäte zu hören (vgl. AusfAnw. zu § 55).

cc) In denjenigen Fällen, in denen die Gesetze die Form der Satzung vorschreiben, sind diese Vorschriften zur Vermeidung der Ungültigkeit der Entschließung zu beachten.

dd) Soweit in der Deutschen Gemeindeordnung oder in sonstigen Gesetzen eine Genehmigung der Aufsichtsbehörde vorgeschrieben ist, hängt die Rechtswirksamkeit der Entschließung von der Erteilung dieser Genehmigung ab.

ee) Soweit der Bürgermeister an einer Angelegenheit persönlich beteiligt ist, hat er die Entschließung seinem allgemeinen Vertreter zu überlassen (vgl. §§ 25, 38 DGO.).

c) Der Bürgermeister hat für die Unterrichtung der Bürgerschaft über alle wesentlichen Vorgänge in der Verwaltung Sorge zu tragen. Diese Unterrichtung wird in erster Linie durch die örtliche Presse zu erfolgen haben. Dabei wird empfohlen, in größeren Gemeinden besondere Pressebesprechungen einzurichten oder in anderer Weise die dauernde Fühlungnahme mit der Presse sicherzustellen.

d) Der Bürgermeister ist Dienstvorgesetzter der Beamten, Angestellten und Arbeiter (vgl. hierzu AusfAnw. zu § 37).

e) Der Bürgermeister ernennt und entläßt die Beamten, Angestellten und Arbeiter (vgl. hierzu AusfAnw. zu § 37).

4. Hinsichtlich der Überleitung in den neuen Rechtszustand wird auf die Vorschriften der §§ 9 ff. der Ersten DurchfVO. verwiesen. Hierzu wird im einzelnen folgendes bemerkt:

a) Die Rechtsstellung der im Amte verbleibenden Bürgermeister wird durch das Inkrafttreten der Deutschen Gemeindeordnung grundsätzlich nicht berührt. Sie behalten demnach insbesondere auch ihre bisherigen besoldungs- und versorgungsrechtlichen Ansprüche, soweit sie mit den auf diesem Gebiete bestehenden gesetzlichen Vorschriften im Einklang stehen.

Eine Verleihung der Bezeichnung Oberbürgermeister an Bürgermeister kreisangehöriger Städte kommt in Zukunft nicht mehr in Betracht.

b) Die Vorschrift des § 11 der Ersten DurchfVO. berührt die Kreisangehörigkeit solcher Städte, die bisher dem Kreisverband angehören, nicht. Nur im Sinne der Deutschen Gemeindeordnung (vgl. §§ 32, 33, 34, 40, 41 und 100 DGO.) und der zu ihrer Durchführung ergehenden Vorschriften (vgl. z. B. § 33 der Ersten DurchfVO.) werden diese Städte den Stadtkreisen gleichgestellt. Alle in § 11 der Ersten DurchfVO. nicht genannten Gemeinden gelten nicht als Stadtkreise im Sinne der Deutschen Gemeindeordnung, und zwar auch dann nicht, wenn sie verfassungsrechtlich nach der derzeitigen Rechtslage noch außerhalb des Kreisverbandes stehen. Die endgültige Regelung dieser Frage wird im übrigen bis zur Neuregelung des Kreisverfassungsrechts zurückgestellt.

c) Inwieweit der Bürgermeister vor Entschließungen nach § 9

der Ersten DurchfVO. die Gemeinderäte zu hören hat, hängt davon ab, ob es sich im Einzelfall um eine wichtige Angelegenheit im Sinne des § 55 DGO. handelt oder nicht.

IV. **Anm.**

1. Über die **Rechtsstellung des Bürgermeisters** zu Partei und Staat, zu Beigeordneten und Gemeinderäten vgl. die Anm. zu § 6.

§ 32 ist das Kernstück der neuen Gemeindeverfassung. Diese Vorschrift bestimmt die Verwaltungsform der Gemeinde. Darin münden auch die meisten anderen grundsätzlichen Fragestellungen (nach Art und Maß der Selbstverwaltung, Einordnung der Gemeinde in Partei und Staat, Richtung und Reichweite der Staatsaufsicht, bürgerschaftliche Beteiligung an der Verwaltung usw.) aus. Von hier aus bestimmt sich die absolut neuartige Konstruktion der Gemeindeverwaltung: Mit einer klaren Eindeutigkeit und unter Festhaltung aller Folgerungen ist die Gemeindeverwaltung auf den Führergrundsatz abgestellt. Die Gründe hierfür sind in Nr. 1 des Allgemeinen Teils der Begründung (s. S. 3ff.) aufgeführt. Die grundstürzende Wandlung ist ein Teil des Reformwerkes an der gesamten öffentlichen Verwaltung. Vgl. hierzu auch die Ausführungen des Herausgebers in „Deutsche Verwaltungsblätter" 1935 Nr. 6.

Führer sein heißt Wahrnehmung aller leitenden und bestimmenden Gewalt innerhalb einer Gemeinschaft durch den berufenen Einzelnen, dessen Stellung dabei durch Selbständigkeit, Autorität und Verantwortung gekennzeichnet ist (Kühn in der Festschrift der Leipziger Juristenfakultät für Richard Schmidt, Leipzig 1935). Der Führer der Gemeinde ist in seiner Selbständigkeit durch das Gesetz beschränkt; seine Autorität ist ihm vom Staat verliehen; diesem ist er auch verantwortlich. Dem Führer des Staates gegenüber ist er also Unterführer; das Verhältnis ist durch „Gesetz und Ziele der Staatsführung" (§ 1 Abs. 2 und § 106) festgelegt.

2. **Ausschließliches Recht und volle Verantwortung** sind dieselben Korrelate wie Selbstverwaltung und Selbstverantwortung. Der Bürgermeister trägt die Verantwortung auch dann, wenn er den Rat der Gemeinderäte befolgt hat, auch dann, wenn er die Zustimmung des Beauftragten der NSDAP. gefunden hat, und auch dann, wenn er die Genehmigung der Aufsichtsbehörde eingeholt hat. Seine Entschließung ist es, die das Geschick der Gemeinde bestimmt. Er trägt auch die Verantwortung für die Auswahl der Beamten, Angestellten und Arbeiter, die er anstellt (§ 37). Die Verantwortung wird ihm nur abgenommen, wenn er nach Weisung zu handeln hat und handelt (bei staatlichen Auftragsangelegenheiten — vgl. § 2 Abs. 3), ferner dann, wenn und soweit ihm bestimmte bindende Auflagen gemacht worden sind, die er nicht vermeiden kann, sowie auch dann, wenn die Entschließung an seiner Stelle von anderen gefaßt wird (§§ 33 Abs. 2, 111, 112). Selbst-

verständlich wird das Gewicht seiner Verantwortung entlastet, wenn er seiner Rechtspflicht hinsichtlich der Anhörung der Gemeinderäte, der Einholung der Zustimmung des Beauftragten und der Genehmigung der Aufsichtsbehörde nachkommt, wie es das Gesetz vorschreibt. Wird die Zustimmung des Beauftragten versagt, so sieht § 33 Abs. 2 ausdrücklich ein Verfahren zur Klärung der Sach- und Rechtslage vor. Wird die Genehmigung der Aufsichtsbehörde versagt und hält der Bürgermeister die Versagung für offensichtlich unrechtmäßig oder unbillig, so kann er mit der Aufsichtsbeschwerde das Eingreifen der nächsthöheren Aufsichtsbehörde anregen. Ist aber die Genehmigung versagt, so trägt nicht er, sondern die Aufsichtsbehörde insoweit die Verantwortung. Wird die Genehmigung in einem Falle nachgesucht, wo sie nicht vorgeschrieben ist, und wird sie in Verkennung der Rechtslage versagt, so wird in den Rechtskreis der Gemeinde eigentlich nicht eingegriffen. Da aber die Aufsichtsbehörde eine Fürsorgepflicht und damit eine Amtspflicht gegenüber der Gemeinde nach § 839 BGB. hat, so können sich für die Aufsichtsbehörde (den Staat) Haftungen hieraus begründen.

Die Verantwortung des Bürgermeisters kann eine dienstrechtliche, dienststrafrechtliche und zivilrechtliche sein; zu letzterer vgl. Anm. 1 zu § 115.

3. Der **Überleitung** des Rechtszustandes aus der bisherigen Verwaltungsform in die neue Gemeindeverfassung dient § 9 DurchfVO. Wenn auch die Mitglieder bisheriger Gemeindevertretungen (s. hierzu § 39 DurchfVO.) bis zur Ernennung der Gemeinderäte (§ 20 Abs. 2 DurchfVO.) und der Beiräte (§ 21 Abs. 2 DurchfVO.) im Amte bleiben, so üben sie doch vom 1. April 1935 ab nur noch beratende Funktion aus, da sie das Amt „nach den Vorschriften der DGO." wahrzunehmen haben.

4. Die **im Amte befindlichen Bürgermeister** bleiben im Amte (§ 10 DurchfVO.). Auch ihre Ansprüche bleiben gewahrt (Ziff. 4a Ausf.-Anw.). Der Ablauf der Amtszeit dieser Bürgermeister richtet sich nach bisherigem Rechte (§ 16 DurchfVO. zu § 44 DGO.).

5. Die **Amtsbezeichnungen** sind in § 32 eindeutig geregelt: grundsätzlich „Bürgermeister", nur in Stadtkreisen „Oberbürgermeister". Von der Ermächtigung des § 119 Abs. 1 Nr. 3, herkömmliche Amtsbezeichnungen in ländlichen Gemeinden aufrechtzuerhalten, wurde kein Gebrauch gemacht.

Nur für die im Amte befindlichen Bürgermeister trifft § 10 Abs. 2 DurchfVO. eine Übergangsregelung, welche die bisherigen Bezeichnungen „Oberbürgermeister" und „Erster Bürgermeister" für die Stelleninhaber sichert.

6. Die **Stadtkreise** werden im Zusammenhang mit § 32, weil hier in der DGO. zum ersten Male von Stadtkreisen die Rede ist, durch § 11 DurchfVO. bestimmt. Die Vorschrift trägt das Gepräge der Übergangsregelung an sich. Es werden „Stadtkreise i. S. der DGO." geschaffen. Soweit diese Gemeinden bisher kreisangehörig

waren, bleiben sie im Kreisverbande. Soweit Gemeinden bisher nicht im Kreisverbande waren (auch wenn sie nicht zu Stadtkreisen i. S. der DGO. werden), bleiben sie außerhalb des Kreisverbandes. Die Unebenheit, daß es danach übergangsweise „kreisangehörige Stadtkreise" und „nicht im Kreisverbande befindliche kreisangehörige Gemeinden" gibt, ist hinzunehmen. Was ausgerichtet werden sollte und ausgerichtet wurde, ist von weitaus überwiegender Bedeutung: a) Für die Verwaltungsorganisation in der gemeindlichen Sphäre ist der Grundbau gelegt. Städte bis zu 20000 Einwohner sollen künftig zum Kreisverbande gehören; die Regelung hat aber die Deutsche Kreisordnung zu treffen. Die Deutsche Kreisordnung hat damit gesicherte Ausgangspunkte. b) Außerdem stellt ein „Stadtkreis" in der Durchführung des Reformwerks einen Größenbegriff dar, der für die gesetzgeberischen Pläne (z. B. für ein Reichs-Gemeindeabgabengesetz, für ein Polizeiverwaltungsgesetz) festliegen muß, soll nicht die Notwendigkeit wie in der Vergangenheit eintreten, jeweils länderweise zu differenzieren und die Reichsgesetze jeweils in die Landesverwaltungssprache zu übersetzen. — Die jetzige Übergangsregelung, wonach zunächst der Kreisverband nicht zerrissen wird, das finanzielle Verhältnis zwischen Kreis und Gemeinden nicht geändert wird, auch der Bestand an staatlichen Auftragsangelegenheiten unverändert bleibt, hat auch Vorteile, die sich für eine organische Überleitung günstig auswirken werden, wenn diese Rechtslage sinnvoll behandelt wird. — Für die „Stadtkreise i. S. der DGO." treten die Vorschriften der DGO. sofort in Kraft (§ 40 hinsichtlich der persönlichen Voraussetzungen für die künftig zu berufenden Bürgermeister und Ersten Beigeordneten, § 41 Abs. 2 hinsichtlich des Berufungsverfahrens für Bürgermeister und Beigeordnete, § 107 DGO. mit § 33 DurchfVO. hinsichtlich der Aufsichtsbehörden, § 100 hinsichtlich der Errichtung von Rechnungsprüfungsämtern). — Umgekehrt wechselt die Aufsicht nach § 107 mit § 33 DurchfVO. hinsichtlich der „kreisangehörigen Gemeinden i. S. der DGO." sofort.

§ 33

(1) Zur Sicherung des Einklangs der Gemeindeverwaltung mit der Partei wirkt der Beauftragte der NSDAP. außer bei der Berufung und Abberufung des Bürgermeisters, der Beigeordneten und der Gemeinderäte (§§ 41, 45, 51 und 54) bei folgenden Entschließungen des Bürgermeisters mit:

1. der Erlaß der Hauptsatzung bedarf seiner Zustimmung;
2. das Ehrenbürgerrecht sowie Ehrenbezeichnungen dürfen nur mit seiner Zustimmung verliehen und aberkannt werden.

(2) Versagt der Beauftragte der NSDAP. seine Zustimmung, so hat er dies binnen zwei Wochen nach Zuleitung der Entschließung schriftlich zu begründen, bei der Hauptsatzung unter Anführung der Vorschriften, die seine Zustimmung nicht finden; anderenfalls gilt seine Zustimmung als erteilt. Wenn bei Versagung der Zustimmung zwischen dem Beauftragten der NSDAP. und dem Bürgermeister in erneuter Verhandlung keine Einigung zustande kommt, so hat der Bürgermeister in Stadtkreisen die Entscheidung des Reichsstatthalters, im übrigen die Entscheidung der Aufsichtsbehörde herbeizuführen. Bei der Hauptsatzung bedarf der Reichsstatthalter zu seiner Entscheidung der Zustimmung des Reichsministers des Innern, wenn er von der Stellungnahme der Aufsichtsbehörde abweichen will. Die Entscheidung des Reichsstatthalters bindet die Aufsichtsbehörde.

I. **Amtliche Begründung** s. Textausgabe S. 66—69.

II. **AusfAnw.**

1. In der Begründung zu § 33 DGO. sind die Gesichtspunkte dargelegt, nach denen sich das Zusammenwirken zwischen dem Bürgermeister und dem Beauftragten der NSDAP. auszurichten hat. Diese Ausführungen werden wegen ihrer besonderen Bedeutung im folgenden nochmals wiederholt:

„Die NSDAP. ist die den Staat tragende Partei. Die Staatsführung kann deshalb nicht anders als nach den politischen Zielen dieser Partei ausgerichtet sein. Was für die Staatsführung gilt, muß selbstverständlich auch für jede im Staat ausgeübte Verwaltungstätigkeit gelten. Daraus ergibt sich von selbst die zwingende Notwendigkeit, im Bereiche der Gemeinden den Einklang der Gemeindeverwaltung mit der Partei zu sichern, und zwar in einer Form, die dem Charakter der Selbstverwaltung der Gemeinden besonders Rechnung trägt.

1. Ausschlaggebend für die Sicherung des Einklanges der Gemeindeverwaltung mit der Partei ist die Besetzung der Stellen der leitenden Gemeindebeamten mit Persönlichkeiten, die unbedingte Gewähr dafür bieten, daß sie das ihnen übertragene Amt in steter Ausrichtung auf die politischen Ziele der NSDAP. zu führen gewillt und befähigt sind. Deshalb erfolgt nach § 41 die Berufung dieser leitenden Gemeindebeamten, der Bürgermeister und Beigeordneten, in Zukunft unter weitgehender Einschaltung der zuständigen Parteidienststellen. Dadurch ist bereits gesichert, daß der durch das Vertrauen von Partei und Staat berufene leitende Gemeindebeamte es als

seine Aufgabe betrachten wird, seine gesamte Tätigkeit in stetem Einklange mit den politischen Zielen der Bewegung zu halten.

§ 33 DGO. gibt darüber hinaus in der Linie der oben angedeuteten Zielsetzung dem Beauftragten der NSDAP., der gemäß § 118 durch Verordnung des Stellvertreters des Führers bestimmt wird, in gewissen Fällen ein Mitwirkungsrecht in Angelegenheiten der Gemeindeverwaltung. Dabei mußten für die Abgrenzung dieses Rechts folgende Gesichtspunkte maßgebend sein:

Die neue Gemeindeordnung beruht auf dem Grundsatz der ausschließlichen Führerverantwortung. Mit diesem Gedanken ist eine dualistische Gestaltung der Gemeindeverfassung grundsätzlich unvereinbar, da sie sowohl die einheitliche und straffe Führung als auch die klare Verantwortung zerstört. Deshalb verbot es sich von selbst, den Bürgermeister, der durch das Vertrauen auch der Partei in sein Amt gelangt ist, in der eigentlichen Gemeindeverwaltung bei jeder Betätigung an die Mitwirkung einer anderen Stelle zu binden. Auf der anderen Seite ist jedoch nicht zu verkennen, daß auf bestimmte Entschließungen des Bürgermeisters infolge ihres eigenartigen Charakters dem politischen Willen der Bewegung Einfluß eingeräumt werden muß. Das gilt vor allem für den Erlaß der Hauptsatzung, des Verfassungsstatuts der Gemeinde, das auf lange Zeit hinaus die ihm nach dem Gesetze zugewiesenen Fragen abschließend regelt. Das gilt ferner auch für solche Entschließungen, bei denen es sich um die Anerkennung besonderer Verdienste um Volk, Staat oder Gemeinde handelt. In diesen Fällen hat deshalb das Gesetz die Entschließung des Bürgermeisters ausdrücklich an die Zustimmung des Beauftragten der NSDAP. gebunden und damit sein Mitwirkungsrecht sowohl festgelegt als auch begrenzt."

2. Soweit der Beauftragte der NSDAP. danach Entschließungen des Bürgermeisters zuzustimmen hat, entspricht es dem von der Deutschen Gemeindeordnung gewollten vertrauensvollen Verhältnisse zwischen Partei und Gemeindeverwaltung, daß der Bürgermeister die von ihm beabsichtigte Entschließung dem Beauftragten schon frühzeitig mitteilt und daß er bei etwaigen Meinungsverschiedenheiten diese in mündlicher Verhandlung mit dem Beauftragten erörtert.

3. In Fällen, in denen der Beauftragte der NSDAP. seine Zustimmung versagt und auch nach erneuter Verhandlung keine Einigung zustande kommt, ist, soweit es sich um Stadtkreise handelt, die Entscheidung des Reichsstatthalters unter Vorlage sämtlicher Vorgänge auf dem Dienstwege herbeizuführen. Dabei hat die Aufsichtsbehörde Stellung zu nehmen.

III. **Anm.**

1. Zur **Sicherung des Einklangs der Gemeindeverwaltung mit der Partei** wirkt der Beauftragte der NSDAP. nach näherer Regelung des § 33 mit. Schon in § 6 ist die organisatorische Verklammerung der Gemeindeverwaltung mit Partei und Staat grundsatzmäßig ausgesprochen. In Nr. 1 des Allgemeinen Teils der Begründung (s. S. 4 f.) sind die Gründe und Ziele dieser Regelung aufgezeigt. Nicht nur der in der Verfassung des Reichs ausgeprägte Grundsatz der Einheit von Partei und Staat, der auch in der Gemeindeverwaltung seinen Ausdruck zu finden hat, sondern „auch der Sinn der Selbstverwaltung führt dazu: Die NSDAP. vertritt als Trägerin der Staatsidee das Gesamtvolk. Sie trägt vor den Augen des Volkes eine weitgehende Mitverantwortung für alles öffentliche Geschehen. Deshalb wird sie in die Verwaltung der Gemeinde maßgebend eingeschaltet, aber zur Wahrung des Führergrundsatzes in gesetzlich so bestimmt geregelter Weise, daß die Verantwortlichkeit des Leiters der Gemeinde nicht verwischt wird" (Begr.).

2. Der **Beauftragte der Partei** wird nach § 118 DGO. gemäß der VO. des Stellvertreters des Führers vom 26. März 1935 (RGBl. I S. 470 — abgedruckt bei § 118 —) bestimmt. Seine Rechtsstellung ist nicht die eines gemeindlichen Amtsträgers, eines Gemeindebeamten oder eines in der Gemeindeverwaltung ehrenamtlich Tätigen. Im Gegenteil ist in den §§ 2 und 3 der genannten VO. ausgesprochen, daß die Eigenschaft eines Gemeindebeamten, -angestellten und -arbeiters mit der gleichzeitigen Bekleidung des Amtes des Beauftragten unvereinbar ist und daß er auch gemeindliche Ehrenämter zur Verfügung zu stellen hat. Auch § 50 zeigt damit, daß der Beauftragte — abgesehen davon, daß er nicht Gemeinderat ist — an bestimmten Beratungen des Bürgermeisters mit den Gemeinderäten teilnimmt, an, daß er nicht Gemeindeorgan ist. Er ist Amtsträger der Partei und nimmt als solcher, wie die Aufsichtsbehörde namens des Staates, an der Gemeindeverwaltung in gesetzlich geregelter Weise namens der Partei teil. Er trägt daher auch gegenüber Staatsbehörden keinerlei dienstrechtliche, dienststrafrechtliche oder aus ähnlichen Rechtsbeziehungen fließende Verantwortung. Namens der Partei, die in die Verfassung des Reichs eingegliedert ist, nimmt er Aufgaben dieser öffentlichen Körperschaft wahr, die aber keineswegs mit einer anderen öffentlichen Körperschaft gleichgesetzt werden kann, sondern nach der Verfassung des Reiches („Einheit von Partei und Staat") eine einzigartige, nur dem nationalsozialistischen deutschen Staate eigene Stellung einnimmt.

3. Die **Aufgaben** sind in § 33 aufgezählt:

a) Mitwirkung bei der Berufung der Bürgermeister und Beigeordneten nach § 41,

b) Mitwirkung bei der Zurücknahme dieser Berufungen nach § 45,

c) Berufung der Gemeinderäte nach § 51,

d) Mitwirkung bei der Ausscheidung der Gemeinderäte nach § 54,

e) Teilnahme an bestimmten Beratungen des Bürgermeisters mit den Gemeinderäten nach § 50,

f) Zustimmung zur Hauptsatzung (§ 3 Abs. 2) nach § 33 Abs. 1; dies gilt nicht nur für den Erlaß, sondern auch für die Änderung der Hauptsatzung,

g) Zustimmung zur Verleihung des Ehrenbürgerrechts (§ 21 Abs. 1) nach § 33 Abs. 1,

h) Zustimmung zur Aberkennung des Ehrenbürgerrechts (§ 21 Abs. 2) nach § 33 Abs. 1,

i) Zustimmung zur Verleihung von Ehrenbezeichnungen (§ 21 Abs. 1) nach § 33 Abs. 1,

k) Zustimmung zur Aberkennung von Ehrenbezeichnungen (§ 21 Abs. 2) nach § 33 Abs. 1.

Die gemeindlichen und staatlichen Stellen sind verpflichtet, von Amts wegen die Amtshandlungen vorzunehmen, die das Gesetz für die Ermöglichung der Aufgaben des Beauftragten vorsieht: Nach § 41 sind dem Beauftragten sämtliche Bewerbungen zuzuleiten; auf Verlangen des Beauftragten sind die Gemeinderäte zur Beratung zu laden. Nach § 45 ist in den vorgesehenen Fällen das Einvernehmen einzuholen. Nach § 51 ist ihm rechtzeitig mitzuteilen, daß Gemeinderäte oder (nach § 52) Ersatzmänner zu berufen sind. Nach § 54 ist sein Einvernehmen zu erholen. Nach § 50 ist er rechtzeitig und unter Angabe der Tagesordnung zu laden. Nach § 33 Abs. 1 (die unter f—k angegebenen Fälle) sind ihm die zustimmungspflichtigen Verhandlungen zuzuleiten.

4. Für den Fall der **Versagung der Zustimmung** sieht Abs. 2 ein gesetzlich geregeltes Verfahren vor. Vorausgegangen muß die Zuleitung der zustimmungspflichtigen Verhandlungen sein. Da hiervon der Ablauf der Frist abhängt, muß der Zugang (stets schriftlich) gegebenenfalls von der Gemeinde dargetan werden. Die Zustimmung gilt als erteilt, wenn der Beauftragte binnen der Frist keine Erklärung abgibt oder die Versagung der Zustimmung nicht schriftlich begründet (bei der Versagung der Zustimmung zur Hauptsatzung unter Anführung der Vorschriften, die seine Zustimmung nicht finden). Wie aus der AusfAnw. hervorgeht, soll der Bürgermeister schon frühzeitig die geplanten Entschließungen mitteilen und bei Fällen notwendiger Klärung eine mündliche Darlegung anstreben. Die Frist berechnet sich nach §§ 187 ff. BGB.

5. Die **Zustimmung** kann in jeder Form erteilt werden. Da die Rechtswirksamkeit der Entschließung durch die Erteilung der Zustimmung bedingt ist, ist bei den Verhandlungen festzulegen, daß die Zustimmung erteilt wurde oder daß sie und warum sie als erteilt *gilt*. Sind Genehmigungen zur Sache erforderlich, so darf die zuständige Behörde eine Genehmigung nicht erteilen, wenn die Zustimmung nicht vorliegt.

Über die Rechtswirkung der Zustimmung und der rechtsgültigen Versagung der Zustimmung bestimmt das Gesetz nichts Näheres. Es ist jedoch zweifelsfrei, daß eine zustimmungspflichtige Erklärung des Bürgermeisters keine Rechtswirkung hat, wenn die Zustimmung versagt wird.

§ 34

(1) Dem Bürgermeister stehen Beigeordnete als Stellvertreter zur Seite. Ihre Zahl bestimmt die Hauptsatzung.

(2) Der Erste Beigeordnete führt in Stadtkreisen die Amtsbezeichnung Bürgermeister. Der mit der Verwaltung des Geldwesens einer Stadt beauftragte Beigeordnete führt die Amtsbezeichnung Stadtkämmerer. Die übrigen Beigeordneten in Städten führen die Amtsbezeichnung Stadtrat (Stadtrechtsrat, Stadtschulrat, Stadtbaurat und dergleichen).

I. Amtliche Begründung s. Textausgabe S. 69/70.

II. DurchfVO. (§ 12).

(1) Die im Amte befindlichen Beigeordneten und die ihnen gleichstehenden Amtsträger (verfassungsrechtliche Stellvertreter des Bürgermeisters) bleiben im Amte. Sind mehrere Beigeordnete im Amte, so bestimmt in Zweifelsfällen der Bürgermeister aus der Zahl der Beigeordneten den Ersten Beigeordneten; dabei ist die bisherige Reihenfolge in der Stellvertretung des Bürgermeisters nicht ausschließlich maßgebend.

(2) Die in Abs. 1 genannten Beamten führen die Amtsbezeichnung Beigeordneter, soweit nicht in § 34 Abs. 2 der Deutschen Gemeindeordnung eine andere Amtsbezeichnung vorgeschrieben ist.

(3) Soweit der Erste Beigeordnete in Gemeinden, die nicht Stadtkreise sind, bisher die Amtsbezeichnung Bürgermeister oder Zweiter Bürgermeister führte, führen die Stelleninhaber die Amtsbezeichnung Zweiter Bürgermeister.

III. AusfAnw.

1. Entsprechend der Führerstellung des Bürgermeisters sind die Beigeordneten im Sinne des § 34 DGO. dem Bürgermeister nachgeordnete Beamte. Das gilt auch insoweit, als sie vor Inkrafttreten der Deutschen Gemeindeordnung mit dem Bürgermeister ein Kollegium bildeten. Für die Überleitung in den neuen Rechtszustand trifft im übrigen § 12 der Ersten DurchfVO. die erforderlichen Vorschriften. Soweit das bisherige Landesrecht einen allgemeinen Vertreter des Bürgermeisters im Sinne des § 35 DGO. nicht kennt, ist dieser aus der Zahl der Beigeordneten vom Bürgermeister alsbald zu bestimmen; dabei braucht die bis-

herige Reihenfolge in der Stellvertretung des Bürgermeisters nicht unbedingt eingehalten zu werden.

Die Zahl der Beigeordneten ist demnächst in jedem Falle durch die Hauptsatzung festzustellen. Hierfür werden folgende Richtlinien gegeben:

a) Auch in den kleinsten Gemeinden ist die Zahl der Beigeordneten im Interesse einer reibungslosen Geschäftsführung auf mindestens zwei festzustellen.

b) In größeren Gemeinden richtet sich die Zahl der Beigeordneten nach dem örtlichen Bedürfnisse. Dabei darf jedoch namentlich bei hauptamtlichen Beigeordnetenstellen das unbedingt notwendige Maß im Interesse einer sparsamen Verwaltung nicht überschritten werden (vgl. auch AusfAnw. zu § 39).

In der Hauptsatzung der Gemeinden, in denen auch Stellen hauptamtlicher Beigeordneter besetzt werden sollen, sind die Zahlen der hauptamtlichen und der ehrenamtlichen Beigeordnetenstellen gesondert festzustellen. Bei der Bestimmung dieser Zahlen ist nicht der derzeitige Bestand an Beigeordneten zugrunde zu legen, sondern der voraussichtlich endgültig erforderliche Bestand. Insoweit wird für die Übergangszeit auf folgende Gesichtspunkte hingewiesen:

aa) Soweit Gemeinden die Zahl der Beigeordneten gegenüber dem derzeitigen Bestande verringern wollen, ist bei den Stellen, die nach Ausscheiden der Amtsinhaber nicht wieder besetzt werden sollen, in der Hauptsatzung zu bemerken, daß sie künftig wegfallen (kw.-Verm.). Das hat zur Folge, daß diese Stellen mit dem Ausscheiden der Amtsinhaber fortfallen.

bb) Soweit in Gemeinden hauptamtliche, leitende Beamte vorhanden sind, die nicht Beigeordnete sind und aus bestimmten Gründen in die Stellen von Beigeordneten auch nicht überführt werden können, ist es nicht erforderlich, daß die in der Hauptsatzung vorgesehenen Beigeordnetenstellen sofort besetzt werden. In derartigen Fällen wird vielmehr im Interesse einer sparsamen Verwaltung empfohlen, die allgemeine Vertretung zunächst durch einen ehrenamtlichen Beigeordneten versehen zu lassen und die hauptamtlichen Beigeordnetenstellen, die in der Hauptsatzung vorgesehen sind, erst nach und nach entsprechend dem Ausscheiden der vorhandenen leitenden Gemeindebeamten zu besetzen.

2. Durch § 34 Abs. 2 DGO. in Verbindung mit § 41 DGO. werden der Erste Beigeordnete und der Stadtkämmerer aus der Zahl der übrigen Beigeordneten bewußt herausgehoben. Das hat die Bedeutung, daß sie mit ihrer Ernennung eine vom Gesetze besonders gestaltete Rechtsstellung erhalten, die der Bürgermeister im Wege der Geschäftsverteilung nicht ändern kann. Insoweit ist der Erste Beigeordnete für die Dauer seiner Amtszeit allgemeiner Ver-

treter des Bürgermeisters, der Kämmerer kraft Gesetzes mit der Verwaltung des Geldwesens der Stadt betraut. Dabei entspricht es dem Sinn und Zweck der Vorschrift des § 34 Abs. 2 DGO., daß der Kämmerer die Geldgeschäfte der Stadt in ihrem vollen Umfange verwaltet. Daneben können dem Kämmerer auch noch sonstige Geschäfte durch den Bürgermeister übertragen werden. Im übrigen ist die Tätigkeit des Kämmerers gerade in der heutigen Zeit so bedeutsam, daß den Bürgermeistern dringend empfohlen wird, durch interne Dienstanweisung eine hinreichende Beteiligung des Kämmerers bei allen die Aufstellung und Ausführung des Haushaltsplans berührenden Maßnahmen, insbesondere bei Haushaltsüberschreitungen, sicherzustellen. Dabei ist dem Kämmerer das Recht einzuräumen, im Falle einer Meinungsverschiedenheit zwischen ihm und jeder anderen Dienststelle Einspruch mit der Wirkung zu erheben, daß eine Ausgabe oder Maßnahme bis zur Entscheidung durch den Bürgermeister zu unterbleiben hat.

Soweit ein besonderer Stadtkämmerer nicht berufen wird, steht nichts im Wege, daß der Erste Beigeordnete die Geschäfte des Stadtkämmerers wahrnimmt.

3. Die in § 34 Abs. 2 letzter Satz DGO. vorgesehenen Amtsbezeichnungen sind den Beigeordneten in Städten ausschließlich vorbehalten. Soweit bisher Beamte, die nicht Beigeordnete sind, gleichlautende Bezeichnungen führen, sind sie durch andere Bezeichnungen zu ersetzen (z. B. „Städtischer Baurat" statt „Stadtbaurat").

IV. **Anm.**

1. Die **Beigeordneten**

a) sind verfassungsmäßige Organe der Gemeinde; sie sind die Vertreter des Bürgermeisters kraft Gesetzes, und zwar der Erste Beigeordnete als ständiger allgemeiner Vertreter im vollen Geschäftsumfange, die übrigen Beigeordneten in der gesetzlichen Reihenfolge in gleicher Funktion, außerdem jeder Beigeordnete in dem ihm vom Bürgermeister zugeteilten Geschäftskreise (vgl. § 35);

b) gehören aber weder zu einem Kollegium (zu einer Vertretungskörperschaft der Gemeinde) noch bilden sie ein solches; wohl aber sind sie teilnahmeberechtigt und teilnahmepflichtig an den Beratungen des Bürgermeisters mit den Gemeinderäten (§ 56);

c) sind Beamte der Gemeinde (entweder ehrenamtlich oder hauptamtlich — vgl. §§ 39, 40) und sind daher vom Bürgermeister nach Durchführung des besonderen Berufungsverfahrens nach § 41 durch Anstellungsurkunde in das Beamtenverhältnis zu berufen (§ 37) und zu vereidigen (§ 46);

d) sind dem Bürgermeister stets dienstlich nachgeordnet und ihm als Dienstvorgesetzten unterstellt (§ 37);

e) sind auf Zeit angestellt (§ 44).

2. Zur **Zahl der Beigeordneten** vgl. obige Ziff. 1 der AusfAnw. Die in der Hauptsatzung festgestellte Zahl ist bindend; sie darf nicht

überschritten und nicht unterschritten werden; scheidet ein Beigeordneter aus, so ist unverzüglich das Berufungsverfahren einzuleiten.

3. **Besondere Beigeordnete** sind a) der Erste Beigeordnete und b) der Stadtkämmerer.

Zu a) Der Erste Beigeordnete (in Stadtkreisen „Bürgermeister" — s. Abs. 2) ist in jeder Gemeinde zu bestellen; über seine besondere Stellung vgl. die Ausführungen zu § 35.

Zu b). Der Stadtkämmerer kann nur in Städten bestellt werden. Aber auch in den Städten ist die Schaffung einer solchen Stelle nicht vorgeschrieben.

Zur besonderen Heraushebung dieser beiden Stellen vgl. die obige Ziff. 1 der AusfAnw. zu § 44. Ferner beachte die verschiedene Zuständigkeit im Berufungsverfahren nach § 41 Abs. 2 für Erste Beigeordnete und Stadtkämmerer in Städten mit mehr als 100000 Einwohnern, ferner auch § 40.

4. Die **Amtsbezeichnungen** der Beigeordneten sind gesetzlich geregelt (Abs. 2); damit ist jede Amtsbezeichnung in der Zusammensetzung „Stadt ... rat" für andere Beamte verschlossen, und zwar auch dann, wenn es z. B. gar keinen Beigeordneten gibt, der „Stadtschulrat" heißt; denn diese Amtsbezeichnung kann nach dem Gesetze den Eindruck hervorrufen, als ob der Träger dieser Amtsbezeichnung Beigeordneter sei.

5. Die **Überleitung** regelt § 12 DurchfVO.

a) Soweit bisher Beigeordnete vorhanden waren oder Amtsträger, die verfassungsrechtlich den Beigeordneten gleichstehen, bleiben sie im Amt. Auch ihre vermögensrechtlichen Ansprüche bleiben unberührt. Der Ablauf ihrer Amtszeit richtet sich nach bisherigem Rechte; soweit sie an die Amtszeit der Vertretungskörperschaft geknüpft war, endet sie in dem Zeitpunkt, in dem die Amtszeit der Vertretungskörperschaft bei regelmäßigem Ablauf enden würde (§ 16 DurchfVO. zu § 44 DGO.).

b) Auch § 44 DGO. gilt für sie (mit Ausnahme der Vorschrift über die Amtszeit) — s. § 16 Abs. 2 DurchfVO. zu § 44 DGO.

c) Sind mehrere Beigeordnete im Amte, so kann der Bürgermeister die bisherige Reihenfolge insofern ändern, als er den Ersten Beigeordneten neu bestimmen kann.

d) Die Amtsbezeichnung ist, soweit es sich nicht um Städte handelt, ausschließlich auf „Beigeordnete" festgesetzt; von § 119 Abs. 1 Nr. 3 wurde kein Gebrauch gemacht. Übergangsweise können aber die Ersten Beigeordneten in Gemeinden, die nicht Stadtkreise sind, die Amtsbezeichnung „Zweiter Bürgermeister" führen, wenn sie in der Stellung des Ersten Beigeordneten bleiben und bisher die Amtsbezeichnung Bürgermeister oder Zweiter Bürgermeister geführt haben.

§ 35

(1) Allgemeiner Vertreter des Bürgermeisters ist der Erste Beigeordnete. Die übrigen Beigeordneten sind zur allgemeinen Vertretung des Bürgermeisters nur berufen, wenn der Erste Beigeordnete verhindert ist. Die Reihenfolge richtet sich nach ihrem Dienstalter als Beigeordnete der Gemeinde. Der Bürgermeister kann schriftlich eine andere Reihenfolge bestimmen.

(2) Die übrigen Beigeordneten vertreten den Bürgermeister in ihrem Arbeitsgebiete. Der Bürgermeister kann jede Angelegenheit an sich ziehen.

(3) Der Bürgermeister kann auch andere Beamte und Angestellte mit seiner Vertretung in bestimmten Angelegenheiten beauftragen sowie Beigeordnete ermächtigen, solche Aufträge in ihrem Arbeitsgebiete zu erteilen.

I. Amtliche Begründung s. Textausgabe S. 71 72.

II. DurchfVO. (§ 12).

(S. Abdruck des § 12 DurchfVO. bei § 34 DGO.)

III. AusfAnw.

1. Der Erste Beigeordnete als allgemeiner Vertreter des Bürgermeisters vertritt diesen nicht nur in Behinderungsfällen, sondern ständig. Er ist demnach jederzeit berechtigt, in Vertretung des Bürgermeisters für die Gemeinde rechtswirksam zu handeln und zwar auch dann, wenn ihm ein bestimmtes Arbeitsgebiet (§ 35 Abs. 2 DGO. nicht zugewiesen ist. Inwieweit er von dieser gesetzlichen Vertretungsbefugnis Gebrauch machen darf, bestimmt im Innenverhältnisse der Bürgermeister. Eine Überschreitung dieser Anordnung macht den betreffenden Beamten zwar dienststrafrechtlich und u. U. auch zivilrechtlich haftbar; sie berührt aber die Rechtsverbindlichkeit seiner Handlungen für die Gemeinde nicht.

Ein sonstiger Beigeordneter ist zur allgemeinen Vertretung des Bürgermeisters nur berufen, wenn der Erste Beigeordnete verhindert ist. Die Reihenfolge richtet sich dabei grundsätzlich nach dem Dienstalter als Beigeordneter der Gemeinde.

2. Neben der allgemeinen Vertretung des Bürgermeisters kennt § 35 Abs. 2 DGO. eine Vertretung des Bürgermeisters durch bestimmte Beigeordnete im abgegrenzten Geschäftskreise. Diese Vertretungsbefugnis besteht wie die des allgemeinen Vertreters kraft Gesetzes ohne Rücksicht auf die Behinderung des Bürgermeisters. Auch ist sie jedoch im Innenverhältnisse beschränkbar.

Bestimmte Arbeitsgebiete i. S. des § 35 Abs. 2 DGO. werden regelmäßig den hauptamtlichen Beigeordneten übertragen. Es entspricht jedoch dem Willen der Deutschen Gemeindeordnung, daß auch ehrenamtlichen Beigeordneten nach dieser Richtung Gelegenheit zur Mitwirkung in der Gemeindeverwaltung gegeben wird und daß auch ihnen deshalb, soweit möglich, bestimmte Arbeitsgebiete zur eigenverantwortlichen Wahrnehmung übertragen werden. Dabei soll nach dem Geiste des Gesetzes eine klare Verantwortung dadurch geschaffen werden, daß jedes einzelne Arbeitsgebiet nur von einem Beigeordneten geführt wird.

3. Neben der allgemeinen und besonderen Vertretung kraft Gesetzes kann der Bürgermeister auch andere Beamte und Angestellte in bestimmten Angelegenheiten mit seiner Vertretung beauftragen und die Beigeordneten ermächtigen, solche Aufträge in ihrem Arbeitsgebiete zu erteilen. Inwieweit neben der gesetzlich geregelten Vertretung eine derartige Beauftragung erfolgen soll, richtet sich nach den Bedürfnissen der einzelnen Gemeinde.

Neben der Beauftragung von Beamten und Angestellten nach § 35 Abs. 3 DGO. bleibt selbstverständlich auch in Zukunft die Bevollmächtigung sonstiger Personen zur Vornahme von Geschäften des bürgerlichen Rechtsverkehrs für die Gemeinde, insbesondere von Rechtsanwälten, zulässig (vgl. hierzu auch AusfAnw. zu § 36).

4. Im Schriftverkehr bringen die kraft Gesetzes vertretungsberechtigten Beigeordneten unter der Amtsbezeichnung des Bürgermeisters das Vertretungsverhältnis durch den Zusatz „In Vertretung", die sonst nach § 35 Abs. 3 DGO. beauftragten Beamten und Angestellten durch den Zusatz „Im Auftrage" zum Ausdruck.

5. Es wird den Bürgermeistern der größeren Gemeinden dringend empfohlen, zur Sicherstellung einer einheitlichen Verwaltung mit den Beigeordneten regelmäßig gemeinsame Besprechungen abzuhalten. Diese Besprechungen dienen lediglich der Beratung; Beschlüsse werden in ihnen nicht gefaßt.

IV. Anm.

1. Die **Vertretung des Bürgermeisters kraft Gesetzes** ist den Beigeordneten eingeräumt. Dabei ist allgemeine Vertretung und Vertretung in abgegrenzten Geschäftskreisen zu unterscheiden.

a) Die allgemeine Vertretung des Bürgermeisters auf dem gesamten bürgerlich-rechtlichen und öffentlich-rechtlichen Aufgabengebiete des Bürgermeisters steht den Beigeordneten in einer Rangordnung und dabei wiederum unter verschiedenen Voraussetzungen zu.

In der Rangordnung kommt zunächst der Erste Beigeordnete (in Stadtkreisen „Bürgermeister" — § 34 Abs. 2 Satz 1), dann die übrigen Beigeordneten in der vom Bürgermeister schriftlich bestimmten Reihenfolge, bei Mangel einer schriftlichen Regelung in der Reihenfolge des Dienstalters als Beigeordnete.

Die Voraussetzungen für die allgemeine Vertretung sind:

Der Erste Beigeordnete ist ständig zur allgemeinen Vertretung des Bürgermeisters zuständig, ohne Rücksicht auf die Behinderung des Bürgermeisters, die übrigen Beigeordneten sind nur dann zuständig, wenn der Erste Beigeordnete verhindert ist.

Der Erste Beigeordnete kann demnach neben dem Bürgermeister stets rechtswirksam für die Gemeinde handeln. Daß dies zu rechtlich verwickelten Fällen führen kann, wenn gleichzeitig zwei rechtswirksam für einen (die Gemeinde) handeln können, unterliegt keinem Zweifel. Auf der anderen Seite war die bisherige Regelung, wonach die Vertretung des Ersten Beigeordneten auf den Fall der Behinderung des Bürgermeisters abgestellt war, für den Rechtsverkehr wegen des Nachweises der Behinderung des Bürgermeisters ebenfalls Zweifeln und Grenzfragen ausgesetzt. Die Schwierigkeiten der jetzigen Regelung werden dadurch gemindert, daß der Bürgermeister auf jeden Fall durch innere Weisungen dem Ersten Beigeordneten in der Vertretung Beschränkungen auferlegen kann. Daß er auch mit Wirkung nach außen jede Angelegenheit an sich ziehen und sich selbst vorbehalten kann, ist im Gesetze nicht ausgedrückt; denn der § 35 Abs. 2 Satz 2 bezieht sich nur auf die übrigen Beigeordneten. Auch die Amtliche Begründung spricht nur von einer Beschränkbarkeit der Vertretungsbefugnisse im Innenverhältnis. Gegenüber diesem Sachstand ist es zweifelhaft, ob der Führergrundsatz des § 32 gegenüber dem doch dem Bürgermeister nachgeordneten, ihm als Dienstvorgesetzten (§ 37) unterstellten Ersten Beigeordneten soweit durchschlägt, daß der Bürgermeister im einzelnen diese gesetzliche ständige allgemeine Vertretungsbefugnis beschränken kann. Die Frage möchte aber bejaht werden. Zweifelsfrei ist, daß der Bürgermeister jede Erklärung des Ersten Beigeordneten wieder aufheben kann, soweit nicht bereits Rechtswirkungen eingetreten sind. Aber auch darüber hinaus wird der Erste Beigeordnete einem Dritten gegenüber nicht rechtswirksam handeln können, wenn dem Dritten bekanntgegeben ist, daß der Erste Beigeordnete gegen den ausgesprochenen Willen des Bürgermeisters handelt. In größeren Konfliktsfällen bleibt nichts übrig, als von § 112 Gebrauch zu machen.

Die Ausführungen über den Ersten Beigeordneten gelten entsprechend für die übrigen Beigeordneten im Falle der Verhinderung des Ersten Beigeordneten.

b) Die Vertretung im abgegrenzten Geschäftskreise steht jedem Beigeordneten nach Maßgabe der durch den Bürgermeister getroffenen Geschäftsverteilung zu. Die Bestimmung des Umfanges der Vertretungsmacht des einzelnen Beigeordneten liegt daher ganz in der Hand des Bürgermeisters. Er kann den Geschäftskreis ändern. Er kann, ohne den Geschäftskreis zu ändern, mit Wirkung nach innen für die Erledigung der Geschäfte Weisungen geben, die den Beigeordneten binden. Er kann aber auch nach der ausdrücklichen Regelung des Gesetzes jede einzelne Angelegenheit an sich ziehen; soll dadurch die Vertretungsmacht des

Beigeordneten auch nach außen beschränkt werden, so ist es allerdings im Interesse eines klaren Rechtsverkehrs notwendig, daß dieser Vorgang in ähnlicher Weise wie eine Änderung des Geschäftskreises den Beteiligten bekanntgegeben wird.

2. Die **Vertretung des Bürgermeisters kraft Vollmacht** (Auftrags) ist von der Entschließung des Bürgermeisters abhängig. Er kann jeden Beamten und Angestellten in stets widerruflicher Weise mit Vollmachten für bestimmte Angelegenheiten versehen. Er kann auch Beigeordnete ermächtigen, solche Vollmachten in ihrem Geschäftskreis an Beamte und Angestellte zu erteilen (Substitutionsbefugnis). Unter Beamten sind hierbei sowohl die hauptamtlichen wie die Ehrenbeamten, unter Angestellten sind die Angestellten der Gemeinde zu verstehen. Dieser beschränkte Personenkreis gilt für die öffentlich-rechtlichen Angelegenheiten der Gemeinde, für die Selbstverwaltungsangelegenheiten uneingeschränkt, für die staatlichen Auftragsangelegenheiten nur im Rahmen der für die einzelne Auftragsangelegenheit geltenden Regelung. Dabei ist aber zu beachten, daß es öffentlich-rechtliche Aufgaben des Bürgermeisters gibt, die höchstpersönlicher Art und daher nicht nach Ermessen delegierbar sind. Der Bürgermeister kann z. B. mit der Beratung mit den Gemeinderäten nicht einen Angestellten bevollmächtigen.

Im bürgerlichen Rechtsverkehr geht die Befugnis des Bürgermeisters, Vollmachten zu seiner Vertretung zu erteilen, noch weiter. Der Bürgermeister kann auch Privatpersonen (Rechtsanwälte) mit seiner Vertretung in bestimmten Angelegenheiten betrauen. Soweit diese Bevollmächtigten Verpflichtungserklärungen für die Gemeinde abgeben sollen, ist aber die Vorschrift des § 35 Abs. 2 zu beachten; hiernach muß eine solche Vollmacht vom Bürgermeister schriftlich, und zwar unter seiner Amtsbezeichnung handschriftlich unterzeichnet, erteilt werden.

3. Die **Erkennbarkeit des Vertretungsverhältnisses** muß selbstverständlich gegeben sein (vgl. § 164 Abs. 2 BGB.). Im schriftlichen Verkehr ist auch die Art der Vertretungsmacht (ob kraft Gesetzes oder kraft Vollmacht) dadurch auszudrücken, daß im ersten Falle „in Vertretung" (i. V.) und im zweiten Falle „im Auftrage" (i. A.) gezeichnet wird, bei Verpflichtungserklärungen unter der Amtsbezeichnung des Bürgermeisters, wobei stets die Unterschriften zweier vertretungsberechtigter Beamten oder Angestellten erforderlich sind (§ 36 Abs. 2).

4. **Handeln ohne Vertretungsmacht** ist unter sinngemäßer Anwendung der Vorschriften der §§ 177 ff. BGB., soweit es sich um allgemeine Rechtsgrundsätze handelt, zu beurteilen. Hierunter fällt die Überschreitung der Vollmacht eines Beauftragten nach Anm. 2, ferner die Überschreitung der abgegrenzten Vertretungsmacht eines Beigeordneten nach Anm. 1 b, endlich auch das Handeln des allgemeinen Vertreters des Bürgermeisters und der Beigeordneten in ihrem abgegrenzten Geschäftskreise, soweit dem Dritten die gegen-

teilige Regelung des Bürgermeisters ordnungsmäßig bekanntgegeben ist. Die ohne Vertretungsmacht abgegebenen Erklärungen sind genehmigungsfähig (vgl. §§ 177 ff. BGB.).

Handeln ohne Vertretungsmacht, auch Handeln gegen die inneren bindenden Weisungen des Bürgermeisters zieht dienstrechtliche, dienststrafrechtliche und haftungsrechtliche Folgen nach sich.

5. **Verantwortung des Bürgermeisters** für die Auswahl der Bevollmächtigten, den Umfang der Vollmachten usw. fällt unter § 32.

6. Die **Haftung der Gemeinde.** Bürgermeister und Beigeordnete (als Vertreter des Bürgermeisters) sind „verfassungsmäßige Vertreter" der Gemeinde. Für den bürgerlichen Rechtsverkehr gelten daher §§ 89, 31 BGB. Demnach haftet die Gemeinde für den Schaden, den diese verfassungsmäßigen Vertreter einem Dritten zugefügt haben durch eine Handlung, die in Ausführung der ihnen zustehenden Verrichtungen begangen wurde und zum Schadenersatze verpflichtet. Bei Handeln ohne Vertretungsmacht haftet daher die Gemeinde nicht. Im übrigen haftet die Gemeinde im bürgerlichen Rechtsverkehr für ihre gesetzlichen Vertreter nach §§ 278, 231, 823 ff., (nicht § 831), 833, 904 BGB. — Hinsichtlich der übrigen Beamten und Angestellten haftet die Gemeinde auf dem Gebiete des bürgerlichen Rechts wie jede andere Rechtsperson nach den §§ 278, 831 mit 823 BGB. — Auf öffentlich-rechtlichem Gebiete haftet die Gemeinde, wenn der Beamte in Ausübung der öffentlichen Gewalt die ihm einem Dritten gegenüber obliegende Amtspflicht verletzt (§ 839 BGB.), und zwar grundsätzlich im ordentlichen Rechtsweg ohne Vorentscheidung (Art. 131 RV.); dies gilt für Selbstverwaltungsangelegenheiten und auch staatliche Auftragsangelegenheiten (maßgebend ist, bei wem der Beamte im Dienst steht). Die Gemeinde haftet allerdings nur subsidiär, d. h. nur dann, wenn der Geschädigte auf andere Weise nicht Ersatz erhalten kann; hierfür ist der Geschädigte beweispflichtig. Die Ersatzpflicht tritt nicht ein, wenn der Geschädigte ein zulässiges Rechtsmittel (Rechtsbehelfe jeder Art) nicht eingelegt hat. — Neben § 839 BGB. gelten §§ 823, 826 BGB. (mitgeschützt durch § 839 BGB. — JW. 11, 85). Der Umfang der Haftung für unerlaubte Handlungen ergibt sich aus § 842 BGB.; § 254 BGB. ist stets anzuwenden.

§ 36

(1) Der Bürgermeister vertritt die Gemeinde.

(2) Erklärungen, durch die die Gemeinde verpflichtet werden soll, bedürfen der schriftlichen Form. Sie sind unter der Amtsbezeichnung des Bürgermeisters handschriftlich zu unterzeichnen. Im Falle der Vertretung des Bürgermeisters muß die Erklärung durch zwei vertretungsberechtigte Beamte oder Angestellte unterzeichnet werden.

I. Amtliche Begründung s. Textausgabe S. 72—74.

II. AusfAnw.

1. Der Bürgermeister vertritt die Gemeinde sowohl in öffentlich-rechtlicher Hinsicht als auch in Geschäften des bürgerlichen Rechtsverkehrs. Diese Vertretungsbefugnis des Bürgermeisters schließt nicht aus, daß er nach der Regelung der §§ 35 und 36 Abs. 2 DGO. in bestimmten Geschäften vertreten wird.

Zur Vertretung der Gemeinde gehört insbesondere auch die Führung des Schriftverkehrs. Im einzelnen werden hierfür folgende Richtlinien gegeben:

a) Berichte an die Aufsichtsbehörde zeichnet der Bürgermeister oder sein allgemeiner Vertreter. Nur in größeren Gemeinden kann die Zeichnung weniger wichtiger Angelegenheiten den übrigen Beigeordneten im Rahmen ihrer Arbeitsgebiete überlassen bleiben. Berichte an die oberste Aufsichtsbehörde sind stets durch den Bürgermeister selbst zu zeichnen.

b) Im Schriftverkehr mit den Aufsichtsbehörden ist stets der Dienstweg innezuhalten. Diese Anordnung ist von jeder in Frage kommenden Behörde zu beachten.

c) Bei dem Schriftverkehr mit dem Ausland und den ausländischen Vertretungen sind die hierüber bestehenden besonderen Anordnungen zu beachten.

d) Wegen der Vollziehung von Erklärungen, durch die die Gemeinde verpflichtet werden soll, wird auf nachstehende Nr. 2 verwiesen.

2. a) Als Erklärung, durch die die Gemeinde verpflichtet werden soll, ist jede Erklärung anzusehen, die darauf abzielt, eine Verpflichtung einzugehen; es genügt also nicht, daß durch die Erklärung eine Verpflichtung nur als eine nicht bezweckte Nebenfolge eintritt. Dabei ist es gleichgültig, ob die Erklärung öffentlich-rechtlichen Inhalt hat oder ob sie im bürgerlichen Rechtsverkehr abgegeben wird.

Wird eine Gemeinde aus einem Geschäfte zwar belastet, wird dabei aber keine neue Verpflichtung übernommen, wie bei vielen Erfüllungsgeschäften, so findet § 36 Abs. 2 DGO. keine Anwendung.

Abweichend von der bisherigen Rechtsprechung des Reichsgerichts fällt heute jede Verpflichtungserklärung in dem oben umschriebenen Sinne unter die Vorschrift des § 36 Abs. 2 DGO. ohne Ausnahme zugunsten laufender oder geringfügiger Geschäfte.

b) Für jede Erklärung, durch die die Gemeinde verpflichtet werden soll, ist in Zukunft Schriftlichkeit vorgeschrieben. Eine Verletzung dieser Formvorschrift macht die Erklärung nichtig (§ 125 BGB.). Schreiben sonstige Gesetze weitergehende Formen vor, wie z. B. notarielle Beurkundung, so sind über § 36 Abs. 2 DGO. hinaus auch diese Vorschriften zu beachten.

Die Erklärungen müssen unter der Amtsbezeichnung des Bürgermeisters handschriftlich vollzogen werden. Jede Erklärung muß demnach die Amtsbezeichnung des Bürgermeisters tragen. Im Falle der Vertretung des Bürgermeisters ist dabei das Vertretungs- oder das Auftragsverhältnis zum Ausdruck zu bringen.

Die in § 36 Abs. 2 DGO. vorgeschriebene handschriftliche Vollziehung der Erklärung schließt die Verwendung von Namensstempeln sowie die bloße Beglaubigung einer gedruckten Unterschrift auf der Erklärung aus.

c) Für die Unterzeichnung der Erklärung gelten die Vorschriften des § 36 Abs. 2 Satz 2 und 3 DGO. Dabei wird bemerkt, daß auch der allgemeine Vertreter des Bürgermeisters (§ 35 DGO.) eine verpflichtende Erklärung stets nur gemeinsam mit einem sonst vertretungsberechtigten Beamten oder Angestellten unterzeichnen kann. Das gilt auch dann, wenn der Bürgermeister verhindert ist.

d) Wie nach der bisherigen Rechtslage können auch nach der neuen Regelung des § 36 Abs. 2 DGO. Erklärungen im bürgerlichen Rechtsverkehr, durch die eine Gemeinde verpflichtet werden soll, durch einen Bevollmächtigten abgegeben werden. Dieser handelt auf Grund besonderer Vollmacht. Für Verpflichtungserklärungen bedarf die Vollmacht stets der Form des § 36 Abs. 2 DGO. Dabei ist die Ausstellung von Generalvollmachten unzulässig.

III. Anm.

1. Die **Vertretung der Gemeinde** ist kraft Gesetzes Recht und Pflicht des Bürgermeisters, und zwar sowohl auf öffentlich-rechtlichem Gebiet (in Angelegenheiten der Selbstverwaltung und in den der Gemeinde ohne weitere Beschränkung auf einen bestimmten Amtsträger übertragenen staatlichen Auftragsangelegenheiten) wie auf bürgerlich-rechtlichem Gebiete, gerichtlich und außergerichtlich. Die Regelung fließt folgerichtig aus § 32 (Führergrundsatz).

Vertreten heißt für einen anderen rechtswirksam handeln, in seinem Namen und mit Rechtswirkung für ihn Willenserklärungen abgeben und entgegennehmen. Diese generelle Vertretungsmacht für die Gemeinde steht dem Bürgermeister kraft Gesetzes zu. Wenn andere für die Gemeinde rechtswirksam handeln können (s. § 35), so geschieht dies nur, weil sie den Bürgermeister entweder kraft Gesetzes oder kraft Vollmacht vertreten (vgl. hierzu die Ausführungen zu § 35).

Die Vertretungsmacht des Bürgermeisters ist nach verschiedenen Richtungen gesetzlich beschränkt und beschränkbar:

a) seine namens der Gemeinde abgegebenen Willenserklärungen

bedürfen zu ihrer Rechtswirksamkeit in vielen gesetzlich bestimmten Fällen der hinzutretenden Erklärung einer anderen Stelle wie z. B. der Genehmigung der Aufsichtsbehörde oder der Zulassung der Aufsichtsbehörde (vgl. Anm. 2 zu § 8), der Zustimmung des Beauftragten der NSDAP. (s. § 33);

b) die Beigeordneten, insbesondere der Erste Beigeordnete, haben kraft Gesetzes die Befugnis, ihn zu vertreten;

c) die Aufsichtsbehörde kann nach § 111 an Stelle des Bürgermeisters unmittelbar für die Gemeinde rechtswirksam handeln;

d) die Aufsichtsbehörde kann die Vertretungsmacht des Bürgermeisters ganz oder teilweise auf dem Wege des § 112 einem Staatskommissar einräumen; soweit die Vertretungsmacht des Staatskommissars reicht, ist die Vertretungsmacht des Bürgermeisters aufgehoben.

2. Zur **Haftung der Gemeinde** vgl. Anm. 6 zu § 35.

3. Zu den **Verpflichtungserklärungen** vgl. obige Ziff. 2 der AusfAnw. Dazu ist ergänzend zu bemerken:

a) Verpflichtende Erklärungen sind z. B. ein Anstellungsvertrag für Angestellte oder Arbeiter, die Übernahme einer Verpflichtung aus einem Gewährvertrag, ein Mietsvertrag, ein Vertrag über die Belieferung aus einem bürgerlich-rechtlich betriebenen wirtschaftlichen Unternehmen, die Annahme einer fiduziarischen Stiftung unter der Bedingung oder Auflage, daß dem Stifter eine Rente aus dem Stiftungsstammvermögen bezahlt wird, auf öffentlich-rechtlichem Gebiete ferner die Anstellung eines Beamten.

b) Inwieweit Verpflichtungen der Gemeinde, die auf Grund einer Satzung bei Eintritt bestimmter Tatbestände entstehen, überhaupt noch Erklärungen seitens der Gemeinde bedürfen, ist eine ganz andere Frage. Bedarf die Verpflichtung einer Erklärung der Gemeinde, so ist § 35 Abs. 2 maßgebend.

c) Die Form der Schriftlichkeit ist durch § 35 Abs. 2 Satz 2 und 3 bestimmt. Soweit diese Vorschriften von § 126 BGB. abweichen, gehen sie vor. Die Folge des Formmangels ist Nichtigkeit der Verpflichtungserklärung.

d) Zu beachten ist, daß die Aufsichtsbehörde im Falle des § 111 und der Staatskommissar im Falle des § 112 nicht den Bürgermeister, sondern die Gemeinde unmittelbar vertreten. § 35 Abs. 2 Satz 3 gilt daher für sie nicht. Zweifelhaft ist, ob die Aufsichtsbehörde und der Staatskommissar an die Form des § 35 Abs. 2 Satz 2 gebunden sind; nach dem Wortlaute wäre die Frage zu bejahen; es ist jedoch auch hier anzunehmen, daß beide Stellen nicht für den Bürgermeister handeln, sondern kraft unmittelbarer Vertretungsmacht für die Gemeinde, so daß auch Satz 2 (Unterzeichnung unter der Amtsbezeichnung des Bürgermeisters) entfällt. Daß das Verhältnis, für die Gemeinde zu handeln, eindeutig aus der Urkunde hervorgehen muß, ist zweifelsfrei. Die Vorschrift des § 35 Abs. 1 Satz 1 gilt auch für die beiden Stellen.

e) Der allgemeine Vertreter des Bürgermeisters bedarf auch dann der Mitunterschrift eines zweiten Vertretungsberechtigten, wenn überhaupt kein Bürgermeister vorhanden ist.

f) Vertretungsberechtigte Beamte und Angestellte sind die Beigeordneten (im Rahmen ihrer Vertretungsmacht nach § 35 Abs. 1 und 2) und die Beamten und Angestellten (im Rahmen ihrer Vertretungsvollmacht nach § 35 Abs. 3). Für den Fall der Verhinderung des Bürgermeisters ist daher die Vertretungsvollmacht entsprechend zu regeln. „Vertretungsberechtigt" heißt nicht, für irgendeinen Geschäftskreis Vertretungsvollmacht zu haben, sondern Vertretungsbefugnis für den Gegenstand zu haben.

g) Die Vorschrift des § 35 Abs. 2 Satz 3 darf aber im übrigen nicht zu eng ausgelegt werden. Hat der Bürgermeister für einen bestimmten Gegenstand des bürgerlichen Rechtsverkehrs eine schriftliche, von ihm selbst unter seiner Amtsbezeichnung handschriftlich unterzeichnete Vollmacht ausgestellt oder haben zwei vertretungsberechtigte Beamte oder Angestellte eine in der Form des § 35 Abs. 1 Satz 2 und 3 unterzeichnete Vollmacht ausgestellt, so kann dieser Bevollmächtigte allein die schriftliche Verpflichtungserklärung im Rahmen dieser Vollmacht abgeben.

§ 37

Der Bürgermeister ist Dienstvorgesetzter aller Beamten, Angestellten und Arbeiter der Gemeinde. Er stellt sie an und entläßt sie; bei der Anstellung ist der Stellenplan einzuhalten. Rechte des Staates bei der Anstellung und Entlassung von Beamten und Angestellten, die sich aus anderen Gesetzen ergeben, bleiben unberührt.

I. Amtliche Begründung s. Textausgabe S. 74/75.

II. AusfAnw.

1. Der Bürgermeister ist Dienstvorgesetzter aller Beamten, Angestellten und Arbeiter der Gemeinde. Daraus folgt deren Verpflichtung, den Anordnungen des Bürgermeisters Folge zu leisten. Das gilt insbesondere für Anordnungen über die Geschäftsverteilung, den Geschäftsgang, die Festsetzung von Dienststunden usw. Als Dienstvorgesetztem stehen dem Bürgermeister die in den dienststrafrechtlichen Vorschriften vorgesehenen Dienststrafbefugnisse zu; diese Befugnisse übt er im staatlichen Auftrag aus und unterliegt deshalb insoweit dem unbeschränkten Weisungsrechte der Aufsichtsbehörde.

Eine besondere Stellung gegenüber dem Bürgermeister nehmen jedoch die ehrenamtlichen Gemeinderäte insoweit ein, als sie nach Maßgabe der Vorschrift des § 48 DGO. den Bürgermeister eigenverantwortlich zu beraten haben und deshalb insoweit seinen Weisungen nicht unterliegen.

Der Bürgermeister ist als Dienstvorgesetzter ferner für die Erteilung des Urlaubs an die Beamten der Gemeinde zuständig.

Er selbst hat vor einer längeren als dreitägigen Abwesenheit vom Dienstorte der Aufsichtsbehörde Anzeige zu erstatten. Zu einer längeren als achttägigen Abwesenheit bedarf er, wenn ihm ortspolizeiliche Befugnisse zustehen, des Urlaubs der Aufsichtsbehörde. Zugleich mit der Anzeige oder dem Urlaubsgesuch ist der Aufsichtsbehörde Mitteilung über die Person des Vertreters zu machen. Die gleichen Anordnungen gelten für den Beigeordneten, dem an Stelle des Bürgermeisters die Handhabung der Polizei übertragen ist.

2. Der Bürgermeister stellt die Beamten an und entläßt sie. Diese Vorschrift gilt auch dann, wenn die Berufung von Beamten (vgl. §§ 41, 51 DGO.) in einem besonderen Verfahren erfolgt. Auch in diesen Fällen wird die Anstellung durch die Gemeinde selbst bewirkt, die jedoch im Falle des § 41 DGO. nach der dort vorgesehenen ausdrücklichen Vorschrift und ebenso im Falle des § 51 DGO. bei Vorliegen der allgemeinen Voraussetzungen für die berufenen Persönlichkeiten zur Anstellung verpflichtet ist. In den übrigen Fällen ist die Auswahl der Personen, die als Beamte angestellt werden sollen, im Rahmen der geltenden Gesetze ausschließlich Sache des Bürgermeisters.

Die Anstellung erfolgt durch Aushändigung einer Anstellungsurkunde nach den Vorschriften des Reichsgesetzes vom 30. Juni 1933 (RGBl. I S. 433).

Als Anstellungsbehörde bestimmt der Bürgermeister zugleich die Amtsbezeichnungen der gemeindlichen Beamten, soweit die Bezeichnungen nicht im Gesetze selbst festgelegt sind. Hierbei sind neben der reichsrechtlichen Vorschrift des § 9 Kap. I Zweiter Teil der VO. des Reichspräsidenten vom 5. Juni 1931 (RGBl. I S. 279), derzufolge die Gemeinden für ihre Beamten nicht dieselben Amtsbezeichnungen einführen dürfen, die höher zu bewertenden Reichsbeamten zustehen, folgende Grundsätze zu beachten:

a) Amtsbezeichnungen dürfen nur Beamten beigelegt werden. Daraus folgt, daß Angestellte derartige Bezeichnungen sowie solche Bezeichnungen, die zu Verwechslungen mit Amtsbezeichnungen Anlaß geben können, nicht führen dürfen. Das gilt auch für die sog. Dauerangestellten.

b) Soweit Amtsbezeichnungen gesetzlich festgelegt sind, dürfen hiervon abweichende Bezeichnungen nicht verliehen werden. Im übrigen sollen die Amtsbezeichnungen in jedem Falle den Inhalt des betreffenden Amtes zutreffend kennzeichnen und dürfen zu Verwechslungen mit den Bezeichnungen von Staatsbeamten keinen Anlaß geben.

c) Soweit für die Führung von Ratsamtsbezeichnungen besondere landesrechtliche Vorschriften bestehen, bleiben sie in Geltung.

Ebenso wie die Anstellung erfolgt auch der förmliche Akt der Entlassung stets durch die Gemeinde. Als Entlassung in diesem Sinne gilt auch die Versetzung in den Ruhestand, z. B. infolge von Dienstunfähigkeit. Dabei bleiben hinsichtlich der Zulässigkeit der Entlassung neben den besonderen Vorschriften der Deutschen Gemeindeordnung (vgl. z. B. §§ 45, 54) die allgemeinen Vorschriften und Grundsätze maßgebend.

Angestellte und Arbeiter der Gemeinde sind regelmäßig durch schriftlichen Dienstvertrag anzustellen, der nach der Vorschrift des § 36 Abs. 2 DGO. zu vollziehen ist. Für ihre Entlassung sind die bestehenden bürgerlich-rechtlichen und arbeitsrechtlichen Vorschriften maßgebend.

3. Die Vorschrift des § 37 Abs. 2 DGO. verpflichtet die Gemeinden, einen Stellenplan für die hauptamtlichen Beamtenstellen aufzustellen. Dieser Stellenplan ist notwendiger Bestandteil der Haushaltssatzung. Die nähere Regelung bleibt deshalb der Durchf.-VO. nach § 105 DGO. überlassen. Bis zu diesem Zeitpunkte bleiben die insoweit bestehenden landesrechtlichen Vorschriften in Geltung.

III. Anm.

1. Die **Dienstgewalt** des Bürgermeisters umfaßt als Ausfluß seiner ausschließlichen Befugnis zur Verwaltung der Gemeinde (§ 32) den gesamten Dienstkörper der Gemeinde.

a) Der Personenkreis umschließt Beamte, Angestellte und Arbeiter der Gemeinde. Dabei ist festzustellen, daß die Gemeinde Dienstpflichtige auf bürgerlich-rechtlicher und auf öffentlich-rechtlicher Grundlage haben kann. Die auf bürgerlich-rechtlicher Grundlage tätigen Dienstkräfte sind Angestellte und Arbeiter. Die auf Grund öffentlichen Rechts Tätigen sind entweder Beamte, und zwar hauptamtliche oder ehrenamtliche Beamte, oder ehrenamtlich Tätige. Nicht zum Dienstkörper gehören Personen, die auf Grund besonderer öffentlich-rechtlicher Pflichten (als Hand- und Spanndienstpflichtige, auf Grund des Polizeirechts zur Nothilfe Verpflichtete, auf Grund des Fürsorgerechts öffentlich-rechtlich Leistungspflichtige) für die Gemeinde tätig werden müssen. Die übrigen öffentlich-rechtlichen Dienstkräfte sind hauptamtliche Beamte, wenn sie in das Beamtenverhältnis berufen und besoldet werden, ehrenamtliche Beamte, wenn sie in das Beamtenverhältnis berufen, aber nicht besoldet werden, sondern nur Ersatz ihrer Auslagen und des entgangenen Arbeitsverdienstes nach § 27 Abs. 2 erhalten (Ausnahme: ehrenamtliche Bürgermeister, Beigeordnete und Kassenverwalter können eine Aufwandsentschädigung erhalten — § 27 Abs. 1); die übrigen ehrenamtlich Tätigen, die nicht in das Beamtenverhältnis berufen sind, können, wie grundsätzlich auch die Ehrenbeamten, nur Ersatz ihrer Auslagen und des entgangenen Arbeitsverdienstes erhalten (§ 27 Abs. 2).

b) Die materielle Dienstgewalt (Dienstbefehlsgewalt), d. h. das Recht, den Geschäftskreis jedes einzelnen zu bestimmen, in die Geschäftstätigkeit befehlend und ändernd einzugreifen, bindende Weisungen zu erteilen, hat der Bürgermeister, weil ihm alle Vollzugsgewalt in der Gemeinde zukommt (§ 32). Der Bürgermeister kann Befugnisse nach § 35 übertragen.

c) Die formelle Dienstgewalt (Dienstaufsicht), d. h. das Recht, die Amts- und auch die Lebensführung der Dienstpflichtigen, soweit sie von öffentlichem Belang ist, zu überwachen, den geordneten Ablauf der Geschäfte dadurch zu sichern, bei Dienstwidrigkeiten mit Mahnung, Warnung, Ausdruck des Mißfallens, entsprechender Qualifikation einzuschreiten, ferner Dienstbefreiungen zu erteilen, den Urlaub zu regeln, aber auch den Dienstpflichtigen in seiner Geschäftsführung zu schützen (vgl. auch § 196 StGB.), steht ebenfalls dem Bürgermeister zu; er kann sie nach § 35 übertragen.

d) Das Dienststrafrecht steht dem Bürgermeister als staatliche Auftragsangelegenheit (§ 2 Abs. 3) im Rahmen der gesetzlichen Regelung zu. Die Übertragung richtet sich nach dieser sondergesetzlichen Regelung.

e) Das Anstellungs- und Entlassungsrecht (einschließlich der Anstellungshoheit zur Begründung des öffentlich-rechtlichen Beamtenverhältnisses) steht ebenfalls dem Bürgermeister zu. Er kann es nach § 35 übertragen. Abgesehen von sondergesetzlichen Regelungen kann niemand Beamter der Gemeinde auf anderem Weg als durch Anstellung durch den Bürgermeister oder seinen Vertreter werden. Deshalb werden auch die Amtsträger, die durch besonderes Verfahren zu Amtsträgern der Gemeinde berufen werden (§§ 41 und 51), vom Bürgermeister oder seinem Vertreter ernannt (in das Beamtenverhältnis berufen) und, auch wenn ihre Berufung zurückgenommen wird oder wenn sie ausgeschieden werden (§§ 45, 54), von ihm entlassen.

2. Eine **Beschränkung der Dienstgewalt** liegt vor:

a) Bei den Beigeordneten; sie sind kraft Gesetzes Stellvertreter des Bürgermeisters im Rahmen des § 35. Der Bürgermeister kann ihren Geschäftskreis einschränken. Innerhalb des Geschäftskreises sind sie aber kraft Gesetzes Vertreter des Bürgermeisters. Er kann sie im Innenverhältnis mit bindenden Weisungen versehen; nach außen wirkt aber ihre gesetzliche Vertretungsmacht. Der Bürgermeister kann aber auch nach außen eine verbotswidrige Vertretung verhindern: Gegen einen bekanntgegebenen Befehl des Bürgermeisters kann ein Beigeordneter nicht rechtswirksam handeln; dies stünde mit dem Führergrundsatze des § 32 in Widerspruch.

b) Bei den Gemeinderäten und Beiräten. Sie unterstehen bei der Beratung des Bürgermeisters nicht seiner Weisung; sie beraten ihn vielmehr eigenverantwortlich (§ 48).

c) Beamte können mehrere Vorgesetzte haben (ein Staatsbeamter kann z. B. nach § 42 Abs. 2 auch ehrenamtlich Beigeordneter sein). Die Dienstgewalt des Bürgermeisters erstreckt sich natürlich nur so weit, wie das Dienstverhältnis reicht.

d) Der Dienstbefehlsgewalt ist der Dienstpflichtige nicht unterworfen, soweit der Dienstbefehl erkennbar den Strafgesetzen zuwiderläuft.

3. Die **Gehorsamspflicht** des Dienstpflichtigen entspricht dem Befehlsrechte des Bürgermeisters. Bei den bürgerlich-rechtlichen Beschäftigten richtet sich die Gehorsamspflicht nach dem Dienstvertrage. Bei den Beamten besteht allgemeine Gehorsamspflicht mit den aus Anm. 2 ersichtlichen Beschränkungen. Gehorsam gewährleistet allein die organische Führung des Dienstbetriebes. Ungehorsam ist Dienstvergehen, erzeugt außerdem haftungsrechtliche Folgen. Aber nur dem Dienstbefehl steht Gehorsamspflicht gegenüber. Hat der Bürgermeister seine Befehlsgewalt delegiert, so muß der Befehlende und der Befehlsempfänger in dem vom Bürgermeister bei der Delegation bestimmten Verhältnisse stehen. Die materielle Rechtmäßigkeit des Dienstbefehls braucht der Beamte nicht nachzuprüfen (z. B. der Vollstreckungsbeamte braucht nicht zu prüfen, ob die einzelnen Posten des Ausstandsverzeichnisses wirklich alle geschuldet werden). Wohl aber hat er die formelle Rechtmäßigkeit zu prüfen (beim obigen Beispiele: der Vollstreckungsbeamte hat zu prüfen, ob das Ausstandsverzeichnis von einem im allgemeinen zuständigen Beamten ausgeht). — Bei den Beamtenpflichten handelt es sich um höchstpersönliche Pflichten, bei denen Vertretung nur ausnahmsweise zulässig ist.

Die Gehorsamspflicht schließt auch die allgemeine Auskunftspflicht gegenüber dem Vorgesetzten über alle dienstlichen und, soweit das dienstliche Interesse es erfordert, auch über alle außerdienstlichen Angelegenheiten ein.

4. Der **Stellenplan** ist gesetzlich vorgeschrieben. Seine Ausgestaltung unterliegt näherer Regelung der VO. nach § 105 Abs. 2, da der Stellenplan eine notwendige Beilage zum Haushaltsplan bzw. zur Haushaltssatzung nach § 83 ist.

5. Die **Rechte des Staates** bei der Anstellung und Entlassung gemeindlicher Beamten und Angestellten bleiben unberührt, d. h. es sind nicht nur die in der DGO. (§§ 41, 45, 54), sondern auch die sonstigen Vorschriften aufrechterhalten, z. B. für die Anstellung und Entlassung von Polizeibeamten, Lehrpersonal, außerdem die Anstellungsgrundsätze für Versorgungsanwärter (hiernach sind die Gemeinden in aufsichtlich erzwingbarer Weise verpflichtet, bestimmte Beamtenstellen und Arbeitsplätze in einem vorgeschriebenen Hundertsatze vorzugsweise mit Versorgungsanwärtern zu besetzen).

§ 38

Für hauptamtliche Bürgermeister und Beigeordnete gelten die §§ 25 und 26 entsprechend.

I. Amtliche Begründung s. Textausgabe S. 76.

II. Anm.

1. Der **Ausschluß von Amtsgeschäften wegen persönlicher Beteiligung** (§ 25) wird für hauptamtliche Bürgermeister und Beigeordnete, obwohl er als ungeschriebener Rechtssatz, der wohl in das künftige Reichs-Beamtengesetz ausdrücklich aufgenommen wird, bereits gilt, nochmals besonders ausgesprochen.

2. Die **besondere Treupflicht** einschließlich des Verbots der Vertretung Dritter bei Geltendmachung von Ansprüchen gegen die Gemeinde (§ 26) wird auf die hauptamtlichen Bürgermeister und Beigeordneten erstreckt.

Wenn von den sonstigen hauptamtlichen Beamten der Gemeinde keine Rede ist, so deshalb, weil die DGO. die Regelung des Gemeindebeamtenrechts dem Deutschen Beamtengesetz überläßt. Im übrigen: der Ausschluß i. S. von Anm. 1 gilt auch für andere Beamte. Die Beamten, die die Gemeinde niemals *kraft Gesetzes* vertreten können, stehen nicht unter der *besonderen* Treupflicht des § 26. Was die Vertretung der Ansprüche Dritter betrifft, so wird nötigenfalls der Bürgermeister dienstrechtlich dafür sorgen, daß seitens der Beamten unterbleibt, was sich mit dem Treueverhältnis zur Gemeinde nicht vereinbaren läßt.

§ 39

(1) In Gemeinden mit weniger als 10000 Einwohnern sind Bürgermeister und Beigeordnete ehrenamtlich tätig. Die Hauptsatzung kann bestimmen, daß die Stelle des Bürgermeisters oder eines Beigeordneten hauptamtlich verwaltet wird.

(2) In Gemeinden mit mehr als 10000 Einwohnern muß die Stelle des Bürgermeisters oder eines Beigeordneten hauptamtlich verwaltet werden. Die Hauptsatzung bestimmt, welche Stellen außerdem hauptamtlich verwaltet werden.

I. Amtliche Begründung s. Textausgabe S. 76/77.

II. DurchfVO. (§ 13)

(1) Soweit bei Inkrafttreten der Deutschen Gemeindeordnung in Gemeinden mit weniger als 10000 Einwohnern außer der Stelle des Bürgermeisters oder eines Beigeordneten weitere Stellen gleicher

Art hauptamtlich verwaltet werden, verbleibt es hierbei bis zum Ausscheiden der Stelleninhaber.

(2) Soweit bei Inkrafttreten der Deutschen Gemeindeordnung in Gemeinden mit mehr als 10000 Einwohnern weder die Stelle des Bürgermeisters noch die eines Beigeordneten hauptamtlich verwaltet wird, kann die ehrenamtliche Verwaltung der Stellen bis zu ihrer Neubesetzung nach § 41 der Deutschen Gemeindeordnung beibehalten werden.

III. AusfAnw.

1. § 39 Abs. 1 DGO. geht für die Gemeinden mit weniger als 10000 Einwohnern von dem Grundsatze der ehrenamtlichen Verwaltung der Bürgermeister- und Beigeordnetenstellen aus. Soll in einer solchen Gemeinde von diesem Grundsatz abgewichen werden, so bedarf es einer besonderen Regelung in der Hauptsatzung. Auch auf diesem Weg ist jedoch stets nur die Einrichtung einer hauptamtlichen Bürgermeister- oder Beigeordnetenstelle zulässig. Nicht berührt wird durch § 39 Abs. 1 DGO. die Möglichkeit, nachgeordnete Beamte (z. B. Sekretäre, Kassenbeamte, Vollziehungsbeamte) hauptamtlich anzustellen.

Die Frage, inwieweit sich in Gemeinden mit weniger als 10000 Einwohnern die Einrichtung der Stelle eines hauptamtlichen Bürgermeisters oder Beigeordneten empfiehlt, richtet sich nach Lage des Einzelfalles. Dabei wird für Gemeinden mit weniger als 3000 Einwohnern im Regelfalle davon auszugehen sein, daß in ihnen die Einrichtung einer solchen Stelle nur bei ganz besonderen Verhältnissen am Platz ist. Derartige besondere Fälle können sowohl in der Eigenart der Gemeinde, z. B. als Kurort, als auch in dem nach dem weitergeltenden Landesrecht umfangreichen und schwierigen Aufgabenbereiche des Bürgermeisters (z. B. Besorgung der Geschäfte der freiwilligen Gerichtsbarkeit) liegen.

Die erforderlichen Übergangsvorschriften sind in § 13 der Ersten DurchfVO. getroffen. Hierzu wird bemerkt:

a) Nach § 13 der Ersten DurchfVO. bleiben auch in Gemeinden mit weniger als 10000 Einwohnern die bei Inkrafttreten der Deutschen Gemeindeordnung im Amte befindlichen hauptamtlichen Bürgermeister und Beigeordneten im Amte. Das gilt auch dann, wenn zur Zeit mehr als eine Stelle der genannten Art hauptamtlich besetzt ist.

b) Wird in der Hauptsatzung eine Regelung nach § 39 Abs. 1 Satz 2 DGO. nicht getroffen, so scheiden die derzeitigen hauptamtlichen Stelleninhaber nach dem Ablauf ihrer Amtszeit aus dem Amte. Ihre Stellen sind alsdann ehrenamtlich zu besetzen.

c) Wird in der Hauptsatzung eine Regelung dahin getroffen, daß auch in Zukunft die Stelle des Bürgermeisters oder eines Beigeordneten hauptamtlich verwaltet werden soll, so sind andere zur Zeit noch hauptamtlich verwaltete Stellen dieser Art mit dem Ausscheiden der Stelleninhaber ehrenamtlich zu besetzen.

2. Abweichend von den Grundsätzen des § 39 Abs. 1 DGO. ist in Abs. 2 für Gemeinden mit mehr als 10000 Einwohnern die hauptamtliche Verwaltung der Stelle des Bürgermeisters oder eines Beigeordneten zwingend vorgeschrieben. Da jedoch auch insoweit nach § 13 der Ersten DurchfVO. im Amte stehende ehrenamtliche Amtsträger in ihren Ämtern verbleiben, bleibt dieser Zustand zunächst bis zum Freiwerden der Stellen bestehen, die in Zukunft hauptamtlich verwaltet werden sollen.

3. Bei der Bemessung der Zahl der sonstigen hauptamtlichen Stellen (§ 39 Abs. 2 Satz 2 DGO.) sind die Grundsätze sparsamer und wirtschaftlicher Gemeindeverwaltung besonders zu beachten. Die Zahl darf schon aus diesen Gründen das unbedingt erforderliche Maß nicht überschreiten. Sie ist aber auch aus dem Grunde möglichst niedrig zu halten, weil nur so eine übersichtliche und straffe Geschäftsführung in der Gemeindeverwaltung gesichert ist. Dieses Ziel wird sich aber nur dann erreichen lassen, wenn bei der Berufung der betreffenden Beamten an ihre Eignung, Sachkunde und Leistungsfähigkeit ganz besondere Anforderungen gestellt werden.

IV. **Anm.**

1. Der **ehrenamtlichen Verwaltung** der Gemeinde gibt das Gesetz für den Regelfall den Vorzug (vgl. Einleitung des Allgemeinen Teils der Amtlichen Begründung, s. S. 2: Es wird an der vorzugsweise ehrenamtlichen Verwaltung der Gemeinde festgehalten). Von den rund 51000 deutschen Gemeinden haben rund 47000 weniger als 2000 Einwohner, rund 43000 weniger als 1000 Einwohner, nahezu 29000 Gemeinden weniger als 500 Einwohner. Schon nach dem Maßstabe dieser Größenordnungen erscheint das Prinzip berechtigt. Außerdem hängt die Existenz der Selbstverwaltung überhaupt hiermit zusammen. Die Verbeamtung i. S der besoldeten Amtsführung gefährdet einen Grundzug des Wesens der Selbstverwaltung. Dies braucht keineswegs abzuhalten, fachlich geschulte Dienstkräfte dort anzustellen, wo ein Bedürfnis hierfür gegeben ist; jedoch für die L e i t u n g der Gemeinde ist der Grundsatz entscheidend. Es gibt nach den Verhältnissen jeder auch über kleine Verhältnisse hinausgehenden Gemeinde eine natürliche Grenze, bis zu der es zweckmäßiger ist, daß der Leiter der Gemeinde die Verwaltung ehrenamtlich — falls nötig, mit hauptamtlichen Dienstkräften — führt; die Volksverbundenheit der Verwaltung, die dauernde Fühlung des selbst im bürgerlichen Leben stehenden Bürgermeisters mit den Verhältnissen seiner Mitbürger, die in kürzeren Zeitabständen zulässige und leichtere Erneuerungsmöglichkeit der Verwaltung, ohne jeweils die Existenz des Amtsträgers zu gefährden und ohne die Gemeinde mit Versorgungslasten zu überbürden, legen

dies nahe, vorausgesetzt, daß eine Führerpersönlichkeit hierfür vorhanden ist, die selbständig genug ist, um auch die bei größeren Gemeinden nötigen fachlichen Dienstkräfte leiten zu können. Geht die Größe der Gemeinde über 2000 Einwohner, so ist die Verwaltung zwar umfangreicher und schwieriger, aber auch die Auswahlmöglichkeit für die Berufung des Bürgermeisters entsprechend größer. Erst wenn die gemeindlichen Aufgaben über die Kräfte eines im bürgerlichen Leben stehenden, dazu nicht fachlich geschulten, sondern auf seine Lebenserfahrung und seinen gesunden Menschenverstand gestellten Mannes hinausgehen, soll der Leiter selbst hauptamtlicher Amtsträger sein. Das Gesetz nimmt die Grenze bei 10000 Einwohnern. In der Praxis wird die Grenze, die auch vom Gesetze nicht starr vorgeschrieben ist, häufig tiefer gelegt werden. Die Ausf.-Anw. nennt eine weitere Grenze (3000 Einwohner), die keinesfalls ohne besonderen Grund unterschritten werden soll.

2. Die **hauptamtliche Verwaltung** schreibt das Gesetz für Gemeinden mit mehr als 10000 Einwohnern in der Weise vor, daß ein Amtsträger (entweder der Bürgermeister oder ein Beigeordneter — es braucht nicht der Erste Beigeordnete zu sein —) hauptamtlich sein muß.

Der Unterschied von Abs. 1 und 2 ist auch in formeller Hinsicht zu beachten: Die hauptamtliche Verwaltung einer (und nur einer) Stelle (entweder des Bürgermeisters oder eines Beigeordneten) kann in Gemeinden bis zu 10000 Einwohnern in der Hauptsatzung vorgesehen werden; ist sie nicht vorgesehen, so müssen Bürgermeister- und Beigeordnetenstellen ehrenamtlich besetzt werden. In Gemeinden mit mehr als 10000 Einwohnern braucht in der Hauptsatzung an sich nicht vorgesehen zu werden, daß wenigstens eine Amtsträgerstelle hauptamtlich verwaltet wird. Da aber vorgeschrieben werden muß, welche Stelle (die des Bürgermeisters oder eines Beigeordneten) hauptamtlich verwaltet werden soll, läuft es auf das gleiche hinaus. Wenn mehr als eine Amtsträgerstelle hauptamtlich verwaltet werden soll, muß es die Hauptsatzung vorsehen; sonst müssen sie ehrenamtlich verwaltet werden.

3. Zum **Unterschied zwischen „ehrenamtlich" und „hauptamtlich"** vgl. Anm. 1 und 2 zu § 22.

4. Auf die **hauptamtliche Besetzung sonstiger Dienststellen** hat § 39 keinerlei Bezug. Die Einrichtung solcher Stellen und ihre Besetzung ist Sache des Bürgermeisters unter Beachtung der haushaltsrechtlichen und besoldungsrechtlichen Vorschriften sowie der Vorschriften über den Stellenplan (§ 36).

5. Auf **Stadtkreise** i. S. der DGO. (s. Anm. 6 zu § 32) hat die Vorschrift ebenfalls keinen Bezug; insoweit gilt § 40.

6. Die **Überleitung** regelt § 13 DurchfVO. Hiernach verbleibt es hinsichtlich der jetzigen Stelleninhaber beim jetzigen Stand; im einzelnen vgl. die obige AusfAnw.

7. Die **Verletzung dieser Vorschriften** kann kaum vorkommen, da

zum Berufungsverfahren nach § 41 auch die Frage der Ehren- oder Hauptamtlichkeit gehört. Würde die Besetzung entgegen dem Ausspruche der hiernach zuständigen Stellen erfolgen, so kann die Aufsichtsbehörde nach § 109 vorgehen. Die Rechtsgültigkeit der Amtshandlungen wird durch die Verletzung der Vorschrift nicht berührt.

§ 40

In Stadtkreisen muß der Bürgermeister oder der Erste Beigeordnete hauptamtlich angestellt sein und die Befähigung zum Richteramt oder zum höheren Verwaltungsdienst haben. Die Aufsichtsbehörde kann Ausnahmen zulassen. Die Hauptsatzung kann auch für andere hauptamtlich verwaltete Stellen, insbesondere für die Stelle des Stadtkämmerers, eine besondere Vorbildung vorschreiben.

I. Amtliche Begründung s. Textausgabe S. 78.

II. AusfAnw.

1. Allgemeine Voraussetzung für die Berufung zum ehrenamtlichen oder hauptamtlichen Beigeordneten ist, daß der Bewerber die Voraussetzungen des § 19 Abs. 1 DGO. erfüllt. Dabei besteht für hauptamtliche Bürgermeister und Beigeordnete jedoch hinsichtlich des Erfordernisses der einjährigen Wohndauer eine Ausnahme (§ 19 Abs. 2 DGO.). Daneben ist allgemeine Voraussetzung, daß der Bewerber nach den beamtenrechtlichen Vorschriften in ein derartiges Amt berufen werden kann. Maßgebend sind insoweit insbesondere die Vorschriften des Reichsgesetzes vom 30. Juni 1933 (RGBl. I S. 433). Nach diesen Vorschriften muß der Bewerber die Gewähr dafür bieten, daß er jederzeit rückhaltlos für den nationalsozialistischen Staat eintritt. Er muß ferner die für seine Laufbahn vorgeschriebene oder übliche Vorbildung oder sonstige besondere Eignung besitzen. Des weiteren ist eine Berufung stets ausgeschlossen, wenn der Bewerber nichtarischer Abstammung oder mit einer Person nichtarischer Abstammung verheiratet ist.

a) Der Bewerber muß nicht nur die Gewähr dafür bieten, daß er jederzeit rückhaltlos für den nationalsozialistischen Staat eintritt, sondern daß er darüber hinaus an führender Stelle die Ziele dieses Staates unterstützt und fördert. Es ist nicht Bedingung, daß er Mitglied der NSDAP. oder einer ihrer Gliederungen ist.

b) In das Amt eines leitenden Gemeindebeamten können nur solche Personen berufen werden, die in fachlicher Beziehung zur Bekleidung eines derartigen Amtes voll befähigt sind, insbesondere die vorgeschriebene oder übliche Vorbildung oder sonstige besondere Eignung besitzen und die Gewähr für sorgsame Finanzwirtschaft in der Gemeinde bieten. Im einzelnen ist hierbei nach den reichsrechtlichen Vorschriften folgendes zu beachten:

aa) Der Bewerber besitzt die für seine Berufung vorgeschriebene Vorbildung, wenn er die durch Gesetz (vgl. z. B. § 40 DGO.) oder Verwaltungsanordnung bestimmten Voraussetzungen erfüllt.

bb) Der Bewerber besitzt die übliche Vorbildung, wenn er diejenigen Voraussetzungen erfüllt, die für die Laufbahn in der Regel als ausreichend angesehen werden.

cc) Er besitzt für das ihm zu übertragende Amt eine sonstige Eignung, wenn er auf Grund seiner früheren theoretischen oder praktischen Betätigung sowie auf Grund der Lauterkeit seiner Gesinnung und Handlungen für das Amt eine besondere Eignung mitbringt (vgl. zu § 2 Nr. 3 der Dritten VO. zur Durchführung des Gesetzes zur Wiederherstellung des Berufsbeamtentums vom 6. Mai 1933 — RGBl. I S. 245).

Die Frage, ob diese Voraussetzungen gegeben sind, kann nur nach Lage des einzelnen Tatbestandes beantwortet werden, ist aber stets sorgfältiger Prüfung zu unterziehen. In den Fällen, in denen der Bewerber die vorgeschriebene oder übliche Vorbildung nicht besitzt, muß stets verlangt werden, daß er eine mehrjährige Erfahrung im öffentlichen Dienste mitbringt. Dieser Erfahrung kann eine Bewährung im Kampfe in der nationalsozialistischen Bewegung an führender Stelle gleichgestellt werden.

c) Für den Nachweis der arischen Abstammung der für ein solches Amt in Aussicht genommenen Personen und ihrer Ehegatten sind die Richtlinien des Reichsministers des Innern vom 8. August 1933 (RGBl. I S. 575) maßgebend.

2. Weitergehende Voraussetzungen sind für die Berufung in die Stelle des Bürgermeisters oder des Ersten Beigeordneten in Stadtkreisen vorgeschrieben.

a) Anders als in sonstigen Gemeinden mit mehr als 10000 Einwohnern muß in Stadtkreisen die Stelle des Bürgermeisters oder Ersten Beigeordneten, nicht die eines beliebigen Beigeordneten, hauptamtlich verwaltet werden.

b) In Stadtkreisen muß der Bürgermeister oder der Erste Beigeordnete die Befähigung zum Richteramt oder zum höheren Verwaltungsdienste besitzen. Dabei regeln sich die Voraussetzungen der Befähigung zum höheren Verwaltungsdienste nach dem Landesrechte (vgl. z. B. das Preuß. Gesetz vom 10. August 1906, GS. S. 378, in der Fassung vom 8. Juli 1920, GS. S. 388). Wo derartige Vorschriften nicht bestehen, muß der Bewerber die Befähigung zum Richteramte besitzen (vgl. hierzu §§ 2 ff. des Gerichtsverfassungsges. vom 27. Januar 1877, RGBl. S. 41, in der Fassung der Bekanntmachung vom

22. März 1924, RGBl. I S. 299). Wer nach den Vorschriften eines Landes die Befähigung zum höheren Verwaltungsdienste besitzt, erfüllt damit auch in jedem anderen Lande die Voraussetzungen des § 40 Satz 1 DGO.

Die Aufsichtsbehörde kann nach § 40 Satz 2 DGO. von jeder der genannten Voraussetzungen Ausnahmen zulassen. Dabei dürfen Ausnahmen von der Voraussetzung unter b jedoch nur dann ausgesprochen werden, wenn bei Berücksichtigung der sonstigen Eignung des Bewerbers die unbedingte Gewähr für eine gleich gute Verwaltung der Stelle besteht.

3. § 40 Satz 3 DGO. überläßt es im übrigen der Hauptsatzung, für andere hauptamtlich verwaltete Stellen eine besondere Vorbildung vorzuschreiben. Dabei wird insbesondere die Stelle des Stadtkämmerers wegen ihrer besonderen Bedeutung für eine geordnete Finanzwirtschaft hervorgehoben. Als geeignete Vorbildung für den Stadtkämmerer ist regelmäßig nur eine ausreichende Hochschulbildung (z. B. Befähigung zum Richteramt oder höheren Verwaltungsdienst, Dipl.-Prüfung für Volkswirte) oder eine langjährige praktische Tätigkeit in der Gemeinde auf dem Gebiete der Gemeindefinanzen anzusehen.

4. Soweit in Stadtkreisen (vgl. hierzu § 11 der Ersten DurchfVO.) die Voraussetzungen des § 40 Satz 1 DGO. zur Zeit ihres Inkrafttretens nicht erfüllt sind, bleiben die derzeitigen Stelleninhaber nach §§ 10, 12 der Ersten DurchfVO. im Amte.

III. Anm.

1. Zu dem Begriffe „**Stadtkreis**" vgl. Anm. 6 zu § 32. Es handelt sich um Stadtkreise i. S. der DGO. (§ 11 DurchfVO.). — Zu bemerken ist, daß sich die Ziff. 1 der AusfAnw. nicht nur auf Stadtkreise, sondern auch auf andere Gemeinden bezieht. Dazu ist ergänzend anzufügen, daß Bürgermeister und Beigeordnete stets in das Beamtenverhältnis (hauptamtlich oder ehrenamtlich) durch Anstellungsurkunde zu berufen sind. Sie müssen daher die rechtliche Fähigkeit zur Bekleidung eines öffentlichen Amtes haben. Diese Eigenschaft kann durch Verlust der bürgerlichen Ehrenrechte, durch Aberkennung der Fähigkeit zur Bekleidung eines öffentlichen Amtes verloren gegangen sein (§§ 31 ff. StGB.). Aber auch die dienststrafrechtliche Entfernung aus dem Dienste bildet einen Ausschlußgrund für jede Ernennung zum Beamten, wenn nicht hiervon im Wege der Begnadigung Befreiung erfolgt ist.

2. Der Ausdruck „**Bürgermeister**" in § 40 soll den Oberbürgermeister (§ 32 Abs. 2), der Ausdruck „Erster Beigeordneter" den Bürgermeister (§ 34 Abs. 2) bezeichnen. Das Gesetz hält durchgehend an der Bezeichnung Bürgermeister für den Leiter jeder Gemeinde fest, hat also die Stelle, nicht die Amtsbezeichnung im Auge. Für den Ersten Beigeordneten gilt dasselbe.

3. Die **Befähigung zum Richteramte** beurteilt sich nach dem Gerichtsverfassungsgesetz (i. d. F. der Bekanntmachung vom 22. März 1924 — RGBl. I S. 299).

4. Zur **Überleitung** vgl. Ziff. 4 AusfAnw.

§ 41

(1) Die Stellen hauptamtlicher Bürgermeister und Beigeordneter sind vor der Besetzung von der Gemeinde öffentlich auszuschreiben. Die bei der Gemeinde eingegangenen Bewerbungen sind dem Beauftragten der NSDAP. zuzuleiten. Dieser schlägt nach Beratung mit den Gemeinderäten in nichtöffentlicher Sitzung bis zu drei Bewerber vor. Bei Stellen von Beigeordneten hat er vorher dem Bürgermeister Gelegenheit zur Stellungnahme zu geben.

(2) Der Beauftragte der NSDAP. übermittelt seine Vorschläge mit allen Bewerbungen

1. bei Stellen von Bürgermeistern, Ersten Beigeordneten und Stadtkämmerern in Stadtkreisen mit mehr als 100 000 Einwohnern durch die Aufsichtsbehörde dem Reichsminister des Innern,
2. bei Stellen anderer Beigeordneter in Stadtkreisen mit mehr als 100 000 Einwohnern und bei Stellen von Bürgermeistern und Beigeordneten in den übrigen Stadtkreisen durch die Aufsichtsbehörde dem Reichsstatthalter,
3. bei Stellen von Bürgermeistern und Beigeordneten in kreisangehörigen Städten durch die Aufsichtsbehörde der oberen Aufsichtsbehörde, in den übrigen Gemeinden der Aufsichtsbehörde.

(3) Erklärt sich die nach Abs. 2 zuständige Behörde mit der Berufung eines der vorgeschlagenen Bewerber einverstanden, so ernennt die Gemeinde diesen Bewerber. Anderenfalls sind neue Vorschläge einzureichen. Erklärt sich die zuständige Behörde auch mit diesen Vorschlägen nicht einverstanden, so beruft sie den Bewerber, den die Gemeinde zu ernennen hat. Das gleiche gilt, wenn innerhalb einer von der zuständigen Behörde bestimmten Frist ein Vorschlag nicht gemacht wird.

(4) Stellen ehrenamtlicher Bürgermeister und Beigeordneter brauchen nicht ausgeschrieben zu werden. Auch für hauptamtliche Stellen kann die nach Abs. 2 zuständige Behörde zulassen, daß die Ausschreibung unterbleibt. Im übrigen gelten die Vorschriften der Absätze 1 bis 3 entsprechend.

(5) Bis zur Erklärung des Einverständnisses der nach Abs. 2 zuständigen Behörde ist über die Vorschläge Verschwiegenheit zu wahren.

I. **Amtliche Begründung** s. Textausgabe S. 80/81.

II. **AusfAnw.**

1. § 41 DGO. sieht grundsätzlich eine öffentliche Ausschreibung der Stellen von hauptamtlichen Bürgermeistern und Beigeordneten durch die Gemeinde vor. Ausnahmen hiervon sind nach § 41 Abs. 4 nur in besonderen Fällen zulässig, wenn z. B. die Wiederberufung eines Stelleninhabers in Aussicht genommen ist. Anders als bei hauptamtlichen Stellen ist für ehrenamtliche Stellen eine Ausschreibung nicht vorgeschrieben.

Für die Ausschreibung der Stellen werden den Gemeinden folgende Richtlinien gegeben:

a) Die Ausschreibung hat im Falle des regelmäßigen Ablaufs der Amtszeit spätestens 6 Monate vor dem Ablauf, in außerordentlichen Erledigungsfällen unverzüglich zu erfolgen.

b) Die Ausschreibung muß enthalten:

aa) die genaue Bezeichnung der freiwerdenden oder freien Stelle;

bb) die Bezeichnung der an den Bewerber zu stellenden sachlichen Anforderungen nach Maßgabe der gesetzlichen Vorschriften, der Anforderungen dieser Ausführungsanweisung und der besonderen Bedürfnisse der Gemeinde;

cc) die Besoldung der Stelle nach der gemeindlichen Besoldungsordnung;

dd) die Angabe, inwieweit Nebenämter oder Nebenbeschäftigungen übernommen werden müssen oder übernommen werden dürfen und inwieweit hierfür eine Entschädigung belassen wird;

ee) die Mitteilung, welche Bewerbungsunterlagen einzureichen sind. Stets zu verlangen sind dabei ein ausführlicher Lebenslauf, Belege über die bisherige Tätigkeit unter Beifügung beglaubigter Zeugnisabschriften, der Nachweis der arischen Abstammung für den Bewerber und seine Ehefrau und die Beifügung eines Lichtbildes;

ff) die Bezeichnung der Stelle, an die Bewerbungen innerhalb eines Monats vom Tage der Veröffentlichung der Ausschreibung ab zu richten sind. Als solche ist stets der Bürgermeister, wenn es sich um die Stelle des Bürgermeisters handelt, sein allgemeiner Vertreter zu bezeichnen. Dabei ist darauf hinzuweisen, daß persönliche Vorstellungen bei diesem oder bei den für die Berufung zuständigen Stellen ohne besondere Aufforderung zwecklos sind;

gg) das Datum der Ausschreibung.

Die Ausschreibung ist von dem Bürgermeister oder, wenn die Stelle des Bürgermeisters selbst ausgeschrieben wird, von seinem allgemeinen Vertreter zu unterzeichnen.

Im Interesse einheitlicher Handhabung wird den Gemeinden für die Ausschreibung die Benutzung des folgenden Musters empfohlen:

„Die Stelle des (Oberbürgermeisters, Bürgermeisters, Beigeordneten usw.) der (Stadt, Gemeinde usw.) ....., ... Einwohner, Kreis ....., Regierungsbezirk ....., soll mit Wirkung vom ..... (bzw. sofort) neu besetzt werden.

Der Bewerber muß die Voraussetzungen für die Bekleidung eines gemeindlichen Ehrenamtes erfüllen, die Gewähr dafür bieten, daß er jederzeit rückhaltlos für den nationalsozialistischen Staat eintritt und arischer Abstammung und im Falle seiner Verheiratung mit einer Person arischer Abstammung verheiratet ist. Er muß ferner (z. B. die Befähigung zum höheren Verwaltungsdienst, eine ausreichende Hochschulbildung, die erforderliche Vorbildung oder besondere Eignung) für sein Amt besitzen. Besoldung nach Gruppe ..... der Besoldungsordnung — das ist die Gruppe ..... der Reichsbesoldungsordnung — Ortsklasse ..... Der ..... muß (darf) als (kein) Nebenamt (Nebenbeschäftigung) zugleich die Stelle eines ...... gegen (ohne) Entschädigung von *RM* ..... jährlich ausüben.

Den Bewerbungen sind ein ausführlicher Lebenslauf, Belege über die bisherige Tätigkeit unter Beifügung beglaubigter Zeugnisabschriften und über die politische Einstellung, der Nachweis der arischen Abstammung für den Bewerber und seine Ehefrau und ein Lichtbild beizufügen. Sie sind innerhalb eines Monats vom Tage der Veröffentlichung ab an den Bürgermeister (Oberbürgermeister, Ersten Beigeordneten) zu richten.

Persönliche Vorstellungen bei dem Unterzeichneten und bei den für die Berufung zuständigen Stellen sind ohne besondere Aufforderung zwecklos.

Ort, Datum.
Amtsbezeichnung.
Unterschrift.
(In Schreibmaschinenschrift wiederholt.)"

Die Ausschreibung kann daneben Hinweise auf den besonderen Charakter der Gemeinde, z. B. als Kur- oder Badeort, enthalten und demgemäß besondere Anforderungen an die Person des Bewerbers vorschreiben. Ebenso können bei der Besoldungsregelung bei Vorliegen der Voraussetzungen weitere Angaben, z. B. über die Höhe einer Aufwandsentschädigung oder über eine zur Verfügung stehende Dienstwohnung, aufgenommen werden.

c) Die Ausschreibung erfolgt auf Kosten der Gemeinde im Amtsblatte der zuständigen obersten Landesbehörde und ferner in der für öffentliche Bekanntmachungen der Gemeinde geltenden Form. Daneben ist es der Gemeinde überlassen, die Veröffentlichung auch noch in anderen Zeitungen und Zeitschriften zu veranlassen.

2. Die Berufung, d. h. die Auslese der hauptamtlichen und ehrenamtlichen Bürgermeister und Beigeordneten, kommt im Zusammenwirken zwischen dem Beauftragten der NSDAP. und der in § 41 Abs. 2 DGO. genannten Behörde zustande. Dabei wird hinsichtlich des Vorschlagsrechts des Beauftragten klargestellt, daß die Gemeinderäte nach § 41 Abs. 1 Satz 3 zwar auf Ladung des Bürgermeisters (§ 56 Abs. 1 DGO.), aber unter dem Vorsitze des Beauftragten zur Beratung zusammentreten. An dieser Beratung nimmt der Bürgermeister teil, wenn es sich um die Berufung eines Beigeordneten handelt, nicht auch dann, wenn es sich um die Besetzung der Bürgermeisterstelle handelt. Die Beigeordneten nehmen an der Beratung in keinem Falle teil.

3. Der Vorschlag des Beauftragten der NSDAP. wird der nach Abs. 2 zuständigen Behörde über die Aufsichtsbehörde der Gemeinde vorgelegt. Dabei hat in den Fällen des § 40 Satz 2 DGO. die Aufsichtsbehörde vor Weiterleitung des Vorschlages gegebenenfalls über die Zulassung einer Ausnahme von den besonderen Voraussetzungen für eine Berufung in Stadtkreisen zu befinden.

4. Den in § 41 Abs. 2 genannten nachgeordneten Behörden wird zur besonderen Pflicht gemacht, ihr Einverständnis zu einem Vorschlag erst auszusprechen, wenn sie sich auch durch persönliche Fühlungnahme über die Persönlichkeit und die Eignung des in Aussicht genommenen Bewerbers unterrichtet haben. Soweit der Reichsminister des Innern hiernach zuständig ist, wird er in der gleichen Weise verfahren.

5. Die Anstellung der in dem Verfahren nach § 41 DGO. berufenen Beamten ist Sache der Gemeinde; diese ist zur Anstellung jedoch verpflichtet und kann hierzu mit den Mitteln der Staatsaufsicht veranlaßt werden. Die Anstellung erfolgt durch Aushändigung einer Anstellungsurkunde nach den Vorschriften des Reichsgesetzes vom 30. Juni 1933 (RGBl. I S. 433). Im Interesse einheitlicher Handhabung wird den Gemeinden empfohlen, hierbei folgendes Muster zu verwenden:

„Auf Grund des Erlasses des (Reichsministers des Innern, Reichsstatthalters, Regierungspräsidenten, Landrates usw.) vom .... wird der .... hiermit unter Berufung in das Beamtenverhältnis mit Wirkung vom ...... zum (hauptamtlichen, ehrenamtlichen) .... der Stadt (Gemeinde) .... ernannt.

Ort, Datum.

Der Bürgermeister."

(Falls er nicht selbst die Urkunde unterzeichnet, ist sie in der Form des § 36 Abs. 2 Satz 2 und 3 DGO. zu vollziehen).

Der in der Anstellungsurkunde genannte Tag ist für den Beginn der Amtszeit maßgebend. Im Falle der Wiederberufung eines Stelleninhabers ist stets eine neue Anstellungsurkunde auszuhändigen.

Ebenso wie die Anstellung ist auch die Regelung der Anstellungsbedingungen Sache der Gemeinde. Diese Regelung muß mit den Ausschreibungsbedingungen in Einklang stehen, soweit nicht die nach § 41 Abs. 2 DGO. zuständige Stelle nach dieser Richtung hin die Berufung an bestimmte Maßgaben geknüpft hat.

6. Alle bei der Berufung beteiligten Stellen werden im Interesse eines nach jeder Richtung hin unbeeinflußten Berufungsverfahrens auf die Vorschrift des § 41 Abs. 5 DGO. besonders hingewiesen.

III. Anm.

1. Das **Berufungsverfahren für Bürgermeister und Beigeordnete** — für die beiden Arten von Amtsträgern (für Bürgermeister und Beigeordnete) grundsätzlich gleichartig — stellt in der Gemeindeverfassung eine neuartige, aber innerlich begründete, folgerichtige Konstruktion insofern dar, als hier Partei, Staat und Gemeinde zusammenwirken, um den Leiter der Gemeinde und seine ihn kraft Gesetzes vertretenden Mitarbeiter zu kreieren: Die Initiative steht dem Beauftragten der Partei zu, er schaltet die Amtsträger der örtlichen Gemeinschaft mit ein. Die staatliche Behörde ist in Form der Zustimmung mitbefaßt mit dem gesetzlichen Auftrage, für einen positiven Abschluß des Ausleseverfahrens zu sorgen. Die Gemeinde hat auf Grund ihrer Anstellungshoheit für alle ihre Beamten das Recht, aber auch die Pflicht, den berufenen Amtsträger durch Anstellung zu ihrem Organ und Beamten zu machen. — Die Gründe hierfür sind in Nr. 1 des Allgemeinen Teils der Begründung (s. S. 2 ff.) sowie in der Einzelbegründung (s. oben I) dargelegt.

2. Der **Beginn des Verfahrens**, bei regelmäßigem Ablaufe der Amtszeit des Amtsträgers spätestens 6 Monate vor dem Ablaufe — bei außerordentlicher Erledigung der Stelle (Tod, Ausscheiden infolge Wegzugs oder gerichtlicher Verurteilung, dienststrafrechtliche Entfernung, Entlassung auf Antrag oder infolge Zurücknahme der Berufung oder bis zum Inkrafttreten des Reichsbeamtengesetzes infolge Entlassung nach § 6 BBG., Ruhestandsversetzung des Amtsträgers) unverzüglich — nimmt seinen Ausgang von der Fest-

stellung, ob die Stelle ehrenamtlich oder hauptamtlich zu besetzen ist; dies ergibt sich aus der Hauptsatzung (vgl. §§ 39, 40). Bei ehrenamtlicher Besetzung braucht die Stelle nicht ausgeschrieben zu werden; bei hauptamtlicher Besetzung ist sie auszuschreiben, wenn nicht die im Berufungsverfahren zuständige Staatsbehörde das Unterlassen der Ausschreibung zuläßt (Abs. 4), was z. B. bei Wiederberufung der bisherigen Stelleninhaber in Betracht kommt.

Die Ausschreibung ist in Ziff. 1 der AusfAnw. eingehend geregelt.

3. Beim **eigentlichen Berufungsverfahren** hat der Beauftragte der NSDAP. (§§ 6, 33 und insbesondere 118) die Vorhand. Ihm sind vom Bürgermeister (handelt es sich um die Bürgermeisterstelle, von seinem allgemeinen Vertreter — § 35) sämtliche Bewerbungen zuzuleiten. Er prüft sie, gibt bei Beigeordnetenstellen dem Bürgermeister Gelegenheit zur Stellungnahme, veranlaßt den Bürgermeister, die Gemeinderäte zu einer Beratung unter dem Vorsitze des Beauftragten zu laden, berät sich mit ihnen (entsprechende Anwendung des § 57) und trifft dann seine Entschließung in der Form, daß er bis zu drei Bewerber (er kann auch nur einen Bewerber auswählen) seinerseits ohne Bindung an die Stellungnahme des Bürgermeisters, ohne Bindung an den Rat der Gemeinderäte als die geeignetsten auswählt und diese Entschließung schriftlich — unter Beifügung der sonstigen Unterlagen (sämtliche Bewerbungen, bei Beigeordnetenstellen die Stellungnahme des Bürgermeisters, stets die Niederschrift über die Beratung mit den Gemeinderäten) der unmittelbaren Aufsichtsbehörde der Gemeinde (§ 107 DGO., § 33 DurchfVO.) zuleitet.

Die Aufsichtsbehörde hat dazu Stellung zu nehmen. Es kann sein, daß unter den Benannten ein Bewerber ist, auf den Ausschlußgründe (§§ 42, 43) zutreffen, für die unter Umständen die Zulassung einer Ausnahme (§§ 42 Abs. 2 Satz 2, 43 Abs. 1 Satz 2) in Betracht kommt. Es kann ferner sein, daß für einen Benannten ein gesetzlicher Ausschlußgrund für die Ernennung zum Beamten vorliegt. Es kann auch sein, daß besondere Voraussetzungen für einen Amtsträger vom Gesetze (§ 40 Satz 1) vorgeschrieben sind und daß die Aufsichtsbehörde Ausnahmen zuzulassen hat (§ 40 Satz 2). Es kann auch sein, daß § 44 Abs. 1 Satz 2 und 3, ferner § 44 Abs. 2 eine Stellungnahme von ihr verlangen. Unter Umständen besteht Anlaß, die schriftlichen Verhandlungen unter diesen Gesichtspunkten an den Beauftragten zurückzuleiten, falls nicht mündliche Verhandlungen eine Klärung ergeben. Darüber hinaus hat sich die Aufsichtsbehörde aus ihrer Kenntnis der örtlichen Verhältnisse der Gemeinde, der Aufgaben der Stelle, der Persönlichkeit der Bewerber zu äußern. Mit dieser Stellungnahme hat die Aufsichtsbehörde die Unterlagen auf dem Dienstwege der nach § 41 Abs. 2 zuständigen Stelle zuzuleiten, wenn sie nicht selbst die zuständige Stelle ist (§ 41 Abs. 2 Nr. 3).

Die nach § 41 Abs. 2 zuständige Stelle trifft ihrerseits Entschließung darüber, ob sie der Entschließung des Beauftragten zustimmt oder nicht.

a) Bei Zustimmung teilt sie dies dem Beauftragten und der Gemeinde auf dem Dienstwege schriftlich mit. Hiermit ist das Berufungsverfahren abgeschlossen. Die Gemeinde hat, falls sie nicht ihrerseits zur Person des Berufenen einen gesetzlichen Ausschlußgrund vorbringen kann, die Pflicht, den Berufenen zu ernennen (s. Ziff. 5 der AusfAnw.). Hinsichtlich der Verbindung mit der Vereidigung s. Anm. 2 zu § 46.

b) Bei Versagung der Zustimmung teilt die Behörde dies nicht der Gemeinde, sondern dem Beauftragten unter Benachrichtigung der vorbesaßten Staatsbehörden mit. Vor der zweiten Entschließung des Beauftragten ist eine erneute Beratung mit den gemeindlichen Stellen selbstverständlich möglich, grundsätzlich nicht notwendig, vorgeschrieben nur, wenn auch das Vorverfahren (die Ausschreibung) wiederholt wird. Im übrigen wie oben.

c) Bei Zustimmung zu dem zweiten Vorschlag wie bei a.

d) Stimmt die zuständige Staatsbehörde auch der zweiten Entschließung des Beauftragten nicht zu, so hat sie dies dem Beauftragten mitzuteilen. Gleichzeitig geht in diesem Falle die endgültige Bestimmung des Amtsträgers auf sie über. Im übrigen wie bei a.

e) Trifft der Beauftragte innerhalb einer angemessenen Zeit, nachdem ihm die Bewerbungen zugegangen sind, keine Entschließung, so daß die Gefahr besteht, daß bei Erledigung der Stelle kein Nachfolger vorhanden ist oder daß der geordnete Gang der Verwaltung der Gemeinde infolge unverhältnismäßig langer Unbesetztheit der Stelle leidet, so hat die nach § 41 Abs. 2 zuständige Staatsbehörde hierfür eine Frist zu bestimmen. Diese Stelle weiß aber unter Umständen von dem bisherigen Verfahren überhaupt noch nichts. Es ist ihr deshalb von der Gemeinde bzw. von der Aufsichtsbehörde auf dem Dienstwege nach Bemühungen beim Beauftragten zu berichten. Nach ergebnislosem Ablaufe der Frist tritt die gleiche Rechtslage wie bei Nichtzustimmung zur zweiten Entschließung des Beauftragten ein; s. d. — Das gleiche gilt für die Einbringung der zweiten Entschließung des Beauftragten.

4. Die **Unübertragbarkeit der Aufgaben** des Beauftragten sowie der nach § 41 Abs. 2 zuständigen Staatsstelle nach unten ergibt sich aus verschiedenen Vorschriften:

a) Für den Beauftragten gilt § 4 der VO. des Stellvertreters des Führers vom 26. März 1935 (RGBl. I S. 470). Nur nach oben kann der örtlich zuständige Gauleiter die Aufgaben im einzelnen Fall an sich ziehen (§ 3 a. a. O.).

b) Für die Staatsbehörde ergibt sich dies aus der bis ins einzelne gehenden gesetzlichen Ausgliederung der Zuständigkeit. Für den Reichsstatthalter ist dies überdies aus § 117 zu folgern, da dort ausdrücklich sonstige Aufgaben für übertragbar erklärt werden, § 41 aber nicht erwähnt ist. Nach oben können solche Aufgaben gezogen werden.

5. Die **Amtsverschwiegenheitspflicht** — auch sonst darin begründet, öffentliche und schutzwürdige private Interessen gegebenenfalls vertraulich zu behandeln und so das Vertrauen der Bevölkerung zur Verwaltung zu stärken — wird durch Abs. 5 für alle am Berufungsverfahren (beratend oder entscheidend oder im amtlichen Verkehr dienstleistend) Beteiligten gesetzlich ausdrücklich vorgeschrieben. Diese Pflicht dauert bis zum Abschlusse des Berufungsverfahrens. Das Gesetz spricht in Abs. 5 zwar nur von der „Erklärung des Einverständnisses" der Staatsbehörde als von dem Ende der Schweigepflicht; für die übrigen Fälle entsteht aber keine Lücke; denn wenn die zuständige Behörde das Einverständnis versagt, so trifft sie gleichzeitig auch die endgültige Berufung.

Diese Pflicht hat auch zur Folge, daß die Beratung des Beauftragten mit den Gemeinderäten nach Abs. 1 in nichtöffentlicher Sitzung zu erfolgen hat.

Die Nichtbeachtung der Schweigepflicht ist eine Gesetzesverletzung. Soweit die Beteiligten unter Dienststrafrecht stehen, kann dienststrafrechtliche Ahndung eintreten. Für die bei der Gemeinde ehrenamtlich Tätigen gilt auch § 24 Abs. 2. Außerdem kann eine Haftungsverbindlichkeit nach § 839 BGB. begründet werden. Endlich kann Schadenersatzpflicht nach § 823 Abs. 2 BGB. in Betracht kommen.

6. **Besondere Einzelheiten:**

a) Die Beigeordneten sind am Berufungsverfahren nicht beteiligt; es kann nur der allgemeine Vertreter des Bürgermeisters (§ 35) in Funktion treten müssen, z. B., wenn es sich um die Besetzung der Bürgermeisterstelle handelt oder wenn der Bürgermeister verhindert ist. Ist der Bürgermeister verhindert und handelt es sich um die Stelle des Ersten Beigeordneten, so ist selbstverständlich dieser von der Beteiligung nach § 25 ausgeschlossen.

b) Die Gemeinderäte sind vom Beauftragten stets zu hören (§ 41 Abs. 1). Liegt die Berufung am Ende der Amtszeit der Gemeinderäte, so ist darauf bedacht zu nehmen, ob die bisherigen oder die neuen Gemeinderäte zu hören sind. Im Zweifel soll das letztere eintreten, weil die neuen mit dem Amtsträger zusammenzuarbeiten haben.

c) Der Reichsstatthalter (s. Anm. 2 zu § 117) ist vom Gesetz eingeschaltet, weil er eines der höchsten Staats- und Parteiämter in seiner Person vereinigt; darin liegt eine weitere Sicherung der maßgebenden Mitwirkung der Partei. — Ist diese Vereinigung nicht gegeben, so wird der örtlich zuständige Gauleiter in wichtigen Fällen von seiner Befugnis nach § 3 der VO. des Stellvertreters des Führers vom 26. März 1935 (RGBl. I S. 470) Gebrauch machen.

d) Zur oberen Aufsichtsbehörde vgl. § 33 Abs. 2 DurchfVO. zu § 107 DGO.

e) Zur Aufsichtsbehörde vgl. § 33 Abs. 1 DurchfVO. zu § 107 DGO.

f) Die Gemeinde hat die Pflicht der Ausschreibung, die Pflicht, die Gemeinderäte zur Beratung mit dem Beauftragten zu laden, und die Pflicht, den Berufenen zu ernennen; außerdem kommt in Betracht: Stellungnahme des Bürgermeisters bei Besetzung von Beigeordnetenstellen, Zuleitung der Bewerbungen an den Beauftragten, Regelung der hauptamtlichen oder ehrenamtlichen Verwaltung der Stelle nach §§ 39, 40, etwaige Regelung der Besoldung oder Entschädigung, Regelung einer Wiederberufung auf Lebenszeit, Verschwiegenheitspflicht aller am Vorverfahren und Berufungsverfahren Beteiligten. — Soweit die Gemeinde Rechtspflichten nicht erfüllt, kann die Aufsichtsbehörde von den §§ 108 bis 112 Gebrauch machen.

Die Ernennung des Berufenen ist bei den Beigeordneten Sache des Bürgermeisters. Handelt es sich um die Besetzung der Bürgermeisterstelle und wird der bisherige Stelleninhaber wiederberufen, so hat zweifelsfrei sein allgemeiner Stellvertreter die Ernennung vorzunehmen. Wird ein anderer berufen, so könnte es zweifelhaft sein, ob der bisherige Bürgermeister ihn ernennt. Grundsätzlich wird dies mit Rücksicht auf § 25 auszuscheiden haben, zumal der allgemeine Vertreter des Bürgermeisters in diesem Fall auch schon das Bewerbungsverfahren zu leiten hat (vgl. Ziff. 1 der AusfAnw.).

§ 42

(1) Bürgermeister und Beigeordnete können nicht sein

1. besoldete Beamte des Staates, einer Gemeinde oder sonstigen Körperschaft des öffentlichen Rechts,
2. Angestellte und Arbeiter der Gemeinde,
3. Angestellte und Arbeiter von Gesellschaften und Vereinigungen, an denen die Gemeinde maßgebend beteiligt ist,
4. Angestellte von öffentlichen Krankenkassen,
5. Geistliche.

(2) Diese Vorschrift findet keine Anwendung, wenn die in den Nrn. 1 bis 4 genannten Beamten, Angestellten und Arbeiter bei der Berufung zum hauptamtlichen Bürgermeister oder Beigeordneten bis zur Unwiderruflichkeit ihrer Berufung (§ 45) beurlaubt sind. Auch kann die Aufsichtsbehörde ausnahmsweise die Berufung dieser Beamten, Ange-

stellten und Arbeiter zu ehrenamtlichen Beigeordneten zu-
lassen.

I. **Amtliche Begründung** s. Textausgabe S. 82 83.

II. **DurchfVO. (§ 14)**

Auf die gegenwärtigen Stelleninhaber finden die §§ 42, 43 Abs. 1 der Deutschen Gemeindeordnung bis zur Wiederbesetzung der Stellen keine Anwendung.

III. **AusfAnw.**

1. Bürgermeister oder Beigeordnete können nach § 42 Abs. 1 DGO. nicht sein

a) sämtliche unmittelbaren und mittelbaren Reichs- und Staatsbeamten; hierzu gehören auch Lehrpersonen jeder Art. Nicht ausgeschlossen sind ehrenamtlich tätige Personen sowie solche Beamten, die keine Besoldung, sondern nur Gebühren beziehen, regelmäßig also z. B. die Notare; als Beamte gelten ferner Ruhestandsbeamte nicht;

b) Angestellte und Arbeiter der betreffenden Gemeinde, nicht auch anderer Gemeinden oder von Gemeindeverbänden. Fürsorge- und Notstandsarbeiter sind dabei im Hinblick auf die Besonderheit ihres Arbeitsverhältnisses nicht als Arbeiter im Sinne dieser Vorschrift zu betrachten;

c) Angestellte und Arbeiter von Gesellschaften und Vereinigungen, an denen die Gemeinde maßgebend beteiligt ist. Eine maßgebende Beteiligung in diesem Sinne liegt dann vor, wenn die Gemeinde mit mehr als 50 v. H. kapitalsmäßig beteiligt ist, oder wenn sie durch Stimmenmehrheit in Organen oder sonst entscheidenden Einfluß in der Gesellschaft oder Vereinigung besitzt;

d) Angestellte von öffentlichen Krankenkassen, d. h. der in § 225 RVO. genannten Orts-, Land-, Innungs- und Betriebskrankenkassen und der Krankenkassenverbände nach § 406 RVO. Nicht in Betracht kommen jedoch Ersatzkassen und sonstige Krankenkassen, wie z. B. Beamtenkrankenkassen;

e) Geistliche.

Die Berufung der zu a—d genannten Personen in das Amt des Bürgermeisters oder Beigeordneten ist jedoch zulässig, wenn die Voraussetzungen des § 42 Abs. 2 DGO. gegeben sind.

2. Die Ausnahmevorschrift des § 42 Abs. 2 Satz 2 DGO. ist eng auszulegen. Ausnahmen sollen, wie auch die amtliche Begründung ergibt, regelmäßig nur zugelassen werden, wenn sie in Gemeinden mit besonderer Struktur, z. B. Eisenbahnergemeinden, unumgänglich sind. Wegen der Überleitung wird auf die Vorschrift des § 14 der Ersten DurchfVO. verwiesen.

IV. **Anm.**

1. Die Vorschrift über den **Ausschluß vom Amte des Bürgermeisters und eines Beigeordneten** betrifft verschiedene Personenkreise aus sehr verschiedenen Gründen. Der Grundgedanke ist, daß der eine Wirkungskreis mit dem anderen unvereinbar (inkompatibel) ist. Dabei kann das Hauptgewicht auf dem bisherigen Wirkungskreise liegen, dem der Inhaber bei Berufung in ein Gemeindeamt zu sehr entzogen würde. Es kann aber auch darin liegen, daß bei Überdeckung der beiden Wirkungskreise die innere Unabhängigkeit für die beiderseitigen Pflichten, die Klarheit der dienstlichen Stellung usw. leiden würden.

Zu Abs. 1 Nr. 1: s. AusfAnw. Ziff. 1 a. Die besoldeten Beamten einer öffentlichen Körperschaft brauchten schon bisher (s. Kap. IV des RG. vom 30. Juni 1933 — RGBl. I S. 433) die Genehmigung zur Übernahme eines Nebenamtes. Nicht ausgeschlossen sind die Personen, die bei einer öffentlichen Körperschaft ehrenamtlich, wenn auch gegen Entschädigung, tätig sind. Zweifelhaft ist, ob auch die teilbeschäftigten und daher teilbesoldeten Beamten ausgeschlossen sind. Nach dem Wortlaute des Gesetzes ist dies zu bejahen. Abs. 2 kann aber hier hinsichtlich der Berufung zu Beigeordneten weitgehend Abhilfe schaffen.

Nr. 2: s. AusfAnw. Ziff. 1 b. Die Beamten der Gemeinde sind in Nr. 1 eingeschlossen. Bei den Angestellten und Arbeitern muß das Dienstverhältnis auf einem bürgerlich-rechtlichen Vertrage beruhen. Nicht hierher gehören öffentlich-rechtliche Dienstleistungen (Hand- und Spanndienste, polizeirechtliche Notstandshilfe u. ä.). — Angestellte der Gemeinde kann der Bürgermeister wie die Beamten zu Beratungen mit den Gemeinderäten ohnehin nach § 56 Abs. 3 zuziehen, Arbeiter nicht. Hier kann § 42 Abs. 2 weitergehend Abhilfe schaffen.

Nr. 3: s. AusfAnw. Ziff. 1 c. — Angestellte und Arbeiter solcher Gesellschaften könnten nur in der Eigenschaft von Sachverständigen zu Beratungen nach § 56 Abs. 3 zugezogen werden.

Nr. 4: s. AusfAnw. Ziff. 1 d. Der Grund liegt in der häufigen Verknüpfung der beiderseitigen Interessen von Gemeinde und öffentlichen Krankenkassen.

Nr. 5: Der Grund liegt in der Entwickelung der Rechtsbeziehungen zwischen Staat und Kirche.

2. Die **rechtliche Tragweite** der Vorschrift: Die Angehörigen dieser Personenkreise können nicht Bürgermeister und Beigeordnete, und zwar weder hauptamtlich noch ehrenamtlich, sein, d. h. sie können nur unter der Voraussetzung berufen werden, daß sie die Zugehörigkeit zu dem Personenkreise lösen. Ist dies nicht der Fall, kann der Berufung durch Ernennung nicht Folge geleistet werden. Werden sie trotzdem ernannt, so ist die Ernennung nichtig. Nehmen sie trotzdem Amtshandlungen vor, so hat dem Bürgermeister die

Aufsichtsbehörde, dem Beigeordneten der Bürgermeister dies zu verbieten. Bis zum Verbote bleiben die Amtshandlungen gültig. — Umgekehrt sind Bürgermeister und Beigeordnete aus dem Amte zu entlassen, wenn während ihrer Amtsdauer die Zugehörigkeit zu einem der genannten Personenkreise eintritt.

3. Die **Ausnahmen** des Abs. 2 beschränken sich zunächst auf die unter Nr. 1—4 genannten Personen. Außerdem ist zu unterscheiden:

a) Die Berufung und Ernennung sowohl zum hauptamtlichen Bürgermeister wie zum hauptamtlichen Beigeordneten ist zulässig, wenn der bisherige Dienstherr bis zur Unwiderruflichkeit des Gemeindeamts (§ 45) Urlaub erteilt. Vor dem Ablaufe des Probejahres oder vor dem Verzichte der zuständigen Behörde auf die Zurücknahme der Berufung muß daher die Zweiheit der Wirkungskreise gelöst sein. Ist sie nicht gelöst, so muß die Berufung zurückgenommen werden.

b) Für die Berufung zum ehrenamtlichen Beigeordneten geht die Ausnahme weiter: Die Aufsichtsbehörde (der Gemeinde) kann zulassen, daß die Ausschlußvorschrift überhaupt entfällt. Die Erteilung der Zulassung ist Voraussetzung der Rechtswirksamkeit der Ernennung bzw. der Weiterführung des Amtes, wenn der Tatbestand während der Amtszeit eintritt. Die Vorschrift spricht selbst von „ausnahmsweise“, so daß sich schon hieraus für die Aufsichtsbehörde Bindungen ergeben. — Mit der Zulassung der Aufsichtsbehörde entfällt natürlich nicht die beamtenrechtliche Vorschrift, daß besoldete Beamte einer öffentlichen Körperschaft zur Übernahme eines Nebenamtes der Genehmigung bedürfen (s. oben). Dies liegt jedoch auf beamtenrechtlichem Gebiet und berührt die Rechtswirksamkeit der Ernennung bzw. Weiterführung des Amtes und die Gültigkeit der Amtshandlungen nicht.

4. Hinsichtlich des **Verfahrens** ist nichts weiteres vorgesehen. Daß die betroffenen Amtsträger die Pflicht haben, solche Tatbestände dem Bürgermeister, bei ihm selbst der Aufsichtsbehörde mitzuteilen, daß ferner der Bürgermeister und die Aufsichtsbehörde die Pflicht haben, die Folgerungen aus dem Gesetze zu ziehen, daß endlich die zur Berufung zuständigen Stellen die Pflicht haben, auf die Ziele der Vorschrift von vorneherein Rücksicht zu nehmen, braucht nicht weiter erörtert zu werden.

5. Die **Überleitung** des jetzigen Rechtsstandes ist in § 14 DurchfVO. geregelt: Auf die jetzigen Stelleninhaber findet § 42 keine Anwendung und zwar bis zur Wiederbesetzung der Stelle. Stelleninhaber heißt Inhaber einer Bürgermeisterstelle oder Inhaber einer Beigeordnetenstelle. Soll aber ein Beamter der Gemeinde zum Bürgermeister oder zum hauptamtlichen Beigeordneten ernannt werden, so kann er nicht in dem bisherigen Beamtenverhältnisse bleiben. Nur die Berufung und Ernennung zum ehrenamtlichen Beigeordneten ist ausnahmsweise mit Genehmigung der Aufsichtsbehörde zulässig.

6. **Andere Ausschlußgründe** ergeben sich aus dem Aufbau der Gemeindeverfassung der DGO. Es ist ausgeschlossen, daß ein Beigeordneter gleichzeitig Gemeinderat oder Beirat ist. Es ist ferner nach der VO. des Stellvertreters des Führers vom 26. März 1935 (RGBl. I S. 470) mit den Aufgaben des Beauftragten der NSDAP. unvereinbar, daß er haupt- oder ehrenamtlicher Bürgermeister oder Beigeordneter ist; ist er hauptamtlich als Bürgermeister oder Beigeordneter angestellt, so ist er vom Amte des Beauftragten ausgeschlossen; ist er ehrenamtlich angestellt, so muß er das Ehrenamt zur Verfügung stellen (§ 2 a. a. O.).

§ 43

(1) Bürgermeister und Beigeordnete dürfen miteinander nicht bis zum dritten Grade verwandt oder bis zum zweiten Grade verschwägert sein. In Gemeinden mit weniger als 1000 Einwohnern kann die Aufsichtsbehörde Ausnahmen zulassen.

(2) Entsteht die Verwandtschaft oder Schwägerschaft im Laufe der Amtszeit, so hat einer der Beteiligten auszuscheiden. Ist einer der Beteiligten hauptamtlicher Bürgermeister, so scheidet der andere aus. Ist einer der Beteiligten hauptamtlich, der andere ehrenamtlich, so scheidet dieser aus. Im übrigen scheidet, wenn sich die Beteiligten nicht einigen, der an Lebensalter Jüngere aus.

I. Amtliche Begründung s. Textausgabe S. 84.

II. DurchfVO. (§§ 14 und 15)

§ 14. Auf die gegenwärtigen Stelleninhaber finden die §§ 42, 43 Abs. 1 der Deutschen Gemeindeordnung bis zur Wiederbesetzung der Stellen keine Anwendung.

§ 15. Hauptamtliche Bürgermeister oder Beigeordnete, die nach § 43 Abs. 2 der Deutschen Gemeindeordnung ausscheiden, stehen solchen Beamten gleich, die wegen Dienstunfähigkeit ausscheiden.

III. AusfAnw.

1. Wegen der Überleitung wird auf die Vorschrift des § 14 der Ersten DurchfVO. verwiesen.

2. Müssen hauptamtliche Beamte nach § 43 Abs. 2 DGO. ausscheiden, so regeln sich die Rechtsfolgen dieses Ausscheidens nach § 15 der Ersten DurchfVO.

IV. Anm.

1. Der **Vetternwirtschaft** wird nicht nur durch § 43, sondern auch durch § 25 und — für ein Amt, das mit einer besonderen Garantie

der Unabhängigkeit der Amtsführung umkleidet sein soll — durch § 101 Abs. 3 vorgebeugt. Auch wenn gegen die einzelnen Amtsträger nach Lauterkeit der Gesinnung nichts einzuwenden ist, soll nach dem Gesetze schon die Möglichkeit und der Anschein einer Vetternwirtschaft ausgeschlossen sein; daher rechtfertigt sich die Vorschrift.

2. Der **Personenkreis**, der sich aus der gesetzlich umschriebenen Verwandtschaft und Schwägerschaft ergibt, ist in Anm. 2 zu § 25 erörtert. In § 43 ist der Ehegatte nicht erwähnt; dies rechtfertigt sich daraus, daß das Gesetz Frauen von der Berufung zu Bürgermeistern und Beigeordneten ausschließt; dies ist im Gesetz (im Gegensatz zu den Gemeinderäten, hinsichtlich derer in § 6 nur von *Männern* und in § 52 Abs. 2 nur von Ersatzmännern die Rede ist) nicht ausdrücklich ausgesprochen; aber gerade § 43 ist ein Beweis für den Willen des Gesetzgebers.

Auf der anderen Seite ist Verwandtschaft und Schwägerschaft unter den Amtsträgern der Gemeinde nur insoweit ein Ausschlußgrund für die Berufung und für die Fortführung des Amtes, als es sich um Amtsträger handelt, die zu Entscheidungen der Gemeinde *kraft Gesetzes* berufen sind. Das sind — im Gegensatz zu Gemeinderäten und Beiräten, die nur beratend mitwirken, und zu Beamten und Angestellten, die zur Vertretung des Bürgermeisters nur bevollmächtigt werden *können* (§ 35 Abs. 3) — *nur die Bürgermeister und Beigeordneten* (§§ 36 Abs. 1 und 35 Abs. 1 und 2).

Die der Aufsichtsbehörde für kleinere Gemeinden eingeräumte Möglichkeit, Ausnahmen zuzulassen, ist im Hinblick auf die Zielrichtung und auch schon auf die Ausdrucksweise des Gesetzes auf notwendige Ausnahmen zu beschränken.

3. Die **rechtliche Bedeutung** der Vorschrift ergibt sich daraus, daß es sich um ein *Verbotsgesetz* handelt. Den dem Gesetze zuwiderlaufenden Berufungen darf die Ernennung nicht folgen; dem Gesetze zuwiderlaufende Anstellungen sind nichtig. Dem rechtswidrig angestellten Bürgermeister hat die Aufsichtsbehörde nach Kenntnis des Nichtigkeitsgrundes die weitere Ausübung von Amtshandlungen zu verbieten; bei den Beigeordneten hat dies der Bürgermeister zu tun. Die *bis* zum Verbote vorgenommenen Amtshandlungen sind in der gleichen Weise gültig, wie wenn sie ein rechtswirksam angestellter Bürgermeister vorgenommen hätte.

4. **Während der Amtszeit entstehende Verwandtschaft und Schwägerschaft** begründet die Notwendigkeit, daß einer der Amtsträger ausscheidet. Dabei hat niemals der hauptamtliche Bürgermeister auszuscheiden. Ist einer hauptamtlich, der andere ehrenamtlich angestellt, so scheidet der letztere aus. In den übrigen Fällen (also wenn beide ehrenamtlich oder wenn zwei Beigeordnete hauptamtlich angestellt sind) gilt in erster Linie Einigung der Beteiligten; mangels einer Einigung scheidet der Lebensjüngere aus.

Ausscheiden heißt hier Entlassung durch den Bürgermeister.

5. Die **Überleitung** ist in § 14 DurchfVO. geregelt; hiernach findet § 43 Abs. 1 auf die gegenwärtigen Stelleninhaber bis zur Wiederbesetzung keine Anwendung, d. h. wenn beide Verwandte oder Verschwägerte bereits in einer solchen Stelle sind. Soll dagegen eine Stelle mit einem Verwandten oder Verschwägerten neu besetzt werden, so gilt das Gesetz; der Verwandte oder Verschwägerte kann nicht berufen und ernannt werden. Ebenso findet § 43 Abs. 2 auch auf die gegenwärtigen Stelleninhaber dann **Anwendung**, wenn die Verwandtschaft oder Schwägerschaft erst nach dem 1. April 1935 entsteht.

6. Die **Folgen des Ausscheidens** eines Bürgermeisters oder Beigeordneten auf Grund des § 43 Abs. 2 sind in § 15 DurchfVO. geregelt: Der Ausscheidende ist zu behandeln, wie wenn er wegen Dienstunfähigkeit ausgeschieden wäre, m. a. W. er hat Versorgungsanspruch wie ein Dienstunfähiger, falls in dem Zeitpunkte bereits Versorgungsrechte für den Fall der Dienstunfähigkeit entstanden sind.

§ 44

(1) Hauptamtliche Bürgermeister und Beigeordnete werden auf zwölf Jahre berufen. Sie sind verpflichtet, das Amt jeweils weitere zwölf Jahre zu führen, es sei denn, daß die Wiederberufung unter ungünstigeren Bedingungen erfolgen soll. Kommen sie dieser Verpflichtung nicht nach, so sind sie mit dem Ablauf ihrer Amtszeit zu entlassen.

(2) Die Hauptsatzung kann bestimmen, daß hauptamtliche Bürgermeister und Beigeordnete auf Lebenszeit wiederberufen werden.

(3) Ehrenamtliche Bürgermeister und Beigeordnete werden auf sechs Jahre berufen. Sie bleiben bis zum Amtsantritte des Nachfolgers im Amte. Wiederberufung ist zulässig.

I. Amtliche Begründung s. Textausgabe S. 85/86.

II. DurchfVO. (§ 16)

(1) Der Ablauf der Amtszeit der im Amte befindlichen Bürgermeister und Beigeordneten richtet sich nach bisherigem Recht; soweit die Amtszeit an die Amts-(Wahl-)Zeit der Gemeindevertretung gebunden war, endet sie in dem Zeitpunkt, in dem die Amts-(Wahl-)Zeit der Gemeindevertretung bei regelmäßigem Ablauf enden würde.

(2) Die Vorschriften des § 44 Abs. 1 Säte 2 und 3, Abs. 2 und Abs. 3 Säte 2 und 3 der Deutschen Gemeindeordnung gelten auch für die im Amte befindlichen Bürgermeister und Beigeordneten.

III. AusfAnw.

1. Die Verpflichtung der hauptamtlichen Bürgermeister und Beigeordneten zur Weiterführung des Amtes im Falle einer Wiederberufung besteht für das Amt, das sie bisher bekleideten. Insoweit ist der Bürgermeister nur verpflichtet, dieses Amt, der Erste Beigeordnete das Amt des Ersten Beigeordneten und der Stadtkämmerer das Amt des Stadtkämmerers im Falle der Wiederberufung weiterzuführen. Die übrigen Beigeordneten sind dagegen verpflichtet, das Amt eines beliebigen sonstigen Beigeordneten weiterzuführen, nicht aber auch das Amt des Bürgermeisters, des Ersten Beigeordneten oder des Stadtkämmerers. Ist ein Beigeordneter auf Grund seiner besonderen Vorbildung in eine bestimmte Beigeordnetenstelle (z. B. Stadtbaurat, Stadtschulrat) berufen worden, so wird allerdings praktisch regelmäßig nur eine Wiederberufung in die gleiche Stelle in Betracht kommen.

Die Verpflichtung zur Weiterführung des Amtes im Falle der Wiederberufung besteht dann nicht, wenn sie unter ungünstigeren Bedingungen gegenüber der erstmaligen Berufung erfolgen soll. Ungünstigere Bedingungen liegen sowohl dann vor, wenn die Besoldungs- und Versorgungsbezüge ungünstiger geregelt werden sollen, als auch dann, wenn in sonstigen Fällen (z. B. Zulässigkeit der Übernahme von Nebenämtern) eine weniger günstige Regelung getroffen wird. Das gilt auch dann, wenn die Verschlechterung der Bedingungen durch eine gesetzliche Regelung herbeigeführt worden ist.

Die Vorschrift des § 44 Abs. 1 Satz 3 DGO. kommt nur unter folgenden Voraussetzungen zur Anwendung:

a) Es muß dem Bürgermeister oder Beigeordneten durch die nach § 41 Abs. 2 DGO. zuständige Stelle nach Vorliegen des Vorschlages des Beauftragten der NSDAP., im Falle des § 41 Abs. 3 Satz 3 und 4 DGO. ohne einen solchen Vorschlag die Absicht der Wiederberufung vor deren Ausspruch mit der Aufforderung zur Abgabe einer Annahmeerklärung schriftlich mitgeteilt worden sein. Dabei ist auf die Folgen der Ablehnung ausdrücklich hinzuweisen.

b) Der Bürgermeister oder Beigeordnete muß der zuständigen Behörde schriftlich erklärt haben, daß er der Wiederberufung nicht folgen werde.

c) Die zuständige Behörde muß auf Grund dieser Erklärung gegenüber der Gemeinde feststellen, daß der Bürgermeister oder Beigeordnete seiner Verpflichtung nicht nachgekommen sei. Eine derartige Feststellung kommt nicht in Betracht, wenn die zuständige Behörde die von dem Bürgermeister oder Beigeordneten geltend gemachten Gründe anerkennt und die Absicht der Wiederberufung fallen läßt. In diesem Falle hat sie der Gemeinde mitzuteilen, daß die Folge des § 44 Abs. 1 letzter Satz DGO. nicht eintritt.

2. **Nach der amtlichen Begründung stellt die Vorschrift des § 44 Abs. 2 DGO. eine Ausnahmevorschrift dar. Von ihr darf demnach nicht in der Weise Gebrauch gemacht werden, daß in der Hauptsatzung generell für einzelne oder alle Bürgermeister- und Beigeordnetenstellen die Wiederberufung auf Lebenszeit vorgesehen wird. Eine derartige Regelung soll vielmehr stets nur gegenüber einzelnen Stelleninhabern Platz greifen, die sich im Dienste der Gemeinde besonders bewährt haben und deren Erhaltung auf Lebenszeit der Gemeinde erwünscht ist.**

Im übrigen wird darauf hingewiesen, daß neben einer entsprechenden Vorschrift der Hauptsatzung weitere Voraussetzung der lebenslänglichen Anstellung der Ausspruch der Wiederberufung auf Lebenszeit durch die in § 41 DGO. genannten Stellen ist.

3. Anders als für hauptamtliche Bürgermeister und Beigeordnete besteht für die ehrenamtlichen Bürgermeister und Beigeordneten die Verpflichtung, ihr Amt auch nach Ablauf der sechsjährigen Amtszeit bis zum Amtsantritte des Nachfolgers weiterzuführen. Im übrigen wird darauf hingewiesen, daß die Amtszeit der ehrenamtlichen Bürgermeister und Beigeordneten nicht einheitlich zum gleichen Zeitpunkte, sondern je nach dem Amtsantritte zu verschiedenen Zeitpunkten endet.

4. Die Amtszeit der bei Inkrafttreten der Deutschen Gemeindeordnung im Amte befindlichen hauptamtlichen und ehrenamtlichen Bürgermeister und Beigeordneten richtet sich nach § 16 der Ersten DurchfVO.

IV. Anm.

1. Die **Anstellung der Bürgermeister und Beigeordneten auf Zeit** soll eine lebensvolle Selbstverwaltung der Gemeinde dadurch sichern, daß in gemessenen Zeitabständen immer wieder ein Wechsel und eine Erneuerung ermöglicht wird. Die Zeitabstände sind so bemessen, daß die Stetigkeit der Verwaltung nicht leidet. Andererseits soll bei hauptamtlicher Anstellung der Stelleninhaber nach **Bewährung** (s. § 45 — Probejahr) seine Existenz nicht dauernd **gefährdet** sehen und die Gemeinde durch häufigen Wechsel nicht mit Versorgungslasten überbürdet werden; bei ehrenamtlicher Anstellung soll eine nicht zu lange Bindung des Ernannten das Amt auch für den tragbar machen, der seine Lebensexistenz außerhalb des Amtes zu verdienen hat, wie es grundsätzlich dem Wesen des Ehrenamts entspricht.

Die Amtszeit der Bürgermeister und Beigeordneten ist zwar gleich lang für hauptamtliche (12 Jahre) und gleich lang für ehrenamtliche (6 Jahre). Beginn und Ende der Amtszeit sind aber für jeden einzelnen Amtsträger (im Gegensatz zu den Gemeinderäten, die stets insgesamt jeweils nach 6 Jahren zu erneuern sind — § 52) individuell, so daß die Wiederbesetzung von Fall zu Fall zu erfolgen hat. Die Amtszeit beginnt nicht mit der Berufung, auch nicht mit der Ernennung, auch nicht mit der Vereidigung, auch nicht mit dem Amtsantritte, sondern mit dem in der Anstellungsurkunde festgelegten Zeitpunkte; der Zeitpunkt kann (wohl besoldungsrechtlich, aber darüber hinaus) nicht rückwirkend festgesetzt werden. Ist in der Anstellungsurkunde kein Zeitpunkt festgesetzt, so ist der Tag der Aushändigung der Anstellungsurkunde maßgebend. Danach bestimmt sich auch das regelmäßige Ende der Amtszeit (Berechnung nach §§ 187, 188 BGB.). Für die ehrenamtlichen Bürgermeister und Beigeordneten ist durch Abs. 3 aber noch ergänzend bestimmt, daß sie bis zum tatsächlichen Amtsantritte des Nachfolgers im Amte zu bleiben haben, so daß keine Lücke eintreten kann.

Eine vorzeitige Beendigung der Amtszeit kann aus natürlichen und rechtlichen Gründen eintreten (Tod, Unfähigkeit zur Bekleidung eines öffentlichen Amtes durch Strafrichterspruch — §§ 32 bis 34, 36 StGB., ferner dienststrafrechtliche Entfernung vom Amte, Zurücknahme der Berufung nach § 45, Entlassung auf Antrag, bei ehrenamtlichen Amtsträgern durch Niederlegung nach § 23, Beendigung des Amts durch Verlust des Bürgerrechts (z. B. Wegzug aus der Gemeinde), bei hauptamtlichen Amtsträgern durch Versetzung in den Ruhestand bei Dienstunfähigkeit, Erreichung der Altersgrenze, Entlassung nach § 43 Abs. 2, auch durch Bitte um Entlassung (unter Verzicht auf alle Ansprüche), endlich bis zum Inkrafttreten des deutschen Beamtengesetzes durch Entlassung nach § 6 BG.).

Wie die Ernennung durch Anstellungsurkunde, ist auch die Entlassung durch Entlassungsurkunde vorzunehmen; sie wird vom Bürgermeister ausgestellt und dem Amtsträger zugestellt. An die Stelle der Entlassungsurkunde tritt bei Ruhestandsversetzung die Urkunde über die Versetzung in den Ruhestand.

2. Die **Wiederberufung** ist sowohl bei hauptamtlichen wie bei ehrenamtlichen Bürgermeistern und Beigeordneten zulässig.

a) Die ehrenamtlichen Bürgermeister und Beigeordneten sind nach einer sechsjährigen Amtszeit nicht mehr verpflichtet, eine Wiederberufung anzunehmen (§ 23 Abs. 1 Nr. 3). Bei kürzerer Amtszeit sind sie zur Annahme verpflichtet, wenn nicht ein anderer wichtiger Grund nach § 23 zur Ablehnung vorliegt; sie können aber nach insgesamt sechsjähriger Verwaltung eines Ehrenamts das Amt niederlegen.

b) Die hauptamtlichen Bürgermeister und Beigeordneten sind grundsätzlich verpflichtet, die Wiederberufung immer wieder auf weitere 12 Jahre anzunehmen. Über die Ausnahme siehe die eingehende Darlegung der Ziff. 1 der AusfAnw.

3. Die **Wiederberufung auf Lebenszeit** ist nur zulässig, wenn die Hauptsatzung (§ 3 Abs. 2) dies vorsieht. Die Hauptsatzung kann dies nur für hauptamtliche Bürgermeister und Beigeordnete vorsehen.

Eine weitere Voraussetzung ist, daß der Amtsträger in der gleichen Gemeinde bereits eine Amtszeit von mindestens 12 Jahren auf der Stelle zurückgelegt hat; dies ist zwar nicht im Gesetz ausgesprochen, ist aber offensichtlich der Sinn der Regelung.

Im übrigen ist der Rechtsverhalt außerordentlich kompliziert. Außer Zweifel steht, daß — was in Ziff. 2 der AusfAnw. dargelegt wird — die Hauptsatzung nicht vorsehen kann, daß in der Gemeinde die Bürgermeister und Beigeordneten im Falle der Wiederberufung nach einer Amtszeit von 12 Jahren als auf Lebenszeit wiederberufen gelten. Außer Zweifel steht ferner, daß — wie ebenfalls die AusfAnw. darlegt — die Wiederberufung stets nur für einzelne Stelleninhaber Platz greifen kann, die sich im Dienste der Gemeinde so bewährt haben, daß ihre Erhaltung auf der Stelle für die Gemeinde erwünscht ist. Endlich ist zweifelsfrei, daß auch die zur Berufung nach § 41 zuständigen Stellen die Wiederberufung auf Lebenszeit aussprechen müssen, soll sie in dieser Form gültig sein. — Darüber hinaus kann zweifelhaft sein, ob schon die Hauptsatzung auf eine ganz bestimmte Persönlichkeit abgestellt werden muß oder ob die Hauptsatzung vorsehen kann, daß in der Gemeinde Bürgermeister und Beigeordnete auf Lebenszeit berufen werden können. Gegen die letztere Meinung spricht der Wortlaut des Gesetzes, wonach es nicht heißt „wiederberufen werden können", sondern „wiederberufen werden". Für die letztere Meinung spricht, und zwar m. E. überwiegend, daß die Hauptsatzung Regelungen auf lange Sicht enthalten soll. Von einer großen praktischen Auswirkung dürfte die Zweifelsfrage nicht sein, da die Berufung auf Lebenszeit überhaupt Ausnahme bleiben soll, ferner ein Einklang zwischen der Hauptsatzung und dem Ausspruche der zur Berufung zuständigen Stellen vorliegen muß. Niemals gibt die Hauptsatzung dem Amtsträger einen Anspruch auf Wiederberufung auf Lebenszeit.

4. Die **Nichtwiederberufung** hauptamtlicher Bürgermeister und Beigeordneter hat zur Folge, daß die Amtsträger zu entlassen oder, falls sie Versorgungsansprüche erworben haben, in den **Ruhestand** zu versetzen sind. Ob sie Versorgungsansprüche oder andere vermögensrechtliche Ansprüche haben, richtet sich nach dem Beamtenrechte, bis zum Inkrafttreten des Beamtenreichsgesetzes nach den landesrechtlichen Vorschriften.

Hiervon zu scheiden ist der Fall des § 44 Abs. 1 Satz 2 und 3; hierzu vgl. die eingehende Darlegung der Ziff. 1 der AusfAnw. Hiernach kommt es auf die Mitteilung der zuständigen Behörde an. Teilt diese mit, daß der Amtsträger seiner Pflicht nicht nachgekommen ist, so ist der Amtsträger ohne vermögensrechtliche Ansprüche zu entlassen. Andernfalls ist er zu behandeln wie im Falle der Nichtwiederberufung. Vermögensrechtliche Ansprüche sind im ordentlichen Rechtswege zu verfolgen (Art. 129 RV.).

§ 45

(1) Die nach § 41 Abs. 2 zuständige Behörde kann die Berufung zum Bürgermeister und Beigeordneten bis zum Ablauf des ersten Amtsjahres zurücknehmen. Hierzu bedarf es im Falle des § 41 Abs. 2 Nr. 1 der Anhörung des Reichsstatthalters und im Falle des § 41 Abs. 2 Nr. 3 des Einvernehmens mit dem Beauftragten der NSDAP.; kommt kein Einvernehmen zustande, so entscheidet der Reichsstatthalter.

(2) Die zuständige Behörde kann schon vor Ablauf des ersten Amtsjahres auf die Zurücknahme der Berufung verzichten.

(3) Der Reichsminister des Innern kann durch Verordnung die rechtlichen Folgen im Falle der Zurücknahme der Berufung zum hauptamtlichen Bürgermeister oder Beigeordneten regeln. Er kann dabei vorschreiben, daß Bürgermeister und Beigeordnete, die vor ihrer Berufung als Beamte im Dienste des Staates, einer Gemeinde oder eines Gemeindeverbandes standen, bei Zurücknahme der Berufung in ihr früheres Dienstverhältnis zu übernehmen sind, sofern nicht Gründe vorliegen, die auch sonst der Ernennung eines Beamten entgegenstehen.

I. Amtliche Begründung s. Textausgabe S. 87 88.

II. DurchfVO. (§§ 17—19)

§ 17. (1) Die Vorschriften des § 45 Abs. 1 und 2 der Deutschen Gemeindeordnung gelten für die im Amte befindlichen Bürgermeister und Beigeordneten, wenn nach bisherigem Rechte die Zurücknahme der Berufung oder des ihr gleichstehenden Vorganges möglich war und die rechtliche Zulässigkeit noch besteht.

(2) In den Fällen des Abs. 1 wird auf das erste Amtsjahr im Sinne des § 45 Abs. 1 und 2 der Deutschen Gemeindeordnung die in der gleichen Stelle verbrachte Amtszeit angerechnet.

(3) War nach bisherigem Recht die Zurücknahme der Berufung oder des ihr gleichstehenden Vorganges auch über den Ablauf des ersten Amtsjahres hinaus zulässig, so kann die oberste Landesbehörde durch Verordnung die Aufrechterhaltung dieser Befugnis bis zum 30. Juni 1935 vorsehen.

§ 18. (1) Wird die Berufung eines hauptamtlichen Bürgermeisters oder Beigeordneten nach § 45 Abs. 1 der Deutschen Gemeindeordnung zurückgenommen, so sind ihm bis zum Ablauf des dritten Monats, der auf den Monat folgt, in dem die Berufung zurückgenommen wird, von der Gemeinde die bisherigen Bezüge weiterzuzahlen. Hierbei finden auf die Weiterzahlung von Aufwands- und Dienstaufwandsentschädigungen die Vorschriften entsprechende Anwendung, die für die in den einstweiligen Ruhestand versetzten Beamten des Reiches gelten. Die Bezüge verringern sich um den Betrag, den der bisherige Bürgermeister oder Beigeordnete aus einer neuen Verwendung im öffentlichen Dienste bezieht.

(2) War der Bürgermeister oder Beigeordnete vor seiner Berufung besoldeter Beamter des Staates, einer Gemeinde oder eines Gemeindeverbandes, so gelten die besonderen Vorschriften des § 19.

§ 19. (1) Wird die Berufung eines Bürgermeisters oder Beigeordneten, der vor seiner Berufung besoldeter Beamter des Staates, einer Gemeinde oder eines Gemeindeverbandes war, zurückgenommen, so ist er mit dem aus dem früheren Dienstverhältnisse folgenden Besoldungsdienstalter und der ruhegehaltsfähigen Dienstzeit unter Anrechnung der nach der Berufung verbrachten Dienstzeit in sein früheres Dienstverhältnis zu übernehmen, sofern nicht Gründe vorliegen, die auch sonst der Ernennung eines Beamten entgegenstehen. Die Übernahme kann auch dann versagt werden, wenn die früher bekleidete Stelle die eines politischen Beamten im Staatsdienste, eines leitenden Beamten eines Provinzialverbandes oder eines Bürgermeisters war.

(2) Wird der Beamte in sein früheres Dienstverhältnis zurückübernommen, so ist er möglichst bald in einer seiner früheren Stelle gleichwertigen Stelle wiederzuverwenden. Bis zu diesem Zeitpunkte hat er die Stellung eines Beamten, der nach den Vorschriften des Reichsbeamtengesetzes in den einstweiligen Ruhestand versetzt ist. War er in seiner früheren Stelle auf Zeit angestellt und ist er bei Ablauf der Amtszeit noch nicht wiederverwendet, so scheidet er aus.

(3) Wird der Beamte nicht in sein früheres Dienstverhältnis zurückübernommen, so hat er gegenüber der Gemeinde, in deren Dienst er zuletzt gestanden hat, die Stellung eines Beamten, der nach den Vorschriften des Reichsbeamtengesetzes in den einstweiligen Ruhestand versetzt worden ist. Abs. 2 letzter Satz gilt entsprechend.

(4) Für die Berechnung und Zahlung des Wartegeldes in den Fällen der Abs. 2 und 3 gelten folgende Vorschriften:

1. Der Berechnung des Wartegeldes ist das Diensteinkommen zugrunde zu legen, das dem Bürgermeister oder Beigeordneten gewährt wurde.

2. Das Wartegeld beträgt höchstens 80 vom Hundert des der Berechnung des Ruhegehaltes zugrunde zu legenden Diensteinkommens, in keinem Fall aber mehr als das Diensteinkommen der Stelle, die der Bürgermeister oder Beigeordnete vor seiner Berufung bekleidete.

(5) Das Wartegeld, das Ruhegehalt und die Hinterbliebenenbezüge sind in den Fällen der Abs. 2 und 3 von der früheren Dienst-

körperschaft und der Gemeinde, in deren Dienst der Beamte zuletzt gestanden hat, je zur Hälfte zu tragen.

III. **AusfAnw.**

1. Die Vorschrift des § 45 DGO. gilt sowohl für hauptamtliche wie für ehrenamtliche Bürgermeister und Beigeordnete; sie soll nach der amtlichen Begründung sicherstellen, daß nicht solche Persönlichkeiten in diese wichtigen Ämter gelangen, die hierfür nicht in vollem Umfange geeignet sind.

Vor Zurücknahme der Berufung ist dem betreffenden Bürgermeister oder Beigeordneten regelmäßig Gelegenheit zur Stellungnahme zu geben. Die Zurücknahme erfolgt durch schriftliche Verfügung, die dem Beamten und der Gemeinde zuzustellen ist. In der Verfügung ist, soweit nach § 45 Abs. 1 eine Anhörung anderer Stellen oder ein Einvernehmen mit ihnen vorgeschrieben ist, zum Ausdruck zu bringen, daß diese Anhörung erfolgt bzw. das Einvernehmen herbeigeführt ist. Dabei wird darauf hingewiesen, daß in den Fällen, in denen die Anhörung des Reichsstatthalters vorgesehen ist oder in denen er nach § 45 Abs. 1 letzter Halbsatz DGO. entscheidet, nach § 117 Abs. 2 DGO. auch der örtlich zuständige Gauleiter zu hören bzw. sein Einvernehmen herbeizuführen ist, wenn der Reichsstatthalter nicht zugleich örtlich zuständiger Gauleiter ist.

2. Zum Ausspruch des Verzichts auf die Zurücknahme der Berufung nach § 45 Abs. 2 DGO. sind die in § 41 Abs. 2 DGO. genannten Behörden ausschließlich zuständig. Ein derartiger Verzicht kann nicht nur zugunsten solcher Bürgermeister und Beigeordneten ausgesprochen werden, die vorher im Dienste des Reiches, eines Landes, einer Gemeinde oder eines Gemeindeverbandes gestanden haben, sondern zugunsten jedes Bürgermeisters oder Beigeordneten. Die Vorschrift hat jedoch Ausnahmecharakter; sie gibt keine Handhabe, in jedem Falle auf die Zurücknahme der Berufung vorzeitig zu verzichten. Ein derartiger Verzicht kommt vielmehr nur dann in Betracht, wenn die Eignung des Bürgermeisters oder Beigeordneten in seiner früheren Tätigkeit und auf Grund einer hinreichend langen Bewährung in dem Amte des Bürgermeisters oder Beigeordneten außer jedem Zweifel steht. In den Fällen der Wiederberufung eines Amtsinhabers ist stets zugleich mit dem Ausspruch der Wiederberufung der Verzicht auf die Zurücknahme der Berufung auszusprechen. Ein vorzeitiger Verzicht kann vor allem auch dann in Betracht kommen, wenn der betreffende Beamte die Stelle bereits eine Zeitlang kommissarisch verwaltet und in diesem Zeitraume seine Eignung hinreichend bewiesen hat oder wenn er vorher eine ähnliche Stelle in einer anderen gleichartigen Gemeinde mit Erfolg verwaltet hat.

3. Zur Sicherung des vom Gesetze bezweckten Zieles wird den Aufsichtsbehörden zur Pflicht gemacht, die Amtsführung der Bür-

germeister und Beigeordneten im ersten Amtsjahre besonders sorgfältig zu überwachen und spätestens zwei Monate vor Ablauf des ersten Amtsjahres an die nach § 45 Abs. 1 DGO. zuständige Staatsbehörde über die Bewährung des Bürgermeisters oder Beigeordneten zu berichten.

4. Für die Überleitung in den neuen Rechtszustand sind in § 17 der Ersten DurchfVO. die erforderlichen Vorschriften getroffen. Die Rechtsfolgen einer Zurücknahme der Berufung sind in den §§ 18 ff. der Ersten DurchfVO. geregelt.

IV. **Anm.**

1. Die Möglichkeit der **Zurücknahme der Berufung** von Bürgermeistern und Beigeordneten macht das Dienstverhältnis dieser Amtsträger auf eine begrenzte Zeit widerruflich. Früher bedurften in der Regel die Wahlbeamten einer staatlichen Bestätigung; in einigen Ländern hatte die Staatsbehörde statt eines Bestätigungsrechts ein gesetzlich bestimmtes Widerspruchsrecht u. ä. Da nach § 41 das Berufungsverfahren selbst bereits in der Hand von Partei und Staat ruht, müssen die früheren Rechtsformen zur Sicherung der Besetzung der wichtigen Stellen mit geeigneten Persönlichkeiten entfallen. Auf der anderen Seite blieb aber das Bedürfnis bestehen, die Bewährung der Amtsträger auf der Stelle eine begrenzte Zeitdauer zu erproben. Daher die Einrichtung der Probezeit.

2. Die **rechtliche Tragweite** der Probezeit beruht darin, daß bis zum Ablaufe der Probezeit das Dienstverhältnis der Amtsträger einem frei widerruflichen Dienstverhältnisse von Beamten gleichgestellt wird; nur kann der Widerruf nicht vom Dienstherrn, sondern nur von der staatlichen Berufungsbehörde ausgeübt werden. Wohl kann auch schon während der Probezeit auch ein Dienststrafverfahren mit dem Ziele der Entfernung aus dem Amt eingeleitet werden; das ist aber nicht notwendig, weil die Berufung zurücknehmbar ist. Auch braucht für die Zurücknahme der Berufung gar kein schuldhaftes Verhalten des Amtsträgers vorzuliegen; vielmehr kann auch aus rein objektiven Gründen, die das Wirken des Amtsträger nicht in der erforderlichen Weise fruchtbar werden lassen, die Berufung zurückgenommen werden. Erst nach dem Ablaufe der Probezeit kann der Amtsträger (abgesehen von der Entlassungsmöglichkeit nach § 6 BG., die bis zum Inkrafttreten des Beamtenreichsgesetzes besteht) gegen seinen Willen nur noch im Wege des Dienststrafverfahrens — falls er überhaupt zur Bekleidung des Amts rechtlich fähig bleibt — aus dem Amt entfernt werden. Die rechtliche Unfähigkeit kann sich aus dem Verlust des Bürgerrechts, aus dem Verlust der deutschen Staatsangehörigkeit, aus dem Verlust der bürgerlichen Ehrenrechte, aus dem Verlust der Fähigkeit zur Bekleidung eines öffentlichen Amts (vgl. §§ 31 ff. StGB.), aus Ausschlußgründen der §§ 42, 43 DGO., aus dem Verlust der Geschäftsfähigkeit (§§ 104 ff. BGB.) u. ä. ergeben. Außerdem kann der Fall

der Dienstunfähigkeit (Altersgrenze, Erkrankung) eintreten, der ebenfalls in rechtlich geordneter Weise zur Beendigung des Amts führen kann.

3. Der **Personenkreis** umfaßt die Bürgermeister und Beigeordneten, und zwar sowohl die hauptamtlichen wie die ehrenamtlichen.

4. Die **Zuständigkeit** liegt bei der nach § 41 Abs. 2 zur Berufung zuständigen Behörde.

a) Ist dies der RMdI., so muß er vorher den Reichsstatthalter hören; ist dieser nicht zugleich örtlich zuständiger Gauleiter, so ist auch der Gauleiter zu hören (§ 117 Abs. 2; vgl. auch Abs. 3).

b) Ist zuständige Behörde der Reichsstatthalter und ist er nicht zugleich örtlich zuständiger Gauleiter, so hat er im Einvernehmen mit diesem zu handeln; kommt keine Einigung zustande, so entscheidet der RMdI. (§ 117 Abs. 2; vgl. auch Abs. 3).

c) Ist zuständige Behörde die obere Aufsichtsbehörde (s. § 33 Abs. 2 DurchfVO. zu § 107 DGO.), so hat sie im Einvernehmen mit dem Beauftragten der NSDAP. (s. § 118 und VO. des Stellvertreters des Führers vom 26. März 1935 — RGBl. I S. 470) zu handeln; kommt kein Einvernehmen zustande, so entscheidet der Reichsstatthalter. Ist der Reichsstatthalter nicht örtlich zuständiger Gauleiter, so hat er im Einvernehmen mit diesem zu handeln; kommt keine Einigung zustande, so entscheidet der RMdI.

d) Ist zuständige Behörde die Aufsichtsbehörde (s. § 33 Abs. 1 DurchfVO. zu § 107 DGO.), so hat sie im Einvernehmen mit dem Beauftragten der NSDAP. zu handeln; im übrigen wie bei c.

5. Die **Probezeit** kann von Beginn der Amtszeit an (s. Anm. 1 zu § 44) höchstens ein Jahr dauern. Die nach Anm. 4 zuständige Behörde (und zwar sie allein) kann ganz oder teilweise auf die Probezeit verzichten und damit von dem beim Verzichte bestimmten Zeitpunkt oder, falls hierbei kein Zeitpunkt bestimmt wird, vom Ausspruche des Verzichts an das Amtsverhältnis unwiderruflich gestalten. Für den Verzicht sind gesetzlich besondere Voraussetzungen nicht bestimmt. Der Verzicht ist rechtlich möglich bei hauptamtlichen und ehrenamtlichen Amtsträgern, gleichgültig ob die Amtsträger schon bisher in einem Amte waren oder nicht. Die zuständige Behörde entscheidet nach pflichtmäßigem Ermessen. Festzuhalten ist aber, daß der Verzicht nach dem ganzen gesetzgeberischen Ziel und Zweck der Probezeit nicht dort in Betracht kommt, wo er lediglich zur Sicherung der Stellung des Amtsträgers erwünscht ist, sondern dort, wo die Bewährung des Amtsträgers gesichert ist. Vgl. im übrigen Ziff. 2 der AusfAnw.

6. Zum **Verfahren** vgl. Ziff. 1 der AusfAnw.

7. Die **Rechtswirkung** der Zurücknahme der Berufung ist, daß die Gemeinde von dem bei der Zurücknahme bestimmten Zeitpunkt an, andernfalls sofort das Amtsverhältnis zu lösen hat. Dabei ist zu unterscheiden:

a) Ist der Amtsträger Ehrenbeamter, so ist er durch Aushändigung einer Entlassungsurkunde zu entlassen; vermögensrechtliche Ansprüche bestehen nicht.

b) Ist der Amtsträger hauptamtlich angestellt, so ist er zwar ebenfalls durch Aushändigung der Entlassungsurkunde zu entlassen; er verliert ebenfalls damit seine Amtsstelle und seine Nebenämter und Nebenbeschäftigungen, die ihm im Zusammenhang mit dem Hauptamt übertragen sind oder die er auf Vorschlag oder Veranlassung der Gemeinde übernommen hat. Die vermögensrechtlichen Folgen sind jedoch verschieden, je nachdem der Amtsträger unmittelbar vor seiner Berufung aa) kein besoldeter Beamter des Staates (des Reichs oder Landes), einer Gemeinde oder eines Gemeindeverbandes war oder bb) ein solcher Beamter war.

Zu aa). In diesem Falle beschränken sich die vermögensrechtlichen Ansprüche auf die in § 18 DurchfVO. festgesetzten Bezüge, d. h. er erhält für den Monat der Entlassung und für weitere drei Monate die Dienstbezüge seiner Amtsstelle; diese Bezüge verringern sich um die Einkünfte, die der Amtsträger in dieser Zeit aus einer anderen Verwendung im öffentlichen Dienste bezieht. Auf die Zahlung von Aufwands- und Dienstaufwandsentschädigungen läßt § 18 DurchfVO. die für Wartestandsbeamte des Reiches geltenden Vorschriften Anwendung finden. Der Wartestandsbeamte des Reiches erhält die Dienstaufwandsentschädigung nur bis zum Beginne des Wartestandes; daher erhält der entlassene Amtsträger der Gemeinde, soweit sie bei ihm überhaupt in Betracht kommen, diese Einkünfte bis zum Beginne der Entlassung. Dagegen erhält der Wartestandsbeamte die Aufwandsentschädigung so lange, wie er die Dienstbezüge seiner Amtsstelle erhält; der gemeindliche Amtsträger erhält daher die Aufwandsentschädigung für den Monat der Entlassung und für drei weitere Monate.

Zu bb). Für diese Beamten gelten die Sondervorschriften des § 19 DurchfVO. In erster Linie gilt, daß der frühere Dienstherr grundsätzlich die Verpflichtung hat, den entlassenen Beamten in sein früheres Dienstverhältnis zurückzuübernehmen, und zwar mit dem früheren Besoldungsdienstalter und der früheren ruhegehaltsfähigen Dienstzeit unter Hinzurechnung der seither verbrachten Dienstzeit. Die Rechtslage ist demnach so, daß das Gesetz von der Beendigung des früheren Dienstverhältnisses ausgeht. Besteht dieses noch, weil der Amtsträger nur beurlaubt war (vgl. § 42 Abs. 2 Satz 1), so kommen die Vorschriften des § 19 Abs. 1 DurchfVO. überhaupt nicht in Betracht; es handelt sich vielmehr lediglich darum, das Urlaubsverhältnis zu beenden. Ist aber das frühere Dienstverhältnis seinerzeit beendigt worden, so hat der frühere Dienstherr grundsätzlich die Übernahmeverpflichtung; hiervon bestehen Ausnahmen:

α) Der frühere Dienstherr hat die Übernahmepflicht nicht, wenn Gründe vorliegen, die auch sonst der Ernennung eines Beamten entgegenstehen. Solche Gründe kann der frühere Dienstherr geltend machen, weil es sich ja um Neubegründung eines Beamtenverhältnisses handelt. Solche Gründe können sein z. B., daß der Beamte ein Vergehen begangen hat, das ihn der Ernennung zum Beamten unwürdig macht und dessentwegen er rechtskräftig zu einer Strafe verurteilt wurde oder wird, oder daß sich beim Dienst in der Gemeinde gezeigt hat, daß der Beamte nicht jederzeit rückhaltlos für den nationalsozialistischen Staat eintritt u. ä.

β) Die Übernahme kann versagt werden aus den in § 19 Abs. 1 Satz 3 DurchfVO. angegebenen Gründen.

Aus dieser Rechtslage können sich folgende Fälle ergeben:

α) Wird der entlassene Amtsträger vom früheren Dienstherrn wieder übernommen und gleichzeitig in einer seiner früheren Stelle gleichwertigen Stelle wiederverwendet, so kann, falls dies während der drei ersten Monate nach der Entlassung als Amtsträger eintritt, nur die Anrechnungspflicht der neuen Dienstbezüge auf die gemeindlichen Dreimonatsbezüge in Betracht kommen.

β) Wird er übernommen, aber nicht alsbald auf der früheren oder gleichwertigen Stelle wiederverwendet, so hat er gegenüber dem neuen Dienstherrn die Stellung eines Wartestandsbeamten. Während der ersten drei Monate nach der Entlassung besteht Anrechnungspflicht der neuen Bezüge auf die Dreimonatsbezüge. War er bei dem neuen Dienstherrn früher auf Zeit angestellt und ist er bei Ablauf dieser Amtszeit noch nicht wiederverwendet, so scheidet er aus. Ausscheiden heißt hier Entlassung oder Ruhestandsversetzung nach Maßgabe der bis dahin erworbenen Versorgungsansprüche. Die vermögensrechtlichen Ansprüche (Wartestands- und Ruhestandsbezüge) richten sich in diesem Falle gegen den Dienstherrn, der den Amtsträger wieder übernommen hat. Die Gemeinde hat diesem Dienstherrn die Hälfte zu erstatten (§ 19 Abs. 5 DurchfVO.).

γ) Wird der entlassene Amtsträger vom früheren Dienstherrn nicht übernommen (weil nach § 19 Abs. 1 DurchfVO. entweder keine Übernahmepflicht besteht oder weil die Übernahme versagt werden kann), so hat er gegenüber der Gemeinde, deren Amtsträger er war, die „Stellung eines Beamten, der nach den Vorschriften des Reichsbeamtengesetzes in den einstweiligen Ruhestand versetzt ist". Er ist also nicht in den Wartestand zu versetzen, sondern ist einem Wartestandsbeamten gleichzubehandeln. Er hat der Gemeinde gegenüber die Rechte und Pflichten eines Wartestandsbeamten. Dieses Verhältnis endet bei Übernahme eines neuen Amts, durch dienststrafrechtliche Entfernung (dienststrafrechtliche Ahndung bleibt zulässig, weil der entlassene Amtsträger die „Stellung" eines Wartestandsbeamten hat) sowie durch Ruhestandsversetzung. Die letztere hat, soweit das Reichsbeamtengesetz nicht eine frühere Ruhestandsversetzung zwingend vorschreibt, mit dem regelmäßigen Ablaufe der Amtszeit des Amtsträgers zu erfolgen. Die bis dahin verbrachte Zeit ist auf die ruhegehaltsfähige Dienstzeit anzurechnen.

Alle Vorschriften des Reichsbeamtengesetzes sind auf dieses wartestandsähnliche Verhältnis entsprechend anzuwenden mit folgenden Abweichungen:

1. Für die Berechnung des Wartegeldes gilt § 19 Abs. 4 Nr. 1 DurchfVO.

2. Für die Höhe des Wartegeldes gilt § 19 Abs. 4 Nr. 2 DurchfVO.

3. Der frühere Dienstherr hat der Gemeinde die Hälfte des von ihr zu zahlenden Wartegeldes, Ruhegehalts und der von ihr zu bezahlenden Hinterbliebenenbezüge zu erstatten (§ 19 Abs. 5 DurchfVO.). Hierdurch soll der frühere Dienstherr an der Erfüllung der Übernahmepflicht interessiert werden.

Die vermögensrechtlichen Ansprüche des Beamten richten sich also gegen die Gemeinde a) hinsichtlich der Dreimonatsbezüge, b) hinsichtlich der Bezüge als Wartestandsbeamter der Gemeinde und c) hinsichtlich der Ruhestands- und Hinterbliebenenbezüge, wenn der Beamte seitens der Gemeinde in den Ruhestand versetzt wurde oder als Wartestandsbeamter der Gemeinde starb. Ansprüche auf Rücknahme in den Dienst des früheren Dienstherrn hat der Beamte selbst nicht, wenn sein früheres Dienstverhältnis beendet ist. Auch der Gemeinde steht ein solcher vor dem ordentlichen Gerichte verfolgbarer Anspruch nicht zu; es handelt sich um eine gesetzliche Verpflichtung des früheren Dienstherrn, die bei Gemeinden und Gemeindeverbänden nur auf dem Wege über die Staatsaufsicht erzwingbar, beim Staate nur durch Anrufung der übergeordneten Dienststelle durchsetzbar ist.

8. Die **Überleitung** ist in § 17 DurchfVO. geregelt.

a) War nach bisherigem Rechte die Zurücknahme der Berufung oder des ihr gleichstehenden Vorganges (z. B. der Bestätigung) schon möglich und war die Zurücknahme im Zeitpunkte des Inkrafttretens der DGO. noch zulässig (d. h. die Frist für die Zurücknahme noch nicht abgelaufen oder noch nicht auf Zurücknahme verzichtet), so kann von der Zurücknahme auch nach Inkrafttreten der DGO. noch Gebrauch gemacht werden, aber — ohne Sonderregelung nach b — nur innerhalb eines Höchstzeitraumes von einem Jahre seit Beginn der Amtszeit des Amtsträgers; denn nach § 17 Abs. 2 DurchfVO. ist die bisherige Amtszeit des Amtsträgers auf das Probejahr anzurechnen.

b) War nach bisherigem Rechte die Zurücknahme zeitlich unbeschränkt, so kann die oberste Landesbehörde durch Verordnung — am zweckmäßigsten in der ÜberleitungsVO. nach § 40 DurchfVO. zu § 119 DGO. — diesen Rechtszustand noch bis zum 30. Juni 1935 aufrechterhalten. Diese Regelung soll ermöglichen, solche Amtsträger auszuscheiden, bei denen bisher mit Rücksicht auf die mit der DGO. erwartete Erneuerung in der Besetzung der leitenden Gemeindebeamtenstellen Zurückhaltung geübt und weder von der Zurücknahme der Berufung (Bestätigung) noch von § 6 WG. Gebrauch gemacht worden ist.

§ 46

Die Bürgermeister werden vor dem Amtsantritt von der Aufsichtsbehörde, die Beigeordneten von dem Bürgermeister vereidigt.

I. Amtliche Begründung s. Textausgabe S. 88 89.

II. AusfAnw.

Die in § 46 vorgesehene Vereidigung erfolgt nach Maßgabe der Vorschriften des Reichsgesetzes vom 20. August 1934 (RGBl. I S. 785). Sie ist nicht erforderlich, wenn der Beamte diesen Eid bereits in einem anderen Beamtendienstverhältnisse geleistet hat. In diesen Fällen ist er bei Wechsel des Dienstherrn lediglich auf den früheren Eid zu verweisen; bleibt er im gleichen Dienstverhältnisse z. B. im Falle der Wiederberufung, so bedarf es auch dieses Hinweises nicht. Auch in den Fällen, in denen danach eine förmliche Vereidigung nicht stattfindet, hat die Aufsichtsbehörde bzw. der Bürgermeister für die feierliche Einführung des Bürgermeisters oder Beigeordneten Sorge zu tragen (vgl. auch die amtliche Begründung).

III. Anm.

1. Die **Vereidigung** richtet sich nach dem RG. vom 20. August 1934 (RGBl. I S. 785). Hiernach erfolgt die Vereidigung auf den Führer und Reichskanzler. Eidesformel: „Ich schwöre: ich werde dem Führer des Deutschen Reiches und Volkes Adolf Hitler treu und gehorsam sein, die Gesetze beachten und meine Amtspflichten gewissenhaft erfüllen, so wahr mir Gott helfe."

2. Die **rechtliche Bedeutung.** Die Vereidigung ist die feierliche Bekräftigung der Treupflicht, die zum Wesen des öffentlich-rechtlichen Beamtenverhältnisses gehört. *Sämtliche* Beamte sind zu vereidigen; insofern ist, da Bürgermeister und Beigeordnete stets Beamte (ehrenamtlich oder hauptamtlich) sind, § 46 nur eine Wiederholung der Vorschriften des genannten RG. Darüber hinaus hat die Vorschrift noch selbständige Bedeutung: sie bestimmt den Zeitpunkt und die Zuständigkeit für die Vereidigung.

Die Vereidigung *begründet* nicht etwa das Beamtenverhältnis; die Begründung des Beamtenverhältnisses erfolgt vielmehr nach dem RG. vom 30. Juni 1933 (RGBl. I S. 433) durch die Aushändigung der Anstellungsurkunde.

Auf der anderen Seite ist sie gesetzlich vorgeschrieben und zwar *vor* dem Amtsantritte. Wenn daher die Vereidigung auch kein Wesenselement für die Begründung des Beamtenverhältnisses und wenn auch die Gültigkeit von Amtshandlungen nicht von der Vornahme der Vereidigung abhängig ist, so hat doch sowohl der Berufene die Pflicht, sich vor dem Amtsantritte vereidigen zu lassen, wie auch die zuständige Behörde die Pflicht, den Berufenen vor seinem Amtsantritte zu vereidigen und zu verhindern, daß er Amtshandlungen vor der Vereidigung ausführt. Deshalb ist grundsätzlich Vereidigung und Aushändigung der Anstellungsurkunde miteinander zu verbinden. Ist ausnahmsweise die Aushändigung der Anstellungsurkunde vorher erfolgt und versagt sich der Angestellte der Vereidigung, so liegt darin eine Verweigerung einer zum Amtsantritte gesetzlich vorgeschriebenen Voraussetzung; das kommt einer unbefugten Niederlegung des Amtes gleich (vgl. § 25 und die Ausführungen hierzu). Wird die Vereidigung vor der Aushändigung der Anstellungsurkunde verweigert, so liegt darin eine unbefugte Ablehnung des Amtes (vgl. § 25); die Anstellungsurkunde darf dann überhaupt nicht ausgehändigt werden.

3. Die **Zuständigkeit** ist dahin geregelt, daß die Vereidigung der Bürgermeister die Aufsichtsbehörde, die Vereidigung der Beigeordneten der Bürgermeister vorzunehmen hat. Durch eine andere Stelle kann die Vereidigung nicht rechtswirksam vorgenommen werden. Dabei ist folgendes klarzustellen:

a) Die Aufsichtsbehörde bestimmt sich nach § 107 DGO. und § 33 DurchfVO. Inwieweit der Leiter der Aufsichtsbehörde solche öffentlich-rechtlichen Funktionen persönlich vorzunehmen hat oder durch seine nachgeordneten Beamten dabei vertreten werden kann, bestimmt sich nach dem Organisationsrechte der Behörde. An Stelle der Aufsichtsbehörde können die ihr für die Gemeindeaufsicht vorgesetzten Behörden (nächsthöhere und oberste Aufsichtsbehörde — § 33 Durchf.-VO.) die Vereidigung rechtswirksam vornehmen.

b) Die Vertretung des Bürgermeisters bestimmt sich nach § 35 Abs. 1 DGO. Eine Übertragung durch Vollmachtserteilung ist unzulässig.

c) Der zu Vereidigende kann sich nicht vertreten lassen. Es handelt sich um eine höchstpersönliche Verpflichtung.

4. Eine **frühere Vereidigung**, die nach dem RG. vom 20. August 1934 vorgenommen worden ist, kann die Wiederholung unnötig machen; s. hierzu die AusfAnw. Umgekehrt ist die Vereidigung vor dem Amtsantritte der Bürgermeister und Beigeordneten auch dann notwendig, wenn das Probejahr (§ 45) läuft, die Berufung und Anstellung also zurücknehmbar bleibt.

5. Der **Vorgang** ist in der näheren Ausgestaltung nicht weiter geregelt. Die Würde des Vorganges verlangt eine feierliche Gestaltung. Der Vorgang hat auch vor der Öffentlichkeit die Bedeutung, daß die Amtsträger die Voraussetzungen für den Amtsantritt erfüllt haben. Deshalb ist es zweckmäßig, einen feierlichen Akt (Einführung) durch die zuständige Behörde auch dann vorzunehmen, wenn die Vereidigung nicht mehr wiederholt werden muß. Es ist dabei Gelegenheit geboten, die Amtsträger auf ihre besonderen Verpflichtungen (§ 26) hinzuweisen.

§ 47

Die Hauptsatzung kann bestimmen, daß der Bürgermeister, die Beigeordneten und Gemeinderäte bei feierlichen Anlässen eine Amtstracht oder ein Amtszeichen tragen.

I. **Amtliche Begründung** s. Textausgabe S. 89.

II. **Anm.**

1. Die bisherigen landesrechtlichen Vorschriften über **Dienstabzeichen** (Amtsketten, Münzen mit dem Landeshoheitszeichen am Bande u. ä.) sind aufgehoben. Die künftige Regelung ist der Hauptsatzung überlassen.

2. Die **Regelung der Hauptsatzung** muß der Würde des Amts entsprechen. An altem Herkommen und Brauchtum soll festgehalten werden. Soweit Amtszeichen (Ketten, Münzen am Bande u. ä.) zum Tragen bestimmt werden, sollen sie künstlerisch schön, im Münzenbild entweder mit dem Wappen der Gemeinde, mit ihrem Siegelbild oder in sonstiger beziehungsvoller Weise mit der Eigenart der Gemeinde verknüpft werden. Das Hoheitszeichen der Partei ist dieser allein vorbehalten. Wenn möglich, soll das Dienstzeichen aus edlem Metall sein. Ausgefallene Ideen (etwa eine Kette aus Porzellan, weil in der Gemeinde Porzellanindustrie vorwiegt), sollen nicht zugelassen werden. Der Schulzenstab eignet sich dort, wo er einem Herkommen entspricht. Amtstrachten sollen einfach und würdig sein. Es sollen nicht altertümliche, einer längst vergangenen Zeit angehörige Trachten erneuert werden, wie überhaupt alle Zeichen und Symbole Ausdruck des Stilwillens der Gegenwart sein sollen.

3. Die **rechtliche Bedeutung** der Vorschrift geht dahin, daß, wenn ein Amtszeichen oder eine Amtstracht in der Hauptsatzung vorgesehen ist, je nach der Regelung der Hauptsatzung die Amtsträger nicht nur berechtigt, sondern auch verpflichtet werden können, sie zu tragen. Die Wirksamkeit einer Amtshandlung kann und darf aber hiervon nicht abhängig gemacht werden.

Die Regelung schließt nicht aus, daß einheitliche Dienstzeichen vom Staate vorgeschrieben werden (z. B. für Bürgermeister als Inhaber der Ortspolizeigewalt). Soweit solche polizeirechtliche Regelungen im Landesrechte bestehen, bleiben sie unberührt (z. B. daß der Bürgermeister als Träger der Polizeigewalt bei Aufläufen usw. sich durch eine Dienstmütze, eine Armbinde u. ä. kenntlich zu machen hat).

Die Regelung der Hauptsatzung muß sich demnach auf das Gebiet der Selbstverwaltung (§ 2 Abs. 1 und 2) beschränken. Sie kann nicht auf Polizeirecht, auf Personenstandsrecht u. ä. übergreifen. Trotzdem ist es möglich, daß die zuständige Staatsbehörde für staatseigene Regelungen auch auf diesen Gebieten (z. B. daß der Bürgermeister als Standesbeamter bei feierlichen Eheschließungen die vorgesehene Amtstracht zu tragen hat) an die Regelung der Hauptsatzung anknüpft.

2. Abschnitt

Gemeinderäte

§ 48

(1) Die Gemeinderäte haben die Aufgabe, die dauernde Fühlung der Verwaltung der Gemeinde mit allen Schichten der Bürgerschaft zu sichern. Sie haben den Bürgermeister eigenverantwortlich zu beraten und seinen Maßnahmen in der Bevölkerung Verständnis zu verschaffen. Sie haben bei ihrer Tätigkeit ausschließlich das Gemeinwohl zu wahren und zu fördern.

(2) In Städten führen die Gemeinderäte die Amtsbezeichnung Ratsherr.

I. Amtliche Begründung s. Textausgabe S. 89/90.

II. DurchfVO. (§ 20)

(1) Die Gemeinderäte sind erstmalig spätestens bis zum 1. Oktober 1935 zu berufen und zu ernennen.

(2) Bis zur Ernennung der Gemeinderäte nehmen die Mitglieder der Gemeindevertretungen, in Preußen die Gemeinderäte, die Aufgaben der Gemeinderäte nach den Vorschriften der Deutschen Gemeindeordnung wahr.

III. AusfAnw.

1. Die allgemeine Stellung der Gemeinderäte ist in der amtlichen Begründung zu § 48 DGO. wie folgt dargelegt:

„Die Gemeinderäte verkörpern, wie bereits in dem allgemeinen Teile der Begründung ausgeführt ist, das genossenschaftliche Element in der Selbstverwaltung; sie gewährleisten, aus der Bürgerschaft kommend und mit der Bürgerschaft lebend, die stete enge Fühlung der Verwaltung mit allen Schichten der Bevölkerung.

Dabei muß jedoch mit aller Klarheit der grundlegende Unterschied hervorgehoben werden, der zwischen den Gemeinderäten der Gemeindeordnung und den Mitgliedern der früheren Vertretungskörperschaften besteht. Die Gemeinderäte sind nicht wie die früheren Gemeindevertreter Inhaber eines Mandats, das ihnen eine politische Partei und die Wahl der Bürgerschaft verlieh, sondern auf Grund besonderen Berufungsverfahrens ausgewählte Ehrenbeamte der Gemeinde. Daraus ergibt sich schon, daß sie nach keiner Richtung hin die Aufgabe der früheren Vertretungskörperschaften übernehmen, Gegenspieler der Gemeindeverwaltung zu sein, daß sie vielmehr in gleicher Richtung mit dem Bürgermeister zum Wohle der Gemeinde zu wirken haben. Ein weiterer grundlegender Unterschied liegt darin, daß die Gemeinderäte anders als die Vertretungskörperschaften kein Kollegium bilden, das mit anonymer Mehrheit Beschlüsse faßt und die Verwaltung kontrolliert, daß sie vielmehr als einzelverantwortliche, sachverständige Berater dem Bürgermeister zur Seite stehen. Bei Ausübung ihrer Tätigkeit, die ausschließlich das Gemeinwohl zu wahren und zu fördern hat, sind sie Weisungen dritter Stellen nicht unterworfen und können sich ihrer eigenen Verantwortung auch nicht durch den Hinweis auf derartige Weisungen entziehen."

Die richtige Auswahl der Gemeinderäte und ihre nach den in der Begründung erwähnten Gesichtspunkten ausgerichtete Tätigkeit sind für die Bewährung der Deutschen Gemeindeordnung von ausschlaggebender Bedeutung. Alle mit dem Vollzuge der Gemeindeordnung betrauten Stellen haben sich dies stets vor Augen zu halten. Insbesondere wird auch dem Bürgermeister zur besonderen Pflicht gemacht, die Gemeinderäte in dem vom Gesetze gewollten Umfange zur Beratung zuzuziehen und ihre Tätigkeit auch sonst dem Wohle der Gemeinde nutzbar zu machen. Auf der anderen Seite werden die Gemeinderäte auf ihre Pflicht hingewiesen, den Maßnahmen des Bürgermeisters in der Bevölkerung Verständnis zu verschaffen und ihn nach jeder Richtung hin zu unterstützen.

2. Bis zur Berufung der Gemeinderäte, die nach Erlaß der Hauptsatzung (vgl. AusfAnw. zu § 3) alsbald zu erfolgen hat und spätestens bis zum 1. Oktober 1935 durchgeführt sein muß, sind für die Übergangszeit in § 20 der Ersten DurchfVO. die erforderlichen Vorschriften getroffen.

IV. Anm.

1. Die **Gemeinderäte** sind, wie sich aus § 6 ergibt, wo das Gefüge der Verfassung der Gemeinde bestimmt ist, verfassungsmäßige Organe der Gemeinde. Ihre organschaftliche Aufgabe ist die Sicherung der Fühlung der Gemeindeverwaltung mit der Bevölkerung, indem sie, aus der Bürgerschaft kommend und mit der Bürgerschaft lebend, einerseits den Bürgermeister beraten und andererseits seinen Maßnahmen in der Bevölkerung Verständnis verschaffen. Diese organschaftliche Aufgabe hat *jeder einzelne* Gemeinderat zu erfüllen, auch wenn die Gemeinderäte zu gemeinsamen Beratungen mit dem Bürgermeister zusammenzurufen sind. Der Bürgermeister ist *verpflichtet*, dieser Gestaltung der Verfassung Rechnung zu tragen; den materiellen Rahmen hierfür gibt § 55 mit §§ 84, 96, 99, den formellen Rahmen geben die §§ 56 und 57.

2. Als **Ehrenbeamten** der Gemeinde (vgl. § 53) kann jedem Gemeinderate der Bürgermeister auf Grund seiner Dienstgewalt (vgl.

§ 37) Dienstaufgaben, die sich im Rahmen eines Ehrenamts (vgl. Anm. 1 zu § 22) halten, zuteilen und ihm Vollmachten zu seiner Vertretung in bestimmten Angelegenheiten einräumen (vgl. § 35 Abs. 3). In ihrer organschaftlichen Funktion als Berater des Bürgermeisters sind die Gemeinderäte seiner Dienstbefehlsgewalt nicht unterworfen, wohl aber unterstehen sie seiner Ordnungsgewalt (Hausrecht) bei den gemeinsamen Beratungen und hinsichtlich ihrer Amtsführung und ihres Lebenswandels, soweit er von öffentlichem Belang ist, auch dem Dienststrafrechte.

3. Ihre **Amtszeit** ist eine einheitliche (§ 52), so daß sie immer in ihrer Gesamtheit erneuert werden; scheidet vorzeitig einer aus, so wird nur für die Restzeit ein Ersatzmann berufen.

4. Nur **Männer** (nicht auch Frauen) können Gemeinderäte sein, wie sich aus § 6 letzter Satz und auch aus dem Ausdruck „Ersatzmänner" in § 52 Abs. 2 ergibt.

5. Der **einzelne Mann** ist es, dem die organschaftliche Funktion zukommt. Er hat eigenverantwortlich (§ 48) seinen Rat zu erteilen; er hat seine Überzeugung zu vertreten; er ist verpflichtet, auf Verlangen des Bürgermeisters in der gemeinsamen Beratung sich über bestimmte Gegenstände zu äußern; er ist verpflichtet sich zu äußern, wenn seine Meinung bei der gemeinsamen Beratung mit dem Bürgermeister von der des Bürgermeisters abweicht (vgl. auch AusfAnw. Ziff. 3 zu § 57). — Umgekehrt hat jeder einzelne Gemeinderat die Pflicht, die einmal getroffenen Maßnahmen des Bürgermeisters in der Bevölkerung zu stützen und zu schützen.

6. Die **Amtsbezeichnungen** sind in § 48 festgelegt; von § 119 Abs. 1 Nr. 3 wurde kein Gebrauch gemacht. Die Gemeinderäte führen daher in Städten (§ 9) die Amtsbezeichnung „Ratsherr", im übrigen die Amtsbezeichnung „Gemeinderat".

7. Die **Überleitung** ist in § 20 DurchfVO. geregelt. Die Gemeinderäte sind spätestens bis zum 1. Oktober 1935 neu zu berufen und zu ernennen. Bis dahin bleiben die bisherigen Gemeinderäte und die bisherigen Mitglieder der Vertretungskörperschaften mit der geänderten Funktion (nämlich nur Berater des Bürgermeisters nach Maßgabe der DGO. zu sein) im Amte; ihr Amt endet nach § 39 DurchfVO. mit dem Zeitpunkte der Ernennung der neuen Gemeinderäte. Gleiches gilt für die Mitglieder der Ausschüsse (Deputationen u. ä.) nach § 21 DurchfVO.

§ 49

Die Hauptsatzung bestimmt die Zahl der Gemeinderäte. Die Höchstzahl der Gemeinderäte beträgt in Gemeinden mit weniger als 10000 Einwohnern zwölf, in den übrigen kreisangehörigen Gemeinden vierundzwanzig, in den Stadtkreisen sechsunddreißig.

I. Amtliche Begründung s. Textausgabe S. 91.

II. AusfAnw.

1. Die Mindestzahl der Gemeinderäte ist im Rahmen der Vorschrift des § 49 DGO. stets so festzusetzen, daß eine ausreichende Beratung des Bürgermeisters aus möglichst allen Schichten der Bevölkerung gesichert ist.

2. Im übrigen wird den Gemeinden empfohlen, bei Festsetzung der Zahl der Gemeinderäte in der Hauptsatzung folgende Grenzen innezuhalten:

a) in Gemeinden mit weniger als 1000 Einwohnern soll die Mindestzahl der Gemeinderäte 4, ihre Höchstzahl 6 betragen;

b) in Gemeinden mit mehr als 1000, aber weniger als 3000 Einwohnern soll die Höchstzahl der Gemeinderäte 8 nicht übersteigen. In größeren Gemeinden bis zu 10000 Einwohnern kann die Höchstzahl bis zu 12 festgesetzt werden;

c) in kreisangehörigen Gemeinden mit mehr als 10000, aber weniger als 20000 Einwohnern soll die Höchstzahl der Gemeinderäte 18, in den übrigen kreisangehörigen Gemeinden darf sie 24 nicht übersteigen;

d) für Stadtkreise werden folgende Richtzahlen gegeben:
Stadtkreise bis 50000 Einwohner Höchstzahl 24,
Stadtkreise bis 100000 Einwohner Höchstzahl 30,
Stadtkreise über 100000 Einwohner Höchstzahl 36.

3. Eine Bestellung von Stellvertretern für behinderte Gemeinderäte ist im Gesetze nicht vorgesehen und kommt demnach nicht in Betracht.

III. Anm.

1. Die **Zahl der Gemeinderäte** kann nur in der Hauptsatzung festgesetzt werden. Das Gesetz gibt einen bindenden Höchstrahmen, die AusfAnw. gibt eine weitere Richtlinie. Die Hauptsatzung (§ 3 Abs. 2) ist mit den Gemeinderäten zu beraten (§ 55 Abs. 1 Nr. 4), bedarf der Zustimmung des Beauftragten der NSDAP. (§ 33 Abs. 1), der Genehmigung der Aufsichtsbehörde (§ 3 Abs. 2) und ist öffentlich bekanntzumachen (§ 3 Abs. 3 mit § 4 DurchfVO. zu § 3 DGO.).

2. Die **Aufrechterhaltung dieser Zahl** ist bis zur Änderung der Hauptsatzung Pflicht der Gemeinde. Fällt ein Gemeinderat weg, so ist daher nach § 52 Abs. 2 das Erforderliche wegen Berufung eines Ersatzmannes zu veranlassen.

Wird während der Amtszeit die Hauptsatzung in dieser Richtung geändert, so gilt die Änderung erst für die Erneuerung sämtlicher Gemeinderäte mit folgenden Ausnahmen:

a) Für die Berufung von Ersatzmännern (§ 52 Abs. 2) ist der jeweilige Stand der Hauptsatzung maßgebend.

b) Wird bei Gemeindegrenzänderungen die Verwaltung neu geregelt (§ 15 Abs. 1) und dementsprechend die Hauptsatzung geändert, so kann von der Stelle, die die Gemeindegrenzänderung ausgesprochen hat (§ 15 Abs. 1 mit § 36 DurchfVO. zu § 117 DGO.), das Nähere angeordnet werden (wie Erneuerung sämtlicher Gemeinderäte unter Erhöhung oder Verminderung der Zahl der Gemeinderäte nach entsprechender Änderung der Hauptsatzung oder Erhöhung der Zahl der Gemeinderäte nach entsprechender Änderung der Hauptsatzung und hiernach ergänzende Berufung von Gemeinderäten); die Amtszeit dieser Gemeinderäte richtet sich nach der allgemeinen Amtszeit. Das Ausscheiden einzelner Gemeinderäte ohne Erneuerung sämtlicher Gemeinderäte kann auf diesem Wege nicht angeordnet werden.

c) Bei Erhebung einer Gemeinde zum Stadtkreise kann die Hauptsatzung geändert werden mit der Wirkung, daß sofort weitere Gemeinderäte ergänzend berufen werden; deren Amtszeit richtet sich nach der allgemeinen Amtszeit. Eine Erneuerung sämtlicher Gemeinderäte kann nicht eintreten.

Wird die im Gesetze gezogene Einwohnergrenze während der allgemeinen Amtszeit überschritten und dementsprechend die Hauptsatzung geändert, so wirkt diese Änderung erst von der nächsten Erneuerung sämtlicher Gemeinderäte.

3. **Einzelheiten:**

a) Zum Begriffe „kreisangehörige Gemeinden" und „Stadtkreis" s. § 11 DurchfVO. zu § 32 DGO.

b) Als Einwohnerzahlen sind die nach der amtlichen Volkszählung festgesetzten zugrunde zu legen.

c) Die bisherigen Gemeinderäte sind noch zur Hauptsatzung zu hören; die Hauptsatzung soll aber den neuen Gemeinderäten nochmals zur Beratung vorgelegt werden (Ziff. 3a der AusfAnw. zu § 3 DGO.).

§ 50

Der Beauftragte der NSDAP. ist nicht Gemeinderat. Er kann an den Beratungen des Bürgermeisters mit den Gemeinderäten teilnehmen, wenn es sich um Angelegenheiten handelt, bei denen ihm das Gesetz eine Mitwirkung einräumt (§ 33 Abs. 1); er ist zu diesen Beratungen zu laden.

I. Amtliche Begründung s. Textausgabe S. 92.

II. AusfAnw.

1. Der Beauftragte der NSDAP. ist weder kraft Gesetzes Gemeinderat, noch kann er sich nach seiner funktionellen Stellung im Rahmen der Gemeindeverfassung selbst zum Gemeinderate berufen.

2. Der Bürgermeister hat dafür zu sorgen, daß der Beauftragte der NSDAP., soweit er nach § 50 an den Beratungen mit den Gemeinderäten teilnimmt, nicht nur rechtzeitig geladen,

sondern daß ihm auch das zur Urteilsbildung erforderliche Material rechtzeitig zugeleitet wird. Der Beauftragte der NSDAP. ist anders als die übrigen Gemeinderäte nicht verpflichtet, an diesen Beratungen teilzunehmen; ebensowenig hat er eine Äußerungspflicht nach § 57 Abs. 2 DGO. Dagegen bestehen die leitenden und ordnenden Befugnisse des Bürgermeisters (§ 57 Abs. 2 Satz 1 DGO.) auch ihm gegenüber. Ebenso hat er das Recht, seine Auffassung zur Niederschrift zu geben.

III. Anm.

1. Zum **Beauftragten der NSDAP.** vgl. § 118 und die VO des Stellvertreters des Führers vom 26. März 1935 (RGBl. I S. 470); s. ferner §§ 6 und 33.

2. Die **Unvereinbarkeit** des Amts des Beauftragten mit gemeindlichen Haupt- und Ehrenämtern ist in § 2 der unter Anm. 1 genannten VO. festgesetzt. Wird ein Gemeinderat im Laufe seiner Amtszeit Beauftragter der NSDAP., so hat er das Ehrenamt niederzulegen.

3. Das **Teilnahmerecht** des Beauftragten der NSDAP. an den Beratungen des Bürgermeisters mit den Gemeinderäten ist vom Gesetz auf die Angelegenheiten begrenzt, bei denen ihm das Gesetz eine Mitwirkung einräumt; diese Angelegenheiten sind in § 33 aufgezählt. Selbstverständlich ist dieses Teilnahmerecht nicht davon abhängig, ob die Beratung öffentlich oder nichtöffentlich (§ 56 Abs. 2) ist. Wie die übrigen Aufgaben des Beauftragten ist auch dieses Recht persönlich oder bei Verhinderung durch seinen Stellvertreter im Parteiamte wahrzunehmen. Es ist unübertragbar (s. § 4 der oben genannten VO.). Vgl. im übrigen obige AusfAnw.

Wesentlich anders ist die Beratung des Beauftragten mit den Gemeinderäten im Falle des § 41 Abs. 1 (bei der Berufung von Bürgermeistern und Beigeordneten) geregelt; s. hierzu Anm. 3 zu § 41.

§ 51

(1) Der Beauftragte der NSDAP. beruft im Benehmen mit dem Bürgermeister die Gemeinderäte. Bei der Berufung hat er auf nationale Zuverlässigkeit, Eignung und Leumund zu achten und Persönlichkeiten zu berücksichtigen, deren Wirkungskreis der Gemeinde ihre besondere Eigenart oder Bedeutung gibt oder das gemeindliche Leben wesentlich beeinflußt.

(2) Beamte, Angestellte und Arbeiter der Gemeinde und Beamte der Aufsichtsbehörde können nicht als Gemeinderäte berufen werden. Die Aufsichtsbehörde kann Ausnahmen zulassen.

I. Amtliche Begründung s. Textausgabe S. 92—94.

II. AusfAnw.

1. Für die Berufung, d. h. die Auslese der Gemeinderäte, sind nach der amtlichen Begründung folgende Gesichtspunkte maßgebend:

„Für die Frage, nach welchen Gesichtspunkten die Berufung (der Gemeinderäte) zu erfolgen hat, stellt das Gesetz bindende Richtlinien auf. Wer zum Gemeinderate berufen werden soll, muß national zuverlässig, geeignet und gut beleumundet sein. Da den Gemeinderäten aber neben der Beratung die besondere Aufgabe zugewiesen ist, die Verbundenheit der Verwaltung mit der Bürgerschaft zu sichern, ist darüber hinaus erforderlich, daß sich in ihrer Zusammensetzung die Struktur der Bürgerschaft widerspiegelt, daß also bei der Berufung Persönlichkeiten berücksichtigt werden, deren Wirkungskreis für die Gemeinde typisch ist, der Gemeinde besondere Bedeutung gibt oder das gemeindliche Leben wesentlich beeinflußt.

Beamte, Angestellte und Arbeiter der Gemeinde und Beamte der Aufsichtsbehörde sind grundsätzlich von der Berufung zum Gemeinderat ausgeschlossen. Soweit dieser Ausschluß sich auf Beamte der Aufsichtsbehörde bezieht, bedarf es näherer Begründung nicht. Hinsichtlich der Bediensteten der Gemeinde war in erster Linie die Erwägung maßgebend, daß der Bürgermeister sie auf Grund ihrer Stellung ohnehin jederzeit zu seiner Beratung heranziehen kann und daß zudem nach § 56 Abs. 3 auch ihre Zuziehung zu den Beratungen mit den Gemeinderäten jederzeit möglich ist. Es mußte auch vom Standpunkte der gebotenen Disziplin bedenklich erscheinen, daß ein gemeindlicher Beamter, Angestellter oder Arbeiter als Gemeinderat auf Grund der ihm obliegenden Pflicht eigenverantwortlicher Beratung in gemeinsamer Beratung mit den Gemeinderäten dem Bürgermeister in bestimmten Fragen entgegentritt. Da aber immerhin Sonderfälle denkbar sind, in denen die Berufung auch eines gemeindlichen Beamten, Angestellten oder Arbeiters oder eines Beamten der Aufsichtsbehörde zum Gemeinderate wünschenswert sein kann, sieht das Gesetz eine Ausnahmemöglichkeit vor."

Als Beamte in diesem Sinne gelten Ruhestandsbeamte nicht.

2. Der Stellvertreter des Führers wird den Beauftragten der NSDAP. für die Berufung der Gemeinderäte die erforderlichen Weisungen geben.

III. Anm.

1. **Ausschließlich zuständig** zur Berufung der Gemeinderäte ist der Beauftragte der NSDAP. (s. § 118 und VO. des Stellvertreters des Führers vom 26. März 1935 — RGBl. I S. 470). Es ist weder eine staatliche Bestätigung oder Zustimmung noch ein gemeindliches gleichgeordnetes Recht vorgesehen; nicht Einvernehmen mit dem Bürgermeister, sondern Benehmen mit dem Bürgermeister ist vorgeschrieben, d. h. der Beauftragte hat wohl mit dem Bürger-

meister über die Berufung der Gemeinderäte zu verhandeln, ihm Gelegenheit zur Stellungnahme zu geben, an die Auffassung des Bürgermeisters ist er aber nicht gebunden.

Was ihn gesetzlich bindet, sind lediglich die Voraussetzungen für die Berufung zum Gemeinderat (Anm. 2), die gesetzliche Vorschrift über die Berücksichtigung von Persönlichkeiten, deren Wirkungskreis für Eigenart, Bedeutung und Leben der Gemeinde von Bedeutung ist (Anm. 3), die Ausschlußgründe für einen bestimmten Personenkreis (Anm. 4) und die allgemeinen rechtlichen Gründe, die der Berufung zum Gemeinderate deshalb entgegenstehen, weil sie auch sonst der Ernennung zum Beamten entgegenstehen, jeder Gemeinderat aber Ehrenbeamter werden muß (Anm. 5).

2. **Voraussetzungen** für die Berufung zum Gemeinderate sind:

a) Der Besitz des Bürgerrechts. Nur Bürger können zu ehrenamtlicher Tätigkeit berufen werden (§ 5); mit dem Verluste des Bürgerrechts endet jede ehrenamtliche Tätigkeit (§ 22 Abs. 2); andererseits ist jeder Bürger zu ehrenamtlicher Tätigkeit verpflichtet (§ 5 Abs. 2). Über Bürger, Erwerb des Bürgerrechts, Verlust des Bürgerrechts vgl. §§ 5, 19, 20, 23 und 24. Durch die Berufung zum Gemeinderate wird — anders als bei der Berufung zum hauptamtlichen Bürgermeister und hauptamtlichen Beigeordneten (§ 19 Abs. 2) — das Bürgerrecht nicht erworben. Wem die Gemeinde (unter Umgangnahme von der einjährigen Wohndauer) das Bürgerrecht verleiht, kann zum Gemeinderate berufen werden; Voraussetzung ist aber Erwerb des Bürgerrechts vor der Ernennung zum Gemeinderate. Das letztere gilt auch für den Fall, daß die einjährige Wohndauer, die Vollendung des 25. Lebensjahres noch vor der Ernennung eintritt.

b) Nationale Zuverlässigkeit, Eignung und guter Leumund. Nationale Zuverlässigkeit heißt, daß jemand rückhaltlos für den nationalsozialistischen Staat eintritt, der seine Grundlage darin hat, daß die NSDAP. in unlöslicher Verbundenheit mit dem Volke die Trägerin des deutschen Staatsgedankens ist. — Eignung heißt, daß jemand die persönlichen Eigenschaften besitzt, die ihn zur Erfüllung der Aufgaben befähigen, nämlich dem Bürgermeister mit seinem Rate dienlich zu sein und den Maßnahmen des Bürgermeisters in der Bevölkerung Verständnis zu verschaffen. — Guter Leumund heißt, nach seinem Lebenswandel in der Öffentlichkeit in achtungsvollem Rufe stehen.

3. Die **Zusammensetzung** der Gemeinderäte muß so sein, daß sie die Struktur der Bevölkerung widerspiegelt. Es sind Persönlichkeiten zu berücksichtigen, deren Wirkungskreis der Gemeinde ihre besondere Eigenart und Bedeutung gibt oder das gemeindliche Leben wesentlich beeinflußt. In einer Bauerngemeinde werden vorwiegend Bauern, in einer Arbeiterwohngemeinde vorwiegend Arbeiter, in einer Industriesitzgemeinde werden aus den Betrieben Persönlichkeiten zu berufen sein, die ihn nach Betriebsführung und Gefolg-

schaft sachkundig zu repräsentieren vermögen, in einer Gemeinde von gemischter Bevölkerungsstruktur werden die verschiedenen Schichten einen entsprechenden Ausdruck finden. Es entspricht nicht dem Gesetze, daß Strömungen von außen, von Verbänden und Vereinen und sonstigen Organisationen die Persönlichkeiten von sich aus zu bestimmen suchen und als ihre Vertreter, ihre Mandatare anbieten. So notwendig es im Interesse einer lebensvollen gemeindlichen Selbstverwaltung, ja zur Sicherung der Existenz der Selbstverwaltung ist, daß die Verbundenheit der Gemeindeverwaltung mit der Bevölkerung sich in einer ebenmäßigen, das Vertrauen des Volkes stärkenden Zusammensetzung der Gemeinderäte ausdrückt, so wenig würde es dem Grundgedanken dieser gesetzlichen Einrichtung entsprechen, wenn in den verschiedenen Schichten die „Vertretung ihrer Interessen" so aufgefaßt würde. Das Gesetz stellt die Einrichtung nicht auf Interessentenvertretung ab, sondern auf den Manneswert, der selbstverständlich die volle Sachkunde um den Wirkungskreis umschließen muß, der berücksichtigt werden soll.

4. **Ausgeschlossen** sind grundsätzlich Beamte, Angestellte und Arbeiter der Gemeinde sowie Beamte der Aufsichtsbehörde. Unter Gemeinde ist die Dienstgemeinde, unter Aufsichtsbehörde sind die Kommunalaufsichtsbehörde (i. S. von § 107 DGO. mit § 33 DurchfVO.), der die Gemeinde untersteht, und die ihr in der Kommunalaufsicht vorgesetzten Behörden, unter Beamten sind die haupt- und ehrenamtlichen Beamten (nicht die Ruhestandsbeamten) zu verstehen. Unter Arbeitern sind nur die zu verstehen, die in einem (schriftlich abgeschlossenen) Dienstvertragsverhältnisse zur Gemeinde stehen. Nicht unter den Ausschluß fallen Angestellte und Arbeiter von wirtschaftlichen Unternehmen der Gemeinde, die rechtlich selbständig sind, sowie von Unternehmen, an denen die Gemeinde beteiligt ist. — Tritt ein solcher Tatbestand während der Amtszeit ein, so bildet er einen zum Ausscheiden zwingenden Ausschlußgrund (s. § 54). —

Die Aufsichtsbehörde kann aber Ausnahmen zulassen. Wie aus dem Worte Ausnahme zu entnehmen ist, muß es sich um durch besondere Gründe gerechtfertigte Einzelfälle handeln.

5. **Allgemeine Gründe**, die der Ernennung zum Beamten entgegenstehen, sind z. B. Verlust der Fähigkeit zur Bekleidung eines öffentlichen Amts, der Geschäftsfähigkeit, ferner dienststrafrechtliche Entfernung von einem öffentlichen Amt, Ausstoßung aus der NSDAP., bestimmte Erklärung über Verweigerung des Diensteides, nichtarische Abstammung, Verheiratung mit einer nichtarischen Frau (s. § 1 a des Reichsbeamtengesetzes i. d. F. des RG. vom 30. Juni 1933 — RGBl. I S. 433 — und Richtlinien des RMdJ. vom 8. August 1933 — RGBl. I S. 575).

6. Das **Verfahren** ist nur in Einzelheiten geregelt:

a) Die Gemeinde hat die erforderlichen Grundlagen zu beschaffen über die Notwendigkeit der Berufung, die Zahl der Gemeinderäte, der Ersatzmänner; nötigenfalls ist sie durch die Aufsichtsbehörde mit den Mitteln der Aufsicht (§§ 108 ff.) anzuhalten.

b) Die Voraussetzungen der einzelnen Persönlichkeiten, die Gründe für die Art der Zusammensetzung der Gemeinderäte, die Ausschlußgründe, die allgemeinen Gründe, die einer Ernennung zum Beamten entgegenstehen, i. S. der Anm. 2—5 sind vom Beauftragten zu prüfen. Der Nachweis der arischen Abstammung ist jedem zu Berufenden aufzugeben. Bei Ausschlußgründen ist die Zulassung der Aufsichtsbehörde beizubringen.

c) Der Beauftragte hat sich mit dem Bürgermeister zu benehmen, d. h. dem Bürgermeister ist Gelegenheit zur Stellungnahme zu geben. Einvernehmen ist nicht erforderlich; der Beauftragte ist nicht an die Auffassung des Bürgermeisters gebunden. Auf der anderen Seite ist das Benehmen mit dem Bürgermeister geeignet, die Erfordernisse, wie sie unter b dargestellt sind, nachzuprüfen.

d) Die Aufsichtsbehörde ist beim Berufungsverfahren nur dann eingeschaltet, wenn es sich um Zulassung von Ausnahmen handelt. Sie hat auch zu vermeiden, in das Berufungsverfahren einzugreifen. Auf der anderen Seite steht es ihr später zu, Gemeinderäte im Einvernehmen mit dem Beauftragten auszuscheiden, wenn die Voraussetzungen nicht oder nicht mehr gegeben sind (§ 54). Es werden sich Umständlichkeiten vermeiden lassen, wenn in zweifelhaften Fällen mit ihr vor der Berufung ins Benehmen getreten wird.

e) Die Berufung muß den Berufenen und der Gemeinde eröffnet werden. Eine Form ist nicht vorgeschrieben. Die *schriftliche* Eröffnung an die Berufenen und die schriftliche Benachrichtigung der Gemeinde unter Zuleitung der für die Ernennung zum Beamten erforderlichen Nachweise ist zweckmäßig, weil die Gemeinde ihrerseits nach Abschluß des Berufungsverfahrens Rechtspflichten zu erfüllen hat (s. f und g).

f) Die Gemeinde ist zuständig zur Entscheidung über das Vorliegen eines wichtigen Grundes, wenn ein Berufener ablehnt (§ 23 Abs. 2).

g) Die Gemeinde hat die Pflicht, die Berufenen zu Ehrenbeamten zu ernennen, d. h. sie unter Aushändigung einer Anstellungsurkunde in das (ehrenamtliche) Beamtenverhältnis zu berufen und zu vereidigen (§ 54).

§ 52

(1) Die Gemeinderäte werden auf sechs Jahre berufen. Ausscheidende Gemeinderäte können wiederberufen werden.

(2) Scheidet ein Gemeinderat vor Ablauf der Amtszeit aus, so wird für deren Rest ein Ersatzmann berufen.

I. Amtliche Begründung s. Textausgabe S. 94.

II. AusfAnw.

Die Gemeinderäte werden regelmäßig im gleichen Zeitpunkt auf sechs Jahre berufen. Ein turnusmäßiges Ausscheiden, wie es z. B. das PrGemVG. vorsah, kennt die Deutsche Gemeindeordnung nicht. Unabhängig von der Berufung der Gemeinderäte beginnt jedoch ihre Amtszeit mit der Ernennung (vgl. AusfAnw. zu § 53).

Ersatzmänner (§ 52 Abs. 2 DGO.) für vorzeitig ausscheidende Gemeinderäte werden anders als die Gemeinderäte bei der allgemeinen Neuberufung nicht auf sechs Jahre, sondern stets nur für den Rest der Amtszeit der zur Zeit im Amte befindlichen Gemeinderäte berufen.

III. Anm.

1. Die **Amtszeit** der Gemeinderäte entspricht der der ehrenamtlichen Bürgermeister und Beigeordneten (§ 44 Abs. 3). Im Unterschied von diesen haben aber die Gemeinderäte einer Gemeinde für ihre Gesamtheit eine einheitliche Amtszeit; Ersatzmänner werden jeweils nur auf den Rest der Amtszeit berufen (Abs. 2).
Über den Beginn der Amtszeit s. Anm. 2 zu § 53.

2. Eine **Kürzung** der Amtszeit kann eintreten, wenn bei Grenzänderungen (§ 15) die Neuregelung der Verwaltung in dem Sinne angeordnet wird, daß die Gemeinderäte neu zu berufen sind.

3. Eine **Wiederberufung** nach Ablauf der Amtszeit ist zulässig, wenn die Voraussetzungen noch vorliegen. Regelmäßig hat bei Wiederberufung der Berufene ein Ablehnungsrecht im Hinblick auf § 23 Abs. 1 Nr. 3.

§ 53

Die Gemeinderäte bekleiden ein Ehrenamt. Der Bürgermeister verpflichtet sie auf gewissenhafte Erfüllung ihrer Aufgaben und vereidigt sie.

I. Amtliche Begründung s. Textausgabe S. 94/95.

II. AusfAnw.

1. Aus § 53 in Verbindung mit § 37 DGO. folgt, daß den zu Gemeinderäten berufenen Bürgern von dem Bürgermeister eine Anstellungsurkunde nach Maßgabe der Vorschriften des Reichsgesetzes vom 30. Juni 1933 (RGBl. I S. 433) auszuhändigen ist.

Für die Fassung dieser Urkunde wird den Gemeinden die Benutzung folgenden Musters empfohlen:

„Auf Grund der Berufung durch den Beauftragten der NSDAP. vom ...... wird der .... hiermit unter Berufung in das Beamtenverhältnis mit Wirkung vom ...... zum Gemeinderate (Ratsherrn) ernannt.

Ort .... Datum ....

Der Bürgermeister."

Der in der Ausstellungsurkunde genannte Tag ist für den Beginn der Amtszeit des Gemeinderats maßgebend. Dabei ist bei der allgemeinen Neuberufung für sämtliche Gemeinderäte der Beginn der Amtszeit auf denselben Zeitpunkt festzulegen. Die Aushändigung der Urkunde wird zweckmäßig mit der in § 53 DGO. vorgesehenen Verpflichtung und Vereidigung verbunden.

2. Die Gemeinderäte nehmen trotz ihrer Eigenschaft als Ehrenbeamte insofern eine besondere Stellung ein, als sie nach § 48 DGO. den Bürgermeister eigenverantwortlich zu beraten haben, insoweit also irgendwelchen Weisungen des Bürgermeisters nicht unterliegen.

III. Anm.

1. Als **Inhaber eines Ehrenamts** sind die Gemeinderäte nach dem RG. vom 30. Juni 1933 (RGBl. I S. 433) in das (ehrenamtliche) Beamtenverhältnis zu berufen. Die Zuständigkeit kommt nach § 37 DGO. dem Bürgermeister, bei seiner Verhinderung seinem allgemeinen Stellvertreter (§ 35) zu. Es handelt sich aber nicht nur um eine Befugnis, sondern auch um eine Pflicht, wenn nicht rechtliche Gründe vorliegen, die der Ernennung zum Beamten entgegenstehen (s. Anm. 5 zu § 51).

2. Der **Beginn der Amtszeit** hängt nicht von dem Zeitpunkt der Berufung, auch nicht von dem Zeitpunkt der Zustellung der Berufung, ferner nicht von dem Zeitpunkt der Verpflichtung und Vereidigung, endlich regelmäßig auch nicht von dem Zeitpunkt der Ernennung, sondern von dem in der Anstellungsurkunde bestimmten Zeitpunkt ab; nur wenn in der Anstellungsurkunde versehentlich kein Zeitpunkt angegeben ist, gilt die Aushändigung der Anstellungsurkunde als Beginn der Amtszeit.

Hiernach berechnet sich nach § 52 DGO. mit §§ 187 ff. BGB. auch die Beendigung der Amtszeit.

3. Der **Amtsantritt** kann erst nach Ernennung zum Ehrenbeamten und nach der Verpflichtung und Vereidigung erfolgen. Verweigerung des Diensteides (s. Anm. 2 zu § 46) kommt einer Ablehnung der Berufung und der Übernahme des Amts (§ 23) gleich. Für Ablehnung der Ernennung zum Ehrenbeamten gilt das gleiche. Es müßte die Gemeinde nach § 23 Abs. 2 entscheiden. Aus dem Auseinanderfallen von Ernennung, Verpflichtung und Vereidigung könnten sich daher Schwierigkeiten ergeben; deshalb sind diese Akte

zweckmäßig miteinander zu verbinden, zumal sie rechtswirksam nur der Bürgermeister erfüllen kann.

Die Verpflichtung erfolgt durch Handschlag. Im übrigen vgl. über den gleichgelagerten Sach- und Rechtsverhalt die Anm. 2 zu § 46.

4. Als **Ehrenbeamten** kommen den Gemeinderäten die Rechte und Pflichten der ehrenamtlich Tätigen und der Beamten zu.

a) Zur Amtsverschwiegenheitspflicht s. § 24, zum Ausschluß von der Beratung bei Beteiligung s. § 25, zur besonderen Treupflicht s. § 26, zum Ersatz ihrer Auslagen und des entgangenen Arbeitsverdienstes s. § 27, zur allgemeinen Pflicht der ehrenamtlich Tätigen s. § 5 Abs. 2, zu Ehrenbezeichnungen s. § 28, zu Amtstrachten und Amtszeichen s. § 47, zur Beendigung des Amts wegen Verlustes des Bürgerrechts s. § 22 mit §§ 23, 24, zum Ablehnungsrecht s. § 23.

b) Als Beamte unterstehen die Gemeinderäte der Dienstgewalt des Bürgermeisters als ihres Dienstvorgesetzten (§ 37) — ausgenommen bei Ausübung ihrer organschaftlichen Funktion der Beratung (s. § 48 — „eigenverantwortlich") —, ferner dem Dienststrafrechte, das neben dem vereinfachten Ausscheidungsverfahren nach § 54 besteht.

§ 54

Gemeinderäte, bei denen die Voraussetzungen des § 51 nicht oder nicht mehr gegeben sind, scheiden aus. Die Entscheidung trifft die Aufsichtsbehörde im Einvernehmen mit dem Beauftragten der NSDAP.; kommt kein Einvernehmen zustande, so entscheidet der Reichsstatthalter.

I. **Amtliche Begründung** s. Textausgabe S. 95/96.

II. **AusfAnw.**

1. Die Gemeinderäte unterstehen als Ehrenbeamte den allgemeinen Vorschriften des Dienststrafrechts. Daneben ermöglicht § 54 DGO. die Entfernung eines Gemeinderats aus seinem Amt in einem besonderen Verfahren, das sowohl an Stelle eines Dienststrafverfahrens mit dem Ziele auf Dienstentlassung als auch auf Grund anderen Tatbestandes gegeben sein kann. Danach greift die Vorschrift des § 54 DGO. Platz, wenn bei einem Gemeinderate die Voraussetzungen des § 51 DGO. nicht oder nicht mehr gegeben sind. Voraussetzungen in diesem Sinne sind nicht nur die besonderen Voraussetzungen des § 51 Abs. 1 Satz 2 und Abs. 2 DGO., sondern auch die allgemeinen Voraussetzungen für die Berufung zum Gemeinderate.

2. Das Ausscheiden des Gemeinderats spricht die Aufsichtsbehörde im Einvernehmen mit dem Beauftragten der NSDAP. aus. Die Anregung hierzu kann sowohl von dem Beauftragten selbst als auch

von dem Bürgermeister oder der Aufsichtsbehörde ausgehen. Ob die Aufsichtsbehörde einer Anregung anderer Stellen stattgeben will, ist ihrer pflichtgemäßen Entscheidung überlassen. Hält sie den Tatbestand des § 54 DGO. für gegeben, so hat sie, wenn ein Einvernehmen mit dem Beauftragten nicht zu erzielen ist, die Entscheidung des Reichsstatthalters gegebenenfalls auf dem Wege über die nächsthöhere Aufsichtsbehörde herbeizuführen.

Die Entscheidung der Aufsichtsbehörde bzw. des Reichsstatthalters ist der Gemeinde und dem Beauftragten der NSDAP. zuzuleiten. Auf Grund dieser Entscheidung ist der Bürgermeister zur Entlassung des Gemeinderats nach § 37 DGO. verpflichtet.

III. **Anm.**

1. Das **Ausscheidungsverfahren** nach § 54 ist kein Dienststrafverfahren. Es kann ein rein objektiver Tatbestand ohne jegliches Verschulden des Gemeinderats zum Ausscheiden Anlaß geben (z. B. der Gemeinderat hat seinen Wirkungskreis, der Anlaß zu seiner Berufung gegeben hat, aufgegeben oder der Gemeinderat ist besoldeter Beamter der Gemeinde oder der Aufsichtsbehörde geworden). Daß ein Dienststrafverfahren bei Dienstvergehen möglich ist, dazu s. AusfAnw. Auf der anderen Seite ist das Verfahren nach § 22 (Ausscheiden durch den Bürgermeister) nicht möglich (s. § 22 Abs. 1 Satz 2).

2. **Gründe des Ausscheidens** in dem Verfahren nach § 54 können nur sein, daß die Voraussetzungen zur Berufung nicht oder nicht mehr gegeben sind. Es kommen also die in Anm. 2—5 dargestellten Tatbestände (im Sinne der schon bei der Berufung fehlenden oder später weggefallenen Voraussetzungen, des Wegfalls des Wirkungskreises, der für die Berufung Anlaß war, des Vorliegens oder Eintretens von Ausschlußgründen, des Vorliegens oder Eintretens allgemeiner Gründe, die der Ernennung zum Beamten entgegenstehen) in Betracht.

3. Zum **Verfahren** s. Ziff. 2 der AusfAnw. Ergänzend ist zu bemerken, daß der Reichsstatthalter, falls er nicht selbst örtlich zuständiger Gauleiter ist, nach § 117 im Einvernehmen mit dem Gauleiter zu handeln hat. Kommt keine Einigung zustande, so entscheidet der RMdI.

4. Die **Rechtswirkung** besteht darin, daß die Berufung ihre Rechtsgrundlage verliert, der Gemeinderat daher aus dem (ehrenamtlichen) Beamtenverhältnis durch Aushändigung der Entlassungsurkunde zu entlassen ist; die Entlassung gehört zur Zuständigkeit i. S. von Recht und Pflicht des Bürgermeisters (§ 37).

5. Der **Rechtsschutz** besteht darin, daß zwei Stellen (Aufsichtsbehörde und Beauftragter) zusammenzuwirken haben. Ein Rechtsmittel ist gegen eine Entscheidung nicht gegeben. Es kann auch die nächsthöhere Aufsichtsbehörde mit der Aufsichtsbeschwerde nicht angegangen werden; denn die Rechtswirkung ist bereits eingetreten.

Der Beschwerdeführer könnte höchstens bei nachträglich anderer Beurteilung des Sachverhalts wieder zum Gemeinderate berufen werden.

§ 55

(1) Der Bürgermeister hat wichtige Angelegenheiten der Gemeinde mit den Gemeinderäten zu beraten. Er muß ihnen Gelegenheit zur Äußerung geben vor

1. Änderung der Gemeindegrenzen,
2. Verleihung und Aberkennung des Ehrenbürgerrechts und der Ehrenbezeichnungen,
3. Aberkennung des Bürgerrechts,
4. Erlaß, Änderung und Aufhebung von Satzungen,
5. Festsetzung von Abgaben und Tarifen,
6. Übernahme neuer Aufgaben, für die eine gesetzliche Verpflichtung nicht besteht, besonders vor Errichtung und Erweiterung von öffentlichen Einrichtungen, Betrieben und wirtschaftlichen Unternehmen, sowie vor Beteiligung an solchen Unternehmen,
7. Umwandlung der Rechtsform von Eigenbetrieben oder Unternehmen, an denen die Gemeinde maßgebend beteiligt ist,
8. Verfügung über Gemeindevermögen, besonders vor Erwerb, Veräußerung und Belastung von Grundstücken, vor Schenkungen und Darlehenshingaben, soweit es sich nicht ihrer Natur nach um regelmäßig wiederkehrende Geschäfte der laufenden Verwaltung handelt,
9. Umwandlung von Gemeindegliedervermögen in freies Gemeindevermögen, Veränderungen der Nutzungsrechte am Gemeindegliedervermögen,
10. Verzicht auf Ansprüche der Gemeinde und Abschluß von Vergleichen, soweit es sich nicht um Geschäfte der laufenden Verwaltung handelt, die geldlich von unerheblicher Bedeutung sind,
11. Aufnahme von Darlehen, Übernahme von Bürgschaften und Verpflichtungen aus Gewährverträgen und Bestellung anderer Sicherheiten,
12. über- und außerplanmäßigen Ausgaben sowie vor Anordnungen, durch die Verbindlichkeiten der Gemeinde

entstehen können, für die keine Mittel im Haushaltsplan vorgesehen sind, soweit sie nicht geringfügig sind,

13. Führung eines Rechtsstreits von größerer Bedeutung.

(2) Duldet die Angelegenheit keinen Aufschub, so kann der Bürgermeister von der Beratung absehen; er hat den Gemeinderäten bei der nächsten Beratung die Art der Erledigung mitzuteilen.

I. Amtliche Begründung s. Textausgabe S. 98 99.

II. AusfAnw.

1. § 55 DGO. macht es dem Bürgermeister zur Pflicht, die Gemeinderäte in allen wichtigen Angelegenheiten der Gemeinde vor seiner Entschließung zu hören. Dabei überläßt er es nicht ausschließlich dem Ermessen des Bürgermeisters, den Kreis dieser wichtigen Angelegenheiten selbst zu bestimmen; er bezeichnet vielmehr gewisse für das Gemeindeleben besonders bedeutsame Entschließungen, bei denen der Bürgermeister den Gemeinderäten vor der Entschließung Gelegenheit zur Stellungnahme geben muß. Diese Beratungspflicht besteht jedoch nur in Selbstverwaltungsangelegenheiten, **nicht** auch in Auftragsangelegenheiten, es sei denn, daß dies in Einzelgesetzen besonders vorgeschrieben ist oder daß es sich z. B. um Fragen der gemeindlichen Kostentragungspflicht für derartige Angelegenheiten handelt.

§ 55 DGO. enthält für den Bürgermeister eine gesetzliche Verpflichtung, die er auch um des Zieles der Deutschen Gemeindeordnung willen, durch die Einrichtung der Gemeinderäte eine stets volksnahe Selbstverwaltung zu sichern, aufs genaueste zu beachten hat. Unterläßt es der Bürgermeister, in wichtigen Angelegenheiten oder in den in § 55 Abs. 1 DGO. ausdrücklich aufgezählten Angelegenheiten die Gemeinderäte zu hören, so ist dies für die Rechtsgültigkeit seiner Entschließung an sich ohne Bedeutung. Wer demnach mit der Gemeinde ein nach § 55 Abs. 1 DGO. beratungspflichtiges Geschäft abschließt, braucht sich nicht zu vergewissern, ob die Beratung tatsächlich stattgefunden hat.

2. Die Ausnahmevorschrift des § 55 Abs. 2 DGO. ist aus den zu 1. erörterten Gründen eng auszulegen. Eine Ausnahme ist danach nur zulässig, wenn die Angelegenheit keinen Aufschub duldet. Das ist nur der Fall, wenn nach pflichtgemäßem Ermessen des Bürgermeisters ein Aufschub, der durch die Beratung eintritt, der Gemeinde einen Schaden zufügen würde. Der Bürgermeister kann auf der anderen Seite nicht schon dann von der Beratung absehen, wenn er aus sonstigen Gründen die Anhörung der Gemeinderäte nicht für zweckmäßig hält.

3. Es wird dem Bürgermeister zur Pflicht gemacht, den Gemeinderäten durch mündlichen Vortrag, durch vorherige Übersendung aus-

reichenden schriftlichen Materials oder in anderer Weise alle Unterlagen zugänglich zu machen, deren sie für eine wirklich fruchtbare und gründliche Beratung bedürfen.

III. **Anm.**

1. Die **Beratung mit den Gemeinderäten** ist Recht, aber auch Pflicht des Bürgermeisters. Die sachliche und rechtliche Tragweite ist in Ziff. 1 der AusfAnw. dargelegt. Ergänzend ist folgendes zu bemerken: Wenn die Gemeinderäte nicht durch regelmäßige Beratungen, insbesondere bei wichtigen Gegenständen, über den Ablauf der Verwaltung unterrichtet werden, so können sie auch ihrer organschaftlichen Pflicht (Beratung des Bürgermeisters und Eintreten für seine Maßnahmen in der Bevölkerung) nicht fruchtbar nachkommen. Damit verliert die Selbstverwaltung eine tragfähige Grundlage. Verliert sie die Fühlung mit der Bevölkerung, verbeamtet sie, so ist der Sinn und staatspolitische Gehalt der Selbstverwaltung verloren. Daher liegt es im Interesse der kommunalen Selbstverwaltung, daß die Gemeinderäte dem Wort und Geiste des Gesetzes entsprechend befaßt werden, nicht im Sinne der parlamentarischen und interessentenwirtschaftlichen Vergangenheit, auch nicht durch Abstimmungen, auch nicht durch vorbereitete Ergebnisse, sondern durch Beratungen, also durch Vortrag der Planungen seitens des Bürgermeisters und seiner Mitarbeiter und durch Ausdruck sachförderlicher Ratschläge seitens der Gemeinderäte hierzu. Das Wort des Führers und Reichskanzlers soll Leitsatz sein: „Ich will, daß sich die wunderbaren Kräfte des deutschen Volkes in einer wahren Selbstverwaltung auswirken, einer Selbstverwaltung, die auf Selbstverantwortung beruht, ohne die die Selbstverwaltung wesenlos wäre."

2. Die **Unterlassung der Beratung** dort, wo sie das Gesetz vorschreibt, hat zwar für den Gegenstand keine Beeinträchtigung der Rechtsgültigkeit zur Folge; sie ist aber Rechtsverletzung, der aufsichtlich und dienststrafrechtlich entgegengewirkt werden kann. Sie kann auch haftungsrechtliche Folgen haben, wenn aus der beratungspflichtigen, aber nicht beratenen Angelegenheit ein Schaden für die Gemeinde erwächst.

Zu den Eilfällen s. Ziff. 2 der AusfAnw. Gerade diese Vorschrift zeigt, welche Bedeutung der Gesetzgeber der Beratung beimißt: selbst bei gebotener Beschleunigung verpflichtet er den Bürgermeister, die Mitteilung nachzuholen.

3. Die **Beigeordneten** können die Gemeinderäte nicht ersetzen. Die Beratung mit den Beigeordneten allein genügt daher der Rechtspflicht des Bürgermeisters nicht. Die Beigeordneten sind vielmehr verpflichtet, an den Beratungen des Bürgermeisters mit den Gemeinderäten teilzunehmen (§ 56 Abs. 3). Das schließt keineswegs aus, daß der Bürgermeister mit den Beigeordneten allein oder mit noch anderen leitenden Beamten der Gemeinde nebenher regelmäßig

Beratung über die laufenden Angelegenheiten und über die Vorbereitung größerer Planungen pflegt.

4. Die **aufgezählten Tatbestände** gelten stets als wichtig. Im einzelnen:

Zu Nr. 1 vgl. §§ 13—15; der Reichsstatthalter (bzw. die an seiner Stelle nach § 36 DurchfVO. zu § 117 DGO. zuständige Behörde) hat die Pflicht, vorher die Gemeinde zu hören, der Bürgermeister die Pflicht, die Gemeinderäte zu hören.

Zu Nr. 2 vgl. §§ 21, 28. Der Gegenstand ist zustimmungspflichtig seitens des Beauftragten der NSDAP., regelmäßig auch genehmigungspflichtig seitens der Aufsichtsbehörde; diese werden verlangen, daß vorher die Gemeinderäte gehört worden sind.

Zu Nr. 3 vgl. §§ 23 und 24 Abs. 2.

Zu Nr. 4 vgl. § 3 mit §§ 74, 83, 84 und 86.

Zu Nr. 5: Festsetzung von Abgaben (Steuern, Umlagen, Beiträgen, Hand- und Spanndiensten) i. S. der Festsetzung der S ä t z e, nicht der Einzelschuldigkeit. Tarife sind Gebührenregelungen; aber auch die Regelung allgemeiner Stufen für privatrechtliche Entgelte (z. B. bei wirtschaftlichen Unternehmen) gehört hierher.

Zu Nr. 6: Freiwillige Aufgaben; s. §§ 67, 69, 70.

Zu Nr. 7 s. § 75; die Beratungspflicht besteht aber auch umgekehrt, wenn nämlich ein rechtlich selbständiger Betrieb in einen Eigenbetrieb umgewandelt wird. Maßgebende Beteiligung heißt, daß die Gemeinde entweder mehr als 50 v. H. der Geschäftsanteile oder ein überwiegendes Stimmrecht hat.

Zu Nr. 8 vgl. § 62.

Zu Nr. 9 vgl. § 65.

Zu Nr. 10: Nachlaß von Schuldigkeiten, Niederschlagung von Steuer- und Gebührenschulden, Nichtgeltendmachung von Schadenersatzansprüchen.

Zu Nr. 11 vgl. §§ 76—78.

Zu Nr. 12 vgl. § 91.

Zu Nr. 13: Rechtsstreitigkeiten vor den ordentlichen und Verwaltungs- und Finanzgerichten, gleichgültig ob die Gemeinde Kläger oder Beklagte ist.

§ 56

(1) Der Bürgermeister lädt die Gemeinderäte mit angemessener Frist zu den Beratungen und teilt die Beratungsgegenstände mit.

(2) Der Bürgermeister bestimmt jeweils, ob die Beratungen öffentlich oder nichtöffentlich sind. Die Tagesordnung öffentlicher Beratungen ist mit Ort und Stunde öffentlich **bekanntzumachen.**

(3) Die Beigeordneten nehmen an den Beratungen mit den Gemeinderäten teil. Der Bürgermeister kann Beamte und Angestellte der Gemeinde sowie Sachverständige zu den Beratungen zuziehen.

(4) Die Gemeinderäte müssen an den Beratungen teilnehmen, wenn sie nicht vom Bürgermeister beurlaubt sind.

I. Amtliche Begründung s. Textausgabe S. 99/100.

II. AusfAnw.

1. In welcher Form die Gemeinderäte zu laden sind, richtet sich nach dem Ortsgebrauch oder nach anderweiter allgemeiner Bestimmung des Bürgermeisters. Die Ladung soll regelmäßig so rechtzeitig erfolgen, daß zwischen ihr und dem Sitzungstage zwei Tage liegen. Bei besonders schwierigen Beratungsgegenständen, z. B. bei der Haushaltssatzung, ist die Ladungsfrist so zu verlängern, daß den Gemeinderäten ein wirkliches Eindringen in den Beratungsstoff möglich ist. In jedem Falle ist mit der Ladung die Tagesordnung mitzuteilen.

Der Bürgermeister kann auch regelmäßige Sitzungstage bestimmen; in diesem Falle bedarf es keiner besonderen Ladung, wohl aber rechtzeitiger Mitteilung der Tagesordnung.

Die Selbstversammlung der Gemeinderäte oder von Gruppen der Gemeinderäte zur Vorberatung ist unzulässig. Ebensowenig stehen den Gemeinderäten oder einem Teile das Recht zu, die Einberufung einer Beratung oder die Beratung bestimmter Punkte zu verlangen.

2. Der Bürgermeister hat über die Öffentlichkeit oder Nichtöffentlichkeit der Beratungen im Einzelfalle, nicht generell Entscheidung zu treffen. Das schließt jedoch nicht aus, daß für bestimmte Angelegenheiten (z. B. Grundstücksgeschäfte) von vornherein festgelegt wird, daß sie stets in nichtöffentlicher Sitzung zu beraten sind.

3. Die Beigeordneten als Vertreter des Bürgermeisters müssen über alle wesentlichen Vorgänge in der Gemeindeverwaltung unterrichtet sein. Sie nehmen deshalb nach § 56 Abs. 3 Satz 1 DGO. an den Beratungen mit den Gemeinderäten teil. Darüber hinaus kann der Bürgermeister auch sonstige Beamte und Angestellte der Gemeinde sowie Sachverständige zu den Beratungen zuziehen, soweit dies im Interesse einer sachlichen Klärung zur Beratung stehender Fragen zweckmäßig ist.

4. Die Teilnahme der Gemeinderäte an den gemeinsamen Beratungen ist Amtspflicht, deren Verletzung dienststrafrechtliche Ahndung im Gefolge haben kann. Bei dauernder Säumnis kann der Bürgermeister auch die erforderlichen Schritte einleiten, um ein Ausscheiden des Gemeinderats nach § 54 DGO. herbeizuführen.

Im übrigen ist es rechtlich bedeutungslos, wieviele Gemeinderäte der Ladung folgen, da das Gesetz eine Mindestanwesenheitszahl für die Beratung nicht vorschreibt. Leisten die Gemeinderäte insgesamt der Ladung keine Folge, so kann der Bürgermeister in den Angelegenheiten, die er als Beratungsgegenstände den Gemeinderäten mitgeteilt hat, ohne weiteres Entschließung fassen.

III. Anm.

1. Die **rechtliche Tragweite** der Ordnungsvorschriften der §§ 56 und 57 beschränkt sich auf Rechtspflichten des aufgeführten Personenkreises als Einzelpersonen. Es ist festzuhalten, daß — trotz der gemeinsamen Beratungen des Bürgermeisters mit den Gemeinderäten — die Gemeinderäte kein Kollegium bilden, daß keine Mehrheits- und Gruppenmeinungen ausgedrückt werden, daß kein Beschluß gefaßt wird, daß nicht abgestimmt wird, daß die „Beschlußfähigkeit" keine rechtliche Rolle spielt, daß die Anwesenheitsziffer von keiner rechtlichen Bedeutung ist, daß die Art der Ladung, die Einhaltung der Ladefrist, die öffentliche Bekanntgabe des Beratungszeitpunktes und der Tagesordnung, die Niederschrift, die Öffentlichkeit oder Nichtöffentlichkeit der Sitzung u. ä. die Rechtsgültigkeit der vom Bürgermeister schließlich gefaßten Entschließungen und getroffenen Entscheidungen nicht berührt. Es handelt sich aber doch um Rechtspflichten des Bürgermeisters, der einzelnen Gemeinderäte, Beigeordneten, Beamten und Angestellten und nach näherer Regelung des Gesetzes auch um Rechte der einzelnen Amtsträger; bei Verletzung der Vorschriften hat daher die Aufsichtsbehörde Recht und Pflicht, dem Gesetze Geltung zu verschaffen.

2. Die **sachliche Bedeutung** der Vorschriften hängt mit dem Geltungswerte der Einrichtung der Gemeinderäte überhaupt zusammen. Nur dann, wenn dem Gesetze nach Sinn und Zweck Rechnung getragen wird, wird das Institut der Gemeinderäte der gemeindlichen Selbstverwaltung die lebensvolle Bedeutung geben, ohne die die gemeindliche Selbstverwaltung verbeamten und dadurch ihr eigentliches Wesen verlieren würde. Die deutsche Selbstverwaltung soll aber aus dem Volke herauswachsen, kein Präfektensystem französischer Art sein. Wohl lassen sich auch die Angelegenheiten, die heute in der örtlichen Gemeinschaft nach örtlichen Bedürfnissen und örtlicher Leistungsfähigkeit verwaltet werden, von der staatlichen Verwaltungsorganisation mitumfassen und bei straffer Durchbildung des Gesamtgefüges sogar rationell verwalten; die staatspolitischen Werte aber, die bei der Erneuerung der Selbstverwaltung durch den Reichsfreiherrn vom Stein angestrebt wurden und durch die DGO. wiedererweckt werden sollen, die Aktivierung des Bürgersinnes zum Staate hin, die Impulse aus dem Leben der örtlichen Gemeinschaft heraus gingen dabei verloren.

3. Zur **Ladung** der Gemeinderäte s. Ziff. 1 der AusfAnw. Notwendig ist bei jeder Ladungsform, daß die Gemeinderäte den Zeitpunkt, den Ort und die zu besprechenden Gegenstände erfahren.

4. Zur **Öffentlichkeit und Nichtöffentlichkeit der Beratungen** s. Ziff. 2 der AusfAnw. Der Unterschied besteht darin, daß bei den nichtöffentlichen Beratungen nur die in § 56 genannten Personen, ferner bei Gegenständen, bei denen der Beauftragte der NSDAP. mitwirkt, auch dieser (§ 50), endlich die Aufsichtsbehörde kraft ihres Informationsrechts (§ 108) anwesend sein dürfen, während bei öffentlichen Sitzungen der Zutritt auch für Zuhörer frei ist, soweit die Größe des Beratungsraumes es zuläßt. Zwischen nichtöffentlichen und öffentlichen Sitzungen gibt es aber noch Abstufungen. Der Bürgermeister hat das Bestimmungsrecht hierüber. Er kann daher auch die allgemeine Öffentlichkeit ausschließen, trotzdem aber der Presse Zutritt gewähren. Nur bei den Beratungen, bei denen die Nichtöffentlichkeit gesetzlich vorgeschrieben oder auf Grund Gesetzes angeordnet ist, beschränkt sich die Teilnahmemöglichkeit auf den in Satz 1 genannten Personenkreis.

Die Gründe für nichtöffentliche Sitzungen können Rücksichten auf öffentliche Interessen, aber auch auf schutzwürdige Interessen einzelner sein. Es handelt sich um Tatfragen. Dabei hängt Nichtöffentlichkeit der Beratungen und Amtsverschwiegenheitspflicht zusammen, einerseits in dem Sinne, daß die Teilnehmer an nichtöffentlichen Sitzungen der Natur der Sache nach darüber Amtsverschwiegenheit zu bewahren haben, andererseits in dem Sinne, daß bei Gegenständen, die zur Amtsverschwiegenheit zwingen oder zur Anordnung der Amtsverschwiegenheit Anlaß geben, die Nichtöffentlichkeit der Sitzung anzuordnen ist.

Umgekehrt soll die Öffentlichkeit nicht ohne Grund ausgeschlossen werden. Es wird häufig angegeben, sachliche Arbeit lasse sich nur hinter verschlossenen Türen erzielen. Dem ist entgegenzuhalten, was das Reichsgericht in einer Entscheidung (RGZ. Bd. 98, S. 193) ausgesprochen hat: „Die Öffentlichkeit der Sitzungen soll das allgemeine Interesse an der Selbstverwaltung erzeugen, fördern, verbreiten und befriedigen und soll so die Selbstverwaltung als einen wichtigen Zweig des öffentlichen Lebens in dem lebendigen, teilnehmenden und so durch allgemeine Teilnahme mitwirkenden Rechtsbewußtsein aller Bürger verankern. Weiter gibt die Öffentlichkeitsvorschrift den an dem einzelnen Gegenstand Interessierten die Befugnis, den Gang der Verhandlung durch eigenes Mitanhören und Mitansehen zu verfolgen und so unmittelbar eine genauere und sicherere Grundlage für die Würdigung der ergehenden Entschließung zu gewinnen, als durch Lesen oder Hören nachträglicher Berichte möglich ist. Die Öffentlichkeit stellt endlich die Sitzungen der Verwaltungskörper unter die Kontrolle der Zutrittsmöglichkeit für jedermann und bildet so, durch das Aufmerken eines gegenwärtigen, ohne Beschränkung und aus Wahl erschienenen Publikums, einen weiteren Schutz gegen die Einwirkung persönlicher Beziehungen, Einflüsse und Interessen."

5. Die **Beigeordneten** haben ein Teilnahmerecht und eine Teilnahmepflicht; der Bürgermeister kann sie davon entbinden (beurlauben). Die übrigen Beamten, Angestellten und Sachverständigen zuzuziehen, liegt in der Hand des Bürgermeisters.

6. Das **Teilnahmerecht** der Gemeinderäte ist gleichzeitig Teilnahmepflicht. Das planmäßige Fernbleiben ohne Urlaub kann (abgesehen von der Auslösung der in Ziff. 4 der AusfAnw. erwähnten Maßnahmen) auch als Ablehnung oder Niederlegung des Amts nach § 23 angesehen werden.

§ 57

(1) Der Bürgermeister eröffnet, leitet und schließt die Beratungen mit den Gemeinderäten. Er sorgt dafür, daß nur solche Angelegenheiten erörtert werden, die zum Aufgabengebiete der Gemeinde gehören.

(2) Er handhabt die Ordnung in den Beratungen und übt das Hausrecht aus. Auf sein Verlangen haben sich die einzelnen Gemeinderäte zu bestimmten Beratungsgegenständen zu äußern. Sie sind zur Äußerung verpflichtet, wenn ihre Meinung von der des Bürgermeisters abweicht. Eine Abstimmung der Gemeinderäte findet nicht statt.

(3) Über den wesentlichen Inhalt der Beratungen ist eine Niederschrift zu fertigen. In die Niederschrift sind abweichende Äußerungen der Gemeinderäte aufzunehmen. Auch sonst ist jeder Gemeinderat berechtigt, seine Auffassung zur Niederschrift zu geben. Die Niederschrift wird von dem Bürgermeister und zwei von ihm bestimmten Gemeinderäten unterzeichnet.

I. Amtliche Begründung s. Textausgabe S. 101.

II. AusfAnw.

1. Die Gemeinderäte können nur unter dem Vorsitze des Bürgermeisters oder seines allgemeinen Vertreters zur Beratung zusammentreten.

2. Der Bürgermeister leitet die Beratungen mit den Gemeinderäten. Danach hat er die Beratungen zu eröffnen und zu schließen, die Ordnung zu handhaben und das Hausrecht auszuüben.

a) Als Leiter der Beratungen bestimmt der Bürgermeister z. B. den Geschäftsgang bei den Beratungen, die Worterteilung, die Redezeit u. dgl. Er hat dabei darauf zu halten, daß eine gründliche und erschöpfende Beratung mit den Gemeinderäten erfolgt, auf der anderen Seite die Sachlichkeit dieser Beratungen aber dadurch zu sichern, daß er die Erörterung solcher Angelegenheiten nicht zuläßt, die nicht zum Aufgabenkreise der Gemeinde gehören.

b) In Ausübung der Ordnungsgewalt kann der Bürgermeister Gemeinderäten das Wort entziehen, sie zur Sache oder zur Ordnung rufen, die Beratung unterbrechen u. dgl.

c) In Ausübung des Hausrechts kann er Gemeinderäte und bei Öffentlichkeit der Beratungen auch Zuhörer aus dem Sitzungszimmer verweisen.

3. Die Vorschrift des § 57 Abs. 2 Satz 2—4 DGO. stellt die Eigenverantwortlichkeit der Beratung durch den einzelnen Gemeinderat klar. Insbesondere soll diese Vorschrift sichern, daß die Gemeinderäte ihre Auffassung zu den Beratungsgegenständen in den gemeinsamen Sitzungen kundgeben und nicht später Entscheidungen des Bürgermeisters angreifen, denen sie in der Beratung zu widersprechen unterlassen haben. Hiermit stünde es nicht im Einklang, wenn schon vor Beginn der Beratung die Gemeinderäte bestimmt würden, die allein zu den einzelnen Beratungsgegenständen das Wort ergreifen dürfen, oder wenn ihnen die Verpflichtung auferlegt würde, sich anders als nach ihrer eigenen Überzeugung zu äußern. Weisungen nach dieser Richtung sind mit dem Gesetze nicht vereinbar und deshalb für die Gemeinderäte nicht bindend.

4. Es entspricht den Grundsätzen einer geordneten Verwaltungsführung, daß der Bürgermeister der Niederschrift über die Beratung mit den Gemeinderäten die von ihm daraufhin gefaßten Entschließungen anfügt.

III. Anm.

1. Zur **rechtlichen und sachlichen Tragweite** der Ordnungsvorschriften der §§ 56 und 57 s. Anm. 1 und 2 zu § 56.

2. Zur **Leitungsbefugnis**, **Ordnungsgewalt** und zum **Hausrechte** des Bürgermeisters s. Ziff. 2 der AusfAnw.

3. Zur **Eigenverantwortlichkeit** der Gemeinderäte s. Ziff. 3 der AusfAnw., ferner Anm. 5 zu § 48 und Anm. 1 und 2 zu § 56.

Damit hängt die Äußerungspflicht der Gemeinderäte zusammen, die unter zwei Voraussetzungen besteht: a) wenn es der Bürgermeister verlangt und b) wenn die Meinung des einzelnen Gemeinderats von der des Bürgermeisters abweicht. Der Gemeinderat hat nicht nur die gesetzliche Pflicht, den Bürgermeister zu beraten und deshalb seine sachförderliche Auffassung kundzutun, sondern auch die Pflicht, den Maßnahmen des Bürgermeisters in der Bevölkerung Verständnis zu verschaffen; deshalb muß er bei der Beratung der Pflicht genügen, eine Klärung widersprechender

Auffassungen herbeizuführen. Ist die Entscheidung des Bürgermeisters gefallen, so hat jeder Amtsträger sie zu vertreten.

4. Das **Verbot der Abstimmung** ist eine grundsätzliche Abkehr von der kollektiven Verwaltungsform der Vergangenheit; vgl. Nr. 1 des Allgemeinen Teils der Begründung (s. S. 2 f.). Nicht Mehrheitsbeschlüsse, nicht Gruppenmeinungen, sondern nur die Auffassungen der einzelnen Gemeinderäte bilden die Grundlage der Beratung des Bürgermeisters.

5. Die **Niederschrift** über die Beratungen des Bürgermeisters mit den Gemeinderäten ist zwingend vorgeschrieben. Sie muß mindestens Tag und Ort der Beratungen, die teilnehmenden Amtspersonen, die Gegenstände der Beratungen, den wesentlichen Gang der Aussprache, die von der Meinung des Bürgermeisters abweichenden Auffassungen der Gemeinderäte wiedergeben und vom Bürgermeister und zwei Gemeinderäten unterzeichnet sein. Wird die Niederschrift während der Beratung im Stenogramm festgehalten, so kann sie auch unmittelbar nachfolgend angefertigt werden. Die laufende Reihe der Niederschriften soll den Gang der Gemeindeverwaltung widerspiegeln.

6. Die früheren **Beschlußbücher** (später Entschließungsbücher) sind durch Ziff. 4 der AusfAnw. dadurch ersetzt worden, daß der Bürgermeister den Beratungsniederschriften seine eigene Entschließung anfügt, um auf diese Weise nicht nur die Erfüllung der Vorschrift des § 55 darzutun, sondern auch um für die Geschichte der Gemeinde, für die Information der Aufsichtsbehörde, aber auch für den Nachweis seines eigenen Wirkens den Gang der Gemeindeverwaltung zeitgerecht festzuhalten.

3. Abschnitt

Beiräte

§ 58

Die Hauptsatzung kann bestimmen, daß Beiräte zur beratenden Mitwirkung für einen bestimmten Verwaltungszweig bestellt werden. Beiräte können außer Gemeinderäten auch andere sachkundige Bürger sein. Die Beiräte werden vom Bürgermeister berufen.

I. Amtliche Begründung s. Textausgabe S. 102/103.

II. DurchfVO. (§ 21)

(1) Die Beiräte sind erstmalig spätestens bis zum 1. Oktober 1935 zu berufen.

(2) Bis zu ihrer Berufung nehmen die Mitglieder der gemeindlichen Deputationen, Ausschüsse oder gleichartiger Organe, in Preußen die Beiräte, die Aufgaben der Beiräte nach den Vorschriften

der Deutschen Gemeindeordnung wahr. Ihre Amtszeit endet zum 1. Oktober 1935 auch dann, wenn an ihrer Stelle Beiräte nicht berufen werden.

III. AusfAnw.

1. Der Einrichtung der Beiräte kommt neben der der Gemeinderäte zur Sicherung steter Verbundenheit der Verwaltung mit der Bürgerschaft besondere Bedeutung zu. Die Notwendigkeit derartiger Beiräte ist namentlich in größeren Gemeinden unabweisbar.

Den Beiräten liegt die Aufgabe der Beratung des Bürgermeisters oder der Beigeordneten auf bestimmten Verwaltungsgebieten ob. Für welche Verwaltungszweige derartige Beiräte zu bestellen sind, bestimmt im einzelnen die Hauptsatzung. Es können auch Beiräte für bestimmte Einzelfragen eingerichtet werden. Insoweit bedarf es in der Satzung lediglich einer allgemeinen Vorschrift des Inhalts, daß der Bürgermeister in derartigen Fällen Beiräte berufen kann.

2. Die Berufung der Beiräte ist ausschließlich Aufgabe des Bürgermeisters. Er ist dabei an die Vorschriften des Gesetzes und der Hauptsatzung gebunden. Bei der Berufung hat er ganz besonders auf die Sachkunde und die Erfahrungen der zu berufenden Persönlichkeiten auf dem betreffenden Verwaltungsgebiete zu achten.

3. Bis zur Berufung der Beiräte trifft § 21 der Ersten DurchfVO. die erforderlichen Überleitungsvorschriften. Die Berufung der neuen Beiräte muß wie die der Gemeinderäte bis spätestens zum 1. Okt. 1935 durchgeführt sein.

4. Soweit nach bisherigem Rechte besondere Vorschriften für bestimmte Ausschüsse, insbesondere auf dem Gebiete des Schulwesens, bestehen, bleiben sie vorbehaltlich ihrer Anpassung an den neuen Rechtszustand unberührt. Insoweit ist also in der Hauptsatzung eine Regelung nicht zu treffen.

IV. Anm.

1. Die **Bedeutung der Beiräte** liegt in folgendem: Soll in größeren Gemeinden die Verwaltung nicht verbeamten, sondern in lebensvoller Fühlung mit der Bevölkerung bleiben, so ist nicht nur der einzelne wichtige Gegenstand nach § 55, sondern auch der Ablauf der Verwaltung, insbesondere die Haushaltsabwickelung, die Entwickelung wirtschaftlicher Unternehmen in dauernder Fühlung mit dem bürgerschaftlichen Element der Gemeindeverfassung zu halten. Die Gemeinderäte dringen sonst nicht in ihre Aufgabe ein; sie wissen um die Vor- und Zwischenstadien der Entwicklung nicht; die Beratung mit den Gemeinderäten ist dadurch der Gefahr ausgesetzt, daß sie in Passivität verfällt. Der Bürgermeister ist aber darauf angewiesen, nicht nur von seinen Dienstkräften, sondern auch von den im bürgerlichen Leben stehenden Amtsträgern Impulse zu erhalten. Diese Brücke zwischen der Verwaltung einerseits und den

größeren, in Zeitabständen erfolgenden Beratungen mit sämtlichen Gemeinderäten andrerseits kann nur die häufigere Beratung im engeren Kreise schlagen. Hier erwirbt der Gemeinderat die Kenntnis um den Stand und die Entwickelung von Verwaltungszweigen, die ihn befähigt, auch sachkundigen Rat zu geben.

Was früher die Ausschüsse, Deputationen usw. in der Vorbereitung und Vorberatung von Angelegenheiten waren, sollen die Beiräte sein.

2. Die **Einrichtung von Beiräten** ist der Hauptsatzung (§ 3 Abs. 2 überlassen; lediglich die Beiräte für wirtschaftliche Unternehmen sind zwingend vorgeschrieben (§ 74). Für welche Zwecke und Verwaltungszweige Beiräte zu bestellen sind, hängt von der Größe und Gliederung der Verwaltung ab. Nicht nur für den geordneten Gang der Verwaltung, sondern mehr noch für die Fruchtbarkeit der Aufgabe der Gemeinderäte sind in größeren Verwaltungen unentbehrlich Beiräte für die Finanzverwaltung, für das Wohlfahrtswesen, für das Bildungswesen, für das Bauwesen, für das Gebiet des Gesundheitswesens.

Auch die AusfAnw. greift in diesen Gegenstand nicht ein, um die Ausgestaltung möglichst elastisch in die Hand jeder Gemeinde zu legen. Aus den in Anm. 1 dargelegten Gründen soll aber die Einrichtung von Beiräten mit Gewicht behandelt werden.

In der Hauptsatzung kann die Einrichtung im einzelnen, aber auch mit größerem Spielraume für das Ermessen des Bürgermeisters geregelt werden. Sie kann die Gegenstände, für die Beiräte zu bestellen sind, die Zahl der Beiräte bestimmen; sie kann festlegen, ob nur Gemeinderäte oder auch andere sachkundige Bürger zu berufen sind (die Gemeinderäte dürfen nicht ausgeschlossen werden; andere sachkundige Bürger können nur zu Gemeinderäten hinzuberufen werden). Sie kann für einzelne nur vorübergehend eine Rolle spielende Gegenstände (für eine Ausstellung, für ein Volksfest, für eine Messe, für einen besonderen Bau oder ein Unternehmen) Beiräte auf Zeit vorsehen. Sie kann dementsprechend vorsehen, daß Beiräte, die nicht Gemeinderäte sind und nur für eine vorübergehende Aufgabe bestellt werden, nicht Ehrenbeamte, sondern nur ehrenamtlich Tätige sein sollen (s. Anm. 1 und 2 zu § 22). Die Berufung von Beiräten muß dem Bürgermeister vorbehalten werden.

3. Die **Berufung von Beiräten** nach Maßgabe der Satzung und nach § 74 ist Recht und Pflicht des Bürgermeisters. Die Vorschriften des § 51 hinsichtlich Voraussetzungen, Zusammensetzung usw. gelten entsprechend.

4. Die **Rechtsstellung** der Beiräte hängt davon ab, ob sie Gemeinderäte und, soweit sie das nicht sind, Ehrenbeamte oder nur ehrenamtlich Tätige sind (s. Anm. 2). Gemeinderäte haben auf Grund ihres Amts die Pflicht, einer Berufung zum Beirate zu folgen; sie können nicht etwa nach § 23 Abs. 1 Nr. 2 ablehnen;

denn die Funktion des Beirats hängt mit der des Gemeinderats innerlich zusammen. Für andere Bürger gilt § 5 Abs. 2 mit § 23.

5. Die **Rechtswirkung** der Beratung des Bürgermeisters mit Beiräten ist nicht die, daß nunmehr dem § 55 genügt ist. Die Beratung mit den Beiräten ist nur eine Vorberatung und Vorbereitung für die Beratung mit den Gemeinderäten.

Umgekehrt hat der Bürgermeister dann, wenn Gesetz oder Hauptsatzung Beiräte vorsehen, die Pflicht, sich mit ihnen zu beraten. Über die Beratungen s. § 59.

6. Die **Überleitung** in den neuen Rechtszustand regelt § 21 DurchfVO. Hiernach bleiben bis zur Berufung der neuen Beiräte (nach Maßgabe der Haupt- und Betriebssatzung) die bisherigen Mitglieder von Ausschüssen (Deputationen usw.) im Amte, nehmen aber die Aufgabe der Beiräte nach den Vorschriften der DGO. wahr, d. h. sie beraten den Bürgermeister (beschließen nicht mehr usw.). Werden Beiräte nach Inkrafttreten der DGO. durch die Hauptsatzung oder Betriebssatzung nicht gebildet, so treten die bisherigen Mitglieder spätestens mit dem 1. Oktober 1935 außer Amt. Selbstverständlich endet das Amt eines Beirats, der nur noch auf Grund des § 20 DurchfVO. zu § 48 DGO. im Amt ist, schon mit der Ernennung der Gemeinderäte.

§ 59

Die Beratungen mit den Beiräten sind nichtöffentlich. Der Bürgermeister kann den Vorsitz einem Beigeordneten übertragen. Im übrigen gelten die Vorschriften der §§ 56, 57 über die Beratung mit den Gemeinderäten entsprechend.

I. Amtliche Begründung s. Textausgabe S. 103.

II. AusfAnw.

Die Beratungen mit den Beiräten sind stets nichtöffentlich. Im übrigen finden die Vorschriften der §§ 56 und 57 DGO. entsprechende Anwendung. Dabei ist jedoch zu beachten, daß § 56 Abs. 2 DGO. für die Beratungen mit den Beiräten keine Bedeutung hat. Des weiteren findet die Vorschrift des § 56 Abs. 3 Satz 1 DGO., nach der an den Beratungen mit den Gemeinderäten alle Beigeordneten teilnehmen, auf die Beratungen mit den Beiräten nur in der Form Anwendung, daß die für den betreffenden Verwaltungszweig zuständigen Beigeordneten den Beratungen beizuwohnen haben.

III. Anm.

1. Die **Beratungen des Bürgermeisters mit den Beiräten** stehen unter den Vorschriften der §§ 56, 57; vgl. die Ausführungen hierzu.

2. **Ausnahmen** von den §§ 56, 57.

a) Der Bürgermeister kann einen Beigeordneten zum Vorsitzenden für die Beratungen mit den Beiräten bestellen. Hieraus ist zu entnehmen, daß die Leitung der Beratungen mit den Gemeinderäten als Recht und Pflicht unübertragbar ist und nur auf den allgemeinen Stellvertreter des Bürgermeisters übergeht. Anders nach § 59 die Leitung der Beratungen mit den Beiräten: hier kann die Leitung allgemein und im Einzelfall übertragen werden. Einem anderen Amtsträger oder Beamten als einem Beigeordneten kann aber der Bürgermeister die Leitung nicht übertragen.

b) Die Beratungen mit den Beiräten sind stets nichtöffentlich, während die Beratungen mit den Gemeinderäten nach der Bestimmung des Bürgermeisters im Einzelfall öffentlich oder nichtöffentlich sind.

c) Da die §§ 56, 57 nur entsprechend gelten, entfallen Bestimmungen, die ihrer Natur nach nicht auf die Beratungen mit den Beiräten anwendbar sind (z. B. § 56 Abs. 2). Auch die Beigeordneten sind nicht, wie § 56 Abs. 3 für die Beratungen des Bürgermeisters mit den Gemeinderäten vorsieht, verpflichtet, an allen Beratungen mit den Beiräten teilzunehmen, sondern nur, wenn und soweit die Beratungen den Gegenstand ihres Geschäftsbereichs (s. § 35 Abs. 2) betreffen.

3. Die **übrigen Vorschriften des 2. Abschnitts** (Gemeinderäte) sind nur hilfsweise zur Ausfüllung von Rechtslücken heranzuziehen, soweit sie sinngemäß übertragbar sind.

Sechster Teil

Gemeindewirtschaft

I. Vorl. AusfAnw.

(1) Der Sechste Teil der Deutschen Gemeindeordnung vom 30. Januar 1935 (RGBl. I S. 49) enthält nur die grundsätzlichen Vorschriften über die Gemeindewirtschaft. Ihre Ergänzung ist der Verordnung nach § 105 DGO. vorbehalten. Da der Erlaß dieser Verordnung noch eingehender Vorbereitung bedarf, werden die obersten Landesbehörden durch § 22 der **Ersten** DurchfVO. ermächtigt, landesrechtliche Vorschriften über die Gemeindewirtschaft bis auf weiteres aufrechtzuerhalten, soweit sie den Vorschriften der Deutschen Gemeindeordnung nicht widersprechen. Es ist in Aussicht genommen, die in § 105 DGO. vorgesehene Verordnung bis zum 1. Oktober 1935 zu erlassen; alsdann werden die zunächst aufrechterhaltenen landesrechtlichen Vorschriften im wesentlichen gegenstandslos.

(2) Zur Ausführung des Sechsten Teils der Deutschen Gemeindeordnung werden folgende vorläufige Weisungen gegeben:

II. Anm.

Auf Grund des § 22 DurchfVO. erhalten die ÜberlVO. der Länder finanzrechtliche Vorschriften über Haushalt-, Schulden-, Kassen-

und Rechnungswesen aufrecht. Das Außerkrafttreten dieser landesrechtlichen Bestimmungen hängt von der Erlassung der VO. des RMdJ. nach § 105 Abs. 2 DGO. ab. Außerdem ist darauf hinzuweisen, daß bisherige finanzrechtliche Bestimmungen des Landesrechts noch im Rahmen der §§ 26—31 DurchfVO. anwendbar bleiben. Für die Anwendung dieser landesrechtlichen Vorschriften sind zwei zeitliche Zäsuren bestimmt: a) der 30. Juni 1935 und b) die Feststellung der Haushaltssatzung 1936 (vgl. z. B. § 26 DurchfVO.). Mit dem Eintritt dieser Zeitpunkte einerseits und mit der Erlassung der VO. des RMdJ. nach § 105 Abs. 2, die bis 1. Okt. 1935 zu erwarten ist, andrerseits wird die Geltung der einschlägigen landesrechtlichen Vorschriften abgebaut.

1. Abschnitt

Gemeindevermögen

§ 60

(1) Das Gemeindevermögen ist pfleglich und wirtschaftlich zu verwalten. Mit möglichst wenig Kosten soll es den bestmöglichen Ertrag bringen.

(2) Das Gemeindevermögen ist aus Mitteln des ordentlichen Haushalts zu unterhalten.

(3) Für Vermögensgegenstände, die nach Alter, Verbrauch oder sonstiger Wertminderung jeweils ersetzt oder nach wachsendem Bedarf erweitert werden müssen, sind die Mittel zur Ersatzbeschaffung oder Erweiterung aus Mitteln des ordentlichen Haushalts anzusammeln (Erneuerungs-, Erweiterungsrücklagen).

I. **Amtliche Begründung** s. Textausgabe S. 104/105.

II. **DurchfVO. (§ 22)**

Die oberste Landesbehörde kann durch Verordnung landesrechtliche Vorschriften über die Gemeindewirtschaft bis zum Erlaß der im § 105 der Deutschen Gemeindeordnung vorgesehenen Verordnungen aufrechterhalten, soweit sie den Vorschriften der Deutschen Gemeindeordnung nicht widersprechen.

III. **Anm.**

1. Das **Gemeindevermögen** ist in der DGO. nicht näher umschrieben. Auch ist das Gemeindevermögen in der DGO. selbst — von Einzelheiten abgesehen; s. hierüber Anm. 2 — nicht in seine Wesensbestandteile aufgegliedert (wie es z. B. in den §§ 55 ff. des Pr.GemFinG. geschehen ist). Nur soweit ein praktisches Bedürfnis

gegeben war, Vorschriften über besondere Teile des Gemeindevermögens (z. B. über Gemeindewaldungen § 64, über Gemeindegliedervermögen § 65, über Stiftungsvermögen § 66, über wirtschaftliche Unternehmen §§ 67 ff.) zu treffen, ist das Gesetz hierauf eingegangen.

Die Wissenschaft und auf Grund deren Ergebnisse einzelne Landes-Gemeindeordnungen haben solche Unterscheidungen getroffen; es ist wahrscheinlich, daß die VO. nach § 105 Abs. 2 (insbes. Nr. 4) diese begrifflichen Unterscheidungen aufnimmt; für die eingehendere Regelung der gemeindlichen Wirtschaftsführung sind sie unentbehrlich, auch wenn man sich bewußt bleibt, daß die Grenzen der einzelnen Begriffe ineinander überfließen.

Man scheidet gewöhnlich (das Pr.GemFinG. folgt dieser Unterscheidung) das Gemeindevermögen (s. folgenden Buchst. a) in Gemeindesondervermögen (s. folgenden Buchst. b) und freies Gemeindevermögen (s. Anm. 2).

a) Unter Gemeindevermögen versteht man den Gesamtbestand an Eigentum und sonstigen geldwerten Rechten, dessen rechtlicher Träger die Gemeinde ist.

b) Gemeindesondervermögen sind die Teile des Gemeindevermögens, die mit öffentlich-rechtlichen Nutzungsrechten Dritter (insbesondere der Einwohner oder Bürger) oder durch besondere, vom Willen der Gemeinde unabhängige Zweckbindungen (Auflagen der Stifter) belastet sind. Hiernach zerfällt dieses Gemeindesondervermögen in das sog. Gemeindegliedervermögen und in das gemeindliche Stiftungsvermögen.

Das Gemeindegliedervermögen (vgl. § 65) ist der Gesamtbestand an Grundstücken und grundstücksgleichen Rechten (nach ihrer Veräußerung der Erlös), die wohl der Gemeinde gehören, deren Nutzungen aber kraft öffentlichen Rechts (gewöhnlich Herkommen) bestimmten Gruppen von Einwohnern, Bürgern oder Hofbesitzern zustehen.

Das gemeindliche Stiftungsvermögen (vgl. § 66) besteht in dem Vermögen der sog. fiduziarischen (uneigentlichen, nichtrechtsfähigen) Stiftungen. Auch hier handelt es sich um Vermögen, das wohl der Gemeinde gehört, ihr vom Stifter zu Eigentum (oder in sonstigen Rechten) übertragen ist, das aber entweder mit seinem Ertrag oder auch mit seinem Stammwerte nach dem Willen des Stifters bestimmten Zwecken gewidmet bleiben muß.

Nicht zum Gemeindevermögen (auch nicht zum Gemeindesondervermögen) gehört das Vermögen der eigentlichen, rechtsfähigen Stiftungen, für das die Gemeinde lediglich Verwalterin ist (vgl. § 66). Diese rechtsfähigen Stiftungen können juristische Personen des bürgerlichen Rechts sein, wenn nämlich die Stiftung auf Grund bürgerlichen Rechts (seit Inkrafttreten des BGB. auf Grund der §§ 80—88 BGB.) entstanden ist; sie können aber auch juristische Personen des öffentlichen Rechts sein, nämlich dann, wenn die Stiftung auf Grund öffentlichen Rechts und mit dem Willen, sie in das Staatsgefüge einzugliedern, entstanden ist. — Der gleiche Sach- und Rechtsverhalt wie bei den rechtsfähigen Stiftungen kann auch bei anderen juristischen Personen (insbesondere des öffentlichen Rechts) vorliegen; es können z. B. rechtsfähige Anstalten vorhanden sein, deren Vermögen ihnen selbst gehört, aber von der Gemeinde kraft besonderen Rechts entweder verwaltet oder wenigstens mitverwaltet wird.

2. Das **eigentliche (oder freie) Gemeindevermögen** (nämlich nach Abzug des Gemeindesondervermögens) besteht — je nach der Zweckbestimmung — aus

a) Verwaltungsvermögen,
b) Betriebsvermögen und
c) Finanzvermögen;

es wurde bereits erwähnt, daß die Grenzen ineinander überfließen.

Zu a): Verwaltungsvermögen ist der Gesamtbestand der gemeindlichen Vermögensgegenstände, die entweder unmittelbar den öffentlichen (hoheitlichen einschließlich der wohlfahrtspflegenden) Aufgaben der Gemeinde dienen (wie z. B. Straßen, Wege, Plätze, Brücken, Fähren, öffentliche Uhren, Schulen, Museen, Galerien, Krankenanstalten, Spitäler, ähnliche der Volksgesundheit dienende Einrichtungen, gemeindliche Friedhöfe usw.) oder mittelbar diesen Zwecken dadurch gewidmet sind, daß sie den notwendigen sächlichen Verwaltungsbedarf hierfür darstellen (Rathäuser, Verwaltungsgebäude, Einrichtungen dieser u. ä.). Sind diese Vermögensgegenstände nebenher auch erwerbswirtschaftlichen Zwecken gewidmet (wie z. B. Dienstwohnungen, Verpachtung eines Ladens im Rathaus), so ändert dies an der Zugehörigkeit des Vermögensgegenstandes zum Verwaltungsvermögen nichts.

Zu b): Betriebsvermögen ist der Gesamtbestand der gemeindlichen Vermögensgegenstände, die zu den wirtschaftlichen Unternehmen (§ 67 Abs. 1) gehören, also zu den Eigenbetrieben (§ 74) oder zu den in der Form rechtsfähiger Gesellschaften oder Körperschaften geführten wirtschaftlichen Unternehmen, im letzteren Falle aber nur dann, wenn die Anteile sich vollständig in der Hand der Gemeinde befinden (ist die Gemeinde nur beteiligt [vgl. § 69], wenn auch maßgebend, so gehören diese Anteile zum Finanzvermögen, s. c).

Zu c): Finanzvermögen ist der Gesamtbestand der gemeindlichen Vermögensgegenstände, die weder zum Verwaltungsvermögen noch zum Betriebsvermögen gehören. Es ist also hierher zu rechnen der gesamte Liegenschaftsbesitz der Gemeinde, der weder unmittelbar noch mittelbar der Hoheitsverwaltung dient noch auch zu einem einzelnen wirtschaftlichen Unternehmen gehört, desgleichen alle grundstücksgleichen Rechte unter der gleichen Voraussetzung, ebenso alle beweglichen Gegenstände unter der gleichen Voraussetzung und endlich alle **Beteiligungen** der Gemeinde an fremden oder an rechtlich selbständigen wirtschaftlichen Unternehmen.

Diese Dreiteilung des eigentlichen Gemeindevermögens ist auch der Reichsfinanzstatistik zugrunde gelegt. Die sonst geübte Zweiteilung des Gemeindevermögens in Verwaltungsvermögen und Finanzvermögen (das auch das obige Betriebsvermögen in sich schließt) ließe die Einreihung der einzelnen Vermögensgegenstände in die eine oder andere Gruppe klarer vollziehen, da bei dieser Unterscheidung die Begriffsmerkmale für die eine oder andere Gruppe (je nachdem es sich um Widmung für die hoheitlichen Aufgaben oder um die Widmung für einen überwiegend wirtschaftlichen Zweck handelt) auch dem Laien viel mehr in die Augen springen.

3. Die Ausdrücke „**Wirtschaftsmittel**" und „**Grundstockvermögen**" (auch „Gemeindestammvermögen" genannt), sind in der DGO. nicht gebraucht; sie spielen aber — insbesondere der Begriff „Wirtschaftsmittel" — eine Rolle.

Wirtschaftsmittel sind die beweglichen Vermögensgegenstände, die zum Gebrauch oder Verbrauch in der laufenden Verwaltung der Gemeinde bestimmt sind; sie stellen daher das Gegenstück und den Gegensatz zum werterhaltungspflichtigen Vermögen der Gemeinde dar. Hiernach handelt es sich bei den Wirtschaftsmitteln um die laufenden Kassenmittel der Gemeinde, ferner um die Sachgüter, die dem laufenden Bedarfe dienen und dabei verbraucht werden (wie Schreibbedarf, Beheizungsbedarf u. ä.) sowie um die Sachgüter, die als Ertrag des Gemeindevermögens anfallen und deren Veräußerungserlös zum Verbrauch im ordentlichen Haushalt bestimmt ist. Ihr haushaltwirtschaftliches Merkmal ist, daß sie nach Einnahmen wie Ausgaben im ordentlichen Haushaltsplan abzuwickeln sind.

Unter „Grundstockvermögen" verstand man den Gesamtbestand an Vermögensgegenständen, die nicht Wirtschaftsmittel sind. Man verband gewöhnlich damit die Verpflichtung der Gemeinde, diesen Bestand nicht nur wertmäßig, sondern auch in gleichartiger Substanz zu erhalten. Die Werterhaltungspflicht stellt zwar auch die DGO. auf (§ 63), aber nicht mehr in dem Sinne, daß jede Schmälerung des Grundstockvermögens (z. B. bei genehmigter unentgeltlicher Veräußerung oder bei Veräußerungen unter dem angemessenen Wert) aus Mitteln des ordentlichen Haushalts wiederzuersetzen ist, auch nicht mehr in dem Sinne, daß das Vermögen in gleichartiger Substanz zu erhalten, z. B. die Veräußerung von Grundstücken wieder durch Erwerb von Grundstücken auszugleichen ist. Für den Fall, daß Vermögen eingezehrt wird (z. B. durch genehmigte unentgeltliche Veräußerung oder durch ausnahmsweise Verwendung des Veräußerungserlöses zur Abdeckung von Haushaltsfehlbeträgen aus Vorjahren), ist nichts Näheres vorgeschrieben. Dies soll allerdings nicht bedeuten, daß die Gemeinde die Schmälerung ihres Vermögens überhaupt nicht wieder ausgleichen soll; im Gegenteil streben alle einschlägigen Vorschriften der DGO. an, den Wert des Vermögens zu erhalten. Wohl aber ist die Regelung mit Absicht elastischer gehalten; es soll also von den Verhältnissen des Einzelfalls abhängen, ob z. B. bei Genehmigung einer Veräußerung von Grundstücken zu verlangen ist, daß aus dem Erlöse wieder Grundstücke beschafft werden, oder ob bei Genehmigung einer unentgeltlichen Veräußerung zu verlangen ist, daß die Minderung des Gemeindevermögens durch Ansammlung aus Wirtschaftsmitteln wieder auszugleichen ist.

4. Abs. 1 stellt den **Grundsatz der Wirtschaftlichkeit** (das ökonomische Prinzip: mit möglichst geringem Aufwand ein Höchstmaß von Leistung zu erzielen) als Leitsatz für die Gemeindewirtschaft auf. Selbst für die Unternehmen der Gemeinde, die das Gesetz nicht als wirtschaftliche Unternehmen i. S. des § 67 Abs. 1 behandelt wissen will, begründet die DGO. (§ 67 Abs. 2 Satz 2) die Pflicht der Gemeinde, auch sie „nach wirtschaftlichen Gesichtspunkten" zu verwalten. Das wirtschaftliche Denken, Aufwand und Erfolg in das bestmögliche Verhältnis zu bringen, soll die gesamte Gemeindeverwaltung, insbesondere die Vermögensverwaltung, durchdringen. Das Verhältnis wird aus natürlichen Gründen ein verschiedenes sein, je nachdem bei einer Einrichtung die gemeinnützige Zielsetzung oder der erwerbswirtschaftliche Gesichtspunkt mehr im Vordergrunde steht. Durchsichtige Klarheit über die wirklichen vollen Kosten jeder Einrichtung und über ihre wirklichen vollen Einnahmen ist stets erforderlich, und zwar schon als Voraussetzung dafür, wie weit der gemeinnützige oder der erwerbswirtschaftliche Zielgedanke überhaupt zu spannen ist. Dieses Ziel wird besonders durch einwandfreie Verrechnungsgrundlagen gefördert; bei jedem Verwaltungszweig (also auch bei der reinen Hoheitsverwaltung) sollen daher die Gesamtkosten mit den Einnahmen vergleichbar sein; der innere Rechnungsverkehr der Gemeinde (die Einnahmen- und Ausgabenerstattungen unter den einzelnen Verwaltungszweigen und insbesondere die Verwaltungskostenbeiträge eines Verwaltungszweiges an einen anderen für Dienst- und Sachleistungen — vgl. hiezu § 72) soll weitmöglichst diese Zusammenhänge aufhellen; außerdem soll die möglichst weitgehende Ausgliederung der einzelnen Haushaltsansätze mit dazu beitragen.

5. Die **Unterhaltungspflicht** nach Abs. 2 besagt, daß das Gemeindevermögen ausschließlich mit Mitteln des ordentlichen Haushalts zu unterhalten ist. Es ist daher untersagt, zur Unterhaltung des Gemeindevermögens außerordentliche Haushaltsmittel (wie Darlehen, Veräußerungserlöse oder für Investierungszwecke gebildete Rücklagen) zu verwenden; die Verwendung anderer Rücklagen (Ausgleichsrücklage, Bürgschaftsrücklage, Betriebsrücklage) verbietet sich schon nach ihrer eigentümlichen Zweckbindung. — Der Vermögensgegenstand muß so unterhalten werden, wie es sein Verwendungszweck erfordert. — Beim Gemeindeglieder-

vermögen (§ 65) und beim Vermögen der Stiftungen (§ 66) sind die Unterhaltungskosten dem Ertrage, letzten Endes dem Stamm des Vermögens selbst zu entnehmen. — Die Mittel für die Unterhaltung der einzelnen Vermögensgegenstände sind im ordentlichen Haushaltsplan vorzusehen.

6. Die **Erhaltungspflicht** macht der Gemeinde über die laufende Unterhaltung hinaus zur Pflicht, das Gemeindevermögen auch wertmäßig zu *erhalten*. Vermögensgegenstände sind nämlich in der Regel einer Wertminderung ausgesetzt, teils durch Abnutzung, teils durch Veralten (z. B. technische Einrichtungen); nach einer gewissen Lebensdauer sind sie daher zu erneuern. Dieser Ersatzbedarf soll einerseits die Gemeinde nicht unvorbereitet treffen; andererseits soll seine Aufbringung jeweils der Generation auferlegt werden, während deren Benutzungsdauer die Abminderung am Vermögen durch Abnutzung, Verbrauch, Veralten eintritt. Daher wird der Gemeinde zur Pflicht gemacht, *laufend* diese Wertminderungen durch Bildung einer Erneuerungsrücklage auszugleichen. Die Erneuerungsrücklage ist deshalb ausschließlich aus Mitteln des *ordentlichen* Haushalts zu speisen. Die Höhe der einzelnen Zuführungen zur Erneuerungsrücklage hängt von der Lebensdauer des vorhandenen Vermögensgegenstandes und von der Höhe der Kosten für die Ersatzbeschaffung ab. Diese Erneuerungsrücklage (vergleichbar den Abschreibungen in der Privatwirtschaft) gehört zum Gemeindevermögen; ihr Bestand ist der jeweilige Gegenwert für die laufende Einzehrung am Gemeindevermögen.

Die haushaltstechnische Behandlung der Rücklagen wird durch Verordnung nach § 105 Abs. 1 Nr. 2 näher geregelt werden. Soweit die Erneuerungsrücklage in Frage steht, ist klar, daß die *Zuführungen* zur Erneuerungsrücklage im *ordentlichen* Haushaltsplan bei den Ausgabeansätzen des einzelnen Verwaltungszweiges zu erfolgen hat.

7. **Erweiterungsrücklagen** schreibt Abs. 3 neben der Bildung von Erneuerungsrücklagen für den Fall vor, daß Vermögensgegenstände infolge eines voraussehbar wachsenden Bedarfs erweitert werden müssen. Es kann z. B. vorausgesehen werden, daß ein Schulhaus dem wachsenden Bedarf in absehbarer Zeit nicht mehr genügen und daher einen Anbau oder Ausbau erfordern wird. Das gleiche gilt für ein wirtschaftliches Unternehmen (Wasserwerk, Gas- oder Elektrizitätswerk). Es wird nun allerdings vom Gesetz nicht verlangt, daß *jede* — wenn auch voraussehbare — Erweiterung durch eine solche Vorratsfinanzierung hundertprozentig vorbereitet wird; dies würde zu einer ungerechtfertigten Belastung der Gegenwart *zugunsten* der Zukunft führen. Es gehört aber zu einer planmäßigen, vorsorglichen Finanzwirtschaft, die Gemeinde nicht unvorbereitet vor einen solchen außerordentlichen Bedarf zu stellen. Die Vorschrift ist daher als *Grundsatz* in diesem Sinne zu erachten und zu handhaben. Die Höhe der Erweiterungsrücklage wird wesentlich

davon abzuhängen haben, welchem Zwecke die erweiterungsbedürftige Anlage dient. Je geringer der wirtschaftliche Ertrag der Einrichtung selbst ist, um so zweckmäßiger ist die rechtzeitige Vorsorge durch Ansammlung einer möglichst hohen Erweiterungsrücklage, um die darlehensweise Restfinanzierung zu erleichtern und die Bewegungsfreiheit der Gemeinde möglichst wenig zu belasten. Hiermit im Einklang steht auch § 77; dieser schreibt ausdrücklich vor, daß Darlehen nur aufgenommen werden dürfen, wenn und soweit die Gemeinde nicht in der Lage ist, den außerordentlichen Bedarf anderweitig (z. B. aus Rücklagen) zu decken.

Die Zuführungen zur Erweiterungsrücklage sind bei dem betreffenden Verwaltungszweig im ordentlichen Haushaltsplan vorzusehen. Die Ausschöpfung der Erweiterungsrücklage ist im außerordentlichen Haushaltsplan abzuwickeln.

8. Der **Geltungsbereich** der Vorschrift umfaßt das gesamte Gemeindevermögen, also auch Gemeindewaldungen (§ 64), Gemeindegliedervermögen (§ 65) und fiduziarische Stiftungen (nach § 66). Nach diesen Vorschriften ist auch das echte Stiftungsvermögen zu verwalten, soweit nicht Gesetz oder Stifter anderes bestimmen (§ 66). Für die wirtschaftlichen Unternehmen gelten noch die besonderen Vorschriften des 2. Abschnitts (§§ 67 ff.); davon ist besonders § 72 herauszuheben, weil hiernach die wirtschaftlichen Unternehmen neben der Deckung der Gesamtkosten noch einen Ertrag abwerfen sollen.

§ 61

(1) Die Gemeinde soll Vermögensgegenstände nur erwerben, soweit sie zur Erfüllung ihrer Aufgaben erforderlich sind oder in absehbarer Zeit erforderlich werden.

(2) Die Gemeinde darf Vermögensgegenstände gegen Entgelt regelmäßig nur aus Mitteln des ordentlichen Haushalts oder aus Rücklagen erwerben, die sie für diesen Zweck aus Mitteln des ordentlichen Haushalts angesammelt hat. Darlehen zum Erwerb von Vermögensgegenständen soll sie nur aufnehmen, wenn es sich um einen nicht voraussehbaren außerordentlichen Bedarf handelt oder wenn sie aus sonstigen zwingenden Gründen Rücklagen nicht ansammeln konnte.

I. **Amtliche Begründung** s. Textausgabe S. 105/106.

II. **Anm.**

1. Für den **Erwerb von Vermögen** wird zunächst ein Grundsatz in Form einer Sollvorschrift aufgestellt: Vermögensgegenstände sollen

nur für Aufgaben der Gegenwart und der übersehbaren Zukunft erworben werden. Darin liegt ein zweifaches: Der Vermögenserwerb muß mit Aufgaben der Gemeinde überhaupt zusammenhängen; lediglich der Anhäufung von Vermögen wegen oder aus Spekulationsgründen sollen den Abgabepflichtigen nicht Steuergelder abgenommen und festgelegt werden; das Vermögen und der Arbeitsertrag der einzelnen soll nicht auf dem Steuerwege kommunalisiert werden. Außerdem sollen es voraussehbare Aufgaben der Gemeinde sein; für ferne Zukunft durch Vermögenserwerb vorzusorgen in einer Zeit, in der jeder Ertrag der Arbeit dringend für Gegenwartsaufgaben eingesetzt werden muß, kann nicht Obliegenheit der Gemeinde sein, zumal eine solche Vorratspolitik recht kostspielig sein kann, wenn über den Verwaltungsaufwand und die Unterhaltungskosten sowie über den Ertrag des Vermögensgegenstandes gegenüber der Zinsbelastung investierter Darlehensmittel oder dem Zinsentgang der investierten Eigenmittel eine Rechnung aufgemacht wird.

Dabei ist aber der Ausdruck „Aufgaben der Gemeinde" keineswegs eng zu fassen. Die Gemeinde kann es z. B. durchaus als ihre Aufgabe erachten, nicht nur eine Bodenvorratspolitik für den voraussehbaren Eigenbedarf einschließlich des zur Förderung der Siedlungsbestrebungen der Gemeindeangehörigen erforderlichen Geländes zu betreiben, sondern auch — wenn es im öffentlichen Interesse veranlaßt und mit lohnenden Mitteln möglich ist — den Grundstücksmarkt zu beeinflussen. Es gilt nur hierfür ebenso wie für die Errichtung wirtschaftlicher Unternehmen (§ 67 Abs. 1) die Voraussetzung, daß es sich immer um die Erfüllung öffentlicher Zwecke (nicht reiner Erwerbszwecke) handeln muß, daß ferner die Leistungsfähigkeit der Gemeinde für ihre sonstigen Aufgaben nicht beeinträchtigt werden darf und daß der Zweck nicht besser und wirtschaftlicher durch einen anderen erfüllt werden kann. Die Beeinträchtigung der eigenen Leistungsfähigkeit durch Vermögenserwerb kann auch darin liegen, daß die Gemeinde auf diesem Wege gehindert wird, die dringend erwünschte Senkung der überhöhten Gebühren und Abgaben herbeizuführen.

Diese Grundsätze sind Richtlinien, nicht gesetzliche Pflichten der Gemeinde. Ihre Aufstellung im Gesetz ist aber mehr als ein Rat; die Nichteinhaltung kann eine Verantwortung begründen. Auch die Aufsichtsbehörde hat bei Prüfung des Haushaltsplanes und der Rechnung auf die Einhaltung hinzuwirken.

2. Die **Aufbringung der Mittel** für den Vermögenserwerb behandelt Abs. 2. Die Vorschrift ist in die Form eines Verbotsgesetzes („darf ... nur") gekleidet. Aber schon aus dem Worte „regelmäßig" ergibt sich die Zulässigkeit von Ausnahmen. Außerdem ist darauf hinzuweisen, daß § 61 nicht in die Bestimmung des § 104 Abs. 2 aufgenommen ist, so daß kein Zweifel darüber bestehen kann, daß die

Verletzung der Vorschrift des § 61 nicht etwa die Nichtigkeit der abgeschlossenen Erwerbsgeschäfte zur Folge hat.

In sachlicher Hinsicht will das Gesetz die Gemeinde gegenüber den finanzwirtschaftlichen Mißgriffen der Nachkriegszeit auch in der Vermögenswirtschaft zu dem bewährten Grundsatz zurückführen, daß Vermögen in der Regel nur aus Mitteln des ordentlichen Haushalts oder aus für den Zweck angesammelten Rücklagen erworben werden soll, nach Möglichkeit aber nicht durch Schuldaufnahmen. Das Gesetz steht auf dem Standpunkt, daß jede Zeit und jede Generation ihre Lasten möglichst selbst tragen und nicht auf die Zukunft abwälzen soll; die Finanzierung mit Darlehen verschiebt aber die Abtragung der Lasten auf die Zukunft. Wie sich auch aus § 77 Abs. 1 ergibt, soll jeweils wenigstens ein erheblicher Teil des notwendigen Finanzbedarfes schon aus ordentlichen Haushaltsmitteln angesammelt sein, ehe zur Darlehensaufnahme für den Restbedarf geschritten wird. Dies stellt den Vermögenserwerb zwischen die Ansammlung der erforderlichen Mittel und die Abtragung der Schulden, läßt ferner die Leistungsfähigkeit der Gemeinde zur Erfüllung der Schuldverpflichtungen messen, belehrt überdies über die Kehrseite jedes Vermögenserwerbs, hält endlich von übereilten Entschlüssen ab und fördert ganz allgemein die wirtschaftliche Betrachtung wirtschaftlicher Vorgänge. — Neben den ordentlichen Haushaltsmitteln und den Rücklagen, die aus ordentlichen Haushaltsmitteln angesammelt sind, erwähnt das Gesetz die Verwendung des Erlöses aus Vermögensveräußerungen zum neuen Vermögenserwerbe nicht besonders. Die Frage ist finanzwirtschaftlich auch nicht so einfach gelagert, wie es den Anschein hat. Das Gesetz erwähnt diese Verwendungsart des Veräußerungserlöses auch nicht ausdrücklich in der Vorschrift des § 63. Daß sie zulässig ist, wird in Anm. 2 zu § 63 dargelegt.

Die Ausnahmen für den Vermögenserwerb aus Darlehensmitteln sind auf die Fälle beschränkt, in denen der außerordentliche Bedarf nicht voraussehbar war oder die Gemeinde aus sonstigen Gründen nicht in der Lage war, rechtzeitig Rücklagen für den Zweck anzusammeln. Die ersteren Fälle brauchen nicht näher erörtert zu werden; es kann z. B. infolge von Unglücksfällen (Brand, Hochwasser u. ä.) ein plötzlicher außerordentlicher Bedarf eintreten. Die zweiten Fälle (Ausschöpfung aller Rücklagen, mangelnde Leistungsfähigkeit zur Bildung von Rücklagen) sollen durch planmäßige Wirtschaft der Gemeinde in naher Zukunft überwunden werden.

3. Die **haushaltstechnische Seite des Vermögenserwerbs** richtet sich nach der Art der hierfür aufgewendeten Mittel, je nachdem es sich um ordentliche oder außerordentliche Haushaltsmittel handelt. Daß jeder Vermögenserwerb im Rahmen des Haushaltsplanes abgewickelt werden muß, ist selbstverständlich; es ergibt sich aus dem sog. Totalitätsgrundsatz des Haushaltsplanes, wonach der Haushaltsplan die Grundlage für alle Einnahmen und Ausgaben bildet (vgl. § 89), und aus dem Bruttoprinzip des Haushalts-

planes, wonach alle Beträge ohne Vorabzug getrennt zu veranschlagen sind (s. Anm. 3 zu § 83). Sind die Mittel für den Vermögenserwerb im Haushaltsplan nicht veranschlagt, so ist vorher eine Nachtragssatzung (§ 88) festzustellen. Dies gilt auch für dringend notwendige Neuanschaffungen. Nur wenn es sich um unerhebliche außerplanmäßige oder überplanmäßige Ausgaben im ordentlichen Haushalt handelt, kann von der Aufstellung einer Nachtragssatzung abgesehen werden. Für außerplanmäßige und überplanmäßige Ausgaben, die ihrer Natur nach zum außerordentlichen Haushaltsplan gehören, ist stets die vorherige Aufstellung einer Nachtragshaushaltssatzung notwendig (vgl. §§ 88 Abs. 2 Nr. 2 und 91 Abs. 2). Dabei sind als außerordentliche Mittel zu betrachten: die Heranziehung einer Rücklage, die Verwendung eines Veräußerungserlöses und von Darlehensmitteln. — Solche beweglichen Gegenstände, die für den Verbrauch oder Gebrauch in der laufenden Verwaltung bestimmt sind (Wirtschaftsmittel — vgl. Anm. 3 zu § 60), sind stets aus ordentlichen Haushaltsmitteln zu erwerben. Sind die haushaltsmäßig hierfür vorgesehenen Mittel im Zeitpunkte des Bedarfs nicht greifbar, so kommt die Heranziehung der Betriebsrücklage oder der Einsatz von Kassenkreditmitteln hierfür in Betracht (§ 81). — Der erworbene Vermögensgegenstand ist — neben der Behandlung im Haushaltsplan — auch in den Nachweisungen des Gemeindevermögens (vgl. § 105 Abs. 2 Nr. 4) zu buchen, soweit es sich nicht um Wirtschaftsmittel (s. o.) handelt; nähere Vorschriften über die Nachweisungen und über die Bewertung des Vermögens ergehen auf Grund des § 105 Abs. 2 Nr. 4 im Verordnungswege.

§ 62

(1) Die Gemeinde darf Vermögensgegenstände, die sie für ihre Aufgaben in absehbarer Zeit nicht braucht, veräußern.

(2) Die Gemeinde bedarf der Genehmigung der Aufsichtsbehörde, wenn sie

1. Vermögensgegenstände aller Art unentgeltlich veräußern,
2. Grundstücke und grundstücksgleiche Rechte verkaufen oder tauschen,
3. Sachen, die einen besonderen wissenschaftlichen, geschichtlichen oder künstlerischen Wert haben, besonders Archive und Teile solcher, veräußern oder wesentlich verändern will.

(3) Der Reichsminister des Innern kann durch Verordnung Rechtsgeschäfte nach Abs. 2 Nrn. 1 und 2 von der Ge-

nehmigungspflicht freistellen, wenn sie ihrer Natur nach regelmäßig wiederkehren oder wenn bestimmte Wertgrenzen nicht überstiegen werden.

I. Amtliche Begründung s. Textausgabe S. 107.

II. DurchfVO. (§§ 23—25)

§ 23. Ohne Rücksicht auf die Höhe des Wertes (§ 24) ist der Abschluß von Rechtsgeschäften, die den Verkauf oder den Tausch von Grundstücken zum Gegenstand haben, genehmigungsfrei, wenn er erfolgt

1. im Zusammenhang mit der Festsetzung von Straßen- und Baufluchtlinien nach den hierüber bestehenden landesrechtlichen Vorschriften;
2. aus Anlaß des Baues, der Unterhaltung und der Verbesserung von Straßen und Plätzen, Wegen, Schienen- und Wasserläufen (Anlage, Veränderung, Verlegung, Erweiterung und Unterhaltung dieser Anlagen; Schaffung von Baustoff- und Abraumlagerplätzen);
3. zur Förderung der Errichtung von Wohnstätten, ihrer Versorgung mit Gartenland sowie der Versorgung mit Gas, Wasser, Elektrizität und dem Anschluß an Kanalisationsanlagen; nicht befreit ist der Abschluß derartiger Geschäfte
   a) in Gemeinden mit weniger als 10000 Einwohnern,
   b) wenn in Gemeinden mit mehr als 100000 Einwohnern das Grundstück mehr als 5000 Quadratmeter groß ist;
   c) wenn in den übrigen Gemeinden das Grundstück mehr als 2500 Quadratmeter groß ist;
4. im Zusammenhang mit Fluß- und Bachregulierungen;
5. zur Wiederveräußerung solcher Grundstücke, die von der Gemeinde erworben worden sind, um eine ihr zustehende Hypothek zu erhalten.

§ 24. Ohne Rücksicht auf den Zweck des Verkaufes oder Tausches (§ 23) ist der Abschluß von Rechtsgeschäften, die den Verkauf oder den Tausch von Grundstücken zum Gegenstand haben, genehmigungsfrei, wenn der Wert des Grundstückes

1. in Gemeinden mit nicht mehr als 10000 Einwohnern 1000 Reichsmark,
2. in kreisangehörigen Gemeinden mit mehr als 10000 Einwohnern 2500 Reichsmark,
3. in Stadtkreisen 10000 Reichsmark,
4. in Stadtkreisen mit mehr als 100000 Einwohnern 50000 Reichsmark

nicht übersteigt. Als Wert ist der Veräußerungspreis, mindestens der Einheitswert zugrunde zu legen.

§ 25. Dem Antrag auf eine grundbuchamtliche Eintragung ist eine Erklärung des Bürgermeisters beizufügen, daß der Abschluß des Rechtsgeschäftes nach diesen Vorschriften genehmigungsfrei ist. In der Erklärung ist auf die in Frage kommende Vorschrift ausdrücklich Bezug zu nehmen.

III. Vorl. AusfAnw.

1. In §§ 23, 24 der Ersten DurchfVO. sind diejenigen Rechtsgeschäfte bezeichnet, die nach § 62 Abs. 3 DGO. von der Genehmigungspflicht freigestellt werden.

2. Zu § 62 Abs. 2 Nr. 3 DGO. wird klargestellt, daß in der Wahrnehmung der Denkmalpflege durch das Inkrafttreten der Deutschen Gemeindeordnung eine Änderung nicht eintritt. Hinsichtlich der dort vorgesehenen Genehmigungspflicht ist zu beachten, daß

a) ein besonderer wissenschaftlicher, geschichtlicher oder künstlerischer Wert ohne Rücksicht auf die geldliche Werthöhe auch dann gegeben ist, wenn der Gegenstand einen besonderen, charakteristischen Wert durch seine wissenschaftliche, geschichtliche oder künstlerische Bedeutung hat; dabei ist es unerheblich, ob der Gegenstand in einem „Bestandsnachweis der Bau- und Kunstdenkmäler" eingetragen ist;

b) der Begriff der „wesentlichen Veränderung" nicht etwa allein durch den äußeren Umfang der Veränderung bestimmt wird.

Die Aufsichtsbehörden über kreisangehörige Gemeinden haben vor Ausspruch einer Genehmigung nach § 62 Abs. 2 Nr. 3 DGO. stets die Zustimmung der oberen Aufsichtsbehörde einzuholen. Diese hat sich in dem bisherigen Umfange der gutachtlichen Mitwirkung der sachverständigen Organe der Denkmalpflege (Konservator, Denkmalpfleger) zu bedienen.

IV. Anm.

1. Die **Veräußerung von Gemeindevermögen** steht unter beschränkenden Vorschriften. Die DGO. hält an dem finanzwirtschaftlich bewährten Grundsatze fest, daß das Vermögen der Gemeinde — auch in Notzeiten — wertmäßig zu erhalten ist; überkommenes Vermögen soll nicht ohne Not zur Erleichterung der Gegenwart eingezehrt werden. Deshalb verpflichtet schon § 60 die Gemeinde zur (Unterhaltung und) Erhaltung des Gemeindevermögens sowie zum Ausgleich der laufenden Abnutzung am Gemeindevermögen durch Bildung einer Erneuerungsrücklage; ferner schreibt § 63 die Zuführung des Erlöses aus Vermögensveräußerungen zum Vermögen zu dessen Werterhaltung vor. Endlich ist jede außerordentliche Verfügung über Gemeindevermögen nach § 55 Nr. 8 vorher mit den Gemeinderäten zu beraten.

Die Veräußerung von Gemeindevermögen ist aber an sich zulässig. Daß sie gegen angemessenen Preis erfolgen soll, ergibt sich aus der Pflicht der Gemeinde, ihr Vermögen zu erhalten. Der Leiter der

Gemeinde trägt hierfür die Verantwortung (§ 32); die Aufsichtsbehörde kann gegebenenfalls nach § 115 Haftungsansprüche der Gemeinde gegen ihn geltend machen. Soll ausnahmsweise unentgeltlich Vermögen veräußert werden, so ist dies stets nach § 62 Abs. 2 Nr. 1 genehmigungspflichtig; der Mangel der Genehmigung macht die Veräußerung unwirksam (§ 104 Abs. 1).

Die Zulässigkeit der Veräußerung ist in die Fassung eines Verbotsgesetzes („darf") gekleidet. Da die Zulässigkeit der Veräußerung davon abhängig gemacht wird, daß die Gemeinde die Vermögensgegenstände für ihre Aufgaben in absehbarer Zeit nicht braucht, ist die Frage zu klären, ob ein Rechtsgeschäft, das hiermit nicht im Einklang steht, aus diesem Grunde nichtig ist; die Frage ist zu verneinen, da § 62 in die Bestimmung des § 104 Abs. 2 nicht aufgenommen ist. Es ist daher auch die Veräußerung eines Vermögensgegenstandes, den die Gemeinde für ihre Aufgaben in absehbarer Zeit braucht, gültig, wenn nicht sonstige Rechtsmängel beim Rechtsgeschäfte vorliegen. Die Einhaltung der nur mittelbar gegebenen Vorschrift, daß die Gemeinde Vermögensgegenstände nicht veräußern darf, die sie für ihre Aufgaben in absehbarer Zeit braucht, ist aber eine gesetzliche Pflicht der Gemeinde i. S. der §§ 1, 106 und 110, die die Aufsichtsbehörde der Gemeinde gegenüber erzwingen kann; bereits entstandene Rechte und Ansprüche Dritter bleiben hiervon unberührt.

Nach den vom Reichssparkommissar in seinen Städtegutachten herausgearbeiteten Grundsätzen über eine zweckmäßige und wirtschaftliche Verwaltung des Gemeindevermögens kann es unter Umständen sogar erwünscht sein, daß Gemeindevermögen veräußert wird. Dies hängt von verschiedenen Voraussetzungen ab: a) Die Vorhaltung von Gemeindevermögen für Zwecke, die in unübersehbarer Ferne liegen, kann sehr kostspielig sein; es ist daher insbesondere die Bodenvorratswirtschaft der Gemeinde unter diesem Gesichtspunkte nachzuprüfen. b) Vermögensgegenstände können sich angesammelt haben, die überhaupt mit den Aufgaben der Gemeinde in keinem Zusammenhange stehen; ihre Beibehaltung kann erhebliche Verwaltungskosten verursachen. Werfen sie überdies keinen oder keinen der Verzinsung eines Erlöses entsprechenden Ertrag ab, so ist an die Umwandlung dieses Vermögens heranzutreten. c) Die Schuldenlast der Gemeinde kann untragbar hoch sein, während die Gemeinde gleichzeitig Vermögen bereithält, dessen Ertrag der Zinsenlast der Schulden in keiner Weise entspricht. Unter solchen und ähnlichen Voraussetzungen kann die Veräußerung von Gemeindevermögen geboten sein. Kommt es zu solchen Veräußerungen, so ist selbstverständlich der Zweck der Veräußerung zu erfüllen. Wenn z. B. die Veräußerung wegen der überhohen Schulden erfolgt, so ist der Erlös zur außerordentlichen Tilgung der Darlehen (§ 63) zu verwenden.

Zurückhaltender ist die Veräußerung von Gemeindevermögen bei ländlichen Gemeinden zu beurteilen. Von besonders begründeten Ausnahmefällen abgesehen, empfiehlt es sich hier, an dem bisherigen Grundsatze der Erhaltung des Grundstockvermögens festzuhalten.

2. Die **Genehmigung der Aufsichtsbehörde** ist zu bestimmten Veräußerungsgeschäften vorgeschrieben. Werden solche Geschäfte ohne Genehmigung abgeschlossen, so sind sie unwirksam (§ 104 Abs. 1). Die Genehmigungspflicht selbst hat ihren Grund darin, daß sowohl die Einhaltung des in Abs. 1 ausgesprochenen Grundsatzes wie auch die innere Berechtigung der einzelnen Geschäftsbedingungen nachgeprüft werden soll. Ihrem Wesen nach dient die Genehmigung dem staatlichen Schutze der Interessen der Gemeinde; vgl. hiezu die Ausführungen zu § 104 Abs. 1.

Zu Nr. 1: Die unentgeltliche Veräußerung von Vermögensgegenständen ist ein ungewöhnlicher Vorgang. Es müssen außerordentliche, im Interesse der Gemeinde selbst gelegene Gründe vorliegen, wenn die Gemeinde Vermögen verschenken soll. Zur Klarstellung ist jedoch beizufügen, daß nicht etwa jedes Geschenk der Gemeinde genehmigungspflichtig ist. Wenn im ordentlichen Haushaltsplane der Gemeinde ausdrücklich Mittel für solche Zwecke (z. B. für Ehrungen u. ä.) vorgesehen sind, so handelt es sich überhaupt nicht um Veräußerung von Gemeindevermögen i. S. dieser Vorschrift, sondern um bestimmungsgemäßen Verbrauch von Wirtschaftsmitteln. Nur wenn aus dem erhaltungspflichtigen Verwaltungs-, Betriebs- oder Finanzvermögen der Gemeinde unentgeltliche Veräußerungen vorgenommen werden sollen, greift die Vorschrift Platz.

Zu Nr. 2: Die Genehmigungspflicht bei Verkauf oder Tausch von Grundstücken und grundstücksgleichen Rechten (z. B. Erbbaurechte § 1017 BGB., Grunddienstbarkeiten § 1018 BGB., Reallasten § 1105 BGB. u. ä.) hat darin ihren Grund, daß es sich gewöhnlich um hohe Werte handelt. Je nach dem Zwecke der Veräußerung und je nach der Werthöhe sind durch §§ 23 und 24 Durchf.-VO. Umsätze von der Genehmigungspflicht freigestellt; s. Anm. 3. Die Genehmigungspflicht soll nicht hindern, den Gesichtspunkten Rechnung zu tragen, die oben über erwünschte Veräußerungen entwickelt worden sind. Die Aufsichtsbehörde wird aber nötigenfalls gerade hierbei Anlaß haben, durch Bedingungen und Auflagen die Verwendung des Veräußerungserlöses in die finanzwirtschaftlich gebotene Richtung zu lenken.

Zu Nr. 3: Der Besitz der Gemeinde an wissenschaftlichen, künstlerischen und geschichtlichen Werten soll geschützt werden. Nicht in jeder Gemeinde ist die Sachkunde für die Schätzung dieser Werte vorhanden. Die Genehmigungspflicht will solchen Gefahren vorbeugen. Es hat schon mancher Gemeinde genützt, daß der Abschluß solcher Geschäfte ohne die Genehmigung der Aufsichtsbehörde unwirksam war; es konnten hohe künstlerische Werte den

Gemeinden wieder zurückgeführt werden. Genehmigungspflichtig ist die Veräußerung ohne Rücksicht auf den Geldwert des Gegenstandes und ohne Rücksicht auf die Entgeltlichkeit oder Unentgeltlichkeit des Geschäfts. — Neben der Veräußerung ist hier auch die wesentliche Veränderung solcher Vermögensgegenstände aufgeführt. Soweit hier Rechtsgeschäfte mit Dritten nicht in Frage stehen, ist die Genehmigung der Aufsichtsbehörde im Sinne einer staatlichen Erlaubnis zu erachten; die Gemeinde handelt ohne Erholung dieser Genehmigung verbotswidrig; die Aufsichtsbehörde kann die Einhaltung der gesetzlichen Pflicht der Gemeinde nach § 109 erzwingen.

Zu dem Begriffe „besonderen wissenschaftlichen, geschichtlichen oder künstlerischen Wert" s. Ziff. 2 der obigen AusfAnw., ebenso zu dem Begriffe „wesentliche Veränderung". Auch wird für die Erteilung der Genehmigung an kreisangehörige Gemeinden auf den Schlußabsatz der AusfAnw. hingewiesen.

3. Die **Freistellung von der Genehmigungspflicht** nach Abs. 3 ist durch §§ 23—25 DurchfVO. erfolgt. Hiernach kann eine Genehmigungsfreiheit bestehen ohne Rücksicht auf Wertgrenzen nach dem Zwecke des Verkaufes oder Tausches (§ 23) und ferner ohne Rücksicht auf den Zweck nach dem Werte des Vermögensgegenstandes (§ 24). Es wird ausdrücklich auf zweierlei hingewiesen: a) die Befreiungsbestimmungen gelten nur für Grundstücke und b) sie gelten nur für Verkauf und Tausch von Grundstücken. In dem Worte Verkauf (es heißt nicht Veräußerung) liegt, daß ein Kaufpreis vereinbart sein muß (s. § 433 BGB.). Unentgeltliche Veräußerungen fallen daher nicht unter die Befreiungsvorschriften.

Die Vorschriften der §§ 23 und 24 DurchfVO. sind Ausnahmebestimmungen von der allgemeinen Regel des § 62 Abs. 2 DGO. Sie sind daher einer ausdehnenden (extensiven) Auslegung unzugänglich. Der objektive, von der Vorschrift umschriebene Tatbestand muß gegeben sein; der Zusammenhang (§ 23 Ziff. 1 und 4), der Anlaß (§ 23 Ziff. 2), die Förderung (§ 23 Ziff. 3) usw. dürfen nicht etwa weit hergeholt sein. Bei § 24 ist der Wert maßgebend. Wird z. B. ein Grundstück unter dem Einheitswerte verkauft, so ist das Geschäft genehmigungspflichtig, falls dieser die gesetzliche Wertgrenze überschreitet.

Um die Grundbuchämter von der Pflicht der Nachprüfung, ob der objektive Tatbestand der §§ 23 und 24 DurchfVO. gegeben ist, zu entbinden, ist in § 25 dem Bürgermeister eine entsprechende Pflicht auferlegt. Der Bürgermeister (oder sein Vertreter) übernimmt damit eine Verantwortung, die er auch dienstrechtlich und allenfalls haftungsrechtlich (§ 115 Abs. 1) zu vertreten hat.

4. Hinsichtlich der **Verwendung des Veräußerungserlöses** und der haushaltstechnischen Seite der Vorgänge vgl. die Ausführungen zu § 63.

§ 63

Der Erlös aus der Veräußerung von Vermögensgegenständen ist dem Vermögen zur Erhaltung seines Wertes zuzuführen oder zur außerordentlichen Tilgung von Darlehen zu verwenden. Ausnahmsweise darf er zur Verminderung des Darlehensbedarfs des außerordentlichen Haushaltsplans oder zur Deckung von Fehlbeträgen aus Vorjahren verwendet werden, wenn dies nach den Grundsätzen einer ordentlichen Finanzwirtschaft vertretbar ist.

I. Amtliche Begründung s. Textausgabe S. 108.

II. Vorl. AusfAnw.

1. Es würde Sinn und Zweck der Vorschrift des § 63 DGO. widersprechen, wenn Veräußerungserlöse anderen als solchen Rücklagen zugeführt würden, die zu echten Investierungszwecken bestimmt sind (z. B. Grunderwerbsrücklage).

2. Veräußerungserlöse dürfen in keinem Falle zur ordentlichen Darlehenstilgung (§ 80 DGO.) benutzt werden.

3. Eine Verwendung von Veräußerungserlösen für die in § 63 Satz 2 DGO. vorgesehenen Zwecke soll nur in Ausnahmefällen stattfinden. Werden Erlöse zur Verminderung des Darlehensbedarfs im außerordentlichen Haushaltsplan verwandt, so sind sie im außerordentlichen Haushaltsplan auf der Einnahmeseite auszuweisen.

III. Anm.

1. Die **Verwendung des Veräußerungserlöses** steht unter dem Grundsatz der wertmäßigen Erhaltung des Gemeindevermögens (s. hierzu auch Anm. 1 zu § 62). Wenn auch die DGO. in der tatsächlichen Erhaltung des Gemeindevermögens einem Wandel der Anschauung gegenüber der Vergangenheit folgt und die Veräußerung von Gemeindevermögen elastischer gestaltet, so weicht sie doch hinsichtlich der wertmäßigen Erhaltung des Gemeindevermögens nur von der Starrheit bisheriger Regelungen ab; zum Teil festigt sie sogar die bisher bewährten Grundsätze durch sehr bestimmte Vorschriften über die Verwendung des Veräußerungserlöses.

2. Die **Zuführung des Veräußerungserlöses zum Vermögen** zu dessen wertmäßigen Erhaltung ist die Regel. Dabei ist unter Vermögen die Gesamtmenge der Vermögensbestandteile der Gemeinde zu verstehen, die ihrem Wesen und ihrer Bestimmung nach nicht zu den „laufenden Wirtschaftsmitteln" der Gemeinde (vgl. Anm. 3 zu § 60) gehören und deshalb auch nicht im ordentlichen Haushaltsplan der Gemeinde behandelt werden. Jeder Erlös aus solchen Vermögensveräußerungen ist eine außerordentliche Einnahme und

deshalb im außerordentlichen Haushaltsplan als Einnahme einzusetzen.

Unter Werterhaltung ist nicht etwa ein bestimmter Begriff (Verkehrswert, Realwert, Reproduktionswert, Einheitswert, Ertragswert u. ä.) zu verstehen. Auch ist nicht hieraus für die Gemeinde die Verpflichtung abzuleiten, aus ordentlichen Einnahmen jede unter diesem Werte liegende Schmälerung des Gemeindevermögens wieder zu ersetzen. Die Gemeinde ist sogar befugt, mit Genehmigung der Aufsichtsbehörde Vermögensbestandteile unentgeltlich zu veräußern, ohne daß sie gleichzeitig gesetzlich verpflichtet wird, den dadurch eintretenden Vermögensverlust aus ordentlichen Haushaltsmitteln wieder aufzufüllen, und ohne daß die Aufsichtsbehörde in jedem Falle bei Erteilung der Genehmigung die Auflage daran knüpfen müßte, die Schmälerung durch Ansammlung von Wirtschaftsmitteln wieder auszugleichen. Wenn die Gemeinde Vermögen veräußert, so werden der Bürgermeister schon aus Gründen seiner Verantwortung (§ 32) und ebenso die Aufsichtsbehörde in den genehmigungspflichtigen Fällen (vgl. § 62 Abs. 2) auf einen angemessenen Preis hinwirken; dieser Erlös ist dem Vermögen zuzuführen. Es ist auch keineswegs gesetzlich vorgeschrieben, daß die Gemeinde einen veräußerten Gegenstand (z. B. ein Grundstück) wieder durch Erwerb eines gleichartigen Gegenstandes ersetzt; es kann sogar erwünscht sein, daß eine Gemeinde Grundstücke veräußert, wenn sie für die übersehbaren Aufgaben der Gemeinde nicht benötigt werden und ihre Vorhaltung kostspielig ist; in einem solchen Falle darauf hinzuwirken, das veräußerte Vermögen in natura wieder zu ersetzen, wäre ein wirtschaftspolitischer Widersinn. Bei Landgemeinden wird es zwar in der Regel geboten sein, das Liegenschaftsvermögen wieder in natura aufzufüllen; in städtischen Gemeinwesen aber wird es ganz von dem Bedarf der Gemeinde, der Lage des Grundstücksmarkts usw. abhängen.

Vermögen der Gemeinde sind auch die in der Regel aus ordentlichen Haushaltsmitteln für bestimmte Zwecke gebildeten Rücklagen (das Gesetz verpflichtet die Gemeinden zur Bildung von Rücklagen — § 60 Erneuerungs- und Erweiterungsrücklagen, § 80 Tilgungsrücklage, § 81 Betriebsrücklage —; darüber hinaus kann der RMdJ. nach § 105 Abs. 2 Nr. 2 die Bildung von Rücklagen auch noch durch Verordnung regeln. Es dient daher auch der Werterhaltung des Gemeindevermögens, wenn der Veräußerungserlös einer solchen Rücklage zugeführt wird; die Zuführung zu einer Rücklage hat allerdings zur Folge, daß der Veräußerungserlös nunmehr als Bestandteil einer Rücklage zweckgebunden ist. Die Zulässigkeit einer solchen Verwendung des Veräußerungserlöses bedarf jedoch Einschränkungen: Der Veräußerungserlös darf nur solchen Rücklagen zugeführt werden, die entweder zu neuen außerordentlichen Investierungszwecken angesammelt werden oder die nach ihrer Zweckbestimmung nicht zur Einzehrung bestimmt sind. Aus diesen Gründen muß die Zuführung zur Tilgungsrücklage ausscheiden; denn § 63 bestimmt ausdrücklich, daß Veräußerungserlöse nur zur außerordentlichen Schuldentilgung verwendet werden dürfen, während die Tilgungsrücklage nach § 80 der ordentlichen, planmäßigen Tilgung der Darlehen dient. Es scheidet ferner die Zuführung zur sog. Ausgleichsrücklage aus; denn diese hat den Zweck, Einnahmenrückgang und Ausgabenerhöhungen des ordentlichen Haushalts mehrerer Jahre auszugleichen; der Veräußerungserlös würde daher entweder durch Abdeckung von ordentlichen Haushaltsfehlbeträgen aus Vorjahren oder zur Vermeidung eines ungedeckten Haushaltssolls im ordentlichen Haushalt untergehen; sollen Haushaltsfehlbeträge aus Vorjahren durch den Veräußerungserlös abgedeckt werden, so stellt § 63 ausdrücklich strengere Voraussetzungen hierfür auf. Ähnliche Gesichtspunkte gelten auch für die Zuführung zu einer Erneuerungsrücklage; denn es gehört zum Wesen einer Erneuerungsrücklage, daß sie ordentliche Haushaltsmittel zur Ersetzung der laufenden Verringerung des Vermögens aufzunehmen hat. Wohl aber kann der Veräußerungserlös der Erweiterungsrücklage (§ 60), ferner einer ausdrücklich zur Deckung eines bestimmten außerordentlichen Bedarfs angesammelten Rücklage (Ansammlungsstock) und endlich auch der Betriebsrücklage (§ 81) zugeführt werden, der letzteren deshalb, weil sie nur zur Überbrückung von Einnahmen- und Ausgabenanfällen des ordentlichen Haushalts dient, also aus den nachfolgenden Einnahmen immer wieder aufgefüllt wird. Immer ist die Zuführung von Veräußerungserlösen zu Rücklagen, auch zu Erweiterungs- und besonderen Investierungsrücklagen sorgfältig abzuwägen; der finanzwirtschaftliche Grundgedanke des § 61 Abs. 2 Satz 1, wonach der Vermögenserwerb in der Regel aus ordentlichen Haushaltsmitteln oder aus den mit ordentlichen Haushaltsmitteln gebildeten Rücklagen erfolgen soll (s. Anm. 2 zu § 61), soll nicht verwischt werden.

3. Die **Verwendung des Veräußerungserlöses zur außerordentlichen Tilgung von Darlehen** wird mit Recht der unter Anm. 2 behandelten Verwendungsart gleichgestellt. Im Ergebnis unterscheidet sich diese Verwendung des Veräußerungserlöses in keiner Weise von seiner Zuführung zum Vermögen zu dessen Werterhaltung. Denn das Reinvermögen der Gemeinde besteht aus den Aktiven nach Abzug der Passiven. Wie eine Schuldaufnahme ohne gleichzeitige vermögenswerterhöhende Verwendung der Darlehensmittel eine Minderung des Vermögens darstellt, so bedeutet außerordentliche Wegfertigung von Schulden eine Wertsteigerung des Reinvermögens. Durch Veräußerung von Vermögen und Wegfertigung von Darlehensschulden mit dem Veräußerungserlöse bleibt also das Vermögen in seinem Wert erhalten. Dabei ist jedoch zu beachten, daß nur eine außerordentliche Tilgung von Schulden diesen Erfolg herbeiführt. Die ordentliche, planmäßige, d. h. nach

dem Tilgungsplan i. S. des § 80 zu bewirkende Tilgung der Schulden hat mit Mitteln des ordentlichen Haushalts zu geschehen; die Verwendung des Veräußerungserlöses zur laufenden Schuldentilgung ist daher, weil dadurch das Vermögen mittelbar eingezehrt würde, unzulässig. — Das Gesetz spricht überdies nicht etwa nur von außerordentlicher Schuldentilgung, sondern von außerordentlicher Tilgung von Darlehen. Das Gesetz hat hierbei die Schulden i. S. des § 76 im Auge. Unzulässig ist daher die Verwendung des Veräußerungserlöses zur Rückzahlung eines Betriebskredites (§ 80). Unzulässig ist ferner die Verwendung des Veräußerungserlöses zur Wegfertigung von Zahlungsrückständen im ordentlichen Haushalte. Beides ist vielmehr aus ordentlichen Mitteln zu bewirken. Für Zwecke des ordentlichen Haushalts darf der Veräußerungserlös nur zur Wegfertigung von Fehlbeträgen aus Vorjahren, und zwar nur unter strengen Voraussetzungen, verwendet werden (s. hierzu Anm. 5).

Hieraus ergibt sich die haushaltstechnische Behandlung des Veräußerungserlöses bei diesen Verwendungsarten. Wie oben schon ausgeführt, ist der Erlös aus einer Vermögensveräußerung in jedem Falle als Einnahme in den außerordentlichen Haushaltsplan einzustellen. Wird er zur außerordentlichen Darlehenstilgung verwendet, so ist der Betrag gleichzeitig auch als außerordentliche Ausgabe in den außerordentlichen Haushaltsplan einzustellen; dabei sind die Darlehen, die ganz oder teilweise außerordentlich weggefertigt werden sollen, zu bestimmen.

4. **Ausnahmen von der regelmäßigen Verwendungsart:**

a) Zur Verminderung des Darlehensbedarfs des außerordentlichen Haushaltsplans. Das Gesetz fügt ausdrücklich bei, daß dies nur zulässig ist, wenn es nach den Grundsätzen einer ordentlichen Finanzwirtschaft vertretbar ist. Diese Einschränkung ist deshalb notwendig, weil die Aufnahme von Darlehen aufsichtlich genehmigungspflichtig ist (vgl. §§ 76, 78); wird also der Veräußerungserlös an Stelle eines Darlehens verwendet, so entfällt die Genehmigungspflicht für diesen außerordentlichen Haushaltsvorgang. Um so notwendiger ist es zu klären, was die Grundsätze einer ordentlichen Finanzwirtschaft in diesem Punkte verlangen. Es ist zu beachten, daß die Bestimmung des § 63 als Obersatz aufstellt, das Gemeindevermögen sei in seinem Werte zu erhalten; hieraus leitet sich die Verpflichtung ab, daß das Unternehmen, für das der Veräußerungserlös verwendet werden soll, eine entsprechende Wertsteigerung des Vermögens herbeiführen soll. Ferner ist zu beachten, daß Darlehen nur zur Bestreitung eines unabweisbaren Bedarfs und nur insoweit aufgenommen werden dürfen, als die Gemeinde zur anderweitigen Deckung des Bedarfs nicht in der Lage ist (vgl. § 77); auch diese Voraussetzung gilt für die Verwendung des Veräußerungserlöses als Ersatz für eine Darlehensausnahme. Auch ist der Ertrag des bisherigen Vermögensgegenstandes sowie der Ertrag des Veräußerungserlöses an dem Ertrag des daraus geförderten Unternehmens zu messen: es soll keine vermeidbare Verschlechterung des ordentlichen Haushalts der Gemeinde hierdurch eintreten. Endlich stellt § 61 Abs. 2 ausdrücklich den Grundsatz auf, daß der Vermögenserwerb in der Regel aus ordentlichen Haushaltsmitteln oder aus den mit ordentlichen Haushaltsmitteln angesammelten Rücklagen erfolgen soll; auch dieser Grundgedanke soll nicht ohne Not durch Verwendung solcher außerordentlichen Einnahmen verwischt werden. — Diese Gesichtspunkte treten dann zurück, wenn die außerordentliche Ausgabe zur Erfüllung einer gesetzlichen Pflichtaufgabe notwendig und die Gemeinde nicht in der Lage ist, den Bedarf aus ordentlichen Haushaltsmitteln oder aus einer für den Zweck aus ordentlichen Haushaltsmitteln angesammelten Rücklage zu decken.

Das Gesetz spricht ausdrücklich von einer Ausnahme; Ausnahmevorschriften sind einer ausdehnenden (extensiven) Auslegung unzugänglich. Damit im Widerspruch stünde, wenn durch Veräußerung von Gemeindevermögen die strengen Vorschriften über die Schuldaufnahmen lediglich umgangen werden sollen.

Auf der anderen Seite bleibt zu beachten, daß in bestimmten Fällen die Verwendung des Veräußerungserlöses zur Verminderung des Darlehensbedarfs des außerordentlichen Haushaltsplans nicht nur unbedenklich, sondern aus natürlichen Gründen sogar geboten ist. Ist z. B. der Neubau eines Schulhauses notwendig und kann das bisherige Schulhaus verkauft werden, so empfiehlt es sich selbstverständlich, diesen Veräußerungserlös zur Deckung des außerordentlichen Bauaufwandes zu verwenden. —

Die haushaltstechnische Behandlung liegt in diesen Fällen klar: Der Erlös aus der Veräußerung ist im außerordentlichen Haushaltsplan als Einnahme und gleichzeitig als Ausgabe unter Angabe des Verwendungszweckes einzusetzen.

b) Verwendung des Veräußerungserlöses zur Deckung von Fehlbeträgen aus Vorjahren. Die gesetzlichen Voraussetzungen sind die gleichen wie bei 4a, nämlich a) ausnahmsweise und b) wenn es nach den Grundsätzen einer ordentlichen Finanzwirtschaft vertretbar ist. Auch hier ist deshalb zu klären, was die Grundsätze einer ordentlichen Finanzwirtschaft verlangen. Das Gesetz will, daß alle laufenden (ordentlichen) Ausgaben durch ordentliche Einnahmen gedeckt werden. Es will, daß jede Generation den Bedarf selbst aufbringt und keine das überkommene Vermögen einzeht. Ebenso, wie unrentierliche Schuldaufnahmen die Lasten der Gegenwart auf die Verpflichteten der Zukunft abwälzen, wirkt auch der Substanzverlust des Vermögens. Soweit die Fehlbeträge der Vorjahre aus dem außerordentlichen Haushalt herrühren, ist die Verwendung des Veräußerungserlöses zur Abdeckung solcher Fehlbeträge durchaus positiv zu bewerten. Wird Vermögen veräußert, dessen

Vorhaltung ohnehin kostspielig ist (vgl. Anm. 1 zu § 62), so ist diese Vereinigung der Fehlbeträge zu fördern. Anders liegt es bei den Fehlbeträgen des ordentlichen Haushalts der Vorjahre. Sind diese Fehlbeträge entstanden, weil die Gemeinde es unterlassen hat, die Einnahmewirtschaft in der erforderlichen und möglichen Höhe anzuspannen, und ist die Abdeckung dieser Fehlbeträge durch entsprechende Anspannung der Einnahmewirtschaft ohne Überdruck auf die Wirtschaftskraft der Abgabepflichtigen möglich, so steht die Vermögenseinzehrung nicht im Einklang mit den Grundsätzen einer ordentlichen Finanzwirtschaft. Das gleiche gilt, wenn die Fehlbeträge infolge einer üppigen Ausgabewirtschaft entstanden sind und die Möglichkeit besteht, diese Fehlbeträge durch Ausgabenersparnisse und tragbare Einnahmenerhöhung auszugleichen. Besteht aber die Möglichkeit nicht, die Fehlbeträge durch sparsame Ausgabewirtschaft und tragbare Einnahmensteigerung im Laufe einer angemessenen Zeit abzudecken, so erscheint es besser, die Haushaltswirtschaft der Gemeinde durch Verwendung des Erlöses aus Vermögensveräußerungen zu bereinigen, um die Gemeinde zu gesunden Verhältnissen zurückzuführen. Diese Einzehrung überkommenen Vermögens muß aber dann die Gemeinde verpflichten, nichts zu unterlassen, um nunmehr die Gemeindefinanzen gesund zu erhalten, was § 7 ausdrücklich als oberstes Ziel der Wirtschaftsführung der Gemeinde bezeichnet. — Dabei sind Haushaltsfehlbeträge aus Vorjahren solche, die in einer Jahresrechnung bereits ausgewiesen sind. Ausgeschlossen bleibt daher die Verwendung von Veräußerungserlösen zur Abgleichung des Haushaltssolls im laufenden Rechnungsjahre.

Die von der Regelverwendung abweichende Verwendungsart von Veräußerungserlösen ist auch von der Aufsichtsbehörde — bei Prüfung der Haushaltssatzung — nach der Zulässigkeit nachzuprüfen. Liegen die vom Gesetz verlangten Voraussetzungen nicht vor, so hat die Aufsichtsbehörde nach den §§ 106 ff. vorzugehen.

§ 64

Für die Bewirtschaftung der Gemeindewaldungen gilt das bisherige Recht.

I. Amtliche Begründung s. Textausgabe S. 108/109.

II. Anm.

Die **Bewirtschaftung der Gemeindewaldungen** haben die Gemeindeordnungen der einzelnen Länder von jeher einem Sonderrecht unterstellt, das die Bewirtschaftung aller zum öffentlichen Vermögen gehörenden Waldungen auf einer gleichartigen Grundlage regelte. Hieran ändert die DGO. nichts; es verbleibt daher bei dem hierfür geltenden Sonderrecht, das inzwischen durch Reichsgesetze bereits in einem gewissen Umfange vereinheitlicht worden ist (vgl. das RG. gegen Waldverwüstungen vom 18. Januar 1934 — RGBl. I S. 37 —, das RG. zur Überleitung des Forst- und Jagdwesens auf das Reich vom 3. Juli 1934 — RGBl. I S. 534 — und das RG. vom 13. Dez. 1934 [forstliches Artgesetz] — RGBl. I S. 1236 —).

Innerhalb dieses Rahmens bleiben einstweilen die landesrechtlichen Forstgesetze in Geltung.

Als subsidiäres Recht gelten aber die Vorschriften des Sechsten Teils der DGO. auch für die gemeindliche Waldbewirtschaftung. Im übrigen ist darauf hinzuweisen, daß nur das bisherige Recht über die Bewirtschaftung der Gemeindewaldungen unberührt bleibt; in allen übrigen Beziehungen gelten die Vorschriften der DGO. (also über Verfassung und Verwaltung sowie über Haushalts-, Kassen- und Rechnungswesen u. ä.).

§ 65

(1) Für die Nutzung des Gemeindevermögens, dessen Ertrag nach bisherigem Rechte nicht der Gemeinde, sondern sonstigen Berechtigten zusteht (Gemeindegliedervermögen), verbleibt es bei den bisherigen Vorschriften und Gewohnheiten.

(2) Gemeindevermögen darf nicht in Gemeindegliedervermögen umgewandelt werden.

I. Amtliche Begründung s. Textausgabe S. 109.

II. Vorl. AusfAnw.

§ 65 DGO. hält nur die Vorschriften und Gewohnheiten aufrecht, die sich auf die Nutzungsrechte am sogenannten Gemeindegliedervermögen beziehen. Für seine Verwaltung sind demnach vom Inkrafttreten der Deutschen Gemeindeordnung an die allgemeinen Vorschriften der Deutschen Gemeindeordnung maßgebend.

III. Anm.

1. Der **Ertrag des Gemeindevermögens** fließt in die Gemeindekasse. Über Nutzungen am Gemeindevermögen ohne Rechtsanspruch hierauf, über die Verteilung von Erträgnissen des Gemeindevermögens an Gemeindeangehörige besagt die DGO. nichts Besonderes. Solche Verteilungen sind gesetzlich nicht ausgeschlossen. Sie müssen jedoch im Rahmen der Haushaltsatzung (§ 83) festgelegt und abgewickelt werden.

2. Zu den **Nutzungsrechten Dritter am Gemeindevermögen** bestimmt die DGO., daß es insoweit bei den bisherigen Vorschriften und Gewohnheiten verbleibt. Die hiernach aufrechtzuerhaltenden Vorschriften des Landesrechts sind in der VO. der obersten Landes-

behörde nach § 119 Nr. 6 und § 40 der DurchfVO. (Überleitungsverordnung) aufgeführt.

Dazu ist folgendes klarzustellen: Nutzungsrechte Dritter am Gemeindevermögen können auf bürgerlich-rechtlicher und auf öffentlich-rechtlicher Grundlage beruhen. Die bürgerlich-rechtlichen Nutzungsrechte werden durch die DGO. überhaupt nicht berührt. Nur auf die öffentlich-rechtlichen Nutzungsrechte bezieht sich § 65; für diese bestimmt die Vorschrift, daß es beim bisherigen Rechtstande verbleiben soll. —

Was Gemeindegliedervermögen ist, ist in § 65 umschrieben; es gehört systematisch zum sog. Gemeindesondervermögen (vgl. Anm. 1 b zu § 60). —

Nur die Nutzungsrechte bleiben nach Maßgabe des bisherigen Rechtsstandes aufrechterhalten. Im übrigen aber greifen die Vorschriften der DGO. über Verfassung und Verwaltung sowie über die Wirtschaftsführung der Gemeinde uneingeschränkt Platz. Das Gemeindegliedervermögen wird z. B. nicht etwa durch einen Rechtlerausschuß, sondern durch den Bürgermeister verantwortlich verwaltet. —

In einzelnen Ländern haben sich diese Tatbestände zu ganz anderen Rechtsformen entwickelt: Träger dieses Gemeindevermögens (Allmende) ist in diesen Ländern eine eigene Körperschaft oder eine altdeutschrechtliche Genossenschaft. Diese Rechtsverhältnisse bleiben von der DGO. überhaupt unberührt. —

3. Die **Neubegründung von Gemeindegliedervermögen** (Neubelastung von Teilen des Gemeindevermögens mit öffentlich-rechtlichen Nutzungsrechten) ist verboten und daher rechtlich unmöglich (§ 65 Abs. 2).

Wie z. B. die Bayer. Gemeindeordnung im Art. 33 Abs. 1 bestimmte, daß Rechte einzelner auf Nutzungen am Gemeindevermögen nicht mehr neu begründet werden können (d. h. daß vom 1. April 1928 an weder durch öffentlich-rechtlichen Vertrag noch durch gewohnheitsrechtliches Herkommen Nutzungsrechte am Gemeindevermögen neu entstehen können), so bestimmt auch § 65 Abs. 2, daß Gemeindevermögen nicht mehr in Gemeindegliedervermögen (d. h. öffentlich-rechtlichen Nutzungsrechten Dritter unterworfenes Gemeindevermögen) umgewandelt werden darf. Selbstverständlich können auf der Grundlage des bürgerlichen Rechts nach wie vor Nutzungsrechte am Gemeindevermögen begründet werden.

4. Die **Umwandlung von Gemeindegliedervermögen in freies Gemeindevermögen und in Privatvermögen der Nutzungsberechtigten** ist in der DGO. nicht angeschnitten.

Das Pr.GemFinG. hat in § 70 einerseits die Umwandlung von Gemeindegliedervermögen in freies Gemeindevermögen wesentlich erleichtert — es ließ die Ablösung der Nutzungsrechte gegen bestimmte Entschädigungen zu — und andererseits die Umwandlung von Gemeindegliedervermögen in Privatvermögen der Berechtigten verboten. Auch die Bayer. GO. enthält in den Art. 38 und 39 Bestimmungen über die Aufhebung und Ablösung der Gemeindenutzungsrechte. — Mit Recht verzichtet die DGO. ihrerseits darauf, im jetzigen Zeitpunkte diese in den einzelnen Reichsteilen unendlich verschiedenartig gelagerten Verhältnisse auf eine Rechtseinheit zu bringen. Auf der einen Seite ist es zweifelsfrei, daß die Nutzungsrechte am Gemeindevermögen, die in einer weit zurückliegenden Zeit und oft in einer nicht mehr kontrollierbaren Weise entstanden sind, nicht mehr der allgemeinen Rechtsüberzeugung der Mehrheit des Volkes entsprechen. Auf der anderen Seite handelt es sich aber überwiegend nicht nur um einwandfrei erworbene (oft mit hohen Beträgen bei Ankauf eines Hofes oder Gutes bewertete) Rechte, sondern auch häufig um unentbehrliche Bestandteile einer Hof- oder Gutswirtschaft, deren plötzlicher Wegfall (gegen oder ohne Entschädigung) in die Wirtschaft, aber auch in den Wert des Hofes oder Gutes tief eingreifen würde.

Es wird aber wohl entsprechend dem Wandel der Rechtsanschauung des Volkes die Zeit kommen, in der „bei aller Achtung vor den althergebrachten Gewohnheiten und Einrichtungen" diese Fragen einer Lösung zugeführt werden. Zunächst aber verbleibt es auch hinsichtlich der Umwandlung des Gemeindegliedervermögens in freies Gemeindevermögen und in Privatvermögen der Berechtigten beim jeweiligen Landesrecht.

5. Jegliche **Änderungen an den Nutzungsrechten am Gemeindegliedervermögen** und jede — nach dem Landesrecht zulässige — Umwandlung von Gemeindegliedervermögen in freies Gemeindevermögen müssen vor der Entschließung des Bürgermeisters mit den Gemeinderäten nach § 55 Abs. 1 Nr. 9 beraten werden. Gerade bei solchen Fragen soll den dem Bürgermeister beratend beistehenden Männern aus der Bürgerschaft Gelegenheit zur Äußerung gegeben werden.

§ 66.

(1) Die Gemeinde verwaltet die örtlichen Stiftungen nach den Vorschriften dieses Gesetzes, soweit nicht durch Gesetz oder Stifter anderes bestimmt ist. Das Stiftungsvermögen ist von dem übrigen Gemeindevermögen getrennt zu halten und so anzulegen, daß es für seinen Verwendungszweck greifbar ist.

(2) Ist die Erfüllung des Stiftungszwecks unmöglich geworden oder gefährdet die Stiftung das Gemeinwohl, so sind die Vorschriften des § 87 des Bürgerlichen Gesetzbuchs anzuwenden. Die Umwandlung des Stiftungszwecks und die

Aufhebung der Stiftung steht der Gemeinde zu; sie bedarf der Genehmigung der Aufsichtsbehörde.

I. **Amtliche Begründung** s. Textausgabe S. 110/111.

II. **Vorl. AusfAnw.**

Die Vorschrift des § 66 DGO. gilt sowohl für selbständige wie auch für die unselbständigen (fiduziarischen) Stiftungen. Als örtliche Stiftungen sind dabei jedoch nur solche zu betrachten, deren Zweck im Rahmen örtlicher gemeindlicher Aufgaben liegt.

III. **Anm.**

Das Gesetz regelt nicht etwa das öffentliche Stiftungswesen, sondern trifft nur einige besonders notwendige Vorschriften subsidiärer Art, nämlich soweit örtliche Stiftungen im Zusammenhange mit der Gemeinde stehen. Über Stiftungen und ihren Zusammenhang mit Gemeindewesen s. eingehende Darlegungen in Laforet-v. Jan-Schattenfroh, Bayer. Gemeindeordnung Art. 127 ff.; s. auch Müller in DGT. 1934 Nr. 14 S. 417 ff.

1. Der Begriff **„örtliche Stiftungen"** umfaßt diejenigen öffentlichen Stiftungen, deren Zweck auf das Gebiet einer Gemeinde begrenzt ist (vgl. auch obige AusfAnw.).

Stiftung ist ein vom Geber (Stifter) durch besonderen Rechtsakt einem dauernden (zeitlich unbegrenzten) Zweck gewidmetes Vermögen. Die Stiftungen scheiden sich in rechtlich unselbständige (uneigentliche, fiduziarische) Stiftungen und rechtlich selbständige (eigentliche, echte) Stiftungen.

a) Die fiduziarischen Stiftungen sind Vermögenszuwendungen an eine öffentliche Person mit der Bestimmung, daß dieses Vermögen unter einem besonderen Namen verwaltet, der Ertrag dauernd festumrissenen Zwecken zugeführt wird. Sie sind weder unmittelbar noch mittelbar durch die §§ 80 ff. BGB. geregelt (RGZ. Bd. 105 S. 305). Erhält eine Gemeinde solche Vermögenszuwendungen, so wird die Zuwendung Gemeindevermögen, das lediglich nach den Auflagen des Stifters zu verwalten ist. Die Vorschrift des § 66 bezieht sich auch auf diese fiduziarischen Stiftungen: das Vermögen ist daher vom übrigen Gemeindevermögen getrennt zu halten und so anzulegen, daß er für den Verwendungszweck greifbar ist; der Ertrag ist dem bestimmten Zweck zuzuführen. Die Art der Verwaltung bestimmt sich nach den Vorschriften der DGO. über die Verwaltung des Gemeindevermögens unter besonderer Beachtung des Stiftungszweckes. Es gelten also auch die Vorschriften über die Aufsicht unverändert (§§ 106 ff.). Bei Rechtslücken sind die Vorschriften des BGB. über Stiftungen hilfsweise heranzuziehen. — Wird die Erfüllung des Stiftungszweckes unmöglich, so hatten bisher der Schenkende oder die durch die Stiftung beschränkten Erben ein Rückforderungsrecht auf das Kapital (RGZ. Bd. 105, S. 305).

Nunmehr trifft § 66 Abs. 2 hierfür eine Vorschrift, die anzuwenden ist, wenn nicht der Stifter selbst hierfür Vorsorge getroffen hat. Aufhebung sowie Zusammenlegung zusammengeschrumpfter Stiftungen erfolgt dann wie bei rechtlich selbständigen Stiftungen (s. Anm. 5).

b) Die rechtlich selbständigen (rechtsfähigen) Stiftungen sind juristische Personen (die dritte Art der überhaupt möglichen juristischen Personen: 1. Verbandspersonen — Vereine, Gesellschaften, Körperschaften; 2. Anstalten — rechtsfähiges Zweckvermögen, das aber wandlungsfähiger ist als die Stiftung, und 3. Stiftungen — Zweckvermögen, das gebundener ist als die Anstalten, was sich aus der Art der Entstehung der Stiftungen ergibt). — Diese rechtsfähigen Stiftungen zerfallen in Stiftungen des bürgerlichen und Stiftungen des öffentlichen Rechts. Die ersteren sind im BGB., die letzteren waren bisher in der Hauptsache landesrechtlich geregelt; erst in jüngster Zeit entstehen — und zwar meistens jeweils durch besonderes Reichsgesetz — öffentlich-rechtliche Stiftungen des Reichsrechts. Den Stiftungen des öffentlichen Rechts ist wesentlich, daß sie nach dem Willen des Stifters und des Staates in einen organischen Zusammenhang mit dem Staate gebracht werden. Nicht etwa die Widmung für einen öffentlichen Zweck macht sie also hierzu; denn auch Stiftungen des BGB. können einem öffentlichen Zweck dienen. — Nach dem Zweck unterscheidet man private und öffentliche Stiftungen, je nachdem sie einem rein privaten Zweck (z. B. einer Familie) oder aber unmittelbar oder mittelbar einem öffentlichen Zweck (Wohlfahrt, Kultur, Volksgesundheit) dienen. Die Genehmigung von Stiftungen für rein private Zwecke ist sehr selten. — Ob eine Stiftung einem öffentlichen Zweck dient, entscheiden ausschließlich die Verwaltungsbehörden; der Rechtsweg ist hierfür verschlossen (ObLG. vom 17. Juni 1929, Bayer. VBl. 1930 S. 94 und die dort angegebenen Verweisungen).

2. Die **Zuständigkeit der Gemeinde** zur Verwaltung der örtlichen Stiftungen ergibt sich aus dem Begriffe der letzteren mit der Begrenzung, daß die Gemeinde nicht zuständig ist, wenn Gesetz oder Stifter eine andere Zuständigkeit festlegen; die Vorschrift hat daher eine subsidiäre Bedeutung. Es erfaßt demnach § 66 unter örtlichen Stiftungen a) die ausdrücklich der Gemeinde zugewendeten fiduziarischen (unechten) Stiftungen; sie haben ausschließlich einen öffentlichen Zweck; b) die Stiftungen des bürgerlichen und des öffentlichen Rechts, die einem öffentlichen Zweck gewidmet sind, der auf das Gemeindegebiet begrenzt ist; die Verwaltung der letzteren kommt der Gemeinde dann zu, wenn nicht Stifter oder Gesetz (auch Landesrecht) anderes bestimmen. Die Gemeinde kommt endlich als Träger solcher fiduziarischer Stiftungen, die einem öffentlichen „örtlichen" Zweck dienen, in Betracht, wenn der bisherige Träger wegfällt und keine Bestimmung über den Rückfall getroffen ist. Mit dem Wegfall der Ortschaften, Orte, Teil-

gemeinden und ähnlichen untergemeindlichen Verbandsformen (vgl. § 1 DurchfVO. zu § 1 DGO.) geht auch die Verwaltung der öffentlichen Stiftungen, die bisher von Ortschaften usw. verwaltet worden sind, auf die Gemeinde über.

Nicht unter die Verwaltung der Gemeinde fallen die öffentlichen Stiftungen, deren Zweck über das Gemeindegebiet hinausgreift. Es kann dafür der Kreis (Bezirk), die Provinz (Kreis) und der Staat selbst als Verwalter in Betracht kommen.

Das Gesetz (Landesrecht) trifft ausnahmslos andere Bestimmungen über das kirchliche Stiftungsvermögen; dessen Verwaltung richtet sich demnach nach diesem landesrechtlichen „staatlichen Kirchenrecht".

3. **Verwaltung der örtlichen Stiftungen.** Neben der Zuständigkeitsvorschrift (s. Anm. 2) gibt Satz 1 auch die Bestimmung, daß die Verwaltung dieser Stiftungen nach den Vorschriften der DGO. zu führen ist, und zwar wiederum, soweit nicht Stifter oder Gesetz (auch Landesrecht) anderes bestimmen; es gehen daher vor der Wille des Stifters, dann sonstige Gesetze (z. B. für die Stiftungen des bürgerlichen Rechts die Vorschriften der §§ 80—88 BGB.).

Treffen also weder der Stifter noch das Gesetz über die Verwaltung besondere Vorschriften, so gelten für die gesamte Verwaltung dieser Stiftungen die Vorschriften der DGO. (über Haushalts-, Kassen- und Rechnungswesen, über Genehmigungspflichten, über Aufsicht usw.). Gehört z. B. zu einem Akte der Verwaltung des Gemeindevermögens (wie zur Veräußerung) die Genehmigung der Aufsichtsbehörde, so auch zur Verwaltung des Stiftungsvermögens. Wie die Verwaltung der Stiftung Recht und Pflicht der Gemeinde ist, ist die Aufsicht über die Stiftungsverwaltung Recht und Pflicht der Aufsichtsbehörde der Gemeinde; sie bestimmt sich nach den §§ 106 ff. —

Bestimmt die Stiftungsurkunde als Verwaltungsorgan der Stiftung z. B. den Gemeinderat, so ist im Zweifel anzunehmen, daß das jeweils zur Verwaltung der Gemeinde berufene Organ damit gemeint ist; mit dem Inkrafttreten der DGO. ist deshalb nach § 32 der Bürgermeister zuständig. —

Soll der Gemeinde eine fiduziarische Stiftung mit einer Verpflichtung der Gemeinde zugewendet werden, so ist für die Verpflichtungserklärung der Gemeinde § 36 Abs. 2 maßgebend. Das gleiche gilt für sog. Zustiftungen an bestehende Stiftungen, wenn damit die Gemeinde zugleich Verpflichtungen übernehmen soll (z. B. Gewährung einer Rente an den Stifter). —

Das Stiftungsvermögen ist entsprechend dem Wesen der Stiftung in seinem Wert zu erhalten. Veräußerungen sind an sich nach den Vorschriften der DGO. (§ 62) zulässig; der Erlös ist aber dem Stiftungsvermögen zur Werterhaltung zuzuführen. Unentgeltliche Veräußerungen des Stiftungsstammvermögens sind entsprechend dem Wesen der Stiftung — abweichend von § 62 — auch mit Genehmigung der Aufsichtsbehörde nicht zulässig. — Die Gemeinde haftet für jede schuldhafte Schmälerung des Stiftungsvermögens. Die Gemeinde ist aber andererseits zu besonderen Aufwendungen für die Stiftung nicht verpflichtet. Die ausscheidbaren Verwaltungskosten der Gemeinde können daher aus dem Rohertrag der Stiftung, allenfalls sogar aus dem Stammvermögen verlangt werden.

Rechtsgeschäfte zwischen der Gemeinde und der rechtsfähigen Stiftung stoßen auf die Schwierigkeit des § 181 BGB.; es ist anzunehmen, daß hier dem gleichzeitig für zwei Rechtspersonen gesetzlich bestellten Vertreter gestattet ist, Verträge für beide Rechtspersonen abzuschließen. Für Verträge des Bürgermeisters selbst mit der Stiftung verbleibt es aber bei der Regel des § 181.

4. Die **Trennung des Stiftungsvermögens vom übrigen Gemeindevermögen** muß nicht nur im Haushaltsplan und in der Rechnung, sondern auch in der laufenden Verwaltung erfolgen. Das heißt nicht etwa, daß Geldbeträge der Stiftung sich nicht in der gleichen Kasse mit Gemeindegeldern befinden dürfen, sondern heißt, daß Stiftungsgelder niemals — auch nicht aushilfsweise — für Ausgaben der Gemeinde verwendet werden dürfen. — Die Anlegung des Stiftungsvermögens muß so sein, daß es rechtzeitig für seinen Verwendungszweck greifbar ist. Dabei muß darauf Rücksicht genommen werden, daß unter Umständen auch Stiftungsstammvermögen, z. B. für einen Neubau von Stiftungsgebäuden, greifbar sein muß. — Schuldaufnahmen der Stiftung selbst, ebenso die Übernahme von Bürgschaftsverpflichtungen, Verpflichtungen aus Gewährverträgen und sonstige Sicherheitsbestellungen beurteilen sich nach den Vorschriften der DGO. (§§ 76, 78). Der Grundsatz der Trennung des Stiftungsvermögens vom Gemeindevermögen bedingt auch hier die Unzulässigkeit solcher Geschäfte zwischen Stiftung und Gemeinde. Dabei ist zu beachten, daß bei Hinterlegung von Wertpapieren bei Banken nach den allgemeinen Vertragsbedingungen der Banken sehr häufig die Wertpapiere als Sicherung von Kreditaufnahmen des Hinterlegers dienen; diese Folge ist daher bei Hinterlegung von Wertpapieren der Stiftung ausdrücklich für Kreditschulden der Gemeinde auszuschließen.

5. **Aufhebung und Umwandlung des Stiftungszwecks** bei örtlichen Stiftungen.

§ 87 BGB. bestimmt:

„(1) Ist die Erfüllung des Stiftungszwecks unmöglich geworden oder gefährdet sie das Gemeinwohl, so kann die zuständige Behörde der Stiftung eine andere Zweckbestimmung geben oder sie aufheben.

(2) Bei der Umwandlung des Zweckes ist die Absicht des Stifters tunlichst zu berücksichtigen, insbesondere dafür Sorge zu tragen, daß die Erträge des Stiftungsvermögens dem Personen-

kreise, dem sie zustatten kommen sollten, im Sinne des Stifters tunlichst erhalten bleiben. Die Behörde kann die Verfassung der Stiftung ändern, soweit die Umwandlung des Zweckes es erfordert.

(³) Vor der Umwandlung des Zweckes und der Änderung der Verfassung soll der Vorstand der Stiftung gehört werden."

Diese Vorschrift des BGB. gilt nur für die Stiftungen des bürgerlichen Rechts. § 66 dehnt nun diese Vorschrift auch auf die von der Gemeinde verwalteten örtlichen Stiftungen des öffentlichen Rechts aus. Gleichzeitig bestimmt § 66 die „zuständige Behörde" i. S. des § 87 BGB. Zuständig ist hiernach für die örtlichen, in der Verwaltung der Gemeinde stehenden Stiftungen der Bürgermeister (§ 32). Er bedarf aber zu solchen Maßnahmen (Umwandlung des Stiftungszweckes und Aufhebung der Stiftung) der Genehmigung der Aufsichtsbehörde. Wird sie nicht erholt oder nicht erteilt, so sind die Entschließungen und Anordnungen des Bürgermeisters unwirksam (vgl. § 104 Abs. 1). Die Erteilung oder Versagung der Genehmigung der Aufsichtsbehörde ist ausschließlich Ermessenssache der Aufsichtsbehörde.

Der Tatbestand, auf Grund dessen die Umwandlung des Stiftungszwecks oder die Aufhebung der Stiftung vorgenommen werden kann, ist für die erstere Maßnahme beispielsweise Unvereinbarkeit des Stiftungszwecks mit Zielen der Staatsführung oder mit ethischen Zeitanschauungen, für letztere Maßnahme beispielsweise Leistungsunfähigkeit der Stiftung, überhohe Verwaltungskosten u. ä.

2. Abschnitt

Wirtschaftliche Betätigung der Gemeinde

§ 67

(¹) Die Gemeinde darf wirtschaftliche Unternehmen nur errichten oder wesentlich erweitern, wenn

1. der öffentliche Zweck das Unternehmen rechtfertigt,
2. das Unternehmen nach Art und Umfang in einem angemessenen Verhältnisse zu der Leistungsfähigkeit der Gemeinde und zum voraussichtlichen Bedarf steht,
3. der Zweck nicht besser und wirtschaftlicher durch einen anderen erfüllt wird oder erfüllt werden kann.

(²) Wirtschaftliche Unternehmen im Sinne dieses Abschnitts sind nicht

1. Unternehmen, zu denen die Gemeinde gesetzlich verpflichtet ist,
2. Einrichtungen des Unterrichts-, Erziehungs- und Bil-

dungswesens, der körperlichen Ertüchtigung, der Kranken-, Gesundheits- und Wohlfahrtspflege.
Auch diese Unternehmen und Einrichtungen sind nach wirtschaftlichen Gesichtspunkten zu verwalten.

(3) Bankunternehmen darf die Gemeinde nicht errichten.

(4) Für das öffentliche Sparkassenwesen verbleibt es bei den besonderen Vorschriften.

I. Amtliche Begründung s. Textausgabe S. 112—115.

II. Vorl. AusfAnw.

1. Bis zum Erlasse der endgültigen Anweisung sind als wirtschaftliche Unternehmen solche Einrichtungen und Anlagen der Gemeinde zu verstehen, die auch von einem Privatunternehmer mit der Absicht der Gewinnerzielung betrieben werden können (z. B. Versorgungsbetriebe, Verkehrsbetriebe, Industrie- und Handwerksbetriebe). Ausgenommen sind jedoch die in § 67 Abs. 2 DGO. genannten Unternehmen.

2. Durch die Vorschriften der §§ 67 ff. DGO. werden die zur Zeit ihres Inkrafttretens bestehenden wirtschaftlichen Unternehmen in ihrem Bestande nicht berührt. Soweit sie jedoch außerhalb der in § 67 DGO. festgesetzten Grenzen für die wirtschaftliche Betätigung der Gemeinden liegen, entspricht es den Absichten des Gesetzes, wenn die Gemeinden auf ihren Abbau Bedacht nehmen.

III. Anm.

1. Für **die wirtschaftliche Betätigung der Gemeinden** ist die Vorschrift des § 67 von einer grundsätzlichen Bedeutung; sie schränkt die Universalität des gemeindlichen Wirkungskreises auf einem wichtigen Gebiete, nämlich auf dem Gebiete der wirtschaftlichen Betätigung, ein. Die DGO. erkennt durchaus die geschichtliche Entwicklung der deutschen Selbstverwaltung an, wonach zu den Aufgaben der Gemeinden nicht nur regiminelle Verwaltung, sondern auch Wirtschaften, d. h. Versorgung der Bevölkerung mit lebensnotwendigem Bedarf durch eigene Erzeugung oder wenigstens durch eigenen Absatz, gehört. Sie setzt aber Grenzen. Ihr Ziel ist ein zweifaches: a) ein gemeindefinanzwirtschaftliches und b) ein allgemein wirtschaftspolitisches.

Zu a). Die Vorschrift will die Gemeinden auf Grund der Erfahrungen der Vergangenheit vor dem Abgleiten in vermeidbare wirtschaftliche Risiken (Kapitalfehlleitungen, wirtschaftliche Zuschußbetriebe) bewahren.

Zu b). Sie will aber auch — einem Wandel der Anschauungen auf Grund der Schäden der Vergangenheit folgend — eine Grenze für die wirtschaftliche Betätigung der Gemeinde gegenüber der wirtschaftlichen Betätigung höherer öffentlicher Verbände sowie gegenüber der freien Wirtschaft ziehen.

Beide Ziele berühren sich, decken sich aber keineswegs. Auch ein ertragreiches wirtschaftliches Unternehmen kann der Vorschrift widersprechen, weil es **wirtschaftspolitisch** nicht im Einklang mit dem Ziele der Vorschrift steht, und umgekehrt kann auch ein wirtschaftspolitisch einwandfreies Unternehmen (z. B. ein Elektrizitätswerk) Bedenken begegnen, weil die Gemeinde im einzelnen Falle aus **finanzwirtschaftlichen** Rücksichten nicht als Träger auftreten soll (z. B. die Leistungsfähigkeit der Gemeinde wird hierdurch beeinträchtigt; die Gemeinde ist zu klein, sie hat kein fachlich geschultes Personal für die technische Führung des Betriebes, für die Buchhaltung, für die Einhebung der Gebühren usw.).

2. Der **Grund für die Vorschrift** liegt in der Überspannung der wirtschaftlichen Betätigung der Gemeinden in der Nachkriegszeit, in der zu weit gehenden Kommunalisierung der gewerblichen Wirtschaft. Bestimmt wurde diese Entwicklung durch die partei- und sozialpolitischen Strömungen der Nachkriegszeit, aber auch durch andere Gründe: Marxistisches Streben, auch auf dem Wege der kommunalen Wirtschaftsbetätigung zu einer Kontrolle der Gesamtwirtschaft zu gelangen (kalte Sozialisierung), Streben nach Beeinflussung des Preis- und Lohnniveaus durch den „öffentlichen Regulator", außerdem kostspieliger Wettbewerb der Städte untereinander, überspanntes Leistungsstreben ohne genügende Rücksichtnahme auf Wirtschaftlichkeit, auf die Wirtschaftskraft der Abgabepflichtigen, auf die mittelbare Schädigung der freien Wirtschaft, auf den Rückgang des Steuerertrages u. ä.

Der nationalsozialistische Staat fördert auch im Wirtschaftsleben die Verantwortlichkeit des **einzelnen**, die Privatinitiative, soweit sie fähig ist, die Bedürfnisse des Wirtschaftslebens in der dem Gemeinnutz zuträglichsten Weise zu erfüllen. **Er will die Wirtschaft lenken, aber nicht ausüben.**

Schon die Begründung der zur Durchführung der NotVO. vom 6. Okt. 1931 (RGBl. I S. 537—562) erlassenen VO. vom 30. März 1933 (RGBl. I S. 180) sprach ausdrücklich aus, daß die den gemeindlichen Wirtschaftsbetrieben auferlegte Plichtprüfung besonders dem Zwecke diene, durch Prüfung der gesamten wirtschaftlichen Verhältnisse einen allmählichen Abbau der im Vergleiche zu entsprechenden Unternehmungen der Privatwirtschaft nicht lebensfähigen und existenzberechtigten Betriebe zu erreichen. Im weiteren Verlaufe bildete das Pr.GemFinG. vom 15. Dez. 1933 (§§ 86 ff.) Grundsätze für eine Abgrenzung der gemeindlichen Wirtschaftsbetätigung aus. Der Vorspruch zu diesem Gesetz erklärte: „Es entspricht nicht der Stellung der Gemeinden als Verwalter öffentlicher Angelegenheiten, sich als Unternehmer schrankenlos zu betätigen und so mit der freien Wirtschaft in unnötigen Wettbewerb zu treten."

Die DGO. folgt zwar dieser Vorentwicklung, geht aber in Art und Umfang der Regelung andere Wege.

3. Die **Begriffe „wirtschaftliche Betätigung" und „wirtschaftliche Unternehmen"** werden im Gesetze nicht unmittelbar umschrieben; auch wird kein Katalog der zulässigen Unternehmen aufgestellt. Das Gesetz zieht vielmehr die Grenzlinie durch Aufstellung einzelner fester Richtpunkte.

Zunächst ist festzustellen, daß die wirtschaftlichen Unternehmen, die das Gesetz erfassen will, nicht die gleichen sind wie die Wirtschaftsbetriebe i. S. der NotVO. vom 6. Okt. 1931 (RGBl. I S. 537) und der DurchfVO. hierzu vom 30. März 1933 (RGBl. I S. 180); trotz der bereits erwähnten gleichen Tendenz dieser Verordnungen überschneiden sich die Kreise der prüfungspflichtigen und der von der Prüfungspflicht befreiten Wirtschaftsbetriebe mit den Kreisen der wirtschaftlichen Unternehmen und der nichtwirtschaftlichen Unternehmen i. S. des § 67. Immerhin ist die Deckung der beiden Kreise weitgehend.

Auch von den wirtschaftlichen Unternehmen des § 86 des Pr.Gem.-FinG. unterscheiden sich die wirtschaftlichen Unternehmen i. S. des § 67. Dort ist als Merkmal eines wirtschaftlichen Unternehmens das Bewirken von Leistungen gegen Entgelt festgelegt. § 67 sieht hiervon ab, umfaßt daher auch die Einrichtung eines Regiebetriebs nur für den Eigenbedarf der Gemeinde, ohne daß Leistungen gegen Entgelt an andere bewirkt würden.

Das Gesetz zieht auch die Grenze nicht danach, ob das Unternehmen überwiegend erwerbs- oder überwiegend wohlfahrtsorientiert ist (Erwerbsunternehmen — Wohlfahrtsunternehmen); nur die bestimmten Wohlfahrtsveranstaltungen nimmt es ausdrücklich aus (vgl. Anm. 4). Auch kommt es nach dem Gesetze nicht darauf an, auf welcher (auf bürgerlich-rechtlicher oder öffentlich-rechtlicher) Rechtsgrundlage das Unternehmen geführt wird und ob das Entgelt für die Lieferungen und Leistungen in einer öffentlichen Gebühr oder in einer vertraglichen Gegenleistung besteht, auch nicht darauf, in welcher Rechtsform das Unternehmen errichtet wird, ob als sog. Eigenbetrieb (Regiebetrieb), also in rechtlicher und verwaltungsmäßiger Verbundenheit mit der Gemeinde oder in einer rechtlichen Verselbständigung als eigene öffentliche Körperschaft, Anstalt oder als Gesellschaft des bürgerlichen Rechts (in der Hauptsache A.G. oder G.m.b.H.). Es kommt endlich auch nicht darauf an, ob das Unternehmen auch gemeinnützige Zwecke verfolgt.

Ausschlaggebend ist vielmehr:

a) Die Lieferungen und Leistungen eines zulässigen Unternehmens müssen unmittelbar einem öffentlichen Zweck dienen. Nicht mit dem Gesetz vereinbar sind daher gemeindliche Wirtschaftsunternehmen, die nur einem Erwerbszwecke dienen. Unvereinbar sind ferner Wirtschaftsunternehmen, die nur mittelbar einem öffentlichen Zwecke dienen (z. B. Übernahme eines notleidenden Privatbetriebes, um die Belegschaft weiter beschäftigen und so ihrer Fürsorgebedürftigkeit vorbeugen zu können, oder Errichtung eines Fabrikationsunternehmens, um einen gewissen Industriezweig in die Gemeinde zu verpflanzen).

b) Es muß sich ferner, soll die wirtschaftliche Betätigung zulässig sein, um ein Unternehmen handeln, dessen Zweck nicht besser und wirtschaftlicher (NB.: nicht etwa „gleich gut und gleich wirtschaftlich") durch einen anderen erfüllt werden kann. Es darf also die Gemeinde ein wirtschaftliches Unternehmen nicht errichten, wenn es nach dem Aufbau und der Aufgabenteilung des öffentlichen Organismus besser und wirtschaftlicher in der Hand eines übergeordneten, leistungsfähigen und leistungswilligen, öffentlichen Trägers liegt oder wenn die freie Wirtschaft in der Lage ist, den Zweck besser und wirtschaftlicher als die Gemeinde zu erfüllen. Ein unnötiger Wettbewerb der Gemeinde ist nach beiden Seiten untersagt; das unnötige Übergreifen der Gemeinden in den Wirkungsraum der höheren Verbände und der freien Wirtschaft soll unterbleiben. Selbstverständlich muß aber der nichtgemeindliche Träger den Gesamtzweck besser und wirtschaftlicher als die Gemeinde erfüllen. Er muß also, wie es die Gemeinde will, z. B. bei der Wasserversorgung auch die unrentablen Anschlüsse und die Feuerlöschzwecke m. a. W. die sozialen Zielsetzungen erfüllen können.

Im einzelnen folgendes: Es muß sich darum handeln, daß die Gemeinde Trägerin des Unternehmens ist (die Beteiligung der Gemeinde wird — zwar unter gleichen Gesichtspunkten — in § 69 behandelt). Es muß sich ferner, soll die Vorschrift überhaupt in Betracht kommen, um ein Unternehmen handeln, also um einen organisierten Betrieb, nicht bloß um einmalige Vorgänge. Es muß sich endlich darum handeln, daß das Unternehmen — im Gegensatz zur Hoheitsverwaltung der Gemeinde — wirtschaftlich handelnd auftritt, also entweder eigenen oder fremden Bedarf an wirtschaftlichen Gütern befriedigt und sie zu diesem Zweck hervorbringt oder absetzt; auch die bloße Deckung des eigenen Bedarfs fällt hierunter (Buchdruckerei, Buchbinderei, Fuhrwerksunternehmen, Gärtnerei u. ä.). Auf welchem wirtschaftlichen Zweiggebiete die Betätigung liegt, ist gleichgültig (Land- und Forstwirtschaft, Industrie- und Handwerksbetriebe, Handels- und Verkehrsbetriebe, Versicherungsbetriebe, Theater-, Muster- und Schaustellungsbetriebe, Gast- und Schankwirtschaftsbetriebe, sonstige, z. B. Grundstücks- und Wohnbaubetriebe). Es muß sich schließlich um die Errichtung oder wesentliche Erweiterung von Unternehmen handeln; die bestehenden werden von der Vorschrift nicht betroffen, wenn es auch geboten ist, diese mit der Entwickelungslinie ohne wirtschaftliche Selbstschädigung der Gemeinde in Einklang zu bringen.

Zu den unter a und b angeführten Tatbestandsmerkmalen tritt endlich noch ein drittes (finanzwirtschaftlicher Art):

c) Art und Umfang jedes — nach a und b gerechtfertigten — Unternehmens müssen in einem angemessenen Verhältnis zur Leistungsfähigkeit der Gemeinde und zum voraussichtlichen Bedarf stehen: α) Die Leistungsfähigkeit der Gemeinde für ihre sonstigen Aufgaben darf dadurch nicht beeinträchtigt werden; diesem Zwecke dient auch die Vorschrift in § 72, wonach die wirtschaftlichen Unternehmen mindestens die eigenen Kosten decken, darüber hinaus sogar einen Ertrag für den gemeindlichen Haushalt abwerfen sollen. β) Die Errichtung von Unternehmen für einen nicht übersehbaren Zukunftsbedarf hat in der Vergangenheit eine unrühmliche Rolle gespielt und belastet die Gemeinden noch auf lange Zeit hinaus. In einer Zeit, in der alle verfügbaren Mittel für Gegenwartsaufgaben notwendig sind, darf nicht für fernen Zukunftsbedarf Steuergeld investiert werden. Die Kapazität muß daher dem Bedarf entsprechen. Die überdimensionierung von Unternehmen schließt auch die Gefahr in sich, daß sich die Gemeinde in ungesunder Weise in echt privatwirtschaftlichem Risiko verliert.

Alle drei unter a, b und c angeführten Tatbestandsmerkmale müssen (kumulativ) erfüllt sein, wenn die Gemeinde befugt sein soll, ein wirtschaftliches Unternehmen zu errichten oder wesentlich zu erweitern. —

Dabei ist jedoch zu beachten: Der Gemeinde sollen durch die Vorschrift nicht Fesseln angelegt werden, die sie in der Verwaltung ihrer Aufgaben oder in der wirtschaftlichen Ausnützung ihrer Anlagen oder in der sog. mittelbaren Wirtschaftsbetätigung (Förderung der Wirtschaft) hemmen. Wenn z. B. Druckarbeiten in der Regel auch von privaten Unternehmern geleistet werden können, gibt es doch z. B. aus Gründen der Amtsverschwiegenheit oder aus Gründen des geordneten Geschäftsganges in großen Gemeindeverwaltungen zwingende Notwendigkeiten, um für den eigenen Bedarf eine Druckerei einzurichten, weil eben die privaten Betriebe jene Zwecke nicht erfüllen können. Oder die Einrichtung einer eigenen Gärtnerei kann für die Ausschmückung der Straßen, Plätze, Grünanlagen und öffentlichen Gebäude einem öffentlichen Zwecke dienen, den der Privatunternehmer nicht besser und nicht wirtschaftlicher erfüllen kann; die Abgabe von Blumen und Kränzen an das Publikum aus diesen gemeindlichen Gärtnereien unterliegt aber einer anderen Beurteilung. Die Haltung eines eigenen Fuhrparks (sowohl für Personen- wie Lastenbeförderung) kann nach der Größe der Gemeinde durchaus einem dringenden öffentlichen Zweck entsprechen, den der private Unternehmer nicht besser und wirtschaftlicher erfüllen kann; darüber hinaus aber ist die volle Abdrängung der privaten Fuhrwerksunternehmen von der Vergebung gemeindlicher Aufträge unzulässig. Die Versorgung der Bevölkerung mit Gas, Wasser und Elektrizität entspricht grundsätzlich einem öffentlichen Bedürfnis, das die Privatwirtschaft nicht besser und wirtschaftlicher erfüllen kann, nicht nur weil hier zahlreiche andere öffentliche Zwecke unmittelbar mitspielen (Sicherheit, mittelbare Förderung der Wirtschaft, insbesondere der Kleinwirtschaft, Förderung der Wohn- und Siedlungspolitik u. ä.), sondern auch, weil diese Versorgung mit lebensnotwendigem Bedarf in ihrem Bestand unbedingt — frei von Rückschlägen, wie sie unter Umständen bei Privatunternehmen eintreten können — garantiert sein muß. Ähnliche Gesichtspunkte gelten auch für die Verkehrswirtschaft (Straßenbahnen, Kleinbahnen, Kraftwagenverbindungen u. ä). Das höhere Interesse der Allgemeinheit entscheidet; dann aber, wenn der öffentliche Zweck besser und wirtschaftlicher durch Dritte erfüllt werden kann, ist der Gemeinde die eigene wirtschaftliche Betätigung versperrt.

Was die Erweiterung von Unternehmen betrifft, so ist nicht jede Erhöhung des Absatzkreises oder jede Ausdehnung der Erzeugungs- oder Verteilungsanlagen eine wesentliche Erweiterung. Die Wesentlichkeit muß sich aus dem Verhältnis der Kosten der Neuinvestierung zum Anlagekapital ergeben. Der laufende Ausbau z. B. der Anschlußleitungen entsprechend dem natürlichen Wachstum der Gemeinde ist nicht als wesentliche Erweiterung zu betrachten.

Neben den geschilderten materiellen Voraussetzungen für wirtschaftliche Unternehmen der Gemeinde ist in formeller Hinsicht § 68, ferner § 55 Abs. 1 Nr. 4 zu beachten, wonach der Bürgermeister diese Angelegenheit mit den Gemeinderäten vorher zu beraten hat.

4. Die **Auflockerung der in Abs. 1 ausgesprochenen weitgehenden Beschränkung** der gemeindlichen Wirtschaftsbetätigung gibt Abs. 2 dadurch, daß eine Reihe von Unternehmen ausdrücklich ausgenommen und dadurch als solche bezeichnet werden, die das Gesetz nicht als wirtschaftliche Unternehmen behandelt wissen will. Es handelt sich um solche — wohlfahrtsorientierten — Unternehmen, die unmittelbar der Erfüllung der hoheitlichen und Fürsorgeaufgaben der Gemeinde dienen. Eine erschöpfende Aufzählung ist nicht möglich. Es können hierunter auch die dem Kunstwesen dienenden Einrichtungen, ohne daß sie ausdrücklich aufgezählt sind, fallen. Auf dem Gebiete des Gesundheitswesens gehören neben Krankenhäusern, Spitälern, Heil- und Pflegeanstalten, Altersheimen, Badeanstalten hierher: Straßenreinigung, Müllabfuhr, Kanalisation, Schlachthäuser, Abdeckereien, Desinfektionsanstalten, ferner Friedhöfe, Krematorien.

Das Gesetz fügt aber ausdrücklich bei, daß auch diese Unternehmen nach wirtschaftlichen Gesichtspunkten zu verwalten sind. Das heißt nicht, daß sie kaufmännisch geführt werden sollen oder daß (z. B. bei Schulen) die Einnahmen die Kosten decken sollen. Wohl aber bedeutet es zweierlei:

a) Der Gesichtspunkt der Wirtschaftlichkeit, d. h. das Streben, mit möglichst geringem Aufwand ein Höchstmaß von Leistungen zu erzielen, muß auch für sie gelten. Das wirtschaftliche Denken muß auch die Verwaltung dieser Veranstaltungen durchdringen. Der Aufwand muß sich lohnen durch entsprechende nachhaltige Förderung der wirtschaftlichen oder kulturellen oder volksgesundheitlichen Kräfte der Bevölkerung.

b) Die Führung auch dieser Betriebe soll so gestaltet werden, daß Aufwand und Erfolg auch bei ihnen rechnerisch durchsichtig klar liegen. Das erzieht auch bei diesen Anstalten zur ökonomischen Verwaltung, ohne daß der eigentliche gemeinnützige Zweck der Anstalt hierdurch beeinträchtigt zu werden braucht (vgl. auch Anm. 4 zu § 60).

5. Die Errichtung von **Bankunternehmen** ist den Gemeinden ausnahmslos untersagt. Die Schäden der Vergangenheit begründen dies. Über den Begriff vgl. § 1 des RG. vom 5. Dezember 1934 (RGBl. I S. 1203).

6. Für das **Sparkassenwesen** (also sowohl für die Spar- wie für die Girokassen wie auch für die auf ihnen aufgebauten Girozentralen) soll es bei dem geltenden Sonderrechte bleiben; der Ausdruck „Sparkassenwesen" soll nach gesetzgeberischer Absicht die von den Gemeinden getragenen örtlichen Anstalten wie auch die von diesen und den Gemeinden getragenen Verbandsanstalten umfassen.

7. Die **Einhaltung dieser Vorschriften ist gesetzliche Pflicht der Gemeinde** i. S. der §§ 1 und 106. Es ist auch gesetzliche Pflicht der Aufsichtsbehörde, der Einhaltung dieser Vorschriften mit den Mitteln der Aufsicht (§§ 108—112) Geltung zu verschaffen. § 68 trifft Bestimmungen, um der Aufsichtsbehörde rechtzeitig Kenntnis von den Vorgängen zu verschaffen. —

Dagegen ist, obwohl es sich nach der Fassung der Vorschrift um ein Verbotsgesetz handelt, an die Verletzung dieser Vorschrift nicht etwa die Nichtigkeit der Geschäfte geknüpft, die aus Anlaß der Errichtung oder Erweiterung eines wirtschaftlichen Unternehmens getätigt werden. Dies ergibt sich einwandfrei aus § 104 Abs. 2, wo § 67 nicht mit aufgezählt ist.

§ 68

Wenn die Gemeinde wirtschaftliche Unternehmen errichten oder wesentlich erweitern will, so hat sie der Aufsichtsbehörde rechtzeitig, mindestens sechs Wochen vor Beginn oder Vergebung der Arbeiten, darüber zu berichten. Aus dem Bericht muß zu ersehen sein, ob die gesetzlichen Voraussetzungen erfüllt sind und ob die Deckung der Kosten tatsächlich und rechtlich gesichert ist.

I. Amtliche Begründung s. Textausgabe S. 115/116.

II. Anm.

1. Für die **Einschaltung der Aufsichtsbehörde** bei der Errichtung und Erweiterung wirtschaftlicher Unternehmen geht das Gesetz neue

Wege. Während § 88 des Pr.GemFinG. der Aufsichtsbehörde das Recht des Einspruchs mit der Wirkung einräumte, daß mit der Gründung und Errichtung des Unternehmens nicht begonnen werden durfte, und Art. 61 Abs. I Ziff. 3 der Bayer. GO. die Errichtung von Erwerbsunternehmen sowie die gemeindliche Beteiligung an solchen genehmigungspflichtig machte, beschränkt sich die Vorschrift des § 68 auf die Verpflichtung der Gemeinde, der Aufsichtsbehörde rechtzeitig (mindestens sechs Wochen vor Beginn oder Vergebung der Arbeiten) darüber zu berichten. Dies hat einen doppelten Grund: Es genügt durchaus, für die Gemeinde eine gesetzliche Pflicht zu begründen; dies geschieht durch § 67, der die gesetzliche Zulässigkeit wirtschaftlicher Unternehmen regelt; wird diese gesetzliche Pflicht verletzt, so hat die Aufsichtsbehörde nach den Vorschriften der §§ 106 ff., insbesondere nach § 109, die Befugnis und die Pflicht, mit den Mitteln der Aufsicht den vom Gesetz gewollten Zustand herbeizuführen. Außerdem hätte die Genehmigungspflichtigkeit für den Regelfall (s. § 104 Abs. 1) die Unwirksamkeit der abgeschlossenen Geschäfte nach sich gezogen, was im Interesse der Rechtssicherheit gerade auf solchen Gebieten unbedingt ausgeschlossen werden mußte; dem Vertragspartner der Gemeinde (z. B. bei Bestellung von Baustoffen) kann wirklich nicht zugemutet werden, sich vorher über die Berechtigung der Gemeinde zur Auftragserteilung zu unterrichten.

2. Die sechswöchige **Frist** soll der Aufsichtsbehörde die hinreichende Möglichkeit geben zu prüfen, ob die gesetzlichen Voraussetzungen für die Errichtung oder wesentliche Erweiterung des wirtschaftlichen Unternehmens vorliegen. Vorher und innerhalb dieser Frist darf daher die Gemeinde keine Geschäfte abschließen, Entschließungen oder Anordnungen treffen, die der Entscheidung der Aufsichtsbehörde vorgreifen.

Die Frist beginnt nicht zu laufen, wenn die Gemeinde ihrer Verpflichtung auf erschöpfende Berichterstattung (s. Satz 2) nicht hinreichend nachgekommen ist. Es handelt sich dabei nicht um eine bloße Anzeige, sondern um eine Berichterstattung, deren Umfang gesetzlich umrissen ist.

Die Aufsichtsbehörde kann allerdings jederzeit die Frist dadurch abkürzen, daß sie nach Prüfung die Entschließung der Gemeinde für bedenkenfrei erklärt.

3. Die **Berichterstattung der Gemeinde** ist nach Gegenstand und Umfang gesetzlich geregelt. Sie muß zunächst dem Zweck der Vorschrift des § 67 genügen, d. h. sie muß alles darlegen, was nach dem Sinn und Zweck dieser Vorschrift von Bedeutung ist: a) daß die Errichtung des Unternehmens unmittelbar einem öffentlichen Zwecke dient, b) daß Art und Umfang des Unternehmens mit der Leistungsfähigkeit der Gemeinde im Einklang stehen und c) daß Dritte nicht willens und nicht in der Lage sind, den Zweck besser und wirtschaftlicher zu erfüllen.

Ob das Unternehmen einem öffentlichen Zweck unmittelbar dient, wird in der Regel unschwer zu erweisen sein. Eingehender wird in der Regel der Gesichtspunkt zu begründen sein, warum das Unternehmen nicht anderen Trägern überlassen werden kann. Sind diese wirtschaftspolitischen Gesichtspunkte erfüllt, so spielt — in jedem Falle — die finanzwirtschaftliche Seite des Unternehmens eine Rolle. Die Leistungsfähigkeit der Gemeinde darf durch das Wagnis des Unternehmens weder beeinträchtigt noch gefährdet werden. Die Pläne, Kosten- und Ertragsberechnungen sind hierfür unentbehrlich. Wird das Unternehmen als Eigenbetrieb der Gemeinde (s. § 74) errichtet, so kommt auch die Vorlage einer Betriebssatzung in Betracht. Wird es als rechtlich selbständiger Betrieb errichtet, so ist die Zweckmäßigkeit der Rechtsform zu prüfen, wobei die Tendenz des Gesetzes (s. § 75) zu beachten ist, nach der die rechtlich selbständigen Unternehmen der Gemeinde Ausnahmen bleiben sollen. Bei großen Unternehmen wird die Befragung eines wirtschaftlichen Sachverständigen (am zweckmäßigsten eines öffentlichen Wirtschaftsprüfers) in Betracht kommen.

Ist auch nach dieser Seite kein Bedenken zu erheben, so ist die einwandfreie, lückenlose Finanzierung des Unternehmens nachzuweisen, und zwar nicht nur, wie sie geplant, sondern ob sie auch tatsächlich und rechtlich gesichert ist. Die Deckungsmittel müssen im Haushaltsplan vorgesehen sein. Ist dies nicht der Fall, so ist vorher eine Nachtragshaushaltssatzung (§ 88) aufzustellen. Werden Darlehen zur Finanzierung in Anspruch genommen, so ist ihre Genehmigung in der Haushaltssatzung (§ 76) sowie ihre Genehmigung nach § 78 erforderlich. Werden Rücklagen, die für diesen Zweck angesammelt worden sind, herangezogen, so ist ihre Verwendung ebenfalls auf dem Wege über den außerordentlichen Haushaltsplan (nötigenfalls Aufstellung einer Nachtragshaushaltssatzung) zu ordnen. Werden Veräußerungserlöse (§ 63) hierfür verwendet, so gilt das gleiche. Besonders ist § 90, der nach Sinn und Zweck mit § 68 Satz 2 übereinstimmt, zu beachten, um zu verhindern, daß Gemeinden Vorhaben in Angriff nehmen, ehe sie einwandfrei und lückenlos finanziert sind.

4. **Recht und Pflicht der Aufsichtsbehörde.** Fehlt es an den gesetzlichen Voraussetzungen des § 67 oder an der tatsächlichen oder rechtlichen Sicherung der Kostendeckung, so hat die Aufsichtsbehörde den Beginn und die Vergebung der Arbeiten zu untersagen (§§ 106 ff., insbes. § 109). Alle finanzwirtschaftlichen Vorschriften des Gesetzes verfolgen das Ziel, der Gemeindewirtschaft eine geregelte Planmäßigkeit zu verschaffen. Dadurch soll nicht die schlagkräftige und entschlossene Verwaltung gehemmt werden; sind die Projekte bereift, so kann die Aufsichtsbehörde die Fristen sogar abkürzen. Daß die Projekte aber genügend vorgeklärt und finanziell gesichert sein müssen, ist unerläßlich. — Läuft die Frist ab, ohne daß die Aufsichtsbehörde eine Erklärung abgegeben hat, so heißt dies nicht, daß

die Aufsichtsbehörde das wirtschaftliche Unternehmen nach jeder Seite billigt. Die Aufsichtsbehörde, der die Berichterstattung der Gemeinde eine Informations- und Prüfungspflicht auferlegt, drückt aber damit aus, daß sie keinen genügenden Anlaß hat, die Gemeinde am Beginn des Unternehmens zu hindern.

5. Die **Unterlassung der Berichtspflicht** seitens der Gemeinde, die Nichteinhaltung der sechswöchigen Frist, der gesetzwidrig frühere Beginn der Arbeiten oder Vergebungen sind Verletzungen gesetzlicher Pflichten. Die Aufsichtsbehörde kann einschreiten. Auch dienst-, dienststraf- und haftungsrechtliche Verantwortlichkeiten können dadurch begründet werden; die Aufsichtsbehörde kann unter Umständen nach § 115 Abs. 1 den Bürgermeister für Schädigungen der Gemeinde haftbar machen. Die Geschäfte der Gemeinde selbst aber sind wirksam (vgl. § 104).

6. Der **Geltungsbereich des § 68** umfaßt nur die wirtschaftlichen Unternehmen i. S. des § 67 Abs. 1. Die finanzwirtschaftlichen Gesichtspunkte der Anm. 3 Abs. 3 gelten aber auch für die Unternehmen, die das Gesetz nach § 67 Abs. 2 nicht als wirtschaftliche Unternehmen behandelt wissen will. Vor allem gilt § 90 auch für sie.

§ 69

(1) Die Gemeinde darf sich an einem wirtschaftlichen Unternehmen nur beteiligen, wenn die Voraussetzungen des § 67 vorliegen und wenn für die Beteiligung eine Form gewählt wird, die die Haftung der Gemeinde auf einen bestimmten Betrag begrenzt. § 68 gilt entsprechend.

(2) Die Beteiligung der Gemeinde an einem Zweckverband, an dem ausschließlich öffentliche Körperschaften beteiligt sind, bleibt hiervon unberührt.

I. **Amtliche Begründung** s. Textausgabe S. 116/117.

II. **Anm.**

1. Die **Beteiligung der Gemeinden an wirtschaftlichen Unternehmen** spielte neben der selbständigen Betätigung der Gemeinden auf wirtschaftlichem Gebiete [sei es in der Form des Eigenbetriebs (§ 74), sei es in der Form einer selbständigen Körperschaft des öffentlichen Rechts oder einer Gesellschaft des bürgerlichen Rechts, deren Geschäftsanteile ausschließlich der Gemeinde gehören (s. hierzu § 75)] besonders in der Nachkriegszeit eine zunehmende Rolle. Es haben sich hierfür verschiedene Formen herausgebildet: a) die echte Beteiligung (sog. gemischtwirtschaftliche Unternehmen, meist gekleidet in die Form der A.G. oder G. m. b. H.) und b) die unechte Beteiligung (entweder durch Hingabe von Darlehen oder von Beihilfen

oder durch Übernahme von Bürgschaften, Gewährverpflichtungen oder Stellung sonstiger Sicherheiten).

2. **Zulässigkeit von Beteiligungen.** Wirtschaftliche Unternehmen i. S. des § 69 sind erwerbswirtschaftliche, also nicht ausschließlich wohlfahrtsorientierte Unternehmen, deren Träger eine andere Person als die Gemeinde ist (in der Regel eine A.G. oder G. m. b. H.). Zweifelsfrei gelten für die echte Beteiligung an solchen Unternehmen die gleichen rechtlichen Gesichtspunkte des § 67 wie für die eigene wirtschaftliche Betätigung; es müssen daher die Voraussetzungen des § 67 Abs. 1 vorliegen; es muß sich also um einen öffentlichen Zweck handeln, die Leistungsfähigkeit der Gemeinde für ihre sonstigen Aufgaben darf nicht beeinträchtigt werden, und der Zweck darf nicht durch andere besser und wirtschaftlicher erfüllt werden können. Die Gemeinde hat die Verpflichtungen nach § 68 zu erfüllen; die Aufsichtsbehörde hat binnen der sechswöchigen Frist die Voraussetzungen zu prüfen; für die Berechnung der Frist ist hier von dem Zeitpunkt auszugehen, an dem die Beteiligung rechtswirksam vorgenommen werden soll. Die Beteiligung an Bankunternehmen ist ebenso wie der selbständige Betrieb eines Bankunternehmens untersagt. Was für die Beteiligung vorgeschrieben ist, gilt auch für die wesentliche Erhöhung von Beteiligungen.

Darüber hinaus ist einschränkend vorgeschrieben, daß eine Beteiligung überhaupt nur zulässig ist, wenn dafür eine Form gewählt wird, die die Haftung der Gemeinde auf einen bestimmten Betrag begrenzt. Dadurch sind z. B. Beteiligungen an Genossenschaften mit unbeschränkter Haftpflicht oder mit unbeschränkter Nachschußpflicht gesetzlich verboten. Auch die Beteiligung als persönlich haftender Gesellschafter an einer offenen Handelsgesellschaft oder als Komplementär an einer Kommanditgesellschaft oder an einer Kommandit-A.G. ist dadurch ausgeschlossen.

3. **Einflußrechte der Gemeinde auf das fremde Unternehmen.** Das Gesetz sieht — anders als § 89 des Pr.GemFinG. — davon ab, die Beteiligung der Gemeinde von der Einräumung bestimmter Einflußrechte am Unternehmen abhängig zu machen, aber nicht etwa deshalb, weil das Gesetz eine solche Sicherung der Gemeinde für entbehrlich erachtet, sondern weil es dem einzelnen Fall überlassen werden soll, solche Sicherungen der Gemeinde zu verlangen. Auch die Aufsichtsbehörde kann bei der Würdigung der finanzwirtschaftlichen Seite der Beteiligung zu solchen Forderungen kommen. Die Gemeinde soll sich sowohl das notwendige Einblicksrecht wie auch das erforderliche Einflußrecht verschaffen, nicht nur um die hingegebenen Gelder zu sichern, sondern auch um der Schädigung sonstiger öffentlicher Interessen entgegenwirken zu können.

4. Für die **sog. unechte Beteiligung** (s. Anm. 1) gelten die Vorschriften entsprechend, wenn nach Sinn und Zweck der Hingabe von Geldern oder der Übernahme von Verpflichtungen das gleiche wirtschaftliche Ziel wie bei einer echten Beteiligung verfolgt wird;

eine Umgehung der Vorschrift des § 69 Abs. 1 durch eine lediglich andere Gestaltung der Beteiligung ist unzulässig. Durch Gewährung von Beihilfen darf auch kein Protektionismus einzelner Wirtschaftsunternehmen erreicht werden. Durch Gewährung von Darlehen oder Beihilfen, durch Übernahme von Gewährverpflichtungen oder Bestellung anderer Sicherheiten kann die Gemeinde unter Umständen wirtschaftlich sogar einflußreicher wirken als durch eine echte Beteiligung. Immerhin ist nicht jede derartige Maßnahme ausnahmslos als wirtschaftliche Beteiligung anzusprechen. Es kann sich um sog. vorbeugende Fürsorge handeln; solche Einrichtungen der Wohlfahrtspflege fallen nicht unter § 69; es muß aber ihr Charakter einwandfrei gewahrt bleiben. Es geht z. B. nicht an, unter diesem Gesichtspunkt etwa zur Sanierung eines größeren notleidenden wirtschaftlichen Unternehmens wesentliche Geldbeträge hinzugeben oder Verpflichtungen zu übernehmen. Ist der Betrieb sanierungsfähig, so bedarf er in der Regel der Hilfe der Gemeinde nicht; unter Umständen kann die öffentliche Sparkasse darauf hingelenkt werden. Ist er aber nicht sanierungsfähig, so darf die Gemeinde nicht Steuergelder und, was auf das gleiche hinausläuft, ihr Vermögen und ihren Kredit aussichtslos dafür einsetzen. Maßgebend bleibt immer, daß die Voraussetzungen des § 67 gegeben sein müssen. Es ist weder eine öffentliche noch insbesondere eine gemeindliche Aufgabe, die Privatwirtschaft des einzelnen zu stützen.

5. **Die Beteiligung einer Gemeinde an einem Zweckverband** ist von der Vorschrift des Abs. 1 freigestellt. Der Grund hierfür liegt darin, daß öffentliche Zweckverbände nur durch einen Staatsakt (Genehmigung) entstehen können, so daß Gelegenheit genug ist, Zulässigkeit und Zweckmäßigkeit aller Vorgänge nachzuprüfen. Es muß sich aber um Zweckverbände handeln, an denen ausschließlich öffentliche Körperschaften beteiligt sind.

6. **Tochter- und Schachtelgesellschaften.** Hierher gehört eigentlich auch die Vorschrift des § 71 Abs. 3. Wegen der größeren Unübersichtlichkeit der Beteiligung eines Unternehmens, an dem Gemeinden oder Gemeindeverbände mit mehr als 75 v. H. beteiligt sind, an einem anderen Unternehmen ist sogar die Genehmigungspflicht für die Zustimmung der Gemeindevertreter zu solchen Entschließungen des Unternehmens vorgesehen. Die Genehmigungspflicht gilt ohne Rücksicht auf das Maß der Weiterbeteiligung.

§ 70

(1) Der Bürgermeister vertritt die Gemeinde in der Gesellschafterversammlung oder in dem dieser gleichgestellten Organe der Unternehmen, an denen die Gemeinde beteiligt ist. Bestellt der Bürgermeister Beamte oder Angestellte als Vertreter, so sind sie an seine Weisungen gebunden.

(2) Abs. 1 gilt entsprechend, wenn der Gemeinde das Recht eingeräumt ist, Mitglieder des Vorstandes, des Aufsichtsrats oder eines ähnlichen Organs von Unternehmen zu bestellen.

(3) Werden Beamte oder Angestellte der Gemeinde aus dieser Tätigkeit haftbar gemacht, so hat ihnen die Gemeinde den Schaden zu ersetzen, es sei denn, daß sie ihn vorsätzlich oder grob fahrlässig herbeigeführt haben. Auch in diesem Falle ist die Gemeinde schadenersatzpflichtig, wenn Beamte oder Angestellte nach Anweisung gehandelt haben.

I. Amtliche Begründung s. Textausgabe S. 117/118.

II. Anm.

1. **Vertretung der Gemeinde in der Gesellschafterversammlung.** Die Vorschrift des § 70 Abs. 1 Satz 1 erscheint auf den ersten Blick im Hinblick auf § 35 Abs. 1 überflüssig. Als Sondervorschrift kommt ihr doch eine darüber hinausgehende Bedeutung zu: Auch der Erste Beigeordnete braucht, falls nicht der Bürgermeister nachweislich verhindert ist, eine Vollmacht zur Stellvertretung des Bürgermeisters. — Auch Satz 2 erscheint im Hinblick auf § 35 auf den ersten Blick überflüssig; denn die Stellvertreter des Bürgermeisters sind — in jedem Falle für das innere Verhältnis des Vollmachtgebers und des Bevollmächtigten — an die Weisungen des Bürgermeisters gebunden; solche Weisungen sind dann, wenn mehrere Stellvertreter bestellt werden, unentbehrlich, um eine gleichheitliche Wahrung der Interessen der Gemeinde zu sichern. Die Vorschrift stellt aber darüber hinaus klar, daß die Stellvertreter nicht berechtigt sind, nach eigener Meinung zu handeln, wenn der Bürgermeister Weisungen erteilt hat. Die Einheit der Gemeindeverwaltung und die Konzentrierung der Verantwortung auf den Bürgermeister erfordert dies. Umgekehrt können die Vertreter in keinen Konflikt geraten in der Wahrung der Interessen der Gemeinde und der Interessen der Gesellschaft; für sie sind die Weisungen des Bürgermeisters bindend. Wie die Interessen der Gemeinde wahrzunehmen sind, bestimmt der Leiter der Gemeinde nach § 32 allein mit eigener ausschließlicher Verantwortung.

Der Bürgermeister ist bei der Auswahl seiner Stellvertreter an die Schranke gebunden, daß er sie aus dem Kreise der Beamten oder Angestellten der Gemeinde zu nehmen hat. Unter Beamten sind auch die Ehrenbeamten (also auch Gemeinderäte — s. § 53) mitinbegriffen. Für die Auswahl der zur Wahrung der Interessen der Gemeinde geeigneten Stellvertreter trägt der Bürgermeister die Verantwortung (§ 32).

Die Einhaltung der Weisungen des Bürgermeisters ist bei Beamten dienststrafrechtlich gesichert. Bei Angestellten wird der Dienstvertrag für den Ungehorsam entsprechende Folgen vorsehen. Darüber hinaus verbleibt die Haftung für Schadenersatz, unter Umständen auch strafrechtliche Verfolgung wegen Untreue.

2. **Gemeindliche Vertreter im Vorstand, Aufsichtsrat** (oder einem ähnlichen Organ) **einer Gesellschaft.** Von größerer Bedeutung ist die Vorschrift des Abs. 2. Der Bürgermeister kann Beamte und Angestellte der Gemeinde beauftragen, als Mitglieder in den Vorstand, Aufsichtsrat und ein ähnliches Organ einer Gesellschaft einzutreten, wenn der Gemeinde kraft ihres Einflusses in der Gesellschaft die Möglichkeit eingeräumt ist, solche Mitglieder zu bestellen, oder wenn die Gesellschaft einen Beamten oder Angestellten der Gemeinde zu dieser Funktion wählt. Die Pflicht zur Annahme und Niederlegung eines solchen Auftrags beurteilt sich bei Beamten nach Beamtenrecht (vgl. § 9 Abs. 1 des RG. vom 30. Juni 1933 — RGBl. I S. 433), bei Angestellten nach dem Dienstvertrage. In der Regel wird es sich um Gesellschaften handeln, an denen die Gemeinde beteiligt ist. Der Bürgermeister kann diese Beamten und Angestellten mit bindenden Weisungen für ihre Tätigkeit versehen. Das Bemerkenswerte ist also dabei, daß diese Beamten und Angestellten bei ihrer Tätigkeit als Mitglied des Gesellschaftsorgans *nicht* etwa als bevollmächtigte Vertreter der *Gemeinde* handeln, trotzdem aber den Weisungen des Bürgermeisters zu folgen verpflichtet sind. Einen Konflikt zwischen Gesellschaftsinteresse und Gemeindeinteresse kann es für sie nicht geben, solange sie im Rahmen der bindenden Weisung des Bürgermeisters handeln.

3. **Haftungsverbindlichkeiten.** Wird der beauftragte Beamte oder Angestellte aus seiner Tätigkeit haftbar gemacht (insbesondere als Aufsichtsratsmitglied, vgl. § 249 HGB.), so hat ihm die *Gemeinde* den Schaden zu ersetzen, gleichgültig, ob der Beamte oder Angestellte für seine Tätigkeit Weisungen vom Bürgermeister hatte oder nicht; diese Schadenersatzpflicht der Gemeinde tritt nur dann *nicht* ein, wenn der Beamte oder Angestellte den Schaden selbst vorsätzlich oder durch grobe Fahrlässigkeit herbeigeführt hat. Aber selbst im letzteren Fall ist die Gemeinde schadenersatzpflichtig, falls der Beamte oder Angestellte *auftragsgemäß* nach den *Weisungen* des Bürgermeisters gehandelt hat. Diese Regelung ergibt sich daraus, daß der Beamte oder Angestellte in erster Linie dem Bürgermeister gehorsamspflichtig ist; seine Pflicht aus seiner Rechtsstellung in der Gesellschaft (als ordentlicher Geschäftsmann die Belange der Gesellschaft wahrzunehmen) ist der Gehorsamspflicht nachgeordnet.

Ob der *Bürgermeister* in einem solchen Falle der Gemeinde gegenüber haftbar zu machen ist, und zwar durch die Aufsichtsbehörde der Gemeinde (vgl. § 115 Abs. 1), hängt davon ab, ob er selbst schuldhaft gehandelt hat. Der Bürgermeister trägt für die Art seiner bindenden Weisungen die volle Verantwortung. Eine zu eng gehaltene Weisung, die dem Beauftragten auch für eine Änderung der Sachlage kein Handeln nach eigenem pflichtmäßigen Ermessen offen läßt, kann die Haftung des Bürgermeisters gegenüber der schadenersatzpflichtig gemachten Gemeinde begründen. Das gleiche gilt, wenn der Bürgermeister schuldhaft eine ungeeignete Persönlichkeit als Mitglied des Gesellschaftsorgans ausgelesen hat und hierdurch der Gemeinde Schadenersatzpflichten erwachsen.

§ 71

(1) Vertreter der Gemeinde in dem Vorstande, dem Aufsichtsrat oder einem sonstigen Organ einer Gesellschaft, an der Gemeinden oder Gemeindeverbände mit mehr als 75 vom Hundert beteiligt sind, dürfen der Aufnahme von Darlehen oder Kassenkrediten nur mit Genehmigung der Aufsichtsbehörde zustimmen.

(2) Sind mehrere Gemeinden beteiligt, die verschiedenen Aufsichtsbehörden unterstehen, so hat die nächsthöhere gemeinsame Aufsichtsbehörde auf Antrag des Vorstandes eine für alle Beteiligten zuständige Aufsichtsbehörde zu bestimmen.

(3) Diese Vorschriften sind entsprechend anzuwenden, wenn ein Unternehmen, an dem Gemeinden oder Gemeindeverbände mit mehr als 75 vom Hundert beteiligt sind, sich an einem anderen Unternehmen beteiligen will.

I. Amtliche Begründung s. Textausgabe S. 118/119.

II. Anm.

1. **Kontrolle der mittelbaren Verschuldung der Gemeinde.** Ist die Gemeinde Trägerin eines rechtlich selbständigen Unternehmens oder ist sie an einem rechtlich selbständigen Unternehmen beteiligt, so kann sie sich m i t t e l b a r dadurch verschulden, daß diese rechtlich selbständigen Unternehmen Schulden aufnehmen. Die Vorschriften über die Schuldenkontrolle der Gemeinde (§§ 76 ff.) gelten aber nur für die Gemeinde selbst. Um diese mittelbare Verschuldung wenigstens bis zu einem gewissen Grade zu kontrollieren, schreibt § 71 Abs. 1 vor, daß die Vertreter der Gemeinde im Vorstand, Aufsichtsrat oder in einem sonstigen Organ der Gesellschaft der Aufnahme von Darlehen oder Kassenkrediten n u r m i t G e n e h m i g u n g d e r A u f s i c h t s b e h ö r d e zustimmen dürfen. Die Vorschrift gilt aber nur für Gesellschaften, an denen Gemeinden oder Gemeindeverbände mit mehr als 75 v. H. beteiligt sind.

Die Fassung der Vorschrift ist eigentlich zu kurz. Sie spricht von „Vertretern der Gemeinde“ in dem Gesellschaftsorgan; gemeint sind sowohl die wirklichen Vertreter der Gemeinde, z. B. in der

Gesellschafterversammlung einer G. m. b. H., als auch die Beamten oder Angestellten der Gemeinde, die nach § 70 Abs. 2 von der Gemeinde als Mitglieder eines Gesellschaftsorgans benannt oder bestellt sind oder die von Gemeinde wegen auf Wahl der Gesellschaft diese Funktion angenommen haben. Die Vorschrift spricht ferner nur von Gesellschaften; gemeint sind nur Gesellschaften des bürgerlichen Rechts (z. B. A.G. oder G. m. b. H.); bei öffentlich-rechtlichen Verbänden kann die staatliche Aufsicht unmittelbar einwirken. Voraussetzung der Geltung der Vorschrift ist endlich, daß Gemeinden oder (neben Gemeinden auch) Gemeindeverbände mit mehr als 75 v. H. beteiligt sind; es kommt also nicht darauf an, welche Gewinnbeteiligung den kommunalen Gesellschaftern zukommt, noch darauf, wie sonst ihr Einflußrecht auf die Leitung der Gesellschaft ist: ausschlaggebend ist vielmehr die Höhe der Gesellschaftsanteile der kommunalen Beteiligten. Dabei sind die Gesellschaftsanteile sämtlicher kommunaler Gesellschafter zusammenzuzählen; betragen sie insgesamt mehr als 75 v. H., so ist § 71 anzuwenden. Diese Grenze ist also dort gezogen, wo die übrigen Beteiligten (unter den letzteren kann durchaus noch eine öffentliche Beteiligung z. B. des Staates sich befinden) nicht einmal die Minderheitsrechte i. S. des Aktienrechts haben.

2. Die **Sicherung der Einhaltung der Vorschrift** ist zweifach:

a) Die nunmehr reichsgesetzlich vorgeschriebene Genehmigung der Aufsichtsbehörde der Gemeinde zu den Zustimmungserklärungen der gemeindlichen „Vertreter" zu Darlehens- und Kassenkreditaufnahmen der Gesellschaft macht diese Zustimmungserklärung erst rechtswirksam; fehlt sie, so ist die Zustimmungserklärung nach § 104 Abs. 1 unwirksam.

b) Der Bürgermeister kann nach § 70 die gemeindlichen Vertreter mit entsprechenden bindenden Weisungen versehen; die Beauftragten würden sich bei Nichtbeachtung solcher Weisungen — abgesehen von den sonstigen Folgen — auch dienstrechtlich, dienststrafrechtlich und haftungsrechtlich verantwortlich machen.

Die Einholung der Genehmigung der Aufsichtsbehörde der Gemeinde ist Sache der „Vertreter"; sie erfolgt über die Gemeinde. Die „Vertreter" müssen sich nach bester Möglichkeit unterrichten, ob die Gesellschaftsanteile zu mehr als 75 v. H. in der Hand von Kommunen sind.

Genehmigungspflichtig ist die Zustimmung zu jeder Darlehensaufnahme (zum Begriff s. § 76) und zu jeder Kassenkreditaufnahme (zum Begriff s. § 81), bei letzteren nicht für jeden einzelnen Betrag, sondern für das Gesamtvolumen, wie sich aus § 81 ergibt. Nicht genehmigungspflichtig ist die Zustimmung zu anderen Verpflichtungen der Gesellschaft (Bürgschaften, Gewährverträge, sonstige Sicherheitsbestellung).

3. Sind mehrere Gemeinden beteiligt, so muß die Genehmigung von jeder Aufsichtsbehörde der beteiligten Gemeinden erholt werden.

Zur Vereinfachung kann aber der Vorstand der Gesellschaft beantragen, daß die für sämtliche bekannten kommunalen Beteiligten (also einschließlich etwaiger Gemeindeverbände) gemeinsame nächsthöhere Aufsichtsbehörde eine — nach Lage des Falles am besten geeignete — zuständige Aufsichtsbehörde bestimmt.

Wie sich aus Ziff. 2 und 3 ergibt, werden die Schwierigkeiten einer solchen Schuldenkontrolle nicht verkannt. Wenn die Vorschrift trotzdem getroffen worden ist, so offensichtlich nur aus dem Bestreben, die gemeindliche Schuldenkontrolle möglichst lückenlos zu schließen.

4. **Tochter- und Schachtelgesellschaften.** Zu Abs. 3 kann auf die Anm. 6 zu § 69 Bezug genommen werden.

§ 72

(1) Wirtschaftliche Unternehmen sollen einen Ertrag für den Haushalt der Gemeinde abwerfen.

(2) Die Einnahmen jedes Unternehmens sollen mindestens alle Aufwendungen decken und angemessene Rücklagen ermöglichen. Zu den Aufwendungen gehören auch die Steuern, die Zins- und Tilgungsbeträge für die zu Zwecken des Unternehmens aufgenommenen Schulden, die marktübliche Verzinsung der von der Gemeinde zur Verfügung gestellten Betriebsmittel sowie die angemessene Vergütung der Leistungen und Lieferungen von Unternehmen und Verwaltungszweigen der Gemeinde für das Unternehmen.

I. Amtliche Begründung s. Textausgabe S. 120, 121.

II. Anm.

1. **Ertragswirtschaftliches Prinzip der wirtschaftlichen Unternehmen.**

a) Die Sollvorschrift gibt finanzwirtschaftliche Grundsätze für die Verwaltung wirtschaftlicher Unternehmen. Ihre Einhaltung ist zwar nicht gesetzliche Pflicht der Gemeinde; die Grundsätze sind jedoch nach Grund und Ziel sowohl finanzwirtschaftlich wie wirtschaftspolitisch von einer solchen Allgemeingültigkeit, daß ihre Einhaltung Norm jeder Gemeinde sein soll. Die Aufsichtsbehörden haben die Pflicht, den Grundsätzen zum mindesten dann Geltung zu verschaffen, wenn der Ausgleich des Haushalts sonst nicht erreichbar ist. In den Durchführungsvorschriften nach § 105 Abs. 2 wird vorgesehen werden, daß Haushaltsführung, Vermögensverwaltung und Rechnungslegung so eingerichtet werden, daß die Ergebnisse möglichst durchsichtig klar liegen, um die Einhaltung der Grundsätze überblicken zu können. Für die Eigenbetriebe der Gemeinde gibt überdies schon das Gesetz (§ 74 Abs. 3) eine dahinzielende Vorschrift und für die in der Rechtsform der A.G. geführten wirtschaftlichen Unternehmen gelten die aktienrechtlichen Vorschriften, insbesondere die Novelle vom 19. September 1931; endlich schreiben die NotVO. vom 6. Oktober 1931 und die DurchfVO. vom 30. März 1933 (RGBl. I S. 537 und 180) für alle prüfungspflichtigen Betriebe einen Jahresabschluß vor, so daß insoweit schon jetzt — wenn auch verstreut — hinreichende Regelungen vorhanden sind.

b) Unter wirtschaftlichen Unternehmen i. S. dieser Vorschrift sind alle Unternehmen zu verstehen, die unter den gleichen Begriff des § 67 Abs. 1 fallen, aber nicht nur die erst nach Inkrafttreten der DGO. errichteten, sondern auch die schon bestehenden. Diese Betriebe gehören ohne Rücksicht auf ihre Rechtsform hierher, also gleichgültig, ob sie rechtlich selbständig (§ 75) oder gemeindliche Eigenbetriebe (§ 74) sind. Auch bei den wirtschaftlichen Unternehmen, an denen die Gemeinde beteiligt ist (§ 69), soll sie im Rahmen des Möglichen auf die Einhaltung dieser Grundsätze hinwirken. Nicht hierher gehören die Einrichtungen, die unter § 67 Abs. 2 fallen; aber auch für sie gilt die Pflicht der Betriebsführung „nach wirtschaftlichen Gesichtspunkten" (vgl. hierzu Anm. 4 zu § 67).

c) Unter Ertrag ist hier Reinertrag (nach Deckung aller Aufwendungen und Bildung angemessener Rücklagen — s. Abs. 2) zu verstehen, also die Barablieferung des Betriebes an die Kämmereikasse; sie ist im Haushaltsplane vorzusehen.

d) Der Grundsatz, daß jedes wirtschaftliche Unternehmen einen Ertrag für den Haushalt abwerfen soll, ist darin begründet, daß die wirtschaftlichen Unternehmen der öffentlichen Hand — insbesondere dort, wo sie mit privatwirtschaftlichen Betrieben im Wettbewerb stehen — die privaten Unternehmen, die doch auch die stärksten Steuerquellen der Gemeinde sind, nicht unterdrücken sollen; für ihre Wirtschaftsführung soll daher grundsätzlich derselbe Maßstab und damit auch das Ziel eines angemessenen Ertrages gelten wie für Privatbetriebe. Dabei wird nicht verkannt, daß für die gemeindlichen Betriebe nicht ausschließlich kaufmännische Gesichtspunkte gelten können, weil sich die Gemeinde zuvörderst von öffentlichen Gesichtspunkten leiten lassen muß. Es kommt also für die Gemeinde wesentlich darauf an, privatwirtschaftliche und soziale Grundsätze in ein richtiges Verhältnis zu bringen (vgl. auch Anm. 4 zu § 60).

e) Nach dieser unter d dargelegten Tendenz des Gesetzes soll der ertragswirtschaftliche Gesichtspunkt — insbesondere bei den sog. Wettbewerbsbetrieben — nicht vernachlässigt werden. Gegenwärtig ist die Lage nahezu umgekehrt: Es wird seitens der Privatwirtschaft gegenüber den Gemeinden über die Erwirtschaftung zu hoher Reinerträge, insbesondere der gemeindlichen Versorgungsunternehmen, geklagt. Die Gemeinden waren infolge der in der Wirtschaftskrise sinkenden Steuereinnahmen und gleichzeitig wachsenden Fürsorgelasten nicht selten gezwungen, die Tarife und Gebührenordnungen ihrer Werke zu überspannen. Die Überspannung war nur möglich infolge der Monopolstellung der Versorgungsbetriebe. Die Lage der Privatwirtschaft drängt also gegenwärtig zu einer gerechten Zurückführung dieser Sätze. Davon unberührt bleibt aber die Richtigkeit des Grundsatzes, daß die in den Anlagen der Gemeinde investierten Steuergelder einen angemessenen Ertrag für den Haushalt erwirtschaften sollen; was die Gemeinde hier ohne Überdruck auf die privaten Konkurrenzbetriebe und ohne Beeinträchtigung ihrer eigenen sozialen Grundeinstellung erwirtschaftet, kommt letzten Endes der Erleichterung des Steuerdruckes zugute.

f) Was die Höhe der Tarife der Versorgungsbetriebe im besonderen anlangt, so wird das Verlangen nach ihrem Abbau bis auf einen nach dem Maßstabe anderer Wirtschaftsbetriebe angemessenen Ertrag nicht mehr zur Ruhe kommen. Richtig ist, daß von allen öffentlichen Belastungen der Bevölkerung die durch die Tarifgestaltung der Werke eintretende aus vielfachen, durch die Gemeinden nicht zu behebenden Gründen große Unbilligkeiten hervorbringen kann; es handelt sich um eine mittelbare Konsumbesteuerung, die insbesondere für die Gewerbetreibenden unerträglich wirken kann, weil die Großwirtschaft entweder Eigenversorger auf billigerer Grundlage oder aber Genießer eines billigeren Tarifes ist; zu letzteren Zugeständnissen ist der Versorgungsbetrieb gezwungen, wenn er nicht den Abgang der Großwirtschaft zur Selbstversorgung und damit einen erheblichen Konsumausfall hinnehmen soll. Die Gesamtfrage drängt auch deshalb zu einer Lösung, weil die private Konkurrenz der kommunalen Versorgungsbetriebe durch Ausnützung der jetzigen Zwangslage der gemeindlichen Versorgungsbetriebe Boden zu gewinnen sucht. Unter Umständen könnte die Ablösung der jetzt stellenweise unbilligen Belastung der Bevölkerung durch eine allgemeine und gleichmäßigere Konsumbesteuerung von Gas und Elektrizität angestrebt werden.

2. **Selbstkostendeckungsprinzip als Mindestgrundsatz.** Nach Abs. 2 soll der Ertrag eines jeden Wirtschaftsunternehmens wenigstens die Kosten decken, also die Aufwendungen decken und angemessene Rücklagen ermöglichen. Für die Aufwendungen gibt das Gesetz eine besondere Richtlinie, um eine Gleichmäßigkeit in der Erfassung der Aufwendungen auch in den Grenzfällen zu erzielen, in denen bisher eine unterschiedliche Behandlung üblich war. Hinsichtlich der Rücklagen läßt das Gesetz einen Spielraum. Soweit es sich dabei um die Erneuerungsrücklage handelt, die kaufmännisch nichts anderes als angemessene Abschreibungen, also den laufenden Ersatz der laufenden Substanzminderung, darstellt, bedarf ihre Notwendigkeit keiner weiteren Begründung. Aber auch sonstige, auch für die Gemeinde selbst finanzrechtlich vorgeschriebene Rücklagen (insbesondere eine Betriebsmittelrücklage) sind für die wirtschaftlichen Unternehmen unentbehrlich.

Soll, wie es für die Regel richtig ist, an die Führung der gemeindlichen Wirtschaftsunternehmen ein für die Privatwirtschaft vergleichbarer Maßstab angelegt werden, so sind alle Aufwendungen, die für den Betrieb gemacht werden, gleichgültig ob sie beim Unternehmen selbst anfallen oder indirekt durch andere Unternehmen der Gemeinde oder durch den Verwaltungsapparat der Gemeinde geleistet werden, zu ermitteln und aufzunehmen. Soweit der Betrieb Steuern zu zahlen oder — wie bei Versorgungsbetrieben — an die Gemeinde abzuführen hat, bedarf es keiner weiteren Erörterung; soweit der Betrieb Freiheit von Steuern, Gebühren, Umlagen und Beiträgen — insbesondere von den gemeindlichen Abgaben — genießt, sind auch diese — wenn auch fiktiven — Beträge zu ermitteln und — wenn auch nur nachrichtlich — in den Jahresabschlüssen ersichtlich zu machen. (Die gemeindlichen Versorgungsbetriebe sind nach der Änderung des Körperschaftssteuergesetzes nicht mehr steuerfrei; der Steuerbetrag fließt aber an die Gemeinde zurück. Die Bezahlung der Körperschaftssteuer wird im Verrechnungswege zwischen Finanzamt — Versorgungsbetrieb — Kämmereikasse erledigt.) — Der volle Einsatz der Steuerbeträge, die wegen Befreiung des Betriebes von der Steuer- und Abgabepflicht in Wirklichkeit nicht anfallen, als tatsächliche Aufwendungen wäre ungerechtfertigt, weil dann auch die Tarifgestaltung darauf abgestellt werden müßte, was aber den Sinn und Zweck der Steuerbefreiung zum Schaden der durch die Steuerbefreiung begünstigten Bevölkerung wieder aufheben würde. Dem eigentlichen Zweck, nämlich dem Vergleich der öffentlichen Betriebe mit den privaten Konkurrenzbetrieben, genügt aber die nachrichtliche Einstellung dieser fiktiven Steuerbelastung des Betriebes.

Die Vorschrift gilt sowohl für die Eigenbetriebe wie auch für die rechtlich selbständigen Betriebe. Wenn z. B. die Gebühren einer Werk-A.G. durch die städtische Hauptkasse eingehoben werden, so sind diese Kosten der städtischen Hauptkasse als Aufwand der Werk-A.G. mitzuerfassen. Ob dieser Aufwand tatsächlich an die städtische Hauptkasse zu erstatten ist, ist eine andere Frage; es handelt sich hier um den sog. inneren Rechnungsverkehr im Gemeindehaushalt, der haushaltstechnisch nach dem Bruttoprinzip des Haushaltsplanes ersichtlich zu machen ist (Einnahmenerstattungen, Ausgabenerstattungen, Verwaltungskostenbeiträge). Diese technischen Fragen werden in der Verordnung nach § 105 Abs. 2 Nr. 3 näher geregelt werden.

3. **Wirtschaftliche Unternehmen als Zuschußbetriebe** der Gemeinde sollen besonders gerechtfertigte Ausnahmen bleiben. Liegen also besondere Gründe dafür vor, daß ein wirtschaftliches Unternehmen keinen Ertrag für den Haushalt erwirtschaften kann oder soll, oder liegen sogar Gründe dafür vor, daß ein Wirtschaftsbetrieb nicht einmal die eigenen Aufwendungen i. S. des Abs. 2 decken kann oder soll, so wird der Leiter der Gemeinde bei der Aufstellung des Haushaltsplanes, bei der Beratung mit den Gemeinderäten, bei der Vorlage an die Aufsichtsbehörde, bei der Unterrichtung der Öffentlich-

keit zweckmäßig hierauf eingehen. Solche Gründe können durchaus wegen der besonderen sozialen Zielsetzung des Unternehmens vorliegen (wenn z. B. die Führung einer Straßenbahnlinie oder Kraftwagenlinie in erst erschlossenes Baugelände notwendig ist oder wenn eine Wasserleitung aus Gründen der Brunnenverseuchung erbaut werden muß oder wenn die Wasserleitung aus Gründen der Feuersicherheit auch auf entfernte Anschlußteile ausgebaut werden muß).

§ 73

Bei Unternehmen, für die kein Wettbewerb gleichartiger Privatunternehmen besteht, darf der Anschluß und die Belieferung nicht davon abhängig gemacht werden, daß auch andere Leistungen oder Lieferungen abgenommen werden.

I. **Amtliche Begründung** s. Textausgabe S. 121.

II. **Anm.**

1. **Verbot der Ausnützung eines wirtschaftlichen Monopols der Gemeinde.** Die Vorschrift will jene Ausnützung der monopolartigen Wirtschaftsbetriebe der Gemeinden verhindern, die in der Vergangenheit als Mißbrauch der wirtschaftlichen Machtstellung von seiten der davon betroffenen Kreise, insbesondere der im Wettbewerb stehenden Gewerbetreibenden, mit Recht bekämpft wurde; sie trifft in der Hauptsache die den Versorgungsbetrieben, insbesondere den Elektrizitätswerken, als Nebenbetriebe angeschlossenen Installationsbetriebe. Zu den monopolartigen Betrieben der Gemeinde gehören sowohl die, für die die Gemeinde eine monopolartige Rechtsstellung hat (z. B. auf Grund des Anschluß- und Benutzungszwanges nach § 18), als auch solche, die der Gemeinde auf Grund tatsächlicher Verhältnisse eine Monopolstellung gewähren (wie ein Gaswerk, Elektrizitätswerk, für die private Wettbewerbsbetriebe nicht vorhanden sind). Die Nebenbetriebe solcher Unternehmen werden durch die Vorschrift zwar nicht verboten. Untersagt aber wird, daß der Anschluß an den Versorgungsbetrieb und die Belieferung seitens des Versorgungsbetriebes davon abhängig gemacht wird, daß der Abnehmer auch solche Leistungen (wie die Installation) und solche Lieferungen (z. B. Beleuchtungskörper) vom Werke bezieht, die nicht den Hauptabsatzgegenstand des Werkes darstellen und auch von anderer Seite bezogen werden können. Die Vorschrift schützt damit nicht nur die Gewerbetreibenden, die ebenfalls solche Leistungen und Lieferungen bewirken, sondern auch die Abnehmer des Werkes selbst, soweit sie bisher auch hinsichtlich der Installation und der Lieferung der Zubehörteile unter einen Tarifzwang des Werkes gestellt waren.

Nach § 104 Abs. 2 sind Geschäfte, die gegen dieses Verbot verstoßen, nichtig. Die freiwillige Übertragung der Installation an das Werk und der freiwillige Bezug von Zubehörteilen vom Werke bleibt zulässig und rechtswirksam.

Das Verbot der Ausnützung der Monopolstellung schließt aber keineswegs aus, daß die Gemeinde für die technisch einwandfreie Herstellung des Anschlusses, für die technische Einwandfreiheit aller Zubehörteile Vorschriften erläßt oder, soweit aus öffentlichen Gründen geboten, die gebührenpflichtige Nachprüfung sich vorbehält. Aus Gründen der Sicherheit werden solche Vorschriften sogar notwendig sein. Nur dürfen sie keine Umgehung des Verbotes des § 73 darstellen.

2. Der **Geltungsbereich der Vorschrift** umfaßt nur wirtschaftliche Unternehmen i. S. des § 67 Abs. 1, dabei aber nicht nur die neuen, sondern auch die bestehenden Unternehmen. Im Widerspruch mit Sinn und Zweck der Vorschrift stünde es aber auch, wenn die Gemeinde bei anderen Unternehmen, die nach § 67 Abs. 2 nicht als wirtschaftliche Unternehmen gelten, aus rein wirtschaftlichen Gründen gleichartige Tatbestände schaffen würde, so wenn die Gemeinde z. B. in der Satzung für den gemeindlichen Friedhof vorschreiben würde, daß der Gräberschmuck nur aus der gemeindlichen Gärtnerei bezogen werden darf.

§ 74

(1) Für die Unternehmen ohne Rechtspersönlichkeit (Eigenbetriebe) sind Betriebssatzungen aufzustellen.

(2) Für jedes Unternehmen sind Beiräte zu bestellen. Für mehrere Unternehmen können gemeinsame Beiräte bestellt werden. Als Beiräte sind wirtschaftlich besonders sachkundige Bürger zu berufen.

(3) Haushaltsführung, Vermögensverwaltung und Rechnungslegung jedes Unternehmens sind so einzurichten, daß sie eine besondere Betrachtung der Verwaltung und des Ergebnisses ermöglichen.

I. **Amtliche Begründung** s. Textausgabe S. 122/123.

II. **DurchfVO.**

(S. § 21 DurchfVO. zu § 58 DGO., abgedruckt bei § 58.)

III. **Vorl. AusfAnw.**

1. Wegen der Bestellung von Beiräten wird auf § 21 der Ersten DurchfVO. verwiesen.

2. Es ist in Aussicht genommen, für die Betriebssatzung unter Zuziehung des Deutschen Gemeindetages ein Muster aufzustellen. Es wird den Gemeinden empfohlen, bis dahin die Feststellung der Betriebssatzungen zurückzustellen. Soweit sie schon bisher derartige

Satzungen haben, bleiben sie in Geltung, es sei denn, daß sie in einzelnen Bestimmungen den Vorschriften der Deutschen Gemeindeordnung widersprechen.

IV. Anm.

1. **Sonderregelung für die Eigenbetriebe der Gemeinde.** Eigenbetriebe der Gemeinde (Regiebetriebe) sind die wirtschaftlichen Unternehmen i. S. des § 67 Abs. 1, die nicht in der Rechtsform einer rechtsfähigen Gesellschaft oder Körperschaft geführt werden, sondern rechtlich Eigentum der Gemeinde, verwaltungsmäßig Bestandteil der Gemeindeverwaltung sind.

Wie aus der Erschwerung der Umwandlung von Eigenbetrieben in rechtlich selbständige Unternehmen durch § 75 hervorgeht, zieht die DGO. den Eigenbetrieb vor, und zwar ohne Unterschied, ob es sich um sog. Monopol- (s. Anm. 1 zu § 72) oder um sog. Konkurrenz- (d. h. im Wettbewerb mit gleichartigen Privatbetrieben stehende) Unternehmen der Gemeinde handelt. Die Gründe hierfür sind bei § 75 dargelegt. Hauptgesichtspunkt der DGO. ist Einheit der örtlichen Verwaltung und Einheit der Kommunalaufsicht; deshalb sollen *alle*, auch die wirtschaftlichen Unternehmen der Gemeinde unter der *einheitlichen* Leitung und Verantwortung des Bürgermeisters stehen; der Eigenbetrieb ermöglicht es besser als die gesellschaftliche Betriebsform, diesen einheitlichen Willen der Gemeindeverwaltung auch in der wirtschaftlichen Betätigung der Gemeinde zum Ausdruck zu bringen.

Diese grundsätzlich erwünschte Verbindung der Verwaltung der Eigenbetriebe mit der Gemeindeverwaltung macht es aber auf der anderen Seite notwendig, die Verwaltung der Eigenbetriebe so elastisch zu gestalten, daß dadurch den Gefahren vorgebeugt wird, die in der Vergangenheit häufig zum Übergang in die rechtlich selbständige Betriebsform Anlaß gegeben haben. Ein Teil dieser Gefahren, die in der Vergangenheit bestanden, wie parteipolitische und interessentenwirtschaftliche Beeinflussung der Betriebsgebarung, sind zwar schon weggefallen. Darüber hinaus ist aber die Betriebsführung auch von Erschwerungen in der Verwaltung zu befreien, die in der Verflechtung des Betriebs in das Haushalts-, Kassen- und Rechnungswesen der übrigen Gemeindeverwaltung liegen und die die Betriebsgebarung, die Wirtschaftlichkeit und die durchsichtige Erstellung der Betriebsergebnisse hemmen oder wenigstens hemmen können. Deshalb schreibt das Gesetz für die Verwaltung der Eigenbetriebe *eigene Satzungen* (Betriebssatzungen) zwingend vor.

Es sollen hierdurch die inneren Beziehungen zur Gemeinde keineswegs gelockert, auch die Zielsetzung der Unternehmen soll hinsichtlich Kostendeckung und Gewinnerzielung *nicht* geändert werden. Was notwendig ist, liegt auf einem anderen Gebiete, nämlich auf dem Gebiete der verfassungsmäßigen Verwaltung und Vertretung der Betriebe, in der *gesonderten* Wirtschaftsführung, die die Wirtschaftsbetriebe aus der Verflechtung mit der allgemeinen Finanzwirtschaft, Haushalts- und Rechnungsführung der Gemeinde herausnimmt und dadurch einwandfreie Betriebszahlen für die Anlagewirtschaft und Anlagepflege, über den Betriebsaufwand und -erfolg und damit auch für die Vergleichbarkeit mit anderen kommunalen Betrieben und mit gleichartigen Privatbetrieben ermöglicht.

2. Die **Betriebssatzung** hat diese notwendigen Regelungen für die Eigenbetriebe zu treffen. Die Erlassung der Betriebssatzung ist für die Eigenbetriebe allgemein gesetzlich vorgeschrieben. Sie ist eine Satzung i. S. des § 3 Abs. 1; sie ist wie jede andere Satzung vor der Feststellung mit den Gemeinderäten zu beraten (§ 55 Abs. 1 Nr. 4). Sie ist nicht genehmigungspflichtig. Wohl aber ist eine Mustersatzung dafür zu erwarten. Der deutsche Gemeindetag hat eine allen Erfordernissen genügende Mustersatzung bereits aufgestellt. Es ist zu erwarten, daß der RMdJ. im Rahmen der VO. nach § 105 Abs. 2 darauf eingeht und dabei auch die Eigenbetriebe, auf die sich § 74 bezieht, näher umgrenzt. Aber schon jetzt ist zweifelsfrei, daß § 74 nicht nur auf die neuzuerrichtenden, sondern auch auf die bereits bestehenden wirtschaftlichen Unternehmen i. S. des § 67 Abs. 1 anzuwenden ist.

Eine Reihe von Mindestvorschriften für diese Betriebssatzung enthalten § 74 Abs. 2 für die verfassungsmäßige Verwaltung und § 74 Abs. 3 für die Haushaltsführung, Vermögensverwaltung und Rechnungslegung der Eigenbetriebe; vgl. hierzu Anm. 3 und 4.

3. Die **Beiräte für Eigenbetriebe** sind durch Abs. 2 zwingend vorgeschrieben. Das ist die einzige ausdrückliche Vorschrift des Gesetzes über die Ausgestaltung der verfassungsmäßigen Verwaltung der Eigenbetriebe. Nach ihr sind demnach, während § 58 es im übrigen in das Ermessen der Gemeinde stellt, in der Hauptsatzung die Bestellung von Beiräten für bestimmte Verwaltungszweige zu bestimmen, die Gemeinden, die Eigenbetriebe besitzen, verpflichtet, für diese Unternehmen Beiräte zu bestellen. Im übrigen gelten die Vorschriften der §§ 58, 59 auch für die Bestellung und für die Beratungen der Beiräte für Eigenbetriebe. Die Beiräte sind aus den Gemeinderäten, daneben auch aus dem Kreise der übrigen sachkundigen Bürger zu entnehmen. Sie werden vom Bürgermeister berufen. Es ist eine Mehrzahl zu berufen. Werden sie für längere Wahrnehmung und nicht nur für einen vorübergehenden Einzelanlaß bestellt, so sind sie als Ehrenbeamte der Gemeinde anzustellen (Aushändigung einer Anstellungsurkunde nach dem RG. vom 30. Juni 1933 — RGBl. I S. 433).

Dazu bestimmt § 74 Abs. 2, daß für mehrere Unternehmen der Gemeinde gemeinsame Beiräte bestellt werden können. Werden, wie es zweckmäßig ist, die energiewirtschaftlichen Unternehmen in eine verwaltungsmäßige Einheit zusammengefaßt, so versteht es sich von selbst, daß Beiräte für das zusammengefaßte Unternehmen (für die „städtischen Werke") bestellt werden.

Das Gesetz macht es außerdem dem Bürgermeister zur Pflicht, wirtschaftlich besonders sachkundige Bürger zu berufen. Die Bürger sind verpflichtet, der Bestellung zu folgen (vgl. § 5 Abs. 2), wenn sie nicht einen wichtigen Grund für die Ablehnung vorbringen können (vgl. § 23). Die Gemeinde kann sich auf diese Weise Sachkunde und Gemeinsinn der Bürger nutzbar machen.

Neben dieser Heranziehung von Beiräten als des bürgerlichen Elements zur Verwaltung der Eigenbetriebe stellt das Gesetz selbst über die verfassungsmäßige Verwaltung der Eigenbetriebe weitere Vorschriften nicht auf; aus der Gesamtanlage der Gemeindeverwaltung aber ergibt sich, daß auch die Verwaltung der Eigenbetriebe nach dem die gesamte Gemeindeverwaltung beherrschenden Führergrundsatz ausgerichtet werden muß, um auch hier klare und feste Verantwortlichkeiten zu schaffen.

4. Die **Bestimmungen der Betriebssatzung über Haushalts-, Vermögens- und Rechnungswesen** sind so zu gestalten, daß sie eine besondere (d. h. gesonderte) Betrachtung der Verwaltung und des Ergebnisses des Betriebes ermöglichen. Diese Vorschrift sowie die nach der NotVO. vom 6. Oktober 1931 (RGBl. I S. 537) und der DurchfVO. hierzu vom 30. März 1933 (RGBl. I S. 180) bis auf weiteres für die sog. prüfungspflichtigen Betriebe bestehende Vorschrift, daß ein Jahresabschluß erstellt werden muß, der den Mindestvorschriften der aktienrechtlichen Novelle vom 19. Sept. 1931 genügt, in Verbindung mit dem Zweck der Vorschrift, daß sowohl für den interkommunalen Vergleich als auch für den Vergleich mit privatwirtschaftlichen Wettbewerbsbetrieben einwandfreie Zahlen gewonnen werden sollen, müssen die Gestaltung der Betriebssatzung bestimmen (Buchführung, Geschäftsjahr, Bilanzierung, insbesondere Bewertung und Gliederung der Jahresbilanz, Gewinn- und Verlustrechnung usw.).

Damit ist keineswegs vorgeschrieben, daß die kameralistische Buchführungsform verlassen werden muß; auch die ausgebaute (nicht die einfache) Kameralistik ermöglicht durchaus eine Vermögensbilanz und eine Gewinn- und Verlustrechnung. Die kaufmännische (doppelte amerikanische) Buchführungsform erleichtert allerdings das vom Gesetz gewollte Ziel; daß dann der Eigenbetrieb vom Haushaltsplan der Gemeinde losgelöst werden muß und auf einen Wirtschaftsplan gestellt werden muß, ist die notwendige, aber durchaus tragbare Folge. Im Haushaltsplan ist dann nur das geschätzte Betriebsergebnis festzuhalten (Ablieferung — Zuschuß).

Die Offenlegung des Wirtschaftsgebarens und des Wirtschaftsergebnisses gebietet die Erstellung des wirklichen Aufwandes und des wirklichen Erfolges (ohne Vorabrechnung), den Ausweis des wirklichen Vermögens unter richtiger Wertberichtigung (ohne stille Reserven).

Das Gebot der gesonderten Betrachtung verlangt eine Entflechtung des Eigenbetriebes von den vielfachen finanzwirtschaftlichen Zusammenhängen mit der Gemeinde. Für die Ermittlung der Aufwendungen gewinnt § 72 Abs. 2 Satz 2 besondere Bedeutung, insbesondere auch für die Verrechnungspreise (Kostenwert oder Marktpreis, durchschnittlicher Kostenwert oder durchschnittlicher Marktpreis oder endlich individuelle Berechnung). Auch hierbei ist es von hoher Bedeutung, die wirklichen Daten im sog. inneren Rechnungsverkehr zu ermitteln.

Worauf es ankommt, ist die möglichst klare Durchleuchtung des Wirtschaftsgebarens und des Wirtschaftsergebnisses des Eigenbetriebes im Interesse des Betriebes, der Gemeinde und der Allgemeinheit. Wenn dies für die kommunalen Eigenbetriebe auf einheitlicher Grundlage durch Vorschriften über die Bilanzierung (insbesondere Bewertung und Ausgliederung) erreicht wird, wird sich daraus auch ein Material für die wirtschaftspolitischen Probleme der Zeit ergeben, das von unschätzbarem Wert ist und dessen Offenlegung die Gemeinden im Hinblick auf ihre hohen Verdienste in der Versorgungswirtschaft nur wünschen können.

§ 75

Zur Umwandlung eines Eigenbetriebes in ein rechtlich selbständiges Unternehmen bedarf die Gemeinde der Genehmigung der Aufsichtsbehörde.

I. Amtliche Begründung s. Textausgabe S. 123.

II. Anm.

1. **Die Umwandlung von Wirtschaftsbetrieben in rechtlich selbständige Unternehmen** hat in der Vergangenheit insbesondere für die Versorgungsbetriebe eine zunehmende Rolle gespielt; als Rechtsform wurde in der Regel die A.G. oder G. m. b. H. gewählt. Verschiedene Gründe waren dafür maßgebend. Wie beim Staate schon von jeher einzelne Wirtschaftsbetriebe von der allgemeinen Staatsverwaltung losgelöst und mit einer gewissen finanziellen Selbständigkeit ausgestattet waren (Eisenbahnen, Post, Salinen, Bergwerke), später sogar teilweise in Gesellschaftsform (Reichsbahngesellschaft) übergeführt worden sind, so ließen sich auch die Gemeinden durch die Gesichtspunkte einer besseren Rentabilität durch freiere Gestaltung der Einnahmen- und Ausgabengebarung, durch die Möglichkeit rascherer Entschließung je nach der Änderung der Wirtschaftslage, durch leichtere Kreditbeschaffung u. ä. zu gleichartigem Vorgehen bestimmen, zumal die Werke dadurch instandgesetzt wurden, freier mit der Privatwirtschaft in Wettbewerb zu treten. Gefördert wurde bei den Gemeinden dieses Vorgehen noch durch ganz besondere Gründe: Es konnten hierdurch nicht nur die bürokratischen Fesseln (insbesondere durch Ablösung von den formalen Haushalts-

vorschriften und den Vorschriften der kameralistischen Buchführung) für den Wirtschaftsbetrieb erleichtert werden, sondern es konnte auch der Einfluß der Interessenten- und parlamentarischen Parteienwirtschaft mehr zurückgedrängt werden. Zum Teil aber wurde die Umwandlung der Eigenbetriebe in Gesellschaftsform auch durch andere Umstände herbeigeführt: Der Kreditbedarf der Werke nötigte oft zur Loslösung von der Gemeinde; wohl dem Werke, nicht aber der Gemeinde wollte Kredit gewährt werden. Letzteres führte auch zu einer Beteiligung der Privatwirtschaft an Betrieben, die eine monopolartige Stellung genießen; welche Gefahren damit verbunden sind, braucht nicht weiter ausgeführt zu werden. Es förderte letzten Endes die Gefahr des Verlustes solcher Werke, da die Gemeinde in Kreditnöten gezwungen werden konnte, ihre mobilisierten Anteile zu verpfänden usw. Es entzog endlich wichtige Teile der Gemeindewirtschaft der staatlichen Aufsicht, weil nach der damaligen Rechtslage nahezu jeglicher Einfluß der Aufsichtsbehörde auf die in Gesellschaftsform umgewandelten Gemeindebetriebe ausgeschlossen war und überdies die Offenlegung der Wirtschaftsverhältnisse der A.G. vor der Aktienrechtsnovelle vom 19. September 1931 gänzlich unzureichend war.

Ein Teil dieser Gründe für den Übergang zur rechtlich selbständigen Betriebsform ist inzwischen ohnehin weggefallen (parteipolitische und interessentenmäßige Beeinflussung des Wirtschaftsgebarens). Das Gesetz sucht die Beibehaltung der Eigenbetriebsform durch § 74 besonders zu fördern, indem es eine besondere, dem Betrieb angepaßte Verwaltung durch besondere Betriebssatzungen vorsieht und so eine elastische Betriebsführung — unter Entflechtung vom übrigen Haushalts-, Kassen- und Rechnungswesen der Gemeinde — ermöglicht. Die Umwandlung wirtschaftlicher Unternehmen der Gemeinde in rechtlich selbständige Betriebe wird daher an sich schon seltener werden. § 75 unterstreicht aber durch Genehmigungspflichtigkeit der Umwandlung noch besonders, daß die rechtlich selbständige Betriebsform für wirtschaftliche Unternehmen der Gemeinde die Ausnahme sein soll. Das Gesetz steht auf dem Standpunkt der Einheit der örtlichen Verwaltung und der Einheit der Kommunalaufsicht. Es sollen daher nicht wichtige Teile der Gemeindeverwaltung aus der Einheit der Gemeindeverwaltung durch rechtliche Verselbständigung herausgenommen werden. Es sollen so wichtige Vorgänge, wie sie die wirtschaftliche Betätigung der Gemeinde mit sich bringt, auch nicht der Kommunalaufsicht entzogen werden. Es soll endlich auch das wirtschaftlichen Zwecken gewidmete Vermögen der Gemeinde dem Vollstreckungsschutze des § 116 unterstehen; die A.G. und die G. m. b. H. genießen diesen Schutz der gemeindlichen Aufsichtsbehörde nicht.

2. Der **Mangel der Genehmigung** der Aufsichtsbehörde macht die Umwandlung unwirksam (§ 104 Abs. 1). Dabei ist klarzustellen, daß nicht etwa der Gründungsvorgang der Gesellschaft rechtlich da-

durch beeinträchtigt wird, sondern nur die Einbringung gemeindlichen Vermögens in die Gesellschaft. Der Gemeindeleiter wird daher, nachdem er der Vorschrift des § 55 Abs. 1 Nr. 7 entsprechend die Angelegenheit mit den Gemeinderäten beraten hat, die Genehmigung hierfür rechtzeitig vorher erholen, sollen nicht — abgesehen von der dienstrechtlichen und dienststrafrechtlichen Verantwortung — Haftungsverbindlichkeiten hieraus für ihn erwachsen.

3. Abschnitt

Schulden

§ 76

(1) Die Gemeinde darf Darlehen (Anleihen, Schuldscheindarlehen, sonstige Kredite mit Ausnahme der Kassenkredite) nur im Rahmen des außerordentlichen Haushaltsplans aufnehmen. Der Gesamtbetrag der Darlehen, die zur Bestreitung von Ausgaben des außerordentlichen Haushaltsplans dienen sollen, bedarf im Rahmen der Haushaltssatzung der Genehmigung der Aufsichtsbehörde. Die Genehmigung wird vorbehaltlich der Genehmigung zur Aufnahme der einzelnen Darlehen (§ 78) ausgesprochen; sie ist zu versagen, soweit sich schon in diesem Zeitpunkt erkennen läßt, daß die Voraussetzungen für die Aufnahme der einzelnen Darlehen offenbar nicht vorliegen.

(2) Darlehensermächtigungen im außerordentlichen Haushaltsplan erlöschen unbeschadet der Vorschrift des § 87 mit Ablauf des Rechnungsjahres.

I. **Amtliche Begründung** s. Textausgabe S. 124/126.

II. **DurchfVO. (§§ 26 und 27).**

§ 26. (1) Soweit nach bisherigem Recht Darlehen aufgenommen werden durften, ohne daß die Voraussetzungen des § 76 Abs. 1 der Deutschen Gemeindeordnung vorliegen, bleiben insoweit bis zur Feststellung der Haushaltssatzung für das Rechnungsjahr 1936 die bisherigen Vorschriften maßgebend, wenn die Entschließung über die Aufnahme der Darlehen vor dem 30. Juni 1935 gefaßt worden ist. Entschließungen über die Aufnahme von Darlehen nach dem 30. Juni 1935 bedürfen der Genehmigung im Rahmen einer Nachtragshaushaltssatzung.

(2) Mit der Feststellung der Haushaltssatzung 1936 erlöschen Darlehensermächtigungen im außerordentlichen Haushaltsplan aus dem Rechnungsjahr 1935 und aus früheren Rechnungsjahren sowie

sonstige Beschlüsse und Entschließungen über die Aufnahme von Darlehen auch dann, wenn die Darlehensaufnahme bereits genehmigt war.

§ 27. Bis zur Feststellung der Haushaltssatzung für das Rechnungsjahr 1936 dürfen Darlehen für Zwecke der Arbeitsbeschaffung, die

1. aus Mitteln der Reichsanstalt für Arbeitsvermittlung und Arbeitslosenversicherung zinslos zusätzlich zu den Grundförderungsbeträgen von Arbeitsbeschaffungsmaßnahmen,
2. aus dem Arbeitsbeschaffungsprogramm 1935 der Deutschen Rentenbank-Kreditanstalt oder
3. aus Mitteln des Sofort- oder des Reinhardt-Programms

gewährt werden, auch dann aufgenommen werden, wenn sie im außerordentlichen Haushaltsplan noch nicht vorgesehen sind; sie sind bis zur Feststellung der Haushaltssatzung für das Rechnungsjahr 1936 im Rahmen einer Nachtragshaushaltssatzung in den außerordentlichen Haushaltsplan für das Rechnungsjahr 1935 einzustellen.

III. Vorl. AusfAnw.

1. Da die meisten Länder die Einrichtung der Haushaltssatzung bisher nicht kennen, ist für die Aufnahme von Darlehen in § 26 der Ersten DurchfVO. eine Erleichterungsvorschrift gegeben, derzufolge Entschließungen über die Aufnahme von Darlehen bis zum 30. Juni 1935 auch dann gefaßt werden können, wenn das Darlehen im außerordentlichen Haushaltsplan nicht vorgesehen und im Rahmen einer Haushaltssatzung nicht genehmigt worden ist. Nach diesem Zeitpunkt gelten für neue Entschließungen über die Aufnahme von Darlehen allgemein die Vorschriften der §§ 76 ff. DGO. Dabei wird darauf hingewiesen, daß die Vorschrift des § 26 der Ersten DurchfVO. für Preußen keine Bedeutung hat, da nach dem Preuß. GemFinG. vom 15. Dezember 1933 (GS. S. 442) die nunmehr in § 76 DGO. getroffene Regelung schon bisher galt.

Die zur Durchführung des § 76 DGO. erforderlichen Anweisungen wegen der Aufstellung von Haushaltssatzungen (Nachtragshaushaltssatzungen) und ihrer Genehmigung werden rechtzeitig vor dem 30. Juni 1935 ergehen.

2. Als Darlehen im Sinne des § 76 DGO. ist jede Kreditaufnahme mit Ausnahme der Aufnahme von Kassenkrediten (§ 81 DGO.) zu verstehen. Es ist dabei ohne Bedeutung, ob durch die Kreditaufnahme eine Vergrößerung des vorhandenen Schuldenbestandes eintritt.

Die Verlängerung eines von der Gemeinde aufgenommenen Kredits gilt nur dann als Aufnahme eines Darlehens, wenn sie durch Vereinbarung zwischen dem Gläubiger und dem Schuldner zustande kommt. Dagegen liegt eine Darlehensaufnahme nicht vor, wenn die Verlängerung lediglich auf der Tatsache beruht, daß der

Gläubiger von dem Recht der Rückforderung des Kredits bei Fälligkeit keinen Gebrauch macht, da nach § 76 DGO. die Aufnahme eines Darlehens stets den Abschluß eines Rechtsgeschäftes voraussetzt:

Für die Genehmigungspflicht bei Schuldübernahmen gelten folgende Grundsätze:

a) Tritt eine Gemeinde gemäß §§ 414, 415 BGB. durch Schuldübernahme in eine bestehende Darlehensschuld ein, so handelt es sich um eine Darlehensaufnahme im Sinne des § 76 DGO.

b) Beim Erwerb von Grundstücken durch Gemeinden sind folgende Fälle zu unterscheiden:

aa) Erwirbt eine Gemeinde ein Grundstück im Wege der Zwangsversteigerung, das mit einer Hypothek belastet ist, die nach § 53 ZVG. bestehen bleibt, so übernimmt sie damit, falls der Vollstreckungsschuldner zugleich persönlich haftet, kraft Gesetzes in Höhe der bestehenbleibenden Hypothek die persönliche Haftung des Schuldners durch den Zuschlag. Eine rechtsgeschäftliche Darlehensaufnahme liegt in diesem Falle nicht vor; es bedarf deshalb einer Genehmigung nach §§ 76, 78 DGO. nicht.

bb) Trifft eine Gemeinde bei Erwerb eines Grundstücks im Wege der Zwangsversteigerung mit dem Gläubiger einer Hypothek, die nicht bestehen bleibt, eine Vereinbarung über das Bestehenbleiben der Hypothek, so liegt neben der dinglichen Wirkung dieser Vereinbarung zugleich eine Schuldübernahme im Sinne des § 414 BGB. vor; das gilt auch dann, wenn die Gemeinde bei freihändigem Erwerb eines Grundstücks durch Vertrag mit dem Veräußerer eine Schuld des Veräußerers übernimmt, für die eine Hypothek an dem Grundstücke besteht. In beiden Fällen finden die Vorschriften der §§ 76, 78 DGO. Anwendung, soweit nicht in § 32 der Ersten DurchfVO. ausdrücklich die Genehmigungsfreiheit vorgesehen ist.

3. Zur Vermeidung von Verzögerungen bei der Durchführung von Arbeitsbeschaffungsmaßnahmen ist in § 27 der Ersten Durchf.-VO. für den Zeitraum bis zur Feststellung der Haushaltsatzung für das Rechnungsjahr 1936 zugelassen, daß Darlehen für Zwecke der Arbeitsbeschaffung, die

a) aus Mitteln der Reichsanstalt für Arbeitsvermittlung und Arbeitslosenversicherung zinslos zusätzlich zu den Grundförderungsbeträgen von Arbeitsbeschaffungsmaßnahmen,

b) aus dem Arbeitsbeschaffungsprogramm 1935 der Deutschen Rentenbank-Kreditanstalt oder

c) aus Mitteln des Sofort- oder des Reinhardt-Programms gewährt werden,

auch dann aufgenommen werden dürfen, wenn sie im außerordentlichen Haushaltsplan noch nicht vorgesehen sind.

Die Genehmigung derartiger Darlehen nach § 78 DGO. wird jedoch hierdurch nicht berührt; sie kann aber ohne Rücksicht auf die Einstellung des Darlehens in den außerordentlichen Haushaltsplan ausgesprochen werden. Derartige Darlehen sind alsdann jedoch später in eine Nachtragssatzung einzustellen (vgl. § 27 letzter Halbsatz der Ersten DurchfVO.).

4. Neben den Vorschriften der §§ 76 ff. DGO. bleiben folgende Vorschriften weiter in Geltung:

a) die Vorschrift des § 13 des GemUG. vom 21. September 1933 (RGBl. I S. 647) i. d. F. des RG. vom 29. März 1935 (RGBl. I S. 456);

b) die Vorschrift des § 3 der VO. vom 5. August 1931 (RGBl. I S. 429), die den Sparkassen die Gewährung von Darlehen an Gemeinden untersagt;

c) die Vorschrift des § 6 Kap. III Erster Teil der VO. vom 8. Dezember 1931 (RGBl. I S. 699) über die Erteilung der Genehmigung zur Ausgabe von Schuldverschreibungen auf den Inhaber.

IV. Anm.

1. Das **Schuldenwesen der Gemeinden** ist vor der Dritten NotVO. vom 6. Oktober 1931, Kap. I Dritter Teil (RGBl. I S. 537) in den verschiedenen Ländern außerordentlich verschiedenartig geregelt gewesen. Während in einigen Ländern die Aufnahme von Schulden insgesamt einer Kontrolle durch die Staatsaufsichtsbehörde unterstellt war, war in anderen Ländern (z. B. in Preußen) lediglich die Aufnahmeanleihe einer staatlichen Genehmigung unterworfen, im übrigen aber das Schuldenwesen lediglich durch eine Reihe von Anordnungen des MdJ. geregelt. Die Krise des Jahres 1931, die steigenden Schwierigkeiten der Gemeinden in der Erfüllung ihres Schuldendienstes, die regellose Unordnung auf dem Geld- und Kapitalmarkt — wesentlich mitbeeinflußt durch den ohne jede zentrale Lenkung auftretenden Kredit- und Darlehensbedarf der Kommunen und durch das gegenseitige überbieten der Kommunen in den Schuldbedingungen —, das Hineingleiten der Kommunen in eine gefährliche kurzfristige Verschuldung, sobald der Kapitalmarkt nach und nach versiegte, die Notwendigkeit der Abdrosselung der ausländischen Verschuldung auch der Kommunen machten es schließlich erforderlich, daß das Reich führend in diese Verhältnisse eingriff. Nachdem die vorausgehenden Behelfe (Richtlinien über die Aufnahme von Auslandskrediten durch Länder, Gemeinden und Gemeindeverbände vom 21. Oktober 1929), die Bildung von Gutachterausschüssen u. ä. nur unvollkommen und nicht überall die Weiterverschuldung der Kommunen einzudämmen vermochten, kam es zunächst zur Vorschrift des § 3 der VO. vom 5. August 1931, wonach den Sparkassen und Girozentralen verboten wurde, den öffentlichen Körperschaften Kredite zu gewähren, und dann zur oben genannten NotVO. Nach der Machtübernahme

war eine der ersten fürsorglichen Maßnahmen auf dem Gebiete des Gemeindewesens die Erlassung des Gemeindeumschuldungsgesetzes vom 21. September 1933 (RGBl. I S. 647), um einerseits die Gemeinden aus der bedrohlichen kurzfristigen Verschuldung wieder zu entstricken und um andererseits die Weiterverschuldung (auch die langfristige) unter eine einheitliche Kontrolle zu stellen (§ 13 des GemUG.).

Der Wert einer überörtlichen, unabhängigen und daher in die Hand des Staates zu legenden Kontrolle des gemeindlichen Schuldenwesens steht außer Zweifel. Es wird nicht verkannt, daß mit der gesetzlichen Regelung keineswegs das Problem erschöpfend behandelt ist. Deshalb kann sich auch die Kritik der Vergangenheit nicht auf diese Einzelseite des Fragenkreises beschränken. Es wären zahlreiche weitere Faktoren zu berühren. Immerhin ist aus der Vergangenheit zu entnehmen: Die gesetzliche Einrichtung einer staatlichen Kontrolle der gemeindlichen Verschuldung ist ein Hauptausgangspunkt für die Schaffung gesunder Finanzverhältnisse der Gemeinden auch für die Zukunft. Die Gemeinden werden ihre Bewegungsfreiheit und mit ihr echte Selbstverwaltung erst dann wiedergewinnen, wenn das Bleigewicht eines überhohen Schuldendruckes von ihnen genommen ist und nicht wiederkehrt. Aber nicht nur im Interesse der Gemeinden ist diese Kontrolle notwendig; niemals wäre eine Ordnung und Lenkung des Geld- und Kapitalmarktes möglich geworden, wenn nicht die Ordnung des gemeindlichen Schuldenwesens rechtzeitig vorausgegangen wäre. Die nun im Gang befindlichen Umstellungen im Kreditwesen, die organische Senkung des Zinsfußes, der Aufbau eines gesunden und widerstandsfähigen Kapitalmarktes, die Bedürfnisse des Reiches nach Konsolidierung der zur Arbeitsbeschaffung und Belebung der Wirtschaft eingegangenen kurzfristigen Schulden usw. verlangen eine pflegliche Behandlung des Gesamtgebietes. Abgesehen davon ist die Erholung der Gemeindefinanzen im Gesamtinteresse von Staat und Volk gelegen, damit einerseits das Reich nicht immer wieder finanziell bedroht wird durch notleidende Gemeinden und andererseits der gesammelte Einsatz aller kommunalen Kräfte auf gesundetem finanziellen Boden und mit wiedererstarktem Kredit jederzeit, wenn es der zentrale Wille erfordert, für jede gesamtdeutsche Aufgabe gewährleistet ist.

2. **Die Regelung der DGO. in der staatlichen Kontrolle des gemeindlichen Schuldenwesens** ist gegenüber der Vergangenheit grundsätzlich geändert. Dies hängt mit dem Einbau des Führergrundsatzes in die Verwaltungsform der Gemeinde und — dem folgend — mit der Änderung im Haushaltswesen der Gemeinde zusammen. In der Vergangenheit war innerhalb der Gemeinde in der Zweiteilung der Willensbildung und Ausführung (Gemeinderat — Bürgermeister) — wenigstens begrifflich — eine gewisse Kontrolle gegeben. Mit der Vereinigung der Willensbildung und Ausführung (Führung und Durchführung) in der Person des Leiters der Gemeinde

wurde es notwendig, der Feststellung des Haushaltsplanes in der Haushaltssatzung eine besondere formale Gestaltung zu geben, die den Bürgermeister an den formal festgestellten Haushaltsplan bindet. Nach diesem bindenden Plane hat er die Haushaltswirtschaft eines Jahres abzuwickeln. Soll diese Geschlossenheit und Planmäßigkeit der gemeindlichen Wirtschaftsführung gewährleistet sein, so muß auch das Schuldenwesen darin verankert sein. Deshalb knüpft das Gesetz bei der Regelung der gemeindlichen Schuldenwirtschaft hieran an und läßt Schuldaufnahmen der Gemeinde nur im Rahmen der Haushaltssatzung zu. Dabei läßt das Gesetz Darlehensaufnahmen nur im Rahmen des außerordentlichen Haushaltsplans zu. Damit ist zweierlei entschieden: daß Darlehen immer nur außerordentliche Einnahmen der Gemeinde darstellen und daß die Gemeinde immer einen außerordentlichen Haushaltsplan aufzustellen hat, wenn solche außerordentliche Einnahmen anfallen. Außerordentliche Ausgaben können nur anfallen, wenn außerordentliche Einnahmen zu ihrer Deckung zur Verfügung stehen; denn außerordentliche Ausgaben sind ja ihrem Wesen nach nur die Ausgaben, die mit außerordentlichen Einnahmen bestritten werden sollen. (Neben den Darlehensmitteln kommen grundsätzlich als außerordentliche Einnahmen nur noch die Entnahmen aus Rücklagen und die Erlöse aus der Veräußerung vom Gemeindevermögen in Frage.)

Es ist daher jede im Laufe eines Rechnungsjahres in Aussicht genommene Darlehensaufnahme in den außerordentlichen Haushaltsplan aufzunehmen. Dies ist der einzige Weg für die ordnungsmäßige Durchführung einer Darlehensaufnahme. Ist eine Darlehensaufnahme nicht im außerordentlichen Haushaltsplan aufgenommen, so ist die Aufstellung einer Nachtragshaushaltssatzung (§ 88) unerläßlich.

3. Unter **Darlehen** i. S. der §§ 76—79 versteht das Gesetz jedwedes Darlehen i. S. des BGB., aber auch die wechselmäßige Kreditaufnahme, jedoch mit Ausnahme der Kassenkredite, die im § 81 besonders behandelt werden (s. oben AusfAnw. Ziff. 2). Es fallen nach der ausdrücklichen gesetzlichen Vorschrift sowohl Anleihen wie Schuldscheindarlehen und sonstige Kredite darunter. Eine allenfallsige Lücke, die durch Umgehung der Vorschrift herbeigeführt werden könnte, wird dadurch geschlossen, daß § 78 Abs. 2 den Darlehen in der rechtlichen Behandlung alle Rechtsgeschäfte gleichstellt, die ihnen wirtschaftlich gleichkommen. — Gleichgültig ist, ob es sich um Auslands- oder Inlandsverpflichtungen, ob es sich um Schuldverpflichtungen in Reichsmark oder in einer anderen Währung handelt. Gleichgültig ist die Laufzeit des Darlehens, ob es sich also um langfristige (= über 10 Jahre), mittelfristige (= 1 bis 10 Jahre) oder kurzfristige (= bis 1 Jahr) Schuldaufnahmen handelt. Gleichgültig ist ferner, ob es sich um hochverzinsliche, normalverzinsliche oder auch unverzinsliche Darlehen handelt. Gleichgültig ist auch

die Art der Fälligkeit, ob es sich also um Darlehen handelt, die in Teilbeträgen oder an einem bestimmten Fälligkeitstage mit dem Gesamtbetrage zurückzuzahlen sind. Gleichgültig ist auch die Art der Kreditbeschaffung, ob auf dem öffentlichen Kapitalmarkt, auf dem Geldmarkt, ob bei einer Bank, durch den Staat oder einen anderen öffentlichen Geldgeber oder bei einem privaten Geldgeber. Gleichgültig ist endlich die Art der Schuldaufnahme, ob in Form von Schuldverschreibungen auf den Inhaber, in Form eines Schuldscheindarlehens, durch Wechsel, durch Einräumung eines laufenden Kredits, durch Übernahme einer bestehenden Darlehensschuld oder durch Vereinbarung der Stundung eines Vertragsentgelts, wenn es sich dem Wesen nach um ein Kreditgeschäft handelt (s. AusfAnw. Ziff. 2 b zu § 78). Gleichgültig ist auch der Verwendungszweck der Darlehen.

a) Für Darlehen vgl. §§ 607—610 BGB.

b) Für Schuldverschreibungen auf den Inhaber vgl. §§ 793—806 BGB. Die Ausgabe von Schuldverschreibungen auf den Inhaber ist gegenwärtig soviel wie ausgeschlossen; die Erteilung der Genehmigung hierzu (vgl. für Bayern § 9 der VO. vom 24. Dezember 1899 — GVBl. S. 1229) ist nur mit Ermächtigung der Reichsregierung zulässig (4. NotVO. vom 8. Dezember 1931 § 6 Kap. III Erster Teil — RGBl. I S. 699).

c) Für Schuldversprechen und Schuldanerkenntnisse vgl. §§ 780 bis 782 BGB.

d) Für Schuldübernahmen vgl. §§ 414—419 BGB.

e) Für Schuldscheine vgl. §§ 952 und 371 BGB.

Nicht zu den Darlehen i. S. des § 76 gehören die sog. inneren Schuldaufnahmen der Gemeinde, z. B. die darlehensähnliche Entnahme aus gemeindlichen Rücklagen (Fonds); ob solche Entnahmen aus den zweckgebundenen Rücklagen, die für ihren eigenen Verwendungszweck jederzeit greifbar bleiben müssen, überhaupt zugelassen werden, ist eine andere Frage, die in der VO. nach § 105 Abs. 2 Nr. 3 geregelt wird. — Um eine solche innere Schuldaufnahme handelt es sich aber nicht bei der Heranziehung des Geldbestandes einer rechtsfähigen Stiftung, die in der Verwaltung der Gemeinde steht (zu § 66); hier handelt es sich um ein echtes Darlehensgeschäft, das unter § 76 fallen würde (bei der gesetzlichen Anordnung der Trennung des Vermögens der Stiftung von dem Vermögen der Gemeinde wird übrigens Unzulässigkeit eines solchen Geschäfts anzunehmen — s. Anm. 4 zu § 66 —, auf jeden Fall die Genehmigung hierzu grundsätzlich zu versagen sein). — Zu den darlehensähnlichen Geschäften gehörten früher auch die Darlehensaufnahmen bei der eigenen Sparkasse der Gemeinde; seit der rechtlichen Verselbständigung der Sparkassen können nun nur echte Darlehensaufnahmen in Betracht kommen. — Echte Darlehensaufnahmen stellen auch die Schuldaufnahmen der Gemeinde bei einer Gesellschaft dar, an der die Gemeinde beteiligt ist oder deren Geschäftsanteile vollständig in der Hand der Gemeinde sind.

4. Die **Genehmigung** für den Gesamtbetrag der in einem Rechnungsjahr erforderlichen Darlehen wird von der Aufsichtsbehörde im Rahmen der Haushaltssatzung erteilt. Nach § 76 und nach § 86 Abs. 1 Nr. 3 ist diese Genehmigung vorgeschrieben. Nach § 86 Abs. 2 darf die Haushaltssatzung (und die Nachtragssatzung — § 88) nur veröffentlicht und damit vollziehbar gemacht werden nach Ausspruch der Genehmigung. Mit dem Ausspruch der Genehmigung nach § 76 wird aber die rechtswirksame Aufnahme von Darlehen noch nicht möglich; es bleibt nach der ausdrücklichen gesetzlichen Vorschrift des Satzes 3 noch die Genehmigung der einzelnen Darlehen vorbehalten. Der Sinn dieser Zweiteilung der Prüfung liegt darin, daß mit der Aufnahme des Gesamtbetrages in den Haushaltsplan und seiner Verbindung mit der Haushaltssatzung eine größere Planmäßigkeit der Jahreswirtschaft der Gemeinde herbeigeführt werden soll; schon am Anfang des Jahres soll daher feststehen, ob und inwieweit mit der darlehensweisen Finanzierung von geplanten Unternehmen gerechnet werden kann. Deshalb hat sich die Prüfung des Gesamtbetrages der Darlehensaufnahmen nach § 76 auch darauf zu beschränken, ob die Gemeinde nach ihrem gesamten finanziellen Stande die nachhaltige Leistungskraft besitzt, weitere Schuldverpflichtungen auf sich zu nehmen. Darin liegt folgendes: Es ist zu prüfen, ob die Darlehen überhaupt zur Bestreitung eines außerordentlichen und unabweisbaren Bedarfs notwendig sind (vgl. § 77 Abs. 1), ferner ob die Darlehen nach ihrem Verwendungszweck die Leistungskraft der Gemeinde belasten, m. a. W. ob die Ausgabenersparnisse und Einnahmenmehrungen, die durch die Verwendung der Darlehensmittel erwartet werden können, für die Bestreitung der neuen Schuldverpflichtungen hinreichen, endlich, wenn dies nicht der Fall ist, ob die Gemeinde sonst leistungsfähig genug ist, die zusätzliche Belastung auf die Dauer zu tragen (vgl. § 77 Abs. 1 Satz 2 und 3). Ist dies nicht der Fall, so ist die Genehmigung schon in diesem Zeitpunkt zu versagen. Das gleiche gilt, wenn der Plan der Gemeinde darauf aufgebaut ist, daß sie zur Finanzierung des Unternehmens Zuschüsse und Beihilfen von dritter Seite erhalten soll, und diese nach bestimmter Voraussicht nicht geleistet werden, so daß der Finanzierungsplan und damit auch der Haushaltsplan wesentliche Lücken aufweisen würden. Endlich ist klar, daß der Finanzierungsplan und damit auch der Haushaltsplan überhaupt der Nachprüfung standhalten müssen, wenn die Erteilung der Genehmigung in Betracht kommen soll. Aber nur solche aus der Haushaltslage und aus dem Haushaltsplan sich ergebenden Gesichtspunkte sind im Rahmen des § 76 zu prüfen. Die übrigen, auf die Bedingungen der einzelnen Darlehen bezüglichen Gesichtspunkte sind für die Prüfung nach § 78 zurückzustellen.

5. **Bedeutung und Befristung der Genehmigung.** Diese Genehmigung nach § 76 legt eine Ermächtigung für den Leiter der Gemeinde fest, mit der weiteren Genehmigung nach § 78 Darlehen aufzunehmen. Dem Leiter der Gemeinde bleibt es frei, ob er zur Darlehensaufnahme schreiten will. Eine Pflicht, hiervon Gebrauch zu machen, kann nur bei einer Rechtspflicht der Gemeinde bestehen, den geplanten Verwendungszweck zu erfüllen. — Für die Rechtswirksamkeit der Darlehensaufnahme spielt § 104 Abs. 1 eine Rolle: Soweit nach § 76 die Genehmigung erforderlich, aber nicht erholt ist, ist das Rechtsgeschäft auch dann unwirksam, wenn andere Genehmigungen (z. B. nach § 78 DGO. oder nach § 795 BGB.) erteilt sind. Das gleiche gilt im umgekehrten Falle.

Die Ermächtigung erlischt mit Ablauf des Rechnungsjahres. Bis dahin noch nicht aufgenommene Darlehen sind in den außerordentlichen Haushaltsplan des neuen Rechnungsjahres einzustellen.

Nur für die sog. haushaltslose Zeit (Interimswirtschaft — vgl. § 87) besteht die Ermächtigung weiter. Voraussetzung für die Ausschöpfung dieser Ermächtigung bleibt aber nach wie vor die Genehmigung nach § 78. Voraussetzung bleibt ferner die Beibehaltung des Verwendungszweckes, für den das Darlehen nach dem vorausgegangenen Haushaltsplan bestimmt worden ist.

6. **Ausnahmen von der Regelung des § 76.**

a) Übergangsregelung.

Die DurchfVO. läßt von der grundsätzlichen Regelung des § 76 für das Rechnungsjahr 1935 zwei Ausnahmen zu:

α) Nach § 26 DurchfVO. bildet der Zeitpunkt des 30. Juni 1935 eine Zäsur. Entschließungen über Darlehensaufnahmen, die vorher nach bisherigem Recht rechtsgültig gefaßt werden, regeln sich nach bisherigem Recht. Entschließungen, die nach dem 30. Juni 1935 über Darlehensaufnahmen gefaßt werden, sind nach den Vorschriften der DGO., also durch Erlaß einer Nachtragssatzung gemäß § 88 (mit Genehmigung nach §§ 76, 86), abzuwickeln. Der Ausdruck „Nachtragssatzung" ist hier in dem Sinne gebraucht, daß der nach bisherigem Recht aufgestellte Haushaltsplan die „Haushaltssatzung" ersetzt.

Mit der Feststellung der Haushaltssatzung 1936 ist jede Darlehensaufnahme, gleichgültig ob von der vorausgegangenen Zeit her noch rechtsgültige Beschlüsse, Entschließungen, Genehmigungen vorliegen, nach den Vorschriften der DGO. zu behandeln.

β) § 27 DurchfVO. schafft für die dort aufgezählten Arbeitsbeschaffungsdarlehen eine Ausnahme für das ganze Rechnungsjahr 1935 (bis zur Feststellung der Haushaltssatzung 1936). Für sie gilt das bisherige Recht; es ist also § 76 DGO., wonach Darlehen nur auf Grund einer Haushaltssatzung (Nachtragssatzung) im Rahmen eines außerordentlichen Haushaltsplans genehmigt werden können, auf sie nicht anzuwenden. Die sonstigen Vorschriften (auch § 78 DGO.) gelten auch für diese Darlehen. Auch müssen sie vor Feststellung der Haushaltsatzung 1936 noch in einer Nachtragssatzung zum außerordentlichen Haushaltsplan 1935 zusammengefaßt werden.

b) Dauerausnahmen.

§ 32 DurchfVO. stellt gewisse Schuldübernahmen genehmigungsfrei (also sowohl von § 76 wie auch von § 78); sie sind nur anzeigepflichtig. Dabei sind zwei Gruppen von Schuldübernahmen zu unterscheiden: Einerseits Schuldübernahmen beim Erwerb von Grundstücken unter Bestimmung der gleichen Wertgrenzen, wie sie nach § 24 DurchfVO. für die Genehmigungsfreiheit bei entgeltlicher Veräußerung von Grundstücken gelten, andrerseits — ohne Wertgrenze — die Schuldübernahme aus Vorhypotheken bei der Ansteigerung von Grundstücken, auf denen Hauszinssteuerhypotheken liegen.

c) überhaupt nicht als Darlehensaufnahmen gelten nach der Ziff. 2 der AusfAnw.:

α) die tatsächliche Verlängerung der Laufzeit eines Kredits, wenn der Gläubiger von seinem Rückforderungsrechte lediglich keinen Gebrauch macht,

β) die kraft Gesetzes beim Erwerb eines Grundstücks im Wege der Zwangsversteigerung eintretende übernahme der persönlichen Schuld des Vollstreckungsschuldners für eine Hypothek, die nach § 53 ZVG. bestehen bleibt.

7. **Sonstige Reichsgesetze über das gemeindliche Schuldenwesen** bleiben unberührt, also (vgl. oben Ziff. 4 der AusfAnw.):

a) Das GemUG. (insbes. § 13) vom 21. September 1933 (RGBl. I S. 647) in der jeweils gültigen Fassung; es wird auf die letzte Fassung durch RG. vom 29. März 1935 (RGBl. I S. 456) besonders hingewiesen. Ein gewisser Gleichklang mit der DGO. ist hierdurch bereits hergestellt. Auch ist der RMdJ. als oberste Kommunalaufsichtsbehörde im Genehmigungsverfahren nach § 13 GemUG. nunmehr mitbeteiligt.

b) Die Vorschriften über die Kreditsperre bei öffentlichen Sparkassen und Girozentralen (§ 3 der VO. vom 5. August 1931 — RGBl. I S. 429); nach der jüngsten Stellungnahme des RWiM. ist in naher Zeit nicht mit einer Lockerung der Sparkassenkreditsperre zu rechnen.

c) Andere Vorschriften über Genehmigungspflichten wie § 795 BGB. mit § 6 Kap. III Erster Teil der NotVO. vom 8. Dezember 1931 (RGBl. I S. 699); es ist bei den gegenwärtigen Maßnahmen für den Kapitalmarkt soviel wie ausgeschlossen, daß kommunale Emissionen Genehmigung finden.

§ 77

(1) Die Gemeinde darf Darlehen nur zur Bestreitung eines außerordentlichen und unabweisbaren Bedarfs und nur insoweit aufnehmen, als sie zu seiner anderweitigen Deckung

nicht in der Lage ist. Kann der Aufwand für die Verzinsung und Tilgung voraussichtlich nicht durch Mehreinnahmen oder Ausgabenersparnisse, die sich aus der Verwendung der Darlehensmittel ergeben, dauernd ausgeglichen werden, so muß die Gemeinde nachweisen, daß die Verzinsungs- und Tilgungsverpflichtungen mit ihrer dauernden Leistungsfähigkeit im Einklang stehen. Der Nachweis gilt in der Regel als erbracht, wenn die Gemeinde vor Aufnahme des Darlehens bereits einen wesentlichen Betrag für den Darlehenszweck aus Mitteln des ordentlichen Haushalts angesammelt hat.

(2) Die Gemeinde darf ein Darlehen, das sie bis zur Fälligkeit aus Mitteln des ordentlichen Haushalts nicht zurückzahlen kann, nur aufnehmen, wenn es sich als Vorwegnahme eines langfristigen Darlehens darstellt, das für den gleichen Zweck rechtlich und tatsächlich gesichert ist, oder wenn ein zur Abdeckung des Darlehens ausreichender Erlös aus der Veräußerung von Gemeindevermögen bis zur Fälligkeit bestimmt eingeht.

I. Amtliche Begründung s. Textausgabe S. 127.

II. Vorl. AusfAnw.

1. Die Aufsichtsbehörden haben vor Ausspruch der Genehmigung nach §§ 76, 78 DGO. mit besonderer Sorgfalt zu prüfen, ob für die Darlehensaufnahme die Voraussetzungen des § 77 DGO. vorliegen. Dabei ist allgemein zu beachten, daß eine möglichste Zurückhaltung der Gemeinden auf dem Darlehensmarkte nicht allein im Sinne der reichsgesetzlichen Vorschrift des § 13 GemUG. liegt; sie ist darüber hinaus unbedingte Voraussetzung für ein allmähliches Wiedererstarken der Finanzkraft der Gemeinden, für die Wiederkehr des Vertrauens zu einer geordneten Finanzwirtschaft und für eine Beruhigung und Kräftigung des Kommunalkreditmarktes.

2. Darlehen dürfen ausnahmslos nur für Zwecke aufgenommen werden, die im Rahmen der gemeindlichen Aufgaben liegen. Die Aufnahme von Darlehen zur Weitergabe an andere für außerhalb des Aufgabenbereiches der Gemeinde liegende Zwecke, insbesondere an private Wirtschaftsbetriebe, ist unzulässig, da die Vermittlung von Krediten nicht Aufgabe der Gemeinde ist.

3. Darlehen dürfen nur zur Bestreitung eines außerordentlichen Bedarfs aufgenommen werden. Das bedeutet, daß die Finanzierung durch Darlehen stets als Ausnahmefall zu betrachten ist und daß Darlehen nur für solche Zwecke aufgenommen werden dürfen,

die ihrer Natur nach aus Mitteln des außerordentlichen Haushaltsplans zu decken sind. Unzulässig ist demnach eine Darlehensaufnahme für Zwecke des ordentlichen Haushaltsplans, und zwar auch dann, wenn es sich um die Deckung einmaliger Ausgaben handelt. Unzulässig ist auch eine Darlehensaufnahme zur Abdeckung von Fehlbeträgen aus Vorjahren. Auch die Bereitstellung der Mittel für gewisse, zwar nicht alljährlich oder in kurzen Zwischenräumen, aber regelmäßig wiederkehrende und voraussehbare Zwecke soll in der Regel nicht durch Darlehen, sondern durch Ansammlung von Rücklagen erfolgen. Das gilt insbesondere für Schulbau- und Straßenbauausgaben.

4. Die Aufnahme von Darlehen ist nur zulässig, wenn es sich um einen unabweisbaren Bedarf handelt. Des weiteren muß es sich stets um einen gegenwärtigen Bedarf handeln. Die Aufnahme von Darlehen für Zwecke, deren Ausführung einer späteren, noch nicht näher bestimmbaren Zeit überlassen sein soll, kommt danach nicht in Betracht.

5. Vor der Aufnahme von Darlehen ist stets zu prüfen, ob nicht eine anderweitige Deckung möglich und ob nicht insbesondere eine zeitliche Verschiebung der Ausgaben bis zur Ansammlung entsprechender Rücklagen geboten ist. Soweit im übrigen Rücklagen für bestimmte Zwecke angesammelt sind, darf nach § 77 DGO. die Deckung von Ausgaben für diese Zwecke regelmäßig nur aus den Rücklagen, nicht auch aus Darlehen erfolgen.

6. Die Vorschrift des § 77 Abs 1 Satz 2 und 3 DGO. soll sicherstellen, daß die Gemeinden den Weg der Finanzierung von Einrichtungen und Anlagen aus Darlehen nur dann beschreiten, wenn die Tilgung und Rückzahlung des Darlehens unter allen Umständen gesichert ist. Die Gemeinden haben demnach in jedem Falle den Nachweis ihrer Leistungsfähigkeit zu führen.

a) Behauptet die Gemeinde, daß der Aufwand für die Verzinsung und Tilgung des Darlehens durch Mehreinnahmen oder Minderausgaben, die sich aus der Verwendung der Darlehensmittel ergeben, dauernd ausgeglichen wird, so hat sie dies durch ausreichendes Material nachzuweisen. Dabei kommt es nicht nur darauf an, daß die mit dem Darlehen zu finanzierende Einrichtung vorerst eine Rentabilität erwarten läßt; erforderlich ist darüber hinaus, daß diese Rentabilität bis zur Abdeckung des Darlehens gesichert ist.

b) Wird der Darlehenserlös für Zwecke verwandt, die einen Ausgleich des Aufwands für die Verzinsung und Tilgung durch Mehreinnahmen oder Minderungsausgaben nicht erwarten lassen, so hat die Gemeinde ihre dauernde Leistungsfähigkeit zur Erfüllung der Tilgungs- und Verzinsungspflichten nachzuweisen. Diese Sicherheit liegt bei Tilgungsdarlehen nur vor, wenn neben der Verzinsung eine regelmäßige Tilgung in angemessener Höhe möglich ist und die Tilgungsbeträge voraussichtlich jederzeit aus Mitteln des ordentlichen Haushalts aufgebracht werden können. Eine besonders sorgsame Prüfung ist insoweit bei mittelfristigen Darlehen geboten. Die bloße Erwartung, daß derartige Darlehen im Zeitpunkt ihrer Fälligkeit durch ein anderes Darlehen abgelöst werden, stellt in keinem Fall eine Sicherheit der Rückzahlung des Darlehens dar.

7. Der in § 77 Abs. 1 letzter Satz DGO. vorgesehene Nachweis kann im Hinblick auf die Finanzlage der Gemeinden zur Zeit noch nicht in allen Fällen gefordert werden. Mit fortschreitender Konsolidierung der Gemeindefinanzen haben die Gemeinden jedoch im Regelfall nachzuweisen, daß sie bei Vorlage eines Antrages auf Genehmigung eines Darlehens die zur Erfüllung des Kapitaldienstes erforderlichen Beträge für einen Zeitraum von einem Fünftel der Laufzeit des Darlehens angesammelt haben.

8. Bei Darlehen, die bis zur Fälligkeit aus Mitteln des ordentlichen Haushalts nicht zurückgezahlt werden können (§ 77 Abs. 2 DGO.), ist vor allem auch die Frage der Leistungsfähigkeit des Geldgebers, von dem die Hergabe des langfristigen Darlehens erwartet wird, oder des Vertragsgegners, der den Erlös aus der Veräußerung von Gemeindevermögen zu zahlen hat, mit besonderer Sorgfalt zu prüfen. Bei irgendwelchen Bedenken nach dieser Richtung ist die Genehmigung derartiger Darlehen unter allen Umständen zu versagen.

III. Anm.

1. **Materielle Voraussetzungen für Darlehensaufnahmen.** Die Aufnahme von Darlehen durch die Gemeinde ist ganz allgemein nur dann berechtigt, wenn diese Art der Finanzierung einen berechtigten Ausgleich zwischen den Gemeindelasten der Gegenwart und der Zukunft darstellt. Dieser Grundsatz ist in der Nachkriegszeit von den Gemeinden zu ihrem Schaden und unter schließlich schwerer Schädigung des Kommunalkredits oft mißachtet worden; die Folgen belasten leider die Gemeinden noch auf lange Zeit hinaus; im einzelnen kann auf Anm. 1 zu § 76 Bezug genommen werden. — Die DGO. sucht durch die Vorschriften des § 77 die Gemeinden zu bewährten finanzwirtschaftlichen Grundsätzen zurückzuführen.

a) A u s s c h l u ß v o n D a r l e h e n f ü r o r d e n t l i c h e H a u s h a l t s a u s g a b e n. An die Spitze setzt § 77, daß auch der a u ß e r o r d e n t l i c h e Bedarf der Gemeinde in erster Linie auf anderem Weg als durch Darlehensaufnahmen zu bestreiten ist. Damit ist mittelbar ausgesprochen, daß der laufende, o r d e n t l i c h e Bedarf der Gemeinde n i e m a l s durch Darlehensaufnahmen finanziert werden darf; dazu gehört der gesamte persönliche und sächliche Bedarf, soweit er jährlich wiederkehrt oder soweit er zur Unterhaltung und Erhaltung der gemeindlichen Einrichtungen dauernd, wenn auch in Abständen, erforderlich ist. Die DGO. schreibt in verschiedenen

Bestimmungen ausdrücklich vor, daß derartige Ausgaben ausnahmslos durch Mittel des ordentlichen Haushalts zu bestreiten sind (vgl. z. B. § 60 Abs. 2, § 61 Abs. 2 Satz 1, § 80 Abs. 3). Sie sucht ferner durch die Verpflichtung der Gemeinde, aus ordentlichen Haushaltsmitteln Rücklagen für voraussehbare Aufgaben anzusammeln, dem gleichen Ziele zu dienen (vgl. § 60 Abs. 3 — Erneuerungs- und Erweiterungsrücklagen, § 80 — Tilgungsrücklage, § 81 Abs. 2 — Betriebsrücklage); der RMdJ. kann weitere Vorschriften über die Bildung von Rücklagen durch Verordnung erlassen (§ 105 Abs. 2 Nr. 3). Der Einsatz außerordentlicher Einnahmen für Zwecke des ordentlichen Haushalts ist ausdrücklich in verschiedenen Vorschriften ausgeschlossen (die Rücklagen sind ihrem Wesen nach zweckgebunden; nur soweit diese Zweckbindung den Einsatz für Ausgaben des ordentlichen Haushalts zuläßt, kommt ihre Verwendung für den ordentlichen Haushalt in Betracht, z. B. der Einsatz der Ausgleichsrücklage zur Bestreitung eines nicht gedeckten Haushaltssolls, der Einsatz der Tilgungsrücklage für die planmäßige Tilgung von Darlehensschulden. Die Erlöse aus der Veräußerung von Gemeindevermögen sind durch § 63 in ihrer Verwendungsart festgelegt; nur ausnahmsweise und nur unter bestimmten Voraussetzungen kann ein Veräußerungserlös zur Deckung von Fehlbeträgen aus Vorjahren eingesetzt werden).

b) Darlehen als letzte Deckungsmittel für außerordentliche Haushaltsausgaben. Aber selbst der außerordentliche Bedarf soll erst in letzter Linie mit Darlehensmitteln bestritten werden; vor ihnen kommt die Heranziehung verfügbarer ordentlicher Einnahmen sowie die rechtzeitige Bildung von Rücklagen und ihr zweckbestimmter Einsatz in Betracht.

Nur wenn eine anderweitige Deckung des außerordentlichen Bedarfs als durch Darlehensmittel nicht möglich ist, so kommt die Aufnahme eines Darlehens in Betracht, aber auch erst dann, wenn der außerordentliche Bedarf unabweisbar ist, d. h. der Bedarf notwendigerweise und (zeitlich) jetzt gedeckt werden muß.

c) Tragbarkeit der Darlehensschulden. Darlehen müssen verzinst und, selbst wenn sie unverzinslich gegeben werden, zurückgezahlt werden. Es ist Rechtspflicht der Gemeinde und Rechtspflicht der Aufsichtsbehörde zu verhüten, daß Darlehen aufgenommen werden, wenn nicht feststeht, daß die übernommenen Verpflichtungen einwandfrei erfüllt werden können. Es kann nicht darauf gerechnet werden, daß der Gemeinde aus Reichs- oder gesamtkommunalen Mitteln die Erfüllung des untragbaren Schuldendienstes abgenommen oder erleichtert wird. Gerade das Ziel, die Selbstverantwortung zum notwendigen Korrelat der Selbstverwaltung zu machen, den gut wirtschaftenden Gemeinden den Ertrag ihrer Einkünfte wieder voll — ohne Abzug für Ausgleichsstöcke — zuführen zu können, zwingt im Gesamtinteresse der Gemeinden dazu, solchen Fällen vorzubeugen, in denen gesamtkommunale Mittel zur Abwendung einer den Kommunalkredit erschütternden Zahlungsstockung gegenüber Darlehensgläubigern eingesetzt werden müssen.

Deshalb ist die nachhaltige Leistungskraft der Gemeinde vor der Aufnahme eines Darlehens zu prüfen. Sie kann in zweifacher Art und Weise gegeben sein:

α) Durch den Verwendungszweck der Darlehensmittel können laufend Mehreinnahmen und Ausgabenersparnisse erzielt werden, die die laufenden Zins- und Tilgungsverpflichtungen ausgleichen. Darlehensaufnahmen für solche „werbenden" Verwendungszwecke sind einwandfrei, wenn die Gemeinde — wie es das Gesetz vorschreibt — diese dauernde Ausgleichung der laufenden Schuldverpflichtungen durch laufende Mehreinnahmen und Minderausgaben nachzuweisen vermag.

β) Ist dies nicht der Fall, so legt das Gesetz der Gemeinde die Nachweispflicht dafür auf, daß sie zur Leistung der Zins- und Tilgungsverpflichtungen dauernd in der Lage ist. Diese Nachweispflicht ist bei allen Verwendungszwecken von Darlehen erforderlich, die überhaupt nicht werbender Art i. S. von a sind, und auch bei den werbenden Verwendungszwecken insoweit, als die Mehreinnahmen und Minderausgaben die laufenden Schuldverpflichtungen nicht vollständig ausgleichen. Im Aufgabenkreis der Gemeinde liegen viele Aufgaben, die überhaupt keinen Ertrag abwerfen (z. B. Schulhausbauten, Straßenbauten u. ä.). Solche Aufgaben kehren in regelmäßigen Zeitabständen wieder; bis dahin muß nach der Vorschrift des § 80 die Darlehensschuld getilgt sein. Die letztgenannte Vorschrift sieht außerdem vor, daß die Tilgung von Darlehen um so mehr beschleunigt werden soll, je geringer der unmittelbare wirtschaftliche Nutzen des Darlehenszweckes ist; es ist daher gerade bei solchen Verwendungszwecken von vornherein der jährliche Tilgungsbetrag höher als bei werbenden Verwendungszwecken zu bemessen. Der Nachweis der dauernden Leistungsfähigkeit der Gemeinde zur Erfüllung der Schuldverpflichtungen muß hierauf abgestellt werden.

Dieser Nachweis kann und soll der Aufsichtsbehörde auch praktisch belegt werden, nämlich in der Weise, daß die Gemeinde schon einen erheblichen Betrag für den Darlehenszweck aus Mitteln des ordentlichen Haushalts zur Bildung einer für den Zweck bestimmten Rücklage angesammelt hat. Diese planmäßige Vorratsfinanzierung ist zwar nicht ausnahmslos gesetzliche Pflicht und gesetzliche Voraussetzung für Darlehensaufnahmen zu nichtwerbenden Zwecken; sie hat aber nach der Ausdrucksweise des Gesetzes und nach der Ausf.-Anw. die Regel zu bilden. Sie hat den Vorzug, daß die Gemeinde die Schwere der Verpflichtungen schon vor der Darlehensaufnahme an der Leistungskraft ihres Haushalts messen kann und unter Umständen selbst von der Eingehung schwer tragbarer Verpflichtungen bis zur größeren Erstarkung ihrer Leistungsfähigkeit sich zurückhält. Es ist Pflicht der Aufsichtsbehörde, in zweifelhaften Fällen einen solchen praktischen Nachweis der Leistungsfähigkeit der Gemeinde zu verlangen, ohne dies — gerade jetzt, wo andere Verpflichtungen in Fülle nachzuholen sind — zu überspannen. — Das Gesetz spricht von der vorherigen Ansammlung eines wesentlichen Betrages für den Darlehenszweck. Wesentlich ist der Betrag dann, wenn sich aus der Aufbringung die Erfahrung ableiten läßt, daß die Gemeinde wirklich nachhaltig in der Lage ist, diese Beträge entsprechend den einzugehenden Verpflichtungen auch weiter aufzubringen. — Die vorherige Ansammlung eines wesentlichen Betrages zur Bestreitung des Bedarfs hat neben dem Nachweis der nachhaltigen Leistungsfähigkeit noch den Vorzug, daß die Aufbringung des Bedarfs nicht ausschließlich in die Zukunft verlegt, sondern mehr in die Mitte gerückt wird. Auch hieraus ist zu entnehmen, daß der anzusammelnde (wesentliche) Betrag einen angemessenen Hundertsatz des Gesamtbedarfes darstellen muß (20 v. H.).

Die angesammelte Rücklage ist selbstverständlich nicht etwa für die Leistung der Zins- und Tilgungsverpflichtungen aus dem Darlehen, sondern zur Verminderung des Darlehensbedarfs zu verwenden.

2. Der **Zwischenkredit**, eine Sonderart der Darlehensfinanzierung, wird durch Abs. 2 geregelt. Hierbei handelt es sich darum, daß das zur Finanzierung einer dauernden Anlage erforderliche längerfristige Darlehen zwar in Aussicht steht, aber aus Gründen, die sowohl auf Seiten des Geldgebers wie Geldnehmers liegen können, im Zeitpunkt des Bedarfs noch nicht ausgereicht werden kann. Solche Fälle werden durch Aufnahme eines kurzfristigen Zwischenkredits überbrückt, sei es durch Aufnahme beim Geldgeber des langfristigen Darlehens selbst oder bei anderen Geldgebern; durch die Aufnahme des langfristigen Darlehens soll später der Zwischenkredit wieder abgelöst werden.

Solche Finanzierungsmethoden bergen, wenn die Ablösung des Kredits nicht einwandfrei gesichert ist, außerordentliche Gefahren für die Gemeinde in sich, insbesondere in Zeiten starker Schwankungen oder der Verknappung des Kapitalmarktes, des raschen Wechsels der Gesetzgebung und der Finanzlage der Gemeinden. Es ist der Weg, auf dem viele Gemeinden in die bedrohliche kurzfristige Verschuldung abgeglitten und dann zum Schaden des Geldgebers und des kommunalen Kredits in Zahlungsstockung geraten sind; die Kredite „froren ein". Es mußten gesetzliche Maßnahmen (das Gemeindeumschuldungsgesetz vom 21. September 1933 — RGBl. I S. 647 — in der Fassung des RG. vom 29. März 1935 — RGBl. I S. 456) zur Entstrickung der Gemeinden aus dieser bedrohlichen Gefahr getroffen werden. Die Kritik der Öffentlichkeit verurteilte das Vorgehen der Gemeinden ungemein scharf, und zwar mit Recht, auch unter Berücksichtigung des Umstandes, daß nicht nur auf kommunaler Seite, sondern auch im privaten Wirtschaftsleben während der Krisenzeit solche Fälle sich häuften und auch durch nichtvoraussehbare Faktoren mitbestimmt wurden. Zur Wiederherstellung eines gesunden Geld- und Kapitalmarktes und zur Wiedergesundung des Kommunalkredits ist es unerläßlich, der Wiederkehr solcher Tatbestände vorzubeugen.

Deshalb bestimmt das Gesetz, daß Darlehen und Kredite nur dann aufgenommen und genehmigt werden dürfen, wenn ihre Rückzahlung im Zeitpunkt der Fälligkeit aus Mitteln des ordentlichen Haushalts gesichert ist. Ist dies nicht der Fall, so muß die Ablösung des Kredits einwandfrei und lückenlos gesichert sein. Die Ablösung kann durch die tatsächlich und rechtlich gesicherte Zusage eines Geldgebers auf Gewährung eines Darlehens vor der Fälligkeit des Zwischenkredits oder durch rechtzeitige Bereitstellung eines hinreichenden Erlöses aus Veräußerung von Gemeindevermögen gesichert erscheinen.

a) Das Ablösungsdarlehen muß im außerordentlichen Haushaltsplan (oder im Nachtrag) eingesetzt, die zugehörige Haushaltssatzung (oder Nachtragssatzung) muß rechtswirksam, die Genehmigung zur Aufnahme des Darlehens im Rahmen der Haushaltssatzung nach § 76 sowie nach § 78 muß erteilt sein; die Aufnahme des Darlehens muß daher bereits dahin geprüft sein, daß es den Voraussetzungen des § 77 Abs. 1 entspricht. Es ist ferner zu beachten, daß die Darlehensermächtigung nach § 76 Abs. 2 einer Erlöschung ausgesetzt ist; es muß daher Vorsorge getroffen sein, daß das Ablösungsdarlehen rechtzeitig gewährt wird. Es darf endlich kein Zweifel darüber bestehen, daß der Darlehensgeber nicht nur leistungswillig, sondern auch leistungsfähig genug bleibt. um die rechtswirksame Darlehenszusage erfüllen zu können.

b) Der Veräußerungserlös muß ebenfalls tatsächlich bestimmt in Aussicht stehen (das Veräußerungsgeschäft muß daher rechtswirksam nach § 62 abgeschlossen sein oder, wenn es sich z. B. um einen außerordentlichen Holzhieb handelt, der außerordentliche Holzhieb bereits genehmigt sein); außerdem muß nach § 63 feststehen, daß der Veräußerungserlös zu dem Zweck verwendet werden darf (s. die Ausführungen zu § 63). Der Veräußerungserlös muß ebenfalls im außerordentlichen Haushaltsplan für den Zweck eingesetzt, die Haushaltssatzung rechtswirksam vollziehbar sein.

Am besten werden solche Finanzierungsmethoden überhaupt vermieden; sie bilden bei aller Vorsicht eine Gefahrenquelle. Lassen sie sich nicht vermeiden, so müssen sie auf die Fälle eingeschränkt bleiben, in denen die Erfüllung des Verwendungszwecks im öffentlichen Interesse keinen Zeitaufschub duldet.

§ 78

(1) Die Gemeinde bedarf zur Aufnahme der Darlehen, deren Gesamtbetrag nach § 76 genehmigt worden ist, zur Übernahme von Bürgschaften und Verpflichtungen aus Ge-

währverträgen und zur Bestellung anderer Sicherheiten der Genehmigung der Aufsichtsbehörde.

(²) Der Genehmigung unterliegen auch Rechtsgeschäfte, die einem der im Abs. 1 bezeichneten Rechtsgeschäfte wirtschaftlich gleichkommen.

(³) Eine Genehmigung ist nicht erforderlich für die im Rahmen der laufenden Verwaltung abzuschließenden, ihrer Natur nach regelmäßig wiederkehrenden Geschäfte, es sei denn, daß es sich unmittelbar oder mittelbar um Verpflichtungen gegenüber Ausländern oder in einer anderen als der Reichswährung handelt. Die Aufnahme von Darlehen ist in jedem Falle genehmigungspflichtig.

I. Amtliche Begründung s. Textausgabe S. 128/129.

II. DurchfVO. (§ 32)

(¹) Genehmigungsfrei ist

1. die Übernahme der persönlichen Schuld aus Hypotheken beim Erwerb von Grundstücken, wenn die Schuld die Wertgrenzen des § 24 nicht übersteigt,
2. die Übernahme der persönlichen Schuld aus Vorhypotheken bei der Ansteigerung von Grundstücken, die mit Hauszinssteuerhypotheken belastet sind.

(²) Die Schuldübernahme ist der Aufsichtsbehörde alsbald anzuzeigen.

III. Vorl. AusfAnw.

1. Der Abschluß der in § 78 Abs. 1 DGO. genannten Rechtsgeschäfte bedarf der Genehmigung der Aufsichtsbehörde. Aufsichtsbehörde ist die allgemein zuständige Aufsichtsbehörde, und zwar auch insoweit, als die Genehmigung derartiger Geschäfte in einzelnen Ländern bisher einer höheren Aufsichtsbehörde übertragen war. Dabei bleibt es den zuständigen obersten Landesbehörden überlassen anzuordnen, daß die Aufsichtsbehörden derartige Genehmigungen nur aussprechen dürfen, nachdem sie zuvor die Zustimmung der bisher zuständigen Aufsichtsbehörde eingeholt haben.

Das Fehlen der in § 78 Abs. 1 vorgesehenen Genehmigung hat nach § 104 Abs. 1 DGO. die Unwirksamkeit des Rechtsgeschäfts zur Folge.

2. Genehmigungspflichtig sind nach § 78 DGO.

a) die Aufnahme von Darlehen (wegen des Begriffs vgl. Ausf.-Anw. zu § 76). Dabei ist darauf hinzuweisen, daß rechtsnotwendige Voraussetzung der Darlehensaufnahme und des Ausspruchs der Genehmigung nach § 78 DGO. die Aufnahme des Darlehens in den außerordentlichen Haushaltsplan ist, soweit für die Übergangszeit in §§ 26, 27 der Ersten DurchfVO. nicht anderes bestimmt ist. Die Aufsichtsbehörden haben demnach im Interesse der Sicherheit des Rechtsverkehrs in der Genehmigungsverfügung nach § 78 DGO. stets zu vermerken, daß das betreffende Darlehen im außerordentlichen Haushaltsplan der Gemeinde vorgesehen ist oder — in den genannten Übergangsfällen — nicht vorgesehen zu werden braucht;

b) die Übernahme von Bürgschaften, Verpflichtungen aus Gewährverträgen und die Bestellung anderer Sicherheiten.

Im Bürgschaftsvertrage verpflichtet sich der Bürge gegenüber dem Gläubiger eines Dritten, für die Erfüllung der Verbindlichkeit des Dritten einzustehen (§ 765 BGB.).

Die Verpflichtung aus dem Gewährvertrage geht nicht auf die Erfüllung der Verbindlichkeit des Hauptschuldners; ihr Gegenstand ist vielmehr die sachliche Haftung für einen bestimmten Erfolg, für ein bestimmtes Verhalten des Schuldners, die Übernahme einer Gefahr oder eines Schadens, die aus dem Schuldverhältnis mit einem Dritten entstehen können.

Unter „anderen Sicherheiten" ist die Übernahme von Garantien, die nicht Bürgschaften oder Gewährverträge sind, zu verstehen, und zwar das Eingehen einer solchen Verpflichtung für Dritte, nicht auch zur Sicherung eines eigenen Darlehens der Gemeinde (vgl. hierzu § 79). Praktische Beispiele für andere Sicherheiten sind Avale (Wechselbürgschaften), Ausbietungsgarantien.

Für die Genehmigungspflicht von Bürgschaften wird noch auf folgendes hingewiesen:

aa) Wenn die Darlehensverbindlichkeit, für die eine Gemeinde die Bürgschaft übernommen hat, durch ausdrückliche Vereinbarung zwischen dem Gläubiger und dem Hauptschuldner oder stillschweigend verlängert wird, so bedarf es einer Genehmigung nicht, weil keine neue Bürgschaftsverpflichtung übernommen wird. Dagegen ist die Genehmigung erforderlich, wenn die Bürgschaft zeitlich befristet war und ausdrücklich neu übernommen wird.

bb) Gemäß § 418 BGB. erlöschen infolge Schuldübernahme die für die Forderung bestellten Bürgschaften und Pfandrechte. Das gilt gemäß Abs. 1 Satz 3 a. a. O. jedoch dann nicht, wenn der Bürge in die Schuldübernahme einwilligt. Willigt eine Gemeinde, die eine Bürgschaft übernommen hat, in die Schuldübernahme ein, so bedarf diese Einwilligung, die jedenfalls wirtschaftlich eine neue Bürgschaftsübernahme darstellt, der Genehmigung nach § 78 DGO.

Die Übernahme von Bürgschaften zugunsten privater Wirtschaftsbetriebe gehört grundsätzlich nicht zum Aufgabenkreis der Gemeinden und Gemeindeverbände.

c) Rechtsgeschäfte, die einem der in § 78 Abs. 1 DGO. bezeichneten Rechtsgeschäfte wirtschaftlich gleichkommen, sind z. B. die Errichtung und außergewöhnliche Instandsetzung dauernder Anlagen, wie Gas- und Elektrizitätswerke, oder Straßen unter Kreditierung des geschuldeten Betrages aus Dienst- oder Werkvertrag. Unter § 78 Abs. 2 DGO. fallen sehr häufig auch Restkaufgelder, vor allen Dingen dann, wenn das Restkaufgeld seiner Höhe nach den überwiegenden Teil des Kaufpreises ausmacht und wenn für das Restkaufgeld Zins- und Tilgungsbeträge entrichtet werden, die dem Schuldendienst bei einer Darlehensaufnahme gleichgestaltet sind.

3. Ausnahmen von der Genehmigungspflicht bestehen nach § 78 Abs. 3 DGO. für im Rahmen der laufenden Verwaltung abzuschließende, ihrer Natur nach regelmäßig wiederkehrende Geschäfte, es sei denn, daß es sich unmittelbar oder mittelbar um Verpflichtungen gegenüber Ausländern oder in einer anderen als der Reichswährung handelt oder daß die Aufnahme eines Darlehens in Betracht kommt. Unter den Begriff der laufenden Geschäfte in diesem Sinne fallen regelmäßig die unter Stundung des Kaufpreises getätigten Beschaffungsgeschäfte für die laufende Verwaltung. Es fällt hierunter ferner die Übernahme von Bürgschaften und sonstiger Verpflichtungen zugunsten Dritter, insbesondere auch der in Privatrechtsform betriebenen Werke und Anstalten, soweit es sich um regelmäßig wiederkehrende Geschäfte der laufenden Verwaltung handelt. Typische Beispiele für derartige Geschäfte sind die Beschaffung von Heizmaterial und Bürobedarf jeder Art sowie des laufenden Bedarfs für Straßenunterhaltung, den Betrieb von Krankenhäusern und Heil- und Pflegeanstalten, sowie die Bürgschaft oder sonstige Sicherheit für die Beschaffung von Kohlen zum Betrieb von Gas- und Elektrizitätswerken.

4. Anträge auf Genehmigung nach § 78 DGO. haben stets eine eingehende Darstellung der tatsächlichen Verhältnisse unter Beifügung der vertraglichen Abmachungen (Darlehensvertrag usw.) zu enthalten. Ihnen ist ferner ein Fragebogen nach dem in der Anlage beigefügten Muster in doppelter Ausfertigung anzulegen. Dabei wird auf folgende Gesichtspunkte aufmerksam gemacht:

a) Die Darlehensbedingungen namentlich hinsichtlich der Höhe der Zinsen, der Tilgungsleistungen, der vereinbarten Auszahlungskurse und der Nebenleistungen (z. B. Verwaltungskostenbeiträge) sind genau anzugeben. Dabei ist der Effektivzinssatz genau zu berechnen. Liegt der Auszahlungskurs dabei unter 10 v. H., so ist das Disagio in die laufende Zinsbelastung umzurechnen.

b) Besondere Aufmerksamkeit ist der Klarlegung der Laufzeit und der Kündigungsbedingungen zu widmen. Dabei ist stets genau anzugeben, ob sich der Gläubiger etwa (außer für den Fall des Verzuges) ein vorzeitiges Kündigungsrecht aus sonstigen Gründen vorbehalten hat.

c) Dem Antrage ist stets eine den Vorschriften der Deutschen Gemeindeordnung entsprechende rechtsverbindliche Entschließung des Bürgermeisters sowie ein Auszug aus der Niederschrift über die Beratung mit den Gemeinderäten beizufügen.

Im übrigen wird darauf hingewiesen, daß die Aufsichtsbehörden sich bei der Genehmigung derartiger Anträge in keinem Falle dadurch beeinflussen lassen werden, daß eine Gemeinde im Widerspruch mit der Vorschrift des § 90 DGO. bereits mit der Arbeit, die aus dem Darlehen bestritten werden soll, begonnen hat. Es ist Sache der Gemeinde, den Antrag auf Genehmigung so rechtzeitig vorzulegen, daß die Aufsichtsbehörde vor Beginn der Arbeiten eine Entscheidung treffen kann. Handelt die Gemeinde dem zuwider, so liegt die Verantwortung dafür, daß später etwa die Genehmigung versagt wird, ausschließlich bei ihr selbst.

5. Für die Genehmigung wird im einzelnen noch auf folgende Gesichtspunkte hingewiesen:

a) Bei Darlehensprovisionen und Spesen ist darauf zu achten, daß nicht ungebührlich hohe Bank- und Vermittlungskosten in Ansatz gebracht werden.

b) Hinsichtlich der Frage des Zinssatzes haben die Aufsichtsbehörden die Bestrebungen der Reichsregierung auf Senkung des überhöhten Zinsniveaus auch bei Erteilung der Genehmigungen unter allen Umständen zu fördern.

c) Es ist in jedem Falle mit besonderer Sorgfalt zu prüfen, ob die in dem Tilgungsplan nach § 80 DGO. vorgesehene Tilgung für die Gemeinde tragbar und angemessen ist.

IV. **Anm.**

1. **Genehmigungspflicht für die einzelnen Darlehen.** Wie durch § 76 vorgeschrieben und durch Anm. 4 hierzu bereits dargelegt, teilt sich die aufsichtliche Vorprüfung von Darlehensaufnahmen in die Prüfung im Rahmen der Haushaltssatzung (§ 76) und in die Prüfung der Bedingungen usw. der einzelnen Darlehen (§ 78). Die erste Prüfung soll der Gemeinde möglichst früh einen Überblick über die im Rechnungsjahr darlehensweise finanzierbaren Unternehmen geben; die zweite soll die Darlehensbedingungen des Einzelfalls eingehender zum Schutze der Gemeinde und zur Pflege des Geld- und Kapitalmarktes kontrollieren; es spielen hier zentrale Weisungen zur Erzielung eines angemessenen Zinsfußes usw. eine Rolle.

Die Genehmigung nach § 76 ist, soweit sie erforderlich ist (vgl. Anm. 6 zu § 76), V o r a u s s e t z u n g für die Erteilung der Genehmigung nach § 78. Die Genehmigung nach § 76 gibt keinen Anspruch auf Erteilung der Genehmigung nach § 78; § 76 behält ausdrücklich die Erteilung der Genehmigung nach § 78 vor. Wegen

Versagung der Genehmigung wird der Gemeinde keine Rechtsbeschwerde eingeräumt; denn § 113 bezieht sich nur auf das staatsaufsichtliche Verfahren nach den §§ 106 ff.; es bleibt also der Gemeinde nur die Anrufung der nächsthöheren Aufsichtsbehörde im Wege der sog. Aufsichtsbeschwerde offen.

Ist zur rechtswirksamen Eingehung der Schuldverpflichtungen außer den Genehmigungen nach den §§ 76 und 78 eine weitere Genehmigung nach sondergesetzlicher Vorschrift erforderlich (z. B. nach § 795 BGB. zur Ausgabe von Schuldverschreibungen auf den Inhaber — die Genehmigung darf nach § 6 Kap. III Erster Teil der NotVO. vom 8. Dezember 1931, RGBl. I S. 699, nur mit Ermächtigung der Reichsregierung erteilt werden — oder die Zustimmung des RMdI. und des RFM. nach § 13 GemUG. vom 21. September 1933 (RGBl. I S. 647, Änderungen 1933 S. 971, 1934 S. 575, 1935 S. 456), so bleibt auch die Erteilung dieser Genehmigung im Ermessen der zuständigen Behörde, unabhängig von den Genehmigungen nach den §§ 76 und 78.

Über den Begriff des Darlehens (Anleihen, Schuldscheindarlehen, sonstige Kredite) sowie darüber, daß die Höhe des Darlehensbetrags sowie Unterschiedlichkeiten der Eingehungsart der Schuld, des Geldgebers, der Laufzeit u. ä. die Genehmigungspflichtigkeit nicht berühren, vgl. Anm. 3 zu § 76. Die Laufzeit des Darlehens (langfristig, wenn sie mehr als 10 Jahre, mittelfristig, wenn sie zwischen 1 und 10 Jahren, kurzfristig, wenn sie nur bis zu 1 Jahr währt) spielt wohl eine Rolle für die Prüfung der Leistungsfähigkeit der Gemeinde zur rechtzeitigen Abdeckung; vgl. insbesondere § 77 Abs. 3 und die Ausführungen hierzu.

Genehmigungsfrei stellt der obige § 32 DurchfVO. gewisse Schuldübernahmen; vgl. hierzu Anm. 6 zu § 76.

2. **Genehmigungspflicht für andere gemeindliche Verpflichtungen.** Neben den Darlehensaufnahmen ist auch die Übernahme einer Reihe anderer Verpflichtungen, die die Finanzkraft einer Gemeinde belasten und unter Umständen erschüttern können, der vorherigen Genehmigung der Aufsichtsbehörde unterworfen.

a) Dazu gehören vor allem Bürgschaftsverpflichtungen. Über den Bürgschaftsvertrag vgl. §§ 765—778 BGB. Unter den Begriff Bürgschaft i. S. des § 78 fallen alle Arten von Verpflichtungen der Gemeinde gegenüber dem Gläubiger eines Dritten, für die Erfüllung der Verpflichtung des Dritten einzustehen, mag es sich um selbstschuldnerische Bürgschaft, also unter Ausschluß der Einrede der Vorausklage nach § 773 BGB., handeln oder um eine Ausfallsbürgschaft, also um die Verpflichtung, dem Gläubiger den trotz gehöriger Sorgfalt erlittenen Ausfall an der Forderung gegenüber dem Dritten zu ersetzen, oder um eine Nachbürgschaft, also um die Verpflichtung, für die Erfüllung der Verbindlichkeit eines Vor- oder Hauptbürgen einzustehen, oder um eine Rückbürgschaft, also um die Verpflichtung, für die Erfüllung der Erstattungsverbindlichkeit des Hauptschuldners gegenüber dem in Anspruch genommenen Bürgen einzustehen.

Zur Gültigkeit des Bürgschaftsvertrages ist schriftliche Erteilung der Bürgschaftserklärung schon kraft bürgerlichen Rechts erforderlich (§ 766 BGB.); es ist daher noch besonders auf § 36 Abs. 2 zu verweisen.

Zu besonderen Einzelheiten sowie zur Frage der Übernahme von Bürgschaften für private Wirtschaftsbetriebe vgl. die obige AusfAnw. Ziff. 2 letzte drei Absätze.

b) Zu den genehmigungspflichtigen Verpflichtungen der Gemeinde gehört ferner die Übernahme von Verpflichtungen aus Gewährverträgen. Während die Bürgschaftsverpflichtung ein Einstehen dem Gläubiger gegenüber dafür ist, daß ihm der Schuldner die bestehende oder künftige oder bedingte Verbindlichkeit erfüllt, vom Bestande dieses zugrunde liegenden Schuldverhältnisses abhängt (also akzessorisch ist) und als solche schon (ohne Rücksicht auf § 36 Abs. 2 DGO.) der Schriftform bedarf, ist der Gewährvertrag eine Vereinbarung darüber, daß jemand dem andern Vertragsteil einen gewissen Erfolg gewährleistet: Es wird dem anderen Teil ein gewisses Wagnis (Risiko) abgenommen, ein gewisser Mindesterfolg garantiert oder es wird ein gewisser Schadensausgleich übernommen. Solche Verträge werden Gemeinden sehr häufig zugemutet, z. B. bei Anschluß einer Gemeinde an ein Elektrizitätswerk oder Wasserwerk soll ein bestimmter Mindestabsatz, bei Eröffnung einer Kraftwagenlinie eine gewisse Mindestfrequenzziffer, bei Messen, Ausstellungen oder sonstigen Veranstaltungen die Deckung der Eigenkosten der Unternehmer garantiert werden. Solche Verträge bedürfen ausnahmslos der Genehmigung der Aufsichtsbehörde; nach § 36 Abs. 2 bedürfen sie der Schriftform.

c) Neben die Bürgschaftsverpflichtungen und die Verpflichtungen aus Gewährverträgen stellt das Gesetz die Bestellung anderer Sicherheiten. Hierher gehören vor allem die wechselmäßigen Sicherungen von Wechselverbindlichkeiten, vor allem die Wechselbürgschaft; diese (als Bürge oder per aval) gezeichnete Verbindlichkeit ist eine eigene, selbständige Wechselverpflichtung. Unter den Begriff fallen aber auch andere Verbindlichkeiten, soweit sie nicht bereits zu Darlehensverpflichtungen, Bürgschaftsverpflichtungen und Gewährverpflichtungen gehören und die Sicherung eines Gläubigers bezwecken. Es gehören hierher der Kreditauftrag (§ 778 BGB.), die Erfüllungsübernahme (§ 329 BGB.), die kumulative Schuldübernahme (oder Schuldmitübernahme) i. S. des § 421 BGB., die Bestellung eines Pfandes oder einer Hypothek für eine fremde Schuld, die Konkursbürgschaft usw. Zurückhaltung ist vor allem zu üben bei Einräumung dinglicher Rechte an Vermögensgegenständen der Gemeinde zur Sicherung eines Gläubigers; denn bei Verfolgung dinglicher Rechte ist die Zwangsvollstreckung gegen die Gemeinde nicht von einer Zulassungsverfügung der Aufsichtsbehörde abhängig gemacht; sie erfolgt vielmehr ohne Einschaltung der Aufsichtsbehörde nach den Vorschriften der ZPO. (vgl. § 116).

3. **Gleichstellung wirtschaftlich gleichartiger Rechtsgeschäfte.** Abs. 2 setzt diesen Verpflichtungsgeschäften alle Rechtsgeschäfte gleich, die wirtschaftlich einer Darlehens-, Bürgschafts-, Gewährvertragsverpflichtung oder der Bestellung einer sonstigen Sicherheit gleichkommen. Es kommt dabei nicht darauf an, ob der Wille der Gemeinde auf eine Umgehung der Vorschrift des Abs. 1 gerichtet ist oder nicht. Daß die beabsichtigten Umgehungsgeschäfte unter diese Vorschrift fallen, bedarf keiner weiteren Erörterung; die vielfältigen Formen und Gestaltungen des Rechts sind dazu bestimmt, dem Willen den klarsten und erschöpfendsten Ausdruck zu verleihen, nicht aber dazu, einem bestimmten gesetzgeberischen Willen auszuweichen. Hierher gehören Verträge über die Stundung außerordentlicher Schuldbeträge aus Lieferungs- und Werkverträgen, d. h. Schuldbeträge, die mit außerordentlichen Einnahmen abgedeckt werden sollen. Es handelt sich bei diesen Verträgen nach ihrem wirtschaftlichen Ergebnis um Kreditverträge. Aber auch soweit es sich um von vornherein gewolltes „Hängenlassen" solcher Verbindlichkeiten handelt, fallen sie darunter. Ausnahmen von der Genehmigungspflicht können sich aber nach Abs. 3 ergeben. Wenn z. B. Baustoffe für einen Neubau in erheblichem Umfang auf dieser Grundlage bezogen werden, trifft die Genehmigungspflicht zu. Die Gewährung eines Zahlungsziels für einen ordentlichen Rechnungsbetrag macht aber das Geschäft nicht genehmigungspflichtig. Der Wille des Gesetzes ist, die unkontrollierbare Anhäufung von Schulden zu verhindern. Im Zweifel ist stets auf Barzahlung — nötigenfalls unter Einsatz der Betriebsrücklage oder eines Kassenkredits — hinzuwirken. Die Kosten des Kassenkredits werden materiell durch Vergünstigung bei der Barzahlung, mehr aber noch ideell durch Herstellung einer geordneten Zahlungsweise und Hebung des gemeindlichen Ansehens und des gemeindlichen Kredits ausgeglichen. — Hierher gehören auch Restkaufgelder beim Erwerb von Grundstücken, die rechtlich keine Darlehen, sondern Kaufpreisschulden sind, wirtschaftlich aber Darlehen i. S. der §§ 76, 78 gleichkommen können, insbesondere dann, wenn sie einen erheblichen Teil des Kaufpreises darstellen und — wie Darlehen — verzinst und getilgt werden müssen.

Bei all diesen Erklärungen, die auf eine Verpflichtung der Gemeinde gerichtet sind, ist auch § 36 Abs. 2 einschlägig, d. h. die Verpflichtungserklärungen sind unter der Amtsbezeichnung des Bürgermeisters handschriftlich zu unterzeichnen, und zwar entweder vom Bürgermeister selbst oder von zwei vertretungsberechtigten Beamten oder Angestellten.

4. **Freistellung von der Genehmigungspflicht.** Abs. 3 stellt von der Genehmigungspflicht die im Rahmen der laufenden Verwaltung ihrer Natur nach regelmäßig wiederkehrenden Geschäfte frei, nimmt jedoch auch bei diesen Geschäften drei Tatbestände aus, die dadurch der Genehmigungspflicht unterstellt bleiben:

a) Verpflichtungen (durch Kreditgeschäfte, Bürgschaften, Gewährverträge oder Bestellung sonstiger Sicherheiten), die unmittelbar oder mittelbar gegenüber Ausländern übernommen werden; solche Rechtsgeschäfte bleiben genehmigungspflichtig, um sie von vornherein einer überörtlichen Kontrolle zu unterstellen, unerwünschte Verbindlichkeiten gegenüber Ausländern unterbinden zu können und außerdem um die Gemeinde vor Auswirkungen zu schützen, die vielleicht vom Standpunkt der Gemeinde aus nicht übersehbar sind. Unter Ausländern ist bei natürlichen Personen die Staatsangehörigkeit maßgebend, wobei als Ausländer i. S. dieser Vorschrift jeder anzusprechen ist, der nicht die deutsche Staatsangehörigkeit besitzt. Bei juristischen Personen entscheidet der Hauptsitz des Unternehmens. Es ist darauf hinzuweisen, daß auch mittelbare Verpflichtungen gegenüber Ausländern genehmigungspflichtig sind; der Ausländer braucht daher nicht unmittelbar Vertragsgegner der Gemeinde zu sein.

b) Verpflichtungen (aus Kreditgeschäften, Bürgschaften, Gewährverträgen oder Bestellung sonstiger Sicherheiten), die auf eine andere Währung als die Reichswährung lauten; auch hier gelten die Gründe wie bei a. Die Berechnung der Schuld nach der Dollar- oder Pfundklausel oder nach der Goldmarkklausel macht die Schuld noch nicht zu einer Schuld in einer anderen Währung, wenn die Schuld in Reichswährung zu zahlen ist. Eine ganz andere Frage ist, ob derartige Berechnungsklauseln überhaupt hinzunehmen sind. Berechnungsklauseln nach fremdländischer Währung sind grundsätzlich abzulehnen. Aber auch die Goldmarkklausel ist auf jeden Fall für öffentliche Körperschaften, die auf Stärkung des Vertrauens zur Reichswährung hinzuwirken verpflichtet sind, im höchsten Grade unerwünscht. Ausnahmen sind nur gerechtfertigt bei Schuldübernahmen, wenn die Klausel schon besteht, sowie wenn der Gläubiger die Rückfinanzierung auf gleicher Grundlage übernommen hat.

c) Darlehensaufnahmen bleiben immer genehmigungspflichtig. Was unter den im Rahmen der laufenden Verwaltung ihrer Natur nach regelmäßig wiederkehrenden Geschäften zu verstehen ist, ist Tatfrage. Zunächst kommen die Anschaffungen für den laufenden Bedarf in Frage. Es kommen ferner besonders Gewährleistungen in Miet- und Pachtverträgen der laufenden Verwaltung in Betracht. Soweit hierbei die Bestellung von Sicherheiten geschäftsüblich ist, fallen sie hierunter. Die Vorschrift ist insbesondere für die wirtschaftlichen Unternehmen der Gemeinde nicht geschäftshemmend eng auszulegen. Im begründeten Zweifelsfall ist im Interesse der Rechtssicherheit zweckmäßiger die Genehmigung zu erholen.

5. Der **Mangel der Genehmigung** macht die genehmigungspflichtigen Geschäfte nach § 104 Abs. 1 unwirksam (s. Näheres dort). Die Unwirksamkeit des Vertrages wird nicht nur die Gemeinde, sondern auch den anderen Vertragsteil veranlassen, auf die Einholung der vorgeschriebenen Genehmigung zu drängen. Auch der gute Glaube schützt nicht vor der Unwirksamkeit des Vertrages.

Die Erteilung der Genehmigung liegt im pflichtmäßigen Ermessen der Aufsichtsbehörde. Es besteht weder ein Anspruch auf Erteilung der Genehmigung noch ein Beschwerderecht der Gemeinde wegen Versagung der Genehmigung; die Gemeinde kann sich lediglich an die nächsthöhere Aufsichtsbehörde mit der sog. Aufsichtsbeschwerde wenden.

Bis zur Erteilung der Genehmigung haben daher auf Seiten der Gemeinde Geschäfte, Entschließungen und Anordnungen zu unterbleiben, die fertige Tatsachen schaffen. Werden sie trotzdem geschaffen, so trägt der Leiter der Gemeinde (und seine Vertreter) die Verantwortung hierfür, aus der er von der Aufsichtsbehörde nach § 115 Abs. 1 — abgesehen von der dienstrechtlichen und dienststrafrechtlichen Seite der Angelegenheit — zum Schadenersatz für die Gemeinde in Anspruch genommen werden kann. Die Aufsichtsbehörde darf sich durch Schaffung fertiger Tatsachen in ihrer Pflicht, die Erteilung der Genehmigung gewissenhaft abzuwägen, nicht beeinflussen lassen, soll nicht der gesetzgeberische Wille vereitelt werden. Der RMdJ. und der RFM. haben in dem gemeinsamen Runderlaß vom 25. April 1935 erklärt, daß sie grundsätzlich in solchen Fällen die nach § 13 GemUG. erforderliche Zustimmung versagen und die Inanspruchnahme der Haftung der Verantwortlichen und dienststrafrechtliche Maßnahmen veranlassen werden.

6. Die **Erteilung der Genehmigung** darf nur ausgesprochen werden, wenn die Aufsichtsbehörde pflichtgemäß die Verantwortung hierfür übernehmen kann. Ihr räumt das Gesetz das Recht, aber auch die Pflicht ein, die Schutzgewalt des Staates bei der Übernahme von Verpflichtungen, die die Gemeinde auf lange hinaus belasten, unter Umständen erschüttern können, einzusetzen. Die Aufsichtsbehörde hat daher auch die Pflicht, sich vorher die Unterlagen zu verschaffen, aus denen sie die Erfüllung der gesetzlichen Voraussetzungen und die Erreichung des Sinnes und Zweckes der gesetzlichen Vorschrift ersehen und würdigen kann. Aus dem Gesetz selbst ergibt sich, welche Unterlagen unentbehrlich sind; der der Ausf.-Anw. beigegebene Fragebogen (abgedruckt im Anhang, Anlage 3) enthält die notwendigen Anhaltspunkte.

a) Vor allem muß die Leistungsfähigkeit der Gemeinde zur Erfüllung des Schuldendienstes nachgewiesen werden. Dazu gehören die Darlegung des Finanzbedarfs selbst (lückenlose und einwandfreie Gesamtfinanzierung des Unternehmens), die Höhe des

Darlehensbetrages, die Darlehensbedingungen, die Art der Aufbringung des Bedarfs für die Schuldverpflichtungen; dabei ist vom Verwendungszweck des Darlehens auszugehen: bei werbenden Zwecken sind die erwarteten Mehreinnahmen und Minderausgaben durch Kosten- und Ertragsberechnungen darzutun. Soweit Mehreinnahmen und Minderausgaben die Höhe der laufenden Schuldverpflichtungen nicht ausgleichen, ist nachzuweisen, daß im ordentlichen Haushaltsplane zusätzliche Ausgaben zur Leistung des Schuldendienstes ohne Gefahr eines Haushaltsfehlbetrages auf die Dauer untergebracht werden können. Dabei ist darauf Rücksicht zu nehmen, daß die Finanzkraft der Gemeinde nicht bis zur letzten Ausschöpfung angespannt werden darf, weil unerwartete Zwischenfälle eintreten können, für die dann der Gemeinde jede Kraftreserve fehlt, und überdies die gemeindliche Selbstverwaltung durch Anspannung ihrer Finanzkraft bis zum letzten Rande die Bewegungsfreiheit verliert. Verweist die Gemeinde hinsichtlich des Nachweises ihrer nachhaltigen Leistungsfähigkeit auf die bereits für den Zweck angesammelte Rücklage, so ist die Höhe dieser Rücklage, aber auch die Art und Länge der bisherigen Speisung dieser Rücklage darzutun, weil diese Rücklage aus ordentlichen Haushaltsmitteln gebildet sein muß und weil nur an der Länge oder Kürze der Ansammlungszeit die nachhaltige Leistungsfähigkeit der Gemeinde gemessen werden kann. Es ist der Einsatz der Rücklage für den Verwendungszweck darzutun; nur bei besonders gerechtfertigten Ausnahmen kann die Verwendung der Rücklage zur Erleichterung des Schuldendienstes der ersten Zeit zugelassen werden, nämlich dann, wenn dargetan wird, daß nach dieser Anlaufszeit sonstige, aber bestimmt eintretende Erleichterungen des ordentlichen Haushalts die volle Tragung des Schuldendienstes gewährleisten. — Bei der Aufnahme eines Zwischenkredits ist die Sicherheit der Ablösung des Kredits durch ein langfristiges Darlehen oder durch einen Veräußerungserlös nachzuweisen. — Stets ist der bisherige Schuldenstand der Gemeinde darzulegen, und zwar nach Höhe, Laufzeit und Zinsenlast der Schulden. — Ebenso ist der Haushaltsplan, seine Abgeglichenheit, der Mangel von Fehlbeträgen aus Vorjahren unentbehrlich. — Ist die Gemeinde dem Umschuldungsverbande beigetreten, ist sie dauernd auf Zuschüsse aus dem Ausgleichsstock angewiesen, so sind diese Verhältnisse mitzuwürdigen. — Die Anspannung der Steuern, Umlagen, Abgaben und Gebühren ist zu würdigen, die Wirtschaftskraft der Abgabepflichtigen zur Leistung höherer Sätze gewissenhaft abzuschätzen, auf der anderen Seite die Auswirkung des Verwendungszweckes der Darlehen auf die Belebung der Wirtschaft, Behebung der Arbeitslosigkeit, Steigerung des Steuerertrages mitzuberücksichtigen. — Zentrale Weisungen über den Gesamteinsatz aller Wirtschaftskräfte zur Erfüllung gesamtdeutscher Aufgaben sind zu beachten. Wie die weitgehende Behebung der Arbeitslosigkeit nur auf diesem Wege möglich war, ebenso ist es auch nur möglich, die Gesundung des Geld-

und Kapitalmarktes, die Wiedererstarkung der Finanzkraft aller öffentlichen Körperschaften wieder zu erreichen.

b) Ferner verlangt die Pflege des Geld- und Kreditmarktes bei der Prüfung aller Darlehenspläne von Gemeinden nach verschiedenen Seiten Berücksichtigung. Die Zinshöhe z. B. spielt nicht nur für die Belastung der Gemeinde eine Rolle; es können also Ertrag des Verwendungszwecks und Leistungsfähigkeit der Gemeinde nicht allein entscheiden. § 13 GemUG. sieht vor, daß die Genehmigung erteilt werden soll, wenn die Verzinsung im wirtschaftlichen Gesamtergebnis (Effektivzins) nicht mehr als $4^1/_2$ v. H. beträgt. In der Zeit der organischen Zinssenkung, der Bemühungen der Reichsregierung um Gewinnung eines widerstandsfähigen Kapitalmarktes usw. haben die Gemeinden und Aufsichtsbehörden die Pflicht, solche Grenzen von sich aus auch dann zu beachten, wenn dadurch Erschwerungen in der Finanzierung auftreten; das Einzelinteresse hat vor dem Gesamtinteresse zurückzutreten. Der Effektivzinssatz ist entscheidend, er setzt sich zusammen aus dem verlangten Zinssatz + Verwaltungskostenbeitrag + der ebenfalls in einen Hundertsatz des Darlehensbetrages umzurechnenden weiteren Belastung der Gemeinde, die z. B. durch einen geringeren Auszahlungsbetrag gegenüber dem ausbedungenen Rückzahlungsbetrag des Darlehens eintritt. Dabei ist noch zu berücksichtigen, ob z. B. der Verwaltungskostenbeitrag einmalig oder laufend zu entrichten ist, ob er aus der ursprünglichen oder jeweiligen Höhe der Darlehensschuld berechnet wird, ob vor- oder nachträgliche Zahlung der Zinsen vereinbart ist.

c) Die Tilgung des Darlehens muß bei der Leistungsfähigkeit der Gemeinde zur Tragung des Schuldendienstes bereits mitgewürdigt werden. Notwendig ist daher, daß schon vor der Genehmigung des Darlehens die Tilgungsart festgelegt wird. Dies hat nach einer zweifachen Richtung zu geschehen: Es muß zum mindesten vorgesorgt sein, daß die Tilgungsbeträge nach den Fälligkeitsbestimmungen des Darlehensvertrages von der Gemeinde bereitgestellt werden können, in Teilbeträgen oder in einem Gesamtbetrag. Aus § 80 Abs. 2 ergibt sich aber, daß eine geordnete Finanzwirtschaft der Gemeinde unter Umständen je nach dem Verwendungszwecke des Darlehens intern eine noch schnellere Tilgung verlangen muß (s. hierüber die Ausführungen zu § 80). Auf jeden Fall muß der Tilgungsplan vor der Genehmigung des Darlehens vorgelegt werden, damit die Aufsichtsbehörde in der Lage ist, nötigenfalls auch in dieser Richtung an die Erteilung der Genehmigung begründete Bedingungen oder Auflagen zu knüpfen.

d) Das Verlangen der Geldgeber auf Bestellung von besonderen Sicherheiten beurteilt sich nach der Vorschrift des § 79.

e) Im Zusammenhang mit der gewollten Erschwerung der gemeindlichen Verschuldung gegenüber Ausländern, wie sie auch aus § 78 Abs. 3 hervortritt, empfiehlt es sich auch, im Darlehensvertrage bei Schuldscheindarlehen ausdrücklich auszuschließen, daß die Forderung ohne Zustimmung der Gemeinde abgetreten werden darf.

7. **Besondere Verwendungszwecke** von Darlehensmitteln berührt das Gesetz nicht unmittelbar. Aus einer Reihe von Vorschriften aber geht einwandfrei hervor, daß die Gemeinde in dieser Hinsicht nicht völlig frei ist. Die Universalität des gemeindlichen Wirkungskreises ist in wirtschaftlicher Hinsicht stark durch §§ 67—69 beschränkt. Sowohl die Errichtung und Erweiterung wirtschaftlicher Unternehmen wie auch die Beteiligung an fremden wirtschaftlichen Unternehmen ist gesetzlich umschrieben. Selbst die Aufnahme von Darlehen und Kassenkrediten von Gesellschaften, an denen Gemeinden beteiligt sind, ist durch § 71 Abs. 1 mittelbar durch Genehmigungspflicht der Zustimmung gemeindlicher Vertreter eingeengt. Daraus ergibt sich die Frage, ob die Gemeinde überhaupt Darlehen zur Weiterreichung an Dritte aufnehmen darf. Soweit in der Darlehenshingabe eine Beteiligung der Gemeinde an dem wirtschaftlichen Unternehmen liegt, beurteilt sich die Frage nach § 69 (s. Anm. 4 hierzu). Darüber hinaus kann die Aufnahme und Weiterreichung von Darlehen durch Gemeinden nur in Betracht kommen, soweit es sich beim Verwendungszwecke des Darlehensnehmers um eine Aufgabe handelt, deren Förderung die Gemeinde mit Recht als ihre Aufgabe betrachten darf. Die Förderung rein privater Zwecke ist nicht Aufgabe der Gemeinde, auch dann nicht, wenn damit für die Gemeinde kein Wagnis und keine Last verbunden ist. Soweit vorbeugende Fürsorge in Betracht kommt und mit kleinen Beträgen lohnend geholfen werden kann, ist es Sache des Bezirksfürsorgeverbandes, mit ordentlichen Haushaltsmitteln einzugreifen. Auch hat eine Reihe von Städten öffentliche Pfandleihanstalten eingerichtet. Für die Förderung des klein- und mittelständischen Kredits haben die gemeindlichen Sparkassen gesetzliche Aufgaben übernommen. Die Förderung des Wohnungsbaues, der vorstädtischen Kleinsiedlung und Kleingärten ist weitgehend geregelt. Grundsätzlich kann es nicht Aufgabe der Gemeinde sein, Privatpersonen und wirtschaftliche Unternehmen durch Darlehenshingabe zu fördern; das gleiche gilt für Bürgschaftsleistungen, Gewährverträge und Bestellung anderer Sicherheiten. Dies gilt auch dann und gerade dann, wenn private und öffentliche Geldgeber (Banken und Sparkassen) die Stützung eines notleidenden Unternehmens ihrerseits mit Darlehensmitteln als untragbar bezeichnen. Nahezu alle bisherigen Erfahrungen in den Fällen, in denen die Gemeinden geglaubt haben, aus Gründen der Fürsorge der Stillegung, Fusion oder Abwanderung eines Werks durch Einsatz der gemeindlichen Finanzkraft vorbeugen zu sollen, waren negativ. Es widerspricht auch dem Ziel und Zweck, den § 67 und § 69 verfolgen, nämlich die gemeindliche Wirtschaft ausschließlich auf einwandfrei öffentliche Zwecke auszurichten.

8. Der **Übergangszustand**, der mit der Fortgeltung des § 13

GemUG. besteht, bedingt, daß nicht die Aufsichtsbehörden die Darlehensaufnahmen endgültig genehmigen, sondern nach wie vor auf dem Dienstwege mit ihrer Stellungnahme zur Erteilung der Genehmigung dem RMdJ. in der durch den Runderlaß vom 25. April 1935 — V a I 1565/35 u. Su 3750/1316 I — Pr.MBliV. Sp. 615 ff.) angeordneten Weise vorlegen.

9. Die **Genehmigungsfreiheit** nach § 32 DurchfVO. ist zunächst auf gewisse Schuldübernahmen beschränkt. Bei der VO. nach § 105 Abs. 2 DGO. wird der Kreis je nach der wirtschaftlichen Entwicklung erweitert werden.

Es wird auf zweierlei aufmerksam gemacht:

a) Die §§ 26 und 27 DurchfVO. stellen nur eine Befreiung von den Erfordernissen des § 76, nicht auch von § 78 DGO. dar.

b) Die §§ 23—25 DurchfVO. haben keinen Zusammenhang mit § 78. Dort handelt es sich um Veräußerungsgeschäfte (Verkauf und Tausch); soweit also hierbei Darlehensaufnahmen und sonstige Verpflichtungsgeschäfte nach § 78 DGO. eine Rolle spielen sollen, sind sie genehmigungspflichtig nach § 78. Eine Ausnahme hiervon gilt nur im Rahmen des obigen § 32 DurchfVO.

§ 79

Die Gemeinde darf zur Sicherung des Darlehensgebers keine besonderen Sicherheiten bestellen. Die Aufsichtsbehörde kann Ausnahmen zulassen, wenn und soweit die Bestellung von Sicherheiten der Verkehrsübung entspricht.

I. Amtliche Begründung s. Textausgabe S. 129.

II. Vorl. AusfAnw.

1. § 79 DGO. bezieht sich ausschließlich auf die Sicherung eigener Darlehen der Gemeinde. Die Übernahme einer Bürgschaft oder Gewährverpflichtung sowie eine sonstige Sicherheitsleistung für fremde Darlehen fällt nicht unter § 79, sondern unter § 78 DGO.

2. Besondere Vereinbarungen über die Sicherung eigener Darlehen der Gemeinde stellen Darlehensbedingungen dar. Sie sind demnach zugleich mit der Darlehensaufnahme nach § 78 DGO. zu genehmigen. Werden derartige Vereinbarungen erst später getroffen, so bedürfen sie als Änderungen der Darlehensbedingungen gleichfalls der Genehmigung.

3. Der Grundsatz, daß die Gemeinde zur Sicherung des Darlehensgebers keine besonderen Sicherheiten bestellen darf, entspricht dem Wesen des Kommunalkredits. Jede Durchbrechung des Grundsatzes bedeutet zudem eine Bevorzugung einzelner Gläubiger und muß schon aus diesem Grunde vermieden werden. Ausnahmen dürfen demnach nur in besonderen Fällen und auch alsdann nur zugelassen werden, wenn und soweit die Bestellung der Sicherheit

der Verkehrsübung entspricht. Danach kann die Aufsichtsbehörde eine **hypothekarische** Belastung zulassen, wenn das Grundstück mit Darlehensmitteln erworben oder bebaut wird. Ausgeschlossen ist die **hypothekarische** Belastung von Grundstücken, bei denen eine Zwangsvollstreckung dem öffentlichen Interesse zuwiderlaufen würde.

III. Anm.

1. Die Vorschrift verbietet der Gemeinde, ihren Darlehensgläubigern zur Gewährleistung des Schuldendienstes (der Zins- und Rückzahlungsverpflichtungen) **besondere Sicherheiten** zu bestellen. Die Verletzung dieses Verbotsgesetzes zieht nach § 104 Abs. 2 die Nichtigkeit der Sicherheitsbestellung (hinsichtlich des damit verbundenen Rechtsgeschäftes vgl. § 139 BGB.) nach sich. Der Darlehensgeber ist ungerechtfertigt bereichert und hat nach §§ 812 ff. BGB. herauszugeben, was er durch die Sicherheitsbestellung (z. B. ein Pfand) erhalten hat.

Diese sog. Spezialsicherung gemeindlicher Darlehensverpflichtungen ist im Interesse der Wiederaufrichtung eines gesunden Kommunalkredits verboten. Der Kommunalkredit muß (wie ein echter Personalkredit) wieder auf der Gesamtwirtschaftskraft des kommunalen Darlehensnehmers beruhen, auf seinen gesicherten Einkünften, mehr noch auf der Ordnung seiner Finanzwirtschaft. Von dem abgesehen, liegen in der Spezialsicherung auch andere unerwünschte Folgen: Die Spezialsicherung schafft Ungleichheiten für die verschiedenen Gläubiger der Gemeinde; gewöhnlich wird sie späteren Gläubigern eingeräumt; dadurch werden die früheren geschädigt, die im Vertrauen auf das unbelastete Vermögen der Gemeinde Kredit gaben. Außerdem ist zu beachten: Soweit dingliche Rechte eingeräumt werden, kann die Zwangsvollstreckung gegen Gemeinden ohne Zwischenschaltung der Zulassungsverfügung der Aufsichtsbehörde nach den Vorschriften der ZPO. und des Zwangsversteigerungsgesetzes durchgeführt werden (vgl. § 116). Ferner wird, wenn die Spezialsicherung Regel wird, den Gemeinden, denen verpfändbares Vermögen fehlt, der Kredit versperrt, obwohl sie unter Umständen viel leistungsfähiger als andere sein können. Endlich verführt die Spezialsicherung die Gemeinden zur Überbewertung ihres Vermögens; für die Bewertung des Vermögens fehlen noch einheitliche Grundlagen und Maßstäbe; sie werden erst durch die VO. nach § 105 Abs. 2 Nr. 4 geschaffen werden; die bisherigen Bewertungen erfolgten nahezu ausschließlich nur zwecks Beschaffung der Unterlagen für die Kreditfähigkeit. Schließlich setzt die Spezialsicherung monopolartiges Vermögen (z. B. durch Verpfändung eines Elektrizitätswerkes oder der Geschäftsanteile an einem rechtlich selbständigen Unternehmen) der Gefahr der Verprivatisierung aus, was im öffentlichen Interesse ausgeschlossen werden soll. Es liegt also im Interesse der Gemeinden, durch ein einheitliches Verbot gleichmäßige Kreditunterlagen zu schaffen.

2. **Ausnahmen** kann die Aufsichtsbehörde zulassen, wenn und soweit es der Verkehrsübung entspricht. Durch die Zulassung einer solchen Ausnahme wird das Verbotsgesetz des Satzes 1 durchbrochen und die Sicherheitsbestellung gültig.

Die Zulassung muß, wie das Gesetz vorschreibt, Ausnahme bleiben und kann nur unter den gesetzlichen Voraussetzungen gewährt werden. Die „Verkehrsübung" kann nur so verstanden werden, daß sie als auf die Gemeinde beschränkt betrachtet wird. Im Kommunalkredit ist es nur verkehrs ü b l i c h, Spezialsicherheit zu geben bei der Verwendung von Darlehen zu solchen Unternehmungen, bei denen die allenfallsige Zwangsvollstreckung keinem öffentlichen Interesse zuwiderläuft, also bei Vermögensgegenständen, die weder hoheitlichen noch monopolartigen wirtschaftlichen Zwecken dienen; ausgeschlossen ist daher z. B. die Bestellung einer Hypothek auf einem Rathaus, Schulhaus u. ä. Grundstücken. Auch bei Wasserwerken, Gaswerken, Elektrizitätswerken ist sie grundsätzlich ausgeschlossen. Außerdem ist es Verkehrsübung, daß Spezialsicherheiten nur mit und auf den Vermögensgegenständen bestellt werden, die m i t den Darlehensmitteln erworben oder durch Bebauung in ihrem Werte gesteigert werden (z. B. Wohnungsbauten); ausgeschlossen ist also in der Regel, daß eine Hypothek auf dem Gemeindewalde bestellt wird für ein Darlehen, das zu einem Schulhausneubau verwendet wird. N i c h t der Verkehrsübung entspricht die nachträgliche Belastung von solchen Vermögensgegenständen mit Hypotheken, die bei der Errichtung ohne Bedenken mit Hypotheken hätten belastet werden dürfen. Hat z. B. eine Gemeinde Wohnungsbauten mit eigenen verfügbaren Mitteln errichtet und will sie ein Darlehen für einen Schulhausbau aufnehmen, das sie n u r gegen Sicherheitsbestellung erhält, so könnte daran gedacht werden, die Belastung der Wohnungsbauten nachzuholen, um die investierten eigenen Mittel wieder mobilisieren zu können; verkehrsüblich ist dies aber n i c h t.

3. **Zulassung und Genehmigung.** Für die Bestellung der Sicherheiten für eigene Darlehensaufnahmen sieht das Gesetz die Genehmigungspflicht nicht vor, während es durch § 78 die Bestellung von Sicherheiten (unabhängig von Darlehensaufnahmen) der Genehmigungspflicht unterstellt. Dies erklärt sich daraus, daß die Bestellung einer Spezialsicherheit für ein Darlehen nur als Darlehensbedingung in Betracht kommen kann und damit der Genehmigung des Darlehens selbst unterliegt. Es ist dabei folgendes zu beachten: Der Mangel der Genehmigung macht das Geschäft unwirksam (§ 104 Abs. 1), der Mangel der Zulassung i. S. des § 79 macht das Geschäft nichtig (§ 104 Abs. 2). Soll daher die Zulassung nachträglich eingeholt werden, so ist im Darlehensvertrag a u s d r ü c k l i c h ein Vorbehalt hierfür zu machen.

4. **Darlehen i. S. des § 79** sind die Darlehen i. S. des § 76. Nachdem dort die Kassenkredite ausdrücklich ausgenommen sind, ist an sich Spezialsicherung von Kassenkrediten gesetzlich zulässig, z. B.

durch Lombardierung von Wertpapieren. Daß dies nach dem Sinn und Zweck des § 79 unerwünscht ist, bedarf keiner Ausführung. Dem kann dadurch vorgebeugt werden, daß an die Genehmigung von Kassenkrediten nach § 81 eine entsprechende Bedingung angeknüpft wird. Auf die Frage wird wohl auch die VO. nach § 105 Abs. 2 DGO. eingehen.

§ 80

(1) Die Gemeinde hat für jedes Darlehen einen Tilgungsplan aufzustellen.

(2) In dem Tilgungsplan ist eine Tilgung in der Mindesthöhe der Rückzahlungsbedingungen des Darlehensvertrages vorzusehen. Darlehen zur Befriedigung wiederkehrender Bedürfnisse sind bis zur Wiederkehr des Bedürfnisses zu tilgen. Allgemein sind die Tilgungsbeträge um so höher zu bemessen, je geringer der unmittelbare wirtschaftliche Nutzen des Darlehenszweckes ist.

(3) Für Darlehen, die mit dem Gesamtbetrage fällig werden oder für die der Tilgungsplan eine von den Rückzahlungsbedingungen abweichende Tilgung vorsieht, sind die Tilgungsbeträge planmäßig anzusammeln und bereitzuhalten (Tilgungsrücklage).

I. Amtliche Begründung s. Textausgabe S. 130/131.

II. Vorl. AusfAnw.

1. Die Vorschrift des § 80 DGO. setzt eine regelmäßige Tilgung jedes Darlehens voraus. Dabei sind sowohl für Darlehen, die in Teilbeträgen rückzahlbar sind, als auch für Darlehen, die in einer Summe zurückgezahlt werden, Tilgungspläne aufzustellen und in dem Verfahren nach § 78 DGO. als Darlehensbedingungen mitzugenehmigen. Spätere Änderungen der Tilgungspläne bedürfen gleichfalls der Genehmigung.

2. § 80 Abs. 2 Satz 1 und 2 DGO. bestimmt die in jedem Falle zu beachtende Mindestgrenze der Tilgung. Wegen der verstärkten Tilgung nach § 80 Abs. 2 Satz 3 DGO. bleiben weitere Anordnungen vorbehalten.

III. Anm.

1. Die **Rückzahlung von Darlehen** ist nach § 77 dadurch zu sichern, daß die Darlehensaufnahme nur genehmigt werden darf, wenn die nachhaltige Leistungsfähigkeit der Gemeinde zur Tragung des Schuldendienstes einwandfrei nachgewiesen ist.

§ 80 verpflichtet die Gemeinde zur Aufstellung eines Tilgungsplanes. Damit ist nicht ausgesprochen, daß Gemeinden nur sog. Tilgungsdarlehen, die in gleichmäßigen oder planmäßig abgestuften oder (mit den eingesparten Zinsen) ansteigenden jährlichen Teilbeträgen zurückzuzahlen sind (Amortisations-, Annuitätsdarlehen) aufnehmen können. Die Gemeinden können vielmehr auch Darlehen aufnehmen, die in einem bestimmten Zeitpunkt mit ihrem Gesamtbetrag fällig werden. Grundsätzlich ausgeschlossen sollen jedoch Darlehen sein, die die Bestimmung der Fälligkeit in das einseitige Ermessen des Gläubigers stellen, weil hierdurch Sinn und Zweck der gesetzlichen Vorschrift einer planmäßigen Tilgung unmöglich, zum mindesten in Frage gestellt wird. Dies schließt aber wiederum nicht aus, daß Darlehensverträge außerordentliche, z. B. vom Verzuge des Schuldners abhängige Kündigungsgründe enthalten. — Auch die Darlehen i. S. des § 77 Abs. 2 müssen in ihren Fälligkeitsbestimmungen so gehalten sein, daß die geplante Ablösung nicht durch eine vorzeitige Kündigung und Fälligkeit in Frage gestellt wird.

2. Die **Tilgung des Darlehens gegenüber dem Gläubiger** (äußere Tilgung) wird durch den Darlehensvertrag festgelegt. Die Leistungsfähigkeit der Gemeinde zur Tragung des Schuldendienstes, die nach §§ 76, 78 unter Beachtung der Vorschriften des § 77 vor Erteilung der Genehmigung zu prüfen ist, muß den Erfordernissen des Darlehensvertrages mindestens genügen. Die Gemeinde muß daher mindestens in der Lage sein, bei einem Tilgungsdarlehen die vertragsmäßig ausbedungenen Zins- und Tilgungsbeträge bei Fälligkeit aufzubringen, bei einem zu einem bestimmten (hinausgeschobenen) Zeitpunkt mit dem Gesamtbetrage fälligen Darlehen während der Laufzeit die Zinsen zu zahlen und bis zum Fälligkeitstage den Rückzahlungsbetrag aus ordentlichen Haushaltsmitteln anzusammeln. Es ist durchaus wünschenswert, daß diese Laufzeiten der Darlehen nicht zu knapp bemessen werden. Sie sind mindestens so weit zu halten, wie die innere Tilgung (vgl. Anm. 3) zu bemessen ist; sie können und sollen in der Regel länger sein, weil auch hierin eine Reserve für die Finanzkraft der Gemeinde liegt. Wird aber die Laufzeit erheblich länger als die innere Tilgungszeit festgelegt, so liegt es im Interesse der Gemeinde, sich vorzubehalten, das Darlehen auch in kürzerer Frist heimzahlen zu können. Dieser letztere Vorbehalt ist stets im Interesse der Gemeinde anzustreben, wenn er einseitig für die Gemeinde — ohne das Recht des Gläubigers auf frühere Heimzahlung — erreicht werden kann.

3. Für die **innere Tilgung** der Darlehen (d. h. schnellere Aufbringung des Rückzahlungsbetrages, als es nach der Fälligkeit erforderlich wäre), stellt das Gesetz bindende Grundsätze auf:

a) Darlehen zur Befriedigung wiederkehrender Bedürfnisse sind bis zur Wiederkehr des Bedürfnisses zu tilgen. Wenn z. B. Darlehen zur Beschaffung hochwertiger Feuerlöschgeräte aufgenommen werden, so ist damit zu rechnen, daß nach einer gewissen Lebensdauer der Geräte Neubeschaffungen notwendig werden. Bis dahin ist das Darlehen intern zu tilgen. Es soll weder die Zeit, die aus der seinerzeitigen Beschaffung keinerlei Nutzen mehr hat, mit der Rückzahlung belastet noch auch die Gemeinde mit einer Doppelbelastung (durch die hinzukommende Neubeschaffung) überbürdet werden.

b) Je geringer der unmittelbare wirtschaftliche Nutzen des Darlehenszweckes ist, um so schneller ist das Darlehen zu tilgen. Darlehen für werbende Zwecke, bei denen der Mehrertrag den Schuldendienst ausgleicht, bilden an sich keine Zukunftsbelastung; ihre Rückzahlung ist im wesentlichen aus vermögens- und kreditpolitischen Gründen erforderlich. Darlehen für nichtwerbende Zwecke sollen überhaupt Ausnahmen sein, sollen durch Rücklagenbildung zurückgedrängt werden, sollen in der Hauptsache nur in konjunkturell schlechten Zeiten mit Rücksicht auf ihre wirtschaftsbelebende Wirkung eingesetzt, mit der Last des Schuldendienstes nicht auf weite Zukunft abgewälzt werden.

c) Für Darlehen, die in einem weiter abliegenden Zeitpunkt mit dem Gesamtbetrage fällig werden, muß der Rückzahlungsbetrag planmäßig vorher intern angesammelt werden.

4. Der **Tilgungsplan** ist nach Maßgabe der Erfordernisse der inneren Tilgung aufzustellen. (Dies schließt nicht aus, daß ein Tilgungsplan auch nach Maßgabe der Fälligkeit aufgestellt wird.) Der Tilgungsplan muß vor der Genehmigung des Darlehens nach § 78 aufgestellt und der Aufsichtsbehörde vorgelegt werden. Die Genehmigung zur Aufnahme des Darlehens umfaßt auch den Tilgungsplan. Liegt der Tilgungsplan nicht vor, so hat die Aufsichtsbehörde an die Genehmigung zum mindesten die erforderlichen Auflagen zu knüpfen. Liegt nur der äußere Fälligkeitsplan vor und erachtet die Aufsichtsbehörde nach § 80 Abs. 2 eine schnellere innere Tilgung für angebracht, so hat sie ebenfalls an die Genehmigung die erforderlichen Auflagen zu knüpfen.

Die Änderung des Tilgungsplanes bedarf der Genehmigung der Aufsichtsbehörde, wenn die Änderung eine langsamere Tilgung des Darlehens darstellt. Handelt es sich nur um eine Verlängerung des Darlehens gegenüber dem Gläubiger, verbleibt es aber bei der ursprünglich festgelegten inneren Tilgungszeit und dem Tilgungsmaßstabe, so ist diese Erleichterung der Lage der Gemeinde unbedenklich zu genehmigen. Soll die Tilgungszeit gegenüber dem Gläubiger gekürzt werden, so ist wegen der Mehrbelastung des Gemeindehaushalts die Genehmigung abzuwägen. Dagegen ist es klar, daß die Gemeinde ihrerseits jederzeit in kürzerer Zeit tilgen kann, nach innen auf jeden Fall, nach außen dann, wenn der Gläubiger zur vorzeitigen Annahme verpflichtet ist.

5. Die **Tilgungsrücklage** hat die Tilgungsbeträge aufzunehmen, die nach der inneren Tilgung gegenüber der äußeren Heimzahlungspflicht mehr anfallen, auch die Beträge, die nach dem inneren Til-

gungsplan für die Heimzahlung des Gesamtbetrages am Fälligkeitstage anzusammeln sind. Ist nach dem inneren Tilgungsplan das Darlehen getilgt, so sind die Rückzahlungsbeträge an den Gläubiger aus der Tilgungsrücklage zu leisten.

Die Tilgungsrücklage ist wie jede andere Rücklage zweckgebunden. Sie darf nicht für andere Zwecke (außer für kassentechnische Überbrückungen i. S. eines Quasi-Kassenkredits) verwendet werden.

Die haushaltstechnische Abwickelung der Entnahmen aus der Tilgungsrücklage erfolgt durch Einsatz als Einnahme und Ausgabe im außerordentlichen Haushaltsplan. Die Zuführungen zur Tilgungsrücklage sind im ordentlichen Haushaltsplan einzusetzen.

Nach § 63 kann auch ein Erlös aus der Veräußerung von Gemeindevermögen zur verstärkten Schuldentilgung verwendet werden. Diese Beträge sind nicht an die Tilgungsrücklage abzuführen, vielmehr durch Einsatz als Einnahme und Ausgabe im außerordentlichen Haushaltsplan unmittelbar abzuwickeln. Das gleiche gilt für etwaige Haushaltsüberschüsse, die der verstärkten Schuldentilgung zugewendet werden sollen.

§ 81

(1) Die Gemeinde darf Kredite zur rechtzeitigen Leistung von Ausgaben des ordentlichen Haushaltsplans (Kassenkredite) nur bis zu dem in der Haushaltssatzung festgesetzten und von der Aufsichtsbehörde genehmigten Höchstbetrag aufnehmen. Die Genehmigung darf nur in Ausnahmefällen für einen höheren Betrag als ein Sechstel des haushaltsmäßigen ordentlichen Einnahmesolls erteilt werden. Kassenkredite, die im Zeitpunkt einer neuen Genehmigung nicht zurückgezahlt sind, sind bei der neuen Genehmigung einzurechnen. Die Genehmigung zur Aufnahme weiterer Kassenkredite erlischt unbeschadet der Vorschrift des § 87 mit Ablauf des Rechnungsjahres.

(2) Die Aufnahme von Kassenkrediten ist nur zu genehmigen, wenn der Bedarf nicht aus Mitteln der Betriebsrücklage, zu deren Ansammlung jede Gemeinde verpflichtet ist, gedeckt werden kann.

(3) Kassenkredite sind aus ordentlichen Einnahmen des laufenden Haushaltsplans oder sonst innerhalb von neun Monaten zurückzuzahlen. Für Ausgaben des außerordentlichen Haushaltsplans dürfen sie nicht verwendet werden.

I. Amtliche Begründung f. Textausgabe S. 132/133.

II. DurchfVO. (§ 28)

(1) Soweit nach bisherigem Recht Kassenkredite aufgenommen werden konnten, ohne daß es hierzu einer Ermächtigung in der Haushaltssatzung bedurfte, bleiben insoweit bis zur Feststellung der Haushaltssatzung für das Rechnungsjahr 1936 die bisherigen Vorschriften maßgebend, wenn die Entschließung über die Aufnahme der Kassenkredite vor dem 30. Juni 1935 gefaßt worden ist. Entschließungen über die Aufnahme von Kassenkrediten nach dem 30. Juni 1935 bedürfen der Genehmigung im Rahmen einer Nachtragshaushaltssatzung.

(2) Nach der Feststellung der Haushaltssatzung 1936 dürfen weitere Kassenkredite auf Grund von Entschließungen nach Abs. 1 nicht mehr aufgenommen werden.

III. Vorl. AusfAnw.

1. § 81 DGO. schreibt zwingend vor, daß jede Gemeinde zur Ansammlung einer Betriebsrücklage verpflichtet ist, die die Aufnahme von Kassenkrediten nach Möglichkeit überflüssig machen soll. Vorbehaltlich näherer Anweisungen im Zusammenhang mit den Vorschriften des 4. Abschnitts des Sechsten Teils haben die Gemeinden der Ansammlung einer derartigen Rücklage schon jetzt ihre besondere Aufmerksamkeit zuzuwenden.

2. Soweit die Gemeinden nach dem bisherigen Landesrecht befugt waren, Kassenkredite ohne besondere Ermächtigung in einer Haushaltssatzung aufzunehmen, bleiben die hierüber bestehenden Vorschriften nach § 28 der Ersten DurchfVO. bis zur Feststellung der Haushaltssatzung für das Rechnungsjahr 1936 in Geltung, soweit die Entschließung über die Aufnahme des Kassenkredits vor dem 30. Juni 1935 gefaßt worden ist. Soweit nach den bisherigen Vorschriften die Aufsichtsbehörden zur Genehmigung der einzelnen Kassenkredite zuständig waren, haben sie bei Handhabung dieses zunächst weiterbestehenden Genehmigungsrechts bereits die in § 81 DGO. aufgezeigten Ziele nach Möglichkeit zu verwirklichen.

Weitere Anweisungen werden rechtzeitig vor dem 30. Juni 1935 ergehen.

IV. Anm.

1. Die **Kassenkredite** scheidet das Gesetz streng von den übrigen Darlehen (Anleihen, Schuldscheindarlehen und sonstigen Kredite); von den Vorschriften der §§ 76—79 sind die Kassenkredite ausdrücklich ausgenommen (vgl. § 76 Abs. 1 Satz 1). Die unterschiedliche Behandlung liegt in dem von der DGO. gewollten Wesensunterschiede der beiden Gruppen von kommunalen Krediten begründet. Dieser Unterschied ist *kein* materiell-rechtlicher; beide Kreditarten gehören zu den Darlehen i. S. der §§ 607—610 BGB. Er liegt

auch nicht etwa darin, daß Kassenkredite kurzfristig sind, die übrigen etwa nicht kurzfristig sein dürfen; denn auch unter der letzteren Gruppe erwähnt das Gesetz (§ 77 Abs. 2) ausdrücklich kurzfristige Kredite (die Zwischenkredite, die in nächster zeitlicher Nähe konsolidiert werden sollen), so sehr auch die Aufnahme solcher Kredite unter beschränkende Vorschriften gestellt ist. Der Unterschied ist vielmehr ein rein finanzwirtschaftlicher; er liegt in der verschiedenen Verwendungsart der beiden Kreditarten; hieraus ergeben sich die Begriffsmerkmale und haushaltswirtschaftlichen Folgerungen, die das Gesetz auch zieht.

2. Das **Wesen des Kassenkredits** wird vom Gesetz nicht unmittelbar, sondern durch Festlegung der Hauptmerkmale (die in Abs. 1 Satz 1 und Abs. 3 auseinandergezogen sind) umschrieben. Es ist von folgendem auszugehen: Das Gesetz will an sich die Anhäufung von Schulden einschränken. Deshalb läßt es Schuldaufnahmen überhaupt immer nur dann zu, wenn Ausgaben nicht durch ordentliche Einnahmen oder aus Rücklagen bestritten werden können. Für *außer*ordentliche Ausgaben läßt es die Aufnahme von Darlehen nach §§ 76 ff., für die vorübergehende Bestreitung *ordentlicher* Ausgaben die Aufnahme von Kassenkrediten zu. Die Verwendung von Darlehen für außerordentliche Ausgaben läßt die Darlehensmittel endgültig verbrauchen; die Abdeckung dieser Darlehensschulden erfolgt durch planmäßige Tilgung nach § 80. Die Bestreitung von ordentlichen Ausgaben durch Kassenkredite soll dagegen nur eine vorübergehende, hilfsweise sein, beschränkt auf die Fälle, in denen die ordentlichen Ausgaben und die zu ihrer Deckung bestimmten ordentlichen Einnahmen im Laufe des Rechnungsjahres nicht gleichzeitig anfallen, sondern zeitlich auseinanderfallen; *nur dieses zeitliche Auseinanderfallen der ordentlichen Ausgaben und Einnahmen des laufenden Haushalts soll durch Einsatz von Kassenkreditmitteln überbrückt werden*, m. a. W. Kassenkreditmittel (*und* Betriebsrücklagen) sind überhaupt keine Deckungsmittel für Ausgaben des Haushaltsplans, *sondern sind nur zusätzliche Kassenmittel*, um die Zahlungsfähigkeit der Kasse zur Abwickelung des ordentlichen Haushalts aufrechtzuerhalten.

Dieses Wesen des Kassenkredits ist in der Vergangenheit — teils in Not, teils durch Nachlässigkeit — vielfach nicht beachtet worden. Kassenkredite wurden zur Deckung von Ausgaben des ordentlichen Haushalts verwendet und führten so zu der bedrohlichen kurzfristigen Verschuldung der Gemeinden. Sie wurden ferner zur Deckung der Haushaltsfehlbeträge verwendet, konnten daher aus entsprechenden ordentlichen Einnahmen der nächsten Zeit nicht mehr abgedeckt werden, „froren ein" und wurden so zu „Defizitanleihen".

3. Die **Regelung des Gesetzes**. Es bestimmt eindeutig:

a) Kassenkredite dienen ausschließlich zur Leistung von Ausgaben des *ordentlichen* Haushalts (*niemals* zur Bestreitung von

Ausgaben des außerordentlichen Haushaltsplans, auch nicht zur Vorfinanzierung von Ausgaben des außerordentlichen Haushaltsplans), und zwar

b) zu ihrer rechtzeitigen, vorübergehenden Bestreitung; sie sind daher

c) aus ordentlichen Einnahmen des laufenden Haushaltsplans (oder, wenn nämlich der Kassenkredit nach dem ersten Viertel des Rechnungsjahres aufgenommen wurde, innerhalb von 9 Monaten seit der Aufnahme) zurückzuzahlen.

Hieraus ergibt sich, daß die Aufnahme von Kassenkrediten eigentlich nur dann völlig einwandfrei ist, wenn auch der ordentliche Haushaltsplan abgeglichen ist; sonst tritt immer wieder die Gefahr der Unmöglichkeit der gesetzlich gewollten Abdeckung in nächster Zeit ein. Mit jedem neuen Haushaltsfehlbetrag wächst das zur Überbrückung von ordentlichen Ausgaben und den nicht hinreichenden ordentlichen Einnahmen erforderliche Volumen von Krediten an. Dem ist um jeden Preis entgegenzuwirken, zunächst durch strengste Bemühung um Abgleichung des Haushaltsplans. Ist dies auch bei allen Bemühungen nicht möglich und ist die weitere Erhöhung des Kassenkredits (die selbst wiederum Kosten verursacht) nicht zu verantworten, so drückt sich die Unausgeglichenheit des Haushalts darin aus, daß Fälligkeit und Deckung der ordentlichen Ausgaben zeitlich immer weiter auseinanderfallen. Wenn z. B. der ordentliche Haushaltsplan auf $^1/_{12}$ des Gesamtbetrages nicht abgedeckt ist, so fehlen der Gemeinde die notwendigen Mittel für die ordentlichen Ausgaben eines ganzen Monats; die Zahlungen rücken um einen Monat über die Fälligkeit hinaus. Eine solche aus natürlichen Gründen wachsende Zerrüttung der gemeindlichen Finanzen und die Gefahr, daß der Einsatz von Kassenkreditmitteln zur Überbrückung solcher Lücken des Haushaltsplans notwendig zu den finanzwirtschaftlich unbedingt abzulehnenden Defizitanleihen führen muß, muß vor Augen stehen.

4. **Aufnahme von Kassenkrediten erst nach Einsatz der Betriebsrücklage.** Sind demnach Kassenkredite an sich völlig einwandfrei bei abgeglichenem Haushaltsplan, so stellt das Gesetz doch noch eine andere Art der zeitlichen Überbrückung von ordentlichen Ausgaben und Einnahmen vor den Einsatz von Kassenkreditmitteln, nämlich die Betriebsrücklage. Sie ist der aus ordentlichen Haushaltsmitteln angesammelte Vermögensstock (eiserner Bestand, Betriebsfonds), der ausschließlich dazu bestimmt ist, die Zahlungsfähigkeit der Kasse bei vorübergehendem zeitlichen Auseinanderfallen von ordentlichen Ausgaben und Einnahmen aufrechtzuerhalten.

Das Gesetz verpflichtet jede Gemeinde zur Ansammlung einer Betriebsrücklage. Die näheren Vorschriften ergehen durch VO. nach § 105 Abs. 2 Nr. 3.

5. Die **Voraussetzungen für die Aufnahme eines Kassenkredits** bestimmen sich hiernach. Die Aufnahme ist materiell nur zulässig,

wenn a) in einer Gemeinde die ordentlichen Einnahmen und Ausgaben nach Fälligkeit zeitlich erheblich auseinanderfallen und b) wenn noch keine genügende Betriebsrücklage hierfür vorhanden ist. Das erstere ist bei größeren Gemeinden nahezu stets, aber auch bei kleineren Gemeinden häufig gegeben; wenn z. B. eine kleine Gemeinde einen Waldbesitz hat, so können die Fällungskosten und die Einnahmen aus den Holzverkäufen um Monate auseinanderfallen. In Landgemeinden werden überdies auch die gemeindlichen Steuern in der Hauptsache erst nach der Ernte mit Erfolg hereingeholt. Immerhin kann zur Vermeidung von Kreditkosten auch in der Gleichordnung der Fälligkeiten für Einnahmen und Ausgaben, insbesondere durch rechtzeitige Beitreibung der Abgaben, viel geschehen. Die Bildung einer Betriebsrücklage ist in der Notzeit der Vergangenheit vielfach unmöglich gewesen, vorhandene sind in diesen Jahren vielfach eingezehrt worden. Ihre Ansammlung ist unerläßlich und deshalb gesetzlich geboten.

Zu diesen sachlichen Voraussetzungen treten formelle: Die Aufnahme eines Kassenkredits muß im Rahmen der Haushaltssatzung nach § 86 (oder einer Nachtragssatzung — § 88) ihrer Höhe nach von der Aufsichtsbehörde genehmigt sein. Es muß daher der Gesamtbetrag des Kassenkredits in der Haushaltssatzung bestimmt, nötigenfalls in einer Nachtragssatzung festgelegt oder im Bedarfsfall erhöht werden, und außerdem muß dieser Betrag die Genehmigung der Aufsichtsbehörde gefunden haben; endlich muß die Haushaltssatzung (bzw. Nachtragssatzung) rechtswirksam öffentlich bekanntgegeben sein (§ 86).

Erst nach Genehmigung des in der Haushaltssatzung festgesetzten Gesamt-(Höchst-)betrags des Kassenkredits und nach rechtswirksamer Veröffentlichung der Haushaltssatzung ist der Leiter der Gemeinde befugt, einen Kassenkredit aufzunehmen. Der Mangel dieser Voraussetzungen macht die Aufnahme des Kassenkredits rechtsunwirksam (§ 104 Abs. 1). Der Kreditgeber hat daher Anlaß zu verlangen, daß ihm diese Voraussetzungen nachgewiesen werden.

Dagegen ist nach Erfüllung dieser Voraussetzungen — im Gegensatz zur Regelung der Darlehensaufnahmen, die zur Bestreitung von außerordentlichen Ausgaben bestimmt sind (vgl. § 76) — eine Genehmigung der einzelnen Kassenkreditaufnahmen, die Vorprüfung der Kreditbedingungen usw. durch die Aufsichtsbehörde nicht vorgeschrieben.

6. Der **Höchstbetrag des Kassenkredits** darf nur in Ausnahmefällen ein Sechstel des ordentlichen Einnahmesolls überschreiten. Unter Einnahmesoll ist hier das sog. bereinigte Einnahmesoll zu verstehen (also veranschlagte Summe der ordentlichen Einnahmen nach Abzug der Posten des inneren Rechnungsverkehrs, vor allem der sog. durchlaufenden Posten); bei kleinen Gemeinden braucht dieses bereinigte Einnahmesoll wohl nicht berechnet zu werden, son-

dern kann durch einen globalen Abschlag am Einnahmesoll des ordentlichen Haushaltsplans geschätzt werden.

Dieser Höchstbetrag von einem Sechstel des Einnahmesolls ist für große Gemeinden ein sehr hohes Kreditvolumen, dessen volle Ausschöpfung eine ungeheuere Gefahr für die kurzfristige Verschuldung der Gemeinde werden könnte. Für kleine Gemeinden kann ein Sechstel des Einnahmesolls unter Umständen zu klein sein (z. B. bei kleinen Gemeinden, die für Waldbesitz, Weinbergbesitz u. ä. vorübergehend bis zum Eingang des Verkaufserlöses erhebliche Betriebskosten aufzuwenden haben können). Nur mit Rücksicht auf solche Fälle ist die Überschreitung des Höchstbetrages (selbstverständlich mit Genehmigung der Aufsichtsbehörde) für Ausnahmefälle als zulässig erklärt worden.

7. Die **Rückzahlung des Kassenkredits** muß, wie sich aus dem Wesen des Kassenkredits ergibt und wie es das Gesetz ausdrücklich vorschreibt, aus ordentlichen Haushaltsmitteln erfolgen. Wenn die Verwendung des Kassenkredits seinem Wesen nach einwandfrei als Vorgriff auf künftig anfallende und zur eigentlichen Deckung der Ausgaben bestimmte Einnahmen erfolgt, so sammeln sich ja aus diesen Einnahmen die Kassenbestände an, die die Rückzahlung gewährleisten. Die Rückzahlung hat eigentlich aus ordentlichen Haushaltsmitteln des laufenden Haushaltsplans zu erfolgen (bis die Bücher abgeschlossen sind). Das läßt sich aber in der Praxis deshalb nicht ganz durchführen, weil z. B. gegen Ende des Rechnungsjahres Einnahmen und Ausgaben zeitlich stark auseinanderfallen. Das Gesetz bestimmt daher, daß Kassenkredite, wenn die Rückzahlung nicht aus Einnahmen des laufenden Rechnungsjahres erfolgt, spätestens in neun Monaten seit der Aufnahme zurückzuzahlen sind.

Die Einhaltung dieser zeitlichen Grenze für die Rückzahlung des Kassenkredits läßt sich dann leicht kontrollieren, wenn der Kassenkredit in einem Auszahlungsbetrag von der Gemeinde in Anspruch genommen worden ist. Häufig wird aber der Kassenkredit in Form eines Kontokorrentkredits bei einer oder mehreren Banken in Anspruch genommen. Der Passivsaldo steigt und fällt. Es läßt sich dann im einzelnen gar nicht nachprüfen, wann die in einem bestimmten Zeitpunkt in Anspruch genommenen Gelder wieder abgedeckt worden sind. Es ergibt sich ein natürliches Übergreifen in das neue Rechnungsjahr. Der Betriebskredit zeigt hier am augenfälligsten, daß er die Betriebsrücklage nur unvollkommen ersetzt.

8. Das **Übergreifen des Kassenkredits in das neue Rechnungsjahr** ist in Abs. 1 Satz 3 und 4 geordnet.

a) Wie die Aufnahme eines neuen Kassenkredits in der Haushaltssatzung für das neue Rechnungsjahr dem Höchstbetrage nach bestimmt, von der Aufsichtsbehörde genehmigt und die Genehmigung dieses Höchstbetrages mit der Haushaltssatzung öffentlich bekanntgemacht werden muß, so ist dies auch für die in das neue Rechnungsjahr noch übergreifenden Kassenkredite vorgeschrieben. Sie sind in den Höchstbetrag des Kassenkredits für das neue Rechnungsjahr miteinzurechnen. Ihre Gesamtsumme darf nur in Ausnahmefällen ein Sechstel des ordentlichen Einnahmesolls übersteigen.

b) Kommt die Haushaltssatzung für das neue Rechnungsjahr bis zu dessen Beginn (§ 82) rechtswirksam zustande, so erlischt damit die auf Grund der Genehmigung im Rahmen der bisherigen Haushaltssatzung an den Leiter der Gemeinde liegende Ermächtigung zur Aufnahme von Kassenkrediten. Kassenkredite können alsdann nur auf Grund der Genehmigung im Rahmen der neuen Haushaltssatzung aufgenommen werden.

c) Kommt bis zum Beginn des neuen Rechnungsjahres keine Haushaltssatzung rechtswirksam zustande und ist die bisherige Ermächtigung des Leiters der Gemeinde zur Aufnahme von Kassenkrediten noch nicht ganz ausgeschöpft, so kann während der haushaltslosen Zeit (Interimswirtschaft — § 87) die Ermächtigung des Vorjahres noch ausgeschöpft werden.

d) Wird für das neue Rechnungsjahr die Aufnahme eines Kassenkredits nicht mehr für notwendig erachtet (weil z. B. inzwischen die Betriebsrücklage genügend aufgefüllt worden ist) und ist bei der Aufstellung der Haushaltssatzung für das neue Rechnungsjahr noch ein Kassenkredit des Vorjahres unabgedeckt (der aber binnen neun Monaten abzudecken ist und abgedeckt werden kann), so ist bei der neuen Haushaltssatzung dieser Restbetrag als Höchstbetrag mitzugenehmigen.

e) Zwischen der Aufstellung der Haushaltssatzung und dem Beginn des rechtswirksamen Vollzuges der Haushaltssatzung kann vielleicht die wirklich notwendig werdende Inanspruchnahme des Kassenkredits auf Grund der bisherigen Ermächtigung nicht ziffernmäßig genau überblickt werden. Deshalb ist der Betrag schätzungsweise zu erfassen. Der bis zum Beginn des rechtswirksamen Vollzuges der neuen Haushaltssatzung rechtmäßig in Anspruch genommene Betrag im Rahmen der bisherigen Ermächtigung ist dann für die Anrechnung auf den neuen Höchstbetrag maßgebend. Ist er höher als der geschätzte Betrag, so kürzt sich insoweit der Höchstbetrag für die Aufnahme eines neuen Kassenkredits. Ist er niedriger als der geschätzte Betrag, so kürzt sich das Gesamtvolumen des Kassenkredits für das neue Rechnungsjahr um den Unterschied.

9. Die **haushaltstechnische Behandlung** des Kassenkredits und der Betriebsrücklage ergibt sich daraus, daß beide nur bestimmt sind, vorübergehend das zeitliche Auseinanderfallen von ordentlichen Einnahmen und Ausgaben auszugleichen. Es handelt sich daher bei ihrem geldlichen Einsatz nicht um die endgültige Bestreitung von Ausgaben des ordentlichen Haushalts (mit dem außerordentlichen Haushaltsplan haben beide überhaupt keine Berührung; beide dürfen niemals für Ausgaben des außerordentlichen Haushaltsplans verwendet werden). Beide, sowohl der Kassenkredit wie die

Betriebsrücklage, sind daher keine **Deckungsmittel** für Ausgaben, beide sind nur zusätzliche Kassenmittel und sind deshalb im Haushaltsplan auch nicht zu veranschlagen. Der Kassenkredit wird nur im Zusammenhange mit dem Haushaltsplan in der Haushaltssatzung seinem Höchstbetrage nach bestimmt, genehmigt und veröffentlicht. Nur in der Kassenführung der Gemeinde sind sie (außerhalb des Haushaltsplans) abzuwickeln.

10. Wird der Kassenkredit zu einer „**Defizitanleihe**", m. a. W. wird die ordnungsmäßige Rückzahlung von Kassenkrediten infolge der Fehlbetragswirtschaft der Gemeinde im ordentlichen Haushalt unmöglich, so ist Ordnung zu schaffen. Für die Vergangenheit hat die Umschuldung auf Grund des Gemeindeumschuldungsgesetzes vom 21. September 1933 (RGBl. I S. 647, letzte Änderung durch RG. vom 29. März 1935 — RGBl. I S. 456) eine Bereinigung herbeigeführt; diese „Defizitanleihen" wurden konsolidiert; die Fehlbeträge aus Vorjahren waren, soweit sie in kurzfristigen, umschuldungsfähigen Schulden untergebracht waren (über den außerordentlichen Haushaltsplan) abzuwickeln.

Daß dieser Zustand nicht wiederkehren darf, ist ein Hauptziel vieler Vorschriften des Gesetzes. Wo aber die Verhältnisse stärker als alle ernsthaften Bemühungen sowohl in der Sparsamkeit auf der Ausgaben- wie in der tragbaren Anspannung auf der Einnahmenseite des Haushalts sind und wo auch keine Aussicht besteht, in den nächsten Jahren durch rechnungsmäßigen Überschuß die Fehlbeträge zu bereinigen, ist es besser, durch Umschuldung der übermäßig angewachsenen Kassenkredite einen gesunden Boden für die Haushaltswirtschaft zu schaffen als die Verhältnisse weiter zu schleppen. Daß an einen solchen außerordentlichen Vorgang strenge Auflagen für die weitere Haushaltswirtschaft der Gemeinde zu knüpfen sind, unterliegt keinem Zweifel.

11. Auch **andere Rücklagenbestände** als die Betriebsrücklage, die ihrem Wesen nach für die kassenmäßige Überbrückung einer vorübergehenden Überbeanspruchung der Kasse bestimmt ist, dürfen trotz ihrer Zweckbindung ebenfalls kassenmäßig vorübergehend dann herangezogen werden, wenn diese Rücklagenbestände nicht für ihre eigene Zweckbindung gerade greifbar sein müssen. In diesen Fällen handelt es sich um die Aufnahme eines inneren Kassenkredits bei der betreffenden Sonderrücklage. Diese Sonderrücklage darf dadurch nicht beeinträchtigt werden; es muß also nicht nur gewährleistet sein, daß die Mittel wieder rechtzeitig zurückfließen, sondern es müssen ihr auch die Zinsverluste ersetzt werden. Auch die Beanspruchung dieser Sonderrücklagen für kassenmäßige Überbrückungen kommt nicht im Haushaltsplan zum Ausdruck. Nur die endgültige Verwendung dieser Rücklagemittel zur haushaltsmäßigen und rechnungsmäßigen Deckung von Ausgaben muß ausgeschlossen sein; eine solche Verwendung wäre nur möglich — unter Aufhebung der Zweckbindung der Rücklage — durch Entnahme der Mittel aus der Rück-

lage unter Einsatz als Einnahme und Ausgabe im außerordentlichen Haushaltsplan.

12. **Überleitung im Rechnungsjahre 1935.** Wie für die Aufnahme von Darlehen nach § 76 die Vorschrift des § 26 DurchfVO., so schafft auch § 28 DurchfVO. für die Kassenkredite des § 81 einen Übergangszustand: der 30. Juni 1935 bildet eine Zäsur. Kassenkredite, die auf Grund rechtsgültiger Entschließungen (Beschlüsse) aus der Zeit vorher aufgenommen werden sollen, sind nach bisherigem Recht zu behandeln. Entschließungen nach dem 30. Juni 1935 bedürfen der Genehmigung im Rahmen einer Nachtragssatzung nach den Vorschriften der DGO. (§ 88). Die Feststellung der Haushaltssatzung 1936 bildet eine zweite Zäsur: Von diesem Zeitpunkt an dürfen Kassenkredite nur nach § 81 DGO. aufgenommen werden.

4. Abschnitt

Haushalt

§ 82

Das Rechnungsjahr der Gemeinde deckt sich mit dem Rechnungsjahr des Staates. Es wird nach dem Kalenderjahr benannt, in dem es beginnt.

I. Amtliche Begründung s. Textausgabe S. 133/134.

II. Anm.

1. Die **haushaltswirtschaftlichen Vorschriften** der §§ 82—93 bilden das Kernstück aller Bestimmungen über die Wirtschaftsführung der Gemeinde (Sechster Teil des Gesetzes). Die grundsätzlichen Ausführungen über Haushaltssatzung und Haushaltsplan s. bei § 83.

2. Das **Rechnungsjahr der Gemeinde** ist der gesetzlich abgegrenzte Zeitabschnitt, auf den Planen (Haushaltsplan), Buchführen (Kassenwesen) und Abrechnen (Rechnungslegung) in der Gemeindewirtschaft abzustellen sind, um Übersichtlichkeit, Planmäßigkeit und Vergleichbarkeit zu erzielen. Bei allen einschlägigen Vorschriften der DGO. über die Haushaltswirtschaft wird eine Jahreswirtschaft vorausgesetzt. Das gilt insbesondere für die Haushaltssatzung und den Haushaltsplan (§ 83) und für die Rechnungslegung (§ 95). Der Haushaltsplan ist der für ein Jahr sorgfältig vorgeschätzte Wirtschaftsplan, die Rechnung ist das Wirklichkeitsbild des abgelaufenen Wirtschaftsjahres. — Verschiedene Vorschriften knüpfen an das Ende des Rechnungsjahres das Erlöschen von Genehmigungen und Ermächtigungen (z. B. § 76 Abs. 2 für Darlehensermächtigungen, § 81 für Kassenkreditaufnahmen). Jahressteuersatzungen (vgl. § 83 Nr. 2) haben Geltung für das Rechnungsjahr.

Das Rechnungsjahr der Gemeinde deckt sich mit dem Rechnungsjahre des Staates (Reichs). Dieses ist nach § 2 RHO. mit seinem Beginn auf den 1. April und mit seinem Ende auf den 31. März festgelegt. Ändert das Reich diese Festlegung, so ändert sich ohne weiteres in gleicher Weise auch das Rechnungsjahr der Gemeinde.

Die Benennung des Rechnungsjahres erfolgt nach dem Kalenderjahr, in dem es beginnt (das vom 1. April 1935 bis 31. März 1936 laufende Rechnungsjahr heißt deshalb Rechnungsjahr 1935).

§ 83

Für jedes Rechnungsjahr hat die Gemeinde eine Haushaltssatzung zu erlassen. Sie enthält die Festsetzung

1. **des Haushaltsplans,**
2. **der Steuersätze für die Gemeindesteuern, die für jedes Rechnungsjahr neu festzusetzen sind,**
3. **des Höchstbetrags der Kassenkredite,**
4. **des Gesamtbetrags der Darlehen, die zur Bestreitung von Ausgaben des ordentlichen Haushaltsplans bestimmt sind.**

I. Amtliche Begründung s. Textausgabe S. 134—136.

II. DurchfVO. (§ 29)

(1) Für das Rechnungsjahr 1935 werden der Haushaltsplan und die Steuersätze für die Gemeindesteuern, die für jedes Rechnungsjahr neu festzusetzen sind, nach den bisherigen finanzrechtlichen Vorschriften festgestellt. Das gilt auch dann, wenn die Feststellung erst nach Beginn des Rechnungsjahres erfolgt.

(2) Werden nach dem 30. Juni 1935 Änderungen des Haushaltsplans oder der Steuersätze erforderlich, so bedarf es einer Nachtragshaushaltssatzung nach § 88 der Deutschen Gemeindeordnung.

III. Vorl. AusfAnw.

§ 29 der Ersten DurchfVO. hält für die Aufstellung des Haushaltsplanes 1935 und für die Festsetzung der Steuersätze für die Gemeindesteuern, die für jedes Rechnungsjahr neu festzusetzen sind, die bisherigen finanzrechtlichen Vorschriften des Landesrechts aufrecht. Dabei ist es ohne Bedeutung, ob die Feststellung des Haushaltsplanes oder der Steuersätze nach Beginn des Rechnungsjahres erfolgt. Wegen der Ermächtigung zur Aufnahme von Darlehen und von Kassenkrediten wird auf die AusfAnw. zu §§ 76, 81 DGO. verwiesen.

Die Vorschriften der §§ 83, 88 DGO. sind demnach, soweit das bisherige Landesrecht eine Haushaltssatzung nicht kennt, erst anzuwenden, wenn nach dem 30. Juni 1935 Änderungen des Haushaltsplanes oder der Steuersätze erforderlich werden. Die erforderlichen Weisungen namentlich wegen eines Musters der Haushaltssatzung werden rechtzeitig vor dem 30. Juni 1935 ergehen.

§ 29 der Ersten DurchfVO. hält im übrigen nur die finanzrechtlichen Vorschriften des Landesrechts über die Aufstellung, Genehmigung und Veröffentlichung des Haushaltsplanes und die Festsetzung der Steuersätze aufrecht. Nach der verfassungsrechtlichen Seite hin sind demnach schon vom 1. April 1935 ab die Vorschriften der Deutschen Gemeindeordnung anzuwenden. Das bedeutet, daß insbesondere der Haushaltsplan vom Bürgermeister nach Beratung mit den Gemeinderäten festgestellt wird.

IV. Anm.

1. Die **Haushaltssatzung** ist — wie beim Staate das alljährliche Haushalts- oder Finanzgesetz — die in einem besonderen gesetzlich vorgeschriebenen Verfahren zustande kommende, die Gemeindeverwaltung bindende, planmäßige Vorregelung der Wirtschaftsführung der Gemeinde für ein Rechnungsjahr.

Die Haushaltssatzung ist nicht gleichzusetzen dem Haushaltsplan; dieser ist nur Bestandteil, wenn auch wesensnotwendiger Bestandteil der Haushaltssatzung (s. Anm. 3). — Die Haushaltssatzung ist auch nicht etwa die Satzung der Gemeinde über das Haushaltsgebaren überhaupt (materielles und formelles Finanzrecht); diese Vorschriften enthält vielmehr das Gesetz — überwiegend der Sechste Teil der DGO. — selbst. Die Haushaltssatzung enthält überhaupt nicht objektives Recht (allgemein verbindliche Rechtssätze), sondern ist nur eine Satzung (nach § 3) im formellen Sinne. Die Haushaltssatzung unterscheidet sich daher von den Satzungen nach § 3 dadurch, daß letztere allgemein verbindliche Rechtssätze (s. Anm. 1 zu § 3) enthalten, während die Haushaltssatzung nur die Gemeindeverwaltung bindet, irgendwelche Rechte und Pflichten Dritter aber nicht begründet. —

Sonach ist die Haushaltssatzung die von der Gemeinde selbst in Form einer Satzung geschaffene rechtlich bindende Norm für ihre Wirtschaftsführung in einem Rechnungsjahr. Die Gründe dafür, daß der Haushaltsplan und andere Gegenstände der Wirtschaftsführung (s. § 83 Nr. 2—4) in dieser Form alljährlich festgelegt werden müssen, sind in der Begründung zum Gesetz eingehend dargelegt. Nach den alten Gemeindeordnungen lag in der Zweiheit der Beschlußfassung und der Ausführung eine gewisse Bindung. Beim Führergrundsatz (§ 32) entfällt diese innergemeindliche Bindung. Soll daher der unerläßlich notwendige Plan für das Wirtschaftsgebaren in einem Rechnungsjahre nicht etwa nur ein loser, durch den Leiter der Gemeinde jederzeit formlos änderbarer Wirtschaftsplan sein, sondern fest und geschlossen die Wirtschaftsführung vorauslenken, so bedarf er eines rechtlichen Unterbaues, der den Plan dem wechselnden Ermessen entzieht und ihn — bis zu einem gewissen Grade — versteift. Eine gesetzliche Regelung, wonach der einmal festgestellte Haushaltsplan nicht mehr geändert werden kann, wäre wegen der Starrheit höchst unzweckmäßig, ja unmöglich. Den Mittelweg geht die DGO. (nach dem Vorschlage des Popitzschen Gutachtens vom Jahre 1932 und nach dem ihm folgenden Pr. GemFinG.), indem sie bestimmt, daß die in § 83 genannten Bestandteile der Wirtschaftsführung in Form einer Satzung, und zwar in einem besonders geregelten Verfahren (Aufstellung, Beratung, Feststellung, gegebenenfalls Genehmigung, öffentliche Bekanntmachung — s. §§ 84, 86) festgesetzt und nur in der gleichen Form und im gleichen Verfahren geändert werden können.

2. Die **Bestandteile der Haushaltssatzung** sind im § 83 aufgeführt. Die Satzung (ein Muster wird noch vor dem 30. Juni 1935 veröffentlicht) umschließt sie und verbindet sie zu einem organischen Ganzen. Haushaltsplan und Deckungsmittel (jährliche Steuerfestsetzung), außerordentliche Ausgaben und Darlehensaufnahmen sowie die Beschaffung außerordentlicher Kassenmittel sind in eine innere, voneinander abhängige Bindung gebracht und verleihen somit der Wirtschaftsführung der Gemeinde eine vom Beginne des Rechnungsjahres an gegebene Geschlossenheit und Planmäßigkeit. Gleichzeitig dient die Regelung der Klarheit und Überprüfbarkeit des Wirtschaftsgebarens; im einzelnen vgl. die folgenden Anmerkungen.

3. Der **Haushaltsplan** ist die gesetzlich (§ 83) vorgeschriebene und in einem vorgeschriebenen Muster erfolgende (s. § 105 Abs. 2 Nr. 3) Zusammenstellung aller voraussehbaren Einnahmen und Ausgaben der Gemeinde für ein Rechnungsjahr, und zwar nach Höhe und Herkunft aller Einnahmen und nach Höhe und Verwendungszweck aller Ausgaben. Vor Beginn eines Rechnungsjahres hat der Haushaltsplan die Ausgaben und Einnahmen vorzuschätzen und festzulegen. Nach Abschluß eines Rechnungsjahres ergibt die Rechnung das Wirklichkeitsbild der Wirtschaftsführung. Hieraus ergibt sich auch die innere Verbindung von Haushaltsplan, Kassen- und Rechnungswesen; die Buchführung und die Rechnungslegung der Gemeinde müssen nach dem Bilde des Haushaltsplans geführt werden, soll die Klarheit, Durchsichtigkeit, Überprüfbarkeit und Vergleichbarkeit gesichert werden.

Da jede Verwaltungstätigkeit irgendeine finanzielle Seite hat, ist der Haushaltsplan (und nach Abschluß des Rechnungsjahres die Rechnung) das finanzwirtschaftliche, bis ins einzelne gegliederte und daher Einblick gewährende Abbild der Gesamtverwaltung der Gemeinde in einem Rechnungsjahre. Der Haushaltsplan gibt der laufenden Verwaltung den gesicherten finanziellen Boden und Halt; er soll sie vor Verwaltungsmaßnahmen und Unternehmen behüten, die in ihrer finanziellen Auswirkung nicht übersehbar sind. Er läßt ersehen, wieweit Einnahmen und Ausgaben jedes Zweiges und jedes Unternehmens voneinander abstehen und wieweit daher das gemeinnützige Prinzip gespannt ist bzw. zu spannen möglich ist. Der Ausgleichszwang (§ 85) nötigt zu gewissenhafter Scheidung der notwendigen und entbehrlichen, wenn auch zweckmäßigen und wünschenswerten Ausgaben, wenn eben der Deckungsbedarf bei der gebotenen Rücksichtnahme auf die Wirtschaftskraft der Abgabepflichtigen (§ 7) nicht aufgebracht werden kann. —

Wenn auch durch § 105 Abs. 2 der RMdJ. ermächtigt ist, durch Verordnung die Aufstellung und Führung des Haushaltsplans noch näher zu regeln, so sind doch (wie auch der Allgemeine Teil der Begründung ausführt — s. S. 8ff.) die elementarsten Grundsätze, die für alle Gemeinden ohne Rücksicht auf ihre Größenordnung unterschiedslos gelten, im Gesetze selbst festgelegt:

a) Rechtliche Bedeutung des Haushaltsplans. Sie ist in Anm. 1 als Bindung der Wirtschaftsführung der Gemeinde in einem Rechnungsjahre festgestellt. Diese Bindung ist verschiedener Art:

α) bei den Ausgaben. Der Leiter der Gemeinde wird niemals durch den Haushaltsplan zur Leistung irgendwelcher Ausgaben verpflichtet. Bestehen Verpflichtungen der Gemeinde zur Leistung von Ausgaben, so beruhen sie auf einem anderen Rechtsgrund (auf Verträgen, Anstellung von Beamten, gesetzlichen Pflichtaufgaben u. ä.). Durch den Haushaltsplan wird der Bürgermeister nur ermächtigt, Ausgaben zu leisten, und zwar zu den im Plan angegebenen Zwecken und nur zu diesen sowie bis zu der im Plan angegebenen Höhe und nur bis zu dieser Höhe. Ausgaben, die zu Haushaltsüberschreitungen führen, also außerplanmäßige Ausgaben (nämlich zu anderen als im Plane vorgesehenen Zwecken) und überplanmäßige Ausgaben (nämlich über die im Plane vorgesehene Höhe hinaus) sind im Gesetz (§ 91) streng geregelt. — Für außerordentliche Ausgaben vgl. außerdem noch § 90;

β) bei den Einnahmen. Hier besteht für den Bürgermeister die Pflicht, die ordentlichen Einnahmen (nicht etwa nur in der vorgeschätzten Höhe, sondern nach den festgesetzten Steuer- usw. Sätzen) zu erheben; Erlaß, Niederschlagung, Verzicht, Vergleiche u. ä. beim einzelnen Schuldner sind grundsätzlich beratungspflichtig mit den Gemeinderäten (§ 55 Abs. 1 Nr. 10). Das gleiche gilt für außerordentliche Einnahmen, soweit sie Erlöse aus der Veräußerung von Gemeindevermögen darstellen. Dagegen ist der Bürgermeister durch den Haushaltsplan nicht verpflichtet, sondern nur ermächtigt, Darlehen und Kassenkredite aufzunehmen, durch § 89 sogar verpflichtet, solche Schulden nicht eher und nicht höher aufzunehmen, als es bei wirtschaftlicher und sparsamer Verwaltung geboten ist.

b) Gliederung des Haushaltsplans in ordentlichen und außerordentlichen Haushaltsplan. Das Gesetz unterscheidet an zahlreichen Stellen (z. B. §§ 60, 61, 63, 76, 77, 81, 83, 86, 87, 90, 91) zwischen ordentlichen und außerordentlichen Haushaltsmitteln oder ordentlichem und außerordentlichem Haushaltsplan; es setzt daher die pflichtmäßige Gliederung voraus, die in der VO. nach § 105 Abs. 1 Nr. 3 noch näher geregelt wird.

Aus der Gesamtanlage des Sechsten Teils des Gesetzes ist ersichtlich, daß außerordentliche Einnahmen die Erlöse aus Vermögensveräußerungen, die Darlehensmittel und die Entnahmen aus Rücklagen sind. Außerordentliche Ausgaben sind solche, die mit diesen außerordentlichen Einnahmemitteln bestritten werden. Grundsatz ist, daß als Deckungsmittel die ordentlichen Einnahmen vorgehen. Grundsatz ist ferner, daß außerordentliche Einnahmen nicht zur Bestreitung von ordentlichen Ausgaben verwendet werden dürfen. Dementsprechend ist jeweils neben dem ordentlichen auch ein außerordentlicher Haushaltsplan aufzustellen und sind außerordentliche Einnahmen zur Deckung außerordentlicher Ausgaben einzustellen. Grundsätzlich kann kein Darlehen außerhalb des außerordentlichen Haushaltsplans aufgenommen werden (s. § 76).

Ordentliche Einnahmen sind die Verwaltungseinnahmen (Einnahmen aus der laufenden Verwaltung) und die allgemeinen Deckungsmittel. Beide zusammen decken den Finanzbedarf, die allgemeinen Deckungsmittel allein den Zuschußbedarf. — Ordentliche Ausgaben sind die Ausgaben, die aus den ordentlichen Einnahmen zu decken sind.

c) Der Grundsatz der Vollständigkeit (Totalität) des Haushaltsplans. Nach § 85 sind alle Einnahmen und alle Ausgaben im Haushaltsplan zu veranschlagen; auch aus § 89 folgt dies. Das führt auch zum Bruttoprinzip des Haushaltsplans, d. h. alle Ausgaben und alle Einnahmen sind getrennt und in voller Höhe (ohne Vorabzug und ohne Voranrechnung) zu veranschlagen. — Die Vorschrift des § 72, wonach die einzelnen wirtschaftlichen Unternehmen der Gemeinde Leistungen und Lieferungen anderer Unternehmen und Verwaltungszweige zu vergüten haben, führt zum mindesten insoweit zum bereinigten Bruttohaushalt, insofern die gegenseitigen Ausgaben- und Einnahmenerstattungen sowie die allgemeinen und besonderen Verwaltungskostenbeiträge — im sog. inneren Rechnungsverkehr — auszuscheiden sind. Da auch die übrigen Unternehmen nach § 67 nach wirtschaftlichen Gesichtspunkten zu führen sind und dies erst bei durchsichtiger Feststellung der wirklichen vollen Einnahmen und der wirklichen vollen Ausgaben möglich ist, muß auch hier der Grundsatz Platz greifen. Dies ergibt Doppelbuchungen im Haushaltsplan; werden diese ausgeschieden und ebenso die sog. durchlaufenden Posten, so ergibt sich der bereinigte Bruttohaushaltsplan; der Einnahmenbedarf zur Deckung der Ausgaben des bereinigten Bruttohaushaltsplans ist der sog. Finanzbedarf (s. oben).

d) Grundsatz der sachlichen Einheit des Haushaltsplans. Die DGO. sieht vor, daß ein Haushaltsplan aufgestellt wird, in dem alle Einnahmen und alle Ausgaben zu veranschlagen sind (§ 85). Inwieweit für wirtschaftliche Unternehmen nach § 74 Abs. 3 Sonderbestimmungen auf Grund des § 105 Abs. 2 erlassen werden, ist noch offen. Auf jeden Fall muß das wirtschaftliche Ergebnis auch der Unternehmen im einheitlichen Haushaltsplan der Gemeinde mitaufgenommen werden.

e) Grundsatz des Haushaltsausgleichs; vgl. hierzu § 85.

f) Der Haushaltsplan als Grundlage für die Verwaltung aller Einnahmen und Ausgaben; vgl. hierzu § 89.

Die innere Verbindung zwischen Haushaltsplan, Kassen- und Rechnungswesen (Buchführung und Rechnungslegung) ist in Anm. 2 dargelegt. Dazu bestimmt § 89, daß der Bürgermeister die gesamte Einnahmen- und Ausgabenverwaltung führt. Zur Erhebung von Einnahmen und zur Leistung von Ausgaben bedarf daher die Kasse seiner Anweisung. Über Kassen-, Rechnungs- und Rechnungsprüfungswesen ergehen noch nähere Vorschriften nach § 105 Abs. 2 Nr. 5 und 6.

g) Grundsatz der Wirtschaftlichkeit und Sparsamkeit (§ 89).

Das ökonomische Prinzip für die Wirtschaftsführung ist auch an anderen Stellen der DGO. ausgesprochen (s. § 60). Es ist ferner der Gemeinde in § 67 Abs. 2 zur Pflicht gemacht, auch die Unternehmen „nach wirtschaftlichen Gesichtspunkten zu führen", die nicht als „wirtschaftliche Unternehmen" i. S. des Gesetzes behandelt werden sollen; vgl. die Ausführungen zu §§ 60 und 67.

Die Sparsamkeit wird in § 89 dem Bürgermeister zur Pflicht nach zwei Seiten gemacht: a) nicht eher und b) nicht höher die Haushaltsmittel in Anspruch zu nehmen, als dies bei wirtschaftlicher und sparsamer Verwaltung geboten ist. Eine ähnliche Zielrichtung mit dem Blick auf die Wirtschaftskraft der Abgabepflichtigen hat auch § 7.

h) Grundsatz der Wahrheit und Klarheit des Haushaltsplans: Es sind die voraussehbaren Ausgaben und Einnahmen (§ 85) einzusetzen. Die Einnahmen dürfen nicht überschätzt, die Ausgaben nicht unterschätzt sein, Einnahmen nicht ohne berechtigten Grund eingesetzt, Ausgaben für notwendigen Bedarf nicht weggelassen werden, um etwa nur den Schein des Haushaltsabgleichs zu erzielen.

i) Grundsatz der Öffentlichkeit des Haushaltsplans. Nach § 86 ist der Haushaltsplan eine Woche lang öffentlich auszulegen. Außerdem ist die Haushaltssatzung öffentlich bekanntzumachen.

4. Die **Festsetzung der Jahressteuersätze** kann nur im Rahmen der Haushaltssatzung erfolgen. Soweit die Steuererhebungen keiner besonderen Festsetzung alljährlich bedürfen (z. B. Vergnügungssteuer, Hundesteuer), greift die Vorschrift nicht Platz. Dagegen trifft sie zu bei den Gemeindesteuern aus dem Realsteuerrecht (in Bayern Umlagen zu Grund-, Haus-, Gewerbesteuer und Steuer vom Gewerbebetriebe im Umherziehen). Sie trifft auch zu auf die Bürgersteuer, auch wenn sie nur nach dem Kalenderjahr erhoben wird; nötigen-

falls ist ein Nachtrag zur Haushaltssatzung (§ 88) zu machen. — Nicht hierher gehören die Gebührensätze.

5. Der **Höchstbetrag der Kassenkredite** für das Rechnungsjahr kann nur im Rahmen der Haushaltssatzung festgesetzt und genehmigt werden; vgl. § 81. Wird kein Kassenkredit aufgenommen, so ist dies zweckmäßig in der Haushaltssatzung festzustellen.

6. Der **Gesamtbetrag der Darlehen**; vgl. hierzu die Ausführungen zu § 76.

7. **Weitere Beilagen** können durch VO. nach § 105 Abs. 2 angeordnet werden; dem Haushaltsplan werden insbesondere der Stellenplan nach § 37, ferner Nachweisungen über das Gemeindevermögen auf der Grundlage einer einheitlichen Bewertung (vgl. § 105 Abs. 2 Nr. 4) beizufügen sein.

8. Die **Geltungsdauer der Haushaltssatzung** ist auf das Rechnungsjahr beschränkt. Auch wenn sie erst nach Beginn des Rechnungsjahres erlassen oder wenn sie während des Rechnungsjahres durch eine Nachtragssatzung (§ 88) geändert wird, so tritt sie doch nicht etwa erst nach einem Jahr, sondern mit dem Ablauf des gesetzlich begrenzten Rechnungsjahres (§ 82) außer Kraft. Ist bis dahin keine neue Haushaltssatzung erlassen, so tritt eine haushaltslose Zeit (Interimswirtschaft) ein; die Haushaltswirtschaft in dieser Zeit ist besonders geregelt in § 87. Im übrigen aber tritt die Haushaltssatzung außer Geltung; Genehmigungen für Darlehensaufnahmen und Kassenkredite erlöschen (§§ 76, 81). Auch die Ermächtigung des Bürgermeisters zur Leistung von Ausgaben auf Grund der bisherigen Haushaltssatzung und des bisherigen Haushaltsplans erlischt. Inwieweit Ausgabenmittel übertragen werden können, wird in der VO. nach § 105 Abs. 2 Nr. 4 geregelt.

9. Die **Überleitung** ist in § 29 DurchfVO. geregelt. Hiernach richten sich die Aufstellung des Haushaltsplans 1935 (und — nach § 30 DurchfVO. zu § 89 DGO. — grundsätzlich auch die Ausführung des Haushaltsplans) sowie die Festsetzung der Jahressteuern nach dem bisherigen Recht. Änderungen des Haushaltsplans und der Jahressteuersätze nach dem 30. Juni 1935 sind jedoch bereits in Form einer Nachtragssatzung zu regeln. Nachtragssatzung ist hier in dem Sinne zu verstehen, daß der festgestellte Haushaltsplan als Haushaltssatzung gilt. — Hinsichtlich der Überleitungsvorschriften über Darlehensaufnahmen vgl. § 76 DGO. und die §§ 26, 27 DurchfVO. hierzu, hinsichtlich der Überleitungsvorschriften für die Aufnahme von Kassenkrediten vgl. § 81 DGO. und § 28 DurchfVO. hierzu.

§ 84

Die Haushaltssatzung ist vom Bürgermeister so rechtzeitig aufzustellen, daß sie den Gemeinderäten zugeleitet, mit ihnen beraten und spätestens einen Monat vor Beginn des Rechnungsjahres der Aufsichtsbehörde vorgelegt werden kann.

I. Amtliche Begründung s. Textausgabe S. 136.

II. Anm.

1. Für die **Aufstellung der Haushaltssatzung** gibt § 84 sowohl hinsichtlich der Zuständigkeit, der Zeit und des formellen Ganges eine Reihe von Vorschriften:

a) die Aufstellung der Haushaltssatzung ist Recht und Pflicht des Bürgermeisters (s. Anm. 2);

b) sie hat so zeitig zu erfolgen, daß sie unter Einhaltung des vorgeschriebenen Vorverfahrens spätestens einen Monat vor Beginn des Rechnungsjahres der Aufsichtsbehörde vorgelegt werden kann (s. Anm. 3);

c) das Vorverfahren gliedert sich in die Aufstellung des Entwurfs, die Zuleitung des Entwurfs an die Gemeinderäte, die Beratung mit den Gemeinderäten und die Feststellung der Satzung (s. Anm. 4);

d) Vorlage des festgestellten Entwurfs an die Aufsichtsbehörde (s. Anm. 5).

2. Die **Zuständigkeit**, also das Recht und die Pflicht zur Aufstellung der Haushaltssatzung, legt das Gesetz entsprechend dem Führergrundsatz des § 32 in die Hand des B ü r g e r m e i s t e r s. Dies schließt nicht aus, daß der Vorentwurf vom Kassenverwalter, in den Städten vom Stadtkämmerer (§ 34 Abs. 2 Satz 2) technisch vorbereitet wird. Dies schließt ferner nicht aus, daß der Bürgermeister die Dienstkräfte der Gemeinde mit den Vorarbeiten beauftragt (Dienstgewalt des Bürgermeisters s. § 37). Dies schließt endlich nicht aus, daß die Hauptsatzung der Gemeinde die Beteiligung von Beiräten (§ 58) schon bei der Aufstellung des Vorentwurfes vorsieht.

3. Die **Zeit** für die Aufstellung des Entwurfs der Haushaltssatzung umgrenzt das Gesetz mittelbar dadurch, daß es einen Endzeitpunkt (nämlich mindestens einen Monat vor Beginn des neuen Rechnungsjahres, also den 1. März nach dem jetzigen Rechtsstande) festlegt, gleichzeitig aber vorschreibt, daß bis dahin auch das gesetzlich verlangte Vorverfahren (s. Anm. 4) ordnungsmäßig abgeschlossen ist. Hieraus ergibt sich, daß je nach dem Umfang der Vorarbeiten erheblich früher zu beginnen ist.

4. Das **Vorverfahren** hat nach gesetzlicher Vorschrift der Reihe nach verschiedene Stufen zu durchlaufen:

a) Die reinen V o r a r b e i t e n (Befassung der Dienstkräfte der Gemeinde mit der Zusammenstellung des erforderlichen Zahlenwerks, Zusammenfassung in einen einheitlichen Entwurf mit den notwendigen Anlagen, je nach der Hauptsatzung Heranziehung der Beiräte schon in diesem Stadium) schließen mit der Tatsache ab, daß der Bürgermeister den Entwurf der weiteren gesetzlich vorgeschriebenen Behandlung unterstellt.

b) Der Voranschlag, den der Bürgermeister sich zu eigen gemacht hat, ist (mit Anlagen) nunmehr den Gemeinderäten zuzuleiten. Es gibt keinen Gemeinderat als Kollegium; es gibt auch keinen vom Gesetz benannten Wortführer, Sprecher, Ersten Gemeinderat u. ä. Der Entwurf kann daher nur den einzelnen Gemeinderäten zugeleitet werden. Wenn der Entwurf vervielfältigt wird, besagt diese Vorschrift zweifelsfrei, daß jeder einzelne Gemeinderat den Entwurf (mit Anlagen) zu erhalten hat. Das dient auch einer fruchtbaren Befassung der Gemeinderäte mit der Haushaltssatzung; die Gemeinderäte müssen in der Lage sein, nicht nur das Endergebnis, sondern auch das gesamte Zahlenwerk nach seinen inneren Zusammenhängen zu überblicken. Ob für kleinere Gemeinden, wie anzunehmen ist, eine Ausnahme in der Zuleitung an jeden einzelnen Gemeinderat in der Weise zugelassen wird, daß der Entwurf in einer bestimmten Zeit, an einem bestimmten Ort in hinreichender Weise zugänglich sein muß, wird in der VO. nach § 105 Abs. 2 Nr. 3 geregelt werden.

c) Nach einer angemessenen Zwischenzeit hat der Bürgermeister die Beratung des Entwurfs mit den Gemeinderäten anzuberaumen; diese Pflicht ergibt sich schon aus § 55 Abs. 1 Nr. 4, da es sich bei der Haushaltssatzung um eine Satzung handelt. § 84 schreibt diese Beratung zwingend vor, so daß eine Haushaltssatzung, die in Verletzung dieser Vorschrift zustande kommt, zwar rechtswirksam werden kann, aber grundsätzlich von der Aufsichtsbehörde zu beanstanden ist. Auf der anderen Seite genügt es, daß der Bürgermeister dem §§ 55 DGO. genügt hat, indem er den Gemeinderäten Gelegenheit zur Stellungnahme gegeben hat. Wird sie nicht wahrgenommen, so ist trotzdem dem gesetzlichen Gebot entsprochen, das Zustandekommen der Haushaltssatzung also nicht dadurch beeinträchtigt. Der Sachverhalt ist vom Bürgermeister aktenmäßig festzuhalten. — Über die Beratung des Entwurfs mit den Gemeinderäten ist nichts Näheres vorgeschrieben. Es gelten daher die allgemeinen Vorschriften der §§ 56 und 57, insbesondere die Pflicht des Bürgermeisters, dafür zu sorgen, daß nur Angelegenheiten erörtert werden, die zum Aufgabengebiet der Gemeinde gehören.

5. Die **Feststellung der Haushaltssatzung** durch den Bürgermeister muß sich notwendigerweise diesem Verfahren anschließen und vor der Vorlage an die Aufsichtsbehörde erfolgen. Der Bürgermeister ist nicht verpflichtet, den von den Gemeinderäten gegebenen Ratschlägen zu folgen; er ist der voll und ausschließlich verantwortliche Leiter der Gemeinde (§ 32); die Gemeinderäte sind seine Berater (§ 48). Dies enthebt ihn aber andererseits nicht der Verantwortung, alle Ratschläge nach Grund und Tragweite zu prüfen und Folgerungen für die etwaige Änderung des bisherigen Entwurfs hieraus zu ziehen. Da die Niederschrift über die Beratung mit den Gemeinderäten der Vorlage an die Aufsichtsbehörde beizugeben ist, wird der Bürgermeister sowohl nach der positiven

wie negativen Seite hin zu den vorgebrachten Ratschlägen der Gemeinderäte Stellung nehmen müssen. Der so geänderte oder unverändert gebliebene Entwurf der Haushaltssatzung gilt als die vom Bürgermeister festgestellte Haushaltssatzung, wenn sie von ihm in Erfüllung der Pflicht des § 83 nunmehr der Aufsichtsbehörde vorgelegt wird.

Mit der Vorlage an die Aufsichtsbehörde nimmt der festgestellte Entwurf der Haushaltssatzung den Weg außerhalb der Gemeinde. Diese Vorlage hat spätestens am 1. März zu geschehen. Mit der Vorlage der Haushaltssatzung sind die Nachweise zu verbinden, daß das Vorverfahren in der gesetzlich vorgeschriebenen Weise eingehalten worden ist, z. B. durch Beifügung der Niederschrift über die Beratung mit den Gemeinderäten die Erfüllung dieser Vorschrift. Ohne Vorlage der Haushaltssatzung an die Aufsichtsbehörde kann eine rechtswirksame Haushaltssatzung nicht zustande kommen. Eine ohne Vorlage an die Aufsichtsbehörde veröffentlichte Haushaltssatzung ist rechtsunwirksam.

Das weitere Verfahren

a) Prüfung durch die Aufsichtsbehörde, b) Genehmigung durch die Aufsichtsbehörde, soweit zu einzelnen Teilen der Haushaltssatzung Genehmigung erforderlich ist, c) Veröffentlichung der Haushaltssatzung, d) Auslegung der Haushaltssatzung

ist in § 86 geregelt.

6. Das **Muster der Haushaltssatzung und das Anlagenmaterial** bestimmt die VO. nach § 105 Abs. 2 Nr. 3. Das Gesetz selbst bestimmt nur, daß jede Gemeinde einen Stellenplan aufzustellen hat (vgl. § 37); der Stellenplan ist eine wesensnotwendige Anlage der Haushaltssatzung. Das Gesetz läßt ferner aus § 105 Abs. 2 Nr. 4 erkennen, daß beabsichtigt ist, bestimmte Nachweisungen des Gemeindevermögens, aus denen Bestand und Wert des Vermögens sowie die Vermögensbewegung ersehen werden kann, vorzuschreiben; sie sind dann wertvolle Anlagen zur Haushaltssatzung. Die VO. nach § 105 Abs. 2 Nr. 3 wird wohl auch einen Begleitbericht zum Entwurfe der Haushaltssatzung vorschreiben, aus dem die Entwickelung der Haushaltswirtschaft im laufenden Rechnungsjahr und die daraus bei der Aufstellung des Entwurfs für das neue Rechnungsjahr zu ziehenden Folgerungen ersehen werden können.

7. **Nicht vorgeschrieben** ist bei diesem Verfahren zur Aufstellung der Haushaltssatzung die Befassung irgendwelcher Stellen, Berufsstände, auch nicht die Auslegung des Entwurfs der Haushaltssatzung, auch nicht die Unterrichtung der Öffentlichkeit durch die Presse, auch nicht die Abgabe von Entwurfsstücken gegen Ersatz der Selbstkosten. Wenn das Gesetz hiervon absieht, so ist dies offensichtlich auf erhebliche Gründe zurückzuführen, nachdem landesrechtliche Vorschriften dies seit längerem und zwingend vorsahen. Nach der Begründung zum Gesetz hat vor allem der Umstand eine Rolle

gespielt, daß die durch landesrechtliche Vorschriften eröffnete Möglichkeit der Selbstunterrichtung von Berufsständen und der hierdurch eröffneten Anregungen und Anträge nahezu nicht ausgenützt worden ist. Außerdem war aber auch offensichtlich der Gesichtspunkt ausschlaggebend, daß § 51 eine der Wirtschaftsstruktur der Gemeinde entsprechende Zusammenstellung der Gemeinderäte bereits vorsieht, so daß die besondere Befassung von Berufsständen außerhalb der Verfassung der Gemeinde nicht mehr veranlaßt erscheint, ferner Interessentenwirtschaft hierdurch ausgeschlossen und das Zustandekommen einer Haushaltssatzung in der ohnehin zusammengedrängten Frist nicht unnötig erschwert werden soll, zumal die erfolgreiche Prüfung solcher Anregungen in einem bereits so weit vorgeschrittenen Stadium außerordentlich schwierig ist. Es ist viel erfolgversprechender, solche Anregungen als Folgerungen aus dem laufenden Haushaltsplan in einem viel früheren Zeitpunkt an die Gemeinde zu bringen. Soweit der Entwurf des Haushaltsplans Neuerungen bringt, ist es in erster Linie Sache der Gemeinde, ihre Bewährung vorzuprüfen. — Dies alles schließt aber nicht aus, daß die Gemeinde von sich aus die Möglichkeit solcher Anregungen, Einsichtnahmen usw. gibt. — Was die bestehende landesrechtliche Regelung anlangt, so wird sie, soweit sie als Vorverfahren zum Zustandekommen des Haushaltsplans vorgeschrieben ist, durch die DGO. aufgehoben. Soweit sie besondere Voraussetzungen für Steuerfestsetzungen darstellt, bleibt sie unverändert aufrechterhalten.

§ 85

(1) Der Haushaltsplan hat alle voraussehbaren Ausgaben und Einnahmen des Rechnungsjahres zu enthalten. Die Ausgaben sind unter Einbeziehung von Fehlbeträgen aus Vorjahren mit den Einnahmen auszugleichen.

(2) Die Gemeinde kann Steuern und Abgaben nach den gesetzlichen Vorschriften erheben, soweit die sonstigen Einnahmen zur Deckung der Ausgaben nicht ausreichen.

I. **Amtliche Begründung** s. Textausgabe S. 136/137.

II. **Anm.**

1. Es ist **ein Haushaltsplan** aufzustellen; zum Grundsatze der sachlichen Einheit des Haushaltsplans vgl. Anm. 3 h zu § 84. Sonderhaushaltspläne sind hiernach ausgeschlossen.

2. Es ist die **Vollständigkeit des Haushaltsplans** geboten; vgl. über den Grundsatz der Vollständigkeit (Totalität) und über das Bruttoprinzip des Haushaltsplans Anm. 3 c zu § 83. Zu Haushaltsüberschreitungen (außerplanmäßigen und überplanmäßigen Ausgaben) vgl. § 91.

3. Der **Grundsatz des Haushaltsausgleichs** ist als Rechtspflicht der Gemeinde ausdrücklich ausgesprochen: Die Ausgaben (einschließlich der Fehlbeträge aus Vorjahren) müssen sich mit den Einnahmen ausgleichen. Dies gilt sowohl für den ordentlichen Haushaltsplan wie auch für den außerordentlichen Haushaltsplan. — Dieser Grundsatz schließt einen anderen in sich, nämlich den der Wahrheit und Klarheit des Haushaltsplans: Die nach Herkunft und Höhe mit Recht zu erwartenden Einnahmen müssen die geplanten Ausgaben decken. —

Hier liegt das Korrelat der Selbstverwaltung auf wirtschaftlichem Gebiete: die Selbstverantwortung. Die Abstimmungspflicht der notwendigen und wünschenswerten Ausgaben mit den unter Rücksichtnahme auf die Wirtschaftskraft der Abgabepflichtigen (§ 7) und ohne Vorbelastung der künftigen Geschlechter möglichen Einnahmen ist eine unverzichtbare Forderung des Gesetzes. Sie wird in Notzeiten nicht immer restlos erfüllbar sein; Mindestgebot in diesem Fall ist aber, daß auf der Ausgabenseite alles Verzichtbare entfallen ist und auf der Einnahmenseite alle Quellen ohne Überdruck auf die Abgabepflichtigen ausgeschöpft sind. Das Ziel dann trotzdem vorübergehend nicht zu erreichen, bedeutet keine Abwürdigung des Verwaltungskönnens. Viel schädlicher ist der Scheinabgleich (fiktiver Abgleich). Den Abgleich nur scheinbar herzustellen und so die Grundlage eines gesunden Haushaltsgebarens zu untergraben, schadet ganz bestimmt über kurz oder lang der Gemeinde selbst, aber ebenso auch dem Gedanken der Selbstverwaltung und begründet überdies dienstliche, dienststrafrechtliche und haftungsrechtliche Verantwortung.

Im einzelnen:

a) Der Ausgleich ist bei der Aufstellung des Haushaltsplans herzustellen, bei nachträglicher Gefährdung oder Störung wieder zu sichern (s. § 88 Abs. 2 Nr. 1); für die mögliche Besserung des Haushaltsausgleichs während des Rechnungsjahres gilt die obengenannte Vorschrift entsprechend.

b) Der ordentliche Haushaltsplan ist mit ordentlichen Haushaltsmitteln auszugleichen. Niemals dürfen Darlehen hierfür in Anspruch genommen werden. Ob Veräußerungserlöse dafür verwendet werden dürfen, dazu vgl. die Ausführungen zu § 63. Für Entnahmen aus Rücklagemitteln kommt die Ausgleichsrücklage in Betracht. — Im außerordentlichen Haushalt ist schon bei Feststellung des Haushaltsplans die Genehmigung des Gesamtbetrages der geplanten Darlehen gerade unter dem Gesichtspunkt des Haushaltsabgleichs zu würdigen (§ 76).

c) Jeder Antrag auf Mehrausgaben und Mindereinnahmen ist unter dem Gesichtspunkt des vorgeschriebenen Haushaltsabgleichs zu behandeln. Der Bürgermeister hat für solche Anträge schon bei der Erörterung den Deckungsvorschlag mitzuverbinden. Der Deckungsvorschlag muß rechtlich zulässig und darf nicht fiktiv sein.

d) Für schlechte Zeiten, in denen die Einnahmen sinken und die

Wohlfahrtslasten steigen, ist durch Bildung einer Ausgleichsrücklage vorzusorgen.

e) Die verwaltungsmäßige Sicherung des Haushaltsausgleichs während des Rechnungsjahres fällt unter § 89. Hiernach sind die Mittel nicht eher und nicht höher in Anspruch zu nehmen, als es notwendig ist. Dies ermöglicht (bei der rechtlichen Natur des Haushaltsplans als Ermächtigung zur Leistung von Ausgaben) unter Umständen, Ausgaben zu unterlassen, wenn sonst der Haushaltsabgleich infolge Mindereinnahmen gefährdet wird. Dazu dient die „Sperrung" der Ausgaben von Zeitpunkt zu Zeitpunkt, die „Zwölftelung" der Ausgabenleistung u. ä.

f) Die Haushaltsüberschreitungen (§ 91) sind zu vermeiden. Der Haushaltsabgleich kann nicht von vorneherein dadurch herbeigeführt werden, daß bestimmt zu erwartende notwendige Ausgaben nicht veranschlagt und dann als unerhebliche außerplanmäßige Ausgaben behandelt werden. § 91 sieht daher für solche Fälle strenge Vorschriften über Nachtragssatzungen vor.

g) Die Fehlbeträge aus Vorjahren, d. h. die in einer Rechnung ausgewiesenen Fehlbeträge, sind miteinzubeziehen. Hierunter ist der Gesamtbetrag zu verstehen, um den die Ausgaben der Vorjahre die Einnahmen (unter Einschluß von Überschüssen) überstiegen.

4. Die **Deckungsmittel** sind die Einnahmen, und zwar für den ordentlichen Haushalt die Verwaltungseinnahmen (die Einnahmen eines Verwaltungszweiges aus der laufenden Verwaltung) und die allgemeinen Deckungsmittel (Steuern, „Ablieferungen" der wirtschaftlichen Unternehmen und des allgemeinen Grund- und Kapitalvermögens). — Das Gesetz spricht hier von einer anderen Einteilung der Einnahmen; es scheidet von den „sonstigen Einnahmen" die Steuern und Abgaben, die durch besondere Entschließung der Gemeinde zur Deckung von Ausgaben erhoben werden sollen. Auch unter den ersteren Einnahmen können Steuereinnahmen sein, nämlich Steuerüberweisungen und Steuern, deren Erhebung für die Gemeinde kraft Gesetzes angeordnet ist. Alle diese Einnahmen (also Verwaltungseinnahmen, „Ablieferungen", Steuerüberweisungen und die kraft Gesetzes laufenden Steuern) stellt das Gesetz als primäre Deckungsmittel den sekundären Steuern gegenüber, die sie zur Deckung des Restbedarfs kraft besonderer Entschließung erhebt. Für das Erhebungsrecht sind die geltenden Gesetze, vor allem das FAG. und die landesrechtlichen Gemeindeabgabengesetze maßgebend. Die Unterscheidung dieser Deckungsmittel erster und zweiter Stufe hat insofern eine rechtliche Bedeutung, als die Gemeinden nach § 7 auf die Wirtschaftskraft der Abgabepflichtigen Rücksicht zu nehmen haben. Die Aufsichtsbehörde wird daher bei Prüfung der Haushaltssatzung besonders darauf zu achten haben, ob diese Steuersätze nicht überhöht sind. Der einzelne Pflichtige kann aber nicht etwa seine Steuerschuld mit dem Rechtsgrund anfechten, daß die Gemeinde die sekundären Deckungsmittel zu Unrecht oder unrechtmäßig hoch (gegenüber

den primären Deckungsmitteln) in Anspruch genommen habe. (Zu bemerken ist, daß die Überhöhung der Gebühren, die zu den Verwaltungseinnahmen und daher zu den primären Deckungsmitteln gehören, unter Umständen sogar noch drückender wirken kann als die Überspannung von Steuersätzen; s. hierzu Anm. 1 zu § 72.)

§ 86

(1) Die Haushaltssatzung bedarf der Genehmigung der Aufsichtsbehörde für

1. die Höhe der Steuersätze nach den darüber bestehenden Vorschriften,
2. den Höchstbetrag der Kassenkredite,
3. den Darlehensbetrag im außerordentlichen Haushaltsplane.

(2) Die Satzung ist öffentlich bekanntzumachen, bei Genehmigungspflicht der Satzung nach Ausspruch der Genehmigung.

(3) Gleichzeitig mit der Bekanntmachung der Haushaltssatzung ist der Haushaltsplan eine Woche lang öffentlich auszulegen.

I. Amtliche Begründung s. Textausgabe S. 138/139.

II. Anm.

1. Die grundsätzliche **Genehmigungsfreiheit der Haushaltssatzung** entspricht der grundsätzlichen Regelung für Satzungen nach § 3 Abs. 1. Trotzdem ist nach § 84 die Haushaltssatzung rechtzeitig vor ihrem Erlasse der Aufsichtsbehörde vorzulegen. Die Aufsichtsbehörde hat zu prüfen, ob nicht ein genehmigungspflichtiger Bestandteil (s. Anm. 2) vorliegt und ob die Haushaltssatzung im übrigen den gesetzlichen Vorschriften und den zu § 83 dargelegten wesentlichen Grundsätzen entspricht.

2. Die **Genehmigungspflicht von Bestandteilen** der Haushaltssatzung erstreckt sich auf drei Gegenstände:

a) die Höhe der Jahressteuersätze; vgl. hierzu Anm. 4 zu § 83. Maßgebend sind die reichs- und landesrechtlichen Abgabengesetze dafür, ob eine Genehmigung überhaupt notwendig und unter welchen Voraussetzungen eine Genehmigung zulässig ist;

b) den Höchstbetrag der Kassenkredite; vgl. hierzu die Ausführungen zu §§ 81 und 83;

c) den Gesamtdarlehensbetrag im außerordentlichen Haushaltsplan; vgl. hierzu die Ausführungen zu §§ 76 und 83.

3. Zur **öffentlichen Bekanntmachung der Haushaltssatzung** vgl. § 4 DurchfVO. zu § 3 DGO. Die öffentliche Bekanntmachungspflicht

entspricht der grundsätzlichen Regelung für Satzungen überhaupt (§ 3 Abs. 3). Erst mit der öffentlichen Bekanntmachung liegt eine rechtswirksame, vollzugsfähige Haushaltssatzung vor.

Die Veröffentlichung darf erst erfolgen:

a) bei Genehmigungspflichtigkeit von Teilen nach Erteilung der Genehmigung,

b) im übrigen nach Ablauf einer angemessenen Frist nach Vorlage der Satzung an die Aufsichtsbehörde.

4. Die **öffentliche Auslegung des Haushaltsplans** hat so zu geschehen, daß sie ihren Zweck erfüllt: Es muß jedermann gestattet und ermöglicht sein, ihn einzusehen. Ort und Zeit der Auslegung sind daher öffentlich bekannt zu machen (dies gehört zum Wesen der Auslegung). Die Frist der Auslegung beträgt eine Woche (zu berechnen nach §§ 187 ff. BGB.). Die Verletzung dieser Vorschrift in § 86 Abs. 3 beeinträchtigt aber die Rechtswirksamkeit der Haushaltssatzung selbst nicht; die Haushaltssatzung ist vielmehr schon vorher vollziehbar (s. oben Anm. 3).

§ 87

Ist die Haushaltssatzung bei Beginn des Rechnungsjahres noch nicht bekanntgemacht, so darf der Bürgermeister

1. nur die Ausgaben leisten, die bei sparsamster Verwaltung nötig sind, um
   a) die bestehenden Gemeindeeinrichtungen in geordnetem Gange zu erhalten und den gesetzlichen Aufgaben und rechtlichen Verpflichtungen der Gemeinde zu genügen,
   b) Bauten, Beschaffungen und sonstige Leistungen fortzusetzen, für die durch den Haushaltsplan eines Vorjahres bereits Beträge festgesetzt worden sind, die haushaltsrechtlich noch verausgabt werden können;
2. die feststehenden Einnahmen und die Einnahmen aus den für ein Rechnungsjahr festzusetzenden Steuern und Abgaben nach den Sätzen des Vorjahres forterheben, soweit gesetzlich nichts anderes bestimmt ist; Zahlungen, die der Pflichtige hiernach geleistet hat, sind auf die nach der Haushaltssatzung für das neue Rechnungsjahr zu erhebenden Beträge anzurechnen;
3. im Rahmen der Genehmigung des Vorjahres noch nicht in Anspruch genommene Kassenkredite aufnehmen;
4. im Rahmen der Ansätze des außerordentlichen Haus-

haltsplans des Vorjahrs noch nicht in Anspruch genommene Darlehen aufnehmen.

I. **Amtliche Begründung** s. Textausgabe S. 140/141.

II. **Vorl. AusfAnw.**

Die Vorschrift gilt für alle deutschen Gemeinden vom Inkrafttreten der Deutschen Gemeindeordnung an.

III. **Anm.**

1. Für die **haushaltslose Zeit** (Interimswirtschaft) gibt § 87 erschöpfende Vorschriften. Wenn es auch Ziel aller die Haushaltswirtschaft betreffenden Vorschriften ist, die Gemeindewirtschaft nach einem in einem formalen Verfahren zustande gekommenen, für ein Jahr gültigen, bindenden Plane (Haushaltssatzung mit Haushaltsplan — § 83 mit § 89) zu führen, so ist doch der Fall, daß aus irgendwelchen Gründen eine rechtswirksame Haushaltssatzung bis zum Beginne des Rechnungsjahres nicht zustande kommt, vorsorglich zu regeln, soll nicht eine Lücke auftreten. Diesen Zweck füllen die Vorschriften des § 87 aus. Sie betreffen

a) die Leistung von Ausgaben (Anm. 2),
b) die Erhebung von Einnahmen (Anm. 3),
c) die Inanspruchnahme von Kassenkrediten (Anm. 4) und
d) die Aufnahme von Darlehen (Anm. 5).

2. Für die **Leistung von Ausgaben** während der haushaltslosen Zeit gibt das Gesetz dem Bürgermeister

a) die Ermächtigung, die Ausgaben und nur die Ausgaben zu leisten, die zu bestimmten aufgezählten Zwecken bei sparsamster Verwaltung nötig sind,

b) eine Verpflichtung, nämlich die nötigen Ausgaben in diesem Rahmen zu leisten.

Das Gesetz zählt die zulässigen Verwendungszwecke in zwei Gruppen auf, die auf den ersten Anschein den Eindruck erwecken, als ob es sich um Scheidung in ordentliche und außerordentliche Ausgaben handeln würde. Im Endergebnis kann es darauf hinauskommen. Das rechtliche Unterscheidungsmerkmal ist aber, daß es sich bei der zweiten Gruppe um sog. übertragbare Ausgaben handelt (s. zu diesem Begriff Anm. 2 zu § 91). Im einzelnen sind es folgende Verwendungszwecke:

a) Erhaltung der gemeindlichen Einrichtungen in geordnetem Gange. Soweit es sich nicht um gesetzliche Aufgaben oder um rechtliche Verpflichtungen der Gemeinde handelt, gilt bei dieser Gruppe von Ausgaben das Gebot sparsamster Verwaltung während der haushaltslosen Zeit ganz besonders. Auf der anderen Seite darf in diesem Rahmen aber das Nötige nicht unterlassen werden. Der Bürgermeister hat bereits eine erhöhte Verantwortung, wenn durch sein schuldhaftes Verhalten eine Haushaltssatzung nicht rechtzeitig zustande gekommen ist. Um so notwendiger ist es, daß er während der haushaltslosen Zeit nicht fertige Verhältnisse für die aufzustellende Haushaltssatzung schafft. Neue Einrichtungen, für die eine Rechtspflicht nicht besteht, sind daher unter allen Umständen zu unterlassen.

b) Erfüllung der gesetzlichen Aufgaben. Die Gemeinde kann sich der Erfüllung gesetzlicher Pflichtaufgaben nicht dadurch entziehen, daß sie nicht rechtzeitig eine rechtswirksame Haushaltssatzung aufstellt. Die gesetzlichen Pflichtaufgaben sind daher auch während der haushaltslosen Zeit zu erfüllen. Die Erfüllung muß dem Gesetze genügen. Darüber hinaus gilt auch hier das Gebot sparsamster Verwaltung während der haushaltslosen Zeit.

c) Erfüllung von rechtlichen Verpflichtungen. Auch außerhalb der gesetzlichen Pflichtaufgaben liegende, bereits eingegangene rechtliche Verpflichtungen der Gemeinde sind zu erfüllen. Hierher gehören insbesondere Rechtsverpflichtungen, die sich aus irgendeiner Rechtsnorm, aus abgeschlossenen Verträgen, darüber hinaus auch aus einseitigen Rechtsgeschäften, aus unerlaubten Handlungen ergeben. Sie müssen liquid, d. h. zum mindesten auf seiten der Gemeinde unbestritten sein.

Die Übernahme von neuen Verpflichtungen während der haushaltslosen Zeit kommt nur in Betracht, soweit sie mit der Gruppe unter a) in notwendigem Zusammenhange stehen. Es sind z. B. von der Gemeinde auch die Einrichtungen in geordnetem Gange zu erhalten, die von ihr freiwillig errichtet worden sind. Daß hier das Gebot sparsamster Verwaltung besonders gilt, ist unter a betont.

d) Fortsetzung von Bauten, Beschaffungen und sonstigen Leistungen. Hierbei muß es sich erstens um übertragbare Mittel handeln, und zweitens müssen sie haushaltsrechtlich noch verfügbar sein, d. h. die Ausgabebewilligung eines Vorjahres darf noch nicht ganz ausgeschöpft sein. Es heißt ausdrücklich nicht des, sondern eines Vorjahres; die übertragbaren Mittel (zu ihnen gehören sämtliche außerordentlichen Ausgabemittel) können sich über mehrere Rechnungsjahre erstrecken. Auch hier gilt das Gebot sparsamster Verwaltung, um nicht unnötigerweise fertige Verhältnisse während der Interimswirtschaft zu schaffen.

Von rechtlicher Bedeutung ist für alle Ausgabeleistungen, daß sie auch dann nicht etwa nichtig sind, wenn die Handlungsweise der Gemeinde nicht mit § 87 übereinstimmt. So sehr es eine Pflicht der Gemeinde ist, sich an die Vorschrift zu halten, und so sehr die Aufsichtsbehörde verpflichtet ist, ihr Geltung zu verschaffen, so sind die verbotswidrigen Geschäfte doch gültig; denn § 87 ist nicht in die Vorschrift des § 104 Abs. 2 aufgenommen (s. Näheres dort).

3. Die **Erhebung von Einnahmen** ist unbeschränktes Recht und ebenso Pflicht des Bürgermeisters, insoweit es sich um feststehende Einnahmen handelt; hierzu gehören die Einnahmen, die der Ge-

meinde ohne besondere, mit Beginn des Rechnungsjahres zu treffende Neuregelung zufließen, also sowohl Verwaltungseinnahmen wie auch Steuern, Umlagen, Abgaben, Gebühren, Beiträge, die auf fortdauernder, nicht mit Ablauf eines Rechnungsjahres auslaufender Geltung beruhen.

Anders ist die Rechtslage bei den übrigen abgabenrechtlichen Einnahmen. Soweit hier die Geltungsdauer der Regelung, die die Grundlage für das Erhebungsrecht bildet, mit Ende des Rechnungsjahres ausgelaufen ist, die Forterhebung also oder wenigstens die Sätze neu festzusetzen wären, ist das Erhebungsrecht auf die Sätze des Vorjahres eingeschränkt. Dabei muß es sich aber um Abgaben handeln, deren Forterhebung für die Gemeinden allgemein zulässig geblieben ist. Ist z. B. reichs- oder landesrechtlich die Erhebung einer Steuer, einer Abgabe beschränkt oder verboten worden, so darf natürlich eine Gemeinde auch während der haushaltslosen Zeit die Steuer oder Abgabe nicht unabhängig hiervon nach den Sätzen des Vorjahres forterheben. In einem solchen Falle wird das Zustandekommen einer rechtswirksamen Haushaltssatzung zur Eröffnung von Ersatzeinnahmen höchst dringlich; denn Steuern und Abgaben losgelöst von einer Haushaltssatzung einzuführen, ist nicht möglich.

4. Die **Inanspruchnahme von Kassenkrediten** während der haushaltslosen Zeit ist nur dann möglich, wenn im Vorjahre die Aufnahme von Kassenkrediten bis zu einem bestimmten Höchstbetrage genehmigt worden war (§ 81), dieser Höchstbetrag aber noch nicht völlig ausgeschöpft ist. Die Aufstellung einer Nachtragssatzung zur alten Haushaltssatzung nach Beginn des neuen Rechnungsjahres ist unmöglich.

5. Die **Aufnahme von Darlehen** in der haushaltslosen Zeit ist nur möglich, wenn im Rahmen der Haushaltssatzung des Vorjahres — § 86 — (oder einer vor Beginn des Rechnungsjahres noch rechtswirksam gewordenen Nachtragssatzung — § 88) nach § 76 eine Genehmigung erteilt und diese noch nicht voll ausgeschöpft worden ist. Die Erteilung der Genehmigung zur Aufnahme des einzelnen Darlehens nach § 78 ist auch im neuen Rechnungsjahre zulässig.

6. **Nachträgliche Ordnung** der Interimswirtschaft ist unerläßlich. Es ist klar, daß Ausgaben und Einnahmen auch in der Interimswirtschaft ordnungsmäßig zu verbuchen und daß die Ausgaben und Einnahmen nach dem Zustandekommen der Haushaltssatzung auf die einzelnen Haushaltsansätze geleistet gelten. Ebenso ist gesetzlich geregelt (s. Nr. 2), daß die während der Interimswirtschaft von den Pflichtigen erhobenen Beträge auf die endgültig geschuldeten Beträge anzurechnen sind. Es ist aber nicht so, als ob von den Pflichtigen Vorschüsse erhoben würden; die Pflichtigen sind vielmehr einstweilen die Vorjahrs-Steuersätze zu leisten schuldig.

§ 88

(1) Die Haushaltssatzung kann im Laufe des Rechnungsjahres nur durch eine Nachtragssatzung geändert werden.

(2) Der Bürgermeister ist zum Erlaß einer Nachtragssatzung verpflichtet, wenn sich im Laufe des Rechnungsjahres zeigt, daß

1. der im Haushaltsplan vorgesehene Ausgleich der Einnahmen und Ausgaben auch bei Ausnützung jeder Sparmöglichkeit nur durch eine Änderung der Haushaltssatzung erreicht werden kann;
2. über- oder außerplanmäßige Ausgaben in erheblichem Umfange geleistet werden müssen; § 91 Abs. 2 bleibt unberührt.

I. **Amtliche Begründung** s. Textausgabe S. 141/142.

II. **DurchfVO. (§ 29)**

(1) Für das Rechnungsjahr 1935 werden der Haushaltsplan und die Steuersätze für die Gemeindesteuern, die für jedes Rechnungsjahr neu festzusetzen sind, nach den bisherigen finanzrechtlichen Vorschriften festgestellt. Das gilt auch dann, wenn die Feststellung erst nach Beginn des Rechnungsjahres erfolgt.

(2) Werden nach dem 30. Juni 1935 Änderungen des Haushaltsplans oder der Steuersätze erforderlich, so bedarf es einer Nachtragshaushaltssatzung nach § 88 der Deutschen Gemeindeordnung.

III. **Vorl. AusfAnw.**

Es wird auf die Vorschrift des § 29 der Ersten DurchfVO. sowie auf die AusfAnw. zu § 83 verwiesen.

IV. **Anm.**

1. Die **Nachtragshaushaltssatzung** ist ihrem rechtlichen Gepräge nach nichts anderes als eine Haushaltssatzung i. S. des § 83, in ihrem *sachlichen* Zwecke eine Änderung der laufenden rechtswirksamen Haushaltssatzung (Ausweitung, Einschränkung der ordentlichen und außerordentlichen Einnahmen und Ausgaben, Änderung von einzelnen Zweckbestimmungen des Haushaltsplans, Aufnahme von Kassenkrediten oder Erhöhung des bisher genehmigten Höchstbetrages, Änderung der Jahressteuersätze usw.). Solange eine rechtswirksame Haushaltssatzung nicht vorliegt, *kann* keine Nachtragssatzung rechtswirksam aufgestellt werden. (Für das Jahr 1935 spielt der Haushaltsplan in den Ländern, in denen bisher Haushaltssatzungen nicht eingeführt waren, die *Rolle* einer solchen Satzung.

Auf dieser Fiktion beruht das Verlangen einer allenfallsigen Nachtragssatzung.) Ebensowenig kann eine Haushaltssatzung (und damit der Haushaltsplan und was gesetzlich damit verbunden ist — s. § 83) auf irgendeinem anderen Weg als durch eine Nachtragssatzung geändert werden. Dies gilt auch für das staatsaufsichtliche Verfahren, insoweit die Aufsichtsbehörde selbst (§ 111) oder ein Staatskommissar (§ 112) an Stelle der Gemeinde zu Maßnahmen veranlaßt ist, die sachlich oder rechtlich von der bestehenden Haushaltssatzung abweichen.

Die Änderung der Haushaltssatzung kann im Laufe des Jahres öfters notwendig werden, da ja der Haushaltsplan, die Aufnahme von Kassenkrediten, auch die Festsetzung der Sätze der Jahressteuern auf Vorschätzungen des Bedarfs und der Einnahmen beruhen, neue Bedürfnisse auftreten können usw. Zur Nichtleistung von Ausgaben des Haushaltsplans ist allerdings eine Änderung der Haushaltssatzung nicht notwendig, da die Ansätze des Haushaltsplans nicht etwa eine Pflicht zur vollständigen Ausgabeleistung, sondern eine Ermächtigung des Bürgermeisters zur Ausgabeleistung bis zu dem Betrage des Satzes bedeuten. Dagegen sind Haushaltsüberschreitungen ohne Änderung der Haushaltssatzung nur im Rahmen des § 91 im Zusammenhalt mit § 88 Abs. 2 Nr. 2 zulässig.

2. Das **Zustandekommen** einer rechtswirksamen Nachtragssatzung richtet sich nach denselben Bestimmungen (§§ 83, 84, 86) wie Aufstellung und Feststellung, Prüfung (etwa notwendige Genehmigung), Veröffentlichung und Auslegung der Haushaltssatzung selbst; in Wegfall kommen nur Vorschriften, die nach dem Wesen der Nachtragssatzung nicht in Betracht kommen (z. B. Einhaltung der Frist nach § 84).

3. Die **Verpflichtung zum Erlaß** einer Nachtragssatzung besteht dann, wenn

a) der im Haushaltsplan vorgesehene Ausgleich der Einnahmen und Ausgaben nur durch eine Änderung der Haushaltssatzung erreichbar ist,

b) erhebliche über- oder außerplanmäßige Ausgaben, die zum ordentlichen Haushalt gehören, geleistet werden müssen oder

c) über- oder außerplanmäßige Ausgaben, die zum außerordentlichen Haushalt gehören, geleistet werden müssen.

Zu a). Wenn der vom Gesetz vorgeschriebene (§ 85 Abs. 1 Satz 2) und bisher im Haushaltsplan vorgesehene Ausgleich durch die Entwickelung der Einnahmen oder Ausgaben im Laufe des Rechnungsjahres gefährdet wird, kann sich der Bürgermeister in erster Linie durch Kürzung der Ausgabenbeträge insoweit behelfen, als die Leistung von Ausgaben nicht eine Rechtspflicht darstellt. Eine Rechtspflicht ist gegeben bei Verpflichtungen Dritten gegenüber wie auch bei Erfüllung gesetzlicher Pflichtaufgaben. Darüber hinaus bleibt ein Spielraum bei den Ansätzen des Haushaltsplans. Der Bürgermeister ist nur ermächtigt, nicht verpflichtet, die Ansätze für Ausgaben völlig auszuschöpfen. Nicht aber kann sich der Bürgermeister dadurch behelfen, daß er die Zweckbestimmungen der Einnahmen und Ausgaben ohne Änderung der Haushaltssatzung selbst ändert, z. B. bei den einen Ausgabenansätzen einspart, um die ersparten Ausgaben anderen Zweckbestimmungen zuzuwenden, es sei denn, daß die einseitige oder gegenseitige Verschiebung (Deckungsfähigkeit*) der Ausgaben ausdrücklich zulässig ist. Hilft daher der erste Ausweg nicht zur Sicherung des Haushaltsausgleichs, so ist eine Nachtragssatzung aufzustellen. — Das Gesetz besagt noch etwas weiteres: Die Verpflichtung besteht, wenn durch eine Änderung der Haushaltssatzung die Gefährdung oder Störung des Haushaltsausgleichs beseitigt, der Haushaltsausgleich erreicht werden kann; d. h. besteht zwar die Störung oder Gefährdung des Haushaltsausgleichs, besteht aber keinerlei Möglichkeit, durch Änderung der Haushaltssatzung eine Besserung der Haushaltslage herbeizuführen, so hat der Erlaß einer Nachtragssatzung keinen Zweck; es besteht daher in diesem Fall auch keine Verpflichtung. — Bei formaler Auslegung könnte ein Zweifel bestehen, ob eine Verpflichtung zum Erlaß einer Nachtragssatzung dann besteht, wenn zwar eine Besserung der gestörten oder gefährdeten Gleichgewichtslage des Haushalts, aber kein voller Ausgleich herbeigeführt werden kann. Eine so formale Auslegung würde dem Sinn und Zweck des Gesetzes nicht genügen; es besteht vielmehr auch bei der Möglichkeit einer Besserung der Haushaltslage eine Verpflichtung zum Erlaß einer Nachtragssatzung.

Zu b). Haushaltsüberschreitungen durch Leistung von über- oder außerplanmäßigen Ausgaben (zu diesem Begriff vgl. Anm. 2 zu § 91) begründen nicht immer eine Verpflichtung zum Erlaß einer Nachtragssatzung, sondern nur dann, wenn die zum ordentlichen Haushaltsplan gehörigen über- oder außerplanmäßigen Ausgaben erheblich sind oder wenn die über- oder außerplanmäßigen Ausgaben zum außerordentlichen Haushalt gehören — s. c. Wenn diese Überschreitungen des ordentlichen Haushaltsplans geringfügig sind, besteht nicht einmal eine Verpflichtung des Bürgermeisters, sie mit den Gemeinderäten zu beraten (§ 55 Abs. 1 Nr. 12). Gehen sie über die Grenze der Geringfügigkeit, die nach dem Umfange des Gesamthaushaltsplans und nach der einzelnen Zweckbestimmung der Ausgaben sich richtet, wesentlich hinaus, werden sie also erheblich, so besteht auch dann eine Verpflichtung zum Erlaß einer Nachtragssatzung, wenn dadurch der Haushaltsausgleich als solcher nicht gefährdet wird. Im Zweifel ist der Begriff „erheblich" eng auszulegen; die Haushaltswirtschaft soll sich vom bindenden Plan nicht unnötig entfernen und dadurch an Geschlossenheit und Klarheit verlieren.

---

*) Über die Deckungsfähigkeit (Deckungsvermerke bei Ausgabemitteln im Haushaltsplan) enthält das Gesetz nichts. Die Vorschriften hierüber ergehen in der VO. nach § 105 Abs. 2 Nr. 3.

Zu c). Vor der Leistung über- und außerplanmäßiger Ausgaben, die zum außerordentlichen Haushaltsplan gehören, weil sie aus außerordentlichen Einnahmen zu bestreiten sind, ist immer eine Nachtragssatzung erforderlich; s. auch § 91 Abs. 2.

4. Der **freiwillige Erlaß** einer Nachtragssatzung kommt dann in Betracht, wenn außer den in § 88 Abs. 2 festgestellten Fällen der Bürgermeister von der rechtswirksam festgestellten Haushaltssatzung abweichen will. Ohne Erlaß einer Nachtragssatzung ist die Einhaltung der Haushaltssatzung in allen ihren Teilen für den Bürgermeister bindend; darin liegt ihr Unterschied von einem freien Wirtschaftsplan der Gemeinde. — Ein Abweichen von der geltenden Haushaltssatzung kommt keineswegs nur bei Erhöhung der Ausgaben, bei Änderung der Zweckbestimmungen der Ausgaben u. ä. in Betracht, sondern auch bei Senkung der Einnahmen, insbesondere der Steuer-, Abgaben-, Umlagen-, Gebühren- und Beitragssätze. Wird eine solche während des Rechnungsjahres möglich, so liegt es bei dem Bürgermeister, sie durch eine Nachtragssatzung herbeizuführen. Eine Verpflichtung, dies während des Rechnungsjahres zu tun, besteht nicht.

5. Die **Unterlassung einer Nachtragssatzung** in den Fällen, in denen eine Verpflichtung zum Erlasse besteht, ist eine Rechtsverletzung. Der Aufsichtsbehörde stehen die Aufsichtsmittel nach §§ 109 bis 112 zu Gebote. Der Bürgermeister trägt auch die Verantwortung in dienstlicher, dienststrafrechtlicher und haftungsrechtlicher Hinsicht; für eine etwaige schuldhafte Schädigung der Gemeinde kann er durch die Aufsichtsbehörde nach § 115 Abs. 1 haftbar gemacht werden. Keineswegs aber wird die Rechtsgültigkeit der von der Gemeinde unter Verletzung der Vorschrift des § 88 abgeschlossenen Rechtsgeschäfte in Frage gestellt. Die Verletzung dieser Vorschrift zieht nicht die Nichtigkeit der Rechtsgeschäfte nach sich; denn § 88 ist nicht in die Bestimmung des § 104 Abs. 2 aufgenommen (s. Anm. 5 zu § 104).

§ 89

Die Haushaltssatzung bildet die Grundlage für die Verwaltung aller Einnahmen und Ausgaben. Der Bürgermeister hat die Verwaltung nach der Haushaltssatzung zu führen. Er darf die Haushaltsmittel nur insoweit und nicht eher in Anspruch nehmen, als es bei einer wirtschaftlichen und sparsamen Verwaltung erforderlich ist.

I. **Amtliche Begründung** s. Textausgabe S. 143.

II. **DurchfVO. (§ 30)**

Für die Ausführung des Haushaltsplans 1935 bleiben die bisherigen Vorschriften maßgebend, soweit sich nicht aus den §§ 89 ff. der Deutschen Gemeindeordnung anderes ergibt.

III. Vorl. AusfAnw.

Auch hinsichtlich der Ausführung des Haushaltsplanes 1935 bleiben die bisherigen Vorschriften des Landesrechts maßgebend, soweit sich insoweit aus den §§ 89 ff. DGO. nicht anderes ergibt (vgl. § 30 der Ersten DurchfVO.).

IV. Anm.

1. Zu der **Haushaltssatzung und ihrer rechtlichen Bedeutung**, zum Haushaltsplan und seinen Wesensgrundsätzen vgl. Anm. 1 und 3 zu § 83.

2. **Grundlage für die Verwaltung aller Einnahmen und Ausgaben**: vgl. Grundsatz der Vollständigkeit — Anm. 3c zu § 83; innere Verbindung zwischen Haushaltsplan, Kassen- und Rechnungswesen — Anm. 3e zu § 83; die verwaltungsmäßige Sicherung des Haushaltsabgleichs („Sperrungen", „Zwölftelung der Ausgaben") — Anm. 3e zu § 85.

3. Die **rechtliche Bedeutung der Vorschrift** liegt darin, daß dem Bürgermeister hieraus Rechtspflichten und deshalb auch Verantwortungen erwachsen und daß gegen die Verletzung dieser Vorschriften, die der Bürgermeister dienst-, dienststraf- und haftungsrechtlich (§ 92) zu vertreten hat, auch die Aufsichtsbehörde nach §§ 109 ff. einschreiten kann.

4. Die **Überleitung** ist in § 30 DurchfVO. geregelt. Als Vorschriften, die dem Landesrecht vorgehen, sind vor allem zu erwähnen §§ 90 und 91 DGO.

§ 90

Die Vorhaben, deren Kosten aus Mitteln des außerordentlichen Haushaltsplans ganz oder teilweise zu decken sind, dürfen erst in Angriff genommen werden, wenn die dafür vorgesehenen Einnahmen eingegangen sind oder wenn der rechtzeitige Eingang rechtlich und tatsächlich gesichert ist.

I. Amtliche Begründung s. Textausgabe S. 144.

II. Vorl. AusfAnw.

1. Die genaue Beachtung der Vorschrift des § 90 DGO. ist für die Gesundung der Gemeindefinanzen von ausschlaggebender Bedeutung. Den Bürgermeistern wird deshalb die Einhaltung dieser Vorschrift zur besonderen Pflicht gemacht (vgl. auch AusfAnw. zu § 78).

2. Vorhaben der in § 90 genannten Art dürfen erst in Angriff genommen werden, wenn die dafür vorgesehenen Einnahmen eingegangen sind oder wenn der rechtzeitige Eingang rechtlich und tatsächlich gesichert ist.

a) Die Einnahme ist eingegangen, wenn sie sich in der Kasse der

Gemeinde befindet oder wenn die Gemeinde mit unmittelbarer Rechtswirkung über sie verfügen kann. Bei Vorhaben, die aus Darlehen finanziert werden sollen, ist ferner erforderlich, daß das im außerordentlichen Haushaltsplan für den speziellen Zweck vorgesehene Darlehen eingegangen ist, da Darlehensmittel nur für den Zweck verausgabt werden dürfen, für den sie ausgebracht und genehmigt sind. Schon aus der Vorschrift des § 81 Abs. 1 DGO. ergibt sich im übrigen, daß eine Vorfinanzierung derartiger Vorhaben aus Kassenkrediten in jedem Fall ausgeschlossen ist.

b) Der rechtzeitige Eingang ist rechtlich und tatsächlich gesichert, wenn nach den getroffenen vertraglichen Abreden und den etwa erteilten Genehmigungen unter Berücksichtigung der Leistungsfähigkeit des Vertragsgegners unter allen Umständen feststeht, daß die Einnahme rechtzeitig, d. h. bis zu dem Zeitpunkt, zu dem sie benötigt wird, eingeht. Bei einem Darlehen muß also die Darlehensaufnahme im außerordentlichen Haushaltsplan vorgesehen sein und die Genehmigung sowohl nach § 76 als auch nach § 78 DGO. vorliegen. Es muß ferner ein Vertrag mit einem leistungsfähigen Geldgeber abgeschlossen sein, nach dessen Inhalt der rechtzeitige Eingang des Darlehensbetrages feststeht.

III. Anm.

1. Die **einwandfreie Finanzierung** gemeindlicher Vorhaben, deren Kosten ganz oder teilweise mit Mitteln des außerordentlichen Haushaltsplans zu decken sind, ist ein besonderer Grundsatz einer geordneten Finanzwirtschaft. Die Inangriffnahme solcher Unternehmen, bevor der Geldbedarf tatsächlich und rechtlich sichergestellt ist, hat in der Vergangenheit oft die Finanzkraft einer Gemeinde erschüttert, die Gemeinde in bedrohliche kurzfristige Verschuldung abgleiten lassen, Zahlungsstockungen der Gemeinde herbeigeführt und dadurch den Kommunalkredit schwer geschädigt. Die Folgen eines solchen Finanzgebarens sind nach jeder Seite hin abträglich: Handelt es sich um formelle Mängel (der Haushaltssatzung, des Haushaltsplans, der aufsichtlichen Genehmigung u. ä.), so sind fertige Verhältnisse geschaffen, die einen nach dem Gesetz abzulehnenden mittelbaren Zwang darstellen. Handelt es sich um sachliche Mängel der Finanzierung (unrichtiger Kostenvoranschlag, nicht genügende Sicherung eines Darlehens, des Erlöses aus der Veräußerung gemeindlicher Vermögensgegenstände u. ä.), so kann die Gemeinde in ihrer Notlage gezwungen sein, unerwünschte Schuldbedingungen auf sich zu nehmen, den Zinsfuß höher zu schrauben u. ä. Insgesamt verliert sie ihre eigene Bewegungsfreiheit, an deren Sicherung ihr im Interesse ihrer Selbstverwaltung gelegen sein muß. Letzten Endes kommt der wichtige Gesichtspunkt in Betracht, daß die Bewilligung von Ausgaben, die Inangriffnahme von Unternehmen niemals von der

einwandfreien Deckungsfrage losgelöst werden darf; die Verletzung dieses Grundsatzes ist das Ende einer gesunden Finanzpolitik.

2. Die **gesetzlichen Voraussetzungen der Inangriffnahme** sind rechtlicher und sachlicher Art:

a) Rechtlicher Art. Die erforderlichen Mittel müssen im Haushaltsplan unter der Zweckbestimmung vorgesehen sein. Die Haushaltssatzung (oder Nachtragssatzung — § 88) muß rechtswirksam sein (§ 86). Handelt es sich bei den außerordentlichen Deckungsmitteln um Darlehen, so muß die Genehmigung nach § 76 für den Gesamtbetrag und nach § 78 für die einzelnen Darlehensaufnahmen vorliegen. Handelt es sich um einen Veräußerungserlös, so muß die Veräußerung im Rahmen des § 62 Abs. 2 genehmigt sein, die Verwendung des Erlöses für den Zweck der Vorschrift des § 63 entsprechen. Die Mittel dürfen nicht nur in Aussicht stehen, sondern müssen auch rechtlich gesichert sein (der Darlehensvertrag, die Veräußerung muß bindend sein). Handelt es sich um einen genehmigungspflichtigen Verwendungszweck (z. B. Errichtung eines rechtlich selbständigen Unternehmens — § 75), so muß die Genehmigung hierfür vorliegen. Handelt es sich um die Errichtung eines wirtschaftlichen Unternehmens, so muß die Frist nach § 68 abgelaufen sein. Entsprechendes gilt für die Beteiligung einer Gemeinde an fremden wirtschaftlichen Unternehmungen nach § 69.

b) Sachlicher Art. Der Kostenvoranschlag muß die wirklichen Kosten nach sorgfältiger Schätzung enthalten (vgl. hierzu Anm. 2 zu § 93). Handelt es sich um ein Darlehen, so muß der Darlehensgeber genügend leistungsfähig sein, um die rechtliche Zusicherung einhalten zu können. Handelt es sich um eine Veräußerung von gemeindlichem Vermögen, so gilt dies für den Käufer usw.

3. Das **Verbotsgesetz des § 90** zieht zwar nicht die Nichtigkeit der entgegen dem § 90 abgeschlossenen Rechtsgeschäfte nach sich (§ 90 ist nicht in § 104 Abs. 2 aufgeführt — vgl. die Ausführungen zu § 104 Abs. 2), seine Einhaltung ist aber Rechtspflicht der Gemeinde; die Einhaltung kann von der Aufsichtsbehörde nach den §§ 109—112 erzwungen werden. Die Aufsichtsbehörde hat das Recht und die Pflicht, die Einhaltung der Vorschrift zu sichern.

4. Die **besonderen Gefahren der Verletzung dieses Verbots** liegen gerade darin, daß in der Regel alle bürgerlich-rechtlichen Geschäfte (Vergebung von Aufträgen) gültig sind, die Gemeinde binden, ohne daß die Deckungsmittel hierfür vorliegen. Der Bürgermeister übernimmt also durch Verletzung dieses Grundsatzes eine große Verantwortung, die nach § 92 Haftungsverbindlichkeiten erzeugen und der Staatsaufsichtsbehörde die Pflicht auferlegen kann, gegen ihn mit Schadenersatzansprüchen der Gemeinde nach § 115 Abs. 1 — abgesehen von dienststrafrechtlichen, dienstrechtlichen Maßnahmen — vorzugehen. Die Entlastung nach § 99 kann dem Bürgermeister unter Umständen versagt werden.

5. Der **Geltungsbereich der Vorschrift** erfaßt alle Unternehmen, die mit außerordentlichen Haushaltsmitteln ganz oder teilweise zu finanzieren sind, also mit Darlehen, Veräußerungserlösen oder Rücklagen, und zwar auch dann, wenn die Unternehmen im ordentlichen Haushaltsplan stehen, die ordentlichen Einnahmen aber nicht zur Deckung hinreichen.

Die Vorschrift verfolgt das gleiche Ziel wie § 89, geht aber wegen des finanziellen Gefahrenbereichs solcher Unternehmen noch darüber hinaus.

§ 91

(1) Überplanmäßige und außerplanmäßige Ausgaben dürfen nur mit Zustimmung des Bürgermeisters oder des von ihm ermächtigten Beigeordneten geleistet werden; die Zustimmung darf nur bei unabweisbarem Bedürfnis erteilt werden.

(2) Überplanmäßige und außerplanmäßige Ausgaben, die zum außerordentlichen Haushaltsplan gehören, dürfen nur nach Änderung der Haushaltssatzung geleistet werden.

(3) Entsprechendes gilt für Anordnungen, durch die Verbindlichkeiten der Gemeinde entstehen können, für die ausreichende Mittel im Haushaltsplan nicht vorgesehen sind.

I. Amtliche Begründung s. Textausgabe S. 145/146.

II. Vorl. AusfAnw.

Die Vorschrift des § 91 ist sinngemäß schon vom 1. April 1935 an anzuwenden, auch soweit das bisherige Landesrecht abweichende Vorschriften enthielt (vgl. aber auch AusfAnw. zu § 76).

III. Anm.

1. Die **Haushaltsüberschreitungen**, von denen § 91 handelt, widersprechen dem Grundsatz der Ganzheit (Totalität) des Haushaltsplans; sie können auch dem Grundsatz des Haushaltsausgleichs (vgl. Anm. 3 c zu § 83 und Anm. 3 zu § 85) widersprechen; beide Grundsätze beherrschen die haushaltswirtschaftlichen Bestimmungen. Haushaltsüberschreitungen gefährden die Geschlossenheit, Klarheit und Wahrheit des Haushaltsplans, wenn sie überspannt werden.

Trotzdem sind, da der Haushaltsplan auf Schätzungen beruht, Haushaltsüberschreitungen nicht in jedem Falle zu verhindern. Deshalb läßt sie das Gesetz auch zu, stellt aber dafür Grenzen, sachliche und formale Voraussetzungen auf.

2. Der **Begriff der Haushaltsüberschreitungen** ist an sich ein weiterer, als die in § 91 behandelten Tatbestände reichen. Denn zu den Haushaltsüberschreitungen gehören auch die sog. Haushalts-

vorgriffe (Beträge, um die die im Haushaltsplan für ein Rechnungsjahr vorgesehenen übertragbaren Ausgabenmittel einschließlich der aus dem abgelaufenen Rechnungsjahr übertragenen Ausgabenreste überschritten und die auf die im Haushaltsplan des nächsten Rechnungsjahrs für den gleichen Zweck vorgesehenen Ausgabenmittel angerechnet werden); diese sind im Gesetz nicht näher behandelt, sie werden aber in der VO. nach § 105 Abs. 2 Nr. 3 geregelt werden. § 91 bezieht sich lediglich auf die außer- und überplanmäßigen Ausgaben:

a) Außerplanmäßige Ausgaben sind Ausgaben, die weder unter eine Zweckbestimmung des Haushaltsplans fallen noch bei den aus den Vorjahren übertragenen Ausgabenresten zu verrechnen sind.

b) Überplanmäßige Ausgaben sind Beträge, die die im Haushaltsplan vorgesehenen Ausgaben und die aus dem Vorjahr übertragenen Ausgabenreste übersteigen.

[Dabei spielt der Begriff „übertragene Ausgabenreste" eine Rolle; auch dieser Begriff ist sowohl nach der Übertragbarkeit wie auch nach der Seite der „Reste" im Gesetz nicht bestimmt, wird vielmehr erst in der VO. nach § 105 Abs. 2 Nr. 3 geregelt werden.

Bei Übertragbarkeit von Ausgabenmitteln handelt es sich um Ausgabenmittel, deren Verwendung entweder allgemein oder auf Grund ausdrücklicher Bestimmung im Haushaltsplan nicht auf das Rechnungsjahr, für das sie ausgebracht sind, beschränkt sind.]

3. Die **Zulässigkeit** solcher Haushaltsüberschreitungen **schränkt** das Gesetz durch mehrfache Vorschriften ein:

a) durch die formelle Vorschrift des § 55 Nr. 12, daß alle über- und außerplanmäßigen Ausgaben vor ihrer Leistung mit den Gemeinderäten zu beraten sind, soweit die Ausgaben nicht geringfügig sind,

b) durch die Verpflichtung des Bürgermeisters zur Aufstellung einer Nachtragshaushaltssatzung nach § 88 Abs. 2 Nr. 2, wenn über- und außerplanmäßige Ausgaben im Bereiche des ordentlichen Haushalts in erheblichem Umfang oder im außerordentlichen Haushalt (ohne jede Einschränkung) geleistet werden müssen,

c) durch das Verbot der Zahlungsleistung solcher Ausgaben, wenn sie zum außerordentlichen Haushaltsplan gehören und nicht vorher rechtswirksam eine Änderung der Haushaltssatzung erfolgt ist; für die über- und außerplanmäßigen Ausgaben im Bereich des ordentlichen Haushalts gilt das Verbot der Zahlungsleistung dann nicht, wenn

aa) der Bürgermeister oder der von ihm ausdrücklich ermächtigte Beigeordnete (in der Regel der Stadtkämmerer) der Leistung der Ausgabe vorher zugestimmt hat und

bb) dieser damit die Verantwortung dafür trägt, daß es sich bei der Leistung der Ausgabe um einen unabweisbaren Fall handelt.

Zu a). Von der Beratung kann abgesehen werden, wenn es sich

um geringfügige Beträge handelt, außerdem nach § 55 Abs. 2, wenn die Angelegenheit keinen Aufschub duldet; in diesem Falle hat der Bürgermeister bei der nächsten Beratung den Gemeinderäten Mitteilung zu machen. Die Angelegenheit duldet dann keinen Aufschub, wenn mit der zeitlichen Verzögerung das Gemeinwohl gefährdet oder eine erhebliche Schädigung der Gemeinde verbunden wäre.

Zu b). Vgl. hierzu die Ausführungen zu § 88.

Zu c). Das völlige Verbot von über- und außerplanmäßigen Ausgaben, die zum außerordentlichen Haushaltsplane gehören, hängt mit der Vorschrift des § 90 zusammen; vgl. die Ausführungen hierzu. Außerordentliche Ausgaben sind solche, die mit außerordentlichen Einnahmen gedeckt werden, also mit Darlehen, Veräußerungserlösen und Rücklagen. Hier ist in erster Linie an Darlehen gedacht. Es sollen nicht fertige Verhältnisse geschaffen werden, ehe das Gesetz erfüllt ist. Gewöhnlich greifen solche außerordentliche Ausgaben der Höhe nach weit. Deshalb empfiehlt sich das gänzliche Verbot von vornherein, zumal die Aufstellung einer Nachtragshaushaltsatzung nach der Regelung des Gesetzes auch im dringenden Fall ohne große Schwierigkeiten erfolgen kann.

Zu aa). Von der ausdrücklichen vorherigen Zustimmung des Bürgermeisters oder des ermächtigten Beigeordneten zu über- und außerplanmäßigen Ausgaben kann auch in Fällen dringender Beschleunigung nicht abgesehen werden; Ausnahmen von der Haftung behandelt § 93.

Zu bb). Ein unabweisbarer Fall ist dann gegeben, wenn die Ausgabe zeitlich zur Abwendung einer Gefahr für das öffentliche Wohl oder einer erheblichen Schädigung der Gemeinde dringend notwendig ist. Die Verantwortung dafür tragen die Zustimmenden nach § 92; die Inanspruchnahme des Bürgermeisters zum Schadenersatz regelt sich nach § 115 Abs. 1.

4. **Entsprechende Tatbestände** stellt Abs. 3 auf. Bei Maßnahmen, durch die Verbindlichkeiten der Gemeinde entstehen können, hat der verantwortliche Beamte sich zu vergewissern, ob Mittel, und zwar ausreichende Mittel, im Haushaltsplan hierfür vorgesehen sind. Es kann z. B. der mit der Bauleitung betraute Beamte in dem oder über den Rahmen seiner Vollmacht hinaus Verträge abschließen, ohne die durch den Haushaltsplan gezogenen Grenzen zu berücksichtigen. Die Verantwortung wird ihm für den Bereich des ordentlichen Haushalts nur abgenommen durch die Zustimmung des Bürgermeisters oder des ermächtigten Beigeordneten, für den außerordentlichen Haushalt auch hierdurch nicht. Dabei ist — abgesehen von dem wirklich eingetretenen Schaden und der dadurch wirklich begründeten Haftung — eine Amtspflichtverletzung auch dann gegeben, wenn die Verbindlichkeit schließlich nicht entsteht; denn das Gesetz verbietet schon Maßnahmen, durch die solche Verbindlichkeiten entstehen können.

5. Die **Haftungsverbindlichkeiten** der Beamten und Angestellten für Amtspflichtverletzungen nach § 91 behandeln die §§ 92 und 93, wobei § 93 die Haftungsverbindlichkeit (nicht beim Bürgermeister, wohl aber bei Beamten und Angestellten) unter fest umgrenzten Voraussetzungen einschränkt; s. dort.

§ 92

Beamte und Angestellte der Gemeinde, die schuldhaft gegen die Vorschriften dieses Abschnitts verstoßen, haften der Gemeinde für den daraus entstandenen Schaden.

I. **Amtliche Begründung** s. Textausgabe S. 147.

II. **Anm.**

1. Die **Haftungsvorschrift** des § 92 ist, soweit sie sich auf Gemeinde*beamte* bezieht, von beschränkter Bedeutung. Zunächst ist darauf hinzuweisen, daß das Beamtenrecht schon bisher in allen Ländern gleichartige Haftungsbestimmungen enthält. Wird es in allernächster Zeit durch ein Beamtenreichsgesetz für alle deutschen Beamten vereinheitlicht werden, so ist zweifelsfrei anzunehmen. daß in diesem Punkte keine Änderung eintreten wird; denn daß eine *schuldhafte* Schädigung der Gemeinde durch einen Beamten der Gemeinde einen Schadenersatzanspruch der Gemeinde begründet, ist eine wesensnotwendige Folge des Pflicht- und Treueverhältnisses zwischen dem Beamten und seiner Dienstgemeinde.

Daß die Vorschrift des § 92 nur von der Haftung der Gemeindebeamten wegen Verletzungen der Vorschriften der §§ 82—93 spricht, ist *nur eine besondere Betonung* der Haftung für die hier einschlägigen Amtspflichtverletzungen, nicht etwa ein Ausschluß der Haftung für die sonstigen Amtspflichtverletzungen. Ebensowenig schließt die Vorschrift sonstige Folgen von Amtspflichtverletzungen (wie dienststrafrechtlicher, strafrechtlicher, dienstrechtlicher Art) aus.

2. Für die **Angestelltenhaftung** hat § 92 eine selbständige Bedeutung. Als Reichsgesetz bestimmt die DGO. unter Ausschluß aller sonstigen geltenden Vorschriften (auch der des BGB.) die uneingeschränkte Haftung auch der im bürgerlich-rechtlichen Dienstverhältnis zur Gemeinde stehenden Angestellten für alle schuldhaften Schädigungen der Gemeinde durch Verletzung der Vorschriften der §§ 82 bis 93.

3. Der **gesetzliche Tatbestand und der Umfang der Haftung** werden durch das Gesetz bestimmt:

a) es muß sich um eine Verletzung der *Vorschriften der §§ 82—93* DGO. oder der hierzu erlassenen DurchfVO. handeln (objektiv),

b) es muß sich um eine *schuldhafte* Verletzung dieser Vorschriften handeln (subjektiv),

c) liegen beide Voraussetzungen vor, so haftet der Beamte und Angestellte für vollen Schadenersatz.

Zu a). Die möglichen Tatbestände sind ungemein vielfältig: z. B. nichtrechtzeitige Aufstellung einer Haushaltssatzung, Nichteinholung der erforderlichen Genehmigungen für Darlehens- und Kassenkreditaufnahmen, nichtrechtzeitige Einholung der Genehmigung für die Sätze der gemeindlichen Jahressteuern, nichtrechtzeitige Erhebung der zulässigen Einnahmen, nichtrechtzeitige Leistung der fälligen Ausgaben, Überschreitung der Befugnisse während der haushaltslosen Zeit, nichtrechtzeitige Aufstellung einer Nachtragssatzung, unwirtschaftlich früher Einsatz der Haushaltsmittel, ordnungswidrige Haushaltsüberschreitungen (über- und außerplanmäßige Ausgaben), insbesondere Inangriffnahme von Unternehmungen, die ganz oder teilweise aus Mitteln des außerordentlichen Haushalts zu finanzieren sind, ohne lückenlose tatsächliche und rechtliche Sicherung der zur Deckung erforderlichen Einnahmen. Aus der letzten Vorschrift können deshalb große Haftungsverbindlichkeiten erwachsen, weil die Rechtsgeschäfte (Vergebung von Arbeiten und Lieferungen) an sich rechtsgültig bleiben, der Gemeinde aber z. B. durch Versagung der Genehmigung zu Darlehensaufnahmen die erforderlichen Deckungsmittel fehlen können.

Zu b). Der Beamte und Angestellte haftet für jedes Verschulden, also nicht nur für Vorsatz, sondern auch für Fahrlässigkeit (ohne Gradabstufung); vgl. hierzu § 276 BGB. Es ist die Verletzung der im ordentlichen Verkehr erforderlichen Sorgfalt (nicht nur grobe Verletzung, auch nicht Verletzung der „üblichen" Sorgfalt; Mißbräuche anderer schließen die Haftung nicht aus), also die Haftung eines ordentlichen Beamten und Angestellten der Gemeinde zu vertreten. Für die Beweislast des Verschuldens gilt der sog. prima facie-Beweis, d. h. der Beweis, der durch die ganze Sachlage geführt ist. Dies schließt sogar nicht aus, daß dem Haftungspflichtigen die Last der Entschuldigung (Beweis der Schuldlosigkeit) obliegt.

Zu c). Das Gesetz schränkt die Schadenersatzpflicht nicht ein; daher gilt volle Schadenersatzpflicht. Dies schließt selbstverständlich nicht die allgemeinen Rechtsgrundsätze über Schuld- und Schadensausgleich aus (vgl. §§ 254 und 255, zum allgemeinen Umfang der Schadenersatzpflicht §§ 249 ff. BGB., zur ungerechtfertigten Bereicherung der Gemeinde §§ 812 ff. BGB.). — Mehrere Beteiligte haften als Gesamtschuldner (§§ 421 ff. BGB.).

4. Die **Geltendmachung der Haftung** steht verschiedenen Stellen zu, je nachdem es sich um das Verhalten des Bürgermeisters oder anderer Beamten und Angestellten handelt.

a) Ansprüche der Gemeinde gegen den Bürgermeister hat die Aufsichtsbehörde geltend zu machen (§ 115 Abs. 1). Das Ob ist in ihr pflichtmäßiges Ermessen gestellt. Die Entlastung (§ 99

Abs. 2 und 3) wird die Aufsichtsbehörde vor solche Fragen stellen. Die pflichtwidrige Nichtverfolgung kann Schadenersatzansprüche der Gemeinde nach § 839 BGB. begründen.

b) Die Ansprüche gegen sonstige Beamte und Angestellte hat der Bürgermeister als Vertreter der Gemeinde (§ 36 Abs. 1) zu verfolgen. Das Ob ist in sein pflichtmäßiges Ermessen gestellt; er trägt die volle und ausschließliche Verantwortung für die Verwaltung der Gemeinde (§ 32). Die pflichtwidrige Nichtverfolgung von Schadenersatzansprüchen gegen Beamte und Angestellte kann Schadenersatzansprüche der Gemeinde gegen den Bürgermeister begründen, die wiederum die Aufsichtsbehörde zu verfolgen hätte (s. o.). Außerdem ist darauf hinzuweisen, daß § 55 Abs. 1 Nr. 10 vorschreibt, der Verzicht auf Ansprüche der Gemeinde sei mit den Gemeinderäten zu beraten; hierunter fällt auch der Verzicht auf solche Schadenersatzansprüche, es sei denn, daß es sich um eine Angelegenheit von unerheblicher Bedeutung handelt.

5. **Beamte i. S. des § 92** sind sowohl die hauptamtlichen wie die Ehrenbeamten der Gemeinde. Ehrenbeamte sind auch die Gemeinderäte (§ 53) und nach näherer Bestimmung der Hauptsatzung auch die Beiräte (§ 58). Bei der Haftung nach § 92 ist aber der Beteiligtenkreis nicht etwa nur auf die Amtsträger, Beamten und Angestellten beschränkt, die mit der Aufstellung und Abwickelung der Haushaltssatzung unmittelbar befaßt sind, d. h. z. B. beim Zahlungsvorgang. Wenn z. B. ein Beamter von sich aus im oder außer dem Rahmen seiner Vollmacht ein Unternehmen entgegen dem § 90 in Angriff nimmt, so trifft auch ihn die Haftung.

§ 93

Leistet ein Beamter oder Angestellter der Gemeinde ohne Zustimmung des Bürgermeisters oder des zuständigen Beigeordneten eine überplanmäßige oder außerplanmäßige Ausgabe oder trifft er ohne Zustimmung eine Anordnung, durch die Verbindlichkeiten der Gemeinde entstehen können, für die Mittel im Haushaltsplane nicht vorgesehen sind, so ist er der Gemeinde zum Schadenersatze verpflichtet, es sei denn, daß er zur Abwendung einer nicht voraussehbaren dringenden Gefahr für die Gemeinde sofort handeln mußte, hierbei nicht über das durch die Notlage gebotene Maß hinausgegangen ist und mit dem Antrag auf Zustimmung unverzüglich Anzeige erstattet. Das gleiche gilt, wenn er ohne vorherige rechtzeitige Anzeige beim Bürgermeister oder zuständigen Beigeordneten eine Zahlung leistet oder eine Anordnung trifft, obwohl er erkennt oder erkennen muß, daß durch die Zahlung oder Anordnung später der Haushaltsplan überschritten werden muß.

I. Amtliche Begründung s. Textausgabe S. 148.

II. Anm.

1. Die **Haftungsbeschränkung**, die § 93 gegenüber § 92 aufstellt, bezieht sich auf einen bestimmten, vielfältig umgrenzten Tatbestand, nämlich auf die Haftung bei Leistung oder Veranlassung einer über- oder außerplanmäßigen Ausgabe. Hinsichtlich der letzteren vgl. Anm. 2 zu § 91.

Der Tatbestand des § 93 knüpft an die Vorschrift des § 91 an: Nach der letzteren dürfen über- oder außerplanmäßige Ausgaben nur mit der vorherigen Zustimmung des Bürgermeisters oder des von ihm besonders ermächtigten Beigeordneten geleistet werden; dies gilt für solche Ausgaben, die ihrem Wesen nach aus ordentlichen Einnahmemitteln bestritten werden müssen, also zum ordentlichen Haushalt gehören. Über- und außerplanmäßige Ausgaben, die zum außerordentlichen Haushalt gehören, dürfen überhaupt nur nach Änderung der Haushaltssatzung geleistet werden. Entsprechendes gilt für Anordnungen, durch die Verbindlichkeiten der Gemeinde begründet werden, für die ausreichende Mittel im ordentlichen (erster Fall) und im außerordentlichen Haushaltsplan (zweiter Fall) nicht vorgesehen sind. Die Verantwortung für die Einhaltung der Vorschrift des § 91 bürdet das Gesetz nun nicht allen am Zahlungsverkehr beteiligten Beamten und Angestellten, sondern dem Bürgermeister auf. Für ihn können hieraus Haftungsverbindlichkeiten entstehen, weil die Geschäfte, die in Verletzung des § 91 vorgenommen werden, gültig (dies geht aus § 104 Abs. 2 hervor, wo § 91 nicht aufgeführt ist), aber Deckungsmittel hierfür nicht vorhanden sind. Liegt für die übrigen beteiligten Beamten und Angestellten die vorherige Zustimmung des Bürgermeisters oder des von ihm ausdrücklich ermächtigten Beigeordneten zur Leistung von über- oder außerplanmäßigen Ausgaben und zu Anordnungen, die zu Haushaltsüberschreitungen führen, vor, dann sind die mit der Ausführung betrauten Beamten und Angestellten insoweit von der Haftung frei.

Liegt aber diese Zustimmung nicht vor, dann ist der betreffende Beamte oder Angestellte der Gemeinde zum Schadenersatz verpflichtet. Er kann sich aber von dieser Pflicht befreien, wenn er folgenden Entschuldigungsbeweis (Exkulpationsbeweis) zu führen vermag; dabei müssen die nachfolgenden Tatbestände insgesamt (kumulativ) erfüllt sein:

a) der Beamte oder Angestellte mußte zur Abwendung einer nicht voraussehbaren dringenden Gefahr für die Gemeinde sofort handeln;

b) er ist dabei nicht über das durch die Notlage gebotene Maß hinausgegangen, und

c) er hat unverzüglich Anzeige erstattet mit dem Antrag auf nachträgliche Zustimmung zu seiner Ausgabeleistung oder Anordnung.

All diese verschiedenen Sachverhalte sind Tatfragen; es kommt in der Hauptsache darauf an, daß die rechtzeitige Einholung der Zustimmung ohne sein Verschulden unmöglich war und er das aus der Sachlage (nicht etwa nur zum Besten der Gemeinde, sondern) zur Abwendung einer dringenden, rechtzeitig vorher nicht voraussehbaren Gefahr unbedingt Gebotene getan und dann wiederum unverzüglich die ihm gegenüber dem Bürgermeister obliegende Verpflichtung erfüllt hat. Hat sich der Beamte oder Angestellte usw. ohne sein Verschulden geirrt, so scheidet seine Haftung schon nach § 92 aus, weil ein Verschulden nicht vorliegt. Notwendig ist insbesondere die rechtzeitige Anzeige der Haushaltsüberschreitung, damit der Bürgermeister das Erforderliche nach § 91 rechtzeitig veranlassen kann; dies liegt auch im Interesse des Handelnden, weil die nachträgliche Zustimmung des Bürgermeisters oder des ausdrücklich bestimmten Beigeordneten ihn entlastet.

2. **Entsprechende Tatbestände** sind Anordnungen, durch die Verbindlichkeiten für die Gemeinde entstehen können, für die Mittel im Haushaltsplan nicht vorgesehen sind, ferner Zahlungsleistungen und Anordnungen, bei denen der Beamte oder Angestellte erkennt oder erkennen muß, daß durch diese Zahlung oder Anordnung später der Haushaltsplan überschritten werden muß.

Diese Vorschrift hat eine für die Praxis erhebliche Bedeutung. Sie gilt vor allem für technische Beamte, die mit Bauausführungen usw. betraut sind. So unerwünscht Baukostenpläne sind, die sehr füllig aufgestellt sind, weil die bewilligten Ausgabemittel dann in der Regel ohne die notwendige Sparsamkeit tatsächlich aufgewendet zu werden pflegen, so gefährlich sind für die Gemeinde zu eng gehaltene Kostenvoranschläge, weil die Gemeinde durch den niedrig veranschlagten Kostenbetrag leichter zur Ausführung des Projektes veranlaßt wird. Es liegt daher in der Aufstellung solcher Kostenberechnungen eine große Verantwortung, für die die Beamten und Angestellten die Haftung auch nach § 92 tragen; denn in all diesen Fällen handelt es sich um Vorgeschäfte für die Aufstellung des Haushaltsplans. Noch gefährlicher aber sind Anordnungen und Zahlungen, bei denen bereits übersehen werden kann oder übersehen werden sollte, daß sie zu Haushaltsüberschreitungen führen. Liegt zu einem solchen Handeln nicht die ausdrückliche Zustimmung des Bürgermeisters oder des von ihm ermächtigten Beigeordneten vor, so setzen sich die Beamten und Angestellten einer Haftung aus, von der sie sich nur durch den Beweis nach Anm. 1 befreien können.

5. Abschnitt
Kassen-, Rechnungs- und Prüfungswesen
§ 94

(1) Die Kassengeschäfte führt ein besonderer Kassenverwalter; er hat einen Stellvertreter.

(2) Die Kassen der Gemeinde sollen in einer Hand vereinigt werden. Ist ein hauptamtlicher Kassenverwalter bestimmt, so müssen sie in seiner Hand vereinigt werden; die Aufsichtsbehörde kann Ausnahmen zulassen.

I. Amtliche Begründung s. Textausgabe S. 149.

II. Vorl. AusfAnw.

Soweit bisher die Kassengeschäfte von dem Bürgermeister wahrgenommen worden sind, ist alsbald ein besonderer Kassenverwalter und ein Stellvertreter für ihn zu bestellen. Der Kassenverwalter soll nicht gleichzeitig Beigeordneter sein.

III. Anm.

1. Das **Kassen-, Rechnungs- und Prüfungswesen** wird, wie sich aus § 105 Abs. 2 Nr. 5 und 6 ergibt, durch VO. des RMdJ. geregelt werden. Das Gesetz selbst beschränkt sich hinsichtlich des Kassen- und Rechnungswesens auf nur wenige grundsätzliche Vorschriften (§§ 94 und 95); das Rechnungsprüfungswesen ist in Grundzügen geregelt (§§ 96—102); die Regelung des überörtlichen Prüfungswesens ist unter gesetzlicher Festlegung einiger Richtpunkte einer besonderen Verordnung des RMdJ. nach § 103 überlassen.

Mit diesen den Gegenstand unmittelbar berührenden Vorschriften sind die im Gesetz enthaltenen Bestimmungen aber noch nicht erschöpft. Vor allem kommt § 89 in Betracht, wonach die Haushaltssatzung die Grundlage für die Verwaltung aller Einnahmen und Ausgaben bildet; hierdurch wird die notwendige Bindung zwischen Haushaltsplan, Kassen-(Buch-)führung und Rechnungslegung hergestellt; s. näheres bei §§ 83 u. 89. Außerdem sind Haftungsbestimmungen in den §§ 92 und 93, in § 93 auch für die Leistung von Ausgaben über- oder außerplanmäßiger Art, aufgestellt. § 27 endlich enthält eine Vorschrift über die Möglichkeit einer Vergütung für den Kassenverwalter.

2. Für das **Kassenwesen** stellt § 94 lediglich zwei, aber bedeutsame Grundsätze auf:

a) den Grundsatz, daß die Kassengeschäfte ein besonderer Kassenverwalter zu führen hat und

b) den Grundsatz der Einheitskasse.

Zu a). Der Grundsatz, daß die Zahlungsanweisung und die Zahlungsausführung in zwei verschiedenen Händen liegen müssen, wird hierdurch der Gemeinde zur Pflicht gemacht. Der Bürgermeister darf hiernach die Kassengeschäfte nicht, auch nicht vorübergehend und teilweise, führen; es ist vielmehr ein besonderer Kassenverwalter zu bestellen. Dieser kann ehrenamtlich oder hauptamtlich je nach dem Umfang und der Bedeutung der Kassengeschäfte der Gemeinde bestellt sein. Bei den kleineren Gemeinden wird regelmäßig ein ehrenamtlicher Kassenverwalter (nicht ein Beigeordneter, da diese zur Vertretung des Bürgermeisters berufen sind — s. § 35) zur Führung der Kassengeschäfte, und zwar unter Feststellung einer Vergütung nach Maßgabe der Hauptsatzung (§ 27) bestellt. — Die Verwirklichung dieses Grundsatzes ermöglicht dem Bürgermeister die unabhängige Überwachung der Kassengeschäfte, wozu er verpflichtet ist, nachdem er auch die Verantwortung dafür zu tragen hat (§ 32) und wegen schuldhafter Verletzung dieser Pflicht von der Aufsichtsbehörde mit Schadenersatzforderungen für die Gemeinde, abgesehen von seiner dienststrafrechtlichen Verantwortung, in Anspruch genommen werden kann (§ 115 Abs. 1). — Die Vorschrift hat auch für Dritte eine rechtliche Bedeutung nach der Richtung, ob sie bei Zahlungen, die für die Gemeinde bestimmt sind, an jemand anderen als an den Kassenverwalter und seinen bevollmächtigten Vertreter von ihrer Schuld befreit werden; die Frage ist zu verneinen.

Für den Kassenverwalter ist in allen Fällen ein Stellvertreter aufzustellen, der die Führung der Kassengeschäfte gegebenenfalls (bei Krankheit, Urlaub, Dienstenthebung, sonstigem Wegfall) an Stelle des Kassenverwalters zu übernehmen hat. Sein Verhältnis zum Kassenverwalter ist so zu bemessen, daß er dieser Aufgabe jederzeit genügen kann. — Der Bürgermeister kann auch nicht Stellvertreter des Kassenverwalters sein.

Zu b). Der Grundsatz der Einheitskasse wird in einer Sollvorschrift aufgestellt, für solche Gemeinden jedoch, bei denen für die Führung der Kassengeschäfte ein hauptamtlicher Kassenverwalter bestellt ist, in bindender Weise — unter Zulassung von Ausnahmen durch die Aufsichtsbehörde — vorgeschrieben. Der Grundsatz bedeutet Einrichtung einer (Haupt-)Kasse, möglichste Beseitigung von Nebenkassen und Zahlstellen und dient der einheitlichen Bewirtschaftung aller Geldmittel; soweit Zahlungen bei Nebenkassen oder Zahlstellen anfallen, sollen sie in die Bücher und Rechnungen der Hauptkasse übergehen (Kasseneinheit). Dies erleichtert den Überblick, die Kontrolle und fördert die sparsame Bewirtschaftung der Geldmittel; es sollen unnötig hohe Barbestände bei Nebenkassen und Zahlstellen vermieden und der Zustand ausgeschlossen werden, daß eine Stelle hohe Schuldzinsen für Kassenkredite veranlaßt, während die andere für Guthaben niedrige Habenzinsen erhält oder gar unnötig hohe Barbestände hält.

Alles übrige (Einrichtung der Kassen, Aufbewahrung und Anlegung der Kassenbestände, bargeldloser Zahlungsverkehr, das gesamte Buchungswesen, Zahl und Einrichtung der Bücher, Behandlung der Ausgaben, der Belege, Kassensturz und Kassenuntersuchungen, Kassenüberweisungen) ist der VO. nach § 105 Abs. 2 Nr. 5 vorbehalten. Bis zur Erlassung der Verordnung werden die bisher geltenden landesrechtlichen Vorschriften aufrechterhalten, soweit sie nicht der DGO. widersprechen (§ 22 DurchfVO., abgedruckt vor § 60 DGO.).

§ 95

Der Bürgermeister hat über die Einnahmen und Ausgaben des Rechnungsjahres im ersten Viertel des neuen Rechnungsjahres Rechnung zu legen.

I. Amtliche Begründung s. Textausgabe S. 150.

II. DurchfVO. (§ 31)

(1) Für die Rechnungslegung nach Abschluß des Rechnungsjahres 1934 bleiben die bisherigen finanzrechtlichen Vorschriften maßgebend, soweit sich nicht aus den §§ 95 ff. der Deutschen Gemeindeordnung anderes ergibt.

(2) Abs. 1 gilt entsprechend für die noch nicht erledigten Rechnungen früherer Rechnungsjahre.

III. Vorl. AusfAnw.

Durch § 31 der Ersten DurchfVO. werden die finanzrechtlichen Vorschriften des Landesrechts über die Rechnungslegung aufrechterhalten. Dagegen treten die verfassungsrechtlichen Vorschriften mit dem Inkrafttreten der Deutschen Gemeindeordnung außer Kraft und werden durch die Vorschriften der §§ 95 ff. ersetzt. Daraus folgt, daß

a) die Rechnung nach dem 1. April 1935 von dem Bürgermeister gelegt wird (§ 95 DGO.);
b) nach § 96 DGO. eine Beratung mit den Gemeinderäten stattzufinden hat; gegebenenfalls ist die Rechnung vorher dem Rechnungsprüfungsamt vorzulegen (§ 96 Abs. 2 DGO.);
c) für den Umfang der Prüfung des Rechnungsprüfungsamts und das Verfahren die Vorschriften der §§ 97, 98 DGO. maßgebend sind;
d) die Entlastung nach § 99 DGO. die Aufsichtsbehörde ausspricht.

IV. Anm.

1. Auch das **Rechnungswesen**, d. h. die Legung der Rechnung über alle Einnahmen und Ausgaben eines Jahres, ist wie das Kassenwesen (§ 94) in der näheren Ausgestaltung der VO. nach § 105 Abs. 2 Nr. 5 überlassen; bis dahin werden die landesrechtlichen Vorschriften aufrechterhalten, soweit sie der DGO. nicht widersprechen

(§ 22 DurchfVO.). Für die Rechnungslegung im Rechnungsjahre 1935 vgl. die obige Vorschrift des § 31 DurchfVO. —

Das Gesetz selbst schreibt vor, daß nach Abschluß eines jeden Rechnungsjahres (§ 82) über alle Ausgaben und Einnahmen des abgeschlossenen Rechnungsjahres Rechnung zu legen ist, daß dies spätestens bis zum Schlusse des ersten Vierteljahres des neuen Rechnungsjahres zu geschehen hat und daß diese Aufgabe der Bürgermeister zu erfüllen hat.

Nachdem durch § 94 die Führung der Kassengeschäfte und damit der Buchführung über alle Einnahmen und Ausgaben der Gemeinde durch einen besonderen Kassenverwalter vorgeschrieben ist, ergibt sich von selbst, daß vor der Rechnungslegung des Bürgermeisters zunächst der Kassenverwalter Rechnung zu legen hat. — Die Bindung der Buchführung an die Haushaltssatzung (den Haushaltsplan) nach § 89 führt dazu, daß die Rechnungslegung der Kasse (Kassenrechnung) in der Regel durch die abgeschlossenen Hauptbücher zu erfolgen haben wird. — Wie für die Haushaltsführung und für die Kassenführung nach § 89 alle Einnahmen und Ausgaben (auch die auf Grund einer Nachtragssatzung, auch die außer- und überplanmäßigen Einnahmen und Ausgaben) mit ihrem vollen Betrag zu erfassen sind, so gilt dies auch für die Rechnungslegung (Bruttoprinzip auch in der Rechnung wie im Haushaltsplan). — Auch für die Eigenbetriebe ist Rechnungslegung vorgeschrieben, wenn sie auch nach § 74 Abs. 3 besonders zu gestalten ist (vgl. Anm. 4 zu § 74). — Es bleiben im Rahmen der VO. nach § 105 viele Einzelfragen zu klären (so die Frage, wann Einnahmen und Ausgaben zu verrechnen sind, wenn sie nach Fälligkeit und Zahlung in verschiedene Rechnungsjahre auseinanderfallen, die Behandlung der „Einnahmereste" und der „Ausgabereste", die Verrechnung von Rückzahlungen usw.).

2. Die **Jahresrechnung**, die der Bürgermeister aufzustellen hat, ist der Rechenschaftsbericht über die Verwirklichung des Haushaltsplans; enthält dieser die Vorausschätzung der Einnahmen und Ausgaben, so enthält die Rechnung das Wirklichkeitsbild der Jahreswirtschaft der Gemeinde. Daraus ergibt sich, daß die Jahresrechnung auch in der formalen Anlage dem Haushaltsplan entsprechen muß, um einen Vergleich, eine Prüfung und auch die Entlastung zu ermöglichen. — Nach der Vorschrift des Gesetzes, daß die Jahresrechnung alle Einnahmen und Ausgaben des Rechnungsjahres zu erfassen hat, hat sie auch die außer- und überplanmäßigen Einnahmen und Ausgaben (also Einnahmen und Ausgaben, die nicht im Haushaltsplan enthalten sind) aufzunehmen. Die nähere Regelung (wie die der „Reste" und „Bestände", der „Mehreinnahmen" und „Minderausgaben", auch die Grundsätze für den Abschluß [Istabschluß/Sollabschluß], endlich das formale Muster der Jahresrechnung) wird in der VO. nach § 105 getroffen werden. — Das Ergebnis der Jahreswirtschaft muß sich in der Jahresrechnung in einem

Überschuß oder Fehlbetrag auswirken, die wiederum in den Haushaltsplan des zweitnächsten Jahres aufzunehmen sind. — Die Jahresrechnung ist nur ein Zahlenbild über die Haushaltswirtschaft; sie ergibt kein vollständiges Bild aller Vorgänge der Gemeindewirtschaft; sie ist daher zu ergänzen durch Nachweisungen über die Vermögensbewegung der Gemeinde, aus denen Anlagewirtschaft und (mit der Rücklagenbildung) auch die Anlagepflege ersehen werden kann. § 105 Abs. 2 Nr. 4 sieht daher vor, daß der RMdJ. im Verordnungswege die erforderlichen Nachweisungen der Gemeinde und im Zusammenhang damit die Bewertung des Vermögens näher regeln kann. Gerade in der Bewertung des Gemeindevermögens gibt es bisher weder einheitliche Grundlagen noch Maßstäbe; die Bewertung wird gewöhnlich zu einem bestimmten Zweck (meist als Unterlage für den Gemeindekredit) vorgenommen. Wenn der Verkehrswert (gemeine Wert), der Ertragswert, der Beschaffungswert, der Reproduktionswert, der Einheitswert und noch eine Reihe anderer Maßstäbe bei den verschiedenen Vermögensgegenständen und bei den verschiedenen Gemeinden zugrunde gelegt werden, so ist es verständlich, daß nicht nur das Bedürfnis, der Wirklichkeit möglichst nahe zu kommen und brauchbare Vergleichsgrundlagen zu gewinnen, sondern auch das Gesamtinteresse der Gemeinden festere, *einheitlichere* Maßstäbe verlangen.

3. **Der Endzeitpunkt** für die Aufstellung der Jahresrechnung ist der 30. Juni (nach der jetzigen Einrichtung des Rechnungsjahres — § 82). Dementsprechend müssen rechtzeitig vorher die Bücher für das abgelaufene Rechnungsjahr abgeschlossen werden. Im Gesamtinteresse aller Gemeinden, im Interesse der Rechtzeitigkeit der Reichsfinanzstatistik und zur möglichst baldigen Gewinnung von Vergleichsziffern haben die Gemeinden diese Frist einzuhalten.

§ 96

(1) Der Bürgermeister legt die Rechnung den Gemeinderäten zur Beratung vor. Über die Beratung ist eine Niederschrift aufzunehmen. Jeder Gemeinderat ist außerdem berechtigt, sich vor Abschluß der Beratung schriftlich zu äußern. Auf sein Verlangen ist der Abschluß der Beratung eine Woche auszusetzen, um ihm Gelegenheit zur schriftlichen Äußerung zu geben. Der Gemeinderat hat die schriftliche Äußerung in der Beratung der Gemeinderäte zu vertreten.

(2) In Gemeinden, in denen ein Rechnungsprüfungsamt besteht, hat der Bürgermeister zunächst diesem die Rechnung zuzuleiten.

I. Amtliche Begründung s. Textausgabe S. 151.

II. Anm.

1. Die **Prüfung der Rechnung** wird in den §§ 96—98, soweit sie innerhalb der Gemeinde (örtliche Prüfung), in § 99, soweit sie durch die Aufsichtsbehörde (aufsichtliche Prüfung) zu erfolgen hat, behandelt. Außerdem wird durch § 103 eine besondere überörtliche Prüfung vorgesehen, die im Rahmen der Prüfung durch die Aufsichtsbehörde miteinzuschalten ist, wie sich aus § 99 Abs. 2 ergibt.

Hieraus geht hervor, daß Selbstverwaltungsangelegenheit der Gemeinde nur die örtliche Prüfung der Rechnung ist. Die Verlegung des Abschlusses der Prüfung über die örtliche Sphäre hinaus in die Hand einer überörtlichen Prüfungsstelle war mit der Einführung des Führergrundsatzes unerläßlich, da in der Gemeinde der Bürgermeister als das ausschließliche Verwaltungsorgan nicht seine eigene Haushaltsführung und Rechnungslegung nachprüfen kann. Es war dabei zweierlei möglich: die volle Übertragung der Prüfung auf die Aufsichtsbehörde und bei ihr oder anderen staatlichen Stellen eingerichtete Prüfungsämter oder aber die Verlegung der Prüfung in eine unabhängige, überörtliche Prüfungsstelle, die zwischen Verwaltung und Aufsicht steht. Das Gesetz hat den letzteren Weg gewählt, dabei aber eine starke Bindung dieser überörtlichen Prüfungsanstalt, wie sie § 103 vorsieht, an das RMdJ. vorgenommen, außerdem die überörtliche Prüfung als Vorstufe der Entlastung festgelegt und die Entlastung völlig in die Hand der Aufsichtsbehörde gelegt (vgl. Näheres bei §§ 99 und 103).

2. Die **örtliche Prüfung** der Rechnung geht in den Gemeinden, in denen ein Rechnungsprüfungsamt eingerichtet ist (vgl. § 100), zunächst durch dieses (§ 96 Abs. 2); die Aufgabe des Rechnungsprüfungsamts hierbei regelt das Gesetz in den §§ 97 und 98 (vgl. die Ausführungen hierzu).

Soweit kein Rechnungsprüfungsamt besteht, ferner sobald in den Fällen, in denen ein Rechnungsprüfungsamt besteht, der Schlußbericht des Rechnungsprüfungsamts vorliegt, hat der Bürgermeister die Rechnung den Gemeinderäten vorzulegen.

3. Die **Beteiligung der Gemeinderäte** bei der örtlichen Rechnungsprüfung ist eine Folge der hohen Bewertung, die das Gesetz der bürgerschaftlichen Beteiligung an der Verwaltung der örtlichen Gemeinschaft auch im Rahmen des Führergrundsatzes beimißt. Die Gemeinderäte sind zwar kein Kontrollorgan des Bürgermeisters, sondern als Berater im engsten Zusammenwirken und in einheitlicher Zielsetzung mit dem Bürgermeister tätig; sie sind aber stets an der Aufstellung des Haushaltsplans beteiligt; deshalb haben sie Anspruch, auch mit dem Rechenschaftsbericht befaßt zu werden. Nur aus dem Wirklichkeitsbilde der Jahresrechnung lassen sich auch für sie die nötigen Schlüsse auf die Richtigkeit ihrer Beratung in der Ver-

gangenheit und auf fruchtbare Auswertung der Erfahrung für die Zukunft ziehen. Es ist auch für die Aufsichtsbehörde von Bedeutung zu erfahren, wie die Gemeinderäte als Sprachrohr der Bürgerschaft zum Wirtschaftsgebaren der Gemeinde, zu Leistungen und Lasten der Gemeinde stehen. Die bloße Prüfung durch das Rechnungsprüfungsamt der Gemeinde wäre einerseits zu wenig, die überörtliche und aufsichtliche Prüfung andererseits vielleicht vielen inneren Vorgängen der Gemeinde zu fern, um ein abgeschlossenes Bild zu erzielen.

Für die Art und den Zeitpunkt der Beratung mit den Gemeinderäten ist im Gesetz nichts vorgeschrieben. Die Beratung hat möglichst bald zu geschehen, um auch die überörtliche Prüfung und die Entlastung (§ 99) zu ermöglichen. Auch die Öffentlichkeit dieser Beratungen ist nicht bindend festgelegt; es verbleibt also bei der Regelung des § 56 Abs. 2. Auch über die Beteiligung oder Nichtbeteiligung des Bürgermeisters ist nichts besonderes geregelt; § 25, der für ehrenamtliche und hauptamtliche Bürgermeister (s. § 38) gilt, kann einschlägig sein. In der Regel wird die Teilnahme des Bürgermeisters der Sache dienen und sogar unentbehrlich sein. — Die Aufnahme einer Niederschrift ist kein besonderes Gebot für die Beratungen der Gemeinderäte (vgl. § 57 Abs. 3); die Wiederholung des Gebots kann deshalb nur den Sinn haben, daß die Niederschrift, über den in § 57 Abs. 3 vorgeschriebenen wesentlichen Inhalt der Beratungen hinausgehend, die Aussprache der Gemeinderäte so festzuhalten hat, daß sie der überörtlichen und aufsichtlichen Prüfung ein Bild von der Beurteilung der Jahresrechnung durch die Gemeinderäte vermittelt.

Die Jahresrechnung stellt, insbesondere in Großstädten, auch trotz Beifügung eingehender besonderer Unterlagen und Nachweisungen ein schwer zu durchdringendes Zahlenwerk dar. Die Beurteilung wird dort, wo ein Rechnungsprüfungsamt besteht, erleichtert durch den Bericht des Rechnungsprüfungsamts. Ganz allgemein soll es der Vertiefung und Fruchtbarkeit der örtlichen Prüfung dienen, wenn das Gesetz Vorschriften enthält, um einzelnen Gemeinderäten Gelegenheit zur schriftlichen Äußerung und zur mündlichen Vertretung dieser schriftlichen Stellungnahme in einer besonders anberaumten Beratung der Gemeinderäte zu geben. Dem Rechte des einzelnen Gemeinderats entspricht die Pflicht des Bürgermeisters, einem solchen Verlangen nachzukommen. Auch für diese Beratung gilt die Verpflichtung zur Erstellung einer Niederschrift. — Die schriftlichen Äußerungen und die Niederschriften sind mit der Rechnung der Aufsichtsbehörde vorzulegen (§ 99 Abs. 1).

4. Zur **Vorbeteiligung des gemeindlichen Rechnungsprüfungsamts** vgl. Anm. 2. Der Schlußbericht des Rechnungsprüfungsamts ist den Gemeinderäten mitzuteilen. Darüber hinaus hat das Rechnungsprüfungsamt kein Recht auf Zuziehung zur Beratung mit den Gemeinderäten (es kann zugezogen werden — vgl. § 56 Abs. 3),

andrerseits haben die Gemeinderäte auch kein Informationsrecht gegenüber dem Rechnungsprüfungsamt; dieses untersteht ausschließlich dem Bürgermeister (§ 101).

5. Für die **Übergangszeit** vgl. die AusfAnw. zu § 95.

§ 97

Das Rechnungsprüfungsamt hat die Rechnung mit allen Unterlagen dahin zu prüfen,

1. ob der Haushaltsplan eingehalten ist,
2. ob die einzelnen Rechnungsbeträge sachlich und rechnerisch in vorschriftsmäßiger Weise begründet und belegt sind,
3. ob bei den Einnahmen und Ausgaben nach dem Gesetz und sonstigen Vorschriften verfahren worden ist.

I. Amtliche Begründung s. Textausgabe S. 152.

II. Anm.

1. Die **Vorprüfung der Jahresrechnung** durch das gemeindliche Rechnungsprüfungsamt ist zunächst zu scheiden von der laufenden Überwachung der Kasse, wie sie § 102 Nr. 1 als sog. Kannaufgabe der gemeindlichen Rechnungsprüfungsämter vorsieht. Diese laufende Überwachung der Kasse (Kontrolle, auch Visakontrolle genannt im Gegensatz zur Revision) besteht darin, daß das Rechnungsprüfungsamt bereits in der laufenden Haushaltsabwickelung mit der Prüfung der Zahlungsvorgänge betraut ist. Dies kann wiederum in zweifacher Art und Weise erfolgen: entweder in einer Prüfung, b e v o r die Zahlungsanweisungen an die Kasse gehen, oder zwar nachher, aber im engen zeitlichen Anschluß an den Zahlungsvorgang; hierunter fällt auch die Vorprüfung von Vergebungen (§ 102 Nr. 3). In größeren Städten ist die Einführung dieser laufenden Vorprüfung zu empfehlen.

Die Vorprüfung der Jahresrechnung ist eine Mußaufgabe des gemeindlichen Rechnungsprüfungsamts. Der Bürgermeister hat die Pflicht, die Jahresrechnung dem Rechnungsprüfungsamt zuzuleiten (§ 96 Abs. 2) und Anfragen des Rechnungsprüfungsamts zu klären (§ 98). Ist in der Gemeinde die laufende Kontrolle (s. oben Abs. 1) eingerichtet, so ist der Vorprüfung der Jahresrechnung wesentlich vorgearbeitet; denn das Rechnungsprüfungsamt hat aus der laufenden Kontrolle bereits die erforderliche Kenntnis der Vorgänge und kann nun an die wirtschaftswichtigen Punkte seiner Stellungnahme herangehen. — Der Bericht des Rechnungsprüfungsamts ist wichtig sowohl für die Beratung der Gemeinderäte (§ 96) wie auch für die nachfolgende überörtliche Prüfung (§ 99 mit § 103).

2. Die auf die **Einhaltung des Haushaltsplans** gerichtete Vorprüfung (Etatkontrolle) hat festzustellen, ob die Rechnung materiell

und formell die Einhaltung der haushaltswirtschaftlichen Bestimmungen widerspiegelt, also ob der Haushaltsplan ordnungs- und vorschriftsmäßig erstellt, die Haushaltssatzung in gesetzlich vorgeschriebener Weise festgestellt und vollzogen, ob Nachtragshaushaltssatzungen in den vorgeschriebenen Fällen aufgestellt, die im Rahmen der Haushaltssatzung erforderlichen Genehmigungen (§ 83) eingeholt und so ausgeschöpft worden sind, wie sie erteilt waren, ob Haushaltsüberschreitungen vorgekommen sind, ob sie richtig als außer- und überplanmäßige Ausgaben erfaßt sind, ob etwaige im Rahmen der Verordnung nach § 105 Abs. 2 Nr. 3 ergangene Bestimmungen, insbesondere über „Deckungsfähigkeit", über „Übertragbarkeit" von Ausgaben, über die „Einnahmen-" und „Ausgabenreste" u. ä., beachtet, ob die Einnahmen und Ausgaben an der richtigen Stelle (entsprechend dem Haushaltsplan) untergebracht worden sind usw.

3. Die auf die **Prüfung der einzelnen Rechnungsbeträge** abgestellte Kontrolle hat zu erfassen, ob die einzelnen Einnahmen und Ausgaben

a) sachlich begründet,
b) rechnerisch richtig,
c) in vorschriftsmäßiger Weise behandelt und
d) vorschriftsmäßig belegt sind.

Zu a). Es muß geprüft werden, ob die gebuchten Einnahmen und Ausgaben mit den tatsächlichen Leistungen so übereinstimmen, wie die Belege ausweisen, z. B. ob mit der Rechnung eines Kaufmanns über die Lieferung einer Ware und mit ihrer Bezahlung auch der tatsächliche Vorgang, so wie er belegt und verbucht ist, übereinstimmt.

Zu b). Die rechnerische Richtigkeit muß im Beleg und in der Verbuchung geprüft werden; Vorbescheinigungen durch zuständige Beamte können die Kontrolle abkürzen.

Zu c). Die Vorschriftsmäßigkeit der Zahlungsanweisungen muß nachgeprüft werden.

Zu d). Die Belege müssen vorschriftsmäßig und sachlich richtig den Vorgang decken.

4. Die auf **Beachtung der Gesetzmäßigkeit** gerichtete Prüfung ist, soweit haushaltsrechtliche Vorschriften in Betracht kommen, mit der in Anm. 2 behandelten Etatkontrolle identisch. Darüber hinaus kommen zahlreiche sonstige gesetzliche Vorschriften, über Steuern und Abgaben, über Stundung und Niederschlagung, über Beamtenbesoldung und -versorgung, über Fürsorgeleistungen (Wohlfahrtsunterstützungen), über den Umfang und die Fälligkeit von Zahlungspflichten gegenüber Reich und anderen Körperschaften u. ä. in Betracht.

5. **Darüber hinaus** ergeben die der Jahresrechnung beizufügenden Nachweisungen Pflichtaufgaben der Rechnungsprüfungsämter. Das Material, das den Gemeinderäten zugeht und das der Aufsichtsbehörde vorgelegt wird, hat mit der Jahresrechnung ebenfalls durch das Rechnungsprüfungsamt zu gehen. Hierher gehören vor

allem die nach § 105 Abs. 2 Nr. 4 zu ordnenden Nachweisungen. Damit erstreckt sich die Pflichtaufgabe der Rechnungsprüfungsämter auch auf die Vermögenswirtschaft. Sie wird die Richtigkeit des Bestandes, die Richtigkeit der Bewertung, aber auch die Richtigkeit der Abschreibungen in Form von Rücklagenbildungen nachzuprüfen haben. Es soll Anlagewirtschaft und Anlagepflege aus den Nachweisungen, der Wirklichkeit entsprechend, hervorgehen.

6. **Nicht Pflichtaufgabe** des Rechnungsprüfungsamts ist — neben diesen Aufgaben der Ordnungsprüfung — die Prüfung der Wirtschaftlichkeit der Geschäftsvorfälle. Ohne besonderen Auftrag oder ohne allgemeine Betrauung mit dieser Aufgabe nach § 102 Nr. 4 hat das Rechnungsprüfungsamt nicht die Pflicht, in seinem Berichte zur Jahresrechnung hierauf einzugehen. Wenn es dem Bürgermeister in Erfüllung der allgemeinen Amtspflicht von sich aus ein Urteil auch in dieser Hinsicht unterbreitet, so hat es die besonderen Obliegenheiten zu wahren, die ihm seine Stellung gegenüber dem Bürgermeister materiell und formell auferlegt.

§ 98

(1) Ergibt die Prüfung der Rechnung Unstimmigkeiten, so berichtet das Rechnungsprüfungsamt dem Bürgermeister. Dieser veranlaßt die erforderliche Aufklärung.

(2) Das Rechnungsprüfungsamt faßt seine Bemerkungen in einem Schlußberichte zusammen.

I. Amtliche Begründung s. Textausgabe S. 152/153.

II. Anm.

1. **Unstimmigkeiten der Jahresrechnung**, die dem Rechnungsprüfungsamt auffallen, sind nicht ohne weiteres in den Prüfungsbericht aufzunehmen, sondern aufzuklären; es sollen nicht unnötige Kritik und vermeidbares Schreibwerk entstehen. Die durch den Bürgermeister veranlaßten Aufklärungen braucht aber das Rechnungsprüfungsamt dann nicht etwa ungeprüft seinem Prüfungsbericht zugrunde zu legen. Nach der gebotenen Möglichkeit einer Aufklärung hat das Rechnungsprüfungsamt nunmehr das Recht, aber auch die Pflicht und die Verantwortung dafür, im Schlußberichte seine sachlich begründete Meinung zur Jahresrechnung im Rahmen seiner Pflichtaufgabe (§ 97) zu vertreten.

2. Der **Schlußbericht** des Rechnungsprüfungsamts muß dessen Meinung über die Jahresrechnung enthalten. Der Inhalt des Prüfungsberichts hat sich, wenn dem Rechnungsprüfungsamt Aufgaben über den Rahmen des § 97 hinaus nicht gestellt sind, auf diesen Rahmen zu beschränken. Sind ihm weitere Aufgaben nach § 102 gestellt, so hat das Rechnungsprüfungsamt auch alle Anregungen und Urteile in dem Schlußbericht zu vermerken, die sich aus seiner Gesamtaufgabe ergeben.

Der Schlußbericht muß ein klares Bild über die Ordnungsmäßigkeit und Ordnungswidrigkeit der Jahresrechnung ermöglichen. Die Hervorhebung von Wichtigkeiten ist von Kleinigkeiten zu sondern.

Für den Schlußbericht trägt der Leiter des Rechnungsprüfungsamts die Verantwortung, die ihm sein Amt auferlegt. Er muß ihn nach der positiven wie negativen Seite und nach der erschöpfenden Handhabung der Prüfung vertreten können, soll er nicht dienststrafrechtlichen und Haftungsfolgen ausgesetzt sein. In der formellen Behandlung der Vorgänge ist es nicht Aufgabe des Rechnungsprüfungsamts zu beanstanden, sondern sachlich und rechtlich festzustellen.

Wie sich aus der Vorschaltung der Prüfung der Jahresrechnung durch das Rechnungsprüfungsamt **vor** der Vorlage an die Gemeinderäte ergibt (§ 96 Abs. 2), ist der Schlußbericht des Rechnungsprüfungsamts **mit** der Jahresrechnung den Gemeinderäten zuzuleiten.

§ 99

(1) Der Bürgermeister legt die Rechnung mit dem Schlußberichte des Rechnungsprüfungsamts, der Niederschrift über die Beratung und den schriftlichen Bemerkungen der Gemeinderäte der Aufsichtsbehörde vor.

(2) Nach Prüfung der Rechnung (§ 103) beschließt die Aufsichtsbehörde über die Entlastung des Bürgermeisters. Hat die Prüfung erhebliche Verstöße gegen die Grundsätze einer geordneten Haushaltsführung ergeben, so hat die Aufsichtsbehörde den Bürgermeister zu veranlassen, die erforderlichen Maßnahmen zu treffen, und dies zu überwachen.

(3) Der Entlastungsbeschluß ist dem Bürgermeister unter Mitteilung des Ergebnisses der Prüfung zuzustellen. Dieser hat ihn mit dem Ergebnisse der Prüfung den Gemeinderäten zur Kenntnis zu bringen.

I. Amtliche Begründung s. Textausgabe S. 153/154.

II. Anm.

1. Die **Vorlage der Jahresrechnung an die Aufsichtsbehörde** hat mit allen Unterlagen zu geschehen, die aus der örtlichen Vorprüfung erwachsen sind; sie muß erfolgen, um die Entlastung (§ 99) und die ihr vorausgehende überörtliche Prüfung (§ 103) zu ermöglichen. Der Zeitpunkt ist nicht bestimmt; die Vorlage hat möglichst bald zu erfolgen. Es ist das Recht des Bürgermeisters, seine eigene Stellungnahme zu dem Ergebnis der Vorprüfung zu fügen. Soweit er die Feststellungen des Rechnungsprüfungsamts oder ent-

sprechende Bemerkungen der Gemeinderäte anerkennt, wird die Behebung der Ordnungswidrigkeiten bereits in die Wege geleitet sein.

2. Die **überörtliche Prüfung**, veranlaßt durch die Aufsichtsbehörde (§ 99 Abs. 2), schließt sich der örtlichen Prüfung an. Ob in jedem Fall eine überörtliche Prüfung der Jahresrechnung durch eine besondere Prüfungsstelle vorgeschrieben wird oder bei den kleineren Gemeinden (etwa bis zu 2000 Einw.) der Aufsichtsbehörde selbst verbleibt, wird in den VO. nach § 103 und nach § 105 Abs. 2 Nr. 6 geregelt werden. Auf jeden Fall wird bei größeren Gemeinden mit einem größeren Umfang der Haushaltswirtschaft die überörtliche Prüfung der Jahresrechnung angeordnet werden. Vgl. im übrigen hierzu Anm. 4c zu § 103.

3. Die **Entlastung des Bürgermeisters** ist nach der Vorschrift des § 99 Abs. 3 Recht und Pflicht der Aufsichtsbehörde. Sie muß alljährlich auf Grund des Rechenschaftsberichtes des Bürgermeisters, der mit der Jahresrechnung erstattet wird, erfolgen. Der Bürgermeister trägt nach § 32 die volle und ausschließliche Verantwortung für die Verwaltung der Gemeinde; ihm ist daher Entlastung zu erteilen, nicht einzelnen Gemeindestellen, Amtsträgern oder Dienstkräften.

Die Zuständigkeit der Aufsichtsbehörde zur Entlastung wurde bestimmt, weil nach Beseitigung der Vertretungskörperschaften innerhalb der Gemeinde kein Kontrollorgan des Bürgermeisters besteht. Überdies war die endgültige Entlastung des Bürgermeisters durch die Vertretungskörperschaft in der Vergangenheit mangels der notwendigen Sachkunde, der erforderlichen Zeit für ehrenamtlich tätige Bürger zu tieferem Eindringen in das Zahlenwerk, letzten Endes aber wegen der Verquickung mit Parteien- und Interessentenpolitik sachlich ungeeignet, häufig nicht mehr als eine bloße Formsache. Es war daher geboten, entweder überhaupt von dem Formalakt der Entlastung abzusehen oder aber sie ganz aus der kommunalen Sphäre herauszuheben und in die Hand der Staatsbehörde zu legen, die infolge der zahlreichen laufenden Berührungen mit der gemeindlichen Haushaltswirtschaft, insbesondere bei der Prüfung der Haushaltssatzung, dazu berufen ist; das ist die Aufsichtsbehörde, die letzten Endes auch berufen gewesen wäre, die Fälle weiter zu verfolgen, in denen eine mit der Entlastung betraute, kommunal zusammengesetzte, überörtliche Stelle sich außerstande gesehen hätte, die Entlastung zu erteilen.

4. Der **Formalakt der Entlastung** erfolgt durch Beschluß der Aufsichtsbehörde. In dem Beschluß ist auszusprechen, daß die Prüfung der Jahresrechnung keine oder keine wesentlichen Verstöße gegen die Grundsätze einer geordneten Haushaltsführung ergeben hat und daß deshalb die Entlastung im vollen Umfang erteilt wird oder daß die Prüfung wesentliche Verstöße und Mängel in der Haushaltswirtschaft des vergangenen Jahres erbracht hat und daher die Entlastung nur mit den erforderlichen Bedingungen und Auflagen

erteilt wird oder daß die Entlastung vor Behebung bestimmter Beanstandungen nicht erteilt werden kann. Über das Prüfungsergebnis hat die Aufsichtsbehörde nach pflichtmäßigem Ermessen zu befinden. Nach dem Grundsatz der Verhältnismäßigkeit, der die gesamte Verwaltung beherrscht, ist sie auch in der Lage, über unwesentliche Verstöße hinwegzugehen.

Der Entlastungsbeschluß ist dem Bürgermeister zuzustellen; dabei ist ihm das Ergebnis der Prüfung mitzuteilen.

5. Der **Zeitpunkt der Entlastung** ist gesetzlich nicht vorgeschrieben. Er hängt von der Beendigung der örtlichen Vorprüfung und der überörtlichen Prüfung (§ 103) ab. Sinn und Zweck der Entlastung aber erfordert, daß sie zeitig erfolgt, damit die Feststellungen bei der Aufstellung des Haushaltsplans für das nächste Rechnungsjahr ausgewertet werden können.

6. Die **Rechtswirkung der Entlastung** besteht darin, daß die Aufsichtsbehörde in einer feierlichen Weise die Prüfung der Jahreswirtschaft der Gemeinde abschließt und damit die ideelle Grundlage für die weitere Verwaltungsarbeit der Gemeinde schafft. Sie spricht ferner aus, daß sie aus der Prüfung der Jahresrechnung keinen Anlaß entnommen hat, nach § 115 Abs. 1 gegen den Bürgermeister mit Haftungsansprüchen der Gemeinde vorzugehen. Das Ermessen der Aufsichtsbehörde über den festgestellten Sachverhalt ist damit ausgeschöpft. Die Entlastung wirkt also wie eine Quittung; ohne Nachweis eines besonderen Tatbestandes ist es nicht veranlaßt, über den Schlußstrich der Entlastung rückwärts zu kontrollieren oder Dienststrafverfahren, Strafverfahren oder Haftungsverfahren einzuleiten.

Neue Feststellungen über schuldhafte Verfehlungen in der zurückliegenden Zeit schaffen eine neue Lage und geben der Aufsichtsbehörde Recht und Pflicht, ihnen ohne Bindung an die ausgesprochene Entlastung nachzugehen

7. Bei **wesentlichen Verstößen gegen die Grundsätze einer geordneten Finanzwirtschaft** bleibt entweder die Entlastung bis zur Behebung der Mängel ausgesetzt oder die Aufsichtsbehörde erteilt die Entlastung unter Bedingungen und Auflagen. Auf jeden Fall hat die Aufsichtsbehörde die Pflicht, den Bürgermeister zu den erforderlichen Maßnahmen zu veranlassen und die Durchführung zu überwachen. Sie hat außerdem zu prüfen, ob nicht noch andere Folgerungen aus dem Tatbestand zu ziehen sind (Inanspruchnahme des Bürgermeisters nach den §§ 92 und 115 Abs. 1, dienststrafrechtliche Maßnahmen, Zurücknahme der Berufung während des Probejahres nach § 45 oder aufsichtliches Verfahren nach den §§ 109—112).

8. Die **Beteiligung der Gemeinderäte** ist auch bei der Entlastung vorgeschrieben. Sie waren bei der örtlichen Vorprüfung zu hören, nunmehr ist ihnen der Entlastungsbeschluß und das Ergebnis der Prüfung von dem Bürgermeister mitzuteilen. Hierdurch soll das bürgerschaftliche Element in der Verfassung und Verwaltung der

Gemeinde sowohl von der Anerkennung der Haushaltswirtschaft des Bürgermeisters wie auch von Beanstandungen Kenntnis erhalten. Eine Form für diese Mitteilung ist nicht vorgeschrieben; die Mitteilung wird in der Regel in einer Beratung mit den Gemeinderäten zu ergehen haben. Über die Verschwiegenheitspflicht der Gemeinderäte ist ebenfalls nichts besonderes vorgesehen; es verbleibt daher bei den beamtenrechtlichen Vorschriften, daß die Gemeinderäte auch über diesen Tatbestand Amtsverschwiegenheit zu wahren haben, wenn und soweit sich die Schweigepflicht aus der Natur der Sache oder durch besondere Anordnung ergibt.

§ 100

Stadtkreise müssen ein Rechnungsprüfungsamt einrichten; andere Gemeinden können es einrichten, wenn ein Bedürfnis dafür besteht und die Kosten im angemessenen Verhältnisse zum Umfange der Verwaltung stehen.

I. Amtliche Begründung s. Textausgabe S. 154/155.

II. Vorl. AusfAnw.

Die Vorschrift des § 100 DGO. hat nur für die in § 11 der Ersten DurchfVO. genannten Stadtkreise im Sinne der Deutschen Gemeindeordnung Bedeutung. Für die personelle und sachliche Ausstattung des Rechnungsprüfungsamts ist im übrigen das örtliche Bedürfnis maßgebend. In jedem Fall muß jedoch eine ordnungsmäßige Erledigung der dem Amte nach § 97 DGO. zugewiesenen Aufgaben gewährleistet sein.

III. Anm.

1. Die **Pflicht zur Errichtung von Rechnungsprüfungsämtern** ist sämtlichen Stadtkreisen (s. § 11 der Ersten DurchfVO.) ohne Rücksicht auf ihre Größe auferlegt. Sie bestehen zumeist schon. Ihr Zweck ist — abgesehen von den in § 97 festgelegten Pflichtaufgaben und den in § 102 umrissenen Kannaufgaben — allgemein darin gelegen, daß in größeren Städten bei dem Umfang der Haushaltswirtschaft eine Stelle vorhanden sein muß, die durch ihre ständige Beobachtung der Haushaltsabwicklung und infolge der Unabhängigkeit ihrer Stellung (vgl. § 101) dem Bürgermeister Gewähr bieten kann, daß die Haushaltswirtschaft der Gemeinde in Ordnung läuft, und außerdem darin, daß auch eine überörtliche Prüfung des umfangreichen Rechenwerks einer Großgemeinde nur möglich ist, wenn die überörtliche Stelle auf der kontrollierten laufenden Arbeit des überörtlichen Prüfungsamts fußen kann.

2. Die **freiwillige Errichtung** von Rechnungsprüfungsämtern ist den Gemeinden anheimgestellt, bei denen ein Bedürfnis hierfür besteht und die Kosten in einem angemessenen Verhältnis zum Umfange

der Verwaltung stehen. Es wird kaum in Gemeinden unter 20000 Einwohnern ein Bedürfnis hierfür bestehen. Der Bürgermeister muß in diesen Gemeinden mit den normalen Hilfskräften in der Lage sein, den Ablauf der Haushaltswirtschaft zu überblicken. In völlig ehrenamtlich verwalteten Gemeinden wird die Errichtung von Rechnungsprüfungsämtern überhaupt nicht in Frage kommen. Es ist zu bedenken, daß aus schlecht geführten Rechnungsprüfungsämtern für den Bürgermeister eine höhere Gefahr erwachsen kann, als wenn er selbst veranlaßt ist, das Auge offen zu halten. Endlich ist zu berücksichtigen, daß ein gut besetztes Rechnungsprüfungsamt erhebliche Kosten verursacht. — Die Aufsichtsbehörde kann die Errichtung von Rechnungsprüfungsämtern mit aufsichtlichen Mitteln nach den §§ 109—111 verhindern, wenn der gesetzliche Tatbestand nicht gegeben ist.

§ 101

(1) Das Rechnungsprüfungsamt untersteht unmittelbar dem Bürgermeister oder dem von ihm bestimmten Beigeordneten.

(2) Der Bürgermeister kann die Leitung des Prüfungsamts nur mit Genehmigung der Aufsichtsbehörde einem Beamten übertragen und entziehen.

(3) Der Leiter des Rechnungsprüfungsamts darf mit dem Bürgermeister, den Beigeordneten sowie dem Kassenverwalter nicht bis zum dritten Grade verwandt oder bis zum zweiten Grade verschwägert sein.

(4) Der Leiter des Rechnungsprüfungsamts darf Zahlungen für die Gemeinde weder anordnen noch ausführen.

I. Amtliche Begründung s. Textausgabe S. 155/156.

II. AusfAnw.

1. Von der Unterstellung des Rechnungsprüfungsamts unter einen Beigeordneten soll der Bürgermeister nur in großen Städten Gebrauch machen.

2. Bei Ausspruch der Genehmigung nach § 101 Abs. 2 DGO. haben die Aufsichtsbehörden auf die Sachkunde des betreffenden Beamten besonderen Wert zu legen.

III. Anm.

1. Die **Unabhängigkeit des Leiters des Rechnungsprüfungsamts** sucht das Gesetz durch eine Reihe von Vorschriften des § 101 zu sichern. Zunächst wird in Abs. 1 vorgeschrieben, daß das Rechnungsprüfungsamt nur dem Bürgermeister oder einem von ihm bestimmten Beigeord-

neten unterstehen darf. Die Unterstellung unter den Bürgermeister ist — formal und rechtlich betrachtet — gegenüber § 37 nichts Besonderes; die Vorschrift besagt aber mehr: Zwischen die Person des Leiters des Rechnungsprüfungsamts und die des Bürgermeisters (oder eines von ihm bestimmten Beigeordneten) darf keine andere gemeindliche Dienststelle eingeschaltet sein. Der Leiter des Rechnungsprüfungsamts muß zum unmittelbaren Vorgesetzten den Bürgermeister (oder den bestimmten Beigeordneten) haben; alle sonstigen Einflußmöglichkeiten müssen ausgeschaltet sein. — Bei der Errichtung von Rechnungsprüfungsämtern durch Gemeinden, die nicht Stadtkreise sind, wird die Aufsichtsbehörde besonderen Anlaß haben, die unmittelbare Unterstellung unter den Bürgermeister zu verlangen. Für die Stadtkreise vgl. Ziff. 1 der obigen Ausf.-Anw. — Vertreter des Bürgermeisters bei der Beaufsichtigung des Rechnungsprüfungsamts kann nur ein Beigeordneter sein; jeder andere Beamte und Angestellte scheidet hiervon aus. — Bei der Auswahl des Beigeordneten wird auf Wahrung möglichster Unabhängigkeit des Leiters des Prüfungsamts zu sehen sein. Der Stadtkämmerer ist zwar nicht hiervon ausgeschlossen; aber im eigenen Interesse und im Interesse der Unabhängigkeit der Hauptarbeit des Rechnungsprüfungsamts wird der Stadtkämmerer nur in besonderen Fällen hierzu bestimmt werden. — In ganz großen Städten wird die Stellung des Leiters des Prüfungsamts als Beigeordneter in Betracht kommen. — Hat der Leiter des Prüfungsamts neben den Aufgaben nach § 97 noch andere amtliche Aufgaben zu erfüllen (§ 102), so muß er mit seinem gesamten Aufgabenbereich unmittelbar unter den Bürgermeister (oder den bestimmten Beigeordneten) gestellt werden, soll der Zweck der Vorschrift erreicht werden. — Sinn und Zweck der Unterstellung unter den Bürgermeister (oder den bestimmten Beigeordneten) ist nicht nur die Ausschaltung von Anweisungen anderer gemeindlicher Dienststellen, sondern auch die positive Förderung durch den Bürgermeister, die Ausräumung von Hindernissen, die sich für eine fruchtbare Arbeit des Rechnungsprüfungsamts einstellen können.

2. Die **Bestellung und Absetzung** des Leiters des Prüfungsamts wird vom Gesetz unter die Genehmigung der Aufsichtsbehörde gestellt (wegen des Mangels der Genehmigung, der die Bestellung und Absetzung unwirksam macht, vgl. § 104 Abs. 1). Die Genehmigung dient der Sicherung der Auslese und der Sicherung der Unabhängigkeit und Eigenverantwortlichkeit des Leiters des Rechnungsprüfungsamts. — Für die „Entziehung" kommen alle beamtenrechtlichen Formen in Betracht: Versetzung, Versetzung in den Ruhestand, Entlassung, Dienstenthebung, Zwangsbeurlaubung, Lösung des Dienstverhältnisses usw. — Mittelbar ist in dieser Bestimmung auch vorgeschrieben, daß Leiter des Prüfungsamts nur ein Beamter, nicht auch ein Angestellter sein kann.

3. Der **Ausschluß enger Verwandtschaft** zwischen dem Leiter des

Prüfungsamts und dem Bürgermeister, den Beigeordneten und dem Kassenverwalter dient ebenfalls der Sicherung der Unabhängigkeit und Unbeeinflußbarkeit des Leiters (Vetternwirtschaft). Zu den Verwandtschaftsgraden vgl. Anm. 2 b zu § 25.

4. Der **Ausschluß vom Zahlungsverkehr** (Zahlungsanweisungen und Zahlungsausführungen), den Abs. 4 für den Leiter des Rechnungsprüfungsamts vorschreibt, ergibt zunächst, daß der Leiter des Rechnungsprüfungsamts nicht zugleich Kassenverwalter, aber auch nicht Stadtkämmerer sein kann. Auch dieser Gesichtspunkt muß für die Auswahl des Stadtkämmerers als unmittelbaren Vorgesetzten des Leiters des Rechnungsprüfungsamts die gebotene Zurückhaltung auferlegen. — Die Vorschrift ergibt ferner, daß das Gesetz die natürliche Dreiteilung in der Abwickelung der Haushaltswirtschaft, die in Anm. 2 zu § 94 erwähnt ist, nämlich die Trennung in Zahlungsanweisung, Kontrolle und Zahlungsausführung, für die Stadtkreise und für alle Gemeinden mit Rechnungsprüfungsämtern zwingend vorschreibt. — Endlich ergibt sich aus der ganzen Stellung und aus den Pflichtaufgaben des Rechnungsprüfungsamts, daß es auch nicht mit der Aufstellung der Jahresrechnung beauftragt werden kann; denn es ist gesetzlich zur Vorprüfung der Jahresrechnung bestimmt, eine Aufgabe, die sich nicht mit der Aufstellung der Rechnung vereinbaren läßt.

§ 102

Der Bürgermeister kann dem Rechnungsprüfungsamt weitere Aufgaben übertragen, insbesondere

1. die laufende Überwachung der Kassen der Gemeinde und ihrer Unternehmen sowie die Kassen- und Vorratsprüfungen,
2. die laufende Prüfung der Wirtschaftsführung der wirtschaftlichen Unternehmen, die Prüfung der Betätigung der Gemeinde als Gesellschafter oder Aktionär in Unternehmen mit eigener Rechtspersönlichkeit und die Buch- und Betriebsprüfungen, die sich die Gemeinde bei einer Beteiligung, bei der Hingabe eines Darlehens oder sonst vorbehalten hat,
3. die Prüfung von Vergebungen,
4. die Prüfung der Verwaltung auf Zweckmäßigkeit und Wirtschaftlichkeit.

I. Amtliche Begründung s. Textausgabe S. 157.

II. Anm.

1. Die **Kannaufgaben**, die dem Rechnungsprüfungsamt neben den Pflichtaufgaben des § 97 übertragen werden können, sind

hier zusammengestellt. Es muß aber dabei Sinn und Zweck der Vorschrift des § 101 Rechnung getragen werden, m. a. W. dem Rechnungsprüfungsamt sollen zur Wahrung seiner Unabhängigkeit und Unbeeinflußbarkeit andere Aufgaben nur übertragen werden, wenn sie mit seinem Hauptzweck vereinbart werden können. — Aus dem Zweck des § 101 Abs. 1 ist ferner zu entnehmen, daß der Leiter des Rechnungsprüfungsamts auch mit diesen Nebenaufgaben unmittelbar dem Bürgermeister (oder dem von ihm bestimmten Beigeordneten) unterstellt sein muß. — Bei der Übertragung von Kannaufgaben ist aber nicht nur hierauf, sondern sachlich auch darauf Rücksicht zu nehmen, daß der Aufgabenbereich des Rechnungsprüfungsamts nicht zu sehr anschwillt. Es handelt sich nicht nur um den Kostenpunkt — die Erzielung einer sicheren Haushaltswirtschaft kann Kosten verursachen —, sondern mehr noch um den Gesichtspunkt, daß die Überfüllung mit Aufgaben den Wirkungsgrad des Amtes beeinträchtigen kann. Außerdem muß beachtet werden, daß ein Amt, das der Sicherung der Wirtschaftlichkeit des Haushaltswesens zu dienen hat, auch selbst einen entsprechenden Wirtschaftlichkeitsgrad seiner Arbeit zu sichern hat.

2. Zur **laufenden Überwachung** des Kassenwesens der Gemeinde und ihrer Unternehmen vgl. Anm. 1 zu § 97. Die Übertragung dieser Aufgabe auf das Rechnungsprüfungsamt wird in der Regel in Frage kommen; dabei können, wenn es die Reibungslosigkeit des Zahlungsverkehrs aus Gründen örtlicher Entfernungen oder besonderer Beschleunigungsbedürftigkeit erfordert, Ausnahmen zugelassen werden, die aber allgemein festzulegen sind, soll die laufende Vorkontrolle wirksam sein; außerdem wird für solche Fälle die laufende Nachkontrolle in Betracht zu ziehen sein. — Bei der laufenden Überwachung der Kasse wird das Rechnungsprüfungsamt auch anzuweisen sein, die Einhaltung des § 89 letzter Satz zu kontrollieren, nämlich daß die Haushaltsmittel nicht eher und nicht höher in Anspruch genommen werden, als es bei einer wirtschaftlichen und sparsamen Verwaltung erforderlich ist. Hier handelt es sich zwar bereits um eine Wirtschaftlichkeitsprüfung; andererseits aber ist es gesetzliche Pflicht des Bürgermeisters, diese Vorschrift zu beachten. Ist also dem Rechnungsprüfungsamt nicht auch die Kannaufgabe nach Nr. 4 übertragen, so ist es wenigstens mit Anweisungen zu versehen, besondere Verletzungen dieses Grundsatzes durch nachgeordnete Stellen der Gemeinde dem Bürgermeister unmittelbar zu berichten.

3. Die **Kassen- und Vorratsprüfungen** werden ebenfalls dem Rechnungsprüfungsamt zweckmäßig in der Regel zu übertragen sein. Dabei wird es sich um regelmäßige, in gewissen Zeitabständen, aber unvermutet erfolgende sowie um außerordentlich angeordnete Prüfungen handeln. Die Vornahme von außerordentlichen Kassenprüfungen durch andere Stellen, z. B. den Bürgermeister, wird dadurch nicht ausgeschlossen.

4. Die **laufende Prüfung wirtschaftlicher Unternehmen und der sonstigen wirtschaftlichen Betätigung der Gemeinde** durch das Rechnungsprüfungsamt schlägt ebenfalls in den Aufgabenbereich des Rechnungsprüfungsamts ein. Sie kann aber die Pflichtprüfung der wirtschaftlichen Unternehmen nach der NotVO. vom 6. Oktober 1931 (RGBl. I S. 537) und DurchfVO. vom 30. März 1933 (RGBl. I S. 180) nicht entbehrlich machen; nur der überörtlichen Prüfung nach § 103 kann durch die VO. des RMdI. eine solche Wirkung beigelegt werden. Trotzdem wird die Befassung des Rechnungsprüfungsamts mit diesem Aufgabenbereich schon deshalb in Betracht kommen, weil sich die Ansammlung eines großen Einzelwissens und einer vielseitigen Erfahrung an einer Stelle der Gemeinde auch nach anderen Richtungen auswerten läßt. Zur allenfallsigen Entlastung des Rechnungsprüfungsamts sind Wirtschaftsprüfer im Einzelfalle heranzuziehen; ihre Zusammenarbeit mit dem Rechnungsprüfungsamt hängt von den Umständen jedes einzelnen Falles ab. — Vor allem wird sich die laufende Einschaltung des Rechnungsprüfungsamts dem Ziele widmen müssen, ob die kaufmännische Leitung und die technische Leitung der Werke in einem zweckmäßig abgewogenen Verhältnis zueinander stehen.

5. **Die Prüfung von Vergebungen** durch das unabhängige Rechnungsprüfungsamt wird sich empfehlen und dem Bürgermeister wertvolle Dienste leisten. Schon die Ansammlung von Kenntnissen an einer Stelle (unabhängig von den technischen Stellen) über dieses Gebiet, das einer scharfen Kritik der Öffentlichkeit unterliegt, ist höchst wünschenswert.

6. Die **Prüfung der Verwaltung auf Zweckmäßigkeit und Wirtschaftlichkeit** ist der weitestgehende, die höchsten Anforderungen stellende und verantwortungsvollste Auftrag, der einem Rechnungsprüfungsamt erteilt werden kann. Der Auftrag umgreift das gesamte Aufgabengebiet des Bürgermeisters auf dem Gebiete der inneren Organisation und der Finanzwirtschaft der Gemeinde. Ist das Rechnungsprüfungsamt einer solchen Aufgabe gewachsen, so ist es die wertvollste Unterstützung für den Leiter der Gemeinde. Die Aufgabe kann auch auf Teile und Zweige der Verwaltung beschränkt werden und auch dabei außerordentlich fruchtbar wirken. — Es ist dabei zu unterscheiden einerseits die Wirtschaftlichkeitsprüfung bei der Aufstellung und Abwickelung des Haushaltsplans und bei der Vermögenswirtschaft und andrerseits bei der Aus- und Umgestaltung des Aufbaues, der Aufgabenverteilung, der Einrichtung der einzelnen Stellen, des inneren Ineinandergreifens aller Stellen der gemeindlichen Verwaltung zur Hebung des Wirkungsgrades, der Vereinfachung und Verbilligung der Verwaltung. Vor allem ist auf die Vermeidung von vermeidbarer Doppelarbeit zu achten, wobei es keine vermeidbare Doppelarbeit darstellt, wenn finanzwirtschaftliche und technische Bearbeitung von Aufgaben jeweils gesondert werden.

§ 103

(1) Der Reichsminister des Innern regelt im Einvernehmen mit dem Reichsminister der Finanzen durch Verordnung die überörtliche Prüfung des Haushalts-, Kassen- und Rechnungswesens, der Wirtschaftlichkeit und Zweckmäßigkeit der Verwaltung sowie der wirtschaftlichen Unternehmen der Gemeinde.

(2) Zu diesem Zwecke wird eine Anstalt des öffentlichen Rechts errichtet, die dem Reichsminister des Innern untersteht. Bis zu ihrer Errichtung setzen die bestehenden überörtlichen Prüfungseinrichtungen ihre Tätigkeit fort.

I. **Amtliche Begründung** s. Textausgabe S. 157/158.

II. **Vorl. AusfAnw.**

Als überörtliche Prüfungseinrichtungen im Sinne des § 103 Abs. 2 Satz 2 DGO. gelten bis zur Errichtung der Prüfungsanstalt die in den Ländern bestehenden Prüfungsämter, Prüfungsverbände, Prüfungsanstalten usw. Soweit die Prüfung bisher der Aufsichtsbehörde übertragen war, behält es hierbei sein Bewenden.

III. **Anm.**

1. Die **überörtliche Prüfung** (Revision) der Haushalts- und Vermögenswirtschaft der Gemeinden ist von der örtlichen Prüfung (Kontrolle) zu unterscheiden. Es handelt sich nicht darum, daß die überörtliche Prüfung entfernt von dem Orte des Prüfungsgegenstandes erfolgt; auch die überörtliche Prüfung kann ihrer Aufgabe an Ort und Stelle genügen, muß sogar unter Umständen Besichtigungen und Prüfungen an Ort und Stelle vornehmen; auch kann die überörtliche Prüfung, insbesondere dort, wo kein Rechnungsprüfungsamt besteht (§ 100), Aufgaben der örtlichen Prüfung mitübernehmen. Der Unterschied besteht vielmehr in folgendem:

a) Die überörtliche Prüfung ist niemals eine laufende Prüfung, wie es die örtliche Prüfung nach § 102 Nr. 1 sein kann, sondern immer eine in Zeitabständen erfolgende (nach dem Willen des Gesetzes eine jährlich mindestens einmalige, nämlich zur Prüfung der Haushaltsrechnung).

b) Die überörtliche Prüfung wird stets durch eine von der Gemeinde völlig unabhängige Stelle vorgenommen, während das Rechnungsprüfungsamt, so sehr § 101 seine Unabhängigkeit und Unbeeinflußbarkeit sichern will, eine gemeindliche Dienststelle ist.

c) Sachlich hat die überörtliche Prüfungsstelle ein auf Grund eines weiteren Zuständigkeitsbereiches erweitertes Blickfeld, vielseitigere Erfahrungen und wertvolles Vergleichsmaterial; es mißt die Gemeindewirtschaft nicht nur an den Bedürfnissen und der Leistungsfähigkeit der einzelnen Gemeinde; es legt andere Maßstäbe zugrunde.

d) Die überörtliche Prüfung ist dort, wo ein Rechnungsprüfungsamt vorhanden ist, eine zusätzliche Prüfung, die aber auf der von ihr kontrollierten Arbeit des Rechnungsprüfungsamts fußt und dadurch auch bei großen Verhältnissen ohne aufwändige Vielarbeit zur Erreichung ihres Zieles kommt.

Hiernach bestehen Zusammenhänge, aber doch ein grundsätzlicher Wesensunterschied zwischen örtlicher und überörtlicher Prüfung.

2. Die **Entwickelung der überörtlichen Prüfung** der Gemeinden (durch andere Stellen als die Kommunalaufsichtsbehörden) reicht nicht über den Krieg zurück. In Bayern wurde gegen Ende des Krieges, ausgehend von den großen kriegs- und ernährungswirtschaftlichen Aufgaben der Kommunen und ihrem großen Geldumsatz, die Notwendigkeit einer fachgeschulten, von den örtlichen Einflüssen unabhängigeren, die Aufsichtsbehörden entlastenden Revision der Gemeinden erkannt und unmittelbar nach dem Kriege verwirklicht, und zwar im engsten Zusammenhang mit der ebenso notwendigen fachmännischen Revision der kommunalen Sparkassen. Im weiteren Verlauf wurde der „Bayer. Prüfungsverband öffentlicher Kassen" aufgebaut, eine von den beteiligten Kommunen und Sparkassen getragene, unter der unmittelbaren Aufsicht des Staatsmin. d. Inn. von einem besonderen Staatskommissar überwachte öffentliche Körperschaft, die in der Hauptsache drei Aufgabengebiete hat: a) die Revision der kommunalen Sparkassen, b) die Revision der beteiligten Kommunen und c) als Bilanzprüfer i. S. der NotVO. vom 6. Oktober 1931 (RGBl. I S. 537) und der DurchfVO. vom 30. März 1933 (RGBl. I S. 180) die Prüfung der prüfungspflichtigen Betriebe der Kommunen. Die Zwangsmitgliedschaft von Kommunen beginnt bei einer Größe von 2000 Einwohnern; bei kleineren Gemeinden ist die dauernde Fühlung zwischen Aufsicht und Verwaltung so eng, auch sind die Verhältnisse so durchsichtig, daß die Aufsichtsbehörde der Prüfung in der Regel allein genügen kann. Die Revision der Kommunen findet in der Regel nicht als Prüfung der Jahresrechnung, sondern an Ort und Stelle unvermutet im Laufe des Jahres statt, umgreift aber selbstverständlich auch die Rechnung. Dieses System hat Vorteile (Prüfung der Verwaltung in ihrem lebendigen Gang, zeitigere Verwertung des Ergebnisses, Loslösung von einem vorbereiteten Material), aber auch Nachteile (sie kann z. B. in dieser Form bei ganz großen Gemeinden überhaupt nicht erschöpfend durchgeführt werden).

Andere Länder folgten diesem Weg, zunächst auch Preußen (GFVO. vom 2. November 1932). Letzteres stellte aber die überörtliche kommunale Prüfung durch das GemFinG. vom 15. Dezember 1933 auf Verstaatlichung, in der Form von Gemeindeprüfungsämtern bei den Kreisverwaltungsstellen und bei den Regierungspräsidenten, außerdem grundsätzlich auf die Prüfung der Jahresrechnung um.

Notwendig ist bei jeder Regelung, ob sie mehr kommunal- oder staatsorientiert ist, ein Zusammenhang der überörtlichen Revision mit der Kommunalaufsicht; diese muß nicht nur selbst aus der wirklichkeitsnahen Berührung der Revision mit der Gemeindeverwaltung in dauernder Wechselwirkung mitbefruchtet werden, sondern muß gerade da, wo Mängel und Verstöße in der Gemeindeverwaltung bestehen, richtig und rechtzeitig unterrichtet werden. Das Trennstück ist schmal, aber nicht bedeutungslos, insofern auch die Kommunalaufsicht mit vielfachen Rechten und Pflichten mit in die laufende Gemeindeverwaltung verflochten ist, so daß auch sie einen Teil der Verantwortung an dem Ergebnis der Gemeindewirtschaft trägt. Wenn außerdem die Gefahr einer bürokratischen Erstarrung der Revision von Kritikern bei der staatlichen Einrichtung für leichter möglich erachtet wird, so ist daran richtig, daß einerseits die Befassung mit der Revision keinen häufigen Personalwechsel verträgt, weil die Erfahrung die Hauptrolle spielt, andererseits aus der langen Beschäftigung gerade bei dieser Aufgabe eine Erstarrung in formalen Gleisen auf keinen Fall eintreten darf. Schließlich ist auch in der öffentlichen Erörterung darauf hingewiesen worden, daß zu kleine Revisionsbereiche mangels des erforderlichen Vergleichsmaterials dem Zweck nur dann gehörig dienen, wenn die organisatorische Zusammenfassung der einzelnen Prüfungsämter für diesen Erfahrungstausch sorgt.

3. Die **Regelung des § 103** geht einen Zwischenweg. Sie überträgt die überörtliche Revision einer eigenen öffentlichen Anstalt, die aber nicht nur der Aufsicht des RMdJ., sondern dem RMdJ. unterstellt ist; dieser Einbau der überörtlichen Revision zwischen Gemeinde und Aufsicht und ihre Bindung nach der staatlichen Seite hin wird in der VO. des RMdJ. auf Grund der inzwischen gemachten Erfahrungen näher geregelt werden. Der zeitliche Vorbehalt dieser Regelung ist auch deshalb notwendig, weil aus natürlichen Gründen die Anstalt eine Aufgliederung nach unten braucht und diese von dem Aufbau der Reichsgliederung mitbestimmt werden muß. Bis dahin bleiben die bestehenden überörtlichen Prüfungsstellen unverändert.

4. Die **Aufgaben der überörtlichen Prüfung** werden im Gesetz selbst festgelegt:

a) Prüfung des Haushalts-, Kassen- und Rechnungswesens,

b) Prüfung der Wirtschaftlichkeit und Zweckmäßigkeit der Verwaltung,

c) Prüfung der wirtschaftlichen Unternehmen der Gemeinden.

Zu a). Diese Aufgabe schließt bei den Gemeinden, die Rechnungsprüfungsämter besitzen, an die Arbeit dieser Ämter an, und zwar sowohl bei der Prüfung der Jahresrechnung wie auch bei der

Prüfung einer Gemeinde an Ort und Stelle im Laufe des Rechnungsjahres; dabei ist eine der Hauptaufgaben der überörtlichen Prüfung, die einwandfreie Arbeit der örtlichen Prüfungsstelle festzustellen. Die Wege dazu brauchen nicht erörtert zu werden. Wieweit die Stichproben durch eigene Revision von Verwaltungszweigen zu gehen hat, ist Tatfrage. Wo keine örtliche Prüfungsstelle besteht, hat die überörtliche Prüfungsstelle sie bei der Prüfung der Jahresrechnung wie bei einer in zeitlichen Abständen erfolgenden Prüfung an Ort und Stelle zu ersetzen.

Zu b). Hinsichtlich des Gegenstandes kann auf Anm. 6 zu § 102 verwiesen werden. Während die Ordnungsprüfung Pflichtaufgabe, die Wirtschaftlichkeitsprüfung Kannaufgabe des örtlichen Prüfungsamtes ist (vgl. §§ 97 und 102 Nr. 4), ist die Wirtschaftlichkeitsprüfung Pflichtaufgabe der überörtlichen Revision. Letztere ist in höherem Maße auf Grund der größeren Weite des Blickfeldes, des größeren Erfahrungs- und Vergleichsmaterials, aber auch auf Grund der größeren Unabhängigkeit geeigneter dazu als die örtliche Prüfungsstelle. — Auch dieser Gegenstand bedarf aber näherer Regelung durch die VO. nach § 103.

Zu c). Die Prüfung der wirtschaftlichen Unternehmen war bisher durch die NotVO. vom 6. Oktober 1931 (RGBl. I S. 537) und die DurchfVO. vom 30. März 1933 (RGBl. I S. 180) geregelt. Auf Grund der letzteren Verordnung waren die überörtlichen Prüfungsstellen bereits als Bilanzprüfer (in Preußen die Gemeindeprüfungsämter bei den Regierungspräsidenten) anerkannt, einzelne wirtschaftliche Unternehmen der Gemeinden von der Pflichtprüfung freigestellt. Wenn nunmehr die öffentliche Anstalt i. S. des § 103 Abs. 2 die Pflichtaufgabe der Prüfung der wirtschaftlichen Unternehmen der Gemeinden übertragen erhält, wird auch das Verhältnis zu den öffentlichen W i r t s c h a f t s p r ü f e r n auf eine einheitlichere Basis als bisher zu bringen sein. In einzelnen Ländern war es schon Pflicht der Gemeindeprüfungsämter, mit der Prüfung der wirtschaftlichen Unternehmen öffentliche Wirtschaftsprüfer im Wege eines einheitlichen Musterwerkvertrages (§§ 631—651 BGB.) zu beauftragen, in anderen Ländern war die Regelung lockerer. Bei der Regelung wird nicht nur privatwirtschaftliche Erfahrung und allgemeine Wirtschaftskunde, sondern ebenso k o m m u n a l wirtschaftliche Erfahrung der einzelnen Wirtschaftsprüfer zu fordern sein, da es der öffentlichen und insbes. der kommunalen Wirtschaft nicht gerecht würde, dabei — abgesehen von den sog. reinen Wettbewerbsbetrieben — nur den Maßstab privatwirtschaftlicher Ökonomie anzulegen. Auch ist die innere Verflechtung aller wirtschaftlichen Unternehmen in die Gemeindeverwaltung oft so verschlungen, daß eingehendste Kenntnis der notwendigen, nicht immer und nicht immer richtig erfolgenden inneren Verrechnungen und der dazu notwendigen unendlich verschiedenen Wertmaßstäbe unbedingte Voraussetzung ist.

5. Die **Kannaufgaben der überörtlichen Prüfungsstelle** sind im Gesetz nicht berührt. Sie ergeben sich aber von selbst. Bei den überörtlichen Prüfungsstellen wird sich, wenn ihre Arbeit einheitlich organisiert und zusammengefaßt ist, ein sowohl für die Kommunalwirtschaft wie für die Wirtschaftspolitik unendlich wertvolles Material ansammeln, das deshalb unschätzbar ist, weil die gewonnenen Zahlen in einem viel sorgfältigeren Verfahren als bei bloßen Statistiken erfaßt worden sind. Hieraus wird sich eine Möglichkeit der Beratung der Gemeinden für Gesamtorganisation und Einzelprojekte von selbst ergeben.

6. Die **Notwendigkeit der überörtlichen Prüfung** wird heute kaum mehr bestritten. Die Durchführung des reinen Führergrundsatzes in der Gemeindeverwaltung erhält hierdurch eine weitere Auslastung als durch die reine Staatsaufsicht. — Ihre endgültige Bewährung kann sie erst nach dem einheitlichen Ausbau erfahren. Dafür können noch zwei Gesichtspunkte erwähnt werden: Erstens Prüfung ist niemals Selbstzweck; danach bestimmt sich nicht nur ihr Verhältnis zu Verwaltung und Aufsicht, sondern auch ihre Kostenhöhe; eine Einrichtung, die Wirtschaftlichkeit und Zweckmäßigkeit **der** Verwaltung zu prüfen hat, muß selbst wirtschaftlich und zweckmäßig verwaltet werden. Und zweitens, wo sie entbehrlich ist, ist darauf zu verzichten; was andere, bereits mit der Sache befaßte Behörden fruchtbar zu leisten vermögen, ist ihnen nach wie vor zu überlassen.

6. Abschnitt

Gemeinsame Vorschriften zum 1. bis 5. Abschnitt

§ 104

(1) Geschäfte des bürgerlichen Rechtsverkehrs, die ohne die nach den Vorschriften der Abschnitte 1 bis 5 erforderliche Genehmigung der Aufsichtsbehörde abgeschlossen werden, sind unwirksam.

(2) Rechtsgeschäfte, die gegen das Verbot der §§ 73 und 79 verstoßen, sind nichtig.

I. Amtliche Begründung s. Textausgabe S. 159/160.

II. Anm.

1. Die **Genehmigung der Aufsichtsbehörde** ist in folgenden Bestimmungen des Gesetzes vorgesehen:

in § **3** Abs. 2 zum Erlaß (zur Änderung und Aufhebung) der Hauptsatzung,

in § **3** Abs. 3 Satz 3 zur rückwirkenden Inkraftsetzung einer Satzung,

in § 18 zum Erlaß (zur Änderung und Aufhebung) von Satzungen, die den Anschluß- oder Benutzungszwang vorschreiben, in § 19 Abs. 3 zur Verleihung des Bürgerrechts ohne Rücksicht auf die Wohndauer,

in § 21 Abs. 1 zur Verleihung des Ehrenbürgerrechts an Ausländer,

in § 21 Abs. 2 zur Aberkennung des Ehrenbürgerrechts,

in § 28 Abs. 2 zur Aberkennung von Ehrenbezeichnungen,

in § 62 Abs. 2 zur Veräußerung von Gemeindevermögen,

in § 66 Abs. 2 zur Aufhebung von örtlichen Stiftungen und zur Umwandlung des Stiftungszweckes,

in § 71 Abs. 1 zur Zustimmung gemeindlicher Vertreter zu Schuldaufnahmen von Gesellschaften, an denen die Gemeinde oder Gemeindeverbände mit mehr als 75 v. H. beteiligt sind,

in § 71 Abs. 3 zur Zustimmung gemeindlicher Vertreter zur Beteiligung eines Unternehmens, an dem Gemeinden oder Gemeindeverbände mit mehr als 75 v. H. beteiligt sind, an einem anderen Unternehmen,

in § 75 zur Umwandlung eines Eigenbetriebes in ein rechtlich selbständiges Unternehmen,

in § 76 zur Aufnahme des Gesamtbetrages von Darlehen im Rahmen des außerordentlichen Haushaltsplans (s. auch § 86),

in § 78 zur Aufnahme der einzelnen Darlehen sowie zur Übernahme wirtschaftlich ähnlicher Verpflichtungen,

in § 81 zur Genehmigung des Höchstbetrages der Kassenkredite im Rahmen der Haushaltssatzung (s. auch § 86),

in § 86 zur Festsetzung der jährlichen Steuersätze nach Maßgabe der bestehenden Vorschriften,

zum Höchstbetrag der Kassenkredite (s. auch § 81),

zum Gesamtbetrag der Darlehen im außerordentlichen Haushaltsplan (s. auch § 76),

in § 101 zur Übertragung und Entziehung der Leitung des Prüfungsamtes,

in § 115 zu Verträgen zwischen Gemeinde und Bürgermeister, wenn sie nicht nach feststehendem Tarif abgeschlossen werden.

2. Das **Wesen und die rechtliche Bedeutung** der Genehmigung ergibt sich daraus, daß sie Ausfluß der staatlichen Schutzgewalt über die Gemeinden ist — früher Staatskuratel genannt, in neuerer Zeit auch als staatliches Mitwirkungsrecht (weniger deutlich auch als vorbeugende Staatsaufsicht) bezeichnet. Nach der rechtsgeschichtlichen Entwickelung ist der Vergleich mit einer staatlichen Vormundschaft über die Gemeinden nicht unbegründet. Der sachliche Grund besteht aber keineswegs in dem Mangel an Vertrauen zur Gemeindeverwaltung, sondern überwiegend in der Notwendigkeit der Gleichrichtung des Verwaltungskurses in Staat und Gemeinden, insbesondere bei staatswichtigen Tatbeständen, zum Teil auch in der Notwendigkeit, gewisse Entschließungen der Gemeinde aus der rein örtlichen Sphäre in eine distanziertere, überörtliche, von örtlichen Einflüssen unabhängigere Betrachtungsweise zu bringen. Der Be-

stand an Genehmigungsrechten des Staates wechselt mit der staatlichen und wirtschaftlichen Entwickelung; er war in der weiter zurückliegenden Zeit sehr ausgedehnt.

Über den inneren Zusammenhang des staatlichen Mitwirkungsrechtes mit der Aufsicht über die Gemeinde vgl. Anm. 3 b zu § 106.

Sachlich eine Mitlenkung der Gemeindeverwaltung, ist die aufsichtliche Genehmigung rechtlich eine selbständige öffentlich-rechtliche Willenserklärung des Staates, die zu bestimmten gemeindlichen Entschließungen und Anordnungen hinzutreten muß, wenn letztere rechtswirksam werden sollen (nur bei einigen rein tatsächlichen Vorgängen, z. B. bei der wesentlichen Veränderung von gemeindlichen Vermögensgegenständen, die einen besonderen wissenschaftlichen, geschichtlichen oder künstlerischen Wert haben — § 62 Abs. 2 Nr. 3 — handelt es sich nicht um Rechtswirksamkeit, sondern um Erlaubtheit der gemeindlichen Anordnung). Die der Genehmigung bedürftige Erklärung, Entschließung oder Anordnung der Gemeinde selbst kann sowohl auf dem Gebiete des öffentlichen Rechts (vgl. z. B. Erlaß der Hauptsatzung nach § 3 Abs. 2) wie auch auf dem Gebiete des bürgerlichen Rechts (vgl. z. B. Aufnahme eines Darlehens nach § 78) liegen. Bis zur Erteilung der Genehmigung bleibt die rechtliche Wirksamkeit der gemeindlichen Erklärung in der Schwebe.

Hieraus ergibt sich auch die Notwendigkeit, daß die Erklärung oder Versagung der Genehmigung, so notwendig ihr Hinzutreten zur gemeindlichen Erklärung ist, hinsichtlich ihrer Rechtsgültigkeit und hinsichtlich der für den Staat daraus fließenden etwaigen Folgen für sich betrachtet werden muß: Die Genehmigung ist nicht etwa (z. B. bei einem Vertrag der Gemeinde mit Dritten) ein gemeinsames Handeln von zweien (auf der einen Vertragsseite); sie beeinflußt Rechtsmängel der gemeindlichen Willenserklärung in keiner Weise, heilt sie nicht. Bei Versagung oder fehlerhafter Erteilung der Genehmigung kann der Dritte nicht etwa aus der Verletzung einer Amtspflicht der Aufsichtsbehörde nach § 839 BGB. einen Schadenersatzanspruch ableiten; nur zur Gemeinde entsteht ein Rechtsverhältnis, das unter Umständen solche Rechtsfolgen (nach § 839 BGB.) begründen könnte.

3. Die **Erteilung der Genehmigung** liegt im pflichtmäßigen Ermessen der Aufsichtsbehörde. Die Erteilung kann angeregt, aber weder von der Gemeinde noch von Dritten anspruchsmäßig verlangt werden. Wird sie erteilt, so macht sie die Erklärung der Gemeinde wirksam, und zwar, wenn nichts anderes bestimmt ist, rückwirkend auf den Zeitpunkt der gemeindlichen Erklärung (sie wirkt also ex tunc, nicht ex nunc); dies folgt aus § 184 BGB.; denn die Bestimmungen der §§ 182—185 BGB. sind als allgemeine Rechtsgrundsätze zur Ausfüllung einer gesetzlichen Lücke auch für das öffentliche Recht anwendbar. — Die rechtliche Möglichkeit der Zurücknahme der Genehmigung beurteilt sich nicht nur danach, ob sie

in widerruflicher Weise erteilt worden ist, sondern auch danach, ob die erteilte Genehmigung bereits Rechtswirkungen ausgelöst hat; solche Rechtswirkungen, insbesondere Ansprüche Dritter, bleiben von der Zurücknahme der Genehmigung unberührt. Will daher die Aufsichtsbehörde das genehmigungspflichtige Geschäft weiter kontrollieren, so hat sie die Genehmigung unter Bedingungen, Fristen oder Auflagen zu erteilen. Außerdem ist darauf hinzuweisen, daß Genehmigungen für bestimmte Tatbestände kraft gesetzlicher Vorschrift in einem bestimmten Zeitpunkt erlöschen (§ 76 Abs. 2 für den Gesamtbetrag der Darlehen des außerordentlichen Haushaltsplans, § 81 Abs. 1 letzter Satz für den Höchstbetrag der Kassenkredite); sie erlöschen — vorbehaltlich des § 87 — mit Ablauf des Rechnungsjahres, soweit sie bis dahin nicht ausgeschöpft worden sind.

Daß die Aufsichtsbehörde für die Würdigung des ihr unterbreiteten Sachverhalts die erforderlichen Unterlagen verlangen kann, ergibt sich nicht nur aus dem Informationsrecht nach § 108, sondern auch aus ihrer Befugnis, die Genehmigung zu versagen, wenn ihr nicht die Gesamtwürdigung des Tatbestandes ermöglicht wird; denn sie trägt auch die Verantwortung für die Erteilung der Genehmigung. Die Aufsichtsbehörde darf auch, soll sie ihrer Verantwortung genügen können, nicht vor vollendete Tatsachen gestellt werden; Vorgeschäfte der Gemeinde gehen daher ausschließlich auf die Verantwortung des Bürgermeisters (z. B. Vergebung von außerordentlichen Aufträgen der Gemeinde vor Genehmigung des zur Deckung erforderlichen Darlehens). — Die Frage, ob eine genehmigungspflichtige gemeindliche Entschließung oder Anordnung von der Aufsichtsbehörde trotz Erteilung der Genehmigung auf Grund des § 109 noch nachträglich beanstandet werden kann, ist zu bejahen. —

Genehmigungspflichtig ist nur der im Gesetz bezeichnete Sach- und Rechtsvorgang, nicht Vor- und nicht Nachgeschäfte. Will die Aufsichtsbehörde auf letztere einwirken, so hat sie dies durch Bedingungen, Fristen und Auflagen zu sichern.

Für die Erteilung oder Versagung der Genehmigung sind der Aufsichtsbehörde keine Fristen gestellt. Das Gesetz knüpft aber die Erteilung der Genehmigung an das Vorliegen eines bestimmten gesetzlichen Tatbestandes (vgl. z. B. § 77). Die Gültigkeit der unter Verletzung solcher Vorschriften erteilten Genehmigung beurteilt sich danach, ob die Verletzung solcher Vorschriften Nichtigkeit der Willenserklärung nach sich zieht. Die DGO. enthält solche die Nichtigkeit der Genehmigung begründende Vorschriften nicht. Die Frage beurteilt sich daher nach allgemeinen Rechtsgrundsätzen über den fehlerhaften Staatsakt (vgl. Kormann, Rechtsgeschäftliche Staatsakte; Fleiner, Institutionen, 3. Aufl., insbesondere S. 185 ff.).

Zu einzelnen Erklärungen (Entschließungen und Anordnungen) der Gemeinde können mehrere Genehmigungen notwendig sein (z. B. zur Aufnahme von Darlehen neben der Genehmigung nach §§ 76 und 78 der DGO. auch die Genehmigung nach § 13 Gem.-

UG. vom 21. September 1933 — RGBl. I S. 647, Änderungen 1933 S. 971, 1934 S. 575, 1935 S. 456 —, zur Aufnahme von Anleihen im Wege der Ausgabe von Schuldverschreibungen auf den Inhaber auch noch die Genehmigung nach § 795 BGB. mit der Genehmigung der Reichsregierung nach § 6 Kap. III Erster Teil der NotVO. vom 8. Dezember 1931 — RGBl. I S. 699). Selbst in einem und demselben Gesetz können zu einem und demselben Sach- und Rechtsvorgang verschiedene Genehmigung vorgeschrieben sein (z. B. § 62 Abs. 2 fordert in Nr. 1 die Genehmigung zur unentgeltlichen Veräußerung von Vermögensgegenständen und in Nr. 3 die Genehmigung zur Veräußerung von besonderen Kunstwerten: die unentgeltliche Veräußerung von Kunstwerten ist daher nach zwei Seiten genehmigungspflichtig). Die Erteilung der Genehmigung von einer staatlichen Stelle macht die Genehmigung der anderen staatlichen Stelle nicht entbehrlich. Es muß sogar dann, wenn die Genehmigung nach zwei verschiedenen Grundlagen einer und derselben Staatsbehörde obliegt, zweifelsfrei sein, daß sie die Genehmigung nach den beiden Gesichtspunkten, wie es das Gesetz erfordert, erteilt hat.

4. Für die **Versagung der Genehmigung** ist das pflichtmäßige Ermessen der Aufsichtsbehörde ausschließlich ausschlaggebend. Mißbrauch des Ermessens der Aufsichtsbehörde kann Haftungsverbindlichkeiten des Staates auf der Grundlage des § 839 BGB. erzeugen; denn auch die Gemeinde gehört zu den „Dritten", denen gegenüber staatlichen Beamten Amtspflichten obliegen.

Wird die Genehmigung endgültig versagt, so hat die genehmigungspflichtige, bereits ausgesprochene gemeindliche Willenserklärung keine Rechtswirkung; ist die gemeindliche Entschließung oder Anordnung noch nicht ausgesprochen, so kann sie nicht mehr rechtswirksam ausgesprochen werden. Soweit die Gemeinde oder ein Dritter durch diese Erklärung der Gemeinde bereits etwas empfangen haben, sind sie zur Herausgabe der ungerechtfertigten Bereicherung verpflichtet (§§ 812 ff. BGB.). Selbständige Vorgeschäfte der Gemeinde (z. B. Bestellung von Baustoffen für ein außerordentliches Unternehmen der Gemeinde, dessen Kosten erst durch das genehmigungspflichtige Darlehen gedeckt werden sollten), werden hierdurch nicht berührt; sie bleiben wirksam, es sei denn, daß ein Vorbehalt gemacht worden ist oder daß ihnen selbst ein anderer Rechtsmangel anhängt; die Verantwortung für die Folgen solcher wirksam bleibenden Geschäfte trägt der Bürgermeister bzw. sein Vertreter. Hiervon zu trennen sind die Rechts- und Verwaltungsgeschäfte, für die die genehmigungspflichtige Willenserklärung der Gemeinde die Rechtsgrundlage bilden sollte, z. B. der Erlaß einer genehmigungspflichtigen Satzung. Wird z. B. zu einer Steuersatzung der Gemeinde die Genehmigung versagt, so können Steuerrechte der Gemeinde und Steuerpflichten der Einwohner nicht entstehen.

Gegen die Versagung der Genehmigung ist der Gemeinde kein

Rechtsmittel eingeräumt; denn § 113 bezieht sich nur auf Anordnungen der Aufsichtsbehörde nach §§ 106—112; der Gemeinde bleibt also nur die Anrufung der nächsthöheren Aufsichtsbehörde mit der sog. Aufsichtsbeschwerde.

Eine Rechtsfrage wäre noch, ob eine Aufsichtsbehörde in Anspruch genommen werden kann, falls sie von einer Gemeinde in einem genehmigungsfreien Fall um Genehmigung angegangen worden ist und die Genehmigung versagt hat. Die Frage ist zu verneinen. Die Aufsichtsbehörde nimmt der Gemeinde durch Versagung der nicht erforderlichen Genehmigung kein Recht oder beeinträchtigt nicht ihren Rechtskreis. Anders ist die Frage zu beurteilen, wenn die Aufsichtsbehörde von sich aus die Genehmigungspflicht statuiert hat. In diesem Fall kann, falls die Gemeinde erfolglos die ihr gebotenen Rechtsbehelfe ausgeschöpft hat, unter Umständen eine Schadenersatzpflicht nach § 839 BGB. in Betracht kommen.

5. Für die **Rechtsgeschäfte des bürgerlichen Rechts** der Gemeinde, die durch Vorschriften des Sechsten Teils des Gesetzes als genehmigungspflichtig erklärt sind, wird in § 104 Abs. 1 ausdrücklich die Unwirksamkeit im Falle der Nichterteilung der Genehmigung unterstrichen. Dies geschieht lediglich im Interesse der Rechtssicherheit. Damit ist nicht ausgesprochen, daß für die übrigen genehmigungspflichtigen Entschließungen und Anordnungen der Gemeinde nicht etwa das gleiche gelten würde. In der Begründung zum Gesetz ist ausdrücklich bemerkt, daß auch für die öffentlich-rechtlichen Erklärungen der Gemeinde, soweit sie das Gesetz genehmigungspflichtig macht, sowohl die Erteilung wie die Versagung der Genehmigung die entsprechend gleichen Rechtsfolgen haben.

Anders kann es bei Genehmigungspflichten liegen, die in anderen Gesetzen vorgeschrieben sind. Die Rechtsfolgen der Erteilung und Versagung der Genehmigung beurteilen sich in diesen Fällen nach dem Sondergesetz. In der Regel sind die Rechtsfolgen auch bei diesen Fällen die gleichen.

6. Die **Nichtigkeit** gemeindlicher Rechtsgeschäfte des bürgerlichen Rechts im Rahmen des Sechsten Teils tritt nach der Vorschrift des Abs. 2 bei Verletzung von zwei Verbotsgesetzen, nämlich der §§ 73 und 79, ein.

Nichtigkeit bedeutet, daß das Rechtsgeschäft nicht nur einstweilen (schwebend) keine Rechtswirkungen, sondern überhaupt den beabsichtigten Rechtserfolg nicht herbeizuführen geeignet ist; es gilt pro non facto. Der Rechtszustand wird durch ein nichtiges Geschäft nicht geändert. Die Beteiligten haben sich das durch ein nichtiges Geschäft Erlangte zurückzugewähren nach den Vorschriften der §§ 812 ff. BGB.

Die Übertretung von Verbotsgesetzen macht nach § 134 BGB. Rechtsgeschäfte nichtig, wenn sich nichts anderes aus dem Gesetz ergibt. Dieser letztere Nebensatz wird durch § 104 Abs. 2 ausgefüllt:

Aus § 104 Abs. 2 ergibt sich demnach, daß die Übertretung gesetzlicher Verbote, die in den §§ 60—103 getroffen sind, nur bei Verletzung der §§ 73 und 79 die Nichtigkeit nach sich zieht.

Damit sind aber nur die Rechtsgeschäfte im Rahmen der §§ 60 bis 103 hinsichtlich der etwaigen Nichtigkeit näher geregelt und auch diese nur, soweit die Übertretung der darin liegenden Verbotsgesetze die Herbeiführung der Nichtigkeit nach sich ziehen könnte. Andere Mängel auch solcher Geschäfte können selbstverständlich nach den allgemeinen Rechtsgrundsätzen Nichtigkeit nach sich ziehen.

Hinsichtlich der Rechtsgeschäfte, die außerhalb des Rahmens der §§ 60—103 abgeschlossen werden, besagt § 104 Abs. 2 nichts. Hinsichtlich dieser Rechtsgeschäfte verbleibt es daher bei den allgemeinen Rechtsgrundsätzen.

Zur Übertretung der Verbotsgesetze der §§ 73 und 79 vgl. auch die Ausführungen zu den einzelnen Bestimmungen. Die übrigen Verbotsgesetze, die in den §§ 60—103 liegen, bleiben, obwohl ihre Verletzung nicht die Nichtigkeit der abgeschlossenen Rechtsgeschäfte nach sich zieht, bindende Vorschriften für die Gemeinden und für die Aufsichtsbehörden. Ihre Verletzung kann nach § 109 beanstandet werden. Soweit die Einhaltung eine den Gemeinden obliegende Aufgabe zum Gegenstande hat, kann die Verpflichtung nach § 110 angeordnet und nach § 111 im Wege der Ersatzvornahme herbeigeführt werden.

§ 105

(1) Der Reichsminister des Innern kann im Einvernehmen mit dem Reichsminister der Finanzen durch Verordnung Entschließungen, die nach den Vorschriften der Abschnitte 1 bis 5 der Genehmigung der Aufsichtsbehörde bedürfen, von der Genehmigung allgemein freistellen und dafür die vorherige Anzeige an die Aufsichtsbehörde vorschreiben.

(2) Der Reichsminister des Innern kann im Einvernehmen mit dem Reichsminister der Finanzen durch Verordnung die Wirtschaftsführung der Gemeinden näher regeln, namentlich

1. die Aufnahme von Darlehen und die Übernahme sonstiger Verpflichtungen im Sinne des § 78,
2. die Bildung von Rücklagen,
3. die Aufstellung und Ausführung des Haushaltsplans in Anlehnung an die Reichshaushaltsordnung,

4. die Nachweisungen und die Bewertung des Gemeindevermögens,
5. das Kassen- und Rechnungswesen,
6. das Rechnungsprüfungswesen.

I. Amtliche Begründung s. Textausgabe S. 161/162.

II. DurchfVO. (§ 32)

(1) Genehmigungsfrei ist
1. die Übernahme der persönlichen Schuld aus Hypotheken beim Erwerb von Grundstücken, wenn die Schuld die Wertgrenzen des § 24 nicht übersteigt,
2. die Übernahme der persönlichen Schuld aus Vorhypotheken bei der Ansteigerung von Grundstücken, die mit Hauszinssteuerhypotheken belastet sind.

(2) Die Schuldübernahme ist der Aufsichtsbehörde alsbald anzuzeigen.

III. Vorl. AusfAnw.

Die Frage, inwieweit von der Vorschrift des § 105 Abs. 1 DGO. Gebrauch zu machen ist, wird im Zusammenhang mit der in § 105 Abs. 2 DGO. vorgesehenen Verordnung geklärt werden. Vorerst ist nach § 32 der Ersten DurchfVO. die Schuldübernahme bei gewissen Grundstücksgeschäften genehmigungsfrei. Das bedeutet, daß weder eine Genehmigung nach § 76 noch nach § 78 DGO. erforderlich ist.

IV. Anm.

1. Die **Befreiung der Gemeinden von Genehmigungspflichten** bei der Wirtschaftsführung (§§ 60—103) kann ohne Einschränkung durch Verordnung des RMdI. angeordnet werden; an Stelle der Genehmigungsbedürftigkeit des Geschäftes soll in diesen Fällen die Anzeigepflicht (an die Aufsichtsbehörde) treten.

Die Fassung der Vorschrift läßt erkennen, daß es sich nicht etwa darum handelt, einzelne Gemeinden von der Genehmigungspflichtigkeit der einschlägigen Tatbestände zu befreien, sondern bei bestimmt abgegrenzten Tatbeständen allgemein die Genehmigungspflicht entfallen zu lassen.

Bei einem gesetzlichen Tatbestand, nämlich bei der genehmigungspflichtigen Veräußerung von Gemeindevermögen (§ 62 Abs. 2), sieht übrigens das Gesetz selbst bereits vor, daß der RMdI. Befreiungen von der Genehmigungspflicht im Verordnungsweg bestimmen kann (§ 62 Abs. 3); hiervon ist in §§ 23—25 DurchfVO. zu § 62 DGO. bereits Gebrauch gemacht worden. Ebenso ist durch den obigen § 32 DurchfVO. bereits ein Anfang zu weiteren Freistellungen von Genehmigungspflichten gemacht. Dies läßt erkennen, daß die oberste Kommunalaufsichtsbehörde mit der fortschreitenden finanziellen Gesundung der Gemeinden entbehrliche Genehmigungspflichten im Interesse der Selbstverwaltung, aber auch im Interesse der Verwaltungsvereinfachung entfallen lassen möchte, sobald die Umstände es irgendwie zulassen.

Die Freistellung nach § 32 DurchfVO. bedeutet, daß sowohl von der Genehmigung nach § 76 wie auch nach § 78 entbunden ist. Selbstverständlich müssen aber diese Vorgänge haushaltstechnisch durch Einstellung in den außerordentlichen Haushaltsplan (evtl. durch Nachtragssatzung — § 88) abgewickelt werden; sonst ist die Haushaltswirtschaft unvollständig.

Die beiden Tatbestände sind sehr verschiedenartig: a) die Übernahme der persönlichen Schuld aus Hypotheken durch Rechtsgeschäft beim Erwerb von Grundstücken ist im allgemeinen nur genehmigungsfrei, wenn die Wertgrenzen des § 24 (abgestuft nach der Größe der Gemeinden) nicht überschritten werden. b) Bei der Ansteigerung von Grundstücken, die mit Hauszinssteuerhypotheken belastet sind, ist dagegen keine Wertgrenze gesetzt. — Im übrigen wird noch auf Ziff. 2b (unter aa) der AusfAnw. zu § 76 DGO. des Zusammenhangs wegen verwiesen.

2. Die **Ergänzung der Vorschriften über die Wirtschaftsführung** der Gemeinden ist in die Verordnungsgewalt des RMdI. gelegt. Sowohl nach § 105 Abs. 2 wie nach § 121 Abs. 2 ist dazu das Einvernehmen mit dem RMdF. notwendig.

Diese Ermächtigung ist von großer Bedeutung; denn die gesetzlichen Vorschriften über die Wirtschaftsführung der Gemeinden sind nur Grundzüge; sie bedürfen als solche schon der Ausfüllung. Darüber hinaus aber ist es im Gesamtinteresse der öffentlichen Wirtschaft und insbesondere im Gesamtinteresse der Gemeinden gelegen, durch Schaffung möglichst einheitlicher Grundlagen für die Gemeindewirtschaft vergleichbare Zahlen zu erhalten.

Wenn das Gesetz die erschöpfende Regelung nicht selbst vorgenommen, sondern dem Verordnungsweg überlassen hat, so lag dies hauptsächlich an drei Gründen. Es sollten die einheitliche Linie und die Übersichtlichkeit des Gesetzes, das für alle Bevölkerungsschichten bestimmt ist, nicht durch Belastung mit Einzelheiten verwischt werden. Außerdem ist es notwendig, die eingehenderen Vorschriften über die Wirtschaftsführung nach der Größenordnung der Gemeinden abzustufen. Und endlich sollen Vorschriften über die Wirtschaftsführung elastisch genug gehalten werden, um sie an wechselnde Wirtschaftsverhältnisse unschwer anpassen zu können.

Die Notwendigkeit der einheitlichen Regelung (unter Abstufung nach der Größenordnung der Gemeinden) ist besonders gegeben für die Nr. 3 und 4.

Das sachliche Bedürfnis nach ergänzenden Vorschriften ist besonders dringlich bei Nr. 2, nachdem das Gesetz die Bildung bestimmter Rücklagen in einzelnen Vorschriften ohne weitere Regelung nur befiehlt (§ 60 Abs. 3 die Erneuerungs- und Erweiterungsrücklagen,

§ 80 Abs. 3 die Tilgungsrücklage, § 81 Abs. 2 die Betriebsrücklage) oder in einzelnen Vorschriften voraussetzt (§§ 61, 72, 77).

Das Kassen- und Rechnungswesen der Gemeinde ist im Gesetz selbst nur mit ganz wenigen Vorschriften berührt, so daß sich schon hieraus die Notwendigkeit einer näheren Regelung ergibt, soll ein einheitliches deutsches Gemeinderecht entstehen. Das Rechnungsprüfungswesen ist zwar etwas eingehender behandelt, das überörtliche Prüfungswesen (§ 103) aber überhaupt der Regelung im Verordnungsweg überlassen, so daß die Ausfüllung des Gesetzes im Verordnungsweg unerläßlich ist.

Weniger dringlich dürfte eine Verordnung nach Nr. 1 sein, nachdem das Schuldenwesen und die Schuldenkontrolle eine eingehende Regelung im Gesetz gefunden haben.

Im übrigen ist zu bemerken, daß diese Aufzählung nicht erschöpfend ist, wie aus der Fassung der Vorschrift, insbesondere aus dem Worte „namentlich" zu entnehmen ist.

Bei den Verordnungen nach § 105 handelt es sich um g e s e t z e s g l e i c h e Vorschriften. Die Verordnungsgewalt des RMdJ. ist nur durch Reichsgesetze beschränkt. Soweit die DGO. in Betracht kommt, können daher die Vorschriften der Verordnung nicht nur secundum legem (zur Durchführung), sondern auch praeter legem (über das Gesetz hinaus) die Vermögenswirtschaft der Gemeinden näher ordnen. Die Vorschriften dürfen nur nicht im Widerspruch mit dem Gesetz (contra legem) stehen.

Siebenter Teil.

Aufsicht

§ 106

Der Staat beaufsichtigt die Gemeinde, um sicherzustellen, daß sie im Einklang mit den Gesetzen und den Zielen der Staatsführung verwaltet wird. Die Aufsicht soll so gehandhabt werden, daß die Entschlußkraft und Verantwortungsfreudigkeit der Gemeindeverwaltung gefördert und nicht beeinträchtigt wird.

I. Amtliche Begründung s. Textausgabe S. 162—165.

II. AusfAnw.

1. Die Deutsche Gemeindeordnung soll nach ihrem Vorwort die Gemeinden in enger Zusammenarbeit mit Partei und Staat zu höchsten Leistungen befähigen. Auf dem Boden eigener Selbstverantwortung und freiwillig geübter Selbstzucht sollen die Gemeinden in den von der Gemeindeordnung gewiesenen Bahnen ihre örtlichen Geschicke bestimmen und ihr berechtigtes Eigenleben pflegen.

Diese Zielsetzung der Deutschen Gemeindeordnung war für die Regelung der Aufsicht maßgebend; nach ihr hat sich vor allem auch die praktische Handhabung der Aufsicht zu richten, wie sich insbesondere aus § 106 Satz 2 DGO. ergibt. Danach soll die Aufsicht so gehandhabt werden, daß die Entschlußkraft und Verantwortungsfreudigkeit der Gemeindeverwaltung gefördert und nicht beeinträchtigt wird. Dem Willen des Gesetzes würde es danach nicht entsprechen, wenn die Aufsichtsbehörden versuchen würden, auf Grund der ihnen gegebenen Befugnisse in alle Einzelheiten der Gemeindeverwaltung hineinzuregieren und auch in reinen Ermessensfragen im Rahmen des den Gemeinden belassenen Ermessensspielraums ihre Auffassung stets zur Geltung zu bringen oder durchzusetzen. Eine derartige Handhabung der Aufsicht würde verkennen, daß die Gemeindeordnung die Erledigung der Selbstverwaltungsangelegenheiten den Gemeinden grundsätzlich selbst überläßt und daß jeder aufsichtsbehördliche Eingriff durch ein besonderes, von der Aufsichtsbehörde zu wahrendes Interesse gerechtfertigt sein muß.

Ebenso würde es dem Geiste der Deutschen Gemeindeordnung völlig widersprechen, wenn sich die Aufsichtsbehörden von staatsfiskalischen oder, soweit die Landräte die Aufsicht führen, von kreisfiskalischen Gesichtspunkten irgendwie beeinflussen ließen. Derartige Gesichtspunkte haben bei der Handhabung der Aufsicht unter allen Umständen auszuscheiden. Die Aufsicht darf in keinem Falle dazu mißbraucht werden, um dem Staat oder dem Kreis eine rein vermögensrechtliche Vorrangstellung zu verschaffen.

2. Aufgabe der Aufsicht ist nach §§ 8, 106 DGO., die Gemeinde in ihren Rechten zu schützen und sicherzustellen, daß sie im Einklang mit den Gesetzen und den Zielen der Staatsführung verwaltet wird.

a) Die Aufsichtsbehörden haben danach die Gemeinden vor jedem unberechtigten Eingriff dritter Stellen (vgl. insbesondere § 114 DGO. zu schützen. Eine wesentliche Aufgabe der Aufsichtsbehörde auf diesem Gebiet liegt ferner auch in der verständnisvollen Beratung der Gemeinden in rechtlichen und tatsächlichen Zweifelsfragen.

b) Die Aufsichtsbehörden haben zu überwachen, daß die Gemeinde im Einklang mit den Gesetzen und den Zielen der Staatsführung verwaltet wird.

aa) Die Betätigung der Gemeinden muß sich danach stets in den Grenzen der reichsrechtlichen, landesrechtlichen und ortsrechtlichen Vorschriften halten; soweit diese der Gemeinde einen gewissen Ermessensspielraum belassen, darf sie auch diesen Ermessensbereich nicht überschreiten.

bb) Die Verwaltung der Gemeinde muß stets im Einklang mit den Zielen der Staatsführung stehen. Unter den Zielen der Staatsführung sind dabei die großen, grundsätzlichen politischen und volkswirtschaftlichen Gesichtspunkte zu verstehen, von denen die nationalsozialistische Staatsführung alle Zweige des öffentlichen Lebens geleitet zu wissen wünscht. Danach darf ein Eingriff der Aufsichtsbehörde unter diesem Gesichtspunkt nicht schon dann stattfinden, wenn eine Entschließung des Bürgermeisters lediglich hinsichtlich ihrer Zweckmäßigkeit für die Gemeinde anders beurteilt werden kann oder wenn durch sie insbesondere wegen der Geringfügigkeit ihrer Auswirkungen eine Gefährdung der Ziele der Staatsführung nicht eintreten kann. Soweit nicht zentrale Richtlinien für ein Eingreifen der Aufsichtsbehörden unter diesen Gesichtspunkten bestehen, haben sie bis auf weiteres im Interesse einheitlichen Vorgehens stets an den Reichsminister des Innern zu berichten.

Soweit danach ein Eingreifen der Aufsichtsbehörden gegenüber der Selbstverwaltung der Gemeinden erforderlich ist, hat die Aufsichtsbehörde von den ihr gegebenen Mitteln mit aller Bestimmtheit und ohne Ansehen der Person schnell und durchgreifend Gebrauch zu machen.

3. Die Vorschriften der §§ 106 ff. DGO. regeln ausschließlich die sogenannte Kommunalaufsicht. Hinsichtlich der Aufsicht über die gemeindlichen Auftragsangelegenheiten (Fachaufsicht) und der für einzelne Gebiete (z. B. Gemeindeforsten, Wegewesen) bestehenden Sonderaufsicht bewendet es bei den bestehenden Vorschriften. Den Fachaufsichtsbehörden und den Sonderaufsichtsbehörden stehen jedoch, worauf ausdrücklich hingewiesen wird, die Aufsichtsmittel der §§ 108 ff. DGO. nicht zur Verfügung (vgl. auch AusfAnw. zu § 114).

III. Anm.

1. Die **Aufsicht des Staates über die Gemeinden** ergibt sich nach ihrem Grund und Wesen daraus, daß die Gemeinden Teile, Zellen, vom Staat geschaffene, mit staatlicher Gewalt ausgestattete (nicht ursprüngliche Herrschaftsbefugnis besitzende) und zu öffentlichen Aufgaben berufene Gliedkörperschaften des Staates sind und deshalb organisch in das Staatsgefüge eingeordnet bleiben müssen. Die bloße gesetzliche Regelung der Ebenmäßigkeit dieses Verhältnisses genügt nicht. Der Staat muß auch darüber wachen, daß das gesetzlich gewollte Verhältnis, die Bindungen und Schranken eingehalten werden, und gegebenenfalls mit Zwang einschreiten können, um das Wirken der staatlichen Zellen mit dem Wohl des Volks- und Staatsganzen im Einklang zu halten und ein gestörtes Verhältnis wieder in Einklang zu bringen.

Nicht darum, sondern nur um die Reichweite, die Mittel und Wege der Staatsaufsicht, um die Art und Stärke des Schutzes der Gemeinden vor Überspannung der Staatsaufsicht ging im Gestaltungswandel der kommunalen Selbstverwaltung dieses und des letzten Jahrhunderts der Meinungsstreit. Die Allgemeine Begründung zum Gesetz nimmt unter Nr. 2 hierzu Stellung; es wird hierauf verwiesen (vgl. S. 6 f.).

2. **Begriff der Kommunalaufsicht:** Gesamtinhalt der Verwaltungstätigkeit einer gesetzlich bestimmten Staatsbehörde (und der ihr für diesen Aufgabenkreis unmittelbar vorgesetzten Staatsbehörden) zur Überwachung der unterstellten Gemeinden mit dem erzwingbaren Ziel, die Verwaltung der Gemeinden im Einklang mit den Gesetzen und den Zielen der Staatsführung zu halten.

Hieraus ergeben sich die einzelnen Wesensmerkmale:

a) Es ist der Gesamtinhalt der Rechte und Pflichten der Aufsichtsbehörde als Einheit, nicht etwa nur die einzelnen Rechte und Pflichten, die in §§ 106 ff. aufgezählt werden — vgl. hierzu Anm. 3;

b) es sind ganz bestimmte Behörden, denen die Aufsicht zusteht — vgl. Anm. 4;

c) Aufgabe der Aufsicht ist die Überwachung der Gemeinden zur Sicherung des Ziels, daß die Verwaltung der Gemeinden im Einklang sowohl mit den Gesetzen wie mit den Zielen der Staatsführung bleibt — vgl. Anm. 5;

d) danach bestimmen sich die Mittel der Aufsicht, einerseits für die Überwachung, andererseits zur Sicherung des erzwingbaren Ziels — vgl. Anm. 6;

e) diese gesetzlich geregelte Aufsicht hat ihre Grenzen; über den Schutz der Gemeinden vor Überspannung der Aufsicht und über den Schutz der einzelnen s. Anm. 7.

3. Die **Abgrenzung der Staatsaufsicht** über die Gemeinden von der sonstigen auf Gemeinden bezüglichen Verwaltungstätigkeit des Staates war in der Vergangenheit sowohl in den landesrechtlichen Regelungen wie in der Wissenschaft ungemein vielfältig. Die Aufsicht über die Gemeinden (die Kommunalaufsicht) wurde streng geschieden von der Fach- oder Dienstaufsicht, außerdem von der Betätigung der sog. Schutzgewalt des Staates (auch Mitwirkungsrecht des Staates genannt). Sie wurde auf die sog. Rechtsaufsicht (Aufsicht darüber, daß die Gemeinden die Schranken des Gesetzes einhalten) und auf die sog. Pflichtenaufsicht (Aufsicht darüber, daß die Gemeinden die ihnen vom Gesetz auferlegten Verpflichtungen erfüllen) eingeschränkt; insgesamt war es eine reine Kontrolle der Gesetzmäßigkeit.

a) Die Fachaufsicht (früher auch Dienstaufsicht genannt) ergibt sich aus dem Wesen der staatlichen Auftragsangelegenheiten der Gemeinde (vgl. hierzu § 2 Abs. 3). Es ist Wesensmerkmal der Auftragsangelegenheiten, daß sich der Staat für ihre Durchführung durch die Gemeinden das Anweisungsrecht vorbehält, d. h. nicht etwa nur das Recht zu überwachen, daß die Auftragsangelegenheiten im Einklang mit den Gesetzen und den Zielen der Staatsführungen verwaltet werden, sondern das viel weitergehende Recht, die Art der Durchführung im Rahmen des Gesetzes nach Ermessen zu bestimmen. Die Gemeinde steht daher als gesetzlich beauftragter

Träger solcher Aufgaben den hierfür vorgesetzten Staatsbehörden wie[1]) eine nachgeordnete Dienststelle gegenüber und ist den Anweisungen dieser Staatsstelle wie[1]) Dienstbefehlen unterworfen. Dieses Anweisungsrecht der Fachaufsichtsbehörden kann eng und weit gehalten sein. Die DGO. überläßt die Regelung der Fachaufsicht den Sondergesetzen, weil Art und Umfang der fachaufsichtlichen Befugnisse dem inneren Wesen der einzelnen Auftragsangelegenheit angepaßt sein müssen (z. B. der Polizeiverwaltung, dem Schulwesen). Nur nach einer Seite hin nimmt die DGO. in § 114 Stellung hierzu, insofern sie den Fachaufsichtsbehörden untersagt, von den kommunalaufsichtlichen Mitteln der §§ 108 ff. Gebrauch zu machen; diese kommunalaufsichtlichen Mittel sollen nur den Kommunalaufsichtsbehörden zustehen. Damit ist nicht gesagt, daß nicht auch die Fachaufsichtsbehörden solche und ähnliche Befugnisse haben können; es ist vielmehr damit nur ausgedrückt, daß ihnen ähnliche Befugnisse nur auf Grund sondergesetzlicher Bestimmungen, nicht aber auf Grund der §§ 108 ff. zustehen. — Fachaufsichtsbehörde und Kommunalaufsichtsbehörde decken sich häufig, manchmal aber fallen die behördlichen Träger der beiden Arten von Aufsicht auseinander. Aber auch wenn Fach- und Kommunalaufsicht in einer behördlichen Hand vereinigt sind, ist auf den Unterschied der beiden Aufsichtsarten, Aufsichtsmittel und Aufsichtswege zu achten. — Aus dem Unterschied der Fachaufsicht von der Kommunalaufsicht nach Gegenstand, Art, Mitteln und Wegen ist aber keineswegs etwa zu folgern, daß die Kommunalaufsicht — insbesondere dann, wenn Fachaufsicht und Kommunalaufsicht verschiedenen Behörden auf derselben Stufe der behördlichen Gliederung anvertraut sind (wenn z. B. in Bayern die Kommunalaufsicht über bezirksangehörige Gemeinden dem Bezirksamt, die Fachaufsicht über das gemeindliche Schulwesen der Bezirksschulaufsichtsbehörde, also Bezirksamt und Bezirksschulrat, übertragen ist) — von dem Gebiete der staatlichen Auftragsangelegenheiten überhaupt völlig ausgeschlossen wäre. Es ergeben sich zahlreiche Berührungspunkte; z. B. kann die Durchführung der Aufgabe (der örtlichen Polizei) Auftragsangelegenheit, die Aufbringung des hierfür erforderlichen Bedarfs aber eigene Angelegenheit der Gemeinde sein. Außerdem ist zweifelsfrei, daß das Informationsrecht der Kommunalaufsichtsbehörde nach § 108 sich auf alle Angelegenheiten der Gemeinde, also unter Einschluß der Auftragsangelegenheiten, erstreckt. Endlich ist die Kommunalaufsichtsbehörde berufen, die staatsaufsichtlichen Mittel der §§ 108—112 auf Anregung der Fachaufsichtsbehörde dann einzusetzen, wenn die Gemeinde ihrer Rechtspflicht, nämlich die fachaufsichtlichen Weisungen zu vollziehen, nicht oder nicht genügend nachkommt.

b) Die staatliche Schutzgewalt (das Mitwirkungsrecht des

---

[1]) daher der Ausdruck Dienstaufsicht (obwohl es für die Amtsträger nur ein mittelbares Dienstverhältnis ist).

Staates in der Form von erforderlichen Genehmigungen, Zustimmungen, Bestätigungen, Zulassungen — vgl. hierzu im einzelnen die Ausführungen zu § 104 Abs. 1) gehört ihrem Wesen nach unmittelbar zur Kommunalaufsicht. Sie ist der unentbehrliche Rest der früher (in der Zeit nach Reichsfreiherr vom Stein bis in die 2. Hälfte des 19. Jahrhunderts) viel weitgehenderen staatlichen Mitlenkung (Kuratel, Tutel) der Gemeindeverwaltung. Gerade hierin zeigt sich ihre wesentliche Zugehörigkeit zur Kommunalaufsicht. Daß hier der Kommunalaufsichtsbehörde ein weiter Spielraum des pflichtmäßigen Ermessens eingeräumt ist, ist wohl ein Unterschied, der zu beachten ist, aber kein Grund, sie in einen Gegensatz zum Wesen der Kommunalaufsicht zu stellen, ganz abgesehen davon, daß auch bei der Kommunalaufsicht nach den §§ 106 ff. das Recht nicht immer die Pflicht auslöst (auch die Kommunalaufsichtsbehörde kann trotz Feststellung der Nichterfüllung einer gemeindlichen Pflichtaufgabe aus berechtigten Gründen von einem Einschreiten absehen, hat also auch hierbei einen Ermessensspielraum). Außerdem ist auch bei der Prüfung des Verhaltens der Gemeinde nach den §§ 106 ff. nunmehr insofern ein Ermessensspielraum der Aufsichtsbehörde gegeben, als die Einhaltung der Ziele der Staatsführung nicht oder doch nicht erschöpfend nach Gesetzen beurteilt werden kann.

c) Zwischen der staatlichen Schutzgewalt (s. b) und der Aufsicht nach den §§ 106 ff. liegen noch zahlreiche Beziehungen zwischen der Kommunalaufsichtsbehörde und der Gemeinde, die in Rechten und Pflichten der Aufsicht und der Gemeinde bestehen und ihrem Wesen und Ziel nach unmittelbar zur Kommunalaufsicht gehören, z. B. das Recht und die Pflicht der Aufsichtsbehörde zur dauernden fürsorgenden Beratung der Gemeinde (die weder im freien Ermessen der Aufsichtsbehörde noch auch ohne rechtliche Rückwirkung auf die Verantwortung der Amtsträger der Gemeinde bleibt), ferner Entscheidungsbefugnisse, die das Wesen der Aufsicht hierüber hervortreten lassen, z. B. bei dem Schutz der einzelnen gegenüber der Gemeinde in öffentlichen Angelegenheiten — vgl. §§ 29—31 —, Anzeigepflichten der Gemeinde wie nach § 68, Vorlagepflichten der Gemeinde wie beim Haushaltsplan nach § 84, der Jahresrechnung nach § 99 Abs. 1. Ganz besonders zeigt sich dies bei der Entlastung des Bürgermeisters nach § 99 Abs. 2. Es handelt sich durchwegs um Wesensausflüsse der Kommunalaufsicht. Vgl. im einzelnen die Übersicht bei § 8.

d) Was die §§ 106—114 zusammenfassen, sind die — nach Unterbringung einer Reihe von Befugnissen und Pflichten der Kommunalaufsicht bei den einzelnen Sachgebieten des Gesetzes verbleibenden — allgemeinen Rechtsgrundsätze über Ziele, Mittel und Wege der Aufsicht sowie über Schutz der Gemeinde vor Überspannung dieser allgemeinen Aufsichtsmittel (die §§ 115 und 116 behandeln wieder einzelne Tatbestände, die ebensogut bei einzelnen Sachgebieten untergebracht sein könnten). Über diese **allgemeinen** Rechtsgrundsätze vgl. Anm. 5 bis 7.

4. Die **Kommunalaufsichtsbehörden** werden durch und auf Grund des § 107 bestimmt. Diesen allein stehen die Befugnisse zu, die das Gesetz den „Aufsichtsbehörden" einräumt. Ihnen allein obliegt die Pflicht des § 106. Ihnen allein kommt die Handhabung der allgemeinen Aufsichtsmittel nach §§ 108—112 zu, wie § 114 ausdrücklich vorschreibt. Dabei läßt § 107 erkennen, daß der behördliche Aufbau der Kommunalaufsichtsbehörden in drei Stufen erfolgen soll [Aufsichtsbehörde der kreisangehörigen Gemeinden — obere Aufsichtsbehörde, gleichzeitig „nächsthöhere" Aufsichtsbehörde der kreisangehörigen Gemeinden und gleichzeitig „Aufsichtsbehörde" der Stadtkreise, — oberste Aufsichtsbehörde (der RMdI.), die a) „nächsthöhere" Aufsichtsbehörde der Stadtkreise ist und b) die zentrale Leitung der Kommunalaufsicht über sämtliche deutschen Gemeinden hat]. Nach § 113 ist aber der Instanzenzug nur zweistufig: die „nächsthöhere" Aufsichtsbehörde soll jeweils endgültig entscheiden; darüber hinaus verbleibt nur die sog. Aufsichtsbeschwerde.

In allen Fällen, in denen das Gesetz von „Aufsichtsbehörde" spricht, ist die der Gemeinde unmittelbar vorgesetzte Kommunalaufsichtsbehörde i. S. des § 107 zu verstehen. Die dieser Aufsichtsbehörde vorgesetzten Kommunalaufsichtsbehörden können der Aufsichtsbehörde im Rahmen der Gesetze und Dienstanweisungen die erforderlichen Dienstbefehle geben. Die Gemeinden haben die **Pflicht**, den Dienstweg einzuhalten, d. h. sich stets an die ihnen **un**mittelbar vorgesetzte Aufsichtsbehörde zu wenden.

5. Die **Aufgaben der Kommunalaufsicht** ergeben sich aus ihrem Wesen (vgl. Anm. 1). Das Gesetz regelt — aus praktischen Gründen — einen erheblichen Ausschnitt der Rechte und Pflichten der Aufsicht bei den einzelnen Sachgebieten (vgl. hierzu Anm. 3 b u. c). Darüber hinaus bestimmt es in § 106 die **allgemeine** Aufgabe der Aufsicht. Diese Vorschrift ist im Zusammenhalt mit § 8 zu betrachten: die Aufsicht hat die Erfüllung der gemeindlichen Pflichten zu sichern, aber auch die gemeindlichen Rechte zu schützen.

Dabei ergibt sich wiederum aus dem Wesen der Aufsicht (vgl. Anm. 1), daß die Aufsicht das **öffentliche** Interesse wahrzunehmen hat. Es ist daher **nicht** Aufgabe der Aufsicht, private Interessen einzelner, die auf bürgerlich-rechtlicher Grundlage beruhen, dabei wahrzunehmen, über sie zu entscheiden und festgestellte Ansprüche gegen die Gemeinde zu vollstrecken; § 116 schaltet lediglich unter bestimmten Voraussetzungen bei der Vollstreckung von bürgerlich-rechtlichen Ansprüchen gegen die Gemeinde die Aufsichtsbehörde ein, um auch dabei das **öffentliche** Interesse zu wahren, überläßt aber die Vollstreckung dem Gläubiger nach den Vorschriften der ZPO. Die Kommunalaufsicht hat ferner das **Gemeinwohl** zu wahren, nicht etwa fiskalische Interessen, weder staatsfiskalische noch (bei der Kreisverwaltung) kreisfiskalische Interessen. Auch bei der Wahrung der Interessen der Gemeinde selbst kommt ein Eingreifen der Aufsicht nicht in Betracht, wenn und soweit für Feststellung und Vollstreckung von Ansprüchen ein anderes Verfahren und andere Zuständigkeiten gesetzlich bestimmt sind (z. B. für die Feststellung bürgerlich-rechtlicher Ansprüche die ordentlichen Gerichte, für öffentlich-rechtliche Ansprüche und Verbindlichkeiten andere Verwaltungsbehörden oder Verwaltungsgerichte).

In diesem Rahmen hat die Aufsicht die allgemeine Aufgabe, darüber zu wachen — und mit den Mitteln der Aufsicht dieses Ziel zu sichern —, daß die Gemeindeverwaltung im Einklang mit den Gesetzen und den Zielen der Staatsführung bleibt. Hieraus ergibt sich, daß eine Scheidung der Kommunalaufsicht in Rechtsaufsicht (nämlich zu sichern, daß die Gemeindeverwaltung die Schranken der Gesetze einhält) und in Pflichtenaufsicht (nämlich darüber zu wachen, daß die Gemeinden die ihnen gesetzlich obliegenden Verpflichtungen erfüllen) für die Regelung der DGO. zu eng wäre. Es bliebe unberücksichtigt, daß die Aufsicht auch den Einklang der Gemeindeverwaltung mit den Zielen der Staatsführung zu sichern hat.

Das Gebot des Einklangs der Gemeindeverwaltung mit den Gesetzen bedeutet, daß die Gemeinde nicht nur die Schranken der Gesetze nicht überschreiten darf, sondern auch die Gesetze so, wie sie der Gesetzgeber angewendet wissen will, anzuwenden hat und daß die Gemeinde die ihr durch Gesetz auferlegten Verpflichtungen zu erfüllen hat. Was unter Gesetz in diesem Sinne zu verstehen ist, dazu vgl. Anm. 4a zu § 109. Was unter gesetzlichen Verpflichtungen zu verstehen ist, dazu vgl. Anm. 2a zu § 110.

Das Gebot des Einklangs der Gemeindeverwaltung mit den Zielen der Staatsführung ist eine graduelle Ausweitung der allgemeinen Staatsaufsicht über die Gemeinden. Auch die gesetzlich ungeschriebenen Grundsätze der nationalsozialistischen Staatsführung binden die Gemeindeverwaltung. Näheres hierzu Anm. 4b zu § 109.

Die DGO. belädt aber diese allgemeine Aufsicht über die Gemeinden mit zwei besonderen Pflichten:

a) Die Aufsicht hat nicht nur die Aufgabe, die Erfüllung der gemeindlichen Pflichten zu sichern, sondern auch die Rechte der Gemeinden zu schützen (§ 8 Abs. 2), und

b) die Aufsicht ist so zu führen, daß die Entschlußkraft und Verantwortungsfreudigkeit der Gemeinden gefördert und nicht beeinträchtigt wird.

Zu a). Hierher gehört vor allem der Schutz der Einheit der örtlichen Verwaltung. Das Gesetz hat hierfür eine Reihe von Bestimmungen getroffen (vgl. hierzu die Allgemeine Begründung zum Gesetz, Ziff. 5); was die Aufsichtsbehörden in dieser Richtung vermögen, ist eine Pflicht für sie. Hierher gehört der Schutz der Gemeinden nach § 114 (vgl. die Ausführungen hierzu). Es umschließt auch die allgemeine Pflicht der Aufsicht, ihre Befugnisse nicht zu überspannen; der **Rechtskreis** der Selbstverwaltung soll so gewahrt werden, wie ihn die DGO. abgrenzt. Dazu gehört auch, daß die Aufsichtsmittel so gehandhabt werden, wie es ihrem gesetzgeberischen Zweck entspricht; es soll das Ermessen einer Gemeinde durch mittelbare Ausnützung eines Aufsichtsmittels nicht unnötig eingeschnürt werden. Darüber hinaus soll die Aufsicht — entsprechend dem Grundsatz, daß eine Aufsicht auch eine Betreuungspflicht einschließt, — auch dort, wo die Gemeinde öffentliche Rechte in Verhandlungen mit anderen Behörden und Stellen zu wahren hat, dem Schutze der gemeindlichen Rechte ihre Unterstützung leihen. Es würde endlich eine gesetzwidrige Ausnützung der Aufsicht und damit das Gegenteil des Schutzes gemeindlicher Rechte bedeuten, wenn die Aufsicht sich von staats- oder kreisfiskalischen Gesichtspunkten leiten lassen würde.

Zu b). Es würde dem Geist des Gesetzes widersprechen, wenn die Aufsichtsbehörden in alle Einzelheiten der Gemeindeverwaltung hineinregieren wollten, um in Ermessensfragen ihre Auffassung durchzusetzen. Außerdem ist es Pflicht, bei dem Einsatz aufsichtlicher Mittel stets dem Grundsatz der Verhältnismäßigkeit, der die gesamte Verwaltung beherrschen soll, Rechnung zu tragen: Das Mittel muß dem Zweck und der Wichtigkeit des Zweckes entsprechen.

6. Die **Mittel der Staatsaufsicht** sind zunächst besondere, die bei den einzelnen Sachgebieten geregelt sind, und solche der allgemeinen Aufsicht.

a) Zu den besonderen Aufsichtsmitteln gehören die des staatlichen Mitwirkungsrechts (Genehmigungen, Zustimmungen, Bestätigungen, Zulassungen, das Recht auf besondere Anzeigen, Berichte, Vorlagen, besonders geregelte Prüfungsrechte u. ä.; vgl. hierzu Anm. 2 b und c, über Genehmigung vgl. besonders Anm 1—5 zu § 104, ferner die Zusammenstellung bei § 8).

b) Die allgemeinen Aufsichtsmittel sind
das Informationsrecht (vgl. hierzu § 108),
das Beanstandungsrecht (vgl. hierzu § 109),
das positive Anordnungsrecht bei gesetzlicher Pflichtensäumnis (vgl. hierzu § 110),
das Recht der aufsichtlichen Ersatzvornahme (Aufsichtsvertretung) (vgl. hierzu § 111),
das Recht auf Bestellung eines Staatskommissars (vgl. hierzu § 112).

7. Der **Schutz der Gemeinden** vor Überspannung der Aufsicht und damit die Grenze der Aufsicht über die Gemeinden wird durch § 113 geregelt; vgl. hierzu die Ausführungen zu § 113, wo auch die Änderung der Rechtsgestaltung gegenüber der Vergangenheit gewürdigt ist.

Der Schutz des einzelnen gegenüber der Gemeinde gehört

nur mittelbar zu den Aufgaben der Aufsicht. Die DGO. gibt dem einzelnen Beteiligten kein allgemeines Beschwerderecht gegenüber Entschließungen und Anordnungen der Gemeinde. Den Einwohnern (und den ihnen nach § 17 Abs. 2 gleichgestellten Grundbesitzern und Gewerbetreibenden) sowie den Bürgern stehen besondere Rechtsmittel nach Maßgabe der §§ 29—31 zu. Darüber hinaus kommt — abgesehen von sondergesetzlichen Regelungen wie z. B. Gemeindeabgabengesetz — lediglich der Anruf der Aufsichtsbehörde mit der Behauptung in Betracht, daß die Gemeinde rechtswidrig oder im Widerspruch mit den Zielen der Staatsführung handle oder eine ihr gesetzlich obliegende öffentliche Verpflichtung nicht erfülle; in diesen Fällen hat die Aufsichtsbehörde zu würdigen, ob ihr der unterbreitete und von ihr mit den Mitteln des Informationsrechts (§ 108) geprüfte Sachverhalt Anlaß gibt, von den allgemeinen Mitteln der Aufsicht nach §§ 109, 110, 111 oder 112 je nach der Rechtslage und der Bedeutung der Angelegenheit Gebrauch zu machen. Sie hat sich aber in allen Fällen einer Tätigkeit zu enthalten, in denen für die Feststellung und Vollstreckung von Ansprüchen einzelner gesetzlich ein anderes Verfahren mit dem gesetzgeberischen Willen vorgeschrieben ist, daß dieses und nur dieses anzuwenden sei. Die Feststellung und Vollstreckung bürgerlich-rechtlicher Ansprüche einzelner hat grundsätzlich auszuscheiden.

8. **Andere Mittel**, die Aufsicht über die Gemeinde wirksam zu gestalten, gehören anderen Rechtsgebieten an. Es kann aber im öffentlichen Interesse gelegen sein, an Stelle der durch die DGO. vorgesehenen besonderen und allgemeinen Aufsichtsmittel von den übrigen Mitteln Gebrauch zu machen. Es ist z. B. möglich, gegen einen Amtsträger der Gemeinde dienststrafrechtlich vorzugehen, ihm nach der Stellung seiner Verantwortung die Inanspruchnahme seiner Haftung nach § 115 Abs. 1 anzudrohen. Es ist ferner möglich, die Zurücknahme der Berufung während des Probejahres nach § 45 herbeizuführen. Alle diese Mittel müssen nach ihrem inneren Grund und Ziel gerechtfertigt sein; sie dürfen nicht bloß Mittel zum Zweck für die Kommunalaufsicht sein.

9. Die **Kosten der Kommunalaufsicht** fallen, da es sich um Entfaltung staatlicher Tätigkeit im vorwiegend staatlichen Interesse handelt, grundsätzlich dem Staate zur Last. Dieser Grundsatz erhält schon durch das Gesetz selbst Einschränkungen (z. B. bei der Ersatzvornahme nach § 111 und bei den Kosten des Staatskommissars nach § 112). Außerdem können bei der Ausübung des aufsichtlichen Informationsrechts Kosten anfallen, die teils zweifellos, teils nach einzelnen landesrechtlichen Regelungen, in den Restfällen nach überwiegender Meinung der Gemeinde zur Last fallen können (vgl. hierzu Anm. 3 zu § 108).

§ 107

Oberste Aufsichtsbehörde ist der Reichsminister des Innern. Er bestimmt durch Verordnung, welche Behörden obere Aufsichtsbehörden und Aufsichtsbehörden sind.

I. Amtliche Begründung s. Textausgabe S. 165.

II. DurchfVO. (§§ 33 und 34)

§ 33. (1) Bis auf weiteres ist Aufsichtsbehörde

	für die kreisangeh. Gemeinden:	für die Stadtkreise:
in Preußen	der Landrat	der Reg.-Präs.,
in Bayern	das Bezirksamt	die Regierung, Kammer des Inn.,
in Sachsen	die Amtshauptmannschaft	die Kreishauptmannschaft,
in Württemberg	der Landrat	d. MinAbt. f. Bez.- u. Körperschverw.,
in Baden	das Bezirksamt	der Landeskommissär,
in Thüringen	das Kreisamt	der Minister d. J.,
in Hessen	das Kreisamt	der Reichsstatth. in Hessen(Landesreg.)
in Mecklenburg	der Landrat	das Staatsministerium, Abt. Inn.,
in Oldenburg		
a) Landesteil Oldenburg	der Amtshauptmann	der Minister d. J.,
b) Landesteil Birkenfeld	der Regierungspräs.	der Minister d. J.,
c) Landesteil Lübeck . .	der Regierungspräs.	der Minister d. J.,
in Anhalt	das Kreisamt, Abt. Inneres,	das Staatsministerium, Abt. Inn.,
in Braunschweig	die Kreisdirektion	der Minister d. J.,
in Lippe	der Landrat	die Landesregierg.,
in Schaumburg-Lippe . .	der Landrat	die Landesregierg.

(2) Obere Aufsichtsbehörde im Sinne der Deutschen Gemeindeordnung ist die im Abs. 1 für Stadtkreise bestimmte Aufsichtsbehörde.

(3) In Preußen, Bayern, Sachsen, Württemberg und Baden nehmen die bisher zuständigen obersten Landesbehörden bis auf weiteres die Aufgaben der obersten Aufsichtsbehörde wahr. Sie sind an die Weisungen des Reichsministers des Innern gebunden.

§ 34. (1) Zuständige Aufsichtsbehörde im Sinne des § 12 der Deutschen Gemeindeordnung ist, wenn durch die Grenzstreitigkeit die Grenzen von Gemeinden berührt werden, die in verschiedenen Kreisen liegen, die obere Aufsichtsbehörde; werden durch die Grenzstreitigkeit die Grenzen von Gemeinden berührt, die im Amtsbezirk verschiedener oberer Aufsichtsbehörden liegen, so entscheidet der Reichsminister des Innern. Die hiernach zuständige Behörde kann eine unbeteiligte nachgeordnete Aufsichtsbehörde mit der Entscheidung beauftragen.

(2) Abs. 1 gilt entsprechend, wenn

1. im Falle des § 15 der Deutschen Gemeindeordnung die an der Auseinandersetzung beteiligten Gemeinden in verschiedenen Kreisen oder im Amtsbezirk verschiedener oberer Aufsichtsbehörden liegen,
2. in einer Angelegenheit, die nach den Vorschriften der Deutschen Gemeindeordnung der Genehmigung bedarf, der von der Aufsichtsbehörde verwaltete Gemeindeverband als solcher beteiligt ist.

III. AusfAnw.

Bis zum weiteren Fortschreiten des Neuaufbaues des Reichs sind die nach § 107 DGO. zuständigen Aufsichtsbehörden und oberen Aufsichtsbehörden in § 33 der Ersten DurchfVO. namentlich bestimmt. Dabei wird auch auf die für bestimmte Sonderfälle getroffene Regelung des § 34 der Ersten DurchfVO. verwiesen.

IV. Anm.

1. Die **oberste Aufsichtsführung** über sämtliche deutschen Gemeinden steht dem Reichsminister des Innern zu. Mittelbar konnte der RMdJ. schon bisher auf Grund des RG. vom 28. Januar 1934 (RGBl. I S. 75) auf dem Wege der Anweisung der Länderregierungen in die Kommunalaufsicht eingreifen. Nunmehr steht dem RMdJ. nach der DGO. das gesetzlich geregelte oberste Kommunalaufsichtsrecht unmittelbar zu.

2. **Welche Behörden** obere Aufsichtsbehörden und Aufsichtsbehörden sind, ist durch § 33 DurchfVO. zunächst vorläufig bestimmt; diese Regelung schließt sich an die bestehende Behördengliederung an. Die endgültige Regelung wird erst möglich, wenn im Zuge der Reichsreform die einheitliche Behördengliederung feststeht.

Aus den Worten Aufsichtsbehörden — obere Aufsichtsbehörden — oberste Aufsichtsbehörde ergibt sich, daß die Aufsicht (ausgehend von den kreisangehörigen Gemeinden) dreistufig und (ausgehend von den Stadtkreisen) zweistufig sein wird. Aus § 113 ist aber zu entnehmen, daß der Instanzenzug nur zweistufig ist. — Der Begriff „obere Aufsichtsbehörde", der in § 33 Abs. 2 DurchfVO. näher bestimmt wird, kommt im Gesetz selbst nur einmal (nämlich bei § 41 Abs. 2 Nr. 3) vor. Er darf nicht mit „nächsthöherer Aufsichtsbehörde" gleichgesetzt werden. Der letztere Begriff ist relativ (nächsthöhere Aufsichtsbehörde für kreisangehörige Gemeinden ist gleichzeitig die Aufsichtsbehörde für Stadtkreise, nächsthöhere Aufsichtsbehörde für Stadtkreise ist die oberste Aufsichtsbehörde), während „obere Aufsichtsbehörde" absolut feststehend ist, nämlich in allen Fällen die Behörde, die Aufsichtsbehörde für die Stadtkreise ist. —

3. Die **Vorschrift des § 34 DurchfVO.** regelt die Zuständigkeit für bestimmte Sonderfälle, nämlich für die Tatbestände der §§ 12 und 15 Abs. 2 DGO. sowie für den Fall, daß der Kommunalverband der Aufsichtsbehörde als solcher an der Sache beteiligt ist; z. B. wenn der Kreis ein Darlehen an eine kreisangehörige Gemeinde geben will, soll nicht die Aufsichtsbehörde, die den Kreis verwaltet, die Genehmigung nach §§ 76, 78 erteilen, sondern die nächsthöhere Aufsichtsbehörde.

Die Delegation nach unten kann nach Abs. 1 Satz 2 nicht an eine der beiden beteiligten Aufsichtsbehörden, sondern nur an eine unbeteiligte nachgeordnete Aufsichtsbehörde erfolgen.

Die Folgerungen aus den jetzt bestehenden Verhältnissen, wonach in einzelnen Ländern schon drei behördliche Stufen bestehen, denen sich nun der RMdJ. als oberste Kommunalaufsichtsbehörde als 4. Stufe anfügen würde, sind in Abs. 3 des § 33 DurchfVO. für die fünf größten Länder gezogen worden.

§ 108

Die Aufsichtsbehörde kann sich jederzeit über alle Angelegenheiten der Gemeinde unterrichten; sie kann an Ort und Stelle prüfen und besichtigen, mündliche und schriftliche Berichte einfordern sowie Akten und sonstige Unterlagen einsehen.

I. Amtliche Begründung s. Textausgabe S. 165.

II. AusfAnw.

Das Informationsrecht der Aufsichtsbehörde nach § 108 DGO. erstreckt sich auf alle Vorgänge in der Gemeinde; dabei ist selbstverständlich, daß die Aufsichtsbehörde bei Anforderungen an die Gemeinde nach § 108 DGO. stets der einfachsten und der die Gemeinde am wenigsten belastenden Möglichkeit der Unterrichtung den Vorzug geben soll. Anforderungen nach § 108 DGO. sind grundsätzlich an den Bürgermeister, nicht auch an ihm nachgeordnete Beamte zu richten.

Dem Informationsrecht der Aufsichtsbehörde entspricht eine Informationspflicht der Gemeinde. Die hierdurch entstehenden Kosten fallen der Gemeinde zur Last.

III. Anm.

1. Das **Informationsrecht**, das § 108 der Aufsichtsbehörde einräumt, stand der Aufsichtsbehörde von jeher zu.

Seinem Umfang nach ist es zeitlich und sachlich unbeschränkt: Die Aufsichtsbehörde kann jederzeit und über alle Angelegenheiten der Gemeinde sich unterrichten. Es ist nicht beschränkt auf den eigenen Wirkungskreis (die eigenen Angelegenheiten) der Gemeinde, sondern erstreckt sich auch auf den übertragenen Wirkungskreis (die staatlichen Auftragsangelegenheiten). Umgekehrt steht das Informationsrecht nach § 108 nicht den Fachaufsichtsbehörden zu; s. hierzu weiter unten. — Dem Informationsrecht der Aufsichtsbehörde auf der einen Seite steht keine Verschwiegenheitspflicht der Gemeinde, ihrer Amtsträger, Beamten, ehrenamtlich Tätigen und Angestellten gegenüber. — In der sachlichen und zeitlichen Unbeschränktheit des Informationsrechtes liegt auch das Recht der Aufsichtsbehörde zur Teilnahme an den Beratungen des Bürgermeisters mit den Gemeinderäten, auch das Recht zu verlangen, daß der Bürgermeister solche Beratungen anberaumt, damit die Aufsichtsbehörde auch auf diese Weise Einblick in die Gemeindeverhältnisse gewinnen kann. —

Die Art und Weise, wie das Informationsrecht ausgeschöpft wird, ist dem pflichtmäßigen Ermessen der Aufsichtsbehörde anheimgestellt. Das Gesetz erwähnt (einzelne Tatbestände klarstellend), daß die Aufsichtsbehörde an Ort und Stelle prüfen und besichtigen kann, mündliche und schriftliche Berichte einfordern, die Akten und sonstige Unterlagen verlangen kann. — An formale Voraussetzungen ist die Ausübung nicht gebunden. Es sind z. B. Besichtigungen nicht etwa vorher anzusagen. Werden sie dem Bürgermeister angesagt, so bedeutet dies, daß die Aufsichtsbehörde auf mündliche Berichterstattung bei der Besichtigung rechnet; die Aufsichtsbehörde kann dies ausdrücklich verlangen. Zum Recht der Aufsichtsbehörde auf schriftliche und mündliche Berichterstattung, dem auf seiten der Gemeinde eine Berichterstattungspflicht entspricht, vgl. im einzelnen Anm. 2, hinsichtlich der Kostentragungspflicht Anm. 3.

Sowohl der Umfang wie auch die Art und Weise der Ausübung des Informationsrechts müssen auf seiten der Aufsichtsbehörde dem Grundsatz der Verhältnismäßigkeit, der die gesamte Verwaltung beherrscht, entsprechen. Es sind der Gemeinde nur die erforderlichen Verpflichtungen anzusinnen. Hinsichtlich der Überspannung des Informationsrechts der Aufsichtsbehörde und der unzureichenden Erfüllung der Informationspflicht der Gemeinde vgl. Anm. 4.

Das Informationsrecht nach § 108 steht der Aufsichtsbehörde zu. Was der Aufsichtsbehörde zusteht, kann auch von den ihr für diesen Aufgabenbereich in der Behördengliederung vorgesetzten Behörden (obere und oberste Aufsichtsbehörde) mittelbar und unmittelbar ausgeübt werden. Es steht aber nicht anderen Behörden und Stellen zu (vgl. § 114). Diesen kann auf Grund von Sondergesetzen ein mehr oder minder abgestuftes, sachlich und formell beschränktes Informationsrecht zustehen; auf § 108 aber können sie ein Informationsrecht ihrerseits und eine Informationspflicht auf seiten der Gemeinde nicht stützen.

Das Informationsrecht erstreckt sich auf alle Verhältnisse der

Gemeinde, auch auf die Verhältnisse der rechtlich selbständigen wirtschaftlichen Unternehmen, deren Anteile vollständig in der Hand der Gemeinde sind, nicht aber auf solche rechtlich selbständigen wirtschaftlichen Unternehmen, an denen die Gemeinde nur beteiligt ist. Aber auch in diesen letzteren Fällen kann die Aufsichtsbehörde von der Gemeinde die Berichterstattung mit den Unterlagen verlangen, die ihr zu ihrer Unterrichtung über die gemeindlichen Verhältnisse erforderlich erscheinen. Besteht ein Anlaß zur unmittelbaren Einblicknahme in die Verhältnisse solcher Gesellschaften, so kann die Aufsichtsbehörde von der Gemeinde nicht mehr verlangen, als was die Gemeinde kraft ihres Beteiligungsrechtes zu erreichen vermag. Erscheint der Aufsichtsbehörde aus Gründen des öffentlichen Interesses mehr erforderlich, so verbleibt ihr nur der Weg, bei besonderen Anlässen (z. B. bei Erteilung der Genehmigung nach § 71 Abs. 1 oder bei der Erteilung der Genehmigung nach § 71 Abs. 3) sich die erforderlichen Befugnisse auszubedingen.

Das Informationsrecht der Aufsichtsbehörde richtet sich an die Gemeinde; diese wird vertreten durch den Bürgermeister, der die gesamte Verwaltung in voller und ausschließlicher Verantwortung führt (§§ 32 und 36); der Bürgermeister ist daher berichtspflichtig, an seiner Stelle seine Vertreter (§§ 34, 35).

Die Besichtigungen der Gemeinden können von der oberen und obersten Aufsichtsbehörde näher geregelt, in einem bestimmten zeitlichen Umtrieb und in einer bestimmten Weise den Aufsichtsbehörden zur Pflicht gemacht werden.

Auch die Prüfungen, insbesondere des Haushalts-, Kassen- und Rechnungswesens können geregelt werden (ganz abgesehen davon, daß § 105 Abs. 2 dem Reichsmin. d. Inn. die Ermächtigung zur Erlassung einer Verordnung über diesen Gegenstand einräumt).

2. Die **Berichtspflicht** der Gemeinde entspricht dem Informationsrecht der Aufsichtsbehörde. Sie obliegt der Gemeinde nach den Anordnungen der Aufsichtsbehörde. Die Berichtspflicht ist eine erschöpfende Auskunftspflicht. Die Aufsichtsbehörde kann jede Art der Berichterstattung verlangen, mündliche und schriftliche Auskunft, Auskunft durch den Bürgermeister selbst, durch Sachbearbeiter, durch beteiligte Beamte oder Angestellte; die Aufträge sind aber grundsätzlich an den Bürgermeister zu richten (Abs. 1 der AusfAnw.). Sie kann alle erforderlichen Unterlagen hierzu verlangen. Sie kann die Art der Berichte und Unterlagen vorschreiben. Sie kann auch verlangen, daß die Gemeinde eine Äußerung, eine Stellungnahme durch einen bestimmten Sachverständigen herbeiführt und vorlegt. Sie kann verlangen, daß ein bestimmter Sachverständiger von der Gemeinde beauftragt wird, den Sachverhalt festzustellen, zu prüfen, mit seiner Stellungnahme zu versehen, der Aufsichtsbehörde auch mündlich zu berichten. Sie kann Fristen setzen.

Die Bestimmung der Art und des Umfanges der Berichterstattung liegt aber nicht im freien, sondern im pflichtmäßigen Ermessen der Aufsichtsbehörde; **nach dem Grundsatz der Verhältnismäßigkeit**, der für die gesamte Verwaltung gilt, hat sie das öffentliche Interesse mit den Kosten usw. abzuwägen.

3. Zu den **Kosten** der Ausübung des Informationsrechts der Aufsichtsbehörde und der Berichterstattungspflicht der Gemeinde ist folgendes zu bemerken:

Zweifellos fallen der Gemeinde die Kosten der Berichterstattungspflicht zur Last, gleichgültig, ob es sich um mündliche oder schriftliche Berichterstattung, um Berichterstattung durch den Bürgermeister, seine Vertreter, Beamte oder Angestellte der Gemeinde oder besonders bestimmte Sachverständige handelt.

Ebenso zweifellos fallen die unmittelbaren Kosten der Entfaltung der Tätigkeit der Aufsichtsbehörde selbst an ihrem Dienstsitz dem Staat zur Last.

Zweifelhaft könnte die Kostentragungspflicht hinsichtlich sonstiger Kosten sein. Das Gesetz besagt hierüber nichts. Es ist daher m. E. folgendes anzunehmen: Es gelten die gebühren- und kostengesetzlichen Regelungen des Landesrechts. Soweit diese die Frage nicht regeln, wird anzunehmen sein, daß der ordentliche allgemeine Aufwand für die Entfaltung der Tätigkeit der Aufsichtsbehörde dem Staate zur Last fällt; denn es handelt sich nicht nur um eine Tätigkeit im Interesse der Gemeinde, sondern im Gesamtinteresse; der Staat übt die Aufsicht als Recht und Pflicht aus. Die durch besondere Verhältnisse auf seiten der Gemeinde veranlaßten außerordentlichen Auslagen fallen aber der Gemeinde zur Last. Wenn z. B. schwere Mängel und Verstöße im gemeindlichen Kassen- und Rechnungswesen vorliegen oder wenn eine Unterschlagung aufgedeckt wird, ist es Recht der Aufsichtsbehörde, das erforderliche sachkundige Personal (auch besondere Sachverständige wie z. B. eine überörtliche Prüfungsstelle) zur Prüfung des Sachverhalts an Ort und Stelle einzusetzen, deren besondere Kosten die Gemeinde als Auslagen zu tragen hat (für Bayern vgl. Art. 163 Abs. 1 Ziff. 3, 4 und 6 des Kostengesetzes — GVBl. 1921 S. 174).

4. Gegen eine etwaige **Überspannung des Informationsrechts** der Aufsichtsbehörde kann die Gemeinde das Recht der Beschwerde nach § 113 ausüben. Bei der Ausübung des Informationsrechts handelt es sich um „Anordnungen". Die Gemeinde kann aber jederzeit auch mit der Dienstaufsichtsbeschwerde die nächsthöhere Aufsichtsbehörde anrufen; diese Beschwerde hat aber keine aufschiebende Wirkung; auch ist es kein Beschwerde recht mit Anspruch auf Bescheid oder begründeten Bescheid.

Kommt die Gemeinde einer Berichterstattungspflicht nicht nach, so kann die Aufsichtsbehörde im formalen Verfahren nach § 110 vorgehen; gegen diese Anordnungen steht der Gemeinde das Recht der Beschwerde nach § 113 zu.

§ 109

Die Aufsichtsbehörde kann Entschließungen und Anordnungen des Bürgermeisters, die das bestehende Recht verletzen oder den Zielen der Staatsführung zuwiderlaufen, aufheben und verlangen, daß Maßnahmen, die auf Grund derartiger Entschließungen oder Anordnungen getroffen worden sind, rückgängig gemacht werden.

I. **Amtliche Begründung** s. Textausgabe S. 166.

II. **AusfAnw.**

1. Das Aufsichtsmittel des § 109 DGO. richtet sich gegen jede Entschließung und Anordnung des Bürgermeisters, die das bestehende Recht verletzt oder den Zielen der Staatsführung zuwiderläuft. Den Entschließungen und Anordnungen des Bürgermeisters sind die Entschließungen oder Anordnungen, die in seiner Vertretung oder in seinem Auftrage gefaßt bzw. getroffen werden, gleichzuachten.

Der Kreis der Entschließungen im Sinne des § 109 DGO. ist nicht auf die beschränkt, die einer Ausführung fähig sind. Auch rein negative Entschließungen fallen unter die genannte Vorschrift.

2. Ziel des aufsichtlichen Eingriffs nach § 109 DGO. ist die Beseitigung der Entschließung oder Anordnung sowie von Maßnahmen, die auf Grund derartiger Entschließungen oder Anordnungen getroffen worden sind. Die Verfügung der Aufsichtsbehörde hebt die gefaßte Entschließung oder die getroffene Anordnung auf. Stellt die Aufsichtsbehörde darüber hinaus das Verlangen, Maßnahmen rückgängig zu machen, so ist es Pflicht des Bürgermeisters, das Erforderliche zu veranlassen. Dabei ist jedoch zu beachten, daß durch ein derartiges Verlangen Rechte Dritter, die bereits entstanden sind, nicht beseitigt werden können.

3. Verfügungen der Aufsichtsbehörde gemäß § 109 DGO. müssen auf diese Vorschrift Bezug nehmen; sie haben die Entschließung oder Anordnung des Bürgermeisters, die sie betreffen, genau zu bezeichnen und sind nach der rechtlichen und tatsächlichen Seite hin zu begründen; wird die Rückgängigmachung von Maßnahmen verlangt, so ist hierfür eine angemessene Frist zu setzen.

Die Verfügung der Aufsichtsbehörde ist der Gemeinde zuzustellen.

III. **Anm.**

1. Das **Beanstandungsrecht der Aufsichtsbehörde** i. S. des § 109 bedeutet, daß die Aufsichtsbehörde

a) befugt ist, Entschließungen und Anordnungen des Bürgermeisters (und seiner Stellvertreter) aufzuheben, wenn und soweit sie

aa) das bestehende Recht verletzen oder

bb) den Zielen der Staatsführung zuwiderlaufen, und

b) verlangen kann, daß Maßnahmen rückgängig gemacht werden, die auf Grund derartiger Entschließungen und Anordnungen ergangen sind.

Beide Befugnisse laufen auf die Beseitigung eines Zustandes in der Gemeindeverwaltung hinaus, der nicht mit dem Gebot des § 1 Abs. 2 Satz 3 im Einklang steht; deshalb wird dieses Aufsichtsmittel auch als negatives Aufsichtsmittel bezeichnet.

2. Nur die **Aufsichtsbehörde** i. S. des § 107 (Kommunalaufsichtsbehörde) ist befugt, von diesem Aufsichtsmittel Gebrauch zu machen (vgl. § 114). Es ist durchaus möglich, daß auch anderen staatlichen Behörden eine solche oder ähnliche Befugnis auf Grund von Sondergesetzen zusteht (z. B. den staatlichen Polizeibehörden). Ausgeschlossen ist aber durch § 114, daß andere staatliche Behörden ihr Eingreifen auf § 109 der DGO. stützen. Erlassen sie trotzdem eine solche Anordnung, die nicht durch andere gesetzliche Ermächtigungen begründet ist, so ist die Anordnung nichtig.

Die Aufsichtsbehörde selbst hat die Verfügung zu treffen. Sie kann die Aufhebung von Entschließungen und Anordnungen des Bürgermeisters nicht etwa nach § 111 einem Dritten übertragen.

Niemand, weder ein Einwohner noch Bürger, noch Amtsträger, noch Interessent, hat einen Anspruch auf die Auslösung des aufsichtlichen Beanstandungsrechtes; sie können die Aufhebung bei der Aufsichtsbehörde nur anregen.

Für die Aufsichtsbehörde ist keine Frist gesetzt. Sie kann in jedem Zeitpunkt nach pflichtmäßigem Ermessen von dem Beanstandungsrecht Gebrauch machen.

Das Beanstandungsrecht der Aufsichtsbehörde dient ausschließlich dem öffentlichen Interesse, weder dem Privatinteresse eines Dritten noch auch dem Privatinteresse der Gemeinde. Es soll nicht dazu dienen, die Gemeinde auf Wunsch aus einer von ihr selbst herbeigeführten und auch von ihr selbst behebbaren Lage zu lösen, wenn es nicht das öffentliche Interesse verlangt.

3. Es muß sich um **Entschließungen oder Anordnungen** des Bürgermeisters handeln. Entschließungen und Anordnungen in diesem Sinne sind alle, die inhaltlich oder verfahrensmäßig den Gesetzen oder den Zielen der Staatsführung zuwiderlaufen, gleichgültig, ob sie Rechtswirkungen hervorrufen oder nicht, gleichgültig, ob sie ihrem Inhalt nach ausführbar sind oder nicht (also auch die amtliche Meinungsäußerung, die amtliche Erklärung einer Rechtsauffassung sowie die rein negative Entschließung, Ablehnungen, Weigerungen). Gleichgültig ist auch, ob die Entschließung oder Anordnung für sich allein rechtswirksam ist oder hierzu noch einer Genehmigung, Zustimmung, Bestätigung usw. bedarf. Dabei sind auch bereits genehmigte, bestätigte Entschließungen und Anordnungen nicht von der Beanstandung ausgeschlossen. Es muß sich aber um Entschließungen oder Anordnungen handeln; nicht das gänzlich rechtswidrige Stillschweigen oder Unterlassen unterliegt dem Aufsichtsmittel des § 109,

auch nicht das sonstige Verhalten des Bürgermeisters; hierfür kann, wenn es sich um die Erfüllung gesetzlicher Verpflichtungen der Gemeinde handelt, § 110, gegebenenfalls auch dienststrafrechtliches Einschreiten, in Betracht kommen. Entschließungen und Anordnungen können auch in Teilen des Inhalts für die Beanstandung in Betracht kommen. Nicht maßgebend sind die Gründe der Entschließung oder Anordnung; der Inhalt ist entscheidend; die Gründe können wohl zur Klärung der Rechtsverletzung oder des Widerspruchs mit den Zielen der Staatsführung in Betracht gezogen werden.

Es muß sich um Entschließungen oder Anordnungen des Bürgermeisters handeln. Hierher gehören aber nicht nur solche, die er selbst faßt oder trifft, sondern auch die, die von seinen Vertretern namens der Gemeinde gefaßt oder getroffen wurden. Nicht hierher gehören amtliche Äußerungen von Beamten und Angestellten, die rechtlich nicht befugt sind, namens der Gemeinde zu sprechen oder zu handeln. Z. B. ist ein Gemeinderat, wenn er nicht vom Bürgermeister besonders bevollmächtigt ist, nicht Vertreter der Gemeinde.

4. Die **Aufhebung** solcher Entschließungen und Anordnungen durch die Aufsichtsbehörde hat zur Voraussetzung, daß sie entweder das bestehende Recht verletzen oder den Zielen der Staatsführung zuwiderlaufen.

a) Eine Rechtsverletzung ist dann gegeben, wenn die Entschließung oder Anordnung mit einem Reichs- oder Landesgesetz, einer Rechtsverordnung oder Satzung, gleichgültig, ob es sich um Gesetzesrecht oder Gewohnheitsrecht handelt, im Widerspruch steht; im Widerspruch steht sie dann, wenn sie das bestehende Recht unrichtig anwendet oder nicht anwendet, wo und wie es das Recht verlangt. An die eigenen Satzungen ist die Gemeinde gebunden, solange sie rechtswirksam bestehen (s. § 3). Nicht zu den Rechtsnormen in diesem Sinne gehören die gesetzlichen Bestimmungen, die als Sollvorschriften gefaßt sind, ferner nicht bloße Ratschläge und Empfehlungen der Staatsbehörden, auch wenn ihre Nichtbeachtung Verantwortungen auslösen kann. Wohl aber gehören hierher alle gesetzlichen Gebote und Verbote, und zwar auch dann, wenn Rechtsgeschäfte, die in Verletzung solcher Vorschriften abgeschlossen werden, nicht unwirksam oder nichtig sind (vgl. § 104), also auch alle sog. Ordnungsvorschriften, auch Verfahrensvorschriften. Rechtsverletzende Entschließungen und Anordnungen sind auch solche, die gegen ein rechtmäßig ergangenes Gebot oder Verbot der Aufsichtsbehörde verstoßen.

Vor allem kommen auch Entschließungen und Anordnungen in Betracht, die der Selbstverwaltung allgemein gezogene Grenzen überschreiten, nicht nur hinsichtlich der Übernahme von Aufgaben, die der Gemeinde gesetzlich verschlossen sind, sondern auch hinsichtlich der amtlichen Erörterung von Gegenständen, die nicht zum Aufgabengebiet der Gemeinde gehören. § 57 Abs. 1 Satz 2 legt dem

Bürgermeister ausdrücklich die Verpflichtung auf, bei den Beratungen mit den Gemeinderäten nur solche Erörterungen zuzulassen, die zum Aufgabengebiet der Gemeinde gehören.

b) Ein Widerspruch mit den Zielen der Staatsführung ist nicht nur dann gegeben, wenn das Ziel der Staatsführung einen gesetzlichen Ausdruck gefunden hat. Unter Zielen der Staatsführung sind vielmehr die grundsätzlichen politischen und volkswirtschaftlichen Gesichtspunkte zu verstehen, die Leitsätze der nationalsozialistischen Staatsführung für das gesamte öffentliche Leben darstellen. In der Übergangszeit, in der sich die Regelung des öffentlichen Lebens gegenwärtig noch befindet, ist die gesetzliche Fassung dieser Grundsätze noch nicht durchgängig möglich gewesen. Alle öffentlichen Amtsträger haben aber die Pflicht, diese Grundsätze zu wahren und ihren Entschließungen und Anordnungen zugrunde zu legen. Die, wie die Allgemeine Begründung zum Gesetz unter Nr. 2 ausführt, feierliche Fassung dieses Tatbestandes läßt erkennen, daß es sich nicht um kleinliche, sondern um sachlich oder politisch bedeutsame Angelegenheiten handeln muß. Dieser Tatbestand ist nicht geschaffen, um den Staatsaufsichtsbehörden jedes kleinliche Hineinregieren in die Gemeindeverwaltung zu ermöglichen, auch nicht dazu, um auf diesem Wege der Gemeindeverwaltung das ihr zustehende pflichtmäßige Ermessen zu entwinden. Auf der anderen Seite ist es Recht und Pflicht der Aufsichtsbehörde, die Verwirklichung der Ziele der Staatsführung zu fördern und jede Gefährdung und Vereitelung wirksam zu verhindern. Soweit nicht zentrale Weisungen (bes. in den Allgem. AusfAnw. zum Gesetz) vorliegen, entscheidet aber nicht jede nachgeordnete Staatsbehörde über die Ziele der Staatsführung; sie haben sich in solchen Fällen bis auf weiteres auf dem Dienstweg an den RMdI. zu wenden (s. AusfAnw. Ziff. 2 vorletzter Abs. zu § 106).

Das Gesetz sieht davon ab, die Verletzung der Grundsätze von Wirtschaftlichkeit, Sparsamkeit und Sauberkeit ohne weiteres der Verletzung der Ziele der Staatsführung gleichzusetzen; es würde dem Eingriff der Aufsichtsbehörde in das Ermessen der Gemeinde einen unbegrenzten Spielraum geben. Es ist aber darauf hinzuweisen, daß in sachlich oder politisch bedeutsamen Tatbeständen die Verletzung dieser Grundsätze als Widerspruch mit den Zielen der Staatsführung bezeichnet werden muß (Begr.).

Bei der Behauptung, die Entschließung oder Anordnung stehe im Widerspruch mit den Zielen der Staatsführung, sind auch die Gründe der Entschließung oder Anordnung mitzuwürdigen; denn gerade das Ziel, das diese Entschließungen und Anordnungen anstreben, kann im Widerspruch mit den Zielen der Staatsführung stehen.

5. Die **Wirkung der Aufhebung** von Entschließungen und Anordnungen des Bürgermeisters hat keine rückwirkende Kraft; Rechtswirkungen, die bereits eingetreten sind, bleiben daher bestehen. Wieweit sie wieder zu beseitigen sind, hängt von dem Verlangen der

Aufsichtsbehörde auf Rückgängigmachung der getroffenen Maßnahmen ab (vgl. Anm. 6). Im übrigen hat die Aufhebung im Regelfall auch keine sofortige Wirkung, sondern ist in ihrer Auswirkung aufschiebend bedingt: Der Bürgermeister kann gegen die Aufhebung seiner Entschließungen oder Anordnungen Beschwerde nach § 113 erheben. Die aufschiebende Wirkung kann aber die Aufsichtsbehörde nach § 113 Abs. 2 ausschließen, wenn ihre Verfügung ohne Nachteil für das öffentliche Wohl nicht ausgesetzt bleiben kann; der Ausschluß der aufschiebenden Wirkung ist aber in der Verfügung der Aufsichtsbehörde selbst ausdrücklich festzustellen. Wird die aufschiebende Wirkung der staatsaufsichtlichen Verfügung ausdrücklich ausgeschlossen, so kann die Entschließung oder Anordnung des Bürgermeisters keine Rechtswirkung mehr erzeugen. Solange aber die Verfügung der Aufsichtsbehörde aufschiebend bedingt ist — nämlich entweder bis zum Ablauf der Beschwerdefrist nach § 113 Abs. 1, falls die Beschwerde nicht rechtzeitig erhoben wird, oder bis zur rechtskräftigen Entscheidung der erhobenen Beschwerde —, bleibt die Entschließung oder Anordnung des Bürgermeisters aufrecht; es können Rechtswirkungen eintreten. Der Bürgermeister trägt aber eine erhöhte Verantwortung, wenn er in diesem Schwebezustand entgegen der Verfügung der Aufsichtsbehörde handelt. Wird die Aufhebung der Entschließung oder Anordnung des Bürgermeisters endgültig, sei es durch Ablauf der Beschwerdefrist, sei es durch Ablehnung oder Zurückweisung der erhobenen Beschwerde, so kann sie keine Rechtswirkungen mehr erzeugen; soweit aber bis dahin Rechtswirkungen und Pflichten der Gemeinde gegenüber Dritten entstanden sind, verbleibt es dabei, soweit nicht die Aufsichtsbehörde verlangt (und wirksam verlangen kann), daß die getroffenen Maßnahmen rückgängig gemacht werden (vgl. Anm. 6).

6. Die **Rückgängigmachung** von Maßnahmen, die auf Grund beanstandeter Entschließungen oder Anordnungen getroffen worden sind, ist im Rahmen des Beanstandungsrechtes (also des negativen Aufsichtsmittels) eine Befugnis der Aufsichtsbehörde, ein positives Handeln der Gemeinde zu verlangen; im Ergebnis läuft es aber auch auf Beseitigung eines bestimmungswidrigen Zustandes der Gemeindeverwaltung hinaus.

Diese Befugnis der Aufsichtsbehörde kann nur im Zusammenhang mit der Aufhebung von Entschließungen und Anordnungen ausgeübt werden. Nicht notwendig aber ist, daß es in einem Akt und gleichzeitig geschieht. Der Aufsichtsbehörde kann z. B. zunächst unbekannt gewesen sein, daß bereits solche Maßnahmen getroffen worden sind. Die Pflicht, die Maßnahmen rückgängig zu machen, folgt aber ohne weiteres daraus, daß den getroffenen Maßnahmen durch Aufhebung der Entschließungen oder Anordnungen der Boden entzogen ist.

Wieweit das Verlangen der Aufsichtsbehörde greifen kann, hängt davon ab, ob die Entschließung oder Anordnung des Bürgermeisters bereits nach außen Rechtswirkungen erzeugt hat. Ist dies der Fall, so bestehen rechtswirksame Pflichten der Gemeinde und Ansprüche Dritter. Wieweit diese rückgängig gemacht werden können, hängt nicht allein von der Gemeinde, sondern auch von den Dritten ab. Auch wenn die Dritten bereit sind, auf ihre erworbenen Ansprüche zu verzichten, wird die Aufsichtsbehörde nach dem Grundsatz der Verhältnismäßigkeit abwägen müssen, wo der größere Schaden des öffentlichen Interesses gelegen ist, in der Erfüllung oder in der Ablösung des Anspruchs.

Für die Wirkung nach innen (für die Maßnahmen, die der Bürgermeister auf Grund der Entschließung oder Anordnung gegenüber Beamten und Angestellten getroffen hat), versteht es sich von selbst, daß mit der Aufhebung der Entschießung oder Anordnung das Verlangen auf Rückgängigmachung der Maßnahmen berechtigt ist.

7. Das **Verfahren** ist nicht besonders geregelt. Die Anordnung der Aufsichtsbehörde muß aber schriftlich ergehen (zu entnehmen aus § 113 Abs. 1 „Zustellung"). Sie muß zugestellt werden (§ 113 Abs. 1). Die Verfügung muß die Entschließungen oder Anordnungen eindeutig bezeichnen. Sie muß sich einwandfrei als Aufsichtsmittel nach § 109 erkennbar machen und eine sachliche und rechtliche Begründung enthalten (s. AusfAnw. Ziff. 3). Eine besondere Form ist nicht vorgeschrieben. Soll die aufschiebende Wirkung der Verfügung ausgeschlossen werden, weil die Aufhebung nicht ohne Nachteil für das öffentliche Wohl ausgesetzt werden kann, so ist dies ausdrücklich in der schriftlichen Anordnung festzustellen. Nicht vorgeschrieben ist der Hinweis der Gemeinde auf das Beschwerderecht (nach § 113), auf die Befristung des Beschwerderechtes, so zweckmäßig es ist, dies aufzunehmen. Die Aufsichtsbehörde ist hinsichtlich der Erlassung der Verfügung an keine Frist gebunden. Verlangt die Aufsichtsbehörde zugleich oder nachträglich die Rückgängigmachung von Maßnahmen, so müssen diese Maßnahmen eindeutig bezeichnet werden. Ergeht dieses Verlangen nachträglich, so gelten die obigen Ausführungen hierfür entsprechend. Will die Aufsichtsbehörde von dem Recht der Ersatzvornahme nach § 111 Gebrauch machen, so hat sie der Gemeinde vorher eine angemessene Frist zu setzen; es gelten hierfür die Vorschriften zu § 111 gleichförmig.

8. Die **Ersatzvornahme** nach § 111 kann für die Rückgängigmachung Platz greifen, d. h. die Aufsichtsbehörde kann sie, falls die Gemeinde nicht selbst die getroffenen Maßnahmen fristgemäß rückgängig macht, selbst rückgängig machen oder durch einen beauftragten Dritten rückgängig machen lassen. Voraussetzung hierfür ist, daß die Gemeinde innerhalb einer ihr gestellten angemessenen Frist dem Verlangen der Aufsichtsbehörde, die Maßnahmen rückgängig zu machen, nicht nachkommt. Es tritt also ein gleichförmiges

Verfahren ein, wie es in § 110 für die Erfüllung gesetzlicher Verpflichtungen der Gemeinde bestimmt ist.

§ 110

Unterläßt es der Bürgermeister, Entschließungen zu fassen oder Anordnungen zu treffen, die zur Erfüllung einer der Gemeinde gesetzlich obliegenden Verpflichtung erforderlich sind, so kann die Aufsichtsbehörde anordnen, daß er innerhalb einer bestimmten Frist das Erforderliche veranlaßt. Sie hat dabei den Inhalt der Entschließung oder Anordnung im einzelnen zu bezeichnen.

I. **Amtliche Begründung** s. Textausgabe S. 167.

II. **AusfAnw.**

1. § 110 DGO. soll sicherstellen, daß der Bürgermeister die Entschließungen oder Anordnungen, die zur Erfüllung einer der Gemeinde gesetzlich obliegenden Verpflichtung erforderlich sind, faßt bzw. trifft. Die Vorschrift bietet dagegen keine Handhabe, auch solche Entschließungen oder Anordnungen des Bürgermeisters herbeizuführen, die der Aufsichtsbehörde im Hinblick auf die Ziele der Staatsführung erforderlich erscheinen. Sie ist insoweit enger als die des § 109 DGO. Zu den gesetzlichen Verpflichtungen der Gemeinde gehören alle auf einer gültigen Rechtsnorm beruhenden oder von ihr ausgehenden öffentlich-rechtlichen Verpflichtungen. Nicht hierunter fallen jedoch die rein bürgerlich-rechtlichen Verpflichtungen der Gemeinden, deren Durchsetzung das Gesetz dem ordentlichen Rechtsweg überweist (vgl. § 116 DGO.). Gesetzlich obliegende Verpflichtungen in diesem Sinne sind jedoch nicht nur solche, die die Leistung von Zahlungen durch die Gemeinde zum Gegenstand haben, sondern auch z. B. der Erlaß einer Hauptsatzung (§ 3 Abs. 2 DGO.), die Aufstellung von Betriebssatzungen (§ 74 DGO.), die rechtzeitige Vorlage der Haushaltssatzung (§ 84 DGO.), der Erlaß einer Nachtragssatzung in den Fällen des § 88 Abs. 2 DGO. usw.

2. Die Verfügung der Aufsichtsbehörde geht im Falle des § 110 DGO. dahin, daß der Bürgermeister innerhalb einer bestimmten Frist die erforderlichen Maßnahmen trifft. Der § 110 DGO. gibt demnach der Aufsichtsbehörde kein Ersatzbeschlußrecht, sondern lediglich die Befugnis der Weisung an den Bürgermeister.

Bei Anwendung dieses Aufsichtsmittels hat die Aufsichtsbehörde im übrigen folgende Grundsätze zu beachten:

a) Die Verfügung der Aufsichtsbehörde muß den von ihr verlangten Inhalt der Entschließung oder Anordnung des Bürgermeisters im einzelnen bezeichnen. Dabei ist nicht ausgeschlossen, daß sie dem Bürgermeister die Wahl zwischen mehreren genau bezeichneten Entschließungen oder Anordnungen überläßt.

b) In der Verfügung ist eine Frist zu bestimmen, innerhalb deren die Entschließung oder Anordnung getroffen werden muß. Diese Frist ist in jedem Falle so zu bemessen, daß sie auch bei Berücksichtigung etwa bestehender besonderer gesetzlicher Vorschriften (z. B. vorherige Anhörung der Gemeinderäte) ausreicht. In jedem Falle ist dem Bürgermeister aufzugeben, alsbald nach Ablauf der Frist über das von ihm Veranlaßte zu berichten.

c) Die Verfügung muß auf die Vorschrift des § 110 DGO. Bezug nehmen und nach der rechtlichen und tatsächlichen Seite hin ausreichend begründet sein; sie ist der Gemeinde zuzustellen.

Verweigert der Bürgermeister die Durchführung der Anordnung, so stehen der Aufsichtsbehörde die weiteren Aufsichtsmittel der §§ 111 und gegebenenfalls 112 DGO. zur Verfügung.

III. **Anm.**

1. Das **positive Anordnungsrecht** der Aufsichtsbehörde nach § 110 kommt nur in Betracht, wenn die Pflichtensäumnis der Gemeinde sich auf eine ihr gesetzlich obliegende Verpflichtung bezieht. Während das Beanstandungsrecht der Aufsichtsbehörde nach § 109 sowohl dann, wenn Entschließungen und Anordnungen des Bürgermeisters das bestehende Recht verletzen, als auch dann, wenn sie den Zielen der Staatsführung zuwider laufen, in Betracht kommt, ist das positive Anordnungsrecht auf die Fälle von Unterlassungen des Bürgermeisters in der Erfüllung gesetzlicher Verpflichtungen beschränkt.

2. Die **Voraussetzungen** für das positive Anordnungsrecht der Aufsichtsbehörde sind, daß

a) der Gemeinde eine gesetzliche Pflicht obliegt und

b) der Bürgermeister Entschließungen und Anordnungen unterläßt, die zur Erfüllung der Verpflichtung erforderlich sind.

Zu a). *Gesetzlich obliegende Verpflichtungen* sind alle durch eine gültige Rechtsnorm begründeten Verpflichtungen der Gemeinde, gleichgültig, ob es sich um ein Reichs- oder Landesgesetz, eine Rechtsverordnung oder eine gemeindliche Satzung, um Gesetzesrecht oder Gewohnheitsrecht handelt, und zwar sowohl die aus dem Gesetz sich unmittelbar ergebenden Verpflichtungen (Bau eines Schulhauses, Instandsetzung eines öffentlichen Weges, Bau einer Wasserleitung, soweit das Gesetz, z. B. § 2 DGO., diese Tatbestände als gesetzliche Obliegenheiten — gesetzliche Pflichtaufgaben der Gemeinde — bestimmt und der entsprechende Tatbestand gegeben ist) als auch die sog. mittelbaren Verpflichtungen (d. h. solche Verpflichtungen, für die das Gesetz zwar den Tatbestand regelt, es aber *zunächst* vom Willen der Gemeinde abhängig macht, ob sie sich durch eigenen Entschluß das gesetzlich geregelte Verhältnis zu eigen macht;

hat die Gemeinde dies getan, so hat sie auch die hieraus sich ergebenden Verpflichtungen zu erfüllen). Auch sind gesetzliche Verpflichtungen diejenigen, die einer Gemeinde von der zuständigen Behörde auf Grund einer der Behörde gesetzlich erteilten Ermächtigung auferlegt sind.

Gesetzliche Pflichten in diesem Sinne werden nicht begründet durch gesetzliche Bestimmungen, die als Sollvorschriften gefaßt sind, mögen sich an die Nichtbeachtung solcher Sollvorschriften auch Verantwortungen knüpfen. Das gleiche gilt für bloße Verwaltungsvorschriften, die nicht objektives Recht schaffen, und zwar sowohl für eigene Dienstvorschriften der Gemeinde wie auch für staatliche Instruktionen. An ihre eigenen rechtswirksamen, objektives Recht schaffenden Satzungen ist aber die Gemeinde gebunden, solange sie bestehen; werden hierdurch Verpflichtungen der Gemeinde begründet, so gehören sie hierher. Ausnahmslos gehören hierher alle gesetzlichen Gebote und Verbote, auch wenn die in Verletzung solcher Vorschriften vorgenommenen Rechtsgeschäfte weder unwirksam noch nichtig sind (vgl. § 104).

Gesetzliche Verpflichtungen in diesem Sinne sind grundsätzlich nur die öffentlich-rechtlichen Verpflichtungen der Gemeinde. Hierzu ist aber eine zweifache wesentliche Einschränkung zu fügen: aa) die öffentlich-rechtlichen Verpflichtungen gehören nicht uneingeschränkt hierher und bb) die bürgerlich-rechtlichen Verpflichtungen sind nicht gänzlich ausgeschlossen.

Zu aa). Zweifelsfrei gehören hierher alle öffentlich-rechtlichen Verpflichtungen, für deren Feststellung und Vollstreckung nicht Sondergesetze ein anderes Verfahren ausschließend vorsehen (Beispiel: Verpflichtung der Gemeinde, ihren Haushalt abzugleichen; Gegenbeispiel: für steuerliche Verpflichtungen der Gemeinde kann in Steuergesetzen vorgesehen sein, daß für Feststellung und Vollstreckung nur das steuergesetzliche Verfahren in Betracht kommt). Unter diesem Gesichtspunkt sind auch die öffentlich-rechtlichen Verpflichtungen der Gemeinde zu betrachten, für deren Feststellung und Vollstreckung trotz ihres einwandfrei öffentlich-rechtlichen Gepräges die Rechtsordnung den ordentlichen Rechtsweg und die Vollstreckung nach der ZPO. vorsieht; dabei ist zu unterscheiden zwischen solchen, für die das Gesetz nur den ordentlichen Rechtsweg, und zwar ausschließend, vorsieht, und solchen, für die das Gesetz den Rechtsweg lediglich zusätzlich öffnet. Bei letzteren (z. B. bei den vermögensrechtlichen Ansprüchen der Beamten — vgl. Art. 129 Abs. 1 Satz 4 RV.) ist ein Eingreifen der Verwaltungsbehörden vorbehaltlich der Entscheidung der ordentlichen Gerichte nicht ausgeschlossen; aus dem notwendigen Vorbehalt der Entscheidung der ordentlichen Gerichte ergibt sich also die Pflicht der Verwaltungsbehörden, sich darauf zu beschränken, was das Gemeinwohl von ihnen erfordert. — Eine Reihe von Ansprüchen, deren Feststellung und Vollstreckung zweifelsfrei zu den bürgerlichen Rechtsstreitigkeiten gehört, hat die Rechtsordnung zu bürgerlich-rechtlichen dadurch gemacht, daß sie die Ansprüche auf bürgerlich-rechtlichen Titeln oder sonst auf bürgerlich-rechtlichen Grundlagen beruhen läßt, auch wenn es sich dabei um öffentlich-rechtliche Leistungen handelt oder über Rechtsfragen mitzubefinden ist, die dem öffentlichen Recht angehören (z. B. Ansprüche auf Grund des § 839 BGB.). Die Rechtsprechung des Reichsgerichts hierüber ist reichhaltig. Bei solchen nach dem System der Rechtsordnung einwandfrei bürgerlich-rechtlichen Ansprüchen kann es nicht zweifelhaft sein, daß ihre Feststellung und auch Vollstreckung nicht den Verwaltungsbehörden zusteht, soweit nicht Sondergesetze ausdrücklich anderes bestimmen.

Zu bb). Für die bürgerlich-rechtlichen Ansprüche ist es nicht unmöglich, daß ihre Entscheidung gesetzlich den Verwaltungsbehörden übertragen ist; ausgeschlossen ist nur der Ausschluß des Rechtsweges für bürgerliche Rechtsstreitigkeiten durch Landesgesetz dann, wenn er aus dem Grund erfolgen soll, weil als Partei eine Gemeinde beteiligt ist. Die DGO. macht von dem Ausschluß des Rechtsweges für die bürgerlich-rechtlichen Ansprüche gegen Gemeinden überhaupt keinen Gebrauch. Auch für die Vollstreckung bürgerlich-rechtlicher Ansprüche bestimmt sie, daß sie nach den Vorschriften der ZPO. zu erfolgen hat; sie schränkt dies lediglich dadurch ein, daß die Vollstreckung gegen Gemeinden wegen Geldforderungen, soweit nicht dingliche Rechte verfolgt werden, von einer Zulassungsverfügung der Aufsichtsbehörde abhängt (§ 116). Wenn und soweit aber auch Feststellung und Vollstreckung bürgerlich-rechtlicher Ansprüche nicht den Verwaltungsbehörden zusteht, so ist das staatsaufsichtliche Eingreifen wegen bürgerlich-rechtlicher Ansprüche gegen Gemeinden nicht vollständig ausgeschlossen, nämlich insoweit nicht, als es die Gemeinde unterläßt, ihre Haushaltssatzung und ihren Haushaltsplan so aufzustellen, daß die Verpflichtungen erfüllbar werden. Ist die Erfüllung eines rechtskräftig festgestellten bürgerlich-rechtlichen Anspruchs durch die Gemeinde lediglich deshalb nicht möglich, weil die Gemeinde es absichtlich unterläßt, für die erforderlichen und ihr auch offenstehenden Einnahmen zu sorgen, so kann die Aufsichtsbehörde hierfür durchaus von § 110 Gebrauch machen. (Beispiel: Der Staat hat eine rechtskräftig festgestellte bürgerlich-rechtliche Forderung gegen eine Gemeinde, deren Erfüllung die Gemeinde dadurch unmöglich macht, daß sie nicht für entsprechende Einnahmen sorgt. Die Wegnahme der nach dem bisherigen Haushaltsplan fließenden Einnahmen würde den geordneten Gang der Verwaltung gefährden. Auf der anderen Seite wäre es aber der Gemeinde möglich, ihre Steuersätze und Gebührensätze zu erhöhen; sie macht hiervon keinen Gebrauch. Zweifelsfrei kann die Aufsichtsbehörde hier von § 110 in der Weise Gebrauch machen, daß sie dem Bürgermeister eine im einzelnen geregelte Verpflichtung auferlegt, Haushaltssatzung und Haushaltsplan dementsprechend zu gestalten.) Letzten Endes handelt es sich aber auch hier eigentlich um eine öffentlich-rechtliche Pflicht, nämlich den gemeindlichen Haushaltsplan entsprechend den bestehenden Verpflichtungen der Gemeinde abzugleichen.

Die öffentlich-rechtlichen Verpflichtungen der Gemeinde in diesem Sinne brauchen aber nicht nur in einer Zahlungspflicht zu bestehen. Jede öffentliche Verpflichtung, auch Einnahmepflichten (z. B. die rechtzeitigere und erschöpfendere Eintreibung der gemeindlichen Abgaben, die Erhöhung der gemeindlichen Steuer- und Gebührensätze, die zur Abgleichung des Haushalts erforderlich ist), aber auch andere Leistungspflichten, Berichts- und Anzeigepflichten, Bau- und Instandhaltungspflichten, Pflichten zur Anstellung von Dienstkräften der Gemeinde, Pflichten hinsichtlich des gemeindlichen Kassen- und Rechnungswesens usw. gehören hierher.

Es gehören ferner hierher nicht etwa nur öffentlich-rechtliche Verpflichtungen gegenüber dem Staat und Staatsbehörden, sondern auch gegenüber dem Beauftragten der NSDAP. (z. B. die Zuleitung aller Bewerbungen um die Stelle eines Bürgermeisters oder Beigeordneten nach § 41 Abs. 1), gegenüber anderen öffentlichen Körperschaften und gegenüber Einzelpersonen. Zweifelsfrei ist ferner, daß nicht etwa nur solche gesetzlichen Verpflichtungen hierher gehören, für die ein bestimmter Anspruchberechtigter gegeben ist; der Staat ist es, der von der Gemeinde die Erfüllung der ihr gesetzlich auferlegten Verpflichtungen verlangt.

Es gehören nicht nur die Verpflichtungen der Gemeinde im eigenen Wirkungskreis (§ 2 Abs. 1 und 2), sondern auch die Verpflichtungen im übertragenen Wirkungskreise (staatliche Auftragsangelegenheiten — § 2 Abs. 3) hierher. Unterläßt die Gemeinde auf diesem Gebiete gesetzliche Verpflichtungen und kann die Fachaufsichtsbehörde im Rahmen ihres Weisungsrechtes die Erfüllung nicht erzielen, so ist es auf Anregung der Fachaufsichtsbehörde gerade Sache der Kommunalaufsichtsbehörde, im staatsaufsichtlichen Verfahren die Erfüllung der Verpflichtung herbeizuführen.

Zu b). Es kommt nicht darauf an, aus welchen Gründen der Bürgermeister die Entschließungen oder Anordnungen unterläßt; ob er den Bestand der gesetzlichen Pflicht bestreitet oder die Erfüllung der unbestrittenen Pflicht ausdrücklich oder stillschweigend verweigert, ob er die Leistungsunfähigkeit der Gemeinde als Grund angibt oder die Unzweckmäßigkeit der Erfüllung der gesetzlichen Verpflichtung betont, ist rechtlich nicht von Belang. Ebenso scheidet die Frage aus, ob die Unterlassung der Entschließungen oder Anordnungen auf Verschulden beruht oder nicht. Maßgebend ist als Voraussetzung für das aufsichtliche Anordnungsrecht der objektive Tatbestand, daß der Bürgermeister (oder sein Stellvertreter) die zur Erfüllung der gesetzlichen Verpflichtung der Gemeinde notwendigen Entschließungen oder Anordnungen unterläßt. Andere Fragen spielen selbstverständlich eine sachliche Rolle für die Auslösung des aufsichtlichen Anordnungsrechts; denn auch der Aufsichtsbehörde steht das pflichtmäßige Ermessen zu, **o b** sie trotz eines objektiv gegebenen Tatbestandes einer gemeindlichen Pflichtensäumnis von ihrem Anordnungsrecht Gebrauch zu machen hat. Auch für die Aufsichtsbehörde kann z. B. die einwandfreie finanzielle Leistungsunfähigkeit ein sachlicher Grund dafür sein, **n i c h t** von einem Anordnungsrecht Gebrauch zu machen, das finanziell nicht ausführbar ist. Auch soll sie Kleinlichkeiten nicht zum Gegenstand eines staatsaufsichtlichen Zwangsverfahrens machen, wenn die Gemeinde im übrigen ihre Pflichten einwandfrei erfüllt; die Aufsichtsbehörde würde sich sonst in Widerspruch mit der ihr durch § 106 Satz 2 auferlegten Pflicht setzen. Auf der anderen Seite ist **n i c h t** Voraussetzung der aufsichtlichen Anordnung nach § 110, daß die Anordnung etwa vorher angedroht ist; dies wird sich wohl in den Vorverhandlungen nahezu stets ergeben, ist aber nicht gesetzlich vorgeschrieben.

3. Für das **Verfahren** ist vorgeschrieben, daß die Kommunalaufsichtsbehörde eine entsprechende **A n o r d n u n g** erläßt, in welcher der Inhalt der vom Bürgermeister verlangten Entschließung oder Anordnung im einzelnen bezeichnet ist, in der Anordnung eine angemessene Frist für die Erfüllung des Verlangten stellt und diese Anordnung **s c h r i f t l i c h** ergehen und zustellen läßt (vgl. zu letzterem § 113 Abs. 1 Satz 1). Soll einer Beschwerde gegen die Anordnung auch noch die aufschiebende Wirkung versagt werden, weil die Anordnung ohne Nachteil für das öffentliche Wohl nicht ausgesetzt werden kann, so ist auch dies in der schriftlichen Anordnung festzustellen (§ 113 Abs. 2).

Zuständig ist nur die Kommunalaufsichtsbehörde (§ 107), niemals die Fachaufsichtsbehörde, die wohl Anweisungen geben, unter Umständen auf Grund sondergesetzlicher Ermächtigungen auch Zwangsbefugnisse haben kann, aber nach § 114 niemals von den allgemeinen Aufsichtsmitteln der §§ 108—112 Gebrauch machen kann. Bei Anwendung dieser allgemeinen Aufsichtsmittel durch nichtzuständige Behörden ist die Anordnung nichtig.

Die **A n o r d n u n g** ist ein formaler Akt, nicht etwa ein formloser, gelegentlich erteilter Auftrag. Sie muß **s c h r i f t l i c h** ergehen, wie sich aus dem Worte „Zustellung" in § 113 ergibt. Die Anordnung muß sich als solche i. S. des § 110 einwandfrei erkennbar machen und soll eine sachliche und rechtliche Begründung des aufsichtlichen Verlangens enthalten (s. AusfAnw. Ziff. 2 c). Vorgeschrieben ist nicht, daß auf die Möglichkeit und Befristung des Rechtsmittels des § 113 hingewiesen wird; der Hinweis ist aber auf jeden Fall zweckmäßig. Notwendig jedoch ist, daß der Ausschluß der aufschiebenden Wirkung (vgl. Anm. 4 zu § 113) in der Anordnung festgestellt wird, **f a l l s** der Ausschluß veranlaßt ist.

Der **I n h a l t** der Anordnung muß so eindeutig sein, daß die verlangte Entschließung oder Anordnung ohne weiteres vollziehbar ist. Dabei können dem Bürgermeister verschiedene Arten der Erfüllung zur Wahl offen gelassen sein.

Für die Befristung ist weder sachlich noch rechtlich Näheres bestimmt. In sachlicher Hinsicht hat die Aufsichtsbehörde eine angemessene Frist zu setzen, innerhalb deren der Gemeinde die Erfüllung des aufsichtlichen Verlangens auch tatsächlich möglich ist. In rechtlicher Hinsicht ist für die Berechnung der Frist mangels besonderer Regelung auf die einschlägigen Vorschriften des BGB. und der ZPO. zur Ausfüllung der Rechtslücke zurückzugreifen, insbesondere auf die §§ 186—193 BGB.

4. **Nicht eine Ersatzvornahme** der Erfüllung der gesetzlichen Verpflichtung der Gemeinde ist die aufsichtliche Anordnung nach § 110, daher auch nicht die Zwangsetatisierung. Diese aufsichtlichen Handlungen an Stelle der Gemeinde fallen unter § 111; s. Anm. 1 zu § 111.

Bei der Anordnung nach § 110 handelt es sich vielmehr um eine notwendige Voraussetzung der aufsichtlichen Ersatzvornahme, soweit die Erfüllung einer gesetzlichen Verpflichtung der Gemeinde in Betracht kommt.

§ 111

Die Aufsichtsbehörde kann Anordnungen nach §§ 108 bis 110 an Stelle und auf Kosten der Gemeinde selbst durchführen oder die Durchführung einem Dritten übertragen.

I. Amtliche Begründung s. Textausgabe S. 168.

II. AusfAnw.

1. § 111 DGO. gibt der Aufsichtsbehörde kein voraussetzungsloses allgemeines Ersatzbeschlußrecht. Er hat ausschließlich subsidiäre Bedeutung. Maßnahmen nach § 111 DGO. kann dementsprechend die Aufsichtsbehörde nur treffen, wenn sie zuvor eine Anordnung nach §§ 108 bis 110 DGO. erlassen hat und wenn eine ausreichende Erledigung dieser Anordnung durch die Gemeinde nicht erfolgt ist.

2. § 111 DGO. gibt unter den oben genannten Voraussetzungen der Aufsichtsbehörde die Möglichkeit, die von ihr getroffene Anordnung an Stelle und auf Kosten der Gemeinde selbst durchzuführen oder die Durchführung einem Dritten zu übertragen. Die Aufsichtsbehörde kann danach jede hierzu erforderliche rechtserhebliche Erklärung für die Gemeinde abgeben sowie jedes Recht der Gemeinde auf dem Gebiete des öffentlichen wie des privaten Rechts mit voller Rechtswirksamkeit für die Gemeinde und für Dritte ausüben.

3. Soweit nicht die besondere Lage des Einzelfalles ein sofortiges Eingreifen erfordert, haben die Aufsichtsbehörden ihre Absicht, Maßnahmen nach § 111 DGO. zu treffen, den Gemeinden unter Fristsetzung anzudrohen. Hierbei ist die Notwendigkeit der beabsichtigten

Maßnahmen nach der rechtlichen und tatsächlichen Seite hin zu begründen. Die Verfügung ist zuzustellen.

III. Anm.

1. **Die sog. aufsichtliche Ersatzvornahme oder aufsichtliche Vertretung der Gemeinde** nach § 111 bedeutet, daß die Aufsichtsbehörde befugt ist, jede im Rahmen und auf Grund der §§ 108—110 getroffene Anordnung an Stelle und auf Kosten der Gemeinde selbst durchzuführen oder durch Dritte durchführen zu lassen. Damit ist aber nicht ausgesprochen, daß die in den §§ 108—110 festgelegten sachlichen und formellen Vorschriften für das Eingreifen der Aufsichtsbehörde in Wegfall kommen oder von der Aufsichtsbehörde unbeachtet bleiben können; sie bleiben vielmehr unverändert auch für das Handeln der Aufsichtsbehörde an Stelle der Gemeinde aufrechterhalten; das aufsichtliche Vorgehen nach § 111 ist also subsidiär, so daß sich hieraus für das Handeln der Aufsichtsbehörde an Stelle der Gemeinde bestimmte Voraussetzungen ergeben.

a) Im Rahmen und auf Grund des § 108 kann die Aufsichtsbehörde ohne weitere sachliche und formelle Voraussetzungen selbst handeln; sie kann ohne vorherige Ankündigung an Ort und Stelle prüfen und besichtigen, Berichte einfordern usw. Nach § 111 kann sie all diese Informationshandlungen auch durch Dritte vornehmen lassen; Voraussetzung ist nur die formell einwandfreie Beauftragung (Bevollmächtigung) des Dritten, deren Nachweis die Gemeinde von dem Dritten verlangen kann und — im Hinblick auf die Pflicht der gemeindlichen Amtsträger zur Amtsverschwiegenheit — verlangen muß. Die Aufsichtsbehörde kann den Dritten auch bevollmächtigen, seinerseits Berichte, Akten und sonstige Unterlagen anzufordern. — Die Aufsichtsbehörde kann aber nicht ohne weitere Voraussetzungen die Berichtspflicht der Gemeinde durch einen Dritten vornehmen lassen. Kommt die Gemeinde ihrer Rechtspflicht in dieser Hinsicht nicht nach, so ist es vielmehr erforderlich, die Gemeinde im Wege des § 110 dazu zu veranlassen; erst nach Ablauf der dazu gestellten Frist kann dann die Aufsichtsbehörde die Pflicht der Gemeinde nach § 111 auf Kosten der Gemeinde entweder selbst durchführen oder durch einen Dritten durchführen lassen. — Danach bestimmt sich auch die Kostentragungspflicht der Gemeinde für die Kosten des Dritten. Handelt dieser Dritte nur als Vertreter der Aufsichtsbehörde, insoweit die Aufsichtsbehörde selbst ohne weitere Voraussetzungen zu handeln berechtigt ist, so fallen diese Kosten nicht ohne weiteres der Gemeinde zur Last. Handelt der Dritte in Erfüllung einer Rechtspflicht der Gemeinde, die diese in rechtswidriger Weise nicht erfüllt, so fallen die Kosten des Dritten der Gemeinde zur Last; nur im letzteren Fall handelt es sich um die Anwendung des § 111. Beispiel: Zur Nachprüfung des Standes eines wirtschaftlichen Unternehmens bedarf die Aufsichtsbehörde des Berichts eines besonderen Rechnungssachverständigen. Die Aufsichtsbehörde kann von der Gemeinde über den Tatbestand nicht nur einen Bericht der Gemeinde selbst, sondern auch einen Bericht von einer bestimmten sachverständigen Persönlichkeit, z. B. des Prüfungsverbandes öffentlicher Kassen, verlangen (vgl. Anm. 2 zu § 108). Die Aufsichtsbehörde kann die Erfüllung dieser Berichtspflicht von der Gemeinde nach den §§ 108/110 fordern, ihr eine Frist hierfür setzen und im Falle der fristgemäßen Nichterfüllung auf Kosten der Gemeinde durch den Dritten selbst durchführen lassen.

b) Im Rahmen und auf Grund des § 109 kann nicht etwa die Aufsichtsbehörde einen Dritten beauftragen, Entschließungen und Anordnungen des Bürgermeisters, die das bestehende Recht verletzen oder den Zielen der Staatsführung zuwiderlaufen, an Stelle der Aufsichtsbehörde aufzuheben; die aufsichtliche Vertretung der Gemeinde kann sich nur auf den zweiten Tatbestand beziehen, wonach Maßnahmen, die auf Grund derartiger Entschließungen oder Anweisungen getroffen worden sind, rückgängig zu machen sind. Auch dies kann die Aufsichtsbehörde nicht ohne weitere Voraussetzungen selbst oder durch einen Dritten ausführen. Es ist vielmehr geboten, daß der Gemeinde hierfür eine angemessene Frist gestellt wird, nach deren fruchtlosem Ablauf erst die Aufsichtsbehörde selbst die Maßnahmen rückgängig machen oder durch einen Dritten rückgängig machen lassen kann. Dabei bleibt es aber zulässig, die beiden Anordnungen der Aufsichtsbehörde von vornherein miteinander zu verbinden in der Weise, daß der Gemeinde in dem aufsichtlichen Akt nach § 109 bereits für die Durchführung des aufsichtlichen Verlangens eine Frist gesetzt wird, nach deren Ablauf die Aufsichtsbehörde selbst handeln kann. Die besondere Androhung des eigenen Handelns der Aufsichtsbehörde ist gesetzlich nicht erforderlich, wohl aber der Aufsichtsbehörde durch die AusfAnw. zur Pflicht gemacht.

c) Im Rahmen und auf Grund des § 110 kommt ebenfalls die Erfüllung der gemeindlichen Pflicht unmittelbar durch die Aufsichtsbehörde oder durch den von ihr beauftragten Dritten erst nach Ablauf der in dieser Bestimmung selbst vorgesehenen Frist in Betracht. Eine neuerliche Fristsetzung für das Eintreten des unmittelbaren Handelns der Aufsichtsbehörde oder auch dessen vorherige Androhung ist gesetzlich nicht erforderlich, wohl aber der Aufsichtsbehörde durch die AusfAnw. zur Pflicht gemacht.

Zweifelsfrei ist, daß in den Fällen unter a bis c die Kosten für die aufsichtliche Vertretung der Gemeinde ausschließlich der Gemeinde zur Last fallen.

2. Die **Rechtsstellung der Aufsichtsbehörde** bei der aufsichtlichen Ersatzvornahme ist nach § 111 so gelagert, daß die Aufsichtsbehörde alle rechtserheblichen Erklärungen an Stelle der Gemeinde mit voller Rechtswirkung nach innen und außen abgeben kann, also sowohl gegenüber den Dienstkräften der Gemeinde in Form von Anweisungen und Dienstbefehlen als auch nach außen gegenüber Dritten, dem Gericht, dem Grundbuchamt, dem Beauftragten der Partei und

höheren Aufsichtsbehörden, und zwar im gesamten Rechtsverkehr sowohl bürgerlich-rechtlicher wie öffentlich-rechtlicher Art. — Verpflichtungserklärungen der Gemeinde nach § 36 Abs. 2 sind in diesen Fällen zwar schriftlich, aber nicht unter der Amtsbezeichnung des Bürgermeisters, sondern in den für die Aufsichtsbehörde maßgebenden Ausfertigungsformen, aber unter einwandfreier Klarstellung der aufsichtlichen Vertretung der Gemeinde abzugeben. — Im übrigen ist die Aufsichtsbehörde für das Handeln im Rahmen der aufsichtlichen Vertretung der Gemeinde im gleichen Umfang wie die Gemeinde selbst an das Gesetz gebunden, d. h. sie kann anordnen, was die Gemeinde selbst anordnen oder erklären könnte. Für die Aufsichtsbehörde entfallen nur die Beschränkungen, die der Gemeinde durch das Gesetz in ihrem Verhältnis zur Aufsichtsbehörde auferlegt sind, z. B. die Einholung der Genehmigung der Aufsichtsbehörde für eine Schuldaufnahme; dieser Wegfall ist eine natürliche Folge der Einheit des Handelnden für Gemeinde- und Aufsichtsbehörde. Wohl aber ist die Aufsichtsbehörde verpflichtet, die übrigen gesetzlichen Vorschriften, wie z. B. die formalen haushaltsrechtlichen Vorschriften, zu beachten; auch sie kann z. B. nur auf Grund einer rechtswirksamen Haushaltssatzung den Haushalt der Gemeinde für die in Frage stehenden Aufgaben abwickeln. Auch für sie bleiben andere Beschränkungen ebenso wie für die Gemeinde bestehen, wie z. B. das Zustimmungsrecht des Beauftragten der NSDAP. zum Erlaß oder zur Änderung der Hauptsatzung. Umgekehrt steht ihr für die staatsaufsichtlich erzwungene Erfüllung der gemeindlichen Aufgaben das Ermessen zu, das auch der Gemeinde zusteht; das Selbstbestimmungsrecht der Gemeinde ist insoweit auf die Aufsichtsbehörde übergegangen. Wenn z. B. der Bau eines Schulhauses in Frage steht, den die Gemeinde trotz ihrer Rechtspflicht nicht ausführte und der nun von der Aufsichtsbehörde an Stelle und auf Kosten der Gemeinde ausgeführt wird, so entscheidet die Aufsichtsbehörde über das Projekt, den Bauplatz, die Kostenhöhe, die Vergebung der Arbeiten, die Art der Kostendeckung u. ä.

3. Die **Rechtsstellung des Dritten** ist im Rahmen des § 111 zunächst niemals die eines Vertreters der Aufsichtsbehörde. Er kann von der Aufsichtsbehörde in aufsichtlicher Vertretung der Gemeinde nur mit Handlungen betraut werden, die von der Gemeinde vorgenommen werden müßten. Er ist aber auch nicht Vertreter der Gemeinde; das Gesetz will nicht etwa im Rahmen des § 111 die Betrauung eines Dritten mit gemeindlichen Aufgaben, wie sie nach § 112 dem Staatskommissar übertragen werden. Es handelt sich nur um Aufgaben, die auch die Gemeinde von sich aus einem Dritten übertragen könnte und die nun von der Aufsichtsbehörde in aufsichtlicher Vertretung der Gemeinde dem Dritten übertragen werden. Es kommen daher Rechtsverhältnisse zwischen der Gemeinde und dem Dritten in Betracht, wie z. B. ein Dienstvertrag (§§ 611—630 BGB.) oder ein Werkvertrag (§§ 631—651 BGB.); auch das Dienst-

verhältnis eines Beamten der Gemeinde kann in Betracht kommen, nicht aber die Stellung eines Organs (eines Amtsträgers) der Gemeinde.

4. Die **Kosten** der aufsichtlichen Ersatzvornahme fallen (ganz ähnlich wie die Kosten der Ersatzvornahme durch die Gemeinde an Stelle eines Verpflichteten i. S. des § 18 Abs. 3) dem Verpflichteten, also der Gemeinde, zur Last. Darunter sind nicht die Kosten des aufsichtlichen Verfahrens, das die aufsichtliche Vertretung der Gemeinde herbeigeführt hat, sondern nur die Kosten der aufsichtlichen Vertretung der Gemeinde selbst zu verstehen: Die Gemeinde hat die Kosten zu tragen oder zu erstatten, die dadurch entstehen, daß eine der Gemeinde obliegende Aufgabe von der Aufsichtsbehörde oder von dem durch sie beauftragten Dritten ausgeführt werden muß.

5. **Nicht vorgesehen** ist — anders als im Preußischen Gemeindeverfassungsgesetz (§ 65) und in anderen landesrechtlichen Gemeindeordnungen — die Erzwingung gemeindlicher Rechtspflichten durch Zwangsstrafen gegen die gemeindlichen Amtsträger. Unberührt bleibt aber das dienststrafrechtliche Vorgehen gegen sie wegen Ungehorsam, rechtswidriger Verweigerung von Amtspflichten usw.

§ 112

Wenn und solange der geordnete Gang der Verwaltung der Gemeinde es erfordert und die Befugnisse der Aufsichtsbehörde nach §§ 109 bis 111 nicht ausreichen, kann die Aufsichtsbehörde einen Beauftragten bestellen, der alle oder einzelne Aufgaben der Gemeinde auf ihre Kosten wahrnimmt.

I. Amtliche Begründung s. Textausgabe S. 168/169.

II. AusfAnw.

1. Für die Anwendung der Vorschrift des § 112 DGO. ergeben sich aus der amtlichen Begründung folgende allgemeine Gesichtspunkte: „Das schärfste Mittel der Staatsaufsicht und der schwerste Eingriff in die Selbstverwaltung einer Gemeinde ist die Bestellung eines Beauftragten zur Wahrnehmung aller oder einzelner Befugnisse der Gemeinde. Es ist deshalb der Einsatz dieses Mittels davon abhängig gemacht, daß der geordnete Gang der Verwaltung es erfordert und die der Aufsichtsbehörde nach den §§ 109 bis 111 eingeräumten Befugnisse zur Sicherung des geordneten Gangs der Verwaltung nicht ausreichen. Es müssen also schwere Erschütterungen des Gemeindelebens zu befürchten sein, wenn für die Aufsichtsbehörde ein hinreichender Anlaß bestehen soll, durch Einsetzung eines Staatskommissars das Selbstbestimmungsrecht der Gemeinde in weitem Umfang oder ganz auf einen Staatskommissar zu übertragen.

Die Einsetzung von Staatskommissaren ist bisher in den Gemeindeordnungen der einzelnen Länder nicht durchweg vorgesehen. Nach den Grundgedanken des Gesetzes über die Einordnung der Gemeinden in das Staatsganze muß aber der letzte und rückhaltlose Einsatz staatlicher Machtmittel möglich sein, falls es im Gesamtinteresse geboten ist."

Danach kommt die Bestellung eines Beauftragten nur in Betracht, wenn nebeneinander

a) der geordnete Gang der Verwaltung es erfordert und
b) die Befugnisse der Aufsichtsbehörden nach §§ 109 bis 111 DGO. nicht ausreichen.

Ob die erstgenannte Voraussetzung vorliegt, ist Tatfrage. Sie ist jedoch nur dann zu bejahen, wenn ohne ein Eingreifen nach § 112 DGO. ernste Unzuträglichkeiten für die Ziele der Staatsführung oder schwere Erschütterungen des Gemeindelebens zu befürchten sind. Demgegenüber ist die zweite Voraussetzung nicht erst dann gegeben, wenn die Mittel der §§ 109 bis 111 DGO. vorher von der Aufsichtsbehörde eingesetzt sind, sondern schon dann, wenn sie nach pflichtgemäßer Beurteilung durch die Aufsichtsbehörde keinen Erfolg versprechen.

Es wird ausdrücklich darauf hingewiesen, daß ein Anlaß zur Bestellung eines Beauftragten nicht schon dann besteht, wenn die Stelle des Bürgermeisters frei wird und eine Zeitlang unbesetzt ist. In solchen Fällen ist es gesetzliche Aufgabe des allgemeinen Vertreters, den Bürgermeistern zu vertreten (§ 35 DGO.). Zur Ausschaltung jeder nicht unbedingt erforderlichen Kommissarbestellung wird den Aufsichtsbehörden zur Pflicht gemacht, vor Bestellung eines Beauftragten stets an die oberste Aufsichtsbehörde zu berichten und ihre Zustimmung einzuholen. Nur in besonderen Eilfällen darf von der vorherigen Berichterstattung abgesehen werden. In diesem Falle ist die oberste Aufsichtsbehörde jedoch alsbald von der Einsetzung eines Beauftragten unter Darlegung der Sach- und Rechtslage in Kenntnis zu setzen.

2. Bei Bestellung eines Beauftragten nach § 112 DGO. haben die Aufsichtsbehörden unter Bezugnahme auf diese Vorschrift im Wege schriftlicher Verfügung an die Gemeinde die Aufgaben des Beauftragten genau zu bezeichnen, soweit möglich, den Zeitraum der Beauftragung festzustellen und die Verfügung nach der tatsächlichen und rechtlichen Seite hin zu begründen. Sie haben, soweit es die Beauftragung erfordert, zugleich die von der Gemeinde dem Beauftragten zu gewährende Entschädigung festzusetzen. Die Verfügung ist zuzustellen.

III. Anm.

1. **Das schärfste Mittel der Staatsaufsicht** ist die Bestellung eines Beauftragten, der — an Stelle der nach dem Gesetz zuständigen Amtsträger der Gemeinde — alle oder einzelne Aufgaben der Gemeinde auf ihre Kosten wahrzunehmen hat. Die Gemeinde verliert

hierdurch insoweit ihr Selbstbestimmungsrecht, das sonst in der Hand ihres verfassungsmäßigen Organs liegt, nicht nur in einer für die Öffentlichkeit viel auffälligeren, sondern auch in ihren Rechtskreis viel einschneidenderen Weise als nach §§ 110 und 111. Schon taktische Gesichtspunkte werden daher Anlaß geben, dieses Aufsichtsmittel nur, wie es das Gesetz will, im äußersten Fall zu gebrauchen, zumal es in einer Reihe von Ländern bisher nicht eingeführt war. Auf der anderen Seite hält es der Gesetzgeber — entsprechend der grundsätzlichen Regelung der Aufsicht überhaupt — für unentbehrlich, um dort, wo es notwendig ist, durchgreifend und bestimmt für Abhilfe sorgen zu können.

2. Die **Voraussetzungen** sind in sachlicher Hinsicht mit Rücksicht auf die Schärfe des staatsaufsichtlichen Zwanges und auf die Beeinträchtigung der Selbstverwaltung der Gemeinde gesetzlich besonders geregelt. Es darf sich nicht nur um irgendeine Pflichtensäumnis (Verstöße oder Mängel) der Gemeindeverwaltung handeln. Voraussetzung ist vielmehr, daß a) der geordnete Gang der Verwaltung der Gemeinde es erfordert und b) die sonstigen Befugnisse der Aufsichtsbehörde, insbesondere nach den §§ 109—111, zur Sicherung des geordneten Ganges der Verwaltung nicht ausreichen. Beide Voraussetzungen müssen (kumulativ) gegeben sein. Die geordnete Verwaltung der Gemeinde muß daher schwer bedroht oder erschüttert sein, die normal zuständigen Amtsträger müssen nicht die Gewähr bieten, den geordneten Gang der Verwaltung zu sichern oder wiederherzustellen, und weder die im staatsaufsichtlichen Zwangsverfahren möglichen Anordnungen (Zwangsetatisierung mit den auf diesem Wege erreichbaren Zielen der Ordnung des Finanzwesens, der Abdrosselung vermeidbarer Ausgaben, der gesicherten Einholung erforderlicher Einnahmen, der Anstellung notwendiger Dienstkräfte u. ä.) noch auch sonstmögliche aufsichtliche Behelfe (Herbeiführung der Zurücknahme der Berufung während des Probejahres nach § 45) müssen genügen oder wenigstens gegenwärtig genügen, um den geordneten Gang der Verwaltung zu sichern. Es ist nicht notwendig, daß die aufsichtlichen Mittel tatsächlich ausgeschöpft sind; es genügt, daß sie für unzulänglich zu erachten sind.

Diese sachlichen Voraussetzungen sind auch bestimmend für den Umfang der dem Staatskommissar einzuräumenden Befugnisse in dem Sinne, daß diese Befugnisse nicht über das aus der Sachlage Gebotene hinausgehen dürfen. Wo es genügt, ihn mit der Wahrnehmung einzelner Aufgaben zu beauftragen, ist es nicht veranlaßt, ihm alle Aufgaben der Gemeinde in die Hand zu legen. Auf der anderen Seite sind die Befugnisse so zu bestimmen, daß die Bestellung schnell und sicher wirksam ist.

Nicht abhängig ist die Bestellung des Staatskommissars von einem Verschulden gemeindlicher Amtsträger. Es können rein objektive, von einem subjektiven Verschulden völlig unabhängige, aber trotzdem den geordneten Gang der Verwaltung gefährdende Gründe dafür gegeben sein.

In formaler Hinsicht ist auch dieses scharfe Aufsichtsmittel nicht an besondere Voraussetzungen geknüpft. Es ist jedoch geboten, in der Anordnung der Aufsichtsbehörde Beginn, Dauer und Art der Befugnisse des Staatskommissars in eindeutiger Weise zu bestimmen. Es ist insbesondere in der Anordnung über den Ausschluß der aufschiebenden Wirkung einer Beschwerde (§ 113 Abs. 2) das Erforderliche festzustellen. Die Dauer der Bestellung des Staatskommissars braucht nicht voraus festgelegt zu werden; wird sie nicht festgelegt, so ist der Zeitpunkt der Beendigung in der Anordnung ausdrücklich vorzubehalten. Unerläßlich ist es, die Kostenfrage in der Anordnung zu regeln; wenn auch das Gesetz allgemein bestimmt, daß der Beauftragte auf Kosten der Gemeinde tätig wird, so sind damit nicht alle Fragen geklärt. Klargestellt ist dadurch nur, daß die Ausgaben für die Erfüllung der gemeindlichen Aufgaben nach wie vor von der Gemeinde auf Grund des Gemeindehaushaltsplans zu bestreiten sind. Notwendig bleibt aber in jedem Fall, die Vergütung oder Entschädigung des Staatskommissars selbst zu ordnen. — So klar es ist, daß der Staatskommissar als Beauftragter der Staatsaufsichtsbehörde nach ihren Weisungen zu handeln hat, so notwendig ist es, diese Pflicht und Befugnis des Beauftragten in der Anordnung auch in dieser Hinsicht abzugrenzen und klarzustellen. Dies ist besonders dann notwendig, wenn der Beauftragte nur für einen Teil der gemeindlichen Aufgaben bestellt wird, so daß der Bürgermeister für den übrigen Teil der gemeindlichen Aufgaben nach wie vor zuständig bleibt. Die Stellung des Beauftragten muß in dieser Hinsicht reibungsfrei gestellt werden, soll sie wirksam sein.

3. Der **Staatskommissar** tritt mit den ihm in der aufsichtlichen Anordnung eingeräumten Befugnissen an Stelle des bisherigen Amtsträgers der Gemeinde. Nach § 32 ist der Bürgermeister das Organ, das mit voller und ausschließlicher Verantwortung die Gemeinde verwaltet. Seine Zuständigkeit wird daher beschränkt durch die Bestellung des Staatskommissars, auch dann, wenn dieser nur einzelne Aufgaben der Gemeinde wahrzunehmen hat, z. B. das Wohlfahrtswesen, das Geldwesen der Stadt (Stadtkämmerer) oder die Polizeiverwaltung; denn soweit hiermit bisher etwa Beigeordnete betraut sind, sind sie nur Stellvertreter des Bürgermeisters (§§ 6 Abs. 1 Satz 2 und 34 Abs. 1 Satz 1), und soweit es sich um andere Beamte oder Angestellte handelt, sind sie Gehilfen des Bürgermeisters, die ebenfalls ausschließlich seiner Weisung unterliegen (§ 37).

Es handelt sich nicht um eine Übertragung der gemeindlichen Zuständigkeiten auf den Staat, auf die Staatsbehörden, sodaß etwa der Staatskommissar in deren Namen tätig wird. Die Aufgaben bleiben Aufgaben der Gemeinde; in ihrem Namen und auf ihre Kosten wird der Staatskommissar tätig.

Die bisherigen Organe der Gemeinde werden durch die Bestellung des Staatskommissars auch nicht verdrängt, abgesetzt oder entlassen. Es bleibt auch Sache des Bürgermeisters, von dem Rechtsmittel der Beschwerde nach § 113 Gebrauch zu machen und in diesem Verfahren die Interessen der Gemeinde wahrzunehmen, es sei denn, daß er durch dienstaufsichtliche oder dienststrafrechtliche Maßnahmen (vorläufige Enthebung vom Dienst) hieran gehindert ist; ist dies der Fall, so geht dieses Recht auf den allgemeinen Stellvertreter des Bürgermeisters (§ 35 Abs. 1) über.

Im Namen der Gemeinde handeln heißt, als ihr bevollmächtigter Vertreter handeln. Verpflichtungserklärungen der Gemeinde sind deshalb nach § 36 Abs. 2 unter der Amtsbezeichnung des Bürgermeisters handschriftlich zu unterzeichnen. Wohl aber kann die Befugnis des Staatskommissars so bemessen werden, daß er wie der Bürgermeister allein solche schriftlichen Verpflichtungserklärungen zu unterzeichnen berechtigt ist.

Auf Kosten der Gemeinde heißt, daß sowohl die für den Staatskommissar selbst als Vergütung und Entschädigung anfallenden Kosten so, wie es die staatsaufsichtliche Anordnung bestimmt, wie auch die Ausgaben für die Erfüllung der Aufgaben, die der Staatskommissar nach der Anordnung wahrzunehmen hat, von der Gemeinde zu tragen sind. Sieht der Haushaltsplan diese Ausgaben nicht vor, so ist eine Nachtragshaushaltsatzung nach § 88 aufzustellen.

Die rechtliche Stellung des Beauftragten zur Aufsichtsbehörde und zum Bürgermeister ist in der aufsichtlichen Anordnung klarzustellen, so einwandfrei klar auch ist, daß der Beauftragte einerseits keiner Weisung des Bürgermeisters unterliegt, andererseits aber den Weisungen der Aufsichtsbehörde unterworfen bleibt. Auch hierin liegt ein wesentlicher Unterschied zwischen dem Staatskommissar und einem auf Grund und im Rahmen des § 110 angestellten gemeindlichen Beamten. Wenn z. B. das Kassen- und Rechnungswesen einer Gemeinde im Argen liegt und die Gemeinde sich weigert, einen hierfür genügend sachkundigen Kassenverwalter zu bestellen, so kann die Aufsichtsbehörde die Erfüllung dieser Rechtspflicht auf Grund des § 110 erzwingen, nach § 111 schließlich den Kassenverwalter selbst bestellen. Dieser so bestellte Kassenverwalter wird hierdurch Dienstkraft der Gemeinde und unterliegt nunmehr den Weisungen des Bürgermeisters als Dienstvorgesetzten. Anders der Staatskommissar, der entweder ganz oder teilweise Zuständigkeiten des Bürgermeisters wahrzunehmen hat, auch wenn er für einen bestimmt abgegrenzten Aufgabenkreis (z. B. den eines bestimmten Beigeordneten) bestellt ist; die Aufsichtsbehörde kann in der Bestellungsurkunde dem Beauftragten aus der Rechtsstellung des Bürgermeisters alle möglichen Befugnisse einräumen, sie kann sich aber auch selbst das Recht vorbehalten, ihm in Einzelheiten Weisungen zu erteilen.

4. **Darüber hinausgehende Aufsichtsmittel** kennt die DGO. nicht, also vor allem nicht die Absetzung des Gemeindeorgans, wie sie in der Form der Auflösung und Neuwahl des Gemeinderates, der Stadtverordnetenversammlung gegeben war. Weder der Bürgermeister noch die Beigeordneten noch die Gemeinderäte sind solchen Maßnahmen im Rahmen der §§ 106—112 ausgesetzt. Die Beseitigung dieser Amtsträger der Gemeinde ist besonders geregelt. Für alle kommt, da es sich ausnahmslos um Beamte handelt, das dienststrafrechtliche Verfahren in Betracht, das mit dem Beamtenreichsgesetz neu geregelt wird, bis dahin in der landesrechtlichen Regelung aufrechterhalten bleibt. Darüber hinaus ist für die Bürgermeister und Beigeordneten während des Probejahres noch die Zurücknahme der Berufung (§ 45), für die Gemeinderäte die Ausscheidung nach § 54 möglich. Endlich kommt bis zum Inkrafttreten des Beamtenreichsgesetzes die Anwendung des § 6 BG. in Betracht.

§ 113

(1) Die Gemeinde kann gegen Anordnungen der Aufsichtsbehörde binnen zwei Wochen nach Zustellung Beschwerde erheben. Über die Beschwerde entscheidet die nächsthöhere Aufsichtsbehörde endgültig.

(2) Die Beschwerde hat aufschiebende Wirkung, es sei denn, daß die Anordnung ohne Nachteil für das öffentliche Wohl nicht ausgesetzt werden kann. Dies ist in der Anordnung festzustellen.

I. **Amtliche Begründung** s. Textausgabe S. 169/170.

II. **DurchfVO. (§ 35)**

(1) Soweit Anordnungen der Aufsichtsbehörde nach den bisherigen Vorschriften bei Verwaltungsgerichten angefochten worden sind, gehen die schwebenden Verfahren mit dem Inkrafttreten der Deutschen Gemeindeordnung auf die nach § 113 der Deutschen Gemeindeordnung zur Entscheidung zuständige Behörde über.

(2) Abs. 1 gilt entsprechend für sonstige bei Verwaltungsgerichten, Verwaltungsbeschlußbehörden oder sonstigen Behörden anhängige Klagen oder Beschwerden, soweit zur Entscheidung nach den Vorschriften der Deutschen Gemeindeordnung die Aufsichtsbehörde zuständig ist.

III. **AusfAnw.**

1. In Zukunft findet eine Klage der Gemeinden gegen Verfügungen der Aufsichtsbehörde nach §§ 108 ff. vor den Verwaltungs-

gerichten nicht mehr statt. Hinsichtlich der Überleitung der zur Zeit des Inkrafttretens der Deutschen Gemeindeordnung schwebenden Verfahren wird auf § 35 der Ersten DurchfVO. verwiesen.

2. Die Beschwerde nach § 113 DGO. ist nur gegen solche Anordnungen der Aufsichtsbehörde eröffnet, die nach den §§ 108 bis 112 DGO. erlassen worden sind. Gegen sonstige Verfügungen der Aufsichtsbehörde nach der Deutschen Gemeindeordnung ist ein gleicher formeller Rechtsbehelf nicht gegeben. Die Beschwerde kann im übrigen sowohl darauf gestützt werden, daß die Verfügung der Aufsichtsbehörde mit dem geltenden Recht nicht in Einklang stehe, als auch darauf, daß sie die Gemeinde unbillig belaste.

3. Die Aufsichtsbehörde hat vor ihrer Entscheidung über eine Beschwerde nach § 113 DGO. der Gemeinde in jedem Falle Gelegenheit zur schriftlichen Darlegung ihres Standpunktes, auf Antrag des Bürgermeisters auch Gelegenheit zum mündlichen Vortrag zu geben. Die Entscheidung ist stets zu begründen und der Gemeinde zuzustellen.

4. Die Beschwerde nach § 113 DGO. hat grundsätzlich aufschiebende Wirkung. Die Aufsichtsbehörde soll von ihrer Befugnis, diese aufschiebende Wirkung auszuschließen, nur Gebrauch machen, wenn hierfür besondere Gründe vorliegen, die eine sofortige Durchsetzung der Verfügung aus Gründen des öffentlichen Wohles, insbesondere der Staatsautorität, geboten erscheinen lassen.

IV. **Anm.**

1. Der **Rechtsschutz der Gemeinde vor Übergriffen und Überspannung der Aufsichtsführung** hat in seiner Entwickelungsgeschichte alle Stufen vom reinen Verwaltungsverfahren bis zu dem mit höchsten Garantien der Rechtsprechung ausgestatteten justiziellen Verfahren durchgemacht. Es hatten sich sogar Spielarten herausgebildet, bei denen die Rechtskontrolle der Staatsaufsicht bis zu einem gewissen Grade ihr eigentliches Wesen einbüßte, indem z. B. die Kommunalaufsicht Einrichtungen anvertraut wurde, die, zwar vom Staat durch Gesetz geschaffen, aber in ihrer Zusammensetzung kommunales Gepräge hatten.

Im allgemeinen war das Ergebnis der Rechtsentwickelung seit der Mitte des vorigen Jahrhunderts, daß das Recht der Selbstverwaltung der Gemeinden vor rechtswidriger Überspannung der Aufsicht in einem gesetzlich geregelten, formalen Rechtsprechungsverfahren, in letzter Stufe vor einem mit den Garantien richterlicher Unabhängigkeit ausgestatteten Verwaltungsgericht geschützt wurde. Die DGO. kehrt sich hiervon ab; die Gründe sind in Nr. 2 der Allgemeinen Begründung zum Gesetz in knapper Kürze angegeben; vgl. S. 6 f.

2. Die **Abgrenzung des Rechtskreises**, der hier in Frage steht, ist notwendig vorauszuschicken, soll die Änderung der Gesetzgebung die

gebührende Wertung finden können. Die Abgrenzung ist nach dem Gegenstand eines Streites und nach den Streitbeteiligten (Parteien) von Bedeutung. Es gehört nicht hierher:

a) Ein Streit zwischen Bürgern (Einwohnern) — s. §§ 5 und 17 bis 31 — und der Gemeinde. Soweit es sich um einen Streit um Leistung und Anspruch auf bürgerlich-rechtlicher Grundlage handelt, sind die ordentlichen Gerichte zuständig. Soweit es sich um öffentlich-rechtliche Streitfälle handelt, sind entweder sondergesetzliche Verfahrenswege oder im Bereiche der DGO. die mit den §§ 29—31 eröffneten Verfahren und Rechtsmittel vorgesehen (Einspruch und Verwaltungsstreitverfahren einerseits — Rechtsbeschwerde andererseits). Ein allgemeines Beschwerderecht des einzelnen gegen Entschließungen und Anordnungen der Gemeinde gibt es nicht; soweit nicht für bestimmte Fälle ein bestimmtes Rechtsmittel eingeräumt ist, verbleibt nur die Anrufung der Aufsichtsbehörde der Gemeinde mit der sog. Aufsichtsbeschwerde; hier handelt es sich aber nicht um ein Rechtsmittel, das einen rechtsprechenden Akt der Aufsichtsbehörde auslösen muß, sondern nur um eine Anregung, eine Bitte um staatsaufsichtliches Eingreifen.

b) Ein Streit zwischen der Gemeinde und anderen Gemeinden sowie anderen öffentlichen Personen (rechtsfähigen Körperschaften, Stiftungen und Anstalten) außer dem Staat, z. B. Bezirk, Kreis, Provinz usw. Auch hier entscheidet zunächst die Natur des behaupteten Rechtsanspruches: Bei bürgerlich-rechtlichen Ansprüchen sind die ordentlichen Gerichte, bei öffentlich-rechtlichen Ansprüchen die in Sondergesetzen vorgesehenen Verfahren für die Streitentscheidung maßgebend (z. B. ein Streit zwischen zwei Gemeinden über einen öffentlichen Weg).

c) Ein Streit zwischen Gemeinde und Staat über einen bürgerlich-rechtlichen Anspruch (Mein und Dein, Leistung und Anspruch); es sind hierfür regelmäßig die ordentlichen Gerichte zuständig.

d) Ein Streitverhältnis öffentlich-rechtlicher Art zwischen Gemeinde und Staat, für das in Sondergesetzen wegen der besonderen Natur des Streitgegenstandes ein besonderes Verfahren vorgesehen ist (z. B. über die Steuerpflicht der Gemeinde nach Steuergesetzen).

e) Die sog. Aufsichtsbeschwerde der Gemeinde gegen Staatsbehörden an deren vorgesetzte Dienstbehörden. Sie ist überhaupt kein Rechtsmittel, nur eine Anregung an die vorgesetzte Dienstbehörde, die Verwaltungsführung der untergebenen Dienstbehörde nach einer gewissen Richtung nachzuprüfen; sie gibt keinen Anspruch auf Bescheid. Ob die angerufene Staatsbehörde daraufhin wirksam zu werden hat, bestimmt sich nach ihrer Dienstpflicht.

Unter Ausschluß all dieser Tatbestände beschränkt sich § 113 auf die Anfechtung von Anordnungen (Verfügungen, Entschließungen und Beschlüssen) der Kommunalaufsichtsbehörde auf Grund und im Rahmen der §§ 108 bis 112. Der Grund der Beschwerde kann nur darin liegen, daß sich die Gemeinde durch solche Anordnungen der Aufsichtsbehörde beschwert fühlt. Dabei kann die Beschwerde behaupten, daß die aufsichtliche Anordnung mit dem geltenden Recht nicht in Einklang stehe, also in den öffentlichen Rechtskreis der Gemeinde ohne gesetzliche Stütze eingreife, oder daß die Anordnung die Gemeinde unbillig belaste.

Bei sonstigen durchaus aufsichtlichen Maßnahmen der Aufsichtsbehörde scheidet daher die Rechtsbeschwerde aus, wie z. B. bei Versagung einer Genehmigung (vgl. hierzu § 104 Abs. 1), bei Versagung des Einverständnisses zu den Vorschlägen des Beauftragten der NSDAP. für die Besetzung von Stellen der Bürgermeister und Beigeordneten (vgl. § 41 Abs. 3), bei Zurücknahme der Berufung eines Bürgermeisters oder Beigeordneten (vgl. § 45). Ist für solche und ähnliche Tatbestände nicht ausnahmsweise ein besonderes Rechtsmittel eingeräumt, so verbleibt der Gemeinde nur die Aufsichtsbeschwerde; vgl. hierzu e.

3. Die der Gemeinde durch § 113 eingeräumte **Rechtsbeschwerde** macht die Entscheidung der angerufenen Staatsbehörde zu einem Akt der Rechtsprechung. Darin unterscheidet sich diese Entscheidung der angerufenen (nächsthöheren) Aufsichtsbehörde von anderen Maßnahmen, zu denen sie entweder kraft Gesetzes (z. B. die obere Aufsichtsbehörde nach § 41 Abs. 2 Nr. 3 bei der Berufung von Bürgermeistern und Beigeordneten in kreisangehörigen Städten) berufen oder durch eine Aufsichtsbeschwerde veranlaßt wird. Bei Maßnahmen dieser letzteren Art handelt es sich nicht um Rechtsprechung, sondern ausschließlich um Verwaltungsmaßnahmen (rein vollziehende Tätigkeit).

Daß auch für die rechtsprechende Entscheidung nicht eine besondere Besetzung der entscheidenden Stelle und auch kein formales, justizförmliches Verfahren vorgeschrieben ist, nimmt der Entscheidung nicht ihr rechtsprechendes Gepräge. Hieran ändert auch der Gesichtspunkt nichts, daß die Entscheidung nicht nur die Gesetzmäßigkeit der aufsichtlichen Anordnung, sondern auch den Einklang der Anordnung mit den Zielen der Staatsführung und die Billigkeit der Anordnung zu prüfen hat; auch die ordentlichen Gerichte sind ja oft berufen, behauptete Ansprüche nicht nur an der gesetzlichen Ordnung des einzelnen Tatbestandes, sondern auch an allgemeinen Rechtsgrundsätzen (nach Treu und Glauben) zu prüfen, ganz abgesehen davon, daß das Gebot des Einklangs der Gemeindeverwaltung mit den Zielen der Staatsführung eine Rechtsvorschrift ist.

4. Das **Verfahren** ist nur in wenigen Punkten festgelegt, aber keineswegs völlig freigestellt oder ganz ungeregelt. Zunächst liegt es im Wesen der Rechtsbeschwerde, daß der Beschwerdeberechtigte einen Anspruch auf Entscheidung — anders als bei der sog. Aufsichtsbeschwerde — hat.

Das Rechtsmittel der Beschwerde ist ferner befristet; es muß binnen zwei Wochen nach der Zustellung der Anordnung der Aufsichtsbehörde eingelegt werden. Die Berechnung der Frist ist nicht besonders geordnet; die Lücke ist durch Anwendung der allgemeinen Rechtsgrundsätze des BGB. und der ZPO. auszufüllen, vor allem der §§ 186—193 BGB.

Es ist ferner vorgesehen, daß die Beschwerde binnen zwei Wochen nach Zustellung der Anordnung zu erheben ist. Damit ist ausgesprochen, daß die staatsaufsichtliche Anordnung schriftlich ergangen sein muß.

Es ist als entscheidungsbefugte Stelle die nächsthöhere Aufsichtsbehörde, d. h. die der Kommunalaufsichtsbehörde (§ 107 DGO. und § 33 DurchfVO.) der Gemeinde für den Aufgabenbereich unmittelbar vorgesetzte Staatsbehörde bestimmt.

Die Entscheidung dieser Stelle ist endgültig, d. h. die Entscheidung schließt den Streitgegenstand rechtskräftig in dem Sinne ab, daß der Gemeinde hiergegen kein weiteres Rechtsmittel eingeräumt ist. Es verbleibt ihr wiederum nur die sog. Aufsichtsbeschwerde; vgl. hierzu Anm. 2e.

Es ist endlich vorgesehen, daß die Beschwerde aufschiebende Wirkung hat, d. h. daß die angefochtene Anordnung der Aufsichtsbehörde weder rechtskräftig noch auch vorläufig vollstreckt werden kann. Diese letztere (auf die Vollstreckbarkeit der Anordnung bezügliche) Wirkung der Beschwerde kann allerdings die Aufsichtsbehörde selbst ausschließen, indem sie diesen Ausschluß der aufschiebenden Wirkung in der aufsichtlichen Anordnung ausdrücklich feststellt. Das Gesetz gibt hierfür der Aufsichtsbehörde die bindende Beschränkung auf, daß der Ausschluß der aufschiebenden Wirkung der Beschwerde nur dann in der schriftlichen Anordnung festgesetzt werden darf, wenn die Anordnung ohne Nachteil für das öffentliche Wohl nicht ausgesetzt werden kann. Dies ist eine Rechtspflicht der Aufsichtsbehörde; das pflichtmäßige Ermessen aber darüber, ob dieser Tatbestand vorliegt, ist der Aufsichtsbehörde eingeräumt. Ermessen ist nicht Willkür; Mißbrauch des Ermessens ist Unrecht. Auch hiergegen kann die Gemeinde Beschwerde führen; bis zur Entscheidung darüber verbleibt es aber bei der Festsetzung der Aufsichtsbehörde. Die zur Entscheidung berufene nächsthöhere Aufsichtsbehörde wird unter Umständen Anlaß haben, über den Ausschluß der aufschiebenden Wirkung der Beschwerde vorab zu entscheiden.

In der amtlichen Begründung zu § 113 ist außerdem ausgeführt, daß die weitere Ausgestaltung des Verfahrens vorbehalten bleibt. Demnach ist in den obigen Ausführungsanweisungen vorgeschrieben worden, daß der Gemeinde die Möglichkeit eröffnet werden muß, ihr eigenes Verhalten schriftlich, auf Antrag des Bürgermeisters auch mündlich begründen zu können. Außerdem ist vorgeschrieben, daß die Entscheidung stets mit Gründen zu versehen und zuzustellen ist.

Im übrigen ist das Verfahren nicht gesetzlich geregelt. Die Feststellung des Sachverhalts ist damit der entscheidungsbefugten Behörde auferlegt; sie hat ihn von Amts wegen (ex officio) festzustellen. Die Erhebung von Beweismitteln bleibt ihr nach Art und Umfang vorbehalten.

Die Entscheidung ergeht unter der Amtsbezeichnung und mit der Ausfertigung (Unterzeichnung) des Behördenvorstandes oder des an seiner Stelle zur Vertretung berufenen Beamten, nicht etwa des Sachbearbeiters.

Die weitere Nachprüfung dieser Entscheidung sowohl nach ihrer rechtlichen und sachlichen Richtigkeit wie nach der Einhaltung des vorgeschriebenen formalen Verfahrens ist durch Rechtsmittel nicht ermöglicht. Es verbleibt nur die Aufsichtsbeschwerde (s. Anm. 2 e). Die richterliche Nachprüfung (durch das ordentliche Gericht) scheidet aus. Sie könnte nur mittelbar bei einem Schadenersatzprozeß der Gemeinde insofern in Betracht kommen, als bei Behauptung einer Amtspflichtverletzung bei der Vorbehandlung (§ 839 BGB.) das ordentliche Gericht — die der Rechtsprechung des Reichsgerichts neigt offensichtlich nach Ausweitung der gerichtlichen Zuständigkeit — diese Behauptung auf ihre rechtliche Haltbarkeit nachzuprüfen hat (z. B. weil Mißbrauch der der Gemeinde gegenüber obliegenden Amtspflicht durch Verletzung des Gesetzes oder von Grundnormen natürlicher Gerechtigkeit vorliegt).

5. Der **Unterschied gegenüber der Vergangenheit** läßt sich an dem Ergebnis dieser Betrachtungsweise begründen. Es ist nicht so, als ob durch Wegfall des verwaltungsgerichtlichen Schutzes der Selbstverwaltung der Rechtskreis der Gemeinde dem Ermessen der staatlichen Bürokratie unterstellt wäre. Schon die Abgrenzung des Sachgebiets, aber auch das gesetzlich vorgesehene Verfahren läßt den wirksamen Rechtsschutz der Gemeinde klar hervortreten.

Wenn das Gesetz auf diesem Gebiet eine engere Verbindung zwischen Verwaltung und Rechtsprechung als bisher für notwendig erachtet hat, so waren dafür offensichtlich gewichtige Gründe maßgebend. War Rechtsprechung nie ein Monopol der Gerichte (einschließlich der Verwaltungsgerichte), so ist ganz allgemein ein deutlicher Zug in der Verstärkung der rechtsprechenden Befugnisse der Verwaltungsbehörden festzustellen. Dies hängt nicht nur mit der langwierigeren und zum Teil auch kostspieligeren Verfahrensweise der Gerichte und Verwaltungsgerichte, auch nicht nur mit dem berechtigten Streben auf Schaffung einer schlagkräftigen Verwaltung, sondern auch mit einer Reihe anderer Gründe zusammen. Die Verwaltungsgerichtsbarkeit ist in der Vergangenheit leider nicht so modernisiert worden, wie es geboten gewesen wäre. Wo überdies das Laienelement ganz fehlte, hat sich die verwaltungsrichterliche Rechtsprechung durch dieselben Verwaltungsbehörden, die auch verwaltungsmäßig den Gegenstand bearbeiten, der Bevölkerung kaum erkennbar gemacht und verwurzelte deshalb auch nicht genügend im Rechtsbewußtsein des Volkes.

Davon abgesehen waren besondere Gründe für die anderweitige Regelung gerade dieses Sachgebietes maßgebend. Zunächst umfaßt die Aufsicht über die Gemeinden viel mehr als die Anwendung der allgemeinen Aufsichtsmittel nach den §§ 106—112 (s. hierzu Anm. 6 zu § 106). Nur den mit der Kommunalaufsicht betrauten Behörden ist ein erschöpfender Überblick über die kommunalen Tatbestände möglich. Die von dem Gesamtkomplex losgelöste Betrachtungsweise, die Befassung einer außerhalb dieser Behördengliederung stehenden Stelle mit Entscheidungsbefugnissen hat Mängel in sich, die auch nicht ganz durch personellen Austausch zwischen Verwaltungsbehörden und -gerichten behoben werden können. Dazu gibt die gerichtliche Behandlung des zwischen Aufsicht und Gemeinde schwebenden Streitgegenstandes kleinen Sachen eine ungebührende Bedeutung, großen Sachen leicht die Gefahr eines Affronts der Gemeinde gegen den Staat und seine Führung. Schließlich konnte wohl die Kontrolle der Gesetzmäßigkeit der Aufsichtsführung und der Gesetzmäßigkeit der gemeindlichen Verwaltung Gegenstand einer Entscheidung von unabhängigen Verwaltungsgerichten sein; schwieriger ist schon die Einräumung der Entscheidungsbefugnis im Ermessensspielraum zu beurteilen; die Entscheidung über die Ziele der Staatsführung kann ihnen nicht übertragen werden. Diese Auflockerung der Grenzen staatsaufsichtlichen Eingreifens mußte daher von selbst zu einer anderen Gestaltung des Rechtsschutzes der Gemeinden führen. Endlich ist zu bedenken, daß die rein auf Kontrolle der Gesetzmäßigkeit abgestellten Entscheidungen überhaupt weder dem Bedürfnis der Gemeinde noch dem der Verwaltung ganz genügten. Wenn z. B. über eine Beschwerde wegen Erhöhung der Bürgersteuer auf einen höheren Hundertsatz durch staatsaufsichtlichen Zwang zu entscheiden ist und dabei nur die Gesetzmäßigkeit geprüft werden kann, so berührt diese Entscheidung den Kern der Streitsache nur am Rande. Damit hängt auch zusammen, daß trotz der feierlichen Garantie des verwaltungsgerichtlichen Schutzes der gemeindlichen Selbstverwaltung der unendlich weite Raum des indirekten Aufsichtszwanges, wie er sich in der Versagung von Genehmigungen und Zustimmungen auf den wichtigsten Gebieten der gemeindlichen Finanzwirtschaft äußert und aufs tiefste in das Ermessen der Gemeinde eingreift, überhaupt nicht dadurch mitgedeckt war. Die feierliche Umkleidung dieses Rechtsschutzes entsprach also nicht ganz dem Inhalt. Mit Recht wurde daher der Gegenstand jetzt so gestaltet, daß die zur Aufsicht berufenen Behörden des Staates selbst die Grenzen des Wirkens der staatlichen Gliedkörperschaften überwachen.

Diese Behörden sind auch in der Lage, kleinliche Pflichtsäumnisse der Gemeinden zu übersehen, ebenso die unterstellte Aufsichtsbehörde zu ihrer Pflicht zurückzuführen, die Entschlußkraft und Verantwortungsfreudigkeit der Gemeinde nicht zu beeinträchtigen und für die Gemeinde und Aufsichtsbehörde auch die verwaltungsmäßigen Folgerungen des Tatbestandes mitzuerledigen. Sie können auch die Billigkeit und Zweckmäßigkeit der Anordnungen mitwürdigen, so daß das Doppelgeleise des verwaltungsmäßigen und verwaltungsgerichtlichen Verfahrens (im bisherigen Sinn) entbehrlich wurde. Auf der anderen Seite ist aus dem Wegfall der verwaltungsgerichtlichen Entscheidungen eine Folgerung zu ziehen: Grundsätzliche Entscheidungen höherer Aufsichtsbehörden werden, soweit sie nicht in allgemeine Anweisungen übernommen werden, zu veröffentlichen sein.

§ 114

Andere Behörden und Stellen als die Aufsichtsbehörden (§ 107) sind zu Eingriffen in die Gemeindeverwaltung nach §§ 108 ff. nicht befugt.

I. **Amtliche Begründung** s. Textausgabe S. 170.

II. **AusfAnw.**

Anderen Behörden als den nach § 107 DGO. zuständigen Aufsichtsbehörden stehen die Aufsichtsmittel der §§ 108 ff. DGO. nicht zur Verfügung. Soweit sie nach den gesetzlichen Vorschriften Anforderungen an die Gemeinde zu stellen berechtigt sind, haben sie sich in Ermangelung einer sondergesetzlichen Regelung stets an die nach der Deutschen Gemeindeordnung zuständige Aufsichtsbehörde zu wenden, die alsdann darüber befindet, welche Maßnahmen gegen die Gemeinde zu ergreifen sind.

III. **Anm.**

1. Die **Einheit der Kommunalaufsicht**, auf die das Gesetz einen hohen Wert legt (vgl. Nr. 5 der Allgemeinen Begründung — S. 13 f.) verlangt, daß die *spezifischen* Mittel der staatlichen Aufsicht über die Gemeinde nur einer Stelle (und den ihr für diesen Aufgabenbereich in der Behördengliederung vorgesetzten Behörden) zustehen. Deshalb verbietet § 114 *allen* übrigen Behörden und Stellen, von diesen in den §§ 108—112 zusammengefaßten allgemeinen Mitteln der Kommunalaufsicht Gebrauch zu machen. Diese Mittel stehen also *nur* den nach § 107 bestimmten Kommunalaufsichtsbehörden zu. Welche Behörden dies sind, dazu vgl. die Ausführungen zu § 107 DGO. und § 33 DurchfVO.

2. Die **anderen Behörden und Stellen** sind nicht etwa von Mitteln ähnlicher Art, auf die Gemeindeverwaltung einzuwirken, überhaupt gänzlich ausgeschlossen. Z. B. den staatlichen Polizeibehörden etwa zu verbieten, sich über die Ausübung der örtlichen Polizei durch die Gemeinden als staatlich beauftragte Träger der örtlichen Polizei zu informieren, den Gemeinden bindende Weisungen hierfür zu geben oder selbst unmittelbar in den Verwaltungsgang durch Beauftragung einzelner gemeindlicher Dienstkräfte einzugreifen, an Stelle der Gemeinde zu handeln u. ä., liegt dem Gesetz gänzlich fern. *Nur müssen alle solche Eingriffsrechte der anderen Behörden und Stellen, die nicht Kommunalaufsichtsbehörden nach § 107 sind, in* **anderen** *gesetz-*

lichen Vorschriften als in den §§ 108—112 DGO. begründet sein, z. B. für die staatlichen, den Gemeinden vorgesetzten Polizeibehörden in den Gesetzen über die Polizeiverwaltung, für die Schulaufsichtsbehörden in den auf das Schulwesen bezüglichen Gesetzen usw. Ist dies nicht der Fall, können also die staatlichen Behörden, die nicht Kommunalaufsichtsbehörden sind, notwendige oder wünschenswerte Anforderungen an Gemeinden oder Eingriffe in die Gemeindeverwaltung nicht auf solche sondergesetzlichen Ermächtigungen stützen, so bleibt nichts übrig, als daß sie sich an die Kommunalaufsichtsbehörden wenden mit dem Ersuchen, das Weitere staatsaufsichtlich zu veranlassen. Ob die Kommunalaufsichtsbehörde solchen Anregungen nachkommen kann, hängt davon ab, ob die seitens der übrigen Behörden von der Gemeinde verlangten Handlungen oder Unterlassungen eine gesetzliche Pflicht der Gemeinde darstellen. Es ist z. B. Rechtspflicht der Gemeinde, bei staatlichen Auftragsangelegenheiten (vgl. § 2 Abs. 3) den sachlichen Weisungen der für den Gegenstand vorgesetzten Staatsbehörde zu folgen. Befolgt die Gemeinde solche Weisungen nicht und hat die Fachaufsichtsbehörde auf Grund von Sondergesetzen nicht selbst Zwangsmittel, so ist es auf Anregung der Fachaufsichtsbehörde Recht und Pflicht der Kommunalaufsichtsbehörde, die Erfüllung der Rechtspflicht der Gemeinde mit den Mitteln der §§ 108—112 herbeizuführen.

Nach der Fassung des § 114 kann es keinem Zweifel unterliegen, daß unter die den übrigen Behörden und Stellen verschlossenen allgemeinen Kommunalaufsichtsmittel auch das Informationsrecht nach § 108 zählt. Es soll nicht die Gemeinde von allen möglichen Behörden, die hierzu keine sondergesetzliche Ermächtigung haben, in ungeregelter und in der Dringlichkeit nicht abgestufter Weise mit Berichtspflichten, Einblicksrechten, Auskunftspflichten (unter Umständen gleichzeitig über einen und denselben Gegenstand) belastet werden.

3. **Umgekehrt** ist die Kommunalaufsichtsbehörde gebunden, die sondergesetzlich begründeten Anweisungs- und Eingriffsrechte der anderen Behörden und Stellen nicht nur zu dulden, sondern auch zu fördern, im letzten Ergebnis mit den Mitteln der §§ 108—112. Wo dies mit anderen Pflichten der Gemeinde nach Art und Dringlichkeit kollidiert, ist es Sache der Kommunalaufsichtsbehörde, sachlich und zeitlich auszugleichen.

Niemals ist die eigentliche Kommunalaufsichtsbehörde von dem Einblicksrecht in die gesamte Gemeindeverwaltung (also einschließlich der staatlichen Auftragsangelegenheiten) ausgeschlossen. § 108 räumt ihr das Informationsrecht uneingeschränkt ein.

4. Der **Sinn dieser Regelung** sichert der Gemeinde den erforderlichen Schutz, die Verwaltung der örtlichen Aufgaben in einer mit ihrer Leistungsfähigkeit und nach den örtlichen Bedürfnissen abgestuften, planmäßigen Einheit zu führen; die Regelung soll die Gemeinde nicht etwa von der Erfüllung von Rechtspflichten anderen

Behörden und Stellen gegenüber entbinden. Die Regelung legt überwiegend der Kommunalaufsichtsbehörde Pflichten auf: Sie hat dafür zu sorgen, daß der Sinn der Regelung gesichert bleibt.

§ 115

(1) Ansprüche der Gemeinde gegen den Bürgermeister werden von der Aufsichtsbehörde geltend gemacht. Die Kosten der Rechtsverfolgung trägt die Gemeinde.

(2) Verträge des Bürgermeisters mit der Gemeinde bedürfen der Genehmigung der Aufsichtsbehörde, es sei denn, daß es sich um Verträge nach feststehendem Tarif handelt. § 104 Abs. 1 gilt entsprechend.

I. **Amtliche Begründung** s. Textausgabe S. 170/171.

II. **AusfAnw.**

1. Die Vorschrift des § 115 Abs. 1 DGO. findet nur Anwendung, wenn es sich um die Geltendmachung von Ansprüchen gegen den noch im Amte befindlichen Bürgermeister handelt. Ansprüche gegen einen bereits ausgeschiedenen Bürgermeister macht sein Amtsnachfolger geltend.

Ansprüche im Sinne des § 115 Abs. 1 DGO. sind die auf öffentlichem oder bürgerlichem Recht beruhenden Ansprüche. Eine Geltendmachung derartiger Ansprüche liegt sowohl dann vor, wenn sie im ordentlichen Rechtswege geltend gemacht werden müssen, als auch dann, wenn lediglich vorbereitende Maßnahmen eingeleitet werden. Das gilt insbesondere, wenn gegen den Bürgermeister ein sogenannter Defektenbeschluß erforderlich wird.

Bei Geltendmachung derartiger Ansprüche handelt die Aufsichtsbehörde im Namen der Gemeinde, der auch die Kosten der Rechtsverfolgung zur Last fallen. Partei im Rechtsstreit ist danach die Gemeinde, nicht etwa die Aufsichtsbehörde.

2. Verträge nach § 115 Abs. 2 DGO., die ohne Genehmigung der Aufsichtsbehörde abgeschlossen werden, sind nach § 104 Abs. 1 DGO. unwirksam. Die Ausnahmevorschrift des Abs. 2 Satz 1 letzter Halbsatz findet im übrigen keine Anwendung, wenn im Rahmen des Tarifs von einer individualisierenden Bestimmung Gebrauch gemacht werden soll.

III. **Anm.**

1. **Ansprüche der Gemeinde gegen den Bürgermeister** sind von der Aufsichtsbehörde geltend zu machen. Die Begründung zum Gesetz weist für diese Vorschrift auf die notwendige Vorbeugung vor einer Interessenkollision und auf die notwendige Sicherung der Interessen der Gemeinde durch die überörtliche Zuständigkeitsregelung hin. Gemeinde und sonstige Interessenten können die Geltend-

machung der Ansprüche bei der Aufsichtsbehörde anregen; die Geltendmachung liegt aber ausschließlich im pflichtmäßigen Ermessen der Aufsichtsbehörde. Die Folge ist, daß außer der Aufsichtsbehörde niemand die Aktivlegitimation zur Geltendmachung solcher Ansprüche der Gemeinde besitzt. Welche Ansprüche hierunter fallen, umgrenzt das Gesetz nicht. Auch ein besonderes Verfahren hierfür wird im Gesetz nicht vorgesehen. Hieraus ergibt sich:

a) Es fallen hierunter alle Ansprüche der Gemeinde gegen den Bürgermeister, gleichgültig, ob sie sich auf Vertrag, unerlaubte Handlungen oder (ohne Rücksicht auf Verschulden) auf kraft Gesetzes eintretende Verpflichtungen des Bürgermeisters gründen, ferner gleichgültig, ob sie sich auf öffentliches oder bürgerliches Recht stützen.

Das Gesetz berührt nur in zwei Vorschriften einschlägige Tatbestände: In § 32 Abs. 1 ist bestimmt, daß der Bürgermeister die volle und ausschließliche Verantwortung für die Verwaltung der Gemeinde trägt, und in § 92 ist bestimmt, daß Beamte (wozu stets der Bürgermeister gehört), die gegen die Vorschriften des Sechsten Teils 4. Abschnitt verstoßen, der Gemeinde für den daraus entstehenden Schaden haften. Es ist klar, daß diese letztere Vorschrift nur eine Teilbestimmung über die Haftung der Beamten aus Amtspflichtverletzungen ist; die Vorschriften über die Amtspflichtverletzungen und die hieraus sich ergebenden Rechtsfolgen (auch hinsichtlich der Haftung) werden demnächst im Beamtenreichsgesetz erschöpfend geregelt.

Mit diesem Vorbehalt gilt folgendes: Ansprüche der Gemeinde gegen den Bürgermeister aus bürgerlich-rechtlichen Verträgen beurteilen sich ausschließlich nach bürgerlichem Recht (z. B. der ehrenamtliche Bürgermeister hatte als Handwerksmeister irgendeinen Auftrag der Gemeinde übernommen und es bestehen Ansprüche der Gemeinde gegen den Bürgermeister aus diesem Vertragsverhältnis, möglicherweise aus der Zeit vor der Berufung des Bürgermeisters). Ansprüche der Gemeinde gegen den Bürgermeister aus unerlaubten Handlungen, soweit sie sich nicht als Amtspflichtverletzungen darstellen, beurteilen sich nach den §§ 823 ff. BGB. (z. B. der Bürgermeister hatte vor seiner Berufung die Gemeinde durch unerlaubte Handlungen i. S. der genannten Vorschriften geschädigt; oder ein privater Angestellter des ehrenamtlichen Bürgermeisters, der gleichzeitig einen geschäftlichen Betrieb hat, hat in Ausführung einer Verrichtung, zu der ihn der Bürgermeister als sein Geschäftsherr bestellt hatte, der Gemeinde widerrechtlich einen Schaden zugefügt — § 831 BGB.; oder der Bürgermeister ist als Großgrundbesitzer Jagdberechtigter und hat der Gemeinde den Wildschaden an gemeindlichen Grundstücken zu ersetzen — § 835 BGB.). Der Bürgermeister haftet ferner der Gemeinde als Ersatzpflichtiger, wenn die Gemeinde für den Schaden in Anspruch genommen worden ist, den der Bürgermeister einem Dritten durch Verletzung der ihm dem Dritten gegenüber obliegenden Amtspflicht zugefügt hat (bisher Art. 131 RV., § 839 BGB. und — für Bayern — Art. 60 AG.z.BGB.). Der Bürgermeister haftet außerdem der Gemeinde als Ersatzpflichtiger, wenn die Gemeinde auf Grund der §§ 89, 31 BGB. zum Ersatz des Schadens in Anspruch genommen worden ist, den der Bürgermeister in Ausführung der ihm als Leiter der Gemeinde (§ 32) zustehenden Verrichtungen durch eine zum Schadenersatze verpflichtende Handlung (sei es unerlaubte Handlung i. S. der §§ 823 ff. BGB., sei es ohne Verschulden — vgl. §§ 231, 833, 904 BGB.) zugefügt hat; diese Haftung besteht nur bei Tatbeständen des bürgerlichen Rechts, also bei Handlungen und Unterlassungen des Bürgermeisters als Vertreter der Gemeinde auf Gebieten, in denen die Gemeinde nicht als Obrigkeit (Hoheitsträger), sondern als private Rechtsperson auftritt (z. B. bei wirtschaftlichen Angelegenheiten); das Rückgriffsrecht der Gemeinde ergibt sich aus den §§ 840, 421, 426 BGB.; für den Verteilungsmaßstab wird auf §§ 662, 276, 278, 249 ff. BGB. verwiesen. Endlich fallen hierunter alle Schadenersatzpflichten des Bürgermeisters auf Grund von Amtspflichtverletzungen gegenüber der Gemeinde; die materiellen Vorschriften hierüber ergehen im Beamtenreichsgesetz; es ist aber anzunehmen, daß es bei der unbeschränkten Haftung aller Beamten (auch des Bürgermeisters) wie bisher verbleibt, m. a. W. der Bürgermeister ist ohne Gradabstufung für jede schadenverursachende Amtspflichtverletzung seiner Gemeinde gegenüber schadenersatzpflichtig. Ob die Haftung in Anspruch zu nehmen ist, ist eine andere Frage, die nunmehr in erster Linie die Aufsichtsbehörde angeht. Stets ist der in § 254 BGB. ausgedrückte Rechtsgedanke (mitwirkendes Verschulden und mitwirkende Verantwortlichkeit — objektive Haftbarkeit — des Geschädigten, konkurrierendes Verschulden, Kulpakompensation) zur Ausfüllung einer Lücke auch dort, wo es sich um öffentliches Recht handelt, anzuwenden. Mehrere Schuldner haften als Gesamtschuldner.

b) Die Art der Geltendmachung ist nicht näher geregelt; die Neuregelung ergeht im Beamtenreichsgesetze; bis dahin gilt die bisherige Rechtslage. Aber gleichgültig, ob die Geltendmachung im ordentlichen Rechtsweg oder beschränkt im Rechtsweg (nämlich nach einer Vorentscheidung) oder verwaltungsgerichtlich oder in einem besonderen Ersatzzuweisungsverfahren oder im reinen Verwaltungsverfahren erfolgt, auf jeden Fall bestimmt § 115 Abs. 1, daß die Aufsichtsbehörde diese Ansprüche der Gemeinde gegen den Bürgermeister geltend zu machen hat.

c) Der Aufsichtsbehörde ist damit nicht nur ein Recht, sondern auch eine Pflicht eingeräumt; sie hat das Interesse der Gemeinde wahrzunehmen. Ob sie den Anspruch geltend macht, ist eine Frage des pflichtmäßigen Ermessens. Sie wird die Entscheidung in erster Linie von der Höhe des Verschuldens des Bürgermeisters, dann aber auch von der Höhe des Schadens der Gemeinde abhängig machen. Auf jeden Fall hat sie die Pflicht, die Tatbestände einwandfrei zu klären. Besonders die gemeindliche Rechnungsprüfung

27*

wird ihr hierzu Anlaß geben können. Die Beschlußfassung über die Entlastung des Bürgermeisters (§ 99) wird hierauf eingehen müssen. Auf der anderen Seite ist auch der Bürgermeister vor unberechtigten Angriffen zu schützen. Die Aufsichtsbehörde wird nach einwandfreier Klärung die Schuldfreiheit des Bürgermeisters feststellen und den Stellen bekanntgeben, an die ungerechtfertigte Vorwürfe gerichtet worden sind. Auch soll die Vorschrift nicht zur Quelle von Denunziationen und von Querulantentum werden.

2. **Kosten der Rechtsverfolgung** hat die Gemeinde zu tragen; denn die Aufsichtsbehörde wird im Namen der Gemeinde tätig. Auch dies wird der Aufsichtsbehörde die Frage des Ob vor Augen führen. Soweit es sich um Verwaltungsarbeit der Aufsichtsbehörde selbst handelt, ist es die Erfüllung einer ihr durch Gesetz auferlegten Pflicht. Es kommen daher für die Ersatzpflicht der Gemeinde nur die Auslagen in Betracht.

3. **Verträge des Bürgermeisters mit der Gemeinde** bedürfen der Genehmigung der Aufsichtsbehörde. Die Begründung zum Gesetz weist für die Vorschrift darauf hin, daß die absolute Lauterkeit der Beziehungen zwischen Bürgermeister und Gemeinde vor der öffentlichen Kritik den erforderlichen Schutz erhalten soll, indem die Aufsichtsbehörde anläßlich der Genehmigung zur Prüfung aller Vereinbarungen verpflichtet wird.

Genehmigungspflichtig sind alle Verträge (s. Ausnahmen unten), gleichgültig, ob es sich um Verträge handelt, die sich auf das Dienstverhältnis beziehen, oder um Verträge, die der Bürgermeister als Privatperson mit der Gemeinde abschließt. Der Mangel der Genehmigung macht die Verträge unwirksam (s. hierzu die Ausführungen zu § 104 Abs. 1).

Als Ausnahmen von der Genehmigungspflicht bestimmt das Gesetz die Verträge, die der Bürgermeister mit der Gemeinde nach feststehendem Tarif abschließt (z. B. über den Bezug von Wasser, elektrischem Strom, Gas u. ä., soweit überhaupt hierfür Verträge in Betracht kommen); die absolut gleichmäßige Unterstellung des Bürgermeisters unter die allgemeingültigen Regelungen der Gemeinde, wie sie für jedermann gelten, bedarf keiner Nachprüfung hinsichtlich einer Bevorteilung des Bürgermeisters. Soweit aber solche Regelungen und Tarife eine für den Vertragspartner der Gemeinde erleichternde Individualisierung zulassen, von der Gebrauch gemacht werden soll, sind die Verträge genehmigungspflichtig. Dies gilt selbstverständlich auch umgekehrt: Soweit der Tarif für Sondertatbestände die Anwendung individueller, den Vertragspartner der Gemeinde mehrbelastender Bestimmungen verlangt oder der Verwaltung offenhält und dieser Sondertatbestand beim Bürgermeister vorliegt, ist die Beibehaltung der allgemeinen Tarifbestimmungen genehmigungspflichtig. Es soll durch die Genehmigung jedem Vorwurf in der Richtung vorgebeugt werden, daß der Bürgermeister Sondervorteile in Anspruch nimmt.

Verträge des Bürgermeisters mit rechtlich selbständigen Unternehmungen, an denen die Gemeinde beteiligt ist oder deren Anteile in der Hand der Gemeinde liegen, fallen **nicht** unter die Genehmigungspflicht. Ebenso fallen nicht unter die Genehmigungspflicht Verträge der Gemeinde mit Familienangehörigen des Bürgermeisters. Daß die Pflicht der absoluten Sauberkeit der Verwaltung auch hierfür gilt, braucht nicht beigefügt zu werden.

Soweit der Bürgermeister Verträge mit der Gemeinde abschließt, ist er von der Vertretung der **Gemeinde** ausgeschlossen. Für das bürgerliche Recht ist dies schon durch § 181 BGB. ausgeschlossen; solche Rechtsgeschäfte sind nicht nichtig, bleiben vielmehr genehmigungspflichtig, d. h. der allgemeine Vertreter des Bürgermeisters (der Erste Beigeordnete — vgl. § 35) kann im Namen der Gemeinde den Vertrag nachträglich genehmigen. Für das gesamte Gebiet der Gemeindeverwaltung schließt aber § 25 (und § 38 für hauptamtliche Bürgermeister) noch besonders die Mitwirkung bei eigenen Angelegenheiten aus; im Zweifelsfalle hätte der Erste Beigeordnete die Frage einer „Beteiligung" des Bürgermeisters zu klären (§ 25 Abs. 2).

§ 116

(1) Zur Einleitung der Zwangsvollstreckung gegen die Gemeinde wegen einer Geldforderung bedarf der Gläubiger einer Zulassungsverfügung der Aufsichtsbehörde, es sei denn, daß es sich um die Verfolgung dinglicher Rechte handelt. In der Verfügung hat die Aufsichtsbehörde die Vermögensgegenstände zu bestimmen, in die die Zwangsvollstreckung zugelassen wird, und über den Zeitpunkt zu befinden, in dem sie stattfinden soll. Die Durchführung der Zwangsvollstreckung regelt sich nach den Vorschriften der Zivilprozeßordnung.

(2) Ein Konkursverfahren über das Vermögen der Gemeinde findet nicht statt.

I. Amtliche Begründung s. Textausgabe S. 172.

II. AusfAnw.

1. § 116 DGO. gilt nur in Fällen der Zwangsvollstreckung wegen einer Geldforderung, nicht auch in Fällen der Zwangsvollstreckung zur Herausgabe von Sachen und zur Erwirkung von Handlungen oder Unterlassungen. Auch bei Zwangsvollstreckungen wegen Geldforderungen bestehen zwei Einschränkungen:

a) Soweit es sich um die Verfolgung dinglicher Rechte handelt, finden ausschließlich und ohne jede Einschränkung die Vorschriften der Zivilprozeßordnung Anwendung.

b) Soweit es sich um Geldforderungen handelt, die im Verwaltungszwangsverfahren beizutreiben sind, gilt § 116, wie sich aus Abs. 1 letzter Satz ergibt, gleichfalls nicht.

2. a) Voraussetzung einer Zwangsvollstreckung ist ihre Zulassung durch die Aufsichtsbehörde. Die Zulassungsverfügung ist an sich keine Maßnahme der Zwangsvollstreckung. Sie eröffnet nur hinsichtlich der Gegenstände, in die vollstreckt werden darf, und hinsichtlich des Zeitpunktes, zu dem die Vollstreckung zulässig ist, den Weg der Zwangsvollstreckung. Die Zwangsvollstreckung selbst vollzieht sich alsdann innerhalb des durch die Zulassungsverfügung bestimmten Rahmens ausschließlich nach den Vorschriften der ZPO.

Es ist Sache des Gläubigers, die Zulassungsverfügung bei der Aufsichtsbehörde zu beantragen; dabei hat er gleichzeitig die Vermögensgegenstände zu bezeichnen, in die er vollstrecken will.

b) Die Zulassungsverfügung bestimmt die Vermögensgegenstände, in die die Zwangsvollstreckung zugelassen wird, und legt den Zeitpunkt fest, in dem sie stattfindet.

aa) Die Aufsichtsbehörden werden angewiesen, eine Zwangsvollstreckung in solche Vermögensgegenstände nicht zuzulassen, die für den geordneten Gang der Verwaltung oder für die Versorgung der Bevölkerung unentbehrlich sind.

bb) Hinsichtlich des Zeitpunktes hat die Aufsichtsbehörde sowohl die Interessen des Gläubigers als auch die besonderen Bedürfnisse der Gemeinde zu beachten. Sie kann dabei, wenn mehrere Anträge vorliegen, auch eine anteilige Vollstreckung zulassen.

3. Ein Konkursverfahren über das Vermögen der Gemeinde findet nicht statt. Damit sind auch landesrechtliche „Verteilungsverfahren", die konkursähnlichen Charakter haben, aufgehoben. Wenn das für die Zwangsvollstreckung greifbare Vermögen einer Gemeinde nicht ausreicht, um die Anträge einer Mehrheit von Gläubigern zu befriedigen, so hat die Aufsichtsbehörde durch entsprechende Gestaltung der Zulassungsverfügung für eine möglichst gleichmäßige anteilige Befriedigung aller Gläubiger zu sorgen.

III. Anm.

1. Die **Zwangsvollstreckung gegen Gemeinden** war bisher in den einzelnen Ländern sehr verschieden geregelt. Gleichheitlich war nur, daß die Zwangsvollstreckung gegen Gemeinden wegen öffentlich-rechtlicher Verpflichtungen der Gemeinden grundsätzlich Recht und Pflicht der Aufsichtsbehörde war; das ist ja in der letztnotwendigen Auswirkung der Sinn der staatlichen Aufsicht über die Gemeinde. Dagegen gingen die Regelungen der Zwangsvollstreckung gegen

Gemeinden wegen ihrer bürgerlich-rechtlichen Verpflichtungen weit auseinander.

In den süddeutschen Ländern war auch diese Zwangsvollstreckung überwiegend der Aufsichtsbehörde eingeräumt. Für Bayern galt Art. 9 Abs. II AG.z.ZPO. und KO. Lag ein vollstreckbarer Titel wegen einer Geldforderung vor, so konnte die Aufsichtsbehörde, soweit es sich nicht um die Verfolgung dinglicher Rechte handelte, die Zwangsvollstreckung gegen die Gemeinde zur Befriedigung des Gläubigers durchführen, und zwar, ohne an die Formen und Fristen des staatsaufsichtlichen Verfahrens nach Art. 60 Bayer. GO. gebunden zu sein. Ob die Aufsichtsbehörde die Zwangsvollstreckung durchführte, war nicht in ihr Belieben gestellt; wohl aber konnte sie im Rahmen des pflichtmäßigen Ermessens die Zwangsvollstreckung hinausschieben, wenn es aus zwingenden Gründen des öffentlichen Wohls (z. B. zur Aufrechterhaltung eines geordneten Ganges der Verwaltung der Gemeinde) geboten war. Wie und in welche Vermögensgegenstände die Aufsichtsbehörde vollstreckte, war ihrem Ermessen anheimgestellt. Sie konnte Zahlungsanweisungen an den Kassenverwalter erteilen; sie konnte das Finanzamt ersuchen, einen Überweisungssteuerbetrag der Gemeinde unmittelbar dem Gläubiger auszuzahlen; sie konnte aber auch zur zwangsweisen Verwertung von Sachvermögen der Gemeinde schreiten. Soweit kein vollstreckbarer Titel gegen die Gemeinde vorlag, der Anspruch aber seitens der Gemeinde völlig unbestritten und auch objektiv liquid war, konnte die Aufsichtsbehörde im aufsichtlichen Verfahren nach Art. 60 Bayer. GO. vorgehen. — Nur soweit es sich bei einem vollstreckbaren Titel um Verfolgung dinglicher Rechte handelte, war die Gemeinde einer Privatperson gleichgestellt; die Zwangsvollstreckung erfolgte insoweit — ohne Zwischenschaltung der Aufsichtsbehörde — unmittelbar nach den Vorschriften der ZPO. und des ZVG. — Ein Konkursverfahren über das Gemeindevermögen war ausgeschlossen (Art. 10 AG.z. ZPO. und KO.).

Für Preußen war bis zum Gesetz vom 11. Dezember 1934 (Preuß. GS. S. 457) auf Grund der Vorbehalte in § 15 Ziff. 3 EG.z.ZPO. und Art. IV EG.z.G. über Änderungen der KO. vom 17. Mai 1898 zunächst der Rechtszustand verschieden im Gebiete des allgemeinen Landrechts, des französischen Rechts und des gemeinen Rechts. Die erste Zusammenfassung brachte die VO. vom 1. September 1932 (GS. S. 283); sie brachte auch das sog. Verteilungsverfahren zur gleichmäßigen Befriedigung mehrerer Gläubiger. Das obengenannte Gesetz vervollständigte die Vereinheitlichung des Rechts.

Die DGO. folgt dem Grundgedanken dieses Gesetzes.

2. Der **jetzige Rechtszustand** ist folgender:

a) Öffentlich-rechtliche Verpflichtungen der Gemeinden werden, falls nicht Sondergesetze (z. B. Steuergesetze) ein besonderes

Verfahren vorsehen, grundsätzlich von der Aufsichtsbehörde nach den Vorschriften der §§ 106 ff., insbesondere §§ 110 und 111, vollstreckt.

b) Bürgerlich-rechtliche Ansprüche Dritter sind nicht durch die Aufsichtsbehörde, sondern nach den Vorschriften der ZPO. und des ZVG. zu vollstrecken; dabei wird unterschieden zwischen

aa) Verfolgung dinglicher Rechte sowie von Ansprüchen, die nicht Geldforderungen darstellen; hier gelten die Vorschriften der ZPO. und des ZVG. ausschließlich;

bb) sonstiger Zwangsvollstreckung gegen Gemeinden wegen Geldforderungen; hier ist die Vollstreckung von einer Zulassungsverfügung der Aufsichtsbehörde abhängig gemacht.

c) Ein Konkursverfahren über das Vermögen der Gemeinde findet nicht statt.

Zu a). Es ist nach wie vor Recht und Pflicht der Aufsichtsbehörde, die Erfüllung der öffentlich-rechtlichen Verpflichtungen der Gemeinde zu überwachen und nötigenfalls sie im aufsichtlichen Verfahren zu erzwingen. Die hierzu erforderlichen Zwangsrechte gibt die DGO. der Aufsichtsbehörde in den Vorschriften der §§ 106 ff., insbesondere in den §§ 110 und 111, im äußersten Falle (Bestellung eines Staatskommissars) in § 112.

Zu b).

aa) Hinsichtlich der Verfolgung dinglicher Rechte sowie von Ansprüchen, die nicht Geldforderungen darstellen (z. B. Herausgabe von Sachen oder Erzwingung von Handlungen — §§ 883--898 ZPO.) verblieb es bei dem bisherigen Rechtszustand. Die Aufsichtsbehörde ist weder mit der Vollstreckung beauftragt noch kann sie sie hindern. Soweit die heutigen Gesetze besonderen Vollstreckungsschutz gewähren, ist die Gemeinde hiervon nicht ausgeschlossen. Die Aufsichtsbehörde wird, wenn es die Sicherung eines geordneten Ganges der Verwaltung der Gemeinde oder die Versorgung der Bevölkerung mit lebensnotwendigem Bedarf verlangt, auch ihrerseits darauf hinwirken. Es ist jedoch von vornherein darauf hinzuweisen, daß die DGO. die Bestellung von Sicherheiten der Gemeinde nur mit Genehmigung der Aufsichtsbehörde erlaubt, soweit es sich nicht um Geschäfte der laufenden Verwaltung handelt (vgl. § 78), und daß der Gemeinde für die Regel verboten ist, den eigenen Darlehensgläubigern besondere Sicherheiten zu bestellen (vgl. § 79). Diese strenge Regelung hängt gerade mit den Gefahren zusammen, die die Gemeinde aus der Verfolgung dinglicher Rechte im Wege unmittelbarer Zwangsvollstreckung bedrohen.

bb) Zur sonstigen Zwangsvollstreckung gegen die Gemeinde wegen Geldforderungen bedarf der Gläubiger einer besonderen Zulassungsverfügung der Aufsichtsbehörde; darin hat die Aufsichtsbehörde die Vermögensgegenstände zu bestimmen, in die die Zwangsvollstreckung zugelassen wird, und über den Zeitpunkt zu befinden, in dem die Zwangsvollstreckung stattfinden soll. Darüber hinaus richtet sich die Zwangsvollstreckung nach den Vorschriften der ZPO. und des

ZPO. Diese Regelung geht von dem Gedanken aus, daß es nicht nur einer öffentlichen Körperschaft unwürdig ist, durch den Gerichtsvollzieher zur Erfüllung von Rechtspflichten gezwungen zu werden, sondern auch notwendig ist, vermeidbaren Gefahren für den geordneten Gang der Verwaltung vorzubeugen. Aus der Regelung erwachsen daher der Aufsichtsbehörde Rechte, aber auch Pflichten: Es ist nicht etwa in ihr Belieben gestellt, die Zulassungsverfügung zu erteilen oder zu versagen; denn auf seiten der Gemeinde handelt es sich um die Erfüllung gerichtlich festgestellter Rechtspflichten. Die Aufsichtsbehörde kann zunächst versuchen, ihrerseits die Gemeinde zur Erfüllung der Verpflichtungen anzuhalten, um den öffentlichen Zwang zu vermeiden. Kann oder will die Gemeinde nicht erfüllen, so hat die Aufsichtsbehörde zu prüfen, ob die Vollstreckung die Erfüllung öffentlich-rechtlicher Aufgaben der Gemeinde oder den geordneten Gang der Verwaltung oder die Versorgung der Bevölkerung mit lebensnotwendigem Bedarf gefährdet. In diesen Tatbeständen liegen Gründe, die — abgestellt auf öffentliche Personen — einen Vollstreckungsschutz, wie er sonst Privatpersonen gewährt werden kann, rechtfertigen. Es kann sich auch darum handeln, die Gefahr einer Verschleuderung öffentlichen Vermögens, die Gefahr einer Verprivatisierung monopolartigen Vermögens der Gemeinde u. ä. zu verhüten. Liegen aber wichtige Gründe dieser Art nicht vor, so hat die Aufsichtsbehörde ihrer Rechtspflicht nachzukommen.

Die Zulassungsverfügung hat sich der Gläubiger zu verschaffen. In der Zulassungsverfügung hat die Aufsichtsbehörde auch bei der Bestimmung des vollstreckbaren Vermögens und des Zeitpunkts der Vollstreckung auf öffentliche Interessen unter den obenerwähnten Gesichtspunkten Rücksicht zu nehmen. Sie hat die Vermögensgegenstände und den Zeitpunkt der Vollstreckung zu bestimmen, die die Interessen der Gemeinde und der Bevölkerung am wenigsten beeinträchtigen. Dem Gläubiger darf aber unter den erwähnten Gesichtspunkten nichts vorenthalten werden, worauf er kraft der gerichtlich festgestellten Rechtspflicht der Gemeinde Anspruch hat.

Zu c). Ein Konkursverfahren über das Vermögen der Gemeinde würde rücksichtslos über die öffentlichen Interessen hinweggehen können, die nach den Ausführungen unter bb schutzbedürftig und schutzwürdig sind; deshalb ist es allgemein ausgeschlossen. Ebenso auch Verteilungsverfahren konkursähnlichen Gepräges. Wie die AusfAnw. (letzter Absatz) ergibt, kann die Aufsichtsbehörde für eine möglichst gleichmäßige Befriedigung der Gläubiger durch ihre Zulassungsverfügung sorgen. — Dabei kann auch der Fall eintreten, daß die Zulassung eines Gläubigerantrags nach bestimmter Voraussicht einen Run der übrigen Gläubiger veranlassen wird; ob die Aufsichtsbehörde bei einem solchen Sachverhalt annehmen muß, daß hierdurch dann der geordnete Gang der Verwaltung gefährdet wird, ist eine Tatfrage.

Zu bemerken ist nochmals, daß § 116 ausschließlich sich auf die Zwangsvollstreckung wegen Geldforderungen bezieht. Andere Fälle der Zwangsvollstreckung, z. B. Erzwingung der Herausgabe von Sachen oder von Handlungen und Unterlassungen (§§ 883—898 ZPO.) fallen nicht darunter; insoweit richtet sich die Zwangsvollstreckung, soweit es sich um bürgerlich-rechtliche Ansprüche handelt, ausschließlich nach den Vorschriften der ZPO.

3. **Sonderfälle** der Zwangsvollstreckung gegen Gemeinden waren bisher die Vollstreckung gegen Kreditanstalten der Gemeinden sowie die gegen Körperschaften, Anstalten und Stiftungen, die unter der Verwaltung der Gemeinde stehen. Das Gesetz berührt diese Tatbestände nicht. Es ist folgendes klarzustellen:

a) Soweit es sich um rechtlich unselbständige Anstalten und Stiftungen handelt, gelten die Vorschriften über die Zwangsvollstreckung gegen die Gemeinden unmittelbar; hier handelt es sich um gemeindliche Verpflichtungen und gemeindliches Vermögen.

b) Soweit es sich um rechtlich selbständige (rechtsfähige) Körperschaften und Anstalten, die in der Verwaltung der Gemeinde stehen, handelt, ändert das Gesetz den bisherigen Rechtszustand nicht; es verbleibt bei den bisherigen Vorschriften. Es gelten daher z. B. für bayerische Sparkassen Art. 9 und 10 AG.z.ZPO. und KO. Auch die Vollstreckung gegen Gesellschaften des bürgerlichen Rechts, an denen die Gemeinde beteiligt ist oder deren Anteile sich vollständig in der Hand der Gemeinde befinden, richtet sich nach den bisherigen Vorschriften. Die DGO. gewährt insoweit keinen besonderen Vollstreckungsschutz. Auch dies ist ein Grund, warum die DGO. die Umwandlung von wirtschaftlichen Unternehmen der Gemeinden in rechtlich selbständige Unternehmen erschwert (vgl. § 75).

c) Die Zwangsvollstreckung gegen rechtsfähige Stiftungen, die in der Verwaltung der Gemeinde stehen (vgl. § 66), wird sich nach den für die Zwangsvollstreckung gegen Gemeinden geltenden Vorschriften richten, da die Verwaltung dieser Stiftungen nach § 66 nach den Vorschriften der DGO. zu führen ist. Immerhin kann diese Frage einem Zweifel ausgesetzt sein; es kommt darauf an, ob unter „Verwaltung der Stiftung durch die Gemeinde nach den Vorschriften der DGO." auch solche Folgen einzubeziehen sind. M. E. ist diese Frage nach dem Sinn und Zweck der Vorschrift der §§ 66 und 116 zu bejahen.

Achter Teil.
Schlußvorschriften
§ 117

(1) Der Reichsminister des Innern kann durch Verordnung Aufgaben, die dem Reichsstatthalter nach den §§ 9

bis 11, 15 dieses Gesetzes zustehen, auf nachgeordnete Behörden übertragen.

(2) Ist der Reichsstatthalter nicht zugleich örtlich zuständiger Gauleiter der NSDAP., so ist in dem Falle des § 45 Abs. 1 neben dem Reichsstatthalter auch der Gauleiter zu hören. Unter der gleichen Voraussetzung hat der Reichsstatthalter in den Fällen des § 45 Abs. 1 und des § 54 letzter Halbsatz im Einvernehmen mit dem Gauleiter zu handeln; kommt kein Einvernehmen zustande, so entscheidet der Reichsminister des Innern.

(3) Die Aufgaben des Reichsstatthalters nimmt in Preußen der Oberpräsident, in den Hohenzollerischen Landen der Regierungspräsident wahr. Absätze 1 und 2 gelten entsprechend.

I. Amtliche Begründung s. Textausgabe S. 173/174.

II. DurchfVO. (§§ 36 und 37)

§ 36. (1) Die Änderung des Gemeindegebiets nach § 15 der Deutschen Gemeindeordnung spricht aus

1. der Reichsstatthalter, wenn hierdurch eine Gemeinde aufgelöst oder neu gebildet wird;
2. die Aufsichtsbehörde, wenn durch die Grenzänderung bisher unbewohnte Gebietsteile in eine andere Gemeinde eingegliedert werden;
3. sonst die obere Aufsichtsbehörde.

(2) Vorschriften, denen zufolge die Änderung des Gemeindegebiets als Folge eines von den Landeskulturbehörden geleiteten Umlegungsverfahrens eintritt, bleiben unberührt.

§ 37. Wenn im Falle des § 15 der Deutschen Gemeindeordnung durch die Änderung des Gemeindegebiets Amtsbezirke mehrerer Reichsstatthalter berührt werden, so spricht der Reichsminister des Innern die Änderung des Gemeindegebiets aus.

III. AusfAnw.

Der § 36 der Ersten DurchfVO. macht von der Ermächtigung des § 117 Abs. 1 DGO. nur insoweit Gebrauch, als er den Ausspruch von Grenzänderungen in allen Fällen, in denen hierdurch eine Gemeinde nicht aufgelöst oder neugebildet wird, den oberen Aufsichtsbehörden und den Aufsichtsbehörden überträgt. Eine Übertragung weiterer Befugnisse des Reichsstatthalters ist nicht in Aussicht genommen.

IV. **Anm.**

Die Vorschriften der §§ 117—121 enthalten in der Hauptsache die erforderlichen Ermächtigungen an den RMdJ., um den gegenwärtigen, außerordentlich zersplitterten Rechtszustand an die durch die DGO. geschaffene Rechtseinheit anzupassen und für die Überleitung die erforderlichen Vorschriften — ausnahmsweise auch unter Abweichung von den Bestimmungen des Gesetzes (vgl. § 121 Abs. 2) — zu treffen.

1. Der Grundsatz der **Dezentralisation** war dafür maßgebend, wichtige staatshoheitliche Befugnisse, die in der Vergangenheit in der Hand der obersten Landesbehörde lagen, nicht bei der für den Vollzug des Gesetzes zuständigen obersten Reichsstelle, dem RMdJ. (vgl. §§ 107 und 121) anzuhäufen, sondern sie der nächsten staatlichen Stelle, den Reichsstatthaltern, zu übertragen; dies trifft auf die Zuständigkeitsvorschriften der §§ 9—11 und 15 zu. Bei anderen Zuständigkeitsvorschriften für den Reichsstatthalter war der Gesichtspunkt entscheidend, daß der Reichsstatthalter, der eines der höchsten Partei- und Staatsämter in seiner Person vereinigt, die geeignete Stelle darstellt, in Fragen überwiegend politischen Gepräges entscheidende Befugnisse auszuüben (vgl. §§ 33 Abs. 2, 41, 45, 54). Nicht bei dem letzteren, wohl aber bei dem ersteren Aufgabenkreis soll das Ziel der Entlastung höherer Stellen und der Heranrückung der Entscheidungsbefugnis an den örtlichen Sachverhalt dadurch weiter ausgebaut werden, daß die Entscheidungsbefugnis über minderwichtige Tatbestände nachgeordneten Behörden anvertraut wird. So ist es z. B. nicht veranlaßt, daß geringfügige Grenzänderungen von Gemeinden auf dem Dienstweg durch eine Reihe von Behörden bis zum Reichsstatthalter gebracht werden. Daher § 36 DurchfVO. Nur wo das Subjekt der Gemeinde durch Neubildung oder Auflösung betroffen wird, soll der Reichsstatthalter entscheiden. Die Grenzänderungen bei unbewohnten Gebietsteilen entscheidet die Aufsichtsbehörde (§ 107 DGO. und § 33 DurchfVO.), die übrigen Fälle die obere Aufsichtsbehörde (§ 33 Abs. 2 DurchfVO.). Zur Befugnis der Aufsichtsbehörde gehört daher auch die Eingemeindung unbewohnter Teile gemeindefreier Grundstücke. Soweit dabei staatliche Grundstücke in Frage stehen, ist es Sache der obersten Landesbehörden, den Aufsichtsbehörden entsprechende Weisungen auf vorherige Einholung des Einverständnisses zu erteilen.

2. Die **Mitwirkung der Partei** ist in einer Reihe von Fällen, in denen es sich überwiegend um Fragen politischen Gepräges handelt (vgl. §§ 33 Abs. 2, 41, 45, 54) in der Weise geregelt, daß der Reichsstatthalter als die zur Entscheidung berufene Stelle deshalb bestimmt ist, weil er gleichzeitig Inhaber eines der höchsten Partei- und eines der höchsten Staatsämter ist und daher nach beiden Seiten hin einzugreifen, aber auch auszugleichen in der Lage ist. Dort, wo das Amt des Reichsstatthalters gegenwärtig nicht mit dem des Gau-

leiters der NSDAP. verbunden ist, würde dieser gesetzgeberische Gedanke nicht verwirklicht, wenn nicht übergangsweise — in der weiteren Zukunft wird man mit der Vereinigung beider Ämter als Norm rechnen können — diese Lücke durch eine Sondervorschrift geschlossen würde; das geschieht durch § 117 Abs. 2. Es sind folgende Fälle erfaßt:

a) Wenn der Reichsmin. des Innern die Berufung eines Bürgermeisters, Ersten Beigeordneten oder eines Stadtkämmerers in einem Stadtkreis mit mehr als 100000 Einwohnern während des Probejahres zurückzunehmen beabsichtigt, hat er vorher den örtlich zuständigen Reichsstatthalter zu hören. Ist dieser nicht gleichzeitig örtlich zuständiger Gauleiter der NSDAP., so ist vor der Zurücknahme der Berufung auch dieser zu hören (§ 117 Abs. 2 Satz 1 mit § 45 Abs. 1 Satz 1 und 2, § 41 Abs. 2 Nr. 1).

b) Wenn der Reichsstatthalter die Berufung eines Bürgermeisters oder Beigeordneten in einem Stadtkreis mit einer Einwohnerzahl bis 100000 oder die Berufung eines Beigeordneten (außer dem Ersten Beigeordneten und Stadtkämmerer) in einem Stadtkreis mit mehr als 100000 Einwohnern während des Probejahres zurücknehmen will, ist er an das Einvernehmen mit dem örtlich zuständigen Gauleiter der NSDAP. gebunden (§ 117 Abs. 2 Satz 2 mit § 45 Abs. 1 Satz 1 und 2, § 41 Abs. 2 Nr. 2).

c) Wenn die obere Aufsichtsbehörde (§ 33 Abs. 2 DurchfVO.) in einer kreisangehörigen Stadt oder die Aufsichtsbehörde in einer sonstigen kreisangehörigen Gemeinde die Berufung eines Bürgermeisters oder Beigeordneten während des Probejahres zurücknehmen will, ist sie an das Einvernehmen mit dem Beauftragten der NSDAP. gebunden; kommt es zu keinem Einvernehmen, so entscheidet der Reichsstatthalter. Ist der Reichsstatthalter nicht zugleich örtlich zuständiger Gauleiter, so ist er bei seiner Entscheidung an das Einvernehmen mit dem örtlich zuständigen Gauleiter der NSDAP. gebunden. Kommt kein Einvernehmen zwischen diesen zustande, so entscheidet der RMdI. (§ 117 Abs. 2 Satz 2 mit § 45 Abs. 1 Satz 1 und 2, § 41 Abs. 2 Nr. 3).

d) Wenn die Aufsichtsbehörde über das Ausscheiden eines Gemeinderats wegen Mangels oder Wegfalls der nach § 51 erforderlichen Voraussetzungen seiner Berufung eine Entscheidung treffen will, ist sie an das Einvernehmen mit dem Beauftragten der NSDAP. (§ 118) gebunden. Kommt kein Einvernehmen zustande, so entscheidet der Reichsstatthalter. Ist dieser nicht zugleich örtlich zuständiger Gauleiter, so ist er bei seiner Entscheidung an das Einvernehmen mit dem örtlich zuständigen Gauleiter gebunden. Kommt kein Einvernehmen zustande, so entscheidet der RMdI. (§ 117 Abs. 2 Satz 2 mit § 54).

Nicht einbezogen sind folgende Fälle:

a) Versagt der Beauftragte der NSDAP. nach § 33 Abs. 2 seine Zustimmung zum Erlaß oder zur Änderung der Hauptsatzung einer Gemeinde, so hat im weiteren Verfahren der Bürgermeister eines Stadtkreises die Entscheidung des Reichsstatthalters anzurufen. Ist dieser nicht zugleich örtlich zuständiger Gauleiter der NSDAP., so kann in Frage kommen, daß er sich vor seiner Entscheidung mit dem örtlich zuständigen Gauleiter der NSDAP. in Verbindung setzt. Vorgeschrieben ist dies nicht, und zwar aus folgendem Grunde: Das Verfahren nach § 33 Abs. 2 Satz 3 ist sehr umständlich. Die Anrufung der Entscheidung des Reichsstatthalters durch den Bürgermeister des Stadtkreises ist dem Reichsstatthalter durch die Aufsichtsbehörde mit ihrer eigenen Stellungnahme zu unterbreiten, dies deshalb, weil die Aufsichtsbehörde letzten Endes zur Genehmigung der Hauptsatzung nach § 3 Abs. 2 Satz 1 berufen ist und es ausgeschlossen sein muß, daß die Aufsichtsbehörde entgegen der Entscheidung des Reichsstatthalters die Genehmigung versagt. Gehen die Meinungen des Reichsstatthalters und der Aufsichtsbehörde auseinander, so ist der Reichsstatthalter verpflichtet, vorher die Zustimmung des RMdJ. zu seiner geplanten Entscheidung herbeizuführen. Würde nun auch noch vorgeschrieben, daß der Reichsstatthalter auch noch an das Einvernehmen mit dem Gauleiter der NSDAP. gebunden sein soll, so würde das zwingend vorgeschriebene Verfahren nahezu unentwirrbar. Außerdem ist die Partei durch die Person des Beauftragten der NSDAP. mit der Sache befaßt, so daß von Partei wegen in jeder Stufe des Verfahrens auf die Entscheidung eingewirkt werden kann. Daß in wichtigen Fällen der Reichsstatthalter, der nicht zugleich örtlich zuständiger Gauleiter der NSDAP. ist, auch ohne rechtliche Bindung vorher mit dem Gauleiter ins Benehmen treten wird, bleibt selbstverständlich.

b) Es wäre in Erwägung zu ziehen gewesen, das Verfahren nach § 41 Abs. 2 Nr. 2 und Abs. 3 dahin auszubauen, daß der Reichsstatthalter, der nicht zugleich örtlich zuständiger Gauleiter ist, bei der Erklärung oder Versagung seines Einverständnisses mit den Vorschlägen des Beauftragten der NSDAP. zur Berufung von Bürgermeistern oder Beigeordneten an das Einvernehmen mit dem örtlich zuständigen Gauleiter gebunden sein soll. Auch hätte der Gesetzgeber bestimmen können, daß in den Fällen des § 41 Abs. 1 Nr. 3 und Abs. 3 bei Versagung der Zustimmung der oberen Aufsichtsbehörde oder der Aufsichtsbehörde zu den Vorschlägen des Beauftragten der NSDAP. die Entscheidung dem Reichsstatthalter eingeräumt wird. Das Gesetz ist diesen Weg nicht gegangen, und zwar aus Gründen der Vereinfachung des Verfahrens. Der Reichsstatthalter, der Inhaber eines hohen Partei- und Staatsamtes, ist durch Gesetz bereits mit so vielen Entscheidungen befaßt (auch in nicht immer wichtigen Tatbeständen — vgl. § 54 bei Tatbeständen aus kleinen ländlichen Gemeinden), daß von der Anhäufung der Zuständigkeiten an dieser Stelle abgesehen werden mußte, zumal das Reichsstatthaltergesetz vom 30. Januar 1935 (RGBl. I S. 65) dem

Reichsstatthalter als dem ständigen Vertreter der Reichsregierung sehr hohe Aufgaben (Überwachung der gegebenen Richtlinien der Politik) überträgt.

3. **Reichsstatthalter in Preußen** ist der Führer und Reichskanzler; er hat die Ausübung dieser Rechte auf den Ministerpräsidenten übertragen (vgl. § 10 des Reichsstatthaltergesetzes vom 30. Januar 1935 — RGBl. I S. 65). Die durch die DGO. dem Reichsstatthalter übertragenen Aufgaben erfordern bei der Größe des Landes Preußen die Abgabe nach unten. § 117 Abs. 3 überträgt sie deshalb auf die Oberpräsidenten, die — abgestellt auf die hier in Frage kommenden Aufgaben — im Behördenaufbau die gleiche Stellung einnehmen wie die Reichsstatthalter in anderen Ländern, überdies in der Regel auch zugleich Gauleiter der NSDAP. sind. Sind sie es nicht, so gilt Abs. 2 (vgl. Anm. 2) auch für sie entsprechend.

Für die Hohenzollerischen Lande tritt an Stelle des Reichsstatthalters der Regierungspräsident. Da er nicht örtlich zuständiger Gauleiter ist, gilt Abs. 2 (vgl. Anm. 2) entsprechend.

§ 118

Der Stellvertreter des Führers bestimmt, wer Beauftragter der NSDAP. im Sinne dieses Gesetzes ist.

I. **Amtliche Begründung** s. Textausgabe S. 174.

II. **AusfVO.** des Stellvertreters des Führers vom 26. März 1935 (RGBl. I S. 470):

Auf Grund des § 118 der Deutschen Gemeindeordnung vom 30. Januar 1935 (RGBl. I S. 49) verordne ich:

§ 1

Die Aufgaben des Beauftragten der NSDAP. für die Stadt München behält sich der Führer und Reichskanzler selbst vor.

§ 2

(1) Der Gauleiter ernennt zum Beauftragten der NSDAP.

a) für kreisangehörige Gemeinden den Kreisleiter,

b) für Stadtkreise ebenfalls den Kreisleiter oder, falls in einem Stadtkreis mehrere Parteikreise vorhanden sind, einen der Kreisleiter.

(2) Wenn ein Kreisleiter hauptamtlicher Beamter oder Angestellter oder Arbeiter einer Gemeinde oder einer Aufsichtsbehörde im Sinne der Deutschen Gemeindeordnung über eine Gemeinde ist, für die er nach Abs. 1 als Beauftragter zu ernennen wäre, so ernennt der Gauleiter an seiner Stelle den Gauinspektor (Gaubeauftragten) zum Beauftragten für diese Gemeinde.

(3) Die Kreisleiter haben Ehrenämter in den Gemeinden, für die sie als Beauftragte ernannt werden, spätestens mit dem Zeitpunkt ihrer Ernennung zur Verfügung zu stellen.

§ 3

Der Gauleiter kann den Beauftragten der NSDAP. mit bindenden Anweisungen für die Erledigung seiner Geschäftsaufgaben versehen. Er kann auch im Einzelfalle selbst an Stelle des Beauftragten dessen Geschäfte wahrnehmen.

§ 4

Den Beauftragten vertritt, wenn er verhindert ist, sein allgemeiner Vertreter im Parteiamt. Im übrigen hat der Beauftragte sein Amt persönlich wahrzunehmen. Er kann seine Aufgaben nicht übertragen.

§ 5

Diese Verordnung tritt am 1. April 1935 in Kraft. Die Beauftragten sind sofort zu ernennen.

München, den 26. März 1935.

Der Stellvertreter des Führers

R. Heß

Reichsminister ohne Geschäftsbereich.

III. Anm.

Das Gesetz legt die Bestimmung, wer Beauftragter der NSDAP. im Sinne dieses Gesetzes ist (vgl. §§ 6 Abs. 2, 33, 41, 45, 50, 51 und 54), in die Hand der Partei. Die Regelung erfolgte durch die obige Verordnung des Stellvertreters des Führers.

1. § 1 unterstreicht die Bedeutung der Stellung des Beauftragten allgemein durch die besonders auszeichnende Regelung für die Hauptstadt der Bewegung.

2. Im übrigen ist die Bestimmung des Beauftragten in die Hand der Gauleiter mit bindenden Weisungen gelegt.

a) Er kann im Einzelfall die Funktion persönlich übernehmen.

b) Regel ist die Bestellung des Kreisleiters.

c) Unvereinbar ist die Bekleidung des Amts des Beauftragten durch den Kreisleiter mit der gleichzeitigen Stellung als hauptamtlicher Beamter (Angestellter, Arbeiter) der Gemeinde.

d) Unvereinbar ist die Stellung des Beauftragten auch mit der Stellung eines Beamten der Aufsichtsbehörde der zugehörigen Gemeinden. „Beamter der Aufsichtsbehörde" heißt Beamter bei der staatlichen Aufsichtsbehörde i. S. des § 33 Abs. 1 DGO. Nicht ausgeschlossen ist daher ein Beamter des Kreiskommunalverbands, nicht ausgeschlossen ist ferner ein Beamter einer höheren Aufsichtsbehörde.

e) Unvereinbar mit der Stellung des Beauftragten ist die Bekleidung gemeindlicher Ehrenämter in den beteiligten Gemeinden. Sie sind deshalb zur Verfügung zu stellen (z. B. die Stelle eines ehrenamtlichen Bürgermeisters, Beigeordneten, Gemeinderats usw.).

3. Das Amt des **Beauftragten** ist **persönlich** auszuüben und nicht übertragbar. Bei Behinderung tritt an Stelle des Beauftragten dessen Stellvertreter im Parteiamt.

§ 119

Der Reichsminister des Innern kann durch Verordnung

1. für einzelne Gemeinden die Aufrechterhaltung des bisherigen Rechtszustandes auf eine befristete Übergangszeit anordnen,
2. für gemeindefreie Grundstücke (Gutsbezirke) Vorschriften erlassen,
3. an Stelle der Amtsbezeichnungen Bürgermeister, Beigeordneter und Gemeinderat für Gemeinden, die nicht Städte sind, andere herkömmliche Amtsbezeichnungen vorschreiben,
4. den Ablauf der Amtszeit der bisherigen ehrenamtlichen Gemeindeorgane regeln, an deren Stelle die Gemeinderäte treten,
5. die Vorschriften des Reichs- und Landesrechts bezeichnen, die durch dieses Gesetz außer Kraft gesetzt werden,
6. die weitergeltenden Vorschriften des Reichs- und Landesrechts an den neuen Rechtszustand angleichen und in neuer Fassung und Ordnung bekanntmachen.

I. Amtliche Begründung s. Textausgabe S. 175/176.

II. DurchfVO. (§§ 38—40)

§ 38. Für die Hansestädte Hamburg, Bremen und Lübeck wird der bisherige Rechtszustand bis zum 1. April 1936 aufrechterhalten.

§ 39. (1) Die Amtszeit der bisherigen ehrenamtlichen Gemeindeorgane, an deren Stelle die Gemeinderäte treten, endet mit dem Zeitpunkt der Ernennung der Gemeinderäte (§ 20). §§ 10 und 12 bleiben unberührt.

(2) Ehrenamtliche Gemeindeorgane in diesem Sinne sind

1. in Preußen die Gemeinderäte,
2. in Bayern die Gemeinde-(Stadt-)Räte,
3. in Sachsen die Gemeinde-(Stadt-)Verordneten,
4. in Württemberg die Gemeinderäte,
5. in Baden die Gemeinderäte,
6. in Thüringen die Gemeinde-(Stadt-)Räte,
7. in Hessen die Gemeinde-(Stadt-)Räte,

8. in Mecklenburg die Stadtverordnetenversammlung und Gemeindeversammlung,
9. in Oldenburg die Gemeinde-(Stadt-)Räte,
10. in Anhalt die Stadtverordneten, die Gemeindeverordneten und die Gemeindeversammlung,
11. in Braunschweig die Stadt- und Gemeindeverordneten,
12. in Lippe die Stadtverordnetenversammlung und Gemeindevertretung,
13. in Schaumburg-Lippe die Gemeinderäte und Bürgervorsteherkollegien.

§ 40. Die oberste Landesbehörde wird ermächtigt, durch Verordnung die Vorschriften des Landesrechts zu bezeichnen, die durch die Deutsche Gemeindeordnung außer Kraft treten, und die weiter geltenden Vorschriften des Landesrechts an den neuen Rechtszustand anzugleichen und in neuer Fassung und Ordnung bekanntzumachen.

III. AusfAnw.

1. Nach § 38 der Ersten DurchfVO. bleibt für die Hansestädte Hamburg, Bremen und Lübeck der bisherige Rechtszustand bis zum 1. April 1936 aufrechterhalten.

2. Nach § 39 der Ersten DurchfVO. endet die Amtszeit der bisherigen ehrenamtlichen Gemeindeorgane, an deren Stelle die Gemeinderäte treten, im Zeitpunkt der Ernennung der Gemeinderäte, die spätestens bis zum 1. Oktober 1935 erfolgen muß (vgl. § 20 der Ersten DurchfVO.). Darüber hinaus bezeichnet § 39 der Ersten DurchfVO. namentlich diejenigen Gemeindeorgane, deren Amtszeit danach endet. Daraus ergibt sich auf der anderen Seite der Kreis derjenigen ehrenamtlichen Gemeindeorgane, deren Amtszeit durch das Inkrafttreten der DGO. nicht berührt wird (vgl. auch §§ 10, 12 der Ersten DurchfVO.).

3. Die reichsrechtlichen Vorschriften, die durch die Deutsche Gemeindeordnung außer Kraft gesetzt worden sind, werden besonders bezeichnet werden; zugleich werden die bestehenbleibenden Vorschriften an den neuen Rechtszustand angeglichen werden. Darüber hinaus werden durch § 40 der Ersten DurchfVO. die zuständigen obersten Landesbehörden ermächtigt, im Verordnungsweg eine gleiche Bereinigung des landesrechtlichen Rechtszustandes herbeizuführen.

Die zuständigen obersten Landesbehörden werden ersucht, ihre danach erlassenen Vorschriften **bis zum 15. April 1935** dem RuPr.-MdI. in 5 Stücken zur Kenntnis vorzulegen.

IV. Anm.

Die Vorschrift des § 119 erteilt dem RMdI. eine weitgehende Ermächtigung zum Erlaß von Verordnungen über einzelne Sachgebiete, die über die Ermächtigung zum Erlaß von Ausführungs- und Durchführungsvorschriften nach § 121 hinausgeht. Während die

Vorschriften nach § 121 das Gesetz nur insoweit ausfüllen können, als dadurch das Gesetz durchführungs- und ausführungsreif gemacht werden muß (Übergangsvorschriften können hierbei vom Gesetz abweichen), handelt es sich bei dem Verordnungsrecht nach § 119 um die Ermächtigung, das bezeichnete Sachgebiet im Rahmen der Einzelvorschrift nach Ermessen zu ordnen.

Zu Nr. 1. Die Aufrechterhaltung des bisherigen Rechtszustandes für einzelne Gemeinden kommt für die drei Hansestädte — und nur für diese — in Betracht. Die befristete Übergangszeit (zunächst bis 1. April 1936) bestimmt sich nach der Einordnung dieser bisher als Länder fungierenden Städte in die Neugliederung des Reiches. § 38 DurchfVO. bezieht sich nicht nur auf die Hansestädte selbst, sondern auf das ganze Landesgebiet der Hansestädte.

Zu Nr. 2. Die DGO. unterläßt es, die Rechtsverhältnisse der sog. gemeindefreien Grundstücke i. S. der §§ 12 Abs. 2 und 13 näher zu regeln. Sie bestimmt in § 12 Abs. 2 lediglich, daß aus besonderen Gründen Grundstücke außerhalb des Gebietes der Gemeinden verbleiben können, und in § 13, daß Gemeinden und Gemeindeteile zu gemeindefreien Grundstücken erklärt werden können. Es ist vor allem der Fragenkreis zu klären, durch wen und auf welchem Wege und unter welcher Beaufsichtigung in diesen gemeindefreien Gebieten die Aufgaben, die im Gemeindegebiete der Gemeinde obliegen, wahrgenommen werden sollen. Der RMdJ. verzichtete zunächst auf eine reichsrechtliche Regelung des Sachgebietes, so daß vorerst in den ÜberleitungsVO. der Länder das Landesrecht insoweit aufrechterhalten wird. Die Ermächtigung an den RMdJ. ist aber eine dauernde, so daß die zunächst erlassenen Vorschriften jederzeit einer Änderung unterworfen bleiben.

Zu Nr. 3. Eine Reihe von Gründen sprach zunächst dafür, althergebrachte deutsche Amtsbezeichnungen an Stelle der Bezeichnungen „Bürgermeister", „Beigeordneter" oder „Gemeinderat" beizubehalten. Das Gesetz geht aus Gründen der Einheit der Gesetzes- und Verwaltungssprache, aus Gründen der Gleichmäßigkeit der Behördenorganisation im ganzen Reich, auch aus postalischen und auf Interessen der Öffentlichkeit im ganzen Reichsgebiet beruhenden Gründen einen anderen Weg, stellt aber in dieser Vorschrift dem RMdJ. anheim, durch Verordnung für Gemeinden, die nicht Städte sind, herkömmliche Amtsbezeichnungen vorzuschreiben. Für Städte muß es einheitlich bei den Bezeichnungen Bürgermeister (§§ 6 Abs. 1 und 32), Stadträte bzw. für den mit dem Geldwesen der Stadt beauftragten Beigeordneten Stadtkämmerer (§ 34 Abs. 2 Satz 2 und 3) und Ratsherren (§ 48 Abs. 2), für Stadtkreise noch besonders bei der Amtsbezeichnung Oberbürgermeister für den Leiter der Gemeinde (§ 32 Abs. 2) und bei der Amtsbezeichnung Bürgermeister für den Ersten Beigeordneten (§ 34 Abs. 2 Satz 1) verbleiben. — Der RMdJ. hat von der Befugnis keinen Gebrauch gemacht, so daß die Amtsbezeichnungen des Gesetzes ausnahmslos gelten. Diese Vereinheitlichung ist erfreulich. Nur aus Teilgebieten des Reiches war überhaupt beantragt worden, herkömmliche Amtsbezeichnungen zu erhalten. In Splittergebieten soll aber keine unterschiedliche Regelung konserviert werden. Nur für größere Gebiete wäre ein Vorgehen nach § 119 Ziff. 3 in Betracht gekommen. — Wenn sich auf dem Lande außerhalb des Amtsverkehrs der Weitergebrauch althergebrachter Amtsbezeichnungen noch längere Zeit erhält, so verschlägt dies nichts; die Verwaltungssprache wird die Einheitlichkeit fördern und schließlich auch herbeiführen.

Zu Nr. 4. Das Gesetz hat davon abgesehen, die Neubesetzung der Stellen sämtlicher organschaftlichen Amtsträger der Gemeinden vorzuschreiben, nachdem auf Grund der Gleichschaltungsgesetze, des Gesetzes zur Wiederherstellung des Berufsbeamtentums und der seit der Machtübernahme in den einzelnen Ländern ergangenen Änderungen des Gemeinderechts eine umfassende Erneuerung der Gemeindeverwaltungen durchgeführt worden ist. Die grundstürzende Änderung der Rechtsstellung der Gemeinderäte gebot eine Ausnahme hiervon. Der RMdI. hat in § 39 DurchfVO. die abtretenden ehrenamtlichen Organe bestimmt (vgl. hierzu §§ 10, 12, 20 DurchfVO.).

Zu Nr. 5 und 6. Die Überleitung und Angleichung des bisherigen Rechtszustandes auf dem Gebiete des Reichs- und des Landesrechts kann nur im Verordnungswege ergehen. Der RMdI. ist ermächtigt, die Außerkraftsetzung sowie die Aufrechterhaltung, Angleichung und Bekanntmachung in neuer Fassung und Ordnung durch Verordnung zu regeln. Dadurch ist die Möglichkeit geschaffen, die Notwendigkeit der Rechtseinheit einerseits und die Berücksichtigung berechtigter Bodenständigkeiten andrerseits gegeneinander abzuwägen. Weite Sachgebiete hat die DGO. überhaupt nicht berührt (z. B. die Einzelregelung des gesetzlichen Aufgabenkreises der Gemeinden, die örtliche Polizeiverwaltung, andere Gebiete der Auftragsangelegenheiten wie das Schulwesen, außerdem das gesamte Gebiet des Gemeindebeamtenrechts, das Gebiet des gemeindlichen Steuer- und Abgabenwesens einschließlich der öffentlichen Beiträge und der Hand- und Spanndienste, ferner besondere Bedürfnisse ländlicher Gemeinden usw.); nur bei einzelnen bestimmten Sachgebieten hat das Gesetz die unveränderte Aufrechterhaltung des bisherigen Rechtszustandes eindeutig festgelegt (vgl. z. B. § 65 hinsichtlich des Gemeindegliedervermögens, der öffentlichen Nutzungsrechte am Gemeindevermögen). Die Gründe waren für die einzelnen Sachgebiete außerordentlich verschiedenartig. Teils wurde auf die Regelung in diesem Gesetze verzichtet, weil der Gegenstand für sich in naher Zeit einheitlich durch Reichsgesetz geordnet wird (z. B. das gesamte Beamtenrecht und die Polizeiverwaltung), teils weil die einheitliche Neuregelung des Gebiets noch nicht reif ist (z. B. das gemeindliche Steuer- und Abgabewesen). Für andere Sachgebiete waren andere Gründe maßgebend. Untergeordnete Einzelheiten wurden absichtlich aus dem Gesetz ausgeschieden, um die klare Linie des Gesetzes nicht durch Überladung zu verwischen und das Gesetz bei seiner Bestimmung für alle Volkskreise nicht zu umfangreich und dadurch unübersichtlich werden zu lassen.

Der RMdJ. hat durch § 40 DurchfVO. die Außerkraftsetzung und Angleichung des Landesrechts den obersten Landesbehörden übertragen. Diese haben daher entsprechende Überleitungsverordnungen erlassen (die badische, bayerische, preußische, sächsische und württembergische sind im Anhang abgedruckt — s. S. 458 ff.).

Die Angleichung des bisherigen Rechtszustandes kann stufenweise erfolgen, da die in § 119 Nr. 5 und 6 gegebene Ermächtigung nicht eine einmalige, sondern dauernde ist, so daß die zunächst erlassenen Verordnungen jederzeit einer Änderung unterworfen bleiben.

§ 120

Der Reichsminister des Innern kann im Einvernehmen mit den beteiligten Reichsministern und nach Benehmen mit der obersten Landesbehörde durch Verordnung den Zusammenschluß kreisangehöriger Gemeinden, auch in einzelnen Teilen des Reiches, zu engeren Gemeindeverbänden regeln, ihnen Aufgaben der Gemeinden übertragen und die Rechtsverhältnisse dieser Verbände ordnen. Er kann ferner im Verordnungswege für mehrere kreisangehörige Gemeinden Gemeinschaftseinrichtungen vorschreiben, die einen geordneten Gang der Verwaltung gewährleisten.

I. **Amtliche Begründung** s. Textausgabe S. 177 und Nr. 4 des Allgemeinen Teils der Begründung (abgedruckt S. 11 ff.).

II. **DurchfVO. (§ 41)**

(1) Die nach den bisherigen Vorschriften bestehenden engeren Gemeindeverbände und Gemeinschaftseinrichtungen bleiben bis auf weiteres bestehen.

(2) Die oberste Landesbehörde wird ermächtigt, diese Vorschriften des Landesrechts an die Vorschriften der Deutschen Gemeindeordnung anzupassen und in neuer Fassung und Ordnung bekanntzumachen.

III. **AusfAnw.**

Nach § 41 der Ersten DurchfVO. bleiben die nach den landesrechtlichen Vorschriften bestehenden engeren Gemeindeverbände und Gemeinschaftseinrichtungen bis zu einer einheitlichen Regelung bestehen. Auch insoweit sind die zuständigen Landesbehörden ermächtigt, im Verordnungswege die betreffenden landesrechtlichen Vorschriften an die Bestimmungen der Deutschen Gemeindeordnung anzupassen und in neuer Fassung und Ordnung bekanntzumachen.

Die zuständigen obersten Landesbehörden werden ersucht, auch die danach erlassenen Verordnungen dem RuPrMdJ. **bis zum 15. April 1935** in fünffacher Ausfertigung zur Kenntnis vorzulegen.

IV. **Anm.**

1. Die **Verwaltungsreform** der Gemeinden ist nach der einen Seite, nämlich nach der flächenmäßigen Vergrößerung der Gemeinde, in § 4 behandelt. § 120 bildet das Gegenstück hierzu. Die Vorschrift eröffnet Wege, um unter Abstandnahme von der Zusammenlegung der Gemeinden oder zu ihrer Ergänzung auf anderen Wegen zur Vereinfachung, Verbilligung und Steigerung des Wirkungsgrades der Verwaltung zu gelangen, nämlich a) durch Zusammenschluß kreisangehöriger Gemeinden zu engeren Gemeindeverbänden und b) durch Schaffung von Gemeinschaftseinrichtungen, die einen geordneten Gang der Verwaltung gewährleisten. Hinsichtlich der Zusammenhänge des Fragenkreises ist auf die Ausführungen unter Nr. 4 der Allgemeinen Begründung zum Gesetz zu verweisen.

2. Dem **Zusammenschluß kreisangehöriger Gemeinden zu engeren Verbänden** dient die Amtsordnung für die Rheinprovinz und Westfalen vom 8. Oktober 1934 (Preuß. GS. S. 393) mit der Durchführungs- und Ausführungsanweisung vom 19. November 1934 (MBliV. S. 1291/1295) als **Vorbild:**

Die aus mehreren kreisangehörigen Gemeinden gebildeten Ämter sind Körperschaften des öffentlichen Rechts zur besseren und einheitlicheren Durchführung der aus der Amtsgemeinschaft sich ergebenden Aufgaben des eigenen Wirkungskreises (eigener Angelegenheiten) und des übertragenen Wirkungskreises (staatlicher Auftragsangelegenheiten) der zusammengeschlossenen Gemeinden. Das Amt hat die Kompetenz-Kompetenz, d. h. die Befugnis, Aufgaben der zugehörigen Gemeinden in seine ausschließliche Zuständigkeit zu übernehmen, wenn die Übernahme für eine einheitlichere Versorgung des Amtsgebiets erforderlich ist. Eine sinnvolle Planwirtschaft soll die Erledigung der örtlichen Aufgaben auf Gemeinde, Amt und Kreis verteilen; der Rahmen der Verteilung wird teils durch das Gesetz, im übrigen durch die besonderen Verhältnisse des einzelnen Amts bestimmt. In diese Verteilung können auch Auftragsangelegenheiten einbezogen werden, soweit im einzelnen Falle nichts anderes bestimmt ist. Im wesentlichen aber sind es Selbstverwaltungsangelegenheiten der Gemeinden, jedoch nur solche, die eine sachliche Verwaltungstätigkeit erfordern, nicht etwa solche, die sich lediglich in der Kostenaufbringungspflicht erschöpfen (z. B. die Aufbringung des 30%igen Bezirksfürsorgeanteils). — Die Einwohner heißen Amtseingesessene; ein eigenes Amtsbürgerrecht gibt es nicht. Den Amtseingesessenen steht die Benutzung der gemeinsamen Einrichtungen offen. Die Gemeindebürger können in Amt und Gemeinde zu ehrenamtlicher Tätigkeit herangezogen werden. — Die Leitung des Amtes liegt in der Hand des — regelmäßig hauptamtlichen, in Ämtern mit mehr als 10000 Amtseingesessenen entsprechend fachlich vorgebildeten — Amtsbürgermeisters. Die einzelnen zugehörigen Gemeinden behalten wie andere Gemeinden ihre eigenen Gemeindeorgane. Die Leiter dieser Gemeinden haben mit dem Amtsbürgermeister zusammenzuarbeiten. Das letztere ist das Kernstück der Amtsverfassung. Der Wille des Gesetzgebers ist, daß auch in den amtsangehörigen Gemeinden eine lebensvolle Selbstverwaltung erhalten bleibt. Das Amt soll Sonderinteressen ausgleichen und die ehrenamtlichen Leiter der Gemeinden beraten, nicht aber in jede einzelne Angelegenheit der Gemeinden hineinregieren. Wichtige Entschließungen der Gemeindeleiter sind dem Amt mitzuteilen. Der Amtsbürgermeister ist zu den Beratungen mit den Gemeinderäten zu laden. Er kann gegen Entschließungen und Anordnungen des Gemeindeleiters Widerspruch mit der Begründung, daß sie das Gesetz verletzen oder den Zielen der Staatsführung widersprechen, mit aufhebender Wirkung erheben; der Gemeindeleiter kann hiergegen die gemeinsame Aufsichtsbehörde anrufen. — In der Wohnsitzgemeinde ist der Amtsbürgermeister zugleich Gemeindeleiter. Reibungen an Ort und Stelle sind dadurch ausgeschlossen; die Kosten für den Amtsbürgermeister werden durch die Zahlung der Aufwandsentschädigung der Wohnsitzgemeinde vermindert. Dieses Gemeindeleiteramt ist ein Teil seines Hauptamtes. — Zum Aufgabengebiet des Amtsbürgermeisters gehört stets die Mitwirkung bei Aufstellung des Haushaltsplans und der Rechnungslegung jeder zugehörigen Gemeinde. Ausführung des Haushaltsplans und Anweisung der einzelnen Zahlungen ist Sache des Gemeindeleiters. Dagegen ist Verwaltung der Kassengeschäfte kraft Gesetzes Aufgabe des Amtes. — Wie die Gemeinderäte den Gemeindeleiter, beraten den Amtsbürgermeister die Amtsältesten, die unter besonderer Berücksichtigung der Gemeinden und der Gemeindeleiter bestellt werden. Der Amtsbürgermeister hat sie zu hören wie der Gemeindeleiter die Gemeinderäte. Die Amtsältesten können auch an Beratungen der Gemeinderäte ihres Wohnsitzes teilnehmen. — Die Aufsicht über Gemeinden und Amt führt die Kreisverwaltungsstelle.

Die Vorzüge dieses Zusammenschlusses bestehen einerseits in der Erhaltung der ehrenamtlichen Selbstverwaltung in den naturgewachsenen Siedlungseinheiten, andererseits in der Überleitung der Geschäfte, die eine einheitliche Erledigung oder eine fachlich geschulte Kraft erfordern, in die Hand eines hauptamtlichen, aber nicht untergebenen, sondern führenden Amtsträgers, in der Hebung der Leistungsfähigkeit der zusammengeschlossenen Gemeinden durch gesammelten Einsatz ihrer Finanzkraft für notwendige gemeinsame Aufgaben. Ausgehend von dem Gedanken, daß Verwaltungseinheiten eine innere Lebensgemeinschaft als Zellen eines organisch gegliederten Staates voraussetzen, beläßt es die Amtsverfassung bei der Selbstverwaltung und damit auch Selbstverantwortung der einzelnen

Gemeinden, macht aber von dem Gedanken der einheitlichen Erledigung gleicher Geschäfte, der sachlichen Führung der Haushalts-, Kassen- und Rechnungsgeschäfte, von der Entlastung der Aufsichtsbehörde durch eine geringere Zahl der sie befassenden und von ihr anzuschreibenden Stellen, von dem Gedanken des inneren räumlichen Ausgleichs der Finanzkraft und der Lasten nach der Natürlichkeit der gegebenen Verhältnisse Gebrauch. Sie ermöglicht größere Kreisverwaltungsbezirke, tragfähigere, ausgeglichenere Kreise und begegnet damit auch der Gefahr der Sonderverwaltungen. Da der innere Finanzausgleich zu einem erheblichen Teil vom Amt durch die Anziehung der entsprechenden Aufgaben ermöglicht werden kann, ist es nicht notwendig, den Gemeinden selbst eine gemischte wirtschaftliche Struktur zu verschaffen, was für die Erhaltung der Selbstverwaltung von Wert ist; denn Gleichmäßigkeit und Stetigkeit der Lebensbedingungen der Einwohner begründet am besten das Zusammenwachsen der Menschen. Auf der anderen Seite hat diese Art des Zusammenschlusses von Gemeinden auch Nachteile oder wenigstens die Gefahr von solchen in sich: Sie ist verhältnismäßig teuer. Es wird zwischen Gemeinden und Aufsichtsbehörden noch eine dritte Stelle geschaffen. Die Gefahr der Verbürokratisierung des Gemeindelebens wächst, die Volksverbundenheit nimmt ab. Die unterste staatliche Verwaltungsstelle kann stark vom unmittelbaren Gemeindeleben abgesperrt werden. Wirken all diese Tatbestände zusammen, so handelt es sich schließlich um das Gegenteil von fruchtbarer Vereinfachung der Verwaltung. Der Kernpunkt für die Bewährung dieser Organisationsart dürfte darin liegen, ob der Amtsbürgermeister ein volksverbundener Bürgermeister oder eine von der Bevölkerung weiter abstehende, sich stark auf den bürokratischen Verkehr verlegende Amtsstelle ist. Ist das erstere der Fall, so kann das System gerade in Gebieten, wo intensive Verwaltung zu pflegen ist, sehr fruchtbar wirken.

3. Die **Schaffung von Gemeinschaftseinrichtungen** für kreisangehörige Gemeinden zur Sicherung eines geordneten Ganges der Verwaltung ist der zweite Weg, den das Gesetz für die Lösung der Verwaltungsreform gegenüber der territorialen Neugliederung eröffnet. Dabei handelt es sich im wesentlichen um Einrichtungen, die unter Aufrechterhaltung der Selbstverwaltung und Selbstverantwortung der einzelnen Gemeinden wichtige Verwaltungszweige an einer Stelle oder in einer Person zur einheitlichen, häufig fachlich geschulten Verwaltung zusammenfassen. Als Beispiele sind aus der bisherigen Praxis zu erwähnen: a) die sog. Bürgermeistereien, b) die pfälzischen Steuer- und Gemeindeeinnehmer und c) die württembergischen Verwaltungsaktuare. Bei diesen Gemeinschaftseinrichtungen handelt es sich nie um Bildung öffentlicher Körperschaften, sondern entweder um Bildung von Verwaltungsgemeinschaften oder um Schaffung einer gemeinsamen Geschäfts- und Dienststelle oder um Einsetzung einer Dienstkraft des Staates oder Kreises zur Erledigung

eines bestimmten Bereiches von Geschäften der beteiligten Gemeinden unter anteiliger Kostenerstattungspflicht der Gemeinden.

Zu a). Die Bürgermeisterei (vgl. Art. 56—58 Bayer. GO.) ist eine Verwaltungsgemeinschaft von Gemeinden mit einem einheitlichen, für sämtliche Gemeinden bestellten Bürgermeister und mit einer gemeinsamen Geschäftsstelle, die in der Regel von einem gemeinsam bezahlten Beamten oder Angestellten geführt wird. Da ein rechtsfähiger Träger der Verwaltungsgemeinschaft fehlt, handelt es sich bei den einzelnen gemeinschaftlichen Sacheinrichtungen um Miteigentum nach Bruchteilen (§§ 1008—1011 BGB.), bei den gemeinsamen Verbindlichkeiten um ein Gesamtschuldverhältnis (§§ 420 bis 432 BGB.). Der Wirkungsgrad dieser Verwaltungsgemeinschaft ist bei der zu losen Verbindung verhältnismäßig gering. Nur durch Ausbau könnte sie wohl dem vom Gesetz gewollten Ziel dienen. Auf jeden Fall hat aber die Bürgermeisterei einen Vorzug: Sie kann das Zusammenwachsen von Gemeinden zu einer Gemeinde vorbereiten. Bewährt sich die Gemeinschaft, so kann der Zusammenschluß unschwer nachfolgen.

Zu b). Die Einrichtung der pfälzischen Steuer- und Gemeindeeinnehmer besteht darin, daß für die Erhebung aller möglichen öffentlichen Gefälle des Reiches, Landes und der sonstigen öffentlichen Körperschaften für einen staatlich bestimmten örtlichen Bereich, der mehrere Gemeinden umfaßt, fachlich geschulte Kräfte als Beamte des Landes bestellt und gleichzeitig mit dem gesamten Kassen- und Rechnungswesen (einschließlich der technischen Vorbereitung des Voranschlages und der Stellung der Jahresrechnung) der beteiligten kreisangehörigen Gemeinden beauftragt werden. Die Ordnung des gemeindlichen Finanzwesens ist das Hauptziel und Verdienst dieser Einrichtung. Die Mischung des Aufgabenkreises aus staatlichen und gemeindlichen Geschäften hat den Vorteil der Kostenersparnis; dadurch erhalten auch leistungsschwache Gemeinden eine gehobene Dienstkraft für ihren wichtigsten Verwaltungszweig mit tragbaren Kosten. Die staatliche Bestellung, die Eigenschaft des Steuer- und Gemeindeeinnehmers als Staatsbeamter, die staatliche Festlegung des Amtsbezirks machen den Steuer- und Gemeindeeinnehmer unabhängiger von örtlichen Interessen als die Gemeindebeamten, ohne die enge Fühlung mit den beteiligten Gemeinden irgendwie zu beeinträchtigen. Der Wirkungsgrad ist gut. Die Nachteile bestehen darin, daß für die übrigen Verwaltungsgeschäfte der Gemeinde keine fachliche Dienstkraft zur Verfügung steht, ferner in der Unklarheiten offenlassenden, zur mehrfachen Beaufsichtigung führenden Rechtsstellung der Steuer- und Gemeindeeinnehmer zwischen Reich, Land, Gemeinden und sonstigen öffentlichen Körperschaften, in der Unsicherheit ihres Amtsbereiches, soweit Reichssteuern in Frage stehen, und in der komplizierten Aufbringung des Sach- und Personalbedarfs.

Zu c). Die württembergischen Verwaltungsaktuare sind

fachlich geschulte Dienstkräfte der Kreise, die vom Kreis für einen umgrenzten Bereich von Verwaltungsgeschäften, besonders des Steuer-, Haushalts-, Kassen- und Rechnungswesens, der beteiligten kreisangehörigen Gemeinden bestellt werden, für deren Besoldung der Kreis unter Erstattungsansprüchen gegenüber den beteiligten Gemeinden aufkommt. Die Einrichtung hat ähnliche Vorzüge wie die der Steuer- und Gemeindeeinnehmer, ist aber klarer und einfacher geregelt. Aus dieser Einrichtung wuchsen auch vorzügliche hauptamtliche Leiter der Gemeinden heraus.

Diese oder ähnliche Arten von Gemeinschaftseinrichtungen können bei der Verwaltungsreform der Gemeinden dort in Betracht kommen, wo aus wirtschaftlichen, geographischen, siedlungsmäßigen u. ä. Gründen weder eine flächenmäßige Vergrößerung noch ein Zusammenschluß von Gemeinden zu engeren Gemeindeverbänden möglich oder in hinreichendem Umfang möglich ist. Sie sind in der Regel billiger als die anderen Wege. Sie haben den Nachteil, daß die Leistungsfähigkeit der Gemeinden — abgesehen von der formalen Ordnung ihres Finanzwesens — nicht gehoben wird. Die Einrichtung eignet sich aber gerade deshalb dort, wo durch die Zusammenfassung oder Vergrößerung von Gemeinden infolge der völlig gleichmäßigen wirtschaftlichen Struktur der Gegend keinerlei Ausgleich und keinerlei Hebung der gesamten Finanzkraft erzielbar ist.

4. Die **verordnungsmäßige Regelung** ist dem RMdJ. anheimgestellt. Sie kann auch für Teile des Reiches ergehen. In formeller Hinsicht ist die Erlassung der Verordnung über den Zusammenschluß von kreisangehörigen Gemeinden zu engeren Verbänden an das Einvernehmen mit dem RMdF. und an das vorherige Benehmen mit der (örtlich beteiligten) obersten Landesbehörde geknüpft.

In den Ausführungen zu § 4 ist schon darauf hingewiesen, daß die Verwaltungsreform der Gemeinden für den Neuaufbau des Organismus der gesamten öffentlichen Verwaltung von Bedeutung ist und deshalb einer zentralen Lenkung bedarf. Die vorzeitige Schaffung fertiger Verhältnisse durch einseitiges Vorgehen würde einer einheitlichen Gesamtlösung vorgreifen.

§ 121

(1) Der Reichsminister des Innern kann zur Durchführung des Gesetzes Rechtsvorschriften und Verwaltungsvorschriften erlassen. Er kann Übergangsvorschriften treffen, die von diesem Gesetz abweichen.

(2) Vorschriften über die Wirtschaftsführung der Gemeinden (§ 105) sind im Einvernehmen mit dem Reichsminister der Finanzen zu erlassen.

I. **Amtliche Begründung** s. Textausgabe S. 177.

II. **Anm.**

1. Die **Durchführung des Gesetzes** wird durch § 121 in die Hand des RMdJ. gelegt. Der RMdJ. ist nach § 107 oberste Aufsichtsbehörde aller deutschen Gemeinden. Er war auch die federführende Reichsstelle für die Vorbereitung des Gesetzes. Er hat nunmehr als die nach § 121 zuständige Stelle auch alle zur Durchführung des Gesetzes erforderlichen Vorschriften zu erlassen.

Diese Vorschriften scheidet das Gesetz selbst in Rechtsvorschriften und Verwaltungsvorschriften.

a) Die Rechtsvorschriften sind Verordnungen, ihrem rechtlichen Gepräge nach gesetzesgleiche Vorschriften; auf Grund und im Rahmen der gesetzlichen Ermächtigung kann der RMdJ. allgemeinverbindliche, objektive Rechtsnormen erlassen. Das Gesetz enthält verschiedene solche Ermächtigungen:

α) die Ermächtigung zur verordnungsmäßigen Regelung einzelner Sachgebiete (s. §§ 45 Abs. 3, 62 Abs. 3, 103, 105 Abs. 1 und 2, 117 Abs. 1, 119 und 120),

β) die Ermächtigung zum Erlaß von Durchführungsverordnungen nach § 121,

γ) die Ermächtigung zum Erlaß von Übergangsvorschriften nach § 121 Abs. 1 Satz 2.

Zu α). Diese Ermächtigung ist zwar jeweils auf ein bestimmtes sachliches Einzelgebiet beschränkt (mag dieses selbst — z. B. im Falle des § 105 Abs. 2 — auch sehr umfassend sein), geht aber rechtlich sehr weit: Der RMdJ. kann auf Grund einer solchen Ermächtigung den Gegenstand wie der Reichsgesetzgeber selbst regeln; nur an das vorliegende Gesetz selbst (die DGO.) ist er gebunden. Er kann also über den betreffenden Gegenstand Vorschriften secundum et praeter legem (nicht aber contra legem = DGO.) erlassen.

Zu β). Diese Ermächtigung ist dem Gegenstand nach sehr weit gehalten (sie erstreckt sich auf das Gesamtgebiet der DGO.), ist aber rechtlich insofern enger, als es sich nur um Vorschriften handeln kann, die erforderlich sind, um das Gesetz durchführungsreif zu machen. Es ist ja der Sinn der gesetzlichen Regelung der gemeindlichen Selbstverwaltung, durch das Gesetz den Raum für die eigenverantwortliche Verwaltung der eigenen Angelegenheiten der Gemeinden abzustecken. Das Gesetz grenzt diesen Raum selbst dahin ab, daß die Gemeinden „im Einklang mit den Gesetzen und mit den Zielen der Staatsführung" zu wirken haben. Es würde dem Gesetz also widersprechen, wenn die Durchführungsvorschriften diesen gesetzlich begrenzten Raum anders ordnen, insbes. einschränken würden. Die Durchführungsvorschriften müssen daher secundum legem = im Einklang mit dem Gesetz ergehen. Unter Gesetz ist dabei nicht nur die DGO., sondern auch die Gesamtheit der übrigen, von der DGO. nicht außer Kraft gesetzten Reichsgesetze zu verstehen.

Es handelt sich also bei den Durchführungsvorschriften um eine ergänzende Ausfüllung des Gesetzes im Sinn und Geist des Gesetzes selbst.

Zu γ). Nur die Übergangsvorschriften, also Vorschriften, die auf eine vom RMdJ. selbst bestimmte Frist ein Sachgebiet durchführungsreif regeln, können nach der ausdrücklichen Bestimmung des § 121 Abs. 1 Satz 2 vom Gesetz abweichen, also auch contra legem ergehen. Unter Gesetz ist aber hier nur die DGO. zu verstehen. Von den übrigen durch die DGO. nicht berührten Reichsgesetzen darf auch die Übergangsvorschrift nicht abweichen.

b) Die Verwaltungsvorschriften sind nicht gesetzesgleiche, objektive Rechtsnormen, sondern teils Anweisungen (Instruktionen) an nachgeordnete Behörden, teils Erläuterungen über den Geist des Gesetzes und über Sinn und Zweck der einzelnen Bestimmungen. Sie müssen also ihrem Wesen nach secundum legem = im Einklang mit dem Gesetz ergehen, wobei unter Gesetz hier nicht nur die DGO., sondern die Gesamtheit der geltenden Reichsgesetze zu verstehen ist. Doch muß auf eines hingewiesen werden: Diese Verwaltungsvorschriften kommen nicht nur von der obersten Reichsstelle, die federführend für das Gesetz war, also für eine autoritative Auslegung der Bestimmungen besonders berufen ist, die gleichzeitig oberste Aufsichtsbehörde aller deutschen Gemeinden ist und vom Gesetzgeber (§ 121) dazu bestimmt wurde, das Gesetz durchführungsreif zu machen, sondern den Vorschriften kommt noch eine andere, aus der Gesamtanlage des Gesetzes herrührende Bedeutung zu: Die Gemeinden haben sich nach § 1 Abs. 2 und § 106 nicht nur an die Schranken der Gesetze, sondern auch an die Ziele der Staatsführung zu halten. Der RMdJ. ist die Reichsstelle, die für die Gemeinden solche Tatbestände zu klären berufen ist. Soweit also solche Tatbestände in den Verwaltungsvorschriften in diesem Sinne geregelt sind, haben nicht nur die nachgeordneten Staatsbehörden (Aufsichtsbehörden), sondern auch die Gemeinden die Rechtspflicht, ihr Wirken in diesem Rahmen zu halten.

2. **Bisher ergangene Vorschriften:**

a) Rechtsvorschriften:

Die Erste Durchführungsverordnung zur DGO. vom 22. März 1935 (RGBl. I S. 393); in ihr befindet sich eine Reihe von befristeten Übergangsvorschriften, die von der DGO. abweichen, also auf § 121 Abs. 1 Satz 2 DGO. gegründet sind, z. B. § 17 Abs. 3 DurchfVO. zu § 45 DGO., ferner §§ 26, 27 DurchfVO. zu § 76 DGO., § 29 DurchfVO. zu § 83 DGO., § 30 DurchfVO. zu § 89 DGO. usw.

Die Überleitungsverordnungen der obersten Landesbehörden, die ergangen sind auf Grund der Ermächtigung des § 40 DurchfVO. Die ÜberlVO. sind veröffentlicht in den Gesetz- und Verordnungsblättern der einzelnen Länder. Die badische, bayerische, preußische, sächsische und württembergische ÜberlVO. sind im Anhang (S. 458 ff.) abgedruckt. Insgesamt handelt es sich um folgende Verordnungen:

Anhalt

Anhaltische Überleitungsverordnung zur DGO. vom 30. März 1935 (Gesetzessammlung für Anhalt S. 17).

Baden

Badische Überleitungsverordnung zur DGO. vom 3. April 1935 (Badisches Gesetz- und Verordnungsblatt S. 103).

Bayern

Überleitungsverordnung zur DGO. vom 30. März 1935 (Gesetz- und Verordnungsblatt für den Freistaat Bayern S. 179).

Angleichsverordnung zur DGO. vom 1. April 1935 (Gesetz- und Verordnungsblatt für den Freistaat Bayern S. 180).

Braunschweig

Branschweigische Überleitungsverordnung zur DGO. vom 30. März 1935 (Braunschweigische Gesetz- und Verordnungssammlung S. 89).

Hessen

Erste Hessische Verordnung zur Durchführung der DGO. vom 1. April 1935 (Hessisches Regierungsblatt Nr. 7).

Lippe

Lippische Überleitungsverordnung vom 31. März 1935 zur DGO. vom 30. Januar 1935 (RGBl. I S. 49) (Lippische Gesetzes-Sammlung Nr. 15).

Mecklenburg

Mecklenburgische Überleitungsverordnung zur DGO. vom 30. März 1935 (Regierungsblatt für Mecklenburg S. 49).

Verordnung zur DGO. vom 30. März 1935 (Regierungsblatt für Mecklenburg S. 53).

Oldenburg

Oldenburgische Überleitungsverordnung zur DGO. für den Landesteil Oldenburg vom 31. März 1935 (Gesetzblatt für den Freistaat Oldenburg, Landesteil Oldenburg, S. 79).

Oldenburgische Überleitungsverordnung zur DGO. für den Landesteil Lübeck vom 31. März 1935 (Gesetzblatt für den Freistaat Oldenburg, Landesteil Lübeck, S. 209).

Oldenburgische Überleitungsverordnung zur DGO. für den Landesteil Birkenfeld vom 31. März 1935 (Gesetzblatt für den Freistaat Oldenburg, Landesteil Birkenfeld, S. 244).

Preußen

Preußische Überleitungsverordnung zur DGO. vom 30. März 1935 (MBliV. S. 491).

Runderlaß zur Ausführung der DGO. vom 30. März 1935 (MBliV. S. 493).

Sachsen

Sächsische Überleitungsverordnung zur DGO. vom 30. März 1935 (Sächsisches Gesetzblatt S. 39).

Schaumburg-Lippe

Schaumburg-Lippische Überleitungsverordnung zur DGO. vom 30. März 1935 (Schaumburg-Lippische Landesverordnungen S. 131).

Thüringen

Thüringische Überleitungsverordnung zur DGO. vom 5. April 1935 (Gesetzessammlung für Thüringen S. 51).

Württemberg

Württembergische Überleitungsverordnung zur DGO. vom 30. März 1935 (Regierungsblatt für Württemberg S. 85).

b) Verwaltungsvorschriften:

Die Erste Ausführungsanweisung des RMdJ. vom 22. März 1935 zur DGO. (veröffentlicht in den Gesetz- und Verordnungs- oder Min.-Amtsblättern der einzelnen Länder). Sie ist hier bei den einzelnen gesetzlichen Vorschriften mitabgedruckt.

Die Vorläufige Ausführungsanweisung des RMdJ. zum Sechsten Teil der DGO. vom 22. März 1935 (veröffentlicht in den Gesetz- und Verordnungsblättern oder Min.-Amtsblättern der einzelnen Länder). Sie ist bei den einzelnen gesetzlichen Vorschriften der §§ 60—105 mitabgedruckt. — Der Grund dafür, daß zum Sechsten Teil des Gesetzes nur eine vorläufige AusfAnw. erging, liegt darin, daß eine eingehende Verordnung zu diesem Teil auf Grund des § 105 Abs. 2 DGO. noch ergehen wird.

3. **Vorschriften über die Wirtschaftsführung der Gemeinden** sind zwar ebenfalls vom RMdJ., aber im Einvernehmen mit dem Reichsmin. der Finanzen zu erlassen. Durch die Beifügung des § 105 sollten die zustimmungspflichtigen „Vorschriften über die Wirtschaftsführung" auf die Verordnungen über die Gegenstände des § 105 Abs. 1 und 2 beschränkt werden; darüber hinaus ist die Erlassung von Rechts- und Verwaltungsvorschriften zur Durchführung der DGO., auch wenn die **Vorschriften** die Wirtschaftsführung der Gemeinden berühren, nicht an das Einvernehmen des RMdJ. mit dem Reichsmin. der Finanzen gebunden. Dies deshalb, weil nahezu jeder Verwaltungsgegenstand auch eine finanzielle Seite hat und deshalb ohne nähere Umgrenzung der „Vorschriften über die Wirtschaftsführung" i. S. des Abs. 2 nahezu alle Rechts- und Verwaltungsvorschriften zur Durchführung des Gesetzes im Wege des Abs. 2 ergehen müßten, was zu einer Erschwerung des Geschäftsganges führen würde.

Die besondere Beifügung des Abs. 2 wäre offensichtlich unnötig gewesen, wenn damit nichts weiter gesagt werden sollte, als was bereits in § 105 gesetzlich festgelegt ist. Sie kann daher nur den Sinn haben, daß die Regelung der in § 105 aufgeführten Sachgebiete auch dann an das Einvernehmen des RMdJ. mit dem Reichsmin.

der Finanzen gebunden sein soll, wenn sie nicht im Wege besonderer Verordnungen, sondern im Rahmen der Rechtsvorschriften nach § 121 erfolgen sollte.

Der sachliche Grund der Vorschrift des Einvernehmens des RMdJ. mit dem Reichsmin. der Finanzen ist die Notwendigkeit, bei der unlöslichen Verbundenheit der Finanzen des Reiches mit den Finanzen seiner Gliedkörperschaften die Gleichrichtung der Finanzwirtschaft der Gemeinden mit den Grundsätzen des Reiches zu sichern.

§ 122

Dieses Gesetz gilt nicht für die Hauptstadt Berlin.

I. Amtliche Begründung s. Textausgabe S. 177/178.

II. Anm.

Die Größe und Struktur der deutschen Reichshauptstadt verlangen eine Sonderregelung ihrer Verfassung und Verwaltung. Schon bisher galt das Preuß. Gemeindeverfassungsgesetz vom 15. Dezember 1933 für die Hauptstadt Berlin nicht (s. dort § 69). Seit langem waren Sonderregelungen hierfür geboten.

Von der gesetzgeberischen Möglichkeit, die Bestimmung von Abweichungen vom Gesetz für die Hauptstadt Berlin dem Verordnungswege zu überlassen, wurde mit Rücksicht auf die Bedeutung des Gegenstandes kein Gebrauch gemacht; er soll durch Reichsgesetz geordnet werden.

§ 123

Dieses Gesetz tritt am 1. April 1935 in Kraft.

Berlin, den 30. Januar 1935.

Der Führer und Reichskanzler
Adolf Hitler

Der Reichsminister des Innern
Frick.

Anm.

1. Das Gesetz ist am 30. Januar 1935, dem Jahrestage der Machtübernahme, als Grundgesetz des nationalsozialistischen Staates verkündet worden. Der Tag ist der hohen Bedeutung des Gesetzes für den Neubau des Reiches wegen gewählt worden.

Bis zum Inkrafttreten des Gesetzes wurde eine genügend lange Zwischenzeit eingeschaltet, um der Vorbereitung der zur Durchführung des Gesetzes erforderlichen Rechts- und Verwaltungsvorschriften, dem Eindringen der Gemeindeverwaltungen und der sonst mit dem Vollzug betrauten Behörden und Stellen in das Gesetz und seine oft grundstürzenden Neuregelungen einen angemessenen zeitlichen Spielraum zu geben.

2. Vom 1. April 1935 an gilt nun für sämtliche deutschen Gemeinden ein einheitliches, durch Reichsgesetz geschaffenes deutsches Gemeinderecht. Dies ist weit mehr als eine formale Rechtseinheit für ein Teilgebiet des Rechtslebens: Es ist die Grundfeste für den Neubau des Organismus der öffentlichen Verwaltung des deutschen Einheitsstaates.

Anhang.

1.

Anlage I zur AusfAnw. zu § 3 DGO.

Hauptsatzung der Stadt[1]) ....

Auf Grund des § 3 Abs. 2 der Deutschen Gemeindeordnung v. 30. 1. 1935 (RGBl. I S. 49) wird nach Beratung mit den Ratsherren und mit Zustimmung des Beauftragten der NSDAP. folgende Hauptsatzung erlassen:

§ 1[2]).

Der Oberbürgermeister wird hauptamtlich angestellt; er muß die Befähigung zum Richteramte oder höheren Verwaltungsdienst haben.

§ 2[2]).

(1) Dem Oberbürgermeister stehen
1. der hauptamtliche (ehrenamtliche) Bürgermeister,
2. der hauptamtliche Stadtkämmerer,
3. .... sonstige hauptamtliche Beigeordnete,
   a) der Stadtrechtsrat,
   b) der Stadtbaurat,
   c) der Stadtschulrat,
   d) ....
4. ..... ehrenamtliche Beigeordnete

zur Seite.

(2) Der Stadtkämmerer muß die Befähigung zum höheren Verwaltungsdienst (Richteramt), (eine langjährige praktische Erfahrung auf dem Gebiete des Gemeindefinanzwesens) haben, (die Diplomprüfung für Volkswirte abgelegt haben). Der Stadtrechtsrat muß die Befähigung zum Richteramt haben.

§ 3.

Die Zahl der Ratsherren beträgt ...

§ 4.

(1) Zur beratenden Mitwirkung werden für folgende Verwaltungszweige Beiräte bestellt:

a) für finanzielle Angelegenheiten,
b) für Angelegenheiten des ....,
c) ....

(2) Der Oberbürgermeister kann nach Bedarf Beiräte zur beratenden Mitwirkung in bestimmten Einzelfragen berufen.

§ 5.

Der Oberbürgermeister und die Beigeordneten (und die Ratsherren) tragen bei feierlichen Anlässen folgende Amtstracht(en) (Amtszeichen):

....

§ 6.

(1) Die ehrenamtlichen Beigeordneten, die ein bestimmtes Arbeitsgebiet verwalten, erhalten Aufwandsentschädigungen von ...... *RM* im Monat.

(2)[3] Den ehrenamtlich tätigen Bürgern werden als Ersatz ihrer Auslagen und des entgangenen Arbeitsverdienstes folgende Durchschnittssätze gewährt:

a) bei Tätigkeit am Ort ...... *RM*,
b) bei auswärtiger Tätigkeit Reisekosten und Tagegelder nach Sätzen der Stufe(n) ....[4]) des Gesetzes über Reisekostenvergütung der Beamten v. 15. 12. 1933 (RGBl. I S. 1067).

§ 7.

Bürgern, die mindestens 20 Jahre ein Ehrenamt ohne Tadel verwaltet haben, kann die Ehrenbezeichnung ....[5]) verliehen werden.

(Ort), den .... 1935.

Der Oberbürgermeister.

....
(Unterschrift)

---

[1]) Das Muster ist auf einen größeren Stadtkreis abgestellt.

[2]) Soweit demnächst der hauptamtliche Oberbürgermeister oder ein hauptamtlicher Beigeordneter auf Lebenszeit wiederberufen werden soll, kann folgender Zusatz aufgenommen werden: „Der im Amte befindliche Oberbürgermeister (Bürgermeister, Stadtkämmerer usw.) wird auf Lebenszeit wiederberufen."

[3]) Die Vorschrift ist nur aufzunehmen, wenn an Stelle der gesetzlichen Regelung des § 27 Abs. 2 Satz 1 DGO. Durchschnittssätze gewährt werden sollen.

[4]) Es ist die Stufe für diejenigen hauptamtlichen Beamten einzusetzen, mit denen die betreffenden Ehrenbeamten nach ihrer Stellung gleichzubewerten sind.

[5]) z. B. Stadtältester.

Anlage II zur AusfAnw. zu § 3 DGO.

Hauptsatzung der Gemeinde[1]) ....

Auf Grund des § 3 Abs. 2 der Deutschen Gemeindeordnung v. 30. 1. 1935 (RGBl. I S. 49) wird nach Beratung mit den Gemeinderäten und mit Zustimmung des Beauftragten der NSDAP. folgende Hauptsatzung erlassen:

§ 1.

Dem Bürgermeister stehen .... Beigeordnete zur Seite.

§ 2.

Die Zahl der Gemeinderäte beträgt .....

§ 3.

(1) Zur beratenden Mitwirkung
a) in finanziellen Angelegenheiten,
b) in Angelegenheiten des .... werden Beiräte bestellt.

(2) Der Bürgermeister kann nach Bedarf Beiräte zur beratenden Mitwirkung in bestimmten Einzelfragen berufen.

§ 4.

Der Bürgermeister und die Beigeordneten (und die Gemeinderäte) tragen bei feierlichen Anlässen folgende Amtstracht(en) (Amtszeichen):

....

§ 5.

(1) Der Bürgermeister erhält eine Aufwandsentschädigung. Ihre Höhe bemißt sich nach der Einwohnerzahl der Gemeinde und beträgt für das Jahr .... *RM*. für jeden Einwohner. Stichtag für die Berechnung der jährlichen Aufwandsentschädigung ist der 1. 4. jeden Jahres. Die Entschädigung ist in monatlichen Teilbeträgen im voraus auszuzahlen.

(2) Der Kassenverwalter erhält eine Aufwandsentschädigung in Höhe von ......[2]) der Entschädigung des Bürgermeisters.

§ 6.

Bürgern, die mindestens 20 Jahre ein Ehrenamt ohne Tadel verwaltet haben, kann die Ehrenbezeichnung ....[3]) verliehen werden.

(Ort), den .... 1935.

Der Bürgermeister.

....

(Unterschrift)

---

[1]) Das Muster ist auf eine ehrenamtlich verwaltete Gemeinde abgestellt (§ 39 Abs. 1 Satz 1 DGO.).

[2]) Hier ist der nach den Richtlinien der Aufsichtsbehörde zulässige Bruchteil einzusetzen.

[3]) Z. B. Gemeindeältester, Altbürgermeister, Ehrenbürgermeister.

2.

Anlage III zur AusfAnw. zu § 15 DGO.

Nachweisung über Grenzänderungen.

1. Spalte: Laufende Nummer.
2. Spalte: Bezeichnung der beteiligten Gemeinden, gegebenenfalls unter Angabe der Kreisangehörigkeit.
3. Spalte: a) Flächengröße in ha,
   b) Einwohnerzahl.
4. Spalte: Aufkommen aus den Überweisungssteuern,
   a) Einkommen- und Körperschaftsteuer,
   b) Umsatzsteuer in *RM*.
5. Spalte:
   I. Höhe der Realsteuern (Zuschläge zu Staatssteuern oder sonstigen Besteuerungsgrundlagen)[1]) und der Bürgersteuer:
      1. Grundsteuer,
      2. Gewerbesteuer,
      3. Bürgersteuer.
   II. Aufkommen aus diesen Gemeindesteuern (getrennt in *RM*).
6. Spalte: Aufkommen aus indirekten Gemeindesteuern (unter getrennter Angabe der einzelnen Steuerarten).
7. Spalte: Angaben über die Struktur der beteiligten Gemeinden, insbesondere darüber, ob es sich um ländliche oder industrielle Gemeinden, um Betriebsgemeinden oder Arbeiterwohnsitzgemeinden, um Bauern- oder Landarbeitergemeinden usw. handelt und wie sich im Einzelfall dementsprechend die Bevölkerung zusammensetzt.
8. Spalte: Vorschlag für die Entscheidung.
9. Spalte: Gründe, welche die Grenzänderung notwendig oder zweckmäßig erscheinen lassen. Etwaige Tatsachen, die für die Beurteilung der Leistungsfähigkeit der Gemeinden von Bedeutung sind. Regelung der Kirchen- und Schulverhältnisse.

---

[1]) Falls Zuschläge zu einzelnen Realsteuerarten erhoben werden, ist dies entsprechend untergegliedert nachzuweisen, also z. B. in Preußen:

a) bei der Grundsteuer für
   Grundvermögensteuer I,
   Grundvermögensteuer II,

b) bei der Gewerbesteuer für
   Gewerbesteuer nach dem Ertrage,
   Gewerbesteuer nach dem Kapital,
   Gewerbesteuer nach der Lohnsumme.

3.

Anlage IV zur Vorl.AusfAnw. zu § 78 DGO.

Anlage

zum Antrage der Gemeinde .... Einwohnerzahl ..... (nach der letzten amtlichen Volkszählung) auf Erteilung der Genehmigung gemäß § 78 der Deutschen Gemeindeordnung vom 30. Januar 1935 (RGBl. I S. 49) zur Aufnahme eines Darlehens [1]).

I. Einzelheiten des Kreditgeschäftes.

1. Genaue Bezeichnung des Gläubigers (bei Anleihen mit auf den Inhaber lautenden Schuldverschreibungen ist hier die vermittelnde Bankanstalt anzugeben):
2. Höhe des Darlehensbetrages . . . . RM
3. Zweckbestimmung des Darlehens:
4. Notwendigkeit der Darlehensaufnahme:
   a) Ist anderweitige Deckung möglich?
   b) Sind Rücklagen für diesen Verwendungszweck angesammelt?
      In welchem Zeitraume?
      In welcher Höhe aus ordentlichen Einnahmen . . . . . RM
      In welcher Höhe aus außerordentlichen Einnahmen . . . RM
   c) Ist eine Verschiebung des Vorhabens bis zur Ansammlung entsprechender Rücklagen möglich?
5. Darlehensbedingungen:
   a) Höhe des Zinssatzes . . . . v. H.
   b) Auszahlungskurs . . . . v. H.
   c) Werden Darlehensgebühren und sonstige Unkosten (Bank- und Vermittlungskosten) verlangt?
      Falls ja, in welcher Höhe?
   d) Verwaltungskostenbeitrag: einmalig . . . . . v. H.
      laufend . . . . . v. H.
      falls laufend: erfolgt die Berechnung nach der ursprünglichen Höhe des Darlehens oder nach der jeweiligen Restsumme?
   e) Fälligkeitszeitpunkte der Zinsen:
   f) Ist vor- oder nachträgliche Zahlung der Zinsen vereinbart?
   g) Laufzeit des Darlehens:
   h) Mithin effektiver Zinssatz . . . . v. H.

---

[1]) Bei der Übernahme von Bürgschaften, Gewährleistungen und der Bestellung sonstiger Sicherheiten ist dieser Vordruck sinngemäß auszufüllen.

i) Tilgungssatz (bei Tilgungsdarlehen) . . . . . v. H.
— zuzüglich — ohne — ersparte(r) Zinsen vom . . . .
ab [2]).

k) Tilgungsbeträge und Zeitpunkte (bei in Teilbeträgen rückzahlbaren Darlehen oder bei mit einem Gesamtbetrage fällig werdenden Darlehen):
1. . . . .
2. . . . .

l) Ist das Darlehen ausschließlich auf Reichsmarkbeträge abgestellt?
Falls eine Goldmarkklausel vorgesehen ist:
α) Handelt es sich um Übernahme einer schon längere Zeit bestehenden Verpflichtung?
oder
β) hat der Gläubiger seinerseits eine Rückfinanzierung auf Goldmarkgrundlage übernommen?

m) Hat sich der Gläubiger — außer für den Fall des Verzugs — ein vorzeitiges Kündigungsrecht vorbehalten?
Falls ja, nachstehend genau anzugeben:

n) Sind vom Darlehensgeber zur Sicherung für das von der Gemeinde aufzunehmende Darlehen besondere von ihr zu bestellende Sicherheiten gefordert oder ist deren rechtsverbindliche Bestellung für gewisse Fälle (insbes. Verzug) verlangt (vgl. § 79 DGO.)?
Falls ja, nachstehend genau anzugeben:

o) Sind seitens Dritter, namentlich anderer Gemeinden oder Gemeindeverbände, rechtsverbindlich und, soweit erforderlich, aufsichtsbehördlich genehmigt, Sicherheiten zugesagt, bestellt oder Bürgschaften übernommen?
Falls ja, nachstehend genau anzugeben:

p) Hat der Darlehensnehmer Nebenverpflichtungen (z. B. Zuweisung der bei ihm anfallenden Versicherungen an den Geldgeber usw.) übernommen?
Falls ja, nachstehend genau anzugeben:

6. Ist das Darlehen im außerordentlichen Haushaltsplane des Antragstellers oder einem Nachtrage dazu eingesetzt und im Rahmen desselben gem. § 76 DGO. genehmigt?

Auf Grund welcher Vorschrift ist die Aufnahme in den außerordentlichen Haushaltsplan im vorliegenden Fall etwa nicht erforderlich? (vgl. §§ 26 und 27 der Ersten DurchfVO. z. DGO.).

---

[2]) Nichtzutreffendes ist zu durchstreichen.

7. Liegt eine den Vorschriften der DGO. entsprechende Entschließung über die Aufnahme des Darlehens vor?
   Die Entschließung und ein Auszug aus der Niederschrift über die Beratung mit den Gemeinderäten sind beizufügen.
8. Aus welchem Grund ist die Zustimmung des RMdI. und des RMdF. nach § 13 GemUG. in der Fassung des Ges. vom 29. März 1935 (RGBl. I S. 456) im vorliegenden Fall etwa nicht erforderlich?
9. Wird die Genehmigung zur Ausgabe von Schuldverschreibungen auf den Inhaber nachgesucht?
10. Im Falle der Aufnahme eines Zwischenkredits (§ 77 Abs. 2 DGO.)
    a) Laufzeit des Zwischenkredits
    b) Ist zur Ablösung des Zwischenkredits ein endgültiges Darlehen
       α) fristgemäß rechtsverbindlich zugesagt?
       β) genehmigt?
       γ) wer ist Darlehensgeber?
       δ) ist der Darlehensgeber leistungsfähig?
    c) Steht zur Ablösung des Zwischenkredits ein ausreichender Erlös aus der Veräußerung von Gemeindevermögen zur Verfügung?
       α) Welches Gemeindevermögen wird veräußert?
       β) Höhe des Erlöses . . . .*RM*
       γ) Ist die Veräußerung, soweit erforderlich, genehmigt?
       δ) Wer ist der Vertragsgegner?
       ε) Ist der Vertragsgegner leistungsfähig?
11. Übersicht über die Gesamtfinanzierung des Vorhabens, zu dessen Durchführung das Darlehen aufgenommen wird:
    a) Gesamtkosten: . . . .*RM*
    b) hiervon sind gedeckt:
       α) durch für diesen Zweck angesammelte Rücklagen . . . .*RM*
       β) durch sonstige eigene Mittel . . . .*RM*
       γ) durch das aufzunehmende Darlehen . . . .*RM*
       δ) durch Grundförderung . . . .*RM*
       ε) durch Zuschüsse . . . .*RM*
       (von wem gewährt): . . . .
       ζ) durch sonstige Darlehen . . . .*RM*
       (von wem gewährt): . . . .
       Summe α—ζ . . . .*RM*
       (muß sich decken mit der Angabe zu a).
12. Bestätigung, daß mit der Maßnahme, zu deren Durchführung das Darlehen aufgenommen werden soll, noch nicht begonnen ist (vgl. § 90 DGO.).

II. Finanzlage des Darlehensnehmers.

1. Ist der Antragsteller Mitglied des Umschuldungsverbandes deutscher Gemeinden?
   Ist Antragsteller beim Umschuldungsverbande mit der Zahlung des Schuldendienstes für seine umgeschuldeten Forderungen im Verzuge?
   Falls ja, mit welchem Betrage . . . .RM
2. Gesamtbetrag der Schulden des Antragstellers am letzten 31. März oder 30. September ohne Kassenkredite:
   a) insgesamt . . . .RM
   b) auf den Kopf des Einwohners . . . .RM
   c) Gesamtbetrag der zur Zeit noch rückständigen und nicht in die Umschuldung einbezogenen Kapitaldienstleistungen (Zins- und Tilgungsbeträge) . . . .RM
   d) Betrag sonstiger Zahlungsrückstände außer Umlagen (Lieferantenforderungen usw. einschl. gestundeter Forderungen) . . . .RM
3. Falls die antragstellende Gemeinde Umlagen an Gemeindeverbände (Amt, Kreis, Bezirk, Provinz usw.) zu entrichten hat, sind diese seit dem 1. April 1934 fälligkeitsgemäß bezahlt? Gegebenenfalls, Höhe der Rückstände aus diesem Zeitraume . . . .RM
4. a) Höhe der Ermächtigung zur Inanspruchnahme von Kassenkrediten (§ 81 DGO.) im laufenden Rechnungsjahre . . . .RM
   b) Davon zur Zeit tatsächlich in Anspruch genommen . . ...RM
5. Gesamtbetrag etwa empfangener Staatsbeihilfen (Beihilfen zur Vermeidung eines Kassenzusammenbruches):
   a) im verflossenen Rechnungsjahre . . . .RM
   Davon zur Leistung des Schuldendienstes beim Umschuldungsverbande . . . .RM
   b) im laufenden Rechnungsjahre . . . .RM
   Davon zur Leistung des Schuldendienstes beim Umschuldungsverbande . . . .RM
6. Höhe der Realsteuern (Zuschläge zu Staatssteuern oder sonstigen Besteuerungsgrundlagen[3]) und der Bürgersteuer:

---

[3]) Falls Zuschläge zu einzelnen Realsteuerarten erhoben werden, ist dies entsprechend untergegliedert nachzuweisen, also z. B. in Preußen:
a) bei der Grundsteuer für
Grundvermögensteuer I,
Grundvermögensteuer II,

a) Grundsteuer,
b) Gewerbesteuer,
c) Bürgersteuer . . . . fache des Reichssatzes

7. a) Welches Ergebnis zeigt der Rechnungsabschluß des abgelaufenen Rechnungsjahres?
b) Höhe der Gesamtsteuereinnahmen (einschließl. Überweisungssteuern) im abgelaufenen Rechnungsjahre . . . . . RM
c) Höhe der Reineinkünfte aus dem Erwerbsvermögen (Betriebe, Beteiligungen, allg. Grund- und Kapitalvermögen) im abgelaufenen Rechnungsjahre . . . . . . RM
d) Ist der für das laufende Rechnungsjahr aufgestellte ordentliche Haushalt ausgeglichen?
Gesamtsumme der Einnahmen . . . . RM
Gesamtsumme der Ausgaben . . . . RM
Falls nein, Höhe des ungedeckten Fehlbetrages . . . . . RM
e) Sind noch ungedeckte Fehlbeträge aus früheren Rechnungsjahren vorhanden?
Gegebenenfalls Betrag . . . . RM
In welcher Weise sollen sie abgedeckt werden?
f) Betrag etwaiger nach § 7 Abs. 2 GemUG. als gestundet geltender (nicht umgeschuldeter) Forderungen (Kapital zuzüglich Zinsen)
Werden hierfür Rücklagen gebildet?
g) Sind im Falle früherer Inanspruchnahme von Rücklagen Maßnahmen zur Wiederauffüllung der Rücklagen getroffen?

8. a) Wird der Aufwand für die Verzinsung und Tilgung des Darlehens durch Mehreinnahmen oder Minderausgaben, die sich aus der Verwendung der Darlehensmittel ergeben, dauernd ausgeglichen? (Eingehende Begründung; die Berechnungsunterlagen sind beizufügen).
b) Wird der Kapitaldienst ganz oder teilweise von Dritten übernommen?
Wenn ja, ist dieser nachhaltig leistungsfähig?
c) Wie wird bei Verneinung der Frage zu a und b der Nachweis der dauernden Leistungsfähigkeit zur Erfüllung der Verzinsungs- und Tilgungsverpflichtungen erbracht?
(Ist notfalls insbes. eine dauernde Steigerung der ordentlichen Einnahmen aus Steuern, Gebühren,

---

b) bei der Gewerbesteuer für
Gewerbesteuer nach dem Ertrage,
Gewerbesteuer nach dem Kapital,
Gewerbesteuer nach der Lohnsumme.

Beiträgen usw. rechtlich und tatsächlich möglich und tragbar?)
Bleibt insbesondere der ordentliche Haushalt auch bei Berücksichtigung der durch die beabsichtigte Darlehensaufnahme eintretenden neuen Belastung dauernd ausgeglichen?

9. a) Ist ein Tilgungsplan (§ 80 DGO.) aufgestellt? (Dieser ist beizufügen.)
b) Ist die in § 80 Abs. 2 Satz 1 und 2 DGO. festgelegte Mindestgrenze der Tilgung beachtet?
c) Ist für Darlehen, die mit einem Gesamtbetrage fällig werden oder für die der Tilgungsplan eine höhere Tilgung als nach den Rückzahlungsbedingungen (vgl. Frage I 5 i u. k) vorsieht, die Ansammlung der Tilgungsbeträge sichergestellt?

. . . ., den . . . . 193 . .

Aufgestellt:

(Bürgermeister der antragstellenden Gemeinde.)

4.

Badische Überleitungsverordnung zur Deutschen Gemeindeordnung.

Vom 3. April 1935 (GVBl. S. 103).

Auf Grund der §§ 1, 8, 17, 22, 40 und 41 der Ersten Verordnung zur Durchführung der Deutschen Gemeindeordnung vom 22. März 1935 (Reichsgesetzblatt I S. 393) wird verordnet:

Artikel I.

Städte und Gemeinden.

§ 1.

Wo in Badischen Gesetzen und Verordnungen, die vor Inkrafttreten dieser Verordnung erlassen sind, von Städten gesprochen wird, sind hierunter nur Städte mit mehr als 14000 Einwohnern zu verstehen. Die Vorschriften über die Aufsicht werden hierdurch nicht berührt.

§ 2.

Als Einrichtungen im Sinne des § 1 der Ersten Verordnung zur Durchführung der Deutschen Gemeindeordnung gelten in Baden die Orte als Teile zusammengesetzter Gemeinden (§§ 95 ff. der Badischen Gemeindeordnung). Die bis zum 1. April 1935 bestehenden zusammengesetzten Gemeinden gelten von diesem Tage ab als

Gemeinden im Sinne der Deutschen Gemeindeordnung. Die gegenseitigen Gemarkungsgrenzen der bisherigen Orte werden aufgehoben. Das Vermögen der Orte geht auf die Gemeinde als Rechtsnachfolgerin über. In der Nutzung des Gemeindegliedervermögens (Bürgergenuß) tritt eine Änderung nicht ein. Über die Auseinandersetzung zwischen der Gemeinde und den Orten ist nötigenfalls ein Plan aufzustellen, der der Genehmigung der Aufsichtsbehörde bedarf. In diesem Plan kann festgesetzt werden, daß für die vorher zu verschiedenen Orten gehörenden Gebietsteile die Grund- und Gewerbesteuer auf eine befristete Übergangszeit verschieden, jedoch im bestimmten Verhältnis festgesetzt wird. Wird der Plan nicht innerhalb einer von der Aufsichtsbehörde bestimmten Frist aufgestellt, so kann die Aufsichtsbehörde ihn selbst aufstellen.

Artikel II.

Verwaltung der Gemeinde.

§ 3.

1. Als Beigeordnete im Sinne der Deutschen Gemeindeordnung gelten vom 1. April 1935 ab die stellvertretenden Bürgermeister und besoldeten Gemeinderäte. Andere Gemeindebeamte dürfen diese Amtsbezeichnung nicht mehr führen.

Soweit am 1. April 1935 in einer Gemeinde Beigeordnete im Sinne der Deutschen Gemeindeordnung nicht vorhanden sind, regelt sich bis zu ihrer Bestellung die Stellvertretung des Bürgermeisters nach den seitherigen Grundsätzen; die Reihenfolge bestimmt der Bürgermeister.

3. Soweit Bürgermeister und besoldete Gemeinderäte unter Vorbehalt des Widerrufs der Ernennung auf eine längere Dauer als ein Jahr ernannt worden sind, bleibt dieser Vorbehalt bis zum 30. Juni 1935 bestehen.

Artikel III.

Polizeiverwaltung.

§ 4.

Die Vorschriften der Badischen Gemeindeordnung, die die Aufgaben der Gemeinden auf polizeilichem Gebiet regeln (§§ 7 und 43 der Badischen Gemeindeordnung), werden in folgender Fassung aufrechterhalten:

§ 7.

1. Soweit Gemeinden die Ortspolizei verwalten, bleiben ihnen die dadurch erwachsenden persönlichen und sachlichen Kosten zur Last. Die Einnahmen, die sich aus der Verwaltung der Ortspolizei ergeben, fließen in die Gemeindekasse.

2. Der Minister des Innern kann die Verwaltung der Ortspolizei ganz oder teilweise einer Staatspolizeibehörde übertragen. Die Verteilung der Kosten zwischen Staat und Gemeinde für solche Fälle wird durch Gesetz geregelt.

3. Bei der Verwaltung der Polizei sind die Gemeinden nicht nur an die durch Gesetz oder Verordnung erlassenen Vorschriften, sondern auch an die ihnen von der Staatsverwaltungsbehörde erteilten Weisungen gebunden. Anordnungen der Gemeindebehörden, die hiergegen verstoßen, können von der Staatsverwaltungsbehörde auch von Amts wegen abgeändert oder aufgehoben werden. Zuständig sind gegenüber den Städten mit mehr als 14000 Einwohnern die Minister, gegenüber den übrigen Gemeinden die Bezirksämter.

§ 43.

1. Gegen polizeiliche Verfügungen des Bürgermeisters, mit Ausnahme der Strafverfügungen, steht demjenigen, in dessen Recht sie eingreifen, binnen 14 Tagen die Beschwerde an die in § 7 Abs. 3 Satz 3 genannte Staatsverwaltungsbehörde zu. Die Beschwerde ist beim Bürgermeister schriftlich oder zur Niederschrift einzulegen.

2. Gegen einen abweisenden Beschwerdeentscheid ist die Klage beim Verwaltungsgerichtshof zulässig.

§ 5.

Unberührt bleiben ferner bis auf weiteres

a) das Gesetz über die Polizeiverwaltung, das Polizeistrafgesetzbuch und das Polizeistrafverfahren (Polizeigesetz) vom 31. Januar 1923 (Gesetz- und Verordnungsblatt S. 29) in der Fassung der Gesetze vom 28. Juli 1925 (Gesetz- und Verordnungsblatt S. 189), vom 12. Juli 1927 (Gesetz- und Verordnungsblatt S. 141), des Artikels 4 der Dritten Haushaltsnotverordnung vom 25. August 1932 (Gesetz- und Verordnungsblatt S. 193) und des Gesetzes vom 29. Januar 1934 (Gesetz- und Verordnungsblatt S. 18),

b) das Gesetz über die Verteilung der Polizeikosten zwischen Staat und Gemeinde vom 29. Januar 1934 (Gesetz- und Verordnungsblatt S. 19).

Artikel IV.

Gemeindebeamtenrecht.

§ 6.

Die Vorschriften der Badischen Gemeindeordnung, welche die Rechtsverhältnisse der Gemeindebeamten sowie der Angestellten und Arbeiter der Gemeinden und das Dienst- und Ordnungsstrafrecht regeln (§§ 71—76 der Badischen Gemeindeordnung) werden vorerst in folgender Fassung aufrechterhalten:

IV. Rechtsverhältnisse der Gemeindebeamten und Gemeindebediensteten.

§ 71.

1. Art und Zahl der Beamtenstellen einer Gemeinde wird durch Satzung festgesetzt.

2. Die Ernennung der Beamten erfolgt durch den Bürgermeister.

Er stellt den Beamten die Anstellungsurkunde aus, verpflichtet sie und erläßt die allgemeinen Dienstvorschriften und die besonderen Dienstweisungen.

3. Die Beamten haben alle Obliegenheiten des ihnen übertragenen Dienstes den Gesetzen, Verordnungen und Dienstvorschriften entsprechend gewissenhaft wahrzunehmen und sich durch ihr Verhalten in und außer dem Amt der Achtung und des Vertrauens, die ihr Beruf erfordert, würdig zu erweisen.

4. Die Beamten haben Anspruch auf eine den dienstlichen Anforderungen, der Leistungsfähigkeit der Gemeinde und den örtlichen Lebensbedingungen angemessene Besoldung und, soweit sie hauptberuflich beschäftigt sind, für die Fälle der Dienstunfähigkeit infolge körperlicher oder geistiger Schwäche oder der Vollendung des 65. Lebensjahres Anspruch auf Ruhegehalt und im Fall des Todes Anspruch auf Hinterbliebenenversorgung. Der Anspruch auf Ruhegehalt und Hinterbliebenenversorgung ist in den Städten mit mehr als 14000 Einwohnern durch Satzung zu regeln, in den übrigen Gemeinden richtet er sich nach den Bestimmungen des Versicherungsgesetzes für Gemeinde- und Körperschaftsbeamte.

5. Den hauptberuflich beschäftigten Beamten muß spätestens nach zehnjähriger Dienstzeit im Beamtenverhältnis unwiderrufliche Anstellung gewährt werden. Aus wichtigen, in der Person des Beamten liegenden Gründen kann der Eintritt der Unwiderruflichkeit um höchstens zwei Jahre verschoben werden. Unwiderruflich angestellte Beamte können nur im Wege des Dienststrafverfahrens entlassen werden.

6. Das Dienstverhältnis der widerruflich angestellten Beamten darf, sofern nicht eine grobe Pflichtverletzung vorliegt, seitens der Gemeinde nur unter Einhaltung einer Kündigungsfrist von drei Monaten gekündigt werden. Hat ein widerruflich angestellter Beamter fünf Dienstjahre als Beamter der Gemeinde zurückgelegt, so darf das Dienstverhältnis nur aus einem wichtigen Grund gelöst werden.

7. Die Gemeinde kann einen noch nicht sechzig Jahre alten zuruhegesetzten Beamten, der wieder dienstfähig geworden ist, in den Dienst zurückrufen; die Ruhejahre gelten als Dienstjahre.

8. Im übrigen werden die allgemeinen Dienstpflichten und -rechte der Gemeindebeamten durch Satzung geregelt. Diese muß die regelmäßige Arbeitszeit, die Besoldung, die Bezüge bei Erkrankung, die Frage der Nebenbeschäftigung, den Erholungsurlaub, die Kündigungsfristen, die unwiderrufliche Anstellung, die Anrechnung anderweitiger Dienstzeit auf das Ruhegehaltsdienstalter, den Ruhegehalt und die Hinterbliebenenversorgung ordnen.

§ 72.

wird gestrichen.

§ 73.

Das Dienstverhältnis eines Angestellten oder Arbeiters einer

Gemeinde darf nach fünfjähriger hauptberuflicher Beschäftigung im Dienste der Gemeinde ohne seine Zustimmung nur aus einem wichtigen Grund gelöst werden.

V. Dienststrafrecht und Zwangsmaßnahmen.

§ 74.

1. Die Bürgermeister, Beigeordneten und Gemeinderäte haben die Obliegenheiten ihres Amtes gewissenhaft wahrzunehmen und sich durch ihr Verhalten in und außer dem Amt der Achtung und des Vertrauens, die ihre Stellung erfordert, würdig zu erweisen.

2. Bei Verletzung der Dienstpflichten findet das Dienststrafrecht des Badischen Beamtengesetzes sinngemäß Anwendung. Die Strafversetzung auf eine andere Amtsstelle ist ausgeschlossen. Gegen ehrenamtlich tätige Bürgermeister und Beigeordnete sowie die Gemeinderäte kann nur auf Verweis oder Dienstentlassung erkannt werden.

3. Zur Verhängung von Ordnungsstrafen, wie zum Ausspruch der Dienstentlassung ist die Aufsichtsbehörde zuständig.

4. Gegen Erkenntnisse der Aufsichtsbehörde in Dienststrafsachen steht dem Bestraften nur die Klage bei dem Verwaltungsgerichtshof als Disziplinarhof zu. Dieser entscheidet in der Besetzung mit vier Mitgliedern des Gerichtshofs einschließlich des Vorsitzenden und drei weiterer Mitglieder, die nebst den erforderlichen Stellvertretern jeweils auf die Dauer von vier Jahren vom Minister des Innern ernannt werden.

5. Auf das Verfahren vor dem Disziplinarhof finden die Bestimmungen des Beamtengesetzes sinngemäß Anwendung; an Stelle der Anklageschrift tritt das Erkenntnis der Aufsichtsbehörde, an Stelle des Beamten der Staatsanwaltschaft der Bevollmächtigte des Ministers als Vertreter des Staatsinteresses. Zuständig ist der Minister des Innern.

6. Hinsichtlich des Dienststrafverfahrens gegen Personen im Ruhestand und hinsichtlich der vorläufigen Amtsenthebung ist das Beamtengesetz sinngemäß anzuwenden; zuständige Dienstbehörde ist die Aufsichtsbehörde.

7. Die Vorschriften des Beamtengesetzes über Gebühren und Kosten und über die Zustellungen finden Anwendung.

§ 75.

1. Gemeindebeamte, welche ihre Dienstpflichten verletzen, unterliegen in sinngemäßer Anwendung des Badischen Beamtengesetzes der dienstpolizeilichen Bestrafung. Die Einleitung des Dienststrafverfahrens wird vom Bürgermeister verfügt, der auch zur Verhängung der Dienststrafen zuständig ist.

2. Die vorläufige Amtsenthebung wird vom Bürgermeister angeordnet.

3. Gegen das Straferkenntnis des Bürgermeisters ist binnen vierzehn Tagen Beschwerde an die Aufsichtsbehörde, gegen deren

Entscheidung nur die Klage bei dem Verwaltungsgerichtshof als Disziplinarhof zulässig. Die Vorschriften des § 74 Abs. 4 Satz 2 finden entsprechende Anwendung.

4. Das Dienststrafrecht gegenüber den Gemeindebeamten steht auch der Aufsichtsbehörde zu, wenn der Bürgermeister nicht selbst einschreitet. In diesem Fall ist die Aufsichtsbehörde auch zur vorläufigen Amtsenthebung befugt. Gegen das Straferkenntnis der Aufsichtsbehörde ist nur die Klage bei dem Verwaltungsgerichtshof als Disziplinarhof zulässig.

5. Der Bürgermeister ist befugt, gegen Gemeindebeamte, Angestellte und Arbeiter der Gemeinde Ordnungsstrafen bis zu 50 RM zu erkennen. Gegen seine Entscheidung ist binnen vierzehn Tagen die Beschwerde an die Aufsichtsbehörde zulässig, welche endgültig entscheidet.

§ 76.

1. Der Bürgermeister ist befugt, einem Gemeindebeamten für den Fall, daß er ein ihm obliegendes Dienstgeschäft nicht binnen bestimmter Frist erledigt, die Bestellung einer Geschäftsaushilfe auf dessen Kosten oder Geldstrafen bis zum Betrage von 50 RM anzudrohen und nach fruchtlosem Verlauf der Frist die Androhung zu verwirklichen. Gegen die Anordnung des Bürgermeisters ist binnen 14 Tagen die Beschwerde an die Aufsichtsbehörde zulässig, welche endgültig entscheidet.

2. Die gleiche Befugnis steht der Aufsichtsbehörde gegenüber den Bürgermeistern und Beigeordneten bezüglich der ihnen obliegenden Aufgaben der Polizei zu. Die Beschwerde geht in diesem Fall an den Minister des Innern, der endgültig entscheidet.

§ 7.

Unberührt bleiben vorerst ferner

a) das Versicherungsgesetz für Gemeinde- und Körperschaftsbeamte vom 7. Mai 1929 (Gesetz- und Verordnungsblatt S. 73) in der Fassung der Verordnung vom 27. Januar 1934 (Gesetz- und Verordnungsblatt S. 38),

b) die Gemeindebesoldungsordnung vom 9. Oktober 1931 (Gesetz- und Verordnungsblatt S. 386).

Artikel V.

Gemeindefinanzwesen.

§ 8.

1. Die Vorschriften der Badischen Gemeindeordnung, welche das Recht der Gemeinden zur Erhebung und Beitreibung von Steuern, Gebühren, Beiträgen und sonstigen Abgaben, sowie zur Inanspruchnahme persönlicher Dienstleistungen regeln, werden vorerst aufrechterhalten.

2. **Darnach werden aufrechterhalten:**

a) § 11 Abs. 2 der Badischen Gemeindeordnung, jedoch in folgender Fassung:

§ 11.

Die Gemeinde ist berechtigt, auch persönliche Dienste der Gemeindeeinwohner zur Erfüllung der ihr gesetzlich obliegenden Aufgaben und für Fälle der Not in Anspruch zu nehmen. Der Kreis der Verpflichteten, die Art und der Umfang der Dienstleistung sowie die etwa zu gewährende Abfindung ist durch Satzung zu bestimmen; die Satzung bedarf der Genehmigung der Aufsichtsbehörde.

b) § 34 Abs. 2 und 3 der Badischen Gemeindeordnung, jedoch in folgender Fassung:

§ 34.

Die Geschäftsgebühren, welche für einzelne Dienstverrichtungen der Gemeindebehörden zu entrichten sind, werden durch Verordnung bestimmt. Durch Satzung können die in der Verordnung festgesetzten Gebühren erhöht werden. Die Satzung bedarf der Genehmigung der Aufsichtsbehörde.

§ 9.

Aufrechterhalten werden ferner die nach § 113 Abs. 3 der Badischen Gemeindeordnung weiter geltenden Bestimmungen der §§ 73 ff. der alten Badischen Gemeinde- und Städteordnung, jedoch in folgender Fassung:

§ 73.

Die Gemeindeausgaben sind zunächst aus den Erträgnissen des Vermögens und der wirtschaftlichen Unternehmungen der Gemeinde, aus den von der Gemeinde erhobenen Beiträgen, Gebühren sowie aus etwaigen sonstigen Einkünften der Gemeinde zu bestreiten. Der alsdann noch ungedeckte Aufwand ist durch eine Auflage auf den Bürgernutzen gemäß § 95, durch Steuern gemäß §§ 53—60 des Badischen Grund- und Gewerbesteuergesetzes sowie durch sonstige Abgaben aufzubringen.

§ 74.

1. Wenn durch Veranstaltungen (Anstalten, Anlagen oder Einrichtungen), welche von der Gemeinde im öffentlichen oder gemeinwirtschaftlichen Interesse ausgeführt, unterhalten oder in Betrieb genommen werden, für einzelne Besitzer oder Unternehmer oder für abgegrenzte Teile der Gemarkung besondere Vorteile dargeboten oder bestimmte Nachteile abgewendet werden oder wenn die Nutzung solcher Anstalten, Anlagen oder Einrichtungen von einzelnen Beteiligten dieser Art in besonderem Maße in Anspruch genommen wird, kann durch Satzung mit Genehmigung der Aufsichtsbehörde bestimmt werden, daß die Beteiligten zur gänzlichen oder teilweisen Deckung der durch die Herstellung, die Unterhaltung oder den Be-

trieb der Gemeinde erwachsenden Kosten an die Gemeinde besondere Beiträge zu entrichten haben.

2. Die Beiträge sind nach der Größe der gebotenen besonderen Vorteile oder der abgewendeten Nachteile oder des durch die besondere Inanspruchnahme verursachten Kostenaufwands zu bemessen, wobei auch die Leistungen, welche die zu Beiträgen heranzuziehenden Personen auf Grund ihrer allgemeinen Gemeindesteuerpflicht oder kraft freiwilliger Übernahme an die Gemeinde zu machen haben, sowie die Vorteile, die aus dem Besitz und den Unternehmungen der Beizuziehenden sonst der Gemeinde zugehen, in billiger Weise zu berücksichtigen sind.

3. Die Satzung hat den zu erhebenden Gesamtbeitrag oder die Grundsätze für dessen Bemessung, ferner den Maßstab für die Ausschlagung der Beiträge auf die Beteiligten und den Zeitpunkt, an welchem die Beiträge auf einmal oder in Terminen zu entrichten sind, zu bestimmen.

4. Streitigkeiten über die Beitragspflicht, die Höhe des Gesamtbeitrags, den Verteilungsmaßstab und die Höhe der Beiträge entscheiden die Verwaltungsgerichte. Klagen, wodurch die Höhe des Gesamtbeitrags, die für dessen Bemessung festgesetzten Grundsätze oder der Maßstab für die Ausschlagung der Beiträge angefochten werden sollen, sind binnen einem Monat von der Bekanntmachung der Satzung an bei Ausschlußvermeiden zu erheben.

5. Zur Sicherung der Beiträge, die hiernach von den Besitzern bestimmter Grundstücke zu entrichten sind, kann die Gemeinde den Eintrag einer Sicherungshypothek an den betreffenden Grundstücken verlangen, wenn der Beitrag auf mindestens 100 *RM* sich beläuft. Der Eintrag erfolgt auf Ersuchen der Staatsverwaltungsbehörden.

6. Soweit die Veranstaltungen der Gemeinde eine dauernde Wertserhöhung bestimmter Grundstücke auf abgegrenzten Teilen der Gemarkung zur unmittelbaren Folge haben, können die Beiträge durch Satzung mit Genehmigung der Aufsichtsbehörde bis zur Höhe der abgeschätzten Werterhöhung als öffentliche Lasten auf die beteiligten Grundstücke umgelegt werden.

7. Auf diese öffentlichen Lasten finden die Vorschriften des § 25 des Ortsstraßengesetzes entsprechende Anwendung.

§ 75.

1. Durch Satzung mit Genehmigung der Aufsichtsbehörde kann bestimmt werden, daß von den Beteiligten für die Benutzung von Veranstaltungen (Anlagen, Anstalten, Einrichtungen), welche von der Gemeinde im öffentlichen oder gemeinwirtschaftlichen Interesse unterhalten oder betrieben werden, sowie für die von der Gemeinde dem einzelnen im öffentlichen oder gemeinwirtschaftlichen Interesse zur Verfügung gestellten Dienstleistungen Gebühren zu entrichten sind. Die Gebühren sind im voraus nach bestimmten Normen und Sätzen festzustellen.

2. Streitigkeiten über die von den einzelnen zu entrichtenden Gebühren entscheiden nach Maßgabe der aufgestellten Gebührenordnung die Verwaltungsgerichte.

§ 76.

1. Wenn und soweit die Bestreitung des Aufwands für eine der in den §§ 74 und 75 bezeichneten Veranstaltungen zur Folge hat, daß dadurch eine erhebliche Erhöhung der Grund- und Gewerbesteuern eintritt, die einzelne Gruppen der Steuerpflichtigen im Verhältnis zu den ihnen durch die Veranstaltung gebotenen Vorteilen übermäßig belastet, so soll der betreffende Aufwand ganz oder teilweise durch Erhebung von Beiträgen oder Gebühren nach §§ 74 und 75 gedeckt werden.

2. Soweit die Kosten der in § 75 bezeichneten Veranstaltungen durch Beiträge gedeckt werden, ist die Erhebung von Gebühren ausgeschlossen.

3. Wenn die Gemeinde für Darbietungen und Leistungen wesentlich wirtschaftlicher Art von den Beteiligten ein privatrechtliches Entgelt in Anspruch nimmt, so können daneben Gebühren nicht erhoben werden.

§ 77.

Unberührt bleiben die in besonderen Gesetzen enthaltenen Bestimmungen über die Entrichtung von Beiträgen und Gebühren zur Deckung der Kosten der von der Gemeinde ausgeführten, unterhaltenen oder betriebenen Veranstaltungen.

§ 78.

In Badeorten, klimatischen und anderen Kurorten kann durch Satzung mit Genehmigung der Aufsichtsbehörde bestimmt werden, daß zur gänzlichen oder teilweisen Deckung des Aufwands der für Kurzwecke getroffenen Veranstaltungen von den daran Beteiligten Kurtaxen zu entrichten sind.

§ 95.

1. Die Auflage auf den Bürgernutzen (§ 73) darf diesen nur insoweit belasten, als der bei der Berechnung der Bürgereinkaufsgelder erhobene Anschlag des reinen Wertes desselben je nach der in der Gemeinde vorkommenden Nutzungsart den Betrag für 8 Ster Holz oder für 4 Ster Holz und 18 Ar Äcker oder Wiesen, oder für 36 Ar Äcker oder Wiesen übersteigt. Die Auflage darf bis zu fünf Zehntel des ihr hiernach unterliegenden Wertanschlags betragen.

2. Die den Nutzbürgern zustehende Weide, das Sammeln von Laub, Streu und Leseholz bleibt hierbei außer Betracht.

3. Die Auflage findet statt, sowohl wenn die Bürgernutzungen nach Köpfen oder nach Klassen verteilt sind, als wenn sie gemeinderechtlich auf Häusern oder bestimmten Gütern ruhen.

4. Sie wird in der Regel in der Weise bemessen, daß der nach Abs. 1 der Auflage unterliegende Wertanschlag mit dem 200fachen Betrag beim Steuerausschlag in Berechnung kommt und das auf diesen Anschlag entfallende Steuerbetreffnis als Genußauflage zu erheben ist. Auf 100 *RM* des so gebildeten Anschlags dürfen jedoch nicht mehr als 25 *Rpf* Auflage entfallen.

5. Durch Beschluß von zwei Dritteilen der stimmberechtigten Bürger, bis zum Ablauf des Rechnungsjahres 1935 überdies durch Anordnung des Bürgermeisters kann zur Deckung des Gemeindeaufwands eine stärkere Belastung des Bürgernutzens, als sie nach Abs. 1 zugelassen ist, festgesetzt werden. Im übrigen bedarf es zur Regelung der Belastung in anderer als der gesetzlich vorgeschriebenen Weise (Abs. 4) der Zustimmung der stimmberechtigten Bürger; in diesem Falle ist erforderlich, daß zur Abstimmung mehr als ein Drittel der Stimmberechtigten erscheint und die Mehrheit der Anwesenden der Änderung zustimmt. Durch eine solche Regelung darf jedoch der Gesamtbetrag der nach Abs. 4 zu erhebenden Bürgernutzungsauflagen eine Minderung nicht erleiden.

In sämtlichen Fällen ist die Genehmigung der Aufsichtsbehörde erforderlich.

§ 10.

Unberührt bleiben vorerst ferner

a) die Verordnung über die Beitreibung und Sicherung der Gemeindeausstände vom 14. Juli 1915 (Gesetz- und Verordnungsblatt S. 176) in der Fassung der Verordnung vom 9. Mai 1923 (Gesetz- und Verordnungsblatt S. 112), vom 28. September 1923 (Gesetz- und Verordnungsblatt S. 318), vom 24. Mai 1924 (Gesetz- und Verordnungsblatt S. 142) und vom 4. Oktober 1926 (Gesetz- und Verordnungsblatt S. 263),

b) die Gemeindeverwaltungsgebührenordnung vom 11. Dezember 1922 (Gesetz- und Verordnungsblatt S. 876) in der Fassung der Verordnung vom 26. November 1923 (Gesetz- und Verordnungsblatt S. 352).

Artikel VI.

Gemeindewaldwirtschaft.

§ 11.

Die Vorschriften der Verordnung über die Bewirtschaftung der Gemeinde- und Körperschaftswaldungen (Gemeindewaldwirtschaftsordnung) vom 28. Juli 1915 (Gesetz- und Verordnungsblatt S. 199) in der Fassung der Verordnung vom 11. August 1922 (Gesetz- und Verordnungsblatt S. 674) und vom 3. März 1924 (Gesetz- und Verordnungsblatt S. 44) bleiben unberührt, soweit sie mit geltendem Reichsrecht in Einklang stehen.

Artikel VII.

Gemeindegliedervermögen.

§ 12.

Die Vorschriften über die Verwaltung des Gemeindegliedervermögens (§§ 85—94 der Badischen Gemeindeordnung) werden vorerst in folgender Fassung aufrechterhalten:

§ 85.

1. Der Bürgergenuß, wie er nach dem unbestrittenen Zustand vom 1. Januar 1922 besteht, darf in seinem Umfang nicht erweitert werden.

2. Die Art der Benutzung des Allmendgutes, die Größe der Genußteile und der Bürgerholzgaben sowie die Berechtigung zum Bürgergenuß können, soweit nicht gesetzliche Vorschriften entgegenstehen, durch einen Beschluß der Mehrheit der stimmfähigen Nutzbürger und im Bürgergenuß befindlichen Bürgerswitwen in anderer Weise festgesetzt werden. In gleicher Weise kann die Aufhebung des Bürgergenusses oder dessen Einschränkung herbeigeführt werden.

3. Kommt über eine vom Bürgermeister beantragte Änderung oder Aufhebung des Bürgergenusses ein Beschluß gemäß Abs. 2 nicht zustande, so kann der Bürgermeister eine zweite Abstimmung anberaumen, bei der die Nichterschienenen oder Nichtabstimmenden als zustimmend gezählt werden. Auf diese Folge sind die Stimmberechtigten bei der Ladung hinzuweisen.

4. Wird der Antrag auch bei der zweiten Abstimmung nicht angenommen, so kann der Bürgermeister nach Beratung mit den Gemeinderäten die Änderung oder Aufhebung des Bürgergenusses anordnen, wenn überwiegende öffentliche Interessen dafür vorliegen und dem Genußberechtigten für die entgehende Nutzung ein gleichwertiger Ersatz durch eine andere Naturalnutzung oder durch einmalige oder wiederkehrende Geldentschädigung gewährt wird. Der Geldentschädigung ist der Ertrag des Grundstücks nach dem Durchschnitt der letzten 5 Jahre unter Berücksichtigung seiner bisherigen Nutzungsart zugrunde zu legen.

5. Beschlüsse oder Anordnungen über Änderung oder Aufhebung des Bürgergenusses bedürfen der Genehmigung der Aufsichtsbehörde.

6. Wenn überwiegende Interessen die anderweitige Verwendung der mit dem Bürgergenuß belasteten Teile des Gemeindevermögens erfordern, kann die Aufsichtsbehörde anordnen, daß der Bürgermeister innerhalb bestimmter Frist das Erforderliche veranlaßt. Kommt der Bürgermeister dieser Anordnung nicht nach, so kann auch die Aufsichtsbehörde selbst eine Anordnung nach Abs. 4 treffen.

§ 86.

1. Bei verminderter nachhaltiger Ertragsfähigkeit der Waldungen ist die Größe der Holzgaben herabzusetzen.

2. Die Verminderung trifft alle Gaben im gleichen Verhältnis. Sinken die Gaben auf zwei Ster herunter, so können sie nicht weiter gemindert werden; erforderlichenfalls ist ihre Anzahl so zu beschränken, daß nur die, welche am längsten im Genuß sind, zwei Ster erhalten, die später Eingetretenen aber ihren Anteil auf solange verlieren, bis sie in erledigte Genußteile eintreten können.

§ 87.

Der zum Bürgergenuß Berechtigte rückt in den Bürgergenuß ein, wenn er das fünfundzwanzigste Jahr zurückgelegt und eine eigene Haushaltung hat oder eine selbständige Lebensstellung einnimmt.

§ 88.

1. Ist das Allmendgut in bestimmte Teile geteilt und die Zahl der Berechtigten größer als die der Teile, so findet das Einrücken erst statt, wenn ein Teil erledigt wird.

2. Das gleiche tritt bei den Holzgaben ein.

3. Sind in solchem Falle zur gleichen Zeit mehrere zum Einrücken gleich Berechtigte vorhanden, so entscheidet das Los; die bei der Verlosung im Nachteil gebliebenen Nutzbürger sind bei der nächsten Verteilung des Allmendgenusses zuerst berechtigt.

§ 89.

Die Berechtigung zum Allmendgenuß kann auf andere nicht übertragen werden; ebenso kann ein Allmendstück an andere als die Gemeinde zur Nutzung nicht überlassen werden. Bei Zuwiderhandlungen kann die Gemeinde die Allmendstücke für höchstens sechs Jahre an sich ziehen. Wo überwiegende öffentliche Interessen vorliegen, kann die Gemeinde die Allmendnutzung auch allgemein durch Selbstbewirtschaftung oder Verpachtung der Grundstücke ausüben. Sie ist in diesen Fällen verpflichtet, den Nutzungsberechtigten eine angemessene jährliche Vergütung zu gewähren. Die Bestimmungen des § 85 Abs. 4 Satz 2 und Abs. 5 finden Anwendung.

§ 90.

Der Bürgermeister ist verpflichtet, die Allmendgrundstücke den Nutzbürgern, welche sie im Bau verwahrlosen, zu entziehen. Der Nutzbürger kann alsdann frühestens nach Ablauf von 6 Jahren wieder in den Allmendgenuß einrücken.

§ 91.

1. Die Überlassung von Bürgerholzgaben an Dritte, ebenso die Veräußerung von Bürgerholz ist verboten; doch soll die Gemeinde auf Verlangen der Berechtigten das Holz zum Anschlagspreis übernehmen.

2. Auf die Verabfolgung der Bürgerholzgabe in Natur steht dem Berechtigten ein Anspruch nur soweit zu, als die Holzgabe zur Be-

friedigung des nachgewiesenen dringenden Bedürfnisses erforderlich ist.

3. Für ihre weitergehenden Gabholzansprüche werden die Berechtigten mit Geld entschädigt.

§ 92.

Nutzungsberechtigten, welche mit Berichtigung einer Schuld an die Gemeinde im Rückstand sind, kann der Bürgermeister die Ausübung des Genusses solange zugunsten der Gemeinde entziehen, als dies zur Tilgung der Schuld erforderlich ist.

§ 93.

1. In den Städten mit mehr als 10000 Einwohnern findet ein Einkauf in das Nutzbürgerrecht oder der Antritt des angeborenen Nutzbürgerrechts nicht mehr statt. Den im Bürgergenuß befindlichen Nutzbürgern und Bürgerswitwen und denjenigen, welche eine rechtliche Anwartschaft darauf besitzen und das Einkaufsgeld entrichtet haben, wird dieser Genuß auch in Städten mit mehr als 10000 Einwohnern weiter gestattet. Die freiwerdenden Lose fallen der Stadt zu.

2. In den Städten kann der Bürgermeister nach Beratung mit den Gemeinderäten für alle oder einzelne Genußberechtigte die Ablösung des Bürgergenusses durch Gewährung einer Geldrente oder durch Kapitalabfindung anordnen. Die Kapitalabfindung darf den zehnfachen Betrag eines Jahresnutzens nicht überschreiten. Die bei der Einverleibung von Gemeinden getroffenen Vereinbarungen und Anordnungen bleiben unberührt.

§ 94.

1. Über alle gemäß den Bestimmungen der §§ 85—93 sich ergebenden Ansprüche und Rechtsverhältnisse zwischen einzelnen und der Gemeinde oder der Genußberechtigten untereinander entscheidet, wenn Streitigkeiten entstehen, die Aufsichtsbehörde. Gegen ihre Entscheidung ist nur die Klage beim Verwaltungsgerichtshof zulässig. Im Falle des § 92 ist ihre Entscheidung endgültig.

2. Auf Genußrechte, die unwiderruflich auf dem Besitz bestimmter Güter oder Häuser haften, finden die Bestimmungen dieses Abschnitts keine Anwendung; Streitigkeiten über solche Genußrechte werden von den ordentlichen Gerichten entschieden.

§ 13.

1. Unberührt bleiben ferner vorerst die Vorschriften des Gesetzes über die Rechte der Gemeindebürger und die Erwerbung des Bürgerrechts vom 31. Dezember 1831 (Regierungsblatt 1832 S. 117) in der Fassung der Gesetze vom 15. Februar 1851 (Regierungsblatt S. 149), vom 4. Oktober 1862 (Regierungsblatt S. 448), vom gleichen Tage (Regierungsblatt S. 450), vom 5. Mai 1870 (Gesetzes-

und Verordnungsblatt S. 387), vom gleichen Tage (Gesetzes- und Verordnungsblatt S. 396), vom 14. Mai 1870 (Gesetzes- und Verordnungsblatt S. 423), vom 23. Dezember 1871 (Gesetzes- und Verordnungsblatt S. 431), vom 7. Juni 1874 (Gesetzes- und Verordnungsblatt S. 203), vom 24. Juni 1874 (Gesetzes- und Verordnungsblatt S. 337), vom 29. März 1884 (Gesetzes- und Verordnungsblatt S. 111) und vom 13. März 1919 (Gesetz- und Verordnungsblatt S. 203).

2. Wo in Badischen Gesetzen und Verordnungen, die vor dem Inkrafttreten dieser Verordnung erlassen sind, von Bürgerrecht und (Gemeinde-)Bürgern gesprochen wird, ist darunter lediglich das Bürgerrechtsverhältnis im Sinne des in Abs. 1 genannten Gesetzes zu verstehen. Zur Unterscheidung von den gleichlautenden Begriffen der Deutschen Gemeindeordnung sind hierfür in Zukunft die Rechtsbegriffe Nutzbürgerrecht und Nutzbürger anzuwenden.

Artikel VIII.

Gemeinderechnungswesen.

§ 14.

1. Bis zur Einrichtung der in § 103 Abs. 2 der Deutschen Gemeindeordnung vorgesehenen Anstalt steht die überörtliche Prüfung des Haushalts-, Kassen- und Rechnungswesens in den Städten und in Gemeinden mit mehr als 4000 Einwohnern dem Gemeinderechnungsprüfungsamt, in den übrigen Gemeinden der Aufsichtsbehörde zu.

2. Zu diesem Zweck werden die Artikel I und III der Verordnung über die Rechnungsprüfung in großen Gemeinden und Städten vom 22. Januar 1934 (Gesetz- und Verordnungsblatt S. 14) vorerst aufrechterhalten.

§ 15.

Weiterhin werden vorerst aufrechterhalten die Vorschriften der Gemeinderechnungsordnung vom 30. März 1922 (Gesetz- und Verordnungsblatt S. 318) in der Fassung des Artikels II der Verordnung über die Rechnungsprüfung in großen Gemeinden und Städten vom 22. Januar 1934 (Gesetz- und Verordnungsblatt S. 14), soweit sie die überörtliche Rechnungsprüfung betreffen, oder soweit bis zum Erlaß der in § 105 Abs. 2 Ziff. 5 und 6 der Deutschen Gemeindeordnung genannten Vorschriften über das Kassen- und Rechnungswesen sowie über das Rechnungsprüfungswesen die Vorschriften der Deutschen Gemeindeordnung einer Ergänzung bedürfen.

Artikel IX.

Aufsicht.

§ 16.

In den Fällen des § 74 Abs. 3 und des § 75 Abs. 3 und 4 der Badischen Gemeindeordnung beschließt:

1. Der Landeskommissär gemeinsam mit einem Beirat, der aus sechs vom Minister des Innern auf die Dauer von vier Jahren ernannten Mitgliedern besteht; die am 1. April 1935 im Amt befindlichen Mitglieder des Beirats bleiben bis zum Ablauf der Zeit, für die sie ernannt sind, im Amt;
2. das Bezirksamt gemeinsam mit dem Bezirksrat.

Artikel X.

Verwaltungsrechtspflege.

§ 17.

1. § 4 Abs. 1 Ziff. 1 des Verwaltungsrechtspflegegesetzes vom 14. Juni 1884 (Gesetzes- und Verordnungsblatt S. 197) erhält folgende Fassung:

1. gegen polizeiliche Verfügungen der Bezirksämter und Bezirksräte, welche den Kläger in seinen Rechten verletzen, sowie gegen Beschwerdeentscheidungen des Ministers des Innern gemäß § 43 Abs. 2 der Badischen Gemeindeordnung.

2. § 4 Abs. 1 Ziff. 3 des Verwaltungsrechtspflegegesetzes erhält folgende Fassung:

3. Gegen die Entscheidungen von Bürgermeistern, durch welche der Einspruch gegen die Verfügung einer Gemeinde gemäß §§ 29, 30 der Deutschen Gemeindeordnung abgelehnt wird.

3. § 4a Abs. 3 wird gestrichen.

Artikel XI.

Zweckverbände.

§ 18.

Die Vorschriften der Badischen Gemeindeordnung über die Errichtung von Zweckverbänden werden vorerst in folgender Fassung aufrechterhalten:

§ 5.

1. Zwei oder mehrere Gemeinden können zwecks gemeinsamer Erfüllung einzelner Aufgaben durch übereinstimmend erlassene Satzung einen Zweckverband bilden.

2. Die Satzung hat die Rechtsverhältnisse des Zweckverbandes zu regeln und muß auch Bestimmungen für den Fall der Auflösung desselben enthalten; sie bedarf der Genehmigung des Ministers des Innern.

3. Die Zweckverbände sind Körperschaften des öffentlichen Rechts. Die Bestimmungen der Badischen Gemeindeordnung finden auf sie sinngemäß Anwendung. Die Aufsichtsbehörde wird durch den Minister des Innern bestimmt.

4. Streitigkeiten der Mitglieder des Verbandes mit diesem über ihre Rechte und Pflichten entscheidet die Aufsichtsbehörde; gegen ihre Entscheidung ist nur die Klage bei dem Verwaltungsgerichtshof zulässig.

§ 5 a.

1. Die Bildung eines Zweckverbands, der sämtliche Gemeinden eines Amtsbezirks oder darüber hinaus noch weitere Gemeinden umfaßt (Bezirksverbände), ist nur zulässig zur Erfüllung von Aufgaben, die der Kreis abgelehnt hat.

2. Die Satzung des Bezirksverbands darf keine Bestimmungen enthalten, die im Widerstreit mit den Verpflichtungen der beteiligten Gemeinden gegen den Kreis stehen. Vor der Genehmigung der Satzung soll der Minister des Innern den beteiligten Kreisen Gelegenheit zur Stellungnahme geben. Im übrigen finden die Bestimmungen des § 5 auf die Bezirksverbände Anwendung.

3. Die bei Inkrafttreten des Gesetzes bestehenden Bezirksverbände gelten als Bezirksverbände im Sinne dieser Bestimmung.

Artikel XII.

Aufhebung von Vorschriften.

§ 19.

Mit dem Inkrafttreten der Deutschen Gemeindeordnung gelten als aufgehoben:

1. Die Badische Gemeindeordnung vom 5. Oktober 1921 (Gesetz- und Verordnungsblatt 1922 S. 183)
mit Ausnahme der in §§ 4, 6, 8, 9, 12, 16 und 18 dieser Verordnung aufrechterhaltenen Bestimmungen.

2. Das Gesetz über die Besoldung der Körperschaftsbeamten vom 5. Oktober 1921 (Gesetz- und Verordnungsblatt S. 343).

3. Die Gemeindewahlordnung vom 30. März 1922 (Gesetz- und Verordnungsblatt S. 237).

4. Die Verordnung über die Geschäftsordnung für die Bürgerausschüsse und Gemeindeversammlungen vom 30. März 1922 (Gesetz- und Verordnungsblatt S. 285).

5. Die Verordnung über die Schlichtung von Streitigkeiten aus dem Dienstverhältnis der Gemeinde- und Körperschaftsbeamten vom 16. Mai 1922 (Gesetz- und Verordnungsblatt S. 401).

6. Die Verordnung über den Vollzug der Gemeindeordnung vom 27. Oktober 1922 (Gesetz- und Verordnungsblatt S. 797).

7. Die Gemeindereisekostenordnung vom 2. November 1922 (Gesetz- und Verordnungsblatt S. 807).

8. Der Artikel II des Haushaltsnotgesetzes vom 9. Juli 1931 (Gesetz- und Verordnungsblatt S. 247).

9. Die Artikel 10—32 der (Ersten) Haushaltsnotverordnung vom 9. Oktober 1931 (Gesetz- und Verordnungsblatt S. 369).

10. Das (Erste) Gesetz zur Durchführung der Gleichschaltung von Reich, Ländern, Gemeinden und Gemeindeverbänden im Land Baden vom 4. April 1933 (Gesetz- und Verordnungsblatt S. 55).

11. Die (Fünfte) Haushaltsnotverordnung vom 11. April 1933 (Gesetz- und Verordnungsblatt S. 65).

12. Das Zweite Gesetz zur Durchführung der Gleichschaltung vom 4. Mai 1933 (Gesetz- und Verordnungsblatt S. 79).

13. Das Vierte Gesetz zur Durchführung der Gleichschaltung vom 8. Juni 1933 (Gesetz- und Verordnungsblatt S. 111).

14. Das Gesetz zur Änderung einzelner Bestimmungen der Badischen Gemeindeordnung und verwandter Gesetze vom 9. Januar 1934 (Gesetz- und Verordnungsblatt S. 13).

15. Die Verordnung zur Ergänzung des Zweiten Gleichschaltungsgesetzes vom 4. Mai 1933, vom 1. März 1934 (Gesetz- und Verordnungsblatt S. 94) und endlich

16. das Gesetz über die vorläufige Aufhebung der Bürgerausschüsse und Gemeindeversammlungen vom 6. März 1934 (Gesetz- und Verordnungsblatt S. 115).

Artikel XIII.

Inkrafttreten.

§ 20.

Diese Verordnung tritt gleichzeitig mit der Deutschen Gemeindeordnung in Kraft.

Karlsruhe, den 3. April 1935.

Der Minister des Innern:

Pflaumer.

5.

Bayerische Überleitungsverordnung zur Deutschen Gemeindeordnung.

Vom 30. März 1935.

(GVBl. 1935 S. 179.)

Staatsministerium des Innern.

Auf Grund der §§ 1, 8, 17 Abs. 3, 22 und 40 der Ersten Verordnung zur Durchführung der Deutschen Gemeindeordnung vom 22. März 1935 (RGBl. I S. 393) wird verordnet:

§ 1.

Zum § 1 der Ersten DurchfVO.

I Die Ortschaften im Sinne des Art. 62 der Bayerischen Gemeindeordnung vom 17. Oktober 1927 sind mit dem Inkrafttreten der Deutschen Gemeindeordnung aufgelöst (§ 1 der Ersten Durchführungsverordnung).

II Mit dem in Abs. I bezeichneten Zeitpunkt geht das Vermögen der Ortschaften auf die Gemeinde über, zu der die Ortschaft gehört; das bisher in der Verwaltung der Ortschaften stehende Stiftungsvermögen geht in die Verwaltung der Gemeinde über, zu der die Ortschaft gehört. Die Aufsichtsbehörde kann zum Ausgleich von Härten für eine befristete Übergangszeit in Bezug auf Vermögensverhältnisse sowie auf bestehende Anstalten, Gebäude und Einrichtungen der bisherigen Ortschaften besondere Anordnungen treffen. § 15 Abs. 2 Satz 3 der Deutschen Gemeindeordnung findet entsprechende Anwendung; das gleiche gilt für § 16 der Deutschen Gemeindeordnung hinsichtlich der in die Kasse des Landes oder der Gemeinden fließenden Abgaben, Stempel und Gebühren.

III Satzungen der Ortschaften gelten von dem in Abs. I bezeichneten Zeitpunkt an als Satzungen der Gemeinde, zu der die Ortschaft gehört; § 3 der Ersten Durchführungsverordnung findet Anwendung.

IV Bestehende Rechte einzelner auf Nutzungen am Ortschaftsvermögen bleiben — unbeschadet der Bestimmungen über die Aufhebung oder Ab lösung von Nutzungsrechten — unberührt.

§ 2.

Zum § 8 der Ersten DurchfVO.

Soweit nach § 30 der Deutschen Gemeindeordnung die Klage im Ver waltungsstreitverfahren zulässig ist, finden die Vorschriften des Verwaltungsgerichtsgesetzes über Verwaltungsrechtssachen Anwendung. Zuständig ist im ersten Rechtszug die Aufsichtsbehörde, im zweiten Rechtszug der Verwaltungsgerichtshof.

§ 3.

Zu § 17 Abs. 3 der Ersten DurchfVO.

Die Befugnis des Staatsministeriums des Innern nach Art. 1 Ziff. 6 des Gesetzes zur Gleichschaltung der Gemeinden und Gemeindeverbände mit Land und Reich vom 7. April 1933 (GVBl. S. 105), die Bestätigung eines ehrenamtlichen Bürgermeisters zu widerrufen, bleibt hinsichtlich der beim Inkrafttreten der Deutschen Gemeindeordnung im Amt befindlichen ehrenamtlichen Bürgermeister bis zum 30. Juni 1935 aufrechterhalten.

§ 4.

Zum § 22 der Ersten DurchfVO.

Für die Ausleihung und Anlegung von Geldern der Gemeinden und örtlichen Stiftungen behalten bis zum Erlaß der in § 105 der Deutschen Gemeindeordnung vorgesehenen Verordnungen die Verordnung vom 5. Mai 1905 über die Anlegung von Gemeinde- und Stiftungsgeldern (GVBl. S. 461, MABl. S. 201) sowie die hierzu erlassenen Vorschriften ihre Wirksamkeit. Abweichungen von diesen Vorschriften bedürfen der Genehmigung der Aufsichtsbehörde.

§ 5.

Bis zum Erlaß der in § 105 der Deutschen Gemeindeordnung vorgesehenen Verordnungen behalten die Bestimmungen der Haushalts-, Kassen- und Rechnungsordnung vom 9. Oktober 1933 (GVBl. S. 329) über das

Kassenwesen der Gemeinden sowie die hierzu ergangenen Anordnungen ihre Wirksamkeit, soweit nicht in der Deutschen Gemeindeordnung etwas anderes bestimmt ist.

§ 6.

Zum § 33 der Ersten DurchfVO.

Für die bisherigen kreisunmittelbaren Gemeinden, die nicht Stadtkreise im Sinne der Deutschen Gemeindeordnung sind, ist bis auf weiteres Aufsichtsbehörde im Sinne des Siebenten Teils der Deutschen Gemeindeordnung das Bezirksamt, das in der Gemeinde seinen Sitz hat, im übrigen

für die Stadt:	das Bezirksamt:
Bad Reichenhall	Berchtesgaden
Marktredwitz	Wunsiedel
Neustadt b. Coburg	Coburg
Rodach b. Coburg	Coburg
Schwandorf i. Bay.	Burglengenfeld
Selb	Rehau.

§ 7.

Zum § 40 der Ersten DurchfVO.

Als kreisunmittelbare Gemeinden im Sinne der weitergeltenden Vorschriften des Landesrechts gelten bis auf weiteres die Stadtkreise im Sinne der Deutschen Gemeindeordnung (§ 11 der Ersten Durchführungsverordnung) sowie die bisherigen kreisunmittelbaren Gemeinden, die nicht zu Stadtkreisen erklärt sind.

München, den 30. März 1935. J. A. **Martius.**

6.

1. Vollzugsbekanntmachung des Bayer. Staatsmin. des Inn. vom 30. März 1935 Nr. 3002 ka 36 zur Deutschen Gemeindeordnung.

(RegAnz. Ausg. 91/76).

Zum Vollzug der Deutschen Gemeindeordnung wird auf folgendes hingewiesen:

1. Durch die Deutsche Gemeindeordnung sind die Ortschaften im Sinne des Art. 62 der Bayerischen Gemeindeordnung aufgelöst (vgl. § 1 der Ersten DurchfVO.). Rechtsnachfolger der Ortschaft ist die Gemeinde, zu der die Ortschaft gehört; wegen der neuen Regelung wird auf § 1 der Überleitungsverordnung vom 30. März 1935 verwiesen. Die Bürgermeister haben für unverzügliche ordnungsgemäße Übergabe des Ortschaftsvermögens und des von der Ortschaft verwalteten Stiftungsvermögens an die Gemeinde Sorge zu tragen. Die Aufsichtsbehörden haben den Vollzug zu überwachen.

2. Von den bei Inkrafttreten der Deutschen Gemeindeordnung im Amt befindlichen Mitgliedern des Gemeinderats sind im Sinne der Deutschen Gemeindeordnung

Bürgermeister: der bisherige erste Bürgermeister,
Erster Beigeordneter: der bisherige zweite Bürgermeister oder der vom Bürgermeister nach § 12 Abs. 1 Satz 2 der Ersten DurchfVO. bestimmte sonstige Beigeordnete,
sonstige Beigeordnete: der bisherige dritte Bürgermeister und die berufsmäßigen Gemeinderatsmitglieder.

Dabei sind hauptamtlich im Sinne der Deutschen Gemeindeordnung die bei ihrem Inkrafttreten im Amt befindlichen berufsmäßigen Bürgermeister und berufsmäßigen Gemeinderatsmitglieder; soweit sie unwiderruflich angestellt sind, gelten sie als auf Lebenszeit im Sinne des § 44 Abs. 2 DGO. berufen.

3. Durch § 11 der Ersten DurchfVO. zur Deutschen Gemeindeordnung wird die Zuständigkeit der bisherigen kreisunmittelbaren Gemeinden, die nicht zu Stadtkreisen im Sinne der Deutschen Gemeindeordnung erklärt sind, in den staatlichen Aufgaben, die ihnen bisher zur Erfüllung nach Anweisung übertragen waren, nicht berührt (vgl. § 2 der Ersten DurchfVO.). Diese Gemeinden sind daher auch weiterhin im bisherigen Umfang Bezirksverwaltungs- und Bezirkspolizeibehörden; die Aufsicht in diesen Angelegenheiten bemißt sich nach den bisherigen Vorschriften. Die Zugehörigkeit oder Nichtzugehörigkeit zum Bezirk wird durch § 11 der Ersten DurchfVO. nicht berührt (vgl. § 11 Abs. 2 der Ersten DurchfVO.); ebenso ändert sich in den Verhältnissen dieser Gemeinden als Bezirksfürsorgeverband nichts. Ferner bleiben die auf Grund der §§ 8 und 9 RJWG. errichteten Jugendämter bestehen.

2. Entschließung des Bayer. Staatsmin. für Unterricht und Kultus vom 29. März 1935 Nr. I 16800 über Deutsche Gemeindeordnung und bayer. Schulrecht.

(RegAnz. Ausg. 91/76).

An die Regg., K. d. I., die Bezirksverwaltungsbehörden und die Stadt- und Gemeinderäte.

Die Deutsche Gemeindeordnung vom 30. Januar 1935 (RGBl. I S. 49) beeinflußt das bayerische Schulrecht in verschiedener Beziehung. Hierzu wird im Einverständnis mit dem Staatsministerium des Innern vorläufig erläuternd bemerkt:

1. Für die Schulvorstandschaften der öffentlichen Berufsschulen (nach § 9 Abs. 2 der V. über die Berufsschulen vom 22. Dezember 1913, GVBl. S. 966) und für die in manchen Gemeinden bestehenden Schulausschüsse für sonstige gemeindliche Unterrichtsanstalten (Fachschulen, höhere Lehranstalten) gelten vom 1. April 1935 an die Bestimmungen des § 21 Abs. 2 der Ersten Verord-

nung zur Durchführung der Deutschen Gemeindeordnung vom 22. März 1935 (RGBl. I S. 393).

2. Auch an die Stelle der Beschlußfassung der Gemeinde- und Stadträte, für die bisher gemäß § 7 Abs. 3 und 4 der V. über die Errichtung der Volksschulen und die Bildung der Schulsprengel vom 26. August 1883 (GVBl. S. 407) eine erhöhte (qualifizierte) Mehrheit gefordert war, tritt nunmehr die Entscheidung des Bürgermeisters nach § 9 der Ersten V. zur Durchführung der Deutschen Gemeindeordnung.

3. Auf die bisherige verstärkte Gemeindeverwaltung nach Art. 2 des Schulbedarfgesetzes vom 14. September 1919 (GVBl. S. 489) sind künftig namentlich die §§ 32, 55 mit 57 der Deutschen Gemeindeordnung und der § 9 der Ersten V. zur Durchführung der Deutschen Gemeindeordnung entsprechend anzuwenden. Leiter des zusammengesetzten Schulsprengels ist der Bürgermeister der Schulsitzgemeinde. Dieser hat wichtige Angelegenheiten mit seinen Gemeinderäten und mit den Bürgermeistern (oder deren Stellvertretern) und den weiteren Abgeordneten der am Schulsprengel beteiligten Gemeinden zu beraten.

Die Beschwerdebefugnis nach Art. 5 SchBG. bleibt unberührt.

4. Die Bestimmungen über die Schulpflegschaften und die Stadtschulpflegschaften im II. Abschnitte des Schulaufsichtsgesetzes vom 1. August 1922 (GVBl. S. 385) werden durch die Deutsche Gemeindeordnung nicht berührt. Die Gemeindevertreter für die Schul- und Stadtschulpflegschaften werden jedoch gemäß § 9 der Ersten V. zur Durchführung der Deutschen Gemeindeordnung künftig vom Bürgermeister bestimmt, abberufen und ersetzt.

7.

Bayerische Angleichungsverordnung zur Deutschen Gemeindeordnung.

Vom 1. April 1935.
(GVBl. 1935 S. 180.)

Staatsministerium des Innern.

Auf Grund §§ 40 und 41 Abs. 2 der Ersten Verordnung zur Durchführung der Deutschen Gemeindeordnung vom 22. März 1935 (RGBl. I S. 393) wird verordnet:

I. Abschnitt.

Gemeinderechtliche Vorschriften.

§ 1.

I Durch die Deutsche Gemeindeordnung treten außer Kraft:

1.) Die Bestimmungen der Bayerischen Gemeindeordnung vom 17. Oktober 1927 (GVBl. S. 293), soweit sie nicht in den nachstehenden §§ 2 bis 77 in Angleichung an den neuen Rechtszustand und in neuer Fassung und Ordnung bekanntgemacht oder durch § 79 in das Verwaltungsgerichtsgesetz übernommen sind;

2.) Art. 1 des Gesetzes zur Gleichschaltung der Gemeinden und Gemeindeverbände mit Land und Reich vom 7. April 1933 (GVBl. S. 105) — unbeschadet der Bestimmung in § 3 der Überleitungsverordnung vom 30. März 1935;

3.) das Zweite Gesetz zur Gleichschaltung der Gemeinden und Gemeindeverbände mit Land und Reich vom 10. Mai 1933 (GVBl. S. 127);

4.) Art. 1 und 3 des Gemeindeschuldengesetzes vom 30. August 1933 (GVBl. S. 261), soweit sie sich auf Gemeinden beziehen;

5.) Art. 9 und 10 des Ausführungsgesetzes zur Zivilprozeßordnung und Konkursordnung in der Fassung vom 26. Juni 1899 (GVBl. S. 401), soweit sie sich auf Gemeinden beziehen;

6.) die Verordnung über die Errichtung einer Gemeindebeamtenkammer vom 9. Januar 1919 (GVBl. S. 13).

II Die weiter geltenden Vorschriften der Bayerischen Gemeindeordnung vom 17. Oktober 1927 erhalten die aus den §§ 2 bis 77*) ersichtliche Fassung.

§ 2 (Art. 4).

Gemeindefreie Grundstücke.

I Gemeindefreie Grundstücke sind in den Landesteilen rechts des Rheins größere Waldungen, Freigebirge und Seen, die bisher keiner Gemeindemarkung zugeteilt waren, ferner die gemeindefreien Besitzungen der ehemals Coburgischen Landesteile.

II Die Eigentümer der gemeindefreien Grundstücke haben die öffentlichrechtlichen Verpflichtungen der Gemeinden zu erfüllen. Der Eigentümer der gemeindefreien Grundstücke steht hinsichtlich der Erfüllung dieser Verpflichtungen einer Gemeinde gleich.

III Die Aufsicht obliegt dem Bezirksamt. Hierbei sind die für die Aufsicht über die Gemeinden geltenden Vorschriften entsprechend anzuwenden.

§ 3 (Art. 33).

Nutzungsrechte.

I Rechte einzelner auf Nutzungen am Gemeindevermögen können nicht neu begründet werden.

II Nutzungsrechte, die sich auf bürgerliches Recht gründen, werden durch diese Verordnung nicht berührt.

§ 4 (Art. 34).

Rechte einzelner auf Nutzungen am Gemeindevermögen sind begründet, wenn und soweit hierfür ein besonderer Rechtstitel oder rechtsbegründetes Herkommen besteht. Diese Rechte können auch ausgeübt werden, wenn die Gemeinde Umlagen, örtliche Abgaben oder örtliche Verbrauchssteuern erhebt.

---

*) In Klammern sind die Artikel der Gemeindeordnung vom 17. Oktober 1927 beigefügt.

§ 5 (Art. 35).

Das Herkommen gilt als rechtsbegründet, wenn die Nutzungen kraft Rechtsüberzeugung ununterbrochen wenigstens dreißig Jahre lang bis zum 1. April 1928 oder, falls der Anspruch schon vorher in einem Verwaltungsrechtsstreit geltend gemacht wurde, bis zum Zeitpunkte der Geltendmachung des Anspruchs ausgeübt worden sind, es sei denn, daß der Ausübung eine rechtskräftige Entscheidung entgegensteht. Bei Erhebung des Anspruchs nach dem 31. März 1928 müssen außerdem die Nutzungen bis zur Geltendmachung des Anspruchs ausgeübt worden sein.

§ 6 (Art. 36).

I Ein Nutzungsrecht, das auf einem Haus oder Grundstück ruht, kann nur ausnahmsweise aus wichtigen Gründen auf ein Wohnhaus der gleichen Gemeinde übertragen werden. Die Übertragung bedarf der Genehmigung der Gemeinde und der Aufsichtsbehörde.

II Gegen den Beschluß der Aufsichtsbehörde steht dem Berechtigten und der Gemeinde binnen vierzehn Tagen Beschwerde an die nächsthöhere Aufsichtsbehörde zu. Diese entscheidet endgültig.

III Die Übertragung bedarf der Genehmigung der Gemeinde nicht und ist von der Aufsichtsbehörde zu gestatten, wenn das Haus, auf dem das Nutzungsrecht ruht, durch Brand oder Naturereignis zerstört oder abgebrochen oder für einen öffentlichen Zweck abgetreten wird und das Recht auf ein in der gleichen Gemeinde neuerrichtetes Wohnhaus des Berechtigten übertragen werden soll.

IV Die Häufung von mehr als einem vollen Nutzungsrecht auf ein Wohnhaus oder die Zerstückelung eines Rechts bedarf der Genehmigung der Kreisregierung.

§ 7 (Art. 37).

I Wer Nutzungen bezieht, hat die auf dem Gegenstand des Nutzungsrechts ruhenden Lasten zu tragen und die zur Gewinnung der Nutzungen und zur Erhaltung oder zur Erhöhung der Ertragsfähigkeit erforderlichen Ausgaben zu bestreiten. Wird Gemeindevermögen teilweise von der Gemeinde, teilweise von Berechtigten genutzt, so sind diese Lasten und Auslagen verhältnismäßig von der Gemeinde und den Berechtigten zu tragen, es sei denn, daß bisher die Verteilung anderweit geregelt war.

II Die Berechtigten sind verpflichtet, für die Nutzungen Gegenleistungen an die Gemeinde zu entrichten, soweit dies bisher der Fall war. Die Höhe der Gegenleistungen bemißt sich nach dem Wertverhältnis zwischen Nutzungen und Gegenleistungen am 1. Januar 1914.

§ 8 (Art. 38).

Die Gemeinde kann Nutzungsrechte ohne Entschädigung nur mit Einwilligung der Berechtigten, gegen Entschädigung mit Einwilligung der Mehrheit der Berechtigten aufheben. Werden die Nutzungen nicht zu gleichen Teilen von allen Berechtigten bezogen, so hat jeder Berechtigte so viel Stimmrecht, als der ihm zustehenden Nutzung entspricht. Wenn eine Gemeinde Nutzungsrechte einzelner abgelöst hat oder ablöst, so gelten diese Nutzungsrechte zugunsten der Gemeinde als fortbestehend; solche Nutzungsrechte können nicht mehr nach § 6 übertragen werden. Über die Höhe der Entschädigung entscheiden im Streitfalle die ordentlichen Gerichte; im übrigen gilt Art. 8 Ziff. 27 des Verwaltungsgerichtsgesetzes.

§ 9 (Art. 39).

Wenn Nutzungsrechte die ordnungsmäßige Bewirtschaftung oder die Verbesserung der belasteten Grundstücke verhindern oder erheblich erschweren, so können sie von der Gemeinde gegen Entschädigung abgelöst werden. Sind die belasteten Grundstücke ganz oder teilweise in den Bereich einer öffentlichen Wasser-, Ödland- oder Flurbereinigungsgenossenschaft einbezogen, so steht auch dieser unter den gleichen Voraussetzungen das Ablösungsrecht zu. Die Ablösung ist nicht zulässig, soweit sie die Wirtschaftsführung der Nutzungsberechtigten in hohem Maße erschweren würde. Die Entschädigung beträgt das Fünfzehnfache des durchschnittlichen Jahreswerts der Nutzungen, die in den der Ablösung unmittelbar vorangehenden zehn Jahren bezogen worden sind, abzüglich der in § 7 erwähnten Lasten, Ausgaben und Gegenleistungen. Die Entschädigung ist drei Monate nach dem Abschluß der Vereinbarung oder der Rechtskraft der Entscheidung über die Ablösung fällig. § 8 Satz 4 gilt entsprechend.

§ 10 (Art. 40).

I Entsteht ein Streit darüber, ob ein Grundstück Eigentum der Gemeinde oder Eigentum anderer Personen ist, oder entsteht darüber Streit, ob und wieweit das Verfügungsrecht der Gemeinde durch einen Anspruch beschränkt ist, der auf ein Nutzungsrecht des bürgerlichen Rechts begründet wird, so hat die Aufsichtsbehörde der Gemeinde einen Ausgleichsversuch vorzunehmen.

II Die Aufsichtsbehörde ist berechtigt, im Falle verübter oder drohender Selbsthilfe oder, wenn die Verhütung anderer dringender Gefahren es erfordert, vorbehaltlich der Entscheidung des ordentlichen Gerichts die nötigen vorsorglichen Verfügungen zu treffen.

§ 11 (Art. 144).

In der Pfalz gelten an Stelle der §§ 4 bis 9 die §§ 12 bis 16.

§ 12 (Art. 145).

I Nutzungen am Gemeindevermögen bestehen zu Recht, wenn sie auf einem besonderen Rechtstitel beruhen. Als Rechtstitel kommt Herkommen nicht in Betracht. Die Verteilung von Gabholz ist außerdem zulässig, wenn sie vor dem 1. Juli 1869 stattgefunden hat. Grundstücke der Gemeinde können einzelnen zum Genusse widerruflich überlassen werden, wenn und soweit dies vor dem 1. Juli 1869 in der Gemeinde allgemein zugelassen war. Die Überlassung der Grundstücke kann nur allgemein gegenüber sämtlichen Nutznießern widerrufen werden.

II Als Gabholz darf nur Brennholz zugewiesen werden. Der einzelne darf höchstens sechs Raummeter Scheit- und Prügelholz und 100 Wellen oder drei Raummeter Scheit- und Prügelholz und 250 Wellen oder 400 Wellen beziehen.

III Die Gemeinde kann durch Satzung die Verteilung der Grundstücke zum Genuß und ihre Benützung regeln und dabei bestimmen, daß die Lose auf eine Reihe von Jahren oder auf Lebenszeit dem Nutznießer zugewiesen werden und neu hinzutretende Nutznießer erst dann in den Genuß eines Loses kommen, wenn ein solches frei wird. Die Satzung bedarf der Genehmigung der Aufsichtsbehörde.

§ 13 (Art. 146).

Gemeinden, die Umlagen, örtliche Abgaben oder örtliche Verbrauchssteuern erheben, können Gabholz nur verteilen und Grundstücke der Gemeinde zum Genusse nur dann überlassen, wenn und soweit diese Nutzungen in den letzten dreißig Jahren vor dem 1. April 1928 ununterbrochen gewährt worden sind. In solchen Fällen kann die Gemeinde von den Nutznießern eine Gemeindegebühr erheben, die nach dem Werte der Nutzungen zu bemessen ist. Der Wert der Nutzungen wird von der Gemeinde endgültig festgesetzt.

§ 14 (Art. 147).

Wenn durch besonderen Rechtstitel nichts anderes bestimmt ist, nehmen alle deutschen Staatsangehörigen, die in der Gemeinde seit Jahresfrist den gewöhnlichen Aufenthalt haben und einen eigenen Haushalt führen, gleichmäßig an den Nutzungen teil.

§ 15 (Art. 148).

Wer Nutzungen kraft eines Rechtstitels bezieht oder Grundstücke der Gemeinde im Genusse hat, hat die auf dem Gegenstande der Nutzungen ruhenden Lasten zu tragen und die zur Gewinnung der Nutzungen und zur Erhaltung oder Erhöhung der Ertragsfähigkeit erforderlichen Ausgaben zu bestreiten. Wird Gemeindevermögen daneben teilweise von der Gemeinde genutzt, so sind die Lasten und Ausgaben verhältnismäßig von der Gemeinde und den Nutznießern zu tragen.

§ 16 (Art. 149).

Die Gemeinde kann Nutzungen, die sich auf einen Rechtstitel gründen, ohne Entschädigung nur mit Einwilligung der Berechtigten, gegen Entschädigung mit Einwilligung der Mehrheit der Berechtigten aufheben. Werden die Nutzungen nicht zu gleichen Teilen von allen Berechtigten bezogen, so hat jeder Berechtigte so viel Stimmrecht, als der ihm zustehenden Nutzung entspricht. Über die Höhe der Entschädigung entscheiden im Streitfalle die ordentlichen Gerichte; im übrigen gilt Art. 8 Ziff. 27 des Verwaltungsgerichtsgesetzes.

§ 17 (Art. 158).

I Die Verwaltung eines gesonderten Gemeinde- oder Stiftungsvermögens eines Teilbezirks einer Gemeinde, der nicht eine Ortschaft nach Art. 62

Abs. I der Bayer. Gemeindeordnung vom 17. Oktober 1927 war, steht der Gemeinde zu. Bestehende Nutzungsrechte am Ertrage dieses Vermögens bleiben unberührt; soweit solche Nutzungsrechte bisher nach dem jeweiligen Ertrage dieses Vermögens bemessen waren, bestimmt sich künftig der Umfang dieser Nutzungsrechte nach dem durchschnittlichen Jahresertrage der letzten zwanzig Jahre vor dem 1. April 1928.

II Die Gemeinde ist verpflichtet, auf Antrag von Nutzungsberechtigten deren Rechte abzulösen. Die Entschädigung beträgt das Zwanzigfache des durchschnittlichen Jahreswertes der Nutzungen der letzten zwanzig Jahre. Abgelöste Nutzungsrechte gehen auf die Gemeinde über. Im übrigen kann die Gemeinde nach Maßgabe des § 8 die Nutzungsrechte aufheben. Über die Höhe der Entschädigung entscheiden im Streitfalle die ordentlichen Gerichte; im übrigen gilt Art. 8 Ziff. 27 des Verwaltungsgerichtsgesetzes entsprechend.

§ 18 (Art. 44).

Benutzung von öffentlichen Einrichtungen der Gemeinden.

Um die Durchführung der Satzungen über die Benützung ihres Eigentums, ihrer Anstalten, Unternehmungen und Einrichtungen zu sichern, sind die Gemeinden berechtigt, ortspolizeiliche Vorschriften zu erlassen und darin Zuwiderhandlungen gegen die Satzung mit Geldstrafe bis zu 150 RM. zu bedrohen. Die Geldstrafen fließen in die Gemeindekasse.

§ 19 (Art. 49).

Gemeindeeinnehmer in der Pfalz.

I In der Pfalz werden die Kassen- und Rechnungsgeschäfte der Gemeinden von Einnehmern geführt.

II Die Landesregierung regelt, soweit es sich um Gemeinden handelt, die der Aufsicht des Bezirksamts unterstehen, die Einrichtung, insbesondere die Befugnisse, die Voraussetzungen der Anstellung und die Bezüge der Einnehmer. Die beteiligten Gemeinden sind verpflichtet, die danach festgesetzten Vergütungen zu leisten. Mit Genehmigung der Kreisregierung kann eine Gemeinde aus einer Gemeindeeinnehmerei ausscheiden und einen besonderen Gemeindeeinnehmer bestellen.

III Die besonderen Gemeindeeinnehmer müssen als Gemeindebeamte bestellt werden. Sie müssen die Voraussetzungen der Anstellung zum Einnehmer nach Absatz II erfüllen.

§ 20 (Art. 56).

Bürgermeistereien.

I Gemeinden des gleichen Bezirks können auf ihren Antrag zu einer Bürgermeisterei vereinigt werden. Eine Bürgermeisterei ist auf Antrag aller beteiligten Gemeinden aufzulösen.

II Eine Bürgermeisterei kann auf Antrag einer Gemeinde trotz des Widerspruchs einer oder mehrerer anderer Gemeinden aufgelöst werden oder es kann das Ausscheiden einer oder mehrerer Gemeinden verfügt werden, wenn ein öffentliches Bedürfnis dafür gegeben ist.

III Die Befugnis zur Vereinigung und zur Auflösung einer Bürgermeisterei wie zur Ausscheidung einzelner Gemeinden kommt der Kreisregierung zu. Sie bestimmt den Namen der Bürgermeisterei.

§ 21 (Art. 57).

I Sind Gemeinden zu einer Bürgermeisterei vereinigt, so wird ein gemeinschaftlicher Bürgermeister berufen; ferner werden für jede Gemeinde Beigeordnete und Gemeinderäte nach Maßgabe der Hauptsatzung der Gemeinde berufen. Für die Berufungen gelten die Vorschriften über die Berufung der Bürgermeister, Beigeordneten und Gemeinderäte entsprechend. Durch übereinstimmende Bestimmung der Hauptsatzungen der zur Bürgermeisterei vereinigten Gemeinden kann bestimmt werden, daß die Stelle des Bürgermeisters hauptamtlich verwaltet wird.

II Mit der Neubildung einer Bürgermeisterei erlischt das Amt der Bürgermeister.

§ 22 (Art. 58).

I In allen Gemeinden der Bürgermeisterei übt der Bürgermeister die ihm gesetzlich zustehenden Befugnisse aus. Er kann in den Gemeinden außerhalb seines Wohnortes die Erledigung einzelner Angelegenheiten Beigeordneten dieser Gemeinde übertragen.

II Bei Abwesenheit oder Verhinderung wird der Bürgermeister durch den Ersten Beigeordneten der in Frage kommenden Gemeinde vertreten.

III Der Bürgermeister kann die Gemeinderäte zu gemeinschaftlicher Beratung über gemeinsame Verwaltungsaufgaben und über ortspolizeiliche Vorschriften für sämtliche Gemeinden vereinigen. Für diese Beratungen gelten die Vorschriften der Deutschen Gemeindeordnung über die Beratung der Gemeinderäte entsprechend. Der gemeinschaftliche Aufwand wird nach einem von den Gemeinden vereinbarten Maßstab auf die Gemeinden umgelegt. Kommt keine Vereinbarung zustande, so entscheidet die Aufsichtsbehörde endgültig.

§ 23 (Art. 50 Abs. IV).

Verwaltung staatlicher Aufgaben.

Das Staatsministerium für Unterricht und Kultus kann Anordnungen für die Unterrichts- und Erziehungsanstalten der Gemeinden erlassen.

§ 24 (Art. 51).

I Den Gemeinden obliegt die Sorge für die öffentliche Ruhe, Ordnung und Sicherheit und der Vollzug der die Polizei betreffenden Gesetze und Vorschriften im Gemeindebezirk, soweit die Gesetze nichts anderes bestimmen (Ortspolizei). Die zuständigen Staatsbehörden haben das Recht, die Handhabung der Ortspolizei zu überwachen und den Gemeinden die nötigen Weisungen zu erteilen.

II Der Bürgermeister erläßt nach Beratung mit den Gemeinderäten die ortspolizeilichen Vorschriften nach Maßgabe der Gesetze.

III Die übrigen ortspolizeilichen Geschäfte werden in anderen als den in

§ 27 bezeichneten Gemeinden vom Bürgermeister persönlich oder unter seiner Leitung und Verantwortung durch Gemeindebeamte versehen. Für die Stellvertretung des Bürgermeisters gilt § 35 der Deutschen Gemeindeordnung mit der Einschränkung, daß Aufgaben der Sicherheitspolizei nur mit Genehmigung der Aufsichtsbehörde übertragen werden können. Bei Gefahr im Verzuge sind die zuständigen Staatsbehörden berechtigt, die erforderlichen Maßnahmen selbst zu treffen und Anordnungen an die Polizeibeamten der Gemeinde zu richten; diese sind verpflichtet, den Anordnungen Folge zu leisten. Die Staatsbehörde hat den Bürgermeister von diesen Maßnahmen und Anordnungen unverzüglich zu verständigen.

IV Die Gemeinden sind verpflichtet, die Kosten der Ortspolizei zu tragen, die dafür erforderlichen Anstalten bereitzustellen und die erforderlichen Einrichtungen zu treffen, insbesondere die notwendigen Beamten und sonstigen Kräfte anzustellen.

V Für Orte, in denen der Bürgermeister nicht wohnt, kann der Bürgermeister mit Genehmigung der Aufsichtsbehörde einen Ortsführer bestellen, der die Aufträge des Bürgermeisters zu vollziehen und in dringenden Fällen an seiner Stelle zu handeln hat.

VI In Bürgermeistereien kann der Bürgermeister die Polizeiverwaltung in Gemeinden außerhalb seines Wohnortes Beigeordneten dieser Gemeinden übertragen.

VII Die Gemeinde ist zur Aufstellung der für den Feld- und Waldschutz notwendigen Kräfte verpflichtet. Sie hat den Aufwand auf die Eigentümer der beteiligten land- und forstwirtschaftlichen Grundstücke nach dem Verhältnisse der für diese Grundstücke zu entrichtenden Grundsteuer umzulegen. Die Heranziehung der Grundstückseigentümer kann unterbleiben, wenn der Ertrag einer genossenschaftlichen Jagd gem. § 67 Abs. 1 Satz 1 des Reichsjagdgesetzes vom 3. Juli 1934 (RGBl. I S. 549) in der Gemeindekasse verbleibt.

VIII Der Eigentümer eines zusammenhängenden Waldbesitzes von mindestens 100 ha kann für den Waldschutz selbst eine Kraft bestellen. Er ist in diesem Fall auf Antrag von den Leistungen zum Waldschutze nach Abs. VII zu befreien.

IX Für gemeindefreie Grundstücke steht die Ortspolizei dem Bezirksamte zu.

§ 25 (Art. 52).

I Aus Rücksicht auf die öffentliche Sicherheit kann das Staatsministerium des Innern anordnen, daß die Polizeigewalt in Gemeinden vorübergehend ganz oder teilweise durch staatliche Beamte ausgeübt wird. Die Polizeibeamten der Gemeinde sind verpflichtet, den Anordnungen der mit der Ausübung der Polizeigewalt betrauten staatlichen Beamten Folge zu leisten.

II Bei Gefahr im Verzuge kann die Aufsichtsbehörde der Gemeinde die gleichen Anordnungen treffen; sie ist verpflichtet, unverzüglich die Entscheidung des Staatsministeriums des Innern einzuholen.

III Erstreckt sich die Ausübung der Polizeigewalt durch staatliche Beamte nach Maßgabe der Abs. I und II auf länger als ein Jahr, so ist eine gesetzliche Regelung des Zustandes notwendig.

§ 26 (Art. 53).

I Der Bürgermeister kann die Durchführung von Verfügungen, die er innerhalb seiner Zuständigkeit zum Vollzuge von Gesetzen und Verordnungen, deren Übertretung nicht mit Strafe bedroht ist, an bestimmte Personen erlassen und diesen eröffnet hat, unter Anwendung der Art. 21 und 22 des Polizeistrafgesetzbuches erzwingen.

II Über Beschwerden entscheidet die Aufsichtsbehörde; bei anderen als den in § 27 bezeichneten Gemeinden entscheidet im Falle der weiteren Beschwerde die Kreisregierung endgültig.

§ 27 (Art. 54 Abs. II—V).

I Die Stadtkreise sowie die bisher kreisunmittelbaren Gemeinden, die nicht Stadtkreise im Sinne der Deutschen Gemeindeordnung sind, haben für den Gemeindebezirk in den staatlichen Aufgaben, die ihnen zur Erfüllung nach Anweisung übertragen sind, die Zuständigkeit des Bezirksamts (Bezirksverwaltung, Bezirkspolizei), soweit die Gesetze nichts anderes bestimmen. Für die Bezirkspolizei gilt § 24 Abs. I Satz 2 und Abs. III Satz 3 und 4 entsprechend.

II Die orts- und bezirkspolizeilichen Vorschriften werden in diesen Gemeinden vom Bürgermeister nach Beratung mit den Gemeinderäten erlassen.

III Für die übrigen orts- und bezirkspolizeilichen Geschäfte in diesen Gemeinden gilt § 24 Abs. III Satz 1 u. 2.

IV Die in Abs. I bezeichneten Gemeinden sind verpflichtet, die Kosten der Bezirkspolizei zu tragen und die dazu erforderlichen Einrichtungen zu treffen. Sie erhalten hierzu Zuschüsse, deren Höhe jeweils im Staatshaushalt bestimmt wird.

§ 28 (Art. 55).

I Die Landesregierung ist befugt, die Sicherheitspolizei in den in § 27 Abs. I bezeichneten Gemeinden ganz oder teilweise staatlichen Behörden zu übertragen und deren Zuständigkeit durch Verordnung festzusetzen. Sie kann diese Behörden auch mit der Besorgung sonstiger Polizei- und Bezirksverwaltungsgeschäfte, die zur Handhabung der Sicherheitspolizei unbedingt erforderlich sind, betrauen. Für benachbarte Gemeinden der in § 27 Abs. I bezeichneten Art kann eine gemeinschaftliche staatliche Polizeibehörde bestellt werden.

II Die Zuständigkeit der staatlichen Polizeibehörden nach Abs. I kann auf andere benachbarte Gemeinden ganz oder teilweise erstreckt werden, wenn dies aus Rücksicht auf die öffentliche Sicherheit erforderlich ist.

III Die staatlichen Polizeibehörden und die Gemeindebehörden haben sich in ihrer Tätigkeit gegenseitig zu unterstützen. Im Falle einer Gefährdung oder Störung der öffentlichen Ruhe, Ordnung und Sicherheit haben die Gemeindebehörden zu deren Erhaltung oder Wiederherstellung nach den Weisungen der staatlichen Polizeibehörde mitzuwirken. Zu diesem Zwecke ist der Leiter der staatlichen Polizeibehörde oder sein Beauftragter berechtigt, bei Gefahr im Verzug Anordnungen an die Polizeibeamten der Gemeinde zu richten; diese sind verpflichtet, den Anordnungen Folge zu leisten. Die staatliche Polizeibehörde hat den Bürgermeister von diesen Anordnungen unverzüglich zu verständigen.

IV Die Kosten der staatlichen Polizeibehörden und ihrer Verwaltung treffen den Staat. Das Gesetz über Leistungen der Gemeinden für die staatliche Polizeiverwaltung vom 22. November 1923 (GVBl. S. 377) in der Fassung der Gesetze vom 20. Juni 1929 (GVBl. S. 73) und vom 7. Dezember 1933 (GVBl. S. 461) bleibt unberührt.

V Die der Polizeidirektion München und der Lokalbaukommission München bisher zugewiesenen besonderen Zuständigkeiten bleiben unberührt, soweit sie nicht durch Verordnung geändert werden.

§ 29 (Art. 85 Abs. II).

Das Staatsministerium des Innern kann die Dienstkleidung und Dienstabzeichen der Beamten der Sicherheitspolizei und ihrer Hilfskräfte regeln.

§ 30 (Art. 79).

Gemeindebeamte.

I Die Gemeinden sollen vorbehaltlich der Bestimmungen der §§ 1 und 2 des Gesetzes zur Änderung von Vorschriften auf dem Gebiet des allgemeinen Beamten-, des Besoldungs- und Versorgungsrechts vom 30. Juni 1933 die nicht nur vorübergehend oder aushilfsweise berufsmäßig bei ihnen vollbeschäftigten Personen, die bei gleichen Dienstobliegenheiten im Landesdienste Beamte wären, in der Regel als Beamte in Dienst nehmen.

II Die Gemeinden sind außer den Fällen der §§ 39 und 40 der Deutschen Gemeindeordnung und des § 19 Abs. III dieser Verordnung verpflichtet, wenigstens die Personen als Gemeindebeamte in Dienst zu nehmen, die mit der Handhabung der Sicherheitspolizei, ausschließlich des Feld- und Waldschutzes, nicht nur vorübergehend oder aushilfsweise befaßt sind.

§ 31 (Art. 80).

Die Gemeindebeamten haben alle Obliegenheiten ihres Amtes den Gesetzen, Verordnungen und Dienstvorschriften entsprechend gewissenhaft wahrzunehmen und sich durch ihr Verhalten in und außer dem Amte der Achtung, die das Amt erfordert, würdig zu erweisen.

§ 32 (Art. 81).

Die Gemeindebeamten haben über Angelegenheiten, die ihnen vermöge ihres Amtes bekannt geworden sind und deren Geheimhaltung ihrer Natur nach erforderlich oder angeordnet ist, Verschwiegenheit zu beobachten. Diese Pflicht besteht auch nach Lösung des Dienstverhältnisses fort.

§ 33 (Art. 82).

I Hat ein Gemeindebeamter durch vorsätzliche oder fahrlässige Verletzung seiner Amtspflicht der Gemeinde einen Schaden zugefügt, so entscheidet — unbeschadet des § 115 der Deutschen Gemeindeordnung — auf Antrag der Gemeinde oder von Amts wegen die Aufsichtsbehörde, ob er der Gemeinde für den Schaden haftbar ist und in welcher Höhe er Ersatz zu leisten hat. Gegen den Beschluß der Aufsichtsbehörde steht den Beteiligten binnen vierzehn Tagen Beschwerde an die nächsthöhere Aufsichtsbehörde zu; diese entscheidet endgültig.

II Der Beschluß wird mit Ablauf der Beschwerdefrist oder mit der Zustellung der Entscheidung des zweiten Rechtszugs vollstreckbar. Er kann schon vorher für vorläufig vollstreckbar erklärt werden, wenn zu befürchten ist, daß der Gemeindebeamte sein Vermögen der Verwendung zum Ersatze des Schadens entziehen wird oder wenn sonst die Aussetzung der Vollstreckung einen schwer zu ersetzenden Nachteil mit sich bringen würde. Dem Gemeindebeamten ist zu gestatten, durch Sicherheitsleistung oder durch Hinterlegung die vorläufige Vollstreckung abzuwenden.

§ 34 (Art. 83).

I Gegen den vollstreckbaren Beschluß nach § 33 steht den Gemeindebeamten und der Gemeinde sowohl hinsichtlich der Ersatzverbindlichkeit als auch hinsichtlich des Ersatzbetrags der Rechtsweg vor den ordentlichen Gerichten offen.

II Das Klagerecht erlischt binnen einer Ausschlußfrist von einem Jahr. Die Ausschlußfrist beginnt an dem Tag, an dem der Beschluß vollstreckbar geworden ist. Für sie gelten die §§ 203, 206, 207 des Bürgerlichen Gesetzbuchs entsprechend.

§ 35 (Art. 85 Abs. I).

Die Gemeinden dürfen — unbeschadet des § 9 des Zweiten Teils, Kapitel I, der Zweiten Verordnung des Reichspräsidenten zur Sicherung von Wirtschaft und Finanzen, vom 5. Juli 1931 (RGBl. I S. 279) — für ihre Beamten und Angestellten solche Amtsbezeichnungen nicht verwenden, gegen deren Verwendung das zuständige Staatsministerium mit Rücksicht auf die vom Lande verwendeten Bezeichnungen allgemein oder im einzelnen Fall Einspruch erhebt.

§ 36 (Art. 86 Abs. I).

Die Anstellungs- und Dienstverhältnisse der Gemeindebeamten und Beamtenanwärter können nach Maßgabe der Gesetze durch eine Satzung geregelt werden.

§ 37 (Art. 87).

I In der dem Gemeindebeamten gemäß § 1 des Reichsbeamtengesetzes in der Fassung des § 3 Ziff. 1 des Gesetzes zur Änderung von Vorschriften auf dem Gebiete des allgemeinen Beamten-, des Besoldungs- und des Versorgungsrechts vom 30. Juni 1933 und § 6 dieses Gesetzes auszuhändigenden Urkunde ist der Zeitpunkt, von dem an die Anstellung wirksam wird, zu bezeichnen. Bei vollbeschäftigten Gemeindebeamten ist in der Urkunde auch anzugeben, daß die Anstellung in dieser Eigenschaft erfolgt. Diese Bestimmungen gelten auch für die Wiederanstellung und Beförderung.

II Zum vollbeschäftigten Gemeindebeamten kann nur ernannt werden, wer das einundzwanzigste Lebensjahr vollendet hat.

§ 38 (Art. 88).

I Das Dienstverhältnis der Gemeindebeamten ist widerruflich, vorbehaltlich der besonderen Bestimmungen für die hauptamtlichen Bürgermeister und Beigeordneten.

II Das Dienstverhältnis der widerruflichen Gemeindebeamten kann von der Gemeinde jederzeit gelöst werden; sofern nicht eine grobe Pflichtverletzung vorliegt, ist eine Kündigungsfrist von drei Monaten einzuhalten. Die Lösung des Dienstverhältnisses hat den Verlust des Diensteinkommens, der Amtsbezeichnung und der Dienstabzeichen sowie der Aussicht auf Gewährung eines Ruhegehalts und auf Hinterbliebenenversorgung zur Folge.

III Hat ein widerruflicher Gemeindebeamter drei Dienstjahre als vollbeschäftigter Beamter der Dienstgemeinde zurückgelegt, so darf das Dienstverhältnis nur gelöst werden, wenn ein wichtiger Grund vorliegt. Liegt der Grund nicht in der Person des Gemeindebeamten, so wird diesem eine angemessene Abfindung gewährt. Beschwerde (§ 48) ist zulässig. Darüber, ob der wichtige Grund zur Lösung des Dienstverhältnisses in der Person des Gemeindebeamten liegt, sowie über die Höhe der Abfindung nach Satz 2 entscheiden im Streitfalle die ordentlichen Gerichte.

IV Hat ein widerruflicher Gemeindebeamter zehn Dienstjahre als vollbeschäftigter Beamter der Dienstgemeinde zurückgelegt. so scheidet Dienstunfähigkeit als wichtiger Grund für die Lösung des Dienstverhältnisses aus.

V Der Bürgermeister kann unbeschadet der für weibliche Beamte getroffenen Bestimmungen einzelnen vollbeschäftigten Gemeindebeamten die Unwiderruflichkeit gewähren. Gegenüber unwiderruflichen Gemeindebeamten kann nur im Wege des Disziplinarverfahrens eine Schmälerung des Grundgehalts oder die Entlassung aus dem Dienst ausgesprochen werden.

§ 39 (Art. 89).

I Der Gemeindebeamte hat für die Dauer des Dienstverhältnisses Anspruch auf Besoldung. Wenn er zehn Dienstjahre als vollbeschäftigter Beamter der Dienstgemeinde zurückgelegt oder wenn er die Unwiderruflichkeit erlangt hat, hat er

1. Anspruch auf Ruhegehalt nach Versetzung in den Ruhestand,
2. Anspruch auf Versorgung seiner Hinterbliebenen.

II Der Gemeindebeamte kann um Versetzung in den Ruhestand nachsuchen und ohne Ansuchen in den Ruhestand versetzt werden, wenn er das fünfundsechzigste Lebensjahr vollendet hat oder dienstunfähig geworden ist. Wird die Versetzung in den Ruhestand ohne Ansuchen des Gemeindebeamten verfügt oder wird sie verweigert, so ist Beschwerde zulässig (§ 48). Art. 64 des Beamtengesetzes gilt entsprechend.

III Besoldung, Ruhegehalt und Hinterbliebenenversorgung sowie die Regelung sonstiger Dienstbezüge einschließlich der Entschädigung für Dienstwohnungen und Dienstgrundstücke müssen angemessen sein. Dies ist dann der Fall, wenn die Bezüge den Bezügen angeglichen sind, welche die Inhaber gleich zu bewertender Stellen im Landesdienst erhalten.

IV Bei nichtvollbeschäftigten Beamten ist der ihrer Beschäftigung entsprechende Teil der Besoldung nach Abs. III angemessen.

§ 40 (Art. 91).

I Gemeindebeamte können jederzeit ohne Angabe eines Grundes um Entlassung aus dem Dienste nachsuchen. Der Gemeindebeamte verliert mit dem Dienstaustritt den Anspruch auf Diensteinkommen, Ruhegehalt und Hinterbliebenenversorgung, Amtsbezeichnung und Dienstabzeichen.

II Die Gemeinde kann einen unwiderruflichen Gemeindebeamten unter Bewilligung des gesetzlichen Wartegeldes einstweilen in den Ruhestand versetzen, wenn infolge einer Änderung in der Gemeindeverwaltung für die Verwendung des Beamten keine Gelegenheit mehr gegeben ist oder wenn ohne sein Verschulden Umstände vorliegen, durch die seine amtliche Wirksamkeit nicht bloß vorübergehend gestört wäre. In diesem Falle gelten für das Wartegeld die Vorschriften der Art. 39 bis 46 des Beamtengesetzes entsprechend.

§ 41 (Art. 92).

I Soweit die vollbeschäftigten Gemeindebeamten der reichsgesetzlichen Krankenversicherung unterliegen, steht ihnen im Falle der Krankheit auf die Dauer der Regelleistung der Krankenkassen ein Barbezug im anderthalbfachen Betrag des Krankengeldes zu. Auf diesen Bezug wird der Betrag angerechnet, der dem Gemeindebeamten für die gleiche Zeit aus Besoldung, Ruhegehalt oder Unterhaltsbeitrag zukommt. Ist ein vollbeschäftigter Gemeindebeamter versicherungsberechtigt, so kann er von der Gemeinde angehalten werden, der Versicherung freiwillig beizutreten; die Gemeinde muß jedoch die vollen Beiträge zur Krankenkasse bestreiten. Die Barleistungen der Krankenkasse werden dem Gemeindebeamten auf die Bezüge angerechnet, die ihm für die gleiche Zeit gegen die Gemeinde zustehen.

II Ist ein nichtvollbeschäftigter Gemeindebeamter krankenversicherungsberechtigt und macht er von diesem Rechte Gebrauch, so hat ihm die Gemeinde ein Drittel der Beiträge zu erstatten.

III Ist ein nichtvollbeschäftigter Gemeindebeamter berechtigt, an der reichsgesetzlichen Invaliden- oder Angestelltenversicherung teilzunehmen, und macht er von diesem Rechte Gebrauch, so hat ihm die Gemeinde die Hälfte des Beitragssatzes der untersten Klasse zu erstatten.

IV Die Vorschriften der beiden letzten Absätze gelten nicht für Gemeindebeamte, die zugleich etatmäßige Landesbeamte oder vollbeschäftigte Beamte einer anderen Gemeinde sind.

§ 42 (Art. 93).

Die Gemeindebeamten haben Anspruch auf Unfallfürsorge in entsprechender Anwendung der Art. 89 bis 101 des Beamtengesetzes.

§ 43 (Art. 94 Abs. I).

Die vollbeschäftigten Gemeindebeamten haben Anspruch auf Urlaub, wenn nicht außergewöhnliche dienstliche Verhältnisse entgegenstehen. Für die Dauer des Urlaubs sowie für die Sonntagsruhe gelten die für die Landesbeamten gegebenen Vorschriften entsprechend.

§ 44 (Art. 95).

Die Gemeinden sollen bei Anstellung von Gemeindebeamten bei gleicher Eignung der Bewerber dem den Vorzug geben, der erheblich kriegsbeschädigt ist oder mehr als zwei Jahre Kriegsdienst in der vorderen Linie geleistet hat.

§ 45 (Art. 96).

Für die Gemeindebeamten, die nach den §§ 6, 7, 8, 44 Abs. 2 d der Anstellungsgrundsätze (Grundsätze für die Anstellung der Inhaber eines Versorgungsscheins) angestellt sind oder werden, sind die für Landesbeamte geltenden Bestimmungen über Anrechnung der bei der deutschen Wehrmacht (Heer, Marine, Reichswehr) sowie bei der Landespolizei und Polizeiwehr geleisteten Dienstzeit auf das Besoldungsdienstalter und auf die pensionsfähige Dienstzeit entsprechend anzuwenden.

§ 46 (Art. 98).

Die hauptamtlichen Bürgermeister und Beigeordneten müssen ihren Wohnsitz in der Dienstgemeinde nehmen; Ausnahmen können mit Zustimmung der Dienstgemeinde von der Aufsichtsbehörde genehmigt werden.

§ 47 (Art. 99).

Verfolgung von Ansprüchen der Gemeindebeamten.

I Für vermögensrechtliche Ansprüche der Gemeindebeamten und ihrer Hinterbliebenen aus dem Dienstverhältnisse steht der Rechtsweg vor den ordentlichen Gerichten offen.

II Die Entscheidungen der Gemeindebehörden, der Aufsichtsbehörden und der Disziplinargerichte sind in den Fällen des Art. 178 des Beamtengesetzes für die Beurteilung der vor den ordentlichen Gerichten geltend gemachten vermögensrechtlichen Ansprüche bindend. Das gleiche gilt für die Entscheidungen über die Lösung des Dienstverhältnisses widerruflicher Gemeindebeamter sowie über die Angemessenheit der Bezüge (§ 39 Abs. III).

III Ansprüche nach Abs. I können erst gerichtlich verfolgt werden, wenn der Beteiligte gegen die ihn beschwerende Verfügung bei der Gemeinde Abhilfe verlangt und entweder eine ablehnende oder binnen sechs Wochen keine Erklärung erhalten hat. Für die Behandlung des Abhilfegesuchs und die Klage gilt Art. 177 Abs. 2, 3 des Beamtengesetzes.

§ 48 (Art. 100).

I Bei Streitigkeiten aus dem Dienstverhältnisse, für die der Rechtsweg vor den ordentlichen Gerichten oder Verwaltungsgerichten nicht eröffnet ist, entscheiden die Aufsichtsbehörden, ob die Entscheidung der Gemeinde gesetzmäßig ist. Die Beschwerde gegen die Entscheidung der Gemeinde ist binnen vier Wochen nach Zustellung oder Eröffnung einzulegen. Die Kreisregierung entscheidet im zweiten Rechtszug endgültig.

II Abs. I gilt insbesondere für den Streit, ob die Lösung des Dienstverhältnisses nach §§ 38 und 40 Abs. I oder ob die Versetzung in den Ruhestand nach § 39 Abs. II zu Recht erfolgt oder verweigert ist.

III Abs. I gilt nicht, soweit es sich um die Angemessenheit der Bezüge (§ 39 Abs. III) handelt.

§ 49 (Art. 101).

Dienstaufsicht.

I Die Dienstaufsicht über die Gemeindebeamten führt der Bürgermeister.

II Über Beschwerden gegen die Verfügungen des Bürgermeisters oder über die von ihm gebilligten Verfügungen seines Vertreters entscheidet die Aufsichtsbehörde endgültig.

§ 50 (Art. 102).

Dienststrafrecht und Dienstenthebung.

I Ein Gemeindebeamter, der die ihm obliegenden Pflichten schuldhaft verletzt, macht sich eines Dienstvergehens schuldig.

II Die Dienststrafen sind
a) Ordnungsstrafen,
b) Disziplinarstrafen.

Die Ordnungsstrafen sind
1. Verweis,
2. Geldstrafen bis zu 200 RM., bei vollbeschäftigten Gemeindebeamten bis zum Betrage der Besoldung für einen Monat.

Die Disziplinarstrafen sind
1. Geldstrafen bis zu 600 RM., bei vollbeschäftigten Gemeindebeamten bis zu einem Drittel des zuletzt bezogenen Jahresbetrags der Besoldung.
2. Versetzung auf eine andere Amtsstelle mit gleichem oder geringerem Grundgehalt,
3. Androhung der Dienstentlassung in Verbindung mit einer der unter Ziff. 1 und 2 vorgesehenen Disziplinarstrafen,
4. Dienstentlassung.

III Der Höchstbetrag der Geldstrafe darf auch beim Zusammentreffen mehrerer Dienstvergehen nicht überschritten werden. Für Strafversetzung gilt Art. 109 des Beamtengesetzes entsprechend.

IV Die Geldstrafen fließen in die Gemeindekasse; sie sind für Wohlfahrtseinrichtungen der Gemeindebeamten zu verwenden.

V Die Dienstentlassung hat den Verlust des Amts, der Amtsbezeichnung, der Dienstabzeichen sowie des Anspruchs auf Diensteinkommen, Ruhegehalt und Hinterbliebenenversorgung zur Folge. Ausnahmsweise kann die zur Disziplinarbestrafung berufene Behörde dem Gemeindebeamten auf Lebenszeit oder auf bestimmte Zeit einen Teil des Ruhegehalts als Unterhaltsbeitrag zusprechen und den Hinterbliebenen den Anspruch auf Versorgung ganz oder teilweise vorbehalten. Der Unterhaltsbeitrag ist von der Gemeinde nur für die Zeit der Bedürftigkeit zu zahlen; Streitigkeiten entscheidet die unmittelbar vorgesetzte Aufsichtsbehörde endgültig.

VI Die Bestimmungen der Art. 113, 115 und 116 des Beamtengesetzes gelten entsprechend.

VII Das Staatsministerium des Innern kann Vorschriften zum Vollzuge der dienststrafrechtlichen Bestimmungen dieser Verordnung erlassen.

§ 51 (Art. 103).

I Gegen die unter Gewährung von Wartegeld einstweilen in den Ruhestand versetzten Gemeindebeamten ist an Stelle der Versetzung auf eine andere Amtsstelle auf Minderung des Wartegeldes um höchstens den fünften Teil für die ganze Zeit oder für einen Teil des einstweiligen Ruhestandes zu erkennen. Im übrigen gelten für sie die allgemeinen dienststrafrechtlichen Vorschriften mit der Maßgabe, daß sich die Begrenzung der Geldstrafen statt nach der Besoldung nach dem Wartegelde bemißt.

II Gegen die zeitlich oder dauernd in den Ruhestand versetzten Gemeindebeamten kann auf Verweis und Geldstrafe nur wegen Verletzung der Pflicht der Amtsverschwiegenheit erkannt werden; die Begrenzung der Geldstrafe bemißt sich statt nach der Besoldung nach dem Ruhegehalt. Im übrigen ist ein Disziplinarverfahren gegen sie nur wegen solcher während der Dienstzeit oder im Ruhestand begangener Handlungen zulässig, die gegenüber einem Beamten im Dienstverhältnisse die Dienstentlassung begründen. An Stelle der Dienstentlassung ist in diesem Falle auf Verlust der Amtsbezeichnung und des Ruhegehalts sowie des Anspruchs auf Hinterbliebenenversorgung zu erkennen.

III Gegen Gemeindebeamte, deren Dienstverhältnis gelöst oder sonstwie beendigt worden ist, kann wegen einer Verletzung der Pflicht der Amtsverschwiegenheit auch nach Lösung oder sonstiger Beendigung des Dienstverhältnisses eine Geldstrafe bis zu 600 RM. im Disziplinarverfahren verhängt werden. Im übrigen unterbleibt das Dienststrafverfahren oder es wird eingestellt, wenn das Dienstverhältnis gelöst oder sonstwie beendigt worden ist.

IV Für die Zuständigkeit in diesen Fällen gilt Art. 169 des Beamtengesetzes entsprechend.

V Hat ein Gemeindebeamter in einem früheren öffentlichen Dienstverhältnis ein dienststrafrechtlich ungeahndetes Dienstvergehen begangen, so ist ein dienststrafrechtliches Einschreiten auch hierwegen zulässig.

VI Wegen einer Handlung, die ein Gemeindebeamter vor dem Eintritt in das Dienstverhältnis zu einer Zeit begangen hat, in der er nicht öffentlicher Beamter war, ist ein dienststrafrechtliches Einschreiten nur dann zulässig, wenn die Handlung die Dienstentlassung begründet.

§ 52 (Art. 104).

I Die Ordnungsstrafen verhängt der Bürgermeister.

II Dem Gemeindebeamten ist Gelegenheit zu geben, sich zu verantworten. Art. 131 des Beamtengesetzes gilt entsprechend.

III Die Strafe wird schriftlich unter Angabe der Gründe verhängt.

IV Gegen den Strafbescheid steht dem Gemeindebeamten binnen vierzehn Tagen Beschwerde zur Aufsichtsbehörde zu. Diese entscheidet endgültig.

§ 53 (Art. 105).

I Die Disziplinarstrafen verhängt der Bürgermeister.
II § 52 Abs. II, III und IV sind anzuwenden.

§ 54 (Art. 106).

Für die Kosten des Verfahrens gilt Art. 162 des Beamtengesetzes entsprechend; in den Fällen der Abs. 4 und 5 tritt an die Stelle der Staatskasse die Gemeinde.

§ 55 (Art. 107).

I Die Aufsichtsbehörde ist befugt, die Handhabung des Dienststrafrechts zu überwachen.
II Das Dienststrafrecht der Gemeinde geht auf die Aufsichtsbehörde über, wenn ein Gemeindebeamter in den Fällen der § 24 Abs. III Satz 3, § 25 Abs. I und II, § 27 Abs. I Satz 2, § 28 Abs. III Satz 3 den Weisungen der zuständigen staatlichen Beamten nicht Folge leistet.
III Die Aufsichtsbehörde kann ein dienststrafrechtliches Verfahren veranlassen. In diesem Falle kann sie das dienststrafrechtliche Verfahren selbst durchführen, wenn die Gemeinde innerhalb einer ihr gesetzten Frist dies verabsäumt oder das Verfahren ohne Strafe eingestellt hat, und die erkannte Strafe abändern, wenn diese nach ihrem Ermessen dem Dienstvergehen nicht entspricht.
IV Gegen den Strafbescheid nach Abs. II und III steht dem Gemeindebeamten binnen vierzehn Tagen Beschwerde zur nächsthöheren Aufsichtsbehörde zu. Diese entscheidet endgültig.

§ 56 (Art. 108).

I Für das Dienststrafrecht der unwiderruflichen Gemeindebeamten sowie der hauptamtlichen Beigeordneten gelten an Stelle des § 53 die Art. 118 bis 163 des Beamtengesetzes entsprechend.
II Zur Vorbehandlung im Disziplinarverfahren sind die Aufsichtsbehörden, zum Antrage nach Art. 129 Abs. 1 des Beamtengesetzes ist das Staatsministerium des Innern oder die von ihm ermächtigte Stelle zuständig.

§ 57 (Art. 109).

I Für das Dienststrafrecht der hauptamtlichen Bürgermeister gilt § 56 entsprechend.
II § 52 Abs. I und IV findet keine Anwendung. Die Verhängung einer Ordnungsstrafe kommt der Aufsichtsbehörde zu. Gegen den Strafbescheid kann der Bürgermeister binnen vierzehn Tagen Beschwerde zur nächsthöheren Aufsichtsbehörde einlegen. Die Kreisregierung entscheidet als Beschwerdestelle endgültig.

§ 58 (Art. 110).

I Disziplinargerichte (Disziplinarkammern für nichtrichterliche Beamte und Disziplinarhof für nichtrichterliche Beamte) entscheiden beim Verfahren gegen Gemeindebeamte unter Zuziehung von Gemeindebeamten.

II Die Disziplinargerichte werden hierzu durch Ernennung von je sechs unwiderruflichen Gemeindebeamten oder hauptamtlichen Bürgermeistern oder Beigeordneten sowie der gleichen Anzahl von Stellvertretern ergänzt. Die unwiderruflichen Gemeindebeamten und die hauptamtlichen Bürgermeister und Beigeordneten sowie ihre Stellvertreter werden vom Staatsministerium des Innern auf sechs Jahre ernannt.

III Ist der Beschuldigte sowohl Landes- wie Gemeindebeamter, so ist wenigstens ein Beisitzer des Disziplinargerichts dem Kreise der Gemeindebeamten zu entnehmen, sofern durch das Dienstvergehen nicht ausschließlich die Pflichten des Landesbeamten verletzt sind.

IV Im übrigen gelten die Bestimmungen des bayerischen Beamtengesetzes entsprechend. Das Staatsministerium des Innern kann die Zahl der zu Mitgliedern der Disziplinargerichte zu ernennenden Gemeindebeamten nach Bedarf erhöhen. Werden Vorschriften der Landesregierung auf Grund des Art. 120 Abs. 3 Satz 2 des Beamtengesetzes erlassen, so kann das Staatsministerium des Innern, auch abweichend von diesem Artikel, entsprechende Vorschriften für die Gemeindebeamten geben.

V Das Staatsministerium des Innern oder die von ihm ermächtigte Stelle ist befugt, Beamte der Aufsichtsbehörde und Vertreter der Gemeinde in die Verhandlung nach Art. 143 Abs. 3, 158 Abs. 6 des Beamtengesetzes abzuordnen.

§ 59 (Art. 111).

I Für die vorläufige Dienstenthebung gelten die Art. 171 bis 173 des Beamtengesetzes entsprechend. Außerdem können die Gemeindebeamten jederzeit unter Wahrung aller ihrer Rechte aus dem Dienstverhältnisse ihres Dienstes vorläufig enthoben werden.

II Zur vorläufigen Dienstenthebung von Gemeindebeamten mit Ausnahme der Beigeordneten nach Abs. I Satz 2 und nach Art. 172 des Beamtengesetzes ist der Bürgermeister und, falls dieser von seiner Befugnis keinen Gebrauch gemacht hat, die Aufsichtsbehörde befugt. Gegen die Anordnung der vorläufigen Dienstenthebung durch den Bürgermeister steht den Gemeindebeamten Beschwerde zur Aufsichtsbehörde, gegen die Anordnung der vorläufigen Dienstenthebung durch die Aufsichtsbehörde Beschwerde zur nächsthöheren Aufsichtsbehörde zu. Die Beschwerdestelle entscheidet endgültig. Die Beschwerde hat keine aufschiebende Wirkung.

III Zur vorläufigen Dienstenthebung des Bürgermeisters sowie von Beigeordneten nach Abs. I Satz 2 und nach Art. 172 des Beamtengesetzes ist die Aufsichtsbehörde befugt; die Aufsichtsbehörde trifft ihre Anordnung, sofern nicht Gefahr im Verzug gegeben ist, im Benehmen mit dem Beauftragten der NSDAP. und bei vorläufiger Dienstenthebung von Beigeordneten im Benehmen mit dem Bürgermeister. Bei Gefahr im Verzug ist auch der Bürgermeister zur vorläufigen Dienstenthebung von Beigeordneten vorbehaltlich der nachträglichen Bestätigung durch die Aufsichtsbehörde befugt; er hat die getroffene Anordnung unverzüglich der Aufsichtsbehörde mitzuteilen. Gegen die Anordnung der vorläufigen Dienstenthebung steht dem vorläufig des Dienstes enthobenen Bürgermeister oder Beigeordneten

Beschwerde zur nächsthöheren Aufsichtsbehörde zu. Abs. II Satz 3 und 4 finden Anwendung.

IV Während der vorläufigen Enthebung eines Gemeindebeamten vom Dienste nach den Art. 171, 172 des Beamtengesetzes wird ihm vom Ablauf des Monats an, in dem sie eintritt, der dritte Teil der Besoldung einbehalten. In Fällen der Not des Gemeindebeamten ist die Aufsichtsbehörde befugt, die Einbehaltung auf einen geringeren Teil der Besoldung zu beschränken. Art. 174 Abs. 4 des Beamtengesetzes gilt entsprechend.

V Der einbehaltene Teil der Besoldung dient zur Deckung der den Gemeindebeamten treffenden Kosten des Verfahrens, einer etwaigen Geldstrafe und in den Fällen, in denen das Verfahren zur Dienstentlassung führt, zur Deckung der durch die Vertretung des Beamten verursachten Kosten, zur Deckung der Stellvertretungskosten auch, soweit sie infolge der Vollstreckung einer Freiheitsstrafe erwachsen sind.

VI Bei Verurteilung zur Freiheitsstrafe und bei Dienstentlassung ist der nach Abs. V nicht verbrauchte Teil der einbehaltenen Besoldung nach § 50 Abs. IV für Wohlfahrtseinrichtungen der Gemeindebeamten zu verwenden. In anderen Fällen ist er dem Gemeindebeamten auszuzahlen.

§ 60 (Art. 115).

Ehrenamtliche Bürgermeister und Beigeordnete; Gemeinderäte.

Den Urlaub der ehrenamtlichen Beigeordneten und der Gemeinderäte regelt der Bürgermeister.

§ 61 (Art. 116).

Für die ehrenamtlichen Bürgermeister und Beigeordneten sowie für die Gemeinderäte gelten die Bestimmungen der §§ 33 und 34 entsprechend.

§ 62 (Art. 117).

I Auf ehrenamtliche Bürgermeister und Beigeordnete und auf Gemeinderäte, welche die ihnen obliegenden Pflichten schuldhaft verletzen, finden die Bestimmungen der §§ 50, 52 Abs. II und III, 54, ferner die Art. 118 bis 163 des Beamtengesetzes entsprechend Anwendung. Die Verhängung von Ordnungsstrafen gegen Bürgermeister kommt der Aufsichtsbehörde, gegen Beigeordnete und Gemeinderäte dem Bürgermeister zu. Für Beschwerden der Bürgermeister gilt § 57 Abs. II Satz 3 und 4, für Beschwerden der Beigeordneten und Gemeinderäte § 52 Abs. IV. Für das Disziplinarverfahren gilt § 56 Abs. II. Die Dienstentlassung schließt die Wiederberufung für sechs Jahre aus.

II Für das disziplinargerichtliche Verfahren gilt § 58 entsprechend. Das Staatsministerium des Innern ergänzt die Disziplinargerichte durch Ernennung von je sechs Mitgliedern und Stellvertretern aus der Zahl der ehrenamtlichen Bürgermeister und Beigeordneten und der Gemeinderäte auf die Dauer ihres Amtes.

III Für die vorläufige Dienstenthebung der ehrenamtlichen Bürgermeister und Beigeordneten und der Gemeinderäte gilt § 59 Abs. I und III entsprechend.

§ 63 (Art. 128).

Stiftungen.

I Neue örtliche Stiftungen bedürfen der Genehmigung des zuständigen Staatsministeriums. Stiftungszuflüsse, die mit bleibenden Lasten verknüpft sind, bedürfen der Genehmigung der Aufsichtsbehörde, sofern der Stiftungszufluß einem anderen oder erweiterten Zwecke dienen soll; für sonstige Stiftungszuflüsse kann das Staatsministerium des Innern jährliche Anzeige anordnen.

II Die Stiftungen erlangen durch die Genehmigung nach Abs. I Satz 1 die Rechtsfähigkeit und den besonderen Staatsschutz.

§ 64 (Art. 131).

Das Stiftungsvermögen sowie der Ertrag des Stiftungsvermögens ist entsprechend dem Stiftungszweck zu verwenden.

§ 65 (Art. 133).

Zweckverbände.

Eine Gemeinde kann sich mit Genehmigung des Staatsministeriums des Innern mit anderen Gemeinden, Bezirken, Kreisen, mit Zweckverbänden nach dieser Verordnung sowie mit sonstigen Körperschaften des öffentlichen Rechts zur Erfüllung einzelner Aufgaben zu einem Zweckverbande vereinigen. Der Zweckverband wird mit der Genehmigung eine Körperschaft des öffentlichen Rechts.

§ 66 (Art. 134).

I Die Verfassung des Zweckverbandes wird durch eine Satzung geregelt.

II Die Satzung muß bestimmen

1. die Mitglieder,
2. die Aufgaben,
3. Namen und Sitz,
4. die Verwaltung, Geschäftsführung und Vertretung,
5. den Maßstab, nach dem die Verbandsmitglieder den Bedarf des Verbandes aufzubringen haben,
6. das Verfahren bei der Auflösung des Verbandes sowie die Möglichkeit und die Bedingungen des Ausscheidens eines Verbandsmitglieds,
7. die Verwendung des Vermögens im Falle der Auflösung.

§ 67 (Art. 135).

Die Satzung und jede Änderung bedarf der Genehmigung des Staatsministeriums des Innern oder der von ihm ermächtigten Behörde.

§ 68 (Art. 136).

Vorstände und Mitglieder der Vertretungskörper müssen Gemeindebürger sein.

§ 69 (Art. 137).

Die Vorschriften für die Aufsicht über die Gemeinden gelten für die Zweckverbände entsprechend. Die zuständige Aufsichtsbehörde wird vom Staatsministerium des Innern bei Erteilung der Genehmigung nach § 65 bestimmt.

§ 70 (Art. 138).

I Streitigkeiten zwischen dem Verband und seinen Mitgliedern oder zwischen Mitgliedern des Verbands, insbesondere über die Verpflichtung der Leistungen während des Bestehens und nach der Auflösung des Verbands, sind von der Aufsichtsbehörde zu entscheiden. Gegen deren Entscheidung ist binnen vierzehn Tagen Beschwerde zum Verwaltungsgerichtshofe zulässig. Dieser entscheidet als Schiedsgericht endgültig nach billigem Ermessen.

II Für die Zweckverbände gelten die §§ 3, 17 und 18 der Deutschen Gemeindeordnung sowie der Art. 38 des Gemeindeabgabengesetzes in der ab 1. April 1935 geltenden Fassung entsprechend. Für Streitigkeiten aus der Anwendung dieser Bestimmung zwischen dem Zweckverband und Dritten, die nicht Mitglieder des Zweckverbandes sind, gelten die Vorschriften der §§ 29 und 30 der Deutschen Gemeindeordnung sowie die zu ihrer Durchführung erlassenen Vorschriften.

§ 71 (Art. 139).

I Erfordert die Erfüllung gemeinsamer, dem öffentlichen Bedürfnisse dienender Aufgaben die Vereinigung von Körperschaften des öffentlichen Rechts zu einem Zweckverbande, so kann auf Antrag von wenigstens zwei Dritteln der beteiligten Gemeinden die Zustimmung der übrigen beteiligten Gemeinden zur Bildung des Verbandes durch Beschluß der Kreisregierung ersetzt werden. Kommen mehrere Kreisregierungen in Betracht, so bestimmt das Staatsministerium des Innern die zuständige Kreisregierung.

II Gegen den Beschluß der Kreisregierung, der die Zustimmung ersetzt, ist binnen vierzehn Tagen Beschwerde zum Verwaltungsgerichtshofe zulässig. Dieser entscheidet als Schiedsgericht endgültig nach billigem Ermessen.

§ 72 (Art. 140).

I Hat eine Gemeinde als Mitglied eines Zweckverbandes einen Aufwand zur Durchführung eines Unternehmens zu tragen, das nicht zu den der Gemeinde obliegenden öffentlichen Aufgaben gehört, so kann die Gemeinde mit Zustimmung des Staatsministeriums des Innern den Aufwand ganz oder teilweise auf die Eigentümer der Grundstücke und Anlagen sowie auf die Inhaber von Betrieben umlegen, denen aus dem Unternehmen ein privatwirtschaftlicher Vorteil zufließt; die Zustimmung ist nur zu erteilen, wenn der Gesamtnutzen für den bezeichneten Kreis der Beteiligten erheblich ist und wenn das Unternehmen dem Gemeinwohl dient.

II Art und Maß der Verteilung des Aufwandes ist durch Satzung der Gemeinde zu regeln nach dem Verhältnisse des Nutzens, den die Beteiligten aus dem Unternehmen ziehen, und des Umfanges des Schadens, der durch das Unternehmen abgewendet wird. Die Satzung bedarf der Genehmigung der Kreisregierung.

§ 73 (Art. 143).

Schlußbestimmungen.

I Soweit für die Einlegung von Beschwerden in Angelegenheiten, über die nicht im verwaltungsgerichtlichen Verfahren zu entscheiden ist, eine Frist bestimmt ist, sind die Beschwerden bei der Stelle einzureichen, die den angefochtenen Bescheid erlassen hat, oder bei der für die Bescheidung der Beschwerde zuständigen Stelle. Der Lauf der Frist, innerhalb der die Beschwerde eingelegt oder die Beschlüsse angefochten werden müssen, beginnt, soweit nichts Besonderes bestimmt ist, mit Eröffnung des Bescheids.

II Für die Berechnung der Fristen gelten die Vorschriften des Bürgerlichen Gesetzbuchs.

§ 74 (Art. 153).

Den Gemeindebeamten, die nach Art. 32 des Selbstverwaltungsgesetzes in den Ruhestand versetzt worden sind, und ihren Hinterbliebenen bleibt — vorbehaltlich besonderer gesetzlicher Bestimmungen — ihr Anspruch auf Ruhegehalt und Hinterbliebenenversorgung gewahrt. Der Ruhegehalt ist aus dem pensionsfähigen Diensteinkommen (Grundgehalt und pensionsfähiger Satz des Ortszuschlags) nach Art. 39 Abs. 1 Satz 1 und 4 des Beamtengesetzes zu bemessen. Im übrigen gelten die Bestimmungen der Art. 39 bis 45 des Beamtengesetzes über das Wartegeld. Die Art. 42 und 43 Ziff. 2 des Beamtengesetzes sind nicht anzuwenden.

§ 75 (Art. 157).

Die Art. 103 bis 106, 108 bis 111, 114 des Ausführungsgesetzes vom 18. August 1879 zur Reichsstrafprozeßordnung finden auf Gemeindebeamte keine Anwendung.

§ 76 (Art. 159).

I Wenn in einer Gemeinde zum Vorteile mehrerer an Privatgewässern bestehender Triebwerke oder anderer Stauvorrichtungen auf Kosten der Gemeinde Wasserbauten errichtet worden sind oder unterhalten werden, so ist die Gemeinde berechtigt, über die Benützung des Wassers und der hierzu dienenden Einrichtungen sowie über die von den Wasserwerksbesitzern zu leistenden Kostendeckungsbeiträge und Gebühren die erforderlichen Anordnungen auch künftighin zu treffen, sofern sie solche Anordnungen schon vor dem 1. April 1928 getroffen hat. Der Bürgermeister erläßt diese Anordnungen nach Vernehmung von drei bis fünf Vertretern der Wasserwerksbesitzer, die von diesen aus ihrer Mitte bestimmt, erforderlichenfalls vom Bürgermeister berufen werden.

II Die Beiträge und Gebühren werden, wenn nicht im Einverständnisse mit den Vertretern ein anderer Maßstab festgestellt wird, nach dem Verhältnisse der jedem einzelnen zugewiesenen Wasserkraft berechnet.

III An bestehenden Rechten und Verpflichtungen wird durch diese Bestimmungen nichts geändert.

§ 77 (Art. 166).

Die Vollzugsvorschriften zu dieser Verordnung erläßt das Staatsministerium des Innern.

II. Abschnitt.

Verwaltungsgerichtsgesetz.

§ 78.

Durch die Deutsche Gemeindeordnung treten von den Vorschriften des Bayerischen Verwaltungsgerichtsgesetzes außer Kraft:

1.) die Art. 8 Ziff. 25, 26, 27, 29 ,32 und 33 und Art. 12;

2.) Art. 8 Ziff. 30, 31 und Art. 30, soweit sie nicht durch die in § 79 in Angleichung an die Deutsche Gemeindeordnung wiedergegebenen Bestimmungen aufrechterhalten sind.

§ 79.

1.) In Art. 8 des Verwaltungsgerichtsgesetzes treten an die Stelle der Ziffern 25, 26, 27, 29, 30, 31, 32 und 33 folgende Vorschriften:

25.) Verpflichtungen der Eigentümer land- und forstwirtschaftlicher Grundstücke zu Leistungen nach Art. 40 des Gemeindeabgabengesetzes in der ab 1. April 1935 geltenden Fassung und § 24 Abs. VII Satz 2 und 3 und Abs. VIII Satz 2 der Angleichungsverordnung zur Deutschen Gemeindeordnung.

26.) Verpflichtungen zu besonderen Vorausleistungen nach Art. 39 des Gemeindeabgabengesetzes in der ab 1. April 1935 geltenden Fassung.

27.) Aufhebung und Ablösung von Nutzungsrechten nach §§ 8, 9 und 17 der Angleichungsverordnung zur Deutschen Gemeindeordnung sowie Aufhebung von Nutzungen nach § 16 dieser Vorschriften, soweit es sich nicht um die Höhe der Entschädigung handelt.

29.) Verpflichtungen zur Entrichtung von Beiträgen für Zweckverbandsunternehmungen nach § 72 der Angleichungsverordnung zur Deutschen Gemeindeordnung.

30.) Verbindlichkeiten zur Teilnahme an Gemeindelasten.

31.) Verpflichtungen zur Entrichtung von örtlichen Abgaben und örtlichen Verbrauchssteuern der Gemeinden; Ansprüche auf Rückvergütung dieser Abgaben und Verbrauchssteuern.

32.) Angelegenheiten nach § 29 Abs. 1 der Deutschen Gemeindeordnung, Verpflichtung zur Entrichtung von Benützungsgebühren der Gemeinden nach Art. 38 des Gemeindeabgabengesetzes in der ab 1. April 1935 geltenden Fassung und Streitigkeiten zwischen Zweckverbänden und Dritten, die nicht Mitglieder dieser Zweckverbände sind, nach § 70 Abs. II der Angleichungsverordnung zur Deutschen Gemeindeordnung, in diesen Fällen jedoch nur, sofern ein Einspruch gemäß §§ 29, 30 der Deutschen Gemeindeordnung abgelehnt wurde.

2.) In Art. 9 Abs. I ist nach 25 einzufügen „26".

3.) Art. 9a Abs. I und II Ziff. 1 erhalten folgende Fassung:

Über Verwaltungsrechtssachen im Sinne des Art. 8 Ziff. 19, 25, 26, 27, 29, 30, 31 und 32 entscheidet im ersten Rechtszuge die Aufsichtsbehörde, über Verwaltungsrechtssachen im Sinne des Art. 8 Ziff. 28 der verwaltungsrechtliche Senat der Regierung.

In folgenden Streitigkeiten ist die Berufung zum Verwaltungsgerichtshof nicht zulässig:

1. Unterbringung oder Beschäftigung in einer Anstalt oder Arbeitseinrichtung und Entlassung hieraus (§ 20 der Reichsverordnung über die Fürsorgepflicht und Art. 32 und 37 des Fürsorgegesetzes).

4.) Art. 30 erhält folgende Fassung:

Die für die Entscheidung des Bürgermeisters erforderlichen vorbereitenden Verhandlungen sind, soweit tunlich, durch einen hauptamtlichen Beigeordneten zu pflegen, der die Befähigung zum Richteramt oder zum höheren Verwaltungsdienst hat.

III. Abschnitt.

Fürsorgegesetz.

§ 80.

In Angleichung an den neuen Rechtszustand erhält das Fürsorgegesetz vom 14. März 1930 die aus der Anlage*) ersichtliche Fassung.

München, den 1. April 1935. **Adolf Wagner.**

8.

Preußische Überleitungsverordnung zur Deutschen Gemeindeordnung.

Vom 30. März 1935 (MBliV. S. 491).

Auf Grund der §§ 1 Abs. 2, 8, 22, 40 und 41 der Ersten Verordnung zur Durchführung der Deutschen Gemeindeordnung vom 22. März 1935 (RGBl. I S. 393) und des § 147 des Gesetzes über die Haushalts- und Wirtschaftsführung der Gemeinden und Gemeindeverbände (Gemeindefinanzgesetz) vom 15. Dezember 1933 (GS. S. 442) wird im Einvernehmen mit dem Preußischen Finanzminister folgendes verordnet:

---

*) Nicht mitabgedruckt.

§ 1.

(1) Ortschaften im Sinne des § 1 der Ersten Verordnung zur Durchführung der Deutschen Gemeindeordnung vom 22. März 1935 (RGBl. I S. 393) sind in Preußen

1. die rechtsfähigen Ortschaften im Gebiete der früheren Gemeindeordnung für die Rheinprovinz vom 23. Juli 1845 (GS. S. 523),
2. die Ortschaften im früheren Kreise Gersfeld des Regierungsbezirks Kassel,
3. die Teilgemeinden in den Hohenzollerischen Landen,
4. die Langgässergemeinde und die Neustädtergemeinde in der Stadt Wetzlar.

Die zuständigen Regierungspräsidenten bezeichnen im einzelnen im Regierungsamtsblatt die Ortschaften im Sinne dieser Vorschrift.

(2) Die zuständigen Regierungspräsidenten regeln, soweit erforderlich, die Auseinandersetzung zwischen der Gemeinde, die Rechtsnachfolgerin ist, und der Ortschaft. Sie können dabei für eine befristete Übergangszeit eine Regelung treffen, die von den landesrechtlichen Vorschriften auf dem Gebiete des Abgabenwesens abweicht.

§ 2.

(1) Zuständiges Verwaltungsgericht im Sinne des § 30 der Deutschen Gemeindeordnung vom 30. Januar 1935 (RGBl. I S. 49) ist

1. das Bezirksverwaltungsgericht, wenn der Bürgermeister eines Stadtkreises über den Einspruch entschieden hat,
2. im übrigen das Kreisverwaltungsgericht.

(2) Für das Verfahren gelten die Vorschriften des Gesetzes über die allgemeine Landesverwaltung.

§ 3.

(1) Die Vorschriften des Gesetzes über die Haushalts- und Wirtschaftsführung der Gemeinden und Gemeindeverbände (Gemeindefinanzgesetz) vom 15. Dezember 1933 (GS. S. 442) sind für die Gemeinden bis auf weiteres in folgender Fassung anzuwenden:

1. Die Vorschriften der §§ 1—9 treten für die Gemeinden mit der Feststellung und Bekanntmachung der Haushaltssatzung 1935 außer Kraft; sie werden alsdann durch §§ 82—86 der Deutschen Gemeindeordnung ersetzt.

2. § 10 wird durch § 87 der Deutschen Gemeindeordnung ersetzt.

3. § 11 wird mit Wirkung vom 1. Juli 1935 durch § 88 der Deutschen Gemeindeordnung ersetzt.

4. Die §§ 12—43 gelten zunächst mit folgenden Maßgaben weiter:

a) an die Stelle des § 32 Abs. 2 tritt § 90 der Deutschen Gemeindeordnung,

b) an die Stelle des § 39 Abs. 1 und 2 tritt § 91 der Deutschen Gemeindeordnung.

5. Die §§ 44—46 treten außer Kraft; sie werden durch §§ 35, 36, 115 Abs. 2 der Deutschen Gemeindeordnung ersetzt. Die §§ 47 bis 54 bleiben bis auf weiteres in Kraft; dabei sind §§ 52—54 mit der Maßgabe anzuwenden, daß außer dem allgemeinen Vertreter des Leiters der Gemeinde auch sonstige Beigeordnete im Rahmen ihres Arbeitsgebiets zuständig sind.

6. Die §§ 55—68 und 71 treten außer Kraft; sie werden durch §§ 60—66 der Deutschen Gemeindeordnung ersetzt. § 69 ist bis auf weiteres in folgender Fassung anzuwenden:

„Für bewegliche Vermögensgegenstände, die zum Gebrauch oder Verbrauch in der laufenden Verwaltung bestimmt sind (Wirtschaftsmittel), gelten die Vorschriften der §§ 60—66 der Deutschen Gemeindeordnung nicht."

7. Die §§ 72—83, 86—103 treten außer Kraft; sie werden durch die §§ 67—81 und 94 der Deutschen Gemeindeordnung ersetzt.

8. Die §§ 104—138 sind bis auf weiteres mit folgenden Maßgaben anzuwenden:

a) an die Stelle des § 104 tritt § 95 der Deutschen Gemeindeordnung,

b) an die Stelle der §§ 116—120 treten §§ 97, 98, 100—102 der Deutschen Gemeindeordnung,

c) vor Zuleitung der Rechnung an die Aufsichtsbehörde nach § 121 legt der Bürgermeister die Rechnung nach § 96 der Deutschen Gemeindeordnung den Gemeinderäten zur Beratung vor,

d) an die Stelle des § 138 tritt § 99 Abs. 2 und 3 der Deutschen Gemeindeordnung.

9. Die §§ 139—141 treten außer Kraft; sie werden durch §§ 92, 93 der Deutschen Gemeindeordnung ersetzt.

(2) Die Verordnung über ein vereinfachtes Gemeindefinanzgesetz für die ehrenamtlich verwalteten Gemeinden und Gemeindeverbände vom 24. Februar 1934 (GS. S. 107) ist für die Gemeinden bis auf weiteres in folgender Fassung anzuwenden:

1. Die Vorschriften der §§ 1—4 treten für die Gemeinden mit der Feststellung und Auslegung der Haushaltssatzung 1935 außer Kraft; sie werden alsdann durch §§ 82—87 der Deutschen Gemeindeordnung ersetzt.

2. § 5 wird mit Wirkung vom 1. Juli 1935 durch § 88 der Deutschen Gemeindeordnung ersetzt.

3. Die §§ 6, 7 Abs. 1 und 2 und 8 treten außer Kraft; sie werden durch §§ 89—91 und 94 der Deutschen Gemeindeordnung ersetzt.

4. § 9 Abs. 2 ist in folgender Fassung anzuwenden:

„Der Bürgermeister übersendet die Rechnung nach Beratung mit den Gemeinderäten (§ 96 der Deutschen Gemeindeordnung) der Aufsichtsbehörde, die sie nach Maßgabe der Vorschriften des Gemeindefinanzgesetzes prüft und über die Entlastung entscheidet."

5. Die §§ 10—12, 18—23, 25—31 und 34—38 treten außer Kraft. Sie werden durch §§ 35, 36, 115 Abs. 2, 60—66, 76—80,

67—75, 92 und 93 der Deutschen Gemeindeordnung ersetzt. § 32 tritt am 1. Juli 1935 außer Kraft; er wird alsdann durch § 81 der Deutschen Gemeindeordnung ersetzt.

§ 4.

Das Preußische Gemeindeverfassungsgesetz vom 15. Dezember 1933 (GS. S. 427) tritt außer Kraft.

§ 5.

Die Amtsordnung vom 8. Oktober 1934 (GS. S. 393) bleibt bis auf weiteres in Geltung. § 38 Abs. 2 der Amtsordnung ist in folgender Fassung anzuwenden:

„Erklärungen, durch die eine amtsangehörige Gemeinde verpflichtet werden soll, sind nach § 36 Abs. 2 der Deutschen Gemeindeordnung zu vollziehen. Sie bedürfen außerdem der Mitvollziehung durch den Amtsbürgermeister. Ist dieser zugleich Bürgermeister, so gilt ausschließlich die Vorschrift des § 36 Abs. 2 der Deutschen Gemeindeordnung.

Entsprechendes gilt in den Gemeinden, die einer Kirchspielslandgemeinde in den Kreisen Husum, Norderdithmarschen und Süderdithmarschen der Provinz Schleswig-Holstein angehören."

§ 6.

Die Übernahme der persönlichen Schuld aus Vorhypotheken bei der Ansteigerung von Grundstücken, die mit Hauszinssteuerhypotheken belastet sind, gilt nach den Vorschriften des Gesetzes über die Haushalts- und Wirtschaftsführung der Gemeinden und Gemeindeverbände (Gemeindefinanzgesetz) vom 15. Dezember 1933 (GS. S. 442) von deren Inkrafttreten an nicht als Aufnahme eines Darlehens.

§ 7.

Die Verordnung tritt am 1. April 1935 in Kraft.

Berlin, den 30. März 1935.

Der Reichs- und Preuß. Minister des Innern.
In Vertretung:
Grauert.

9.

Runderlaß des Reichs- und Preuß. Min. des Innern.

Vom 30. März 1935 (MBliV. S. 493).

I.

(1) Das Preuß. Gemeindeverfassungsges. vom 15. Dezember 1933 (GS. S. 427) tritt am 1. April 1935 außer Kraft. An seine Stelle tritt die Deutsche Gemeindeordnung vom 30. Januar 1935 (RGBl. I S. 49).

(2) Die Rückwirkungen des Inkrafttretens der DGO. auf das Preuß. Gemeindefinanzges. vom 15. Dezember 1933 (GS. S. 442), auf die VO. über ein vereinfachtes Gemeindefinanzges. vom 24. Februar 1934 (GS. S. 107) und auf die Amtsordnung vom 8. Oktober 1934 (GS. S. 393) sind in der VO. vom 30. März 1935 (MBliV. S. 491) geklärt. Dabei wird besonders bemerkt, daß das Gemeindefinanzges. und die VO. über ein vereinfachtes Gemeindefinanzges. für Gemeindeverbände bis auf weiteres uneingeschränkt in Kraft bleiben.

(3) Die Bestimmung der Vorschriften des Landesrechts, die durch die DGO. außer Kraft treten, und ihre Anpassung an die Vorschriften der Gemeindeordnung wird demnächst erfolgen.

II.

Zur Überleitung in den neuen Rechtszustand werden folgende Hinweise gegeben:

Zu § 1 DGO.

In § 1 der Preuß. ÜberleitungsVO. sind diejenigen Ortschaften bezeichnet, die als Ortschaften im Sinne der Ersten DurchfVO. vom 22. März 1935 (RGBl. I S. 393) gelten. Die Reg.-Präs. werden ersucht, bei der ihnen übertragenen Auseinandersetzung berechtigten Interessen der Einwohner dieser Ortschaften Rechnung zu tragen, im übrigen aber auch darauf zu halten, daß in absehbarer Zeit eine volle Gleichstellung der Einwohner der Gemeinde eintritt.

Zu § 6 DGO.

Die Leiter der Gemeinden führen vom Inkrafttreten der DGO. an in ganz Preußen einheitlich die Amtsbezeichnung Bürgermeister, ihre gesetzlichen Vertreter die Amtsbezeichnung Beigeordneter. Abweichungen nach § 119 Nr. 3 der DGO. sind im Interesse der Einheitlichkeit für das ganze Reich nicht zugelassen worden.

Zu §§ 9—11 DGO.

Zuständig ist in den Fällen der §§ 9—11 und 15 der DGO. nach § 117 Abs. 3 der zuständige Ober-Präs., in Sigmaringen der Reg.-Präs., soweit sich aus § 36 der Ersten DurchfVO. vom 22. März 1935 (RGBl. I S. 393) nichts anderes ergibt.

Zu § 30 DGO.

Es wird auf § 2 der Preuß. ÜberleitungsVO. vom 30. März 1935 (MBliV. S. 491) verwiesen.

Zu § 35 DGO.

Allgemeiner Vertreter des Bürgermeisters im Sinne des § 35 der DGO. ist in Preußen der allgemeine Vertreter nach § 29 Abs. 2 des Preuß. Gemeindeverfassungsges. Eine anderweite Bestimmung durch den Bürgermeister nach § 12 Abs. 1 letzter Satz der Ersten DurchfVO. vom 22. März 1935 (RGBl. I S. 393) kommt demnach für Preußen nicht in Betracht.

Zu § 36 DGO.

Es wird ausdrücklich darauf hingewiesen, daß nach Inkrafttreten der DGO. die Vorschriften der §§ 44 und 45 des Preuß. Gemeindefinanzges. für die Gemeinden keine Geltung mehr besitzen.

Zu § 41 DGO.

Die Berufung der Bürgermeister und Beigeordneten erfolgt vom 1. April 1935 ab ausschließlich nach der Vorschrift des § 41 der DGO. Dabei können in Fällen, in denen die Ausschreibung bereits erfolgt ist, unbedenklich die auf Grund der Ausschreibung eingegangenen Bewerbungen zugrunde gelegt werden.

Zu § 44 DGO.

Durch § 16 der Ersten DurchfVO. vom 22. März 1935 (RGBl. I S. 393) wird für die ehrenamtlichen Bürgermeister und Beigeordneten, die sich zur Zeit im Amte befinden, die 12jährige Amtszeit des Preuß. Gemeindeverfassungsges. aufrechterhalten.

Zu § 45 DGO.

1. Die Vorschrift des § 17 Abs. 3 der Ersten DurchfVO. vom 22. März 1935 (RGBl. I S. 393) hat für Preußen keine Bedeutung.

2. Die vermögensrechtlichen Folgen der Zurücknahme der Berufung im Sinne des § 45 der DGO. sind in den §§ 18, 19 der Ersten DurchfVO. vom 22. März 1935 (RGBl. I S. 393) abschließend geregelt. Damit treten für die Gemeinden die bisher geltenden Vorschriften des Ges. über die Bestätigung von Beamten der Gemeinde und Gemeindeverbände vom 23. Juni 1933 (GS. S. 217) außer Kraft.

Zu § 48 DGO.

Auch in Preußen sind die Gemeinderäte nach den Vorschriften der DGO. neu zu berufen. Entsprechendes gilt für die Beiräte (§ 58 DGO.).

Zu §§ 60 ff. DGO.

In §§ 3—5 der Preuß. ÜberleitungsVO. vom 30. März 1935 (MBliV. S. 491) wird geklärt, welche Vorschriften des Preuß. Gemeindefinanzges. und der VO. über ein vereinfachtes Gemeindefinanzges. noch in Kraft bleiben. Dabei wird bemerkt, daß die Vorschriften der §§ 26 Abs. 1 und 28 Abs. 1 der Ersten DurchfVO. vom 22. März 1935 (RGBl. I S. 393) für die unter das Gemeindefinanzges. fallenden Gemeinden keine Bedeutung haben. Für die unter die VO. über ein vereinfachtes Gemeindefinanzges. fallenden Gemeinden finden sie jedoch Anwendung. § 29 Abs. 2 der genannten DurchfVO. gilt für die preuß. Gemeinden mit der Maßgabe, daß auch Änderungen vor dem 30. Juni 1935 nach den bis dahin geltenden preuß. Vorschriften nur durch eine Nachtragssatzung vorgenommen werden können.

10.
Sächsische Überleitungsverordnung zur Deutschen Gemeindeordnung.

Vom 30. März 1935.

Auf Grund von §§ 22 und 40 der Ersten Verordnung zur Durchführung der Deutschen Gemeindeordnung vom 22. März 1935 (RGBl. I S. 393) wird folgendes bestimmt:

Artikel I.

Das durch die Deutsche Gemeindeordnung außer Kraft gesetzte Landesrecht:

Mit dem Inkrafttreten der Deutschen Gemeindeordnung treten die folgenden landesrechtlichen Bestimmungen außer Kraft:

1. Die Gemeindeordnung für den Freistaat Sachsen vom 1. August 1923 in der Fassung der Bekanntmachung vom 15. Juni 1925 (GBl. S. 136) mit den dazu erlassenen Änderungen und Ergänzungen mit Ausnahme der folgenden Bestimmungen, die bis auf weiteres entsprechend anwendbar bleiben:

§ 10, betr. die Bewirtschaftung von Gemeindewaldungen.

Unberührt bleibt also das Gesetz über Holzschläge und Wiederaufforstungen in nichtstaatlichen Waldungen vom 28. Dezember 1923 (GBl. 1924 S. 5) nebst Ausführungsverordnung vom 12. Mai 1924 (GBl. S. 8).

§ 12, betr. die Nutzungsrechte, die allen Gemeindebürgern oder allen Gemeindemitgliedern als solchen an Teilen des Gemeindevermögens oder sonst zustehen.

§ 97 Abs. 1 und 3, betr. die Führung der übertragenen Geschäfte durch den Gemeinderat.

§§ 102, 104, 105, betr. das Dienststrafrecht der berufsmäßigen und nichtberufsmäßigen Mitglieder des Gemeinderates einschließlich der Gemeindeältesten und Bürgermeisterstellvertreter, die Besoldung und die Ruhestandsbezüge sowie die Rente berufsmäßiger Gemeinderatsmitglieder, die Versorgung ihrer Hinterbliebenen, die Versetzung in den Ruhestand und Wartegeld.

§ 111, betr. die Verwendung staatlicher Sachverständiger.

§§ 114, 115 Satz 1, §§ 117, 118 Abs. 1, §§ 119, 121, betr. die Amtsverschwiegenheitspflicht, die Kündbarkeit, die Dienstbezüge der berufsmäßigen Gemeindebeamten, deren Recht, Nebenämter usw. zu verwalten, ihre Ansprüche auf Ruhegehalt, Wartegeld und Unterstützung und das Dienststrafrecht der berufsmäßigen Gemeindebeamten.

§§ 134, 138, 140, 141 Abs. 1, § 142, betr. Eingemeindung mit der Maßgabe, daß nach § 141 die Kreishauptmannschaft endgültig entscheidet.

§§ 143 bis 158 und § 159 Abs. 4 und 5, betr. Bezirksverbände.
§§ 160 bis 169, betr. Zweckverbände.
§ 176 Abs. 1, 3 und 5, betr. die Regelung der Aufsicht über Bezirksverbände und Zweckverbände, die sich über die Grenzen eines Regierungsbezirks hinaus erstrecken, und die Bestimmungen über die Beschlußbehörde.
§ 184, betr. den Umfang der übertragenen Geschäfte.
§§ 193 und 194, betr. die selbständigen Gutsbezirke.
§ 195, betr. die gesetzlichen Bestimmungen über das Schulwesen.

Die Gemeindeordnung bleibt auch in Kraft, soweit in den Bestimmungen über Bezirks- und Zweckverbände auf einzelne für die Gemeinden nicht mehr gültige Bestimmungen Bezug genommen wird.

2. Die Gemeindefinanzverordnung vom 29. März 1933 (GBl. S. 24) nebst der Ersten Durchführungsverordnung, soweit sie sich auf die Gemeinden beziehen und sich nicht aus den §§ 26 bis 30 der Ersten Verordnung zur Durchführung der Deutschen Gemeindeordnung etwas anderes ergibt.
3. Die Gemeindewirtschaftsordnung vom 26. März 1934 (GBl. S. 39) mit Ausnahme der Bestimmungen über die Haushaltwirtschaft §§ 18 bis 40 und der Bestimmungen über das Kassen-, Buchführungs- und Rechnungswesen §§ 41 bis 63; auch hier mit der Beschränkung auf die Gemeinden.
4. Die Vorschriften über die Zwangsbeitreibung von Geldforderungen gegen Gemeinden, Bezirksverbände, Schulverbände und Schulbezirke in der Fassung der Bekanntmachung vom 21. Januar 1933 (GBl. S. 6), soweit sie die Gemeinden betreffen.
5. Die Verordnung über die Sicherung der Haushaltführung der Gemeinden und Gemeindeverbände vom 15. Juli 1931 (GBl. S. 115), soweit sie sich auf die Gemeinden bezieht.
6. Die Verordnung über die Aufnahme von Anleihen und Darlehen usw. durch Gemeinden, Schulbezirke, Schulverbände, Bezirks- und Zweckverbände vom 1. April 1932 (GBl. S. 47), soweit sie sich auf die Gemeinden bezieht.
7. Die Verordnung über die Aufnahme von Anleihen und Darlehen durch Gemeinden, Schulbezirke, Schulverbände, Bezirks- und Zweckverbände vom 27. April 1932 (Sächsisches Verwaltungsblatt S. 60), soweit sie sich auf die Gemeinden bezieht.
8. Die Verordnungen über die Aufnahme von Darlehen zur Arbeitsbeschaffung vom 24. Januar 1933 (GBl. S. 10), 28. Juli 1933 (GBl. S. 118) und vom 3. Oktober 1934 (GBl. S. 134).
9. Die Verordnungen über die Teilnahme von Ortsgruppenleitern und SA.-Führern an den Sitzungen der Gemeindekollegien vom 2. März 1934 und vom 18. April 1934 (Sächsisches Verwaltungsblatt I S. 63 und 135).

Artikel II.

Zur Deutschen Gemeindeordnung (nachstehend mit DGO. bezeichnet) und zur Ersten Verordnung zur Durchführung der Deutschen Gemeindeordnung (nachstehend mit Erste DVO. bezeichnet):

1. Zu § 30 DGO. und § 8 der Ersten DVO.:
   Gegen die Entscheidung des Bürgermeisters steht den Beteiligten das Recht des Rekurses an die Aufsichtsbehörde nach § 31 des Gesetzes über die Organisation der Behörden für die innere Verwaltung vom 21. April 1873 und gegen diese Entscheidung die Anfechtungsklage nach § 73 des Gesetzes über die Verwaltungsrechtspflege zu.
2. Zu §§ 34, 35, 44 DGO. und §§ 12 und 16 der Ersten DVO.:
   Beigeordnete sind die berufsmäßigen oder ehrenamtlichen Mitglieder des körperschaftlichen Gemeinderates und die Gemeindeältesten, denen durch Beschluß der Gemeindeverordneten Teile der Bürgermeistergeschäfte zur selbständigen Erledigung übertragen worden sind. Ihre Amtszeit richtet sich nach § 16 der Ersten DVO. Die Wahlzeit der Gemeindeverordneten würde im regelmäßigen Ablaufe am 31. Dezember 1935 enden.
   Die den Beigeordneten gleichstehenden Amtsträger sind die übrigen Gemeindeältesten und die gemäß § 78 der sächsischen Gemeindeordnung aus der Mitte der Gemeindeverordneten gewählten Bürgermeisterstellvertreter. Sie bleiben bis zum Amtsantritt des Nachfolgers im Amte (§ 44 Abs. 3 DGO.). Die Bezeichnung Stadtrat (Stadtrechtsrat, Stadtschulrat, Stadtbaurat u. dgl.) dürfen nur Beigeordnete führen. Entgegenstehende Bezeichnungen sind zu ändern (vgl. AusfAnw. zu § 34 Ziff. 3, Sächsisches Verwaltungsblatt I 1935 S. 155).
3. Zu § 45 DGO. und § 17 Abs. 3 der Ersten DVO.:
   Das Recht zur Rücknahme der Bestätigung eines ehrenamtlichen Gemeinderatsmitgliedes auch nach Ablauf des ersten Amtsjahres kann bis zum 30. Juni 1935 ausgeübt werden (vgl. § 82 Abs. 4 der sächsischen Gemeindeordnung).
4. Zu § 48 DGO. und § 20 Abs. 2 der Ersten DVO.:
   Die Mitglieder der Gemeindevertretungen sind die Gemeindeverordneten.
5. Zu §§ 58, 74 DGO. und § 21 der Ersten DVO.:
   Es handelt sich hier um die Gemeindeausschüsse nach §§ 60 ff. der sächsischen Gemeindeordnung.
6. Zu § 107 DGO. und § 33 der Ersten DVO.:
   Bis auf weiteres ist Aufsichtsbehörde für die bezirksangehörigen Gemeinden der Amtshauptmann, auch wenn bisher der Kreishauptmann Aufsichtsbehörde war. Ausnahmen hiervon gibt es nicht. Die Geschäfte sind unverzüglich auf die Amtshauptmannschaften überzuleiten.

Artikel III.

Angleichung des Landesrechts an die DGO.:

1. Aufsichtsbehörde nach dem Gemeindesteuergesetz sind die Staatsbehörden des § 33 der Ersten DVO., soweit es sich um Gemeindesteuern handelt. Das Rechtsmittelverfahren bleibt hiervon unberührt. Insoweit bewendet es bei den Bestimmungen des § 61 des Gemeindesteuergesetzes.

   Die Staatsaufsicht über die städtischen Bezirksfürsorgeverbände übt der Kreishauptmann aus (§ 28 des sächsischen Wohlfahrtspflegegesetzes).

   Die Aufsichtsbehörde in schulischen Angelegenheiten wird durch das zuständige Ministerium in Angleichung an die DGO., soweit nötig, geregelt werden.
2. An Stelle des Bezirksausschusses tritt in § 193 der sächsischen Gemeindeordnung der Amtshauptmann.
3. Soweit nach sächsischem Landesrecht vor Entschließung der Aufsichtsbehörde das Gehör einer Beschlußbehörde vorgeschrieben ist, erledigt sich dieses. Den Aufsichtsbehörden bleibt es aber überlassen, den Kreis- bzw. Bezirksausschuß zu hören, wenn es ihnen zweckmäßig erscheint.
4. Beiräte im Sinne der DGO. sind auch die Ausschüsse, die nach dem sächsischen Wohlfahrtspflegegesetz und seiner Ausführungsverordnung bei den Gemeinden gebildet worden sind (Fürsorge-, Fachausschüsse).

   Hinsichtlich der gesetzlichen Einspruchs- und Beschwerdeausschüsse behalte ich mir weitere Entschließung vor.

   Die Rechtsverhältnisse der schulischen Ausschüsse werden durch besondere Verordnung geregelt.

Dresden, den 30. März 1935.

Der Sächsische Minister des Innern:

Dr. Fritsch.

11.

Württembergische Überleitungsverordnung zur Deutschen Gemeindeordnung.

Vom 30. März 1935 (RegBl. S. 85).

Auf Grund der §§ 1 Abs. 2, 8, 12 Abs. 1, 17 Abs. 3, 22, 40 und 41 der Ersten Verordnung zur Durchführung der Deutschen Gemeindeordnung vom 22. März 1935 (Reichsgesetzbl. I S. 393) wird verordnet:

§ 1.

Zu § 1 Abs. 2 der Ersten DurchfVO.

(1) Aufgelöst sind alle Teilgemeinden.

(²) Die Gemeindenutzungen der Teilgemeinden bleiben bestehen.

(³) Durch einen Auseinandersetzungsplan soll ein angemessener befristeter Lastenausgleich geschaffen werden, wenn triftige Gründe vorliegen, insbesondere wenn

1. das Vermögen einer Teilgemeinde im Verhältnis zu ihrem örtlichen Aufwand und zu dem Vermögen der Gemeinde oder anderer zu dieser gehörenden Teilgemeinden bedeutend ist,
2. beträchtliche Unterschiede im Schuldenstand dies rechtfertigen,
3. in einer Teilgemeinde im Unterschied zu der Gemeinde oder anderer zu dieser gehörenden Teilgemeinden Einrichtungen bestehen, von denen nur die Einwohner dieser Teilgemeinde Vorteile haben (Wasserversorgung, Kanalisation usw.).

(⁴) Vor Aufstellung des Auseinandersetzungsplans ist die bisherige Teilgemeindevertretung zu hören. Der Plan bedarf der Genehmigung der oberen Aufsichtsbehörde. Falls er nicht bis 30. Juni 1935 aufgestellt ist, regelt die obere Aufsichtsbehörde den Ausgleich endgültig.

§ 2.

Zu § 8 der Ersten DurchfVO.

Gegen die ablehnende Entscheidung des Bürgermeisters (§ 30 Abs. 1 der DGO.) kann binnen zwei Wochen nach der Zustellung Beschwerde an die Aufsichtsbehörde (§ 33 der Ersten DurchfVO.) erhoben werden. Gegen die Entscheidung der Aufsichtsbehörde ist Rechtsbeschwerde an den Württ. Verwaltungsgerichtshof zulässig.

§ 3.

Zu § 12 Abs. 1 der Ersten DurchfVO.

Als Beigeordnete (§ 35 der DGO.) gelten die besoldeten Stadträte (Art. 93 der WGO.).

§ 4.

Zu § 17 Abs. 3 der Ersten DurchfVO.

Die Befugnis, das Dienstverhältnis des Bürgermeisters nach Art. 83 b Abs. 1 der Württ. Gemeindeordnung zu lösen, wird bis zum 30. Juni 1935 aufrechterhalten.

§ 5.

Zu § 22 der Ersten DurchfVO.

Die landesrechtlichen Vorschriften über die Gemeindewirtschaft (Sechster und Siebter Abschnitt der WGO., ohne die Art. 152 bis 166 und 173 bis 179) einschließlich der zugehörenden Vollzugsvorschriften werden bis zum Erlaß der in § 105 der Deutschen Gemeindeordnung vorgesehenen Verordnungen aufrechterhalten, soweit sie den Vorschriften der Deutschen Gemeindeordnung und den Durchführungsvorschriften zu ihr nicht widersprechen.

§ 6.

Zu § 40 der Ersten DurchfVO.

(¹) Außer Kraft tretende Vorschriften des Landesrechts sind

1. die Württ. Gemeindeordnung mit ihren Vollzugsbestimmungen, soweit sich nicht aus § 5 oder aus nachstehendem Abs. 2 etwas anderes ergibt;
2. das Gesetz über die Errichtung eines Staatskommissariats für Körperschaftsverwaltung vom 11. April 1933 (RegBl. S. 93).

(2) Folgende Bestimmungen der Württ. Gemeindeordnung und der Vollzugsvorschriften zu ihr gelten, soweit sie den Vorschriften der Deutschen Gemeindeordnung und den Durchführungsvorschriften zu ihr nicht widersprechen, weiter:

1. die Bestimmungen über die Steuersatzbehörde;
2. die beamtenrechtlichen Bestimmungen;
3. die Bestimmungen über Gemeindenutzungen, örtliche Stiftungen und Gemeindedienste;
4. die Bestimmungen über die Ortspolizei;
5. die Bestimmungen über Zweckverbände;
6. die Bestimmungen betreffend die Aufsicht über Waldungen.

(3) Die Angleichung und Bekanntmachung der hienach weitergeltenden Vorschriften des Landesrechts erfolgt durch besondere Verordnung.

§ 7.

Die Württ. Landesfürsorgeverordnung wird wie folgt geändert:

1. Art. 17 erhält folgende Fassung:

„Die öffentliche Armenfürsorge (Art. 16) verwaltet der Bürgermeister als Ortsfürsorgebehörde."

2. Art. 18 erhält folgende Fassung:

„(1) Vor einer Entscheidung im Einspruchsverfahren und vor der Aufstellung oder Abänderung von Richtlinien und Richtsätzen muß der Bürgermeister Beiräte hören (§ 58 DGO.).

(2) Die Hauptsatzung bestimmt die Zahl der Beiräte. Die Höchstzahl der Beiräte beträgt in Gemeinden mit weniger als 10000 Einwohnern sechs, in den übrigen Gemeinden zehn, in Stuttgart vierzehn. Außer Gemeinderäten ist mindestens eine Person aus den Kreisen solcher, die Hilfsbedürftige betreuen, als Beirat zu berufen."

§ 8.

Zu § 41 der Ersten DurchfVO.

(1) Bestehenbleibende Gemeinschaftseinrichtungen sind die gemeinschaftlichen Bürgermeister und die Verwaltungsaktuare.

(2) Die Angleichung und Bekanntmachung der hienach weiter geltenden Vorschriften des Landesrechts erfolgt durch besondere Verordnung.

§ 9.

Die Verordnung tritt am 1. April 1935 in Kraft.

Stuttgart, den 30. März 1935.

Der Württ. Innenminister:

Dr. Schmid.

Stichwörterverzeichnis.

(Die Zahlen bezeichnen die Seiten).

A

J (i)

S

V

Z